Tradução do sentido do

NOBRE ALCORÃO

PARA A LÍNGUA PORTUGUESA

بالتعاون مع رابطة العالم الإسلامي بمكة المكرمة

Com a colaboração da Liga Islâmica Mundial,
em Makkah Nobre.

1. Sūratu Al-Fātiḥah Parte 1 | 1 | الجزء ١ سورة الفاتحة ١

SŪRATU[(1)] AL-FĀTIḤAH[(2)]
A SURA DA ABERTURA

De Makkah[(3)] – 7 versículos.

1. Em nome de Allah, O Misericordioso, O Misericordiador[(4)].

[(1)] **Sūratu** : forma alterada do substantivo feminino **sūrah**, que significa **degrau**, **fase**, e, por analogia, cada um dos capítulos do Alcorão, por meio dos quais se ascende a Deus. Cada **sura** é composta de **āyāt**, sinais ou versículos, de número variado, onde transluz a infinita sabedoria divina. O título das suras, segundo uma tradição oriental, prende-se mais a uma de suas palavras que, propriamente, ao conteúdo geral da sura. Quanto a palavra **sura**, adotamo-la na tradução por ser forma mais próxima da transcrição da palavra árabe (singular) e consignada, dentre outros, nos dicionários de Morais e Aulete.

[(2)] **Al-Fātiḥah**: a abertura. É a sura que dá início à sagrada leitura. Ela reúne e sintetiza os elementos da crença islâmica, ou seja, a unicidade de Deus, como Soberano Absoluto dos mundos; o caminho da bem-aventurança, a recompensa dos crentes, o castigo dos renegadores da Fé, além de estabelecer o elo essencial entre o homem e Deus. Por esta razão, ela é parte fundamental das cinco orações diárias do moslim, quando a repete, em suas reverências, dezessete vezes.

[(3)] **Makkah**: Meca, a cidade onde se situam a Mesquita Sagrada e a Kaᶜbah, para a qual, nas orações, se dirigem os moslimes, onde quer que se encontrem. Foi nessa cidade que se revelou a presente sura.

[(4)] Por forma reduzida da frase árabe **Bismillahi Ar-Raḥmani Ar-Raḥīmi** (Em nome de Deus, O Misericordioso, O Misericordiador), denomina-se este versículo **Al Basmalah**, que a maioria dos exegetas considera, de fato, o primeiro versículo desta sura, embora haja quem a julgue mera epígrafe, não só anteposta a esta mas a todas as suras do Alcorão, com exceção da IX. **Al Basmalah** constitui, na tradição islâmica, fórmula invocativa fundamental, que todo moslim deve proferir antes de cada ato, não só para assegurar-se das bênçãos de Deus, o Dador Sublime da misericórdia, senão também para invocar-Lhe ajuda em todos seus atos, que nunca se completarão sem ela. Quanto a iniciar-se, sempre, cada sura com **Al Basmalah**, demonstra que tudo quanto encerra, sejam preceitos, informes ou regras morais, é proveniente de Deus e por Ele ordenado, sem intervenção alguma de qualquer outra criatura que seja. Ademais, por meio desta atitude de prece, pode o homem esmerar-se espiritualmente e dilatar o conhecimento de si próprio e do universo que o rodeia. Quanto aos epítetos, integrantes de **Al Basmalah**: **O Misericordioso, O Misericordiador**, traduzem, respectivamente, as palavras árabes **Ar-Raḥmān** e **Ar-Raḥīm**, cognatos do substantivo **raḥmah**, misericórdia, com a peculiaridade, porém, de que **Ar-Raḥmān** é epíteto intrínseco e exclusivo de Deus. Na literatura luso-brasileira, esta sutileza epitética é, igualmente, utilizada por «vieira», como se pode verificar no sermão do **Quarto Sábado da Quaresma**, pregado em 1640 (Vide **Sermões de Vieira**, Editora Lello e irmãos,

1. Sūratu Al-Fātiḥah

2. Louvor a Allah, O Senhor dos mundos[1].

3. O Misericordioso, O Misericordiador[2].

4. O Soberano do Dia do Juízo[3]!

5. Só a Ti adoramos e só de Ti imploramos ajuda.

6. Guia-nos à senda reta,

7. À senda dos que agraciaste; não à dos incursos em Tua ira nem à dos descaminhados.

1959, vol. III, p. 362), quando designa a Deus, por Sua misericórdia, fazendo uso de duas palavras latinas, **Misericors et Miserator**, estabelecendo-lhes a diferença, na tradução, por meio de dois sufixos: -oso, com o sentido de "pleno de, cheio de", e de -dor, sufixo agentivo com a idéia de "o que faz", "o que dá", acrescidos à palavra misericórdia, de onde: "Não só chamam a Deus **Misericordioso**, senão **Misericordiador**". Quanto à palavra **Misericordiador**, devemos dizer que, até onde nos foi possível pesquisar, parece tratar-se de um neologismo vieirense e que acabou por resolver-nos o crucial problema de tradução de **Ar-Raḥim**: Aquele que dá misericórdia, até então não cogitado satisfatoriamente, pelos tradutores do **Alcorão** para o português. Ademais, é palavra consignada por Moraes e Aulete, o que nos reafirma o acerto em adotá-la em nossa tradução.

[1] **O Senhor dos mundos**, ou seja, O Soberano de todas as criaturas: homens, anjos, animais e tudo o mais que constitui o mundo. Esta forma apositiva estabelece o limite entre a disciplina e a anarquia na crença e demonstra que todo o Universo deve dirigir-se a um único Senhor, cuja soberania é infalível, contínua, harmônica e onipresente.

[2] A repetição dos epítetos de Deus, mencionados no **Al Basmalah**, não só enfatiza os aspectos vários da Graça de Deus, mas torna patente que a soberania não provém da força, mas da misericórdia e da graça de Deus para com todos os seres.

[3] **Dia do Juízo**: O Dia em que a humanidade prestará conta de seus atos, bons e maus, e, segundo estes, receberá a retribuição. Quem quer que haja feito o menor bem disso terá recompensa; quem quer que haja feito o menor mal, disso terá recompensa. A justiça soberana de Deus fundamenta-se, estritamente, na eqüidade.

SŪRATU AL-BAQARAH[1]
A SURA DA VACA

De Al Madīnah[2] – 286 versículos.

Em nome de Allah, O Misericordioso, O Misericordiador.

1. Alif, Lām, Mīm[3].

---

[1] **Al Baqarah**: a vaca. A Sura da Vaca, a mais longa do Alcorão e também com seu mais extenso versículo (282), denomina-se, assim, pela menção, nos versículos 67-73, da imolação de uma vaca para expurgo de culpa, dentro da comunidade judaica, por época de Moisés. A sura inicia-se pela afirmação categórica de que o Alcorão é guia espiritual e moral dos que crêem em Deus, e pela confirmação de que a verdadeira fé deve integrar a crença na unicidade absoluta de Deus, a prática constante do bem e a crença na Ressurreição. Enumera as três categorias dos homens: crentes, idólatras e hipócritas e como reagem diante da Mensagem divina. Relata episódios relacionados aos filhos de Israel, fazendo-os atentar, constantemente, para as graças de Deus para com eles. Alude, ainda, ao Patriarca Abraão, com cujo filho, Ismael, construiu a Kaᶜbah. É reiterativa na afirmação de que Deus é Único e torna patente Seus sinais como meio de repelir, peremptoriamente, a idolatria vigente, e amplamente disseminada na Península Arábica, tempos antes do advento do Islão. Encerra, nos constantes ensinamentos e preceitos, a base da boa conduta do moslim: estabelece a distinção entre o lícito e o ilícito; discorre sobre a virtude e ensina os critérios para o jejum e a peregrinação; legisla sobre as obrigações testamentais, o talião, o casamento e o divórcio; orienta sobre o aleitamento materno, sobre o registro de dívidas; exalta a caridade e abomina a usura. Ensina ao crente o lídimo caminho para a felicidade eterna e a pedir perdão pelas falhas, implorando a misericórdia e o socorro de Deus.

[2] **Al Madīnah**: Medina, a Segunda cidade sagrada, no Mundo Islâmico, depois de Makkah, na qual se encontra a Mesquita do Profeta, onde Muḥammad foi sepultado. Foi nessa cidade que se revelou esta sura.

[3] **Alif, Lām, Mīm**: São três letras do alfabeto árabe, equivalentes, em português, às letras A, L, M. Vinte e nove são as suras do Alcorão que, como esta, se iniciam por letras, mas de modo variado. Há as iniciadas por uma só letra (L, LXVIII), por duas (XLIII), por quatro (VII), e até por cinco letras (XIX). E, por serem inúmeras as interpretações, apresentadas pela exegese alcorânica, na tentativa de elucidar-lhes o significado, salientamos, a seguir, apenas as mais plausíveis destas interpretações: as letras isoladas seriam caracteres místicos, cuja significação e valor permanecem desconhecidos, e que Deus revelou somente a Muḥammad; ou seriam as letras iniciais de atributos divinos, já que, entre os numerosos atributos, não seria difícil selecionar alguns deles, que se iniciassem por estas letras; finalmente, seriam advertência para que os homens jamais olvidassem a onipotência de Deus em contraste com a impotência deles, quer dizer, não olvidassem que, assim como Deus de terra criou o homem, também de simples

2. Sūratu Al-Baqarah

2. Esse é o Livro. Nele, não há dúvida alguma. É orientação para os piedosos,

3. Que crêem no Invisível[1] e cum-prem a oração e despendem, do que lhes damos por sustento;

4. E que crêem no[2] que foi descido **do céu**, para ti[3], e no[4] que fora descido antes de ti, e se convencem da Derradeira Vida.

5. Esses estão em orientação de seu Senhor. E esses são os bem-aventurados.

6. Por certo, aos que renegam a Fé, é-lhes igual que os admoestes ou não os admoestes: não crerão.

7. Allah selou-lhes os corações e o ouvido[5]; e, sobre suas vistas, há névoa. E terão formidável castigo.

8. E, dentre os homens, há quem diga: "Cremos em Allah e no

---

letras formou as palavras do Livro inimitável, que o homem árabe, apesar de sua proverbial eloqüência, jamais pôde reproduzir.

[1] De maneira geral, a crença no **Invisível** é o que distingue o ser racional do irracional. O homem percebe que o Universo está muito além do que seus sentidos podem perceber. Aceitar a evidência cósmica, sem entendê-la, totalmente, mas, também, sem negá-la, é privilégio do homem, em cuja vida a preocupação escatológica e a percepção do **Invisível** ocupam papéis primordiais.

[2] **No:** no Alcorão.

[3] **Para ti:** para o profeta Muḥammad.

[4] **No:** naquilo, ou seja, nos Livros divinos, revelados antes de Muḥammad: a Tora e o Evangelho.

[5] Deus selou-lhes os corações e os ouvidos, porque optaram pela idolatria quando se extraviaram.

Derradeiro Dia", enquanto não são crentes.

9. Procuram enganar[1] a Allah e aos que crêem, mas não enganam senão a si mesmos e não percebem.

10. Em seus corações, há enfermidade; então, Allah acrescentou-lhes enfermidade[2]. E terão doloroso castigo, porque mentiam.

11. E, quando se lhes diz: "Não semeeis a corrupção na terra", dizem: "Somos, apenas, reformadores".

12. Ora, por certo, são eles mesmos os corruptores, mas não percebem.

13. E, quando se lhes diz: "Crede como crêem as **dignas** pessoas", dizem: "Creremos como crêem os insensatos?" Ora, por certo, são eles mesmos os insensatos, mas não sabem.

14. E, quando deparam com os que crêem, dizem: "Cremos"; e, quando estão a sós com seus demônios[3], dizem: "Por certo, est-

---

(1) Referência ao procedimento ambíguo dos hipócritas que, por um lado, abraçaram o Islão, garantindo, com isso, seu status na sociedade; e por outro, ainda ostentavam a descrença, mantendo-se, assim, aliados aos inimigos da nova religião, o Islamismo.

(2) Por **enfermidade**, entenda-se a **inveja**, que os hipócritas, de fé dúbia e vacilante, nutriam em relação aos crentes; essa inveja redundou em ódio atroz, quando a revelação da Verdade, no Alcorão, trouxe constantes denúncias dos hipócritas.

(3) **Demônios**, aqui, traduz a palavra árabe **Chayāṭīn**, forma plural de **Chayṭān**, que

amos convosco; somos, apenas, zombadores."

15. Allah zombará deles e lhes estenderá sua transgressão, continuando eles às cegas.

16. Esses são os que compraram o descaminho pel**o preço d**a orientação. Então, seu comércio não lucrou, e eles não foram guiados.

17. Seu[1] exemplo é como o daqueles que acenderam um fogo e, quando **este** iluminou o que havia ao seu redor, Allah foi-Se-lhes com a luz e deixou-os nas trevas, **onde** não enxergam.

18. São surdos, mudos, cegos: então, não retornam **à Fé**.

19. Ou como **o daqueles que, sob** intensa chuva do céu, em que há trevas e trovões e relâmpagos, tapam com os dedos os ouvidos, contra os raios **ruidosos**, para se precatarem da morte. – E Allah está **sempre**, abarcando os renegadores da Fé[2] –

20. O relâmpago quase lhes arrebata as vistas. Cada vez que lhes

---

significa qualquer rebelde malfeitor, ser humano ou não. No versículo, refere-se a todos os que são hostis à missão de Muḥammad.

[1] Alusão aos hipócritas, que escolheram a descrença, mesmo após haver conhecido a Verdade, mas que, ainda, buscavam uma luz para orientá-los no caminho reto. Ao advir-lhes a esperada luz, por meio do Alcorão voltaram-lhe as costas e, conseqüentemente, dela foram desprovidos, permanecendo na escuridão.

[2] Ou seja, Deus tem poder de assediar os incrédulos.

ilumina **o caminho**, nele andam e, quando lhos entenebrece, detêm-se. E se Allah quisesse, ir-Se-lhes-ia com o ouvido e as vistas[1]. Por certo, Allah, sobre todas as cousas, é Onipotente.

21. Ó humanos! Adorai vosso Senhor, Que vos criou e aos que foram antes de vós, na esperança de serdes piedosos.

22. **É Ele** Quem vos fez da terra leito e do céu, teto edificado; e fez descer do céu água, com que fez sair, dos frutos, sustento para vós. Então, não façais semelhantes a Allah, enquanto sabeis.

23. E, se estais em dúvida acerca do que fizemos descer sobre Nosso servo, fazei vir uma sura[2] igual à **d**ele, e convocai vossas testemunhas, em vez de Allah, se sois verídicos.

24. E, se o não fizerdes – e o não fareis – guardai-vos do Fogo, cujo

---

(1) Este versículo reforça a alegoria do Alcorão, que é luz e ilumina o caminho para os que renegam a Fé, tal qual **um relâmpago** fulgurante. Os hipócritas parecem admitir essa luz, mas recuam, com desdém, e, novamente, as trevas encobrem-nos. Privam-se, deliberadamente, da graça que Deus lhes confere, pois tapam os ouvidos e evitam a luz. Seus artifícios de recusa são tolos perante Deus.

(2) **Fazei vir uma sura:** reproduzir um capítulo do Livro. Os renegadores do Islão colocavam em dúvida a veracidade da Mensagem de Muḥammad, servo de Deus. Para dirimir as dúvidas, foi-lhes dirigido o seguinte desafio, encontrado em certos passos do Alcorão (X 38, 39; XI 13, 14; LII 33, 34 e XVII 88): se não acreditavam na origem divina do Livro, deveriam ou reproduzi-lo integralmente, ou fazer dez capítulos semelhantes, ou, pelo menos, um deles, o que nem mesmo os árabes, de grande eloqüência, o lograram. Isto veio selar essa questão e provar, em definitivo, a origem do Livro, como revelação de Deus ao homem.

combustível são os homens e as pedras⁽¹⁾. O qual é preparado para os renegadores da Fé.

25. E alvissara, **Muḥammad**, aos que crêem e fazem as boas obras que terão Jardins, abaixo dos quais correm os rios. Cada vez que forem sustentados por algo de seus frutos, dirão: "Eis o **fruto** por que fomos sustentados antes". Enquanto o que lhes for concedido será, **apenas**, semelhante. E, neles, terão esposas puras e, neles, serão eternos.

26. Por certo, Allah não se peja de propor um exemplo qualquer, seja de um mosquito ou de algo superior a este. Então, quanto aos que crêem, eles sabem que ele é a verdade de seu Senhor. E, quanto aos que renegam a Fé, dizem: "Que deseja Allah com este exemplo?" Com ele, **Allah** descaminha a muitos e, com ele, guia a muitos. E não descaminha, com ele, senão os perversos⁽²⁾,

27. Que desfazem o pacto de Allah, após havê-lo firmado, e cortam o que Allah ordena estar

---

(1) Ou seja, os ídolos de pedra das falsas divindades, que, com os renegadores do Islão, serão lançados no Inferno, para provar-lhes que nem mesmo as pedras serão indenes ao voraz fogo infernal.

(2) Os antagonistas do Islão, que lançaram mão de toda a sorte de controvérsias para detrair o Alcorão, criticaram, inclusive, os exemplos nele contidos, referentes a **insetos**, tais como a aranha (XXIX 41) e a mosca (XXII 73), alegando que, caso se tratasse de obra divina, jamais encerraria tais exemplos, já que Deus não se ocupa de seres insignificantes, por ser-lhes infinitamente Superior.

unido e semeiam a corrupção na terra. Esses são os perdedores.

28. Como podeis renegar a Allah, enquanto Ele vos deu a vida quando estáveis mortos⁽¹⁾? Em seguida, far-vos-á morrer; em seguida, dar-vos-á a vida; e finalmente, a Ele sereis retornados.

29. Ele é Quem criou para vós tudo o que há na terra; em seguida, voltou-Se para o céu e, dele, formou sete céus. – E Ele, de todas as cousas, é Onisciente –

30. E quando teu Senhor disse aos anjos: "Por certo, farei, na terra, um califa⁽²⁾", disseram: "Farás, nela, quem nela semeará a corrupção e derramará o sangue, enquanto nós Te glorificamos, com louvor, e Te sagramos⁽³⁾?" Ele disse: "Por certo, sei o que não sabeis."

31. E Ele ensinou a Adão todos os nomes **dos seres**; em seguida, expô-los⁽⁴⁾ aos anjos e disse:

---

(1) Ou seja, não havíeis nascido, ainda.
(2) Etimologicamente, a palavra **califa** significa sucessor, o que substitui a outrem; designou, posteriormente, o soberano moslim. No texto, **califa** refere-se a Adão.
(3) Os anjos, conhecedores só do bem e entoadores eternos do louvor de Deus, acreditavam-se, por isso, superiores ao ser humano, ignorando, entretanto, que este, criado com a mescla dos caracteres dos jinns (seres invisíveis benfazejos ou malfazejos, que, segundo o Alcorão, foram criados do fogo) e dos anjos e, assim, receptáculo do mal e do bem, poderia ser-lhes superior, se, por meio do livre arbítrio, propendesse para o bem.
(4) Somente ao homem foi conferida a faculdade de expressão oral; por isso, Deus ensinou-lhe os nomes de todos os seres, com os quais pôde designá-los. Daí, o homem passou a ter a chave do conhecimento e tornou-se a criatura superior, por

"Informai-Me dos nomes desses, se sois verídicos".

32. Disseram: "Glorificado sejas! Não temos ciência **outra** senão a que nos ensinaste. Por certo, Tu, Tu és O Onisciente, O Sábio."

33. Ele disse: "Ó Adão! Informa-os de seus nomes." E, quando **este** os informou de seus nomes, Ele disse: "Não vos disse que, por certo, sei do Invisível dos céus e da terra, e sei o que mostrais, e o[1] que ocultáveis?"

34. E quando dissemos aos anjos: "Prosternai-vos diante de Adão"; então, eles prosternaram-se, exceto Iblis[2]. Ele recusou **fazê-lo**, e se ensoberbeceu e foi dos infiéis.

35. E dissemos: "Ó Adão! Habita, tu e tua mulher, o Paraíso, e dele comei, fartamente, onde quiserdes, e não vos aproximeis desta árvore[3], pois seríeis dos injustos."

36. E Satã fê-los incorrer em erro por causa dela[4], e fê-los sair

---

excelência, acima de todas as criaturas de Deus, inclusive dos anjos.

(1) **O**: aquilo que os anjos pensaram no momento em que Deus criou Adão, ou seja, que Deus jamais criaria um ser mais privilegiado e sábio que eles.

(2) **Iblīs** ou **Eblīs**: Nome dado ao jinn que desobedeceu a Deus. Também, denominado **Chaytān**, Satã.

(3) **A árvore proibida**: o meio de experimentar a perseverança do homem. O Alcorão alude à ela muito laconicamente, sem especificar-lhe a espécie ou a localização, e vão será que indaguemos mais à respeito dela, já que todos estes assuntos pertencem ao mundo invisível, inacessível ao homem.

(4) **Dela**: da árvore.

2. Sūratu Al-Baqarah   Parte 1

de onde estavam. E dissemos: "Descei, sendo inimigos uns dos outros[1]. E tereis, na terra, residência e gozo, até certo tempo."

37. – Então, Adão recebeu palavras de seu Senhor, e Ele Se voltou para ele, remindo-o[2]. Por certo, Ele é O Remissório, O Misericordiador. –

38. Dissemos: "Descei todos, dele[3]! Então, se vos chega de Mim orientação, aqueles que seguirem Minha orientação, por eles nada haverá que temer, e eles não se entristecerão.

39. "E os que renegarem a Fé e desmentirem Nossos sinais, esses serão os companheiros do Fogo. Nele, serão eternos."

40. Ó filhos de Israel[4]! Lembrai-

---

(1) **Descei, sendo inimigos uns dos outros**: esta frase pode ser interpretada de duas maneiras: ou Satã e seus sequazes seriam inimigos dos homens, e estes daqueles, ou os homens seriam inimigos uns dos outros, por causa das injustiças que fizerem mutuamente ao próximo.

(2) Este versículo explicita que Adão foi perdoado. Com isso, o Islão demonstra que não reconhece o pecado original, pois vê o pecado como ato individual, exclusivo de quem age incorretamente. O pecado e o arrependimento não podem ser impostos: surgem de dentro do indivíduo. E ninguém deve arcar com os erros dos outros nem arrepender-se pelo que o outro fez de mau.

(3) **Dele**: do Paraíso.

(4) **Ó filhos de Israel**: Israel é o nome dado, por Deus, a Jacó, filho de Isaque e neto de Abraão. Todos os descendentes de Jacó são assim chamados de filhos de Israel e, constantemente, o Alcorão os convida a discutirem, conjuntamente, não só as questões levantadas sobre a Mensagem de Muḥammad, mas, também, as dúvidas dela surgidas. E invoca-os a se lembrarem das graças que Deus, sempre, dirigiu aos descendentes de Jacó, e do destino que tiveram os antepassados, quando se desviaram do caminho reto.

2. Sūratu Al-Baqarah   Parte 1

vos de Minha graça⁽¹⁾, com que vos agraciei, e sede fiéis a Meu pacto, Eu serei Fiel a vosso pacto. E, a Mim, então, venerai-Me.

41. E crede no⁽²⁾ que fiz descer, confirmando o⁽³⁾ que está convosco; e não sejais os primeiros renegadores dele. E não vendais Meus sinais por ínfimo preço. E a Mim, então, temei-Me.

42. E não confundais o verdadeiro com o falso e não oculteis a verdade, enquanto sabeis.

43. E cumpri a oração e concedei az-zakāh⁽⁴⁾, e curvai⁽⁵⁾-vos com os que se curvam.

⁽¹⁾ **Minha graça**: os benefícios, concedidos por Deus aos filhos de Israel, tais como: a liberdade do jugo faraônico, a travessia do mar, a proteção assombreada das nuvens contra o calor do deserto, o envio do maná e das codornizes.

⁽²⁾ **No**: no Alcorão, o Livro divino, revelado ao Profeta Muḥammad, em inícios do século VII d.C.. É a base da religião islâmica, que chegou para amparar a humanidade em seu caminho terreno e unificar a velha aliança (o Judaísmo) com a nova aliança (o Cristianismo), assim como ampliar o ato de caridade e estabelecer a fraternidade universal, ligando todos os homens a uma só religião, sem discriminação de raça, cor, nacionalidade ou posição social.

⁽³⁾ **O**: a Tora, ou a lei mosaica do Pentateuco, que prega, igualmente, a unicidade de Deus e a aplicação das leis de Deus aos homens.

⁽⁴⁾ **Az-zakāh**: parte dos bens concedida em caridade. O Alcorão incita os filhos de Israel à prática da caridade, não só para consolidar a fraternidade social, mas para dirimir o ódio que as diferenças sociais provocam no pobre em relação ao rico, fazendo com que este se sinta, parcialmente, responsável pelos desafortunados, pois a riqueza é dádiva de Deus e, por conseqüência, deve ser compartilhada. Dessa forma, cada moslim deve conceder az-zakāh correspondente a 2,5% ou 1/40 avos do que possui, que excedam os limites de suas necessidades e estejam disponíveis, durante um ano. O governo recolherá esta quantia para distribuí-la às oito categorias de necessitados, de acordo com o Alcorão (IX 60).

⁽⁵⁾ Ou seja, "orai". Como a prece é constituída de dois movimentos, do curvar-se e do prosternar-se, o versículo, referindo-se ao primeiro deles, já alude, metonimicamente, à prece global.

2. Sūratu Al-Baqarah   Parte 1

44. Ordenais a bondade às **outras** pessoas e vos esqueceis de vós mesmos, enquanto recitais o Livro[1]? Então, não razoais?

45. E implorai ajuda, com a paciência e a oração. E, por certo, esta **oração** é bem penosa, exceto para os humildes,

46. Que pensam que depararão com seu Senhor e que a Ele retornarão.

47. Ó filhos de Israel! Lembrai-vos de Minha graça, com que vos agraciei, e de que vos preferi aos mundos[2].

48. E guardai-vos de um dia, em que uma alma nada poderá quitar por **outra** alma, e não se lhe aceitará intercessão nem se lhe tomará resgate; e eles[3] não serão socorridos.

49. E **lembrai-vos de** quando vos salvamos do povo de Faraó, enquanto eles vos infligiam o pior castigo: degolavam vossos filhos e deixavam vivas vossas mulheres. E nisso, houve de vosso Senhor formidável prova.

50. E **lembrai-vos de** quando, por vós, separamos o mar; então

---

(1) Ou seja, a Tora.
(2) Pela expressão **aos mundos**, entenda-se **aos povos da época mosaica**.
(3) **Eles**: os culpados.

salvamo-vos, e afogamos o povo de Faraó, enquanto olháveis.

51. E **lembrai-vos de** quando fizemos promessa a Moisés durante quarenta noites; em seguida, depois dele[1], tomastes o bezerro **por divindade**, e fostes injustos.

52. Em seguida, depois disso, indultamo-vos, para serdes agradecidos.

53. E **lembrai-vos de** quando concedemos a Moisés o Livro e Al Furqān[2], para vos guiardes.

54. E **lembrai-vos de** quando Moisés disse a seu povo: "Ó meu povo! Por certo, fostes injustos com vós mesmos, tomando o bezerro **por divindade**. Então, voltai-vos[3] arrependidos para vosso Criador, e matai-vos. Isso vos é melhor, junto de vosso Criador." Então, Ele voltou-Se para vós, remindo-vos. Por certo, Ele, Ele é O Remissório, O Misericordiador.

55. E **lembrai-vos de** quando dissestes: "Ó Moisés! Não creremos

---

(1) Ou seja, depois de ele, Moisés, partir para o Monte Sinai.

(2) **Al Furqān**: infinitivo substantivado de **faraqa**, que significa separar ou distinguir. Essa forma infinitiva assume, no Alcorão, de acordo com o contexto, três sentidos diferentes: o critério de distinguir o bem do mal, a vitória e o Livro revelado. Aqui, alude-se ao primeiro deles.

(3) Segundo alguns exegetas, ou se trata do suicídio, como prova de obediência, para purificação pessoal, ou do homicídio contra o adorador do bezerro. Para a segunda interpretação, vide Êxodo XXXII 27.

em ti, até que vejamos Allah, declaradamente." Então, o raio apanhou-vos, enquanto olháveis.

56. Em seguida, ressuscitamo-vos, após vossa morte, para serdes agradecidos.

57. E fizemos sombrear-vos as nuvens, e fizemos descer sobre vós o maná[(1)] e as codornizes, e **dissemos**: "Comei das cousas benignas que vos damos por sustento." E eles não foram injustos coNosco, mas foram injustos com si mesmos.

58. E **lembrai-vos de** quando dissemos: "Entrai nesta cidade[(2)] e dela comei, fartamente, onde quiserdes; e entrai pela porta, prosternando-vos, e dizei: 'Perdão!', Nós vos perdoaremos os erros. E acrescentaremos **graças** aos benfeitores."

59. Mas, os injustos trocaram, por outro dizer, o que lhes havia sido dito; então, fizemos descer sobre os injustos um tormento do céu, pela perversidade que cometiam.

60. E **lembrai-vos de** quando Moisés pediu água para seu povo,

---

(1) **Maná**: substância doce e viscosa como o mel, que exsuda das árvores, no alvorecer. Sobre a descrição bíblica, vide Êxodo XVI 14 e 31.

(2) A identificação dessa cidade não é claramente determinada. Alguns exegetas dizem tratar-se da cidade de Jerusalém ou Jericó. A Bíblia fala de Canaã, onde Moisés ordenou que os filhos de Israel entrassem para o reconhecimento dela e de seu povo, se era forte ou fraco; e viram eles que, nessa terra que, habitava o poderoso povo, de grande estatura, e recearam-na. Vide Números XIII 28, 31-33.

e dissemos: "Bate na pedra com tua vara."– Então, dela emanaram doze olhos d'água. Com efeito, cada tribo soube de onde beber. – "Comei e bebei do sustento de Allah e não semeeis a maldade na terra, sendo corruptores".

61. E **lembrai-vos de** quando dissestes: "Ó Moisés! Não suportaremos um só alimento; então, suplica, por nós, a teu Senhor nos faça sair **algo** do que a terra brota: de seus legumes e de seu pepino e de seu alho e de sua lentilha e de sua cebola." Ele disse: "Trocareis o que é melhor pelo que é pior? Descei a uma metrópole (1), e, por certo, tereis o que pedis!" E a vileza e a humilhação estenderam-se sobre eles, e incorreram em ira de Allah. Isso, porque renegavam os sinais de Allah e matavam, sem razão, os profetas(2). Isso, porque desobedeceram e cometiam agressão.

62. Por certo, os que crêem(3) e os que praticam o judaísmo e os cristãos e os sabeus(4), qualquer

---

(1) **Metrópole**, aqui, é tradução da palavra árabe **miṣr**, que, como nome indefinido, significa grande cidade ou metrópole e cuja declinação, no versículo, denota tratar-se de um nome comum. Esta interpretação é mais lógica que a que liga esta palavra ao topônimo **miṣr**, nome próprio do Egito.

(2) Alusão a Zacarias, João Batista e a outros profetas mortos injustamente. Vide II Crônicas XXIV 20-21, Jeremias XVIII 20-23.

(3) Ou seja, os moslimes.

(4) **Os sabeus**: ṣābi'īn, plural de ṣābi', o que deixa uma religião por outra. Trata-se

dentre eles que creu em Allah e no Derradeiro Dia e fez o bem terá seu prêmio junto de seu Senhor; e nada haverá que temer por eles, e eles não se entristecerão.

63. E **lembrai-vos de** quando firmamos aliança convosco e elevamos acima de vós o Monte[1], **dizendo**: "Tomai, com firmeza, o[2] que vos concedemos e lembrai-vos do que há nele, na esperança de serdes piedosos."

64. Em seguida, depois disso, voltastes as costas. E, não fora o favor de Allah para convosco, e Sua Misericórdia, seríeis dos perdedores.

65. E, com efeito, sabeis os que de vós cometeram agressão no sábado, então, dissemo-lhes: "Sede símios repelidos[3]!"

---

de um grupo de idólatras árabes, muito anteriores ao Islão, os quais, não aceitando mais o politeísmo de seus antepassados, buscaram outra crença que lhes fosse mais adequada, até chegarem a certa concepção monoteísta da religião abraâmica. E afastaram-se da religião vigente, na comunidade em que viviam. Daí sua denominação: sabeus, os desviados da religião comum. Esta interpretação prevalece sobre a de que eram adoradores das estrelas.

(1) Ou seja, o Monte Sinai. Quando Moisés chegou com as tábuas e os judeus tomaram conhecimento das difíceis tarefas que teriam de executar, recusaram-se a aceitá-las. Foi quando o anjo Gabriel, reprovando o ato deles, arrancou o Monte Sinai, erguendo-o acima deles, como um teto. E Moisés lhes disse que aceitassem as leis, ou o Monte cairia sobre eles, esmagando-os. Vide **Talmude**, Shabb 88a e Êxodo XIX 18.

(2) **O**: o livro dos judeus, ou seja, a Tora.

(3) **Símios repelidos**: Referência à transgressão do Sábado (vide Êxodo XXXI 14), cometida pelos judeus de Elate às margens do Mar Vermelho, quando reinava Davi. Não podendo fugir à tentação que lhes causava a grande quantidade de

66. E fizemos dessa **punição** tormento exemplar para o seu presente e para o seu futuro e exortação para os piedosos.

67. E **lembrai-vos de** quando Moisés disse a seu povo: "Por certo, Allah ordena-vos que imoleis uma vaca⁽¹⁾". Disseram: "Toma-nos por objeto de zombaria?" Ele disse: "Allah me guarde de ser dos ignorantes!"

68. Disseram: "Suplica, por nós, a teu Senhor torne evidente, para nós, como é ela." Disse: "Ele diz que, por certo, é uma vaca nem velha nem nova, meã, entre estas. Então, fazei o que vos é ordenado."

69. Disseram: "Suplica, por nós, a teu Senhor torne evidente, para nós, qual é sua cor." Disse: "Ele diz que, por certo, é uma vaca amarela; de cor viva; alegra os olhadores."

70. Disseram: "Suplica, por nós, a teu Senhor torne evidente, para

---

peixes, que viam aproximar-se do litoral, os judeus de Elate apanharam-nos, sem escutar as admoestações de alguns homens piedosos. Segundo o Alcorão, Deus puniu-os, então, transformando seus corações e feições; eles tornaram-se semelhantes a símios e foram abandonados pela misericórdia divina e repelidos pela comunidade. (VII 163-166).

(1) A imolação da vaca não constituía prática estranha à tradição judaica, tal como se pode verificar em Números XXIX 1-10 e, refere-se ao momento que os judeus solicitaram a Moisés que, por eles, rogasse a Deus, para que Este lhes revelasse o verdadeiro culpado de um homicídio, e a comunidade pudesse, assim, isentar-se de culpa.

nós, como é ela. Por certo, para nós, **todas** as vacas se assemelham e, por certo, se Allah quiser, seremos guiados."

71. Disse: "Ele diz que, por certo, é uma vaca não dócil para lavrar a terra nem para regar o campo lavrado; sã, sem mancha alguma.[1]" Disseram: "Agora, chegaste com a verdade." E imolaram-na; e, quase, não **o** fizeram.

72. E **lembrai-vos de** quando matastes um homem[2] e disputastes sobre ele[3]. E Allah estava desvendando o que ocultáveis.

73. Então, dissemos: "Batei-lhe[4] com parte dela[5]". Assim, Allah dá a vida aos mortos e vos faz ver Seus sinais, para razoardes.

74. Em seguida, depois disso, vossos corações se endureceram e se tornaram como as pedras, ou mais veementes na dureza. E, por certo, há, dentre as pedras, aquelas das

---

(1) Essa descrição da vaca, conforme ordem do Senhor para Moisés, nos versículos 69 e 71, pode ser cotejada com a da Bíblia em Números XIX 1-2.

(2) No texto, a palavra «nafs» quer dizer : um homem.

(3) Referência ao episódio do rico ancião, entre os filhos de Israel, o qual tinha um só filho. Por ambição, os sobrinhos do ancião resolveram matar-lhe o filho e, assim, herdar-lhe todos os bens. Após o crime, largaram o corpo à porta da cidade e fugiram. Imediatamente, toda a cidade passou a exigir punição dos responsáveis e, à falta de testemunhas, dirigiu-se a Moisés, para que rogasse a Deus lhes indicasse um meio de conhecer a verdade.

(4) **Lhe**: na pessoa morta.

(5) Ou seja, um pedaço da vaca.

quais os rios emanam. E, por certo, há, dentre elas, as que se fendem, e, delas, a água sai. E, por certo, há, dentre elas, as que se baixam, por receio de Allah. E Allah não está desatento ao que fazeis.

75. Então, aspirais⁽¹⁾ a que eles⁽²⁾ creiam em vós, enquanto, com efeito, um grupo deles ouvia as palavras de Allah, em seguida, após havê-las entendido, distorciam-nas, enquanto sabiam?

76. E, quando eles deparam com os que crêem, dizem: "Cremos"; e, quando estão a sós, uns com os outros, dizem: "Vós lhes contais o que Allah sentenciou, para vós, a fim de argumentarem, com isso, contra vós, diante de vosso Senhor? Então, não razoais⁽³⁾?"

77. E não sabem eles que Allah sabe o de que guardam segredo e o que manifestam?

78. E, dentre eles, há iletrados, que não sabem do Livro⁽⁴⁾ senão vãs esperanças, e nada fazem senão conjeturar.

---

(1) O versículo se dirige aos moslimes.

(2) **Eles**: os filhos de Israel.

(3) Alude-se à recriminação feita pelos judeus renegadores do Islão a seus próprios companheiros mais moderados, que, sabendo da promessa da vinda de um profeta, oriundo de seu meio, revelavam-na aos moslimes, o que, de certa forma, poderia fortalecer o islamismo em detrimento ao Judaísmo.

(4) Ou seja, a Tora.

79. Então, ai dos que escrevem o Livro[1], com as próprias mãos; em seguida, dizem: "Isso é de Allah", para o venderem por ínfimo preço! Então, ai deles pelo que escrevem[2] com as próprias mãos! E ai deles pelo que logram!

80. E dizem: "O Fogo não nos tocará senão por dias contados.[3]" Dize, **Muḥammad**: "Firmastes pacto com Allah, então, Allah não faltará a Seu pacto? Ou dizeis de Allah o que não sabeis?"

81. Sim! Aqueles que cometem um mal, e são abarcados por seus erros, esses são os companheiros do Fogo. Nele, serão eternos.

82. E os que crêem e fazem as boas obras, esses são os companheiros do Paraíso. Nele, serão eternos.

83. E **lembra-lhes de** quando firmamos a aliança com os filhos de Israel: "Não adorareis senão a Allah; e **tende** benevolência para com os pais e os parentes e os órfãos e os necessitados; e dizei aos homens belas palavras, e cumpri a

---

[1] Ou seja, a Tora.
[2] Alusão às alterações perpetradas pelos judeus no texto da Tora, com o fim de tirar-lhe as passagens proféticas da missão de Muḥammad.
[3] **Dias contados:** pensavam os judeus que a permanência no Inferno duraria, apenas, quarenta dias, ou seja, o mesmo tempo que levaram seus antepassados adorando o bezerro de ouro.

oração⁽¹⁾, e concedei az-zakāh⁽²⁾; em seguida, exceto poucos de vós, voltastes as costas, dando de ombros.

84. E **lembrai-vos de** quando firmamos a aliança⁽³⁾ convosco: "Não derramareis vosso sangue e não vos fareis sair, uns aos outros, de vossos lares"; em seguida, reconheceste-lo, enquanto o testemunháveis.

85. Em seguida, ei-vos que vos matais uns aos outros e fazeis sair, de seus lares, um grupo de vós, auxiliando-vos contra eles, com o pecado e a agressão; e, se eles chegam a vós como cativos, resgatai-los, enquanto vos é proibido fazê-los sair⁽⁴⁾. Credes, então, numa

---

(1) **A oração**, em árabe, aṣ-ṣalāh: na tradição islâmica, deve ser feita cinco vezes por dia: na aurora, ao meio-dia, à tarde, ao pôr-do-sol e à noite, a fim de que o homem, em contato constante com Deus, purifique sua alma. A oração pode ser feita em qualquer lugar, não necessariamente no templo, mesquita, devendo ser cumprida, obrigatoriamente, em qualquer circunstância: Estando-se no local em que se vive, ou em viagem, estando-se com saúde ou enfermo. O alvo da oração não se limita, apenas, à glorificação de Deus, com movimentos de reverência e prosternação, mas, fundamentalmente, à entrega da alma a Deus, à renovação da Fé e à obtenção de Sua misericórdia.

(2) Cf. II 43 n4.

(3) Ou seja, a aliança com os filhos de Israel.

(4) Esta passagem é alusiva à contraditória atitude dos judeus não só em combate com seus próprios irmãos de sangue e em obediência à lei mosaica, mas, ao mesmo tempo, em resgate deles, segundo o costume e em respeito à lei. Este episódio ocorreu em época anterior ao Islão, quando, em Al Madīnah, havia duas grandes tribos árabes, rivais entre si: Al Aus e Al Khazraj, e duas comunidades judaicas, igualmente rivais entre si: Banū Quraizah e Banū an-Naḍīr. Ocorreu que os Banū Quraizah se aliaram à tribo árabe Al Aus, assim como os Banū an- Naḍīr se aliaram aos Al Khazraj. Quando se desavieram, as duas tribos árabes contaram

parte do Livro e renegais a outra parte? E a recompensa de quem de vós faz isso não é senão a ignomínia na vida terrena, e, no Dia da Ressurreição, serão levados ao mais veemente castigo. E Allah não está desatento ao que fazeis.

86. Esses são os que compraram a vida terrena pela Derradeira Vida. Então, o castigo não se lhes aliviará, e não serão socorridos.

87. E, com efeito, concedemos a Moisés o Livro, e fizemos seguir, depois dele, os Mensageiros. E concedemos a Jesus, Filho de Maria, as evidências[1] e amparamo-lo com o Espírito Sagrado[2]. E, será que cada vez que um Mensageiro vos chegava, com aquilo pelo que vossas almas não se apaixonavam, vós vos ensoberbecíeis? Então, a um grupo desmentíeis, e a um grupo matáveis.

88. E dizem: "Nossos corações estão encobertos[3]." **Não.** Mas Allah os amaldiçoou por sua

---

com seus respectivos aliados judeus. Foi quando ocorreu o combate de judeus contra judeus, a que se refere esse versículo.

(1) **As evidências**: relacionadas a Jesus, são, entre outras a ressurreição dos mortos, a cura do cego de nascença, do leproso, etc. (III 49).

(2) **Espírito Sagrado**: o anjo Gabriel mensageiro celestial.

(3) A palavra usada no Alcorão é **incircunciso**, que traduz a palavra árabe **ghulf**, significa que seus corações estão selados e a pregação do Profeta não pode neles entrar. Observe-se que este termo tem amplo uso na Bíblia, conforme se pode ver em Deuteronômio X 16, XXX 6, Jeremias VI 10 e outros.

renegação da Fé. Então, quão pouco crêem!

89. E, quando lhes chegou um Livro da parte de Allâh[1], confirmando o[2] que estava com eles – e eles, antes buscavam a vitória[3] sobre os que renegavam a Fé –, quando, pois, lhes chegou o que **já** conheciam, renegaram-no. Então, que a maldição de Allah seja sobre os renegadores da Fé!

90. Que execrável o **preço** pelo qual venderam suas almas, ao renegarem o[4] que Allah fez descer, movidos pela revolta de que Allah fizesse descer algo de Seu favor sobre quem Ele quisesse, dentre Seus servos. Então, incorreram em ira sobre ira. E haverá, para os renegadores da Fé, aviltante castigo.

91. E, quando se lhes diz: "Crede no que Allah fez descer", dizem: "Cremos no que fora descido sobre nós." E renegam o que houve depois disso, enquanto isso é a Verdade

---

(1) **Livro vindo de Allah**: o Alcorão.

(2) **O**: o Livro, ou seja a Tora.

(3) Antes do surgimento do Islão, os judeus, em combate com os idólatras, suplicavam a Deus pela vitória, em nome do profeta descrito na Tora. Vide Deuteronômio XVIII 15 e 18. Porque se julgavam superiores aos descrentes e gentios, deveriam ser os primeiros a reconhecer a nova Verdade, ou seja, aquela trazida por Muḥammad, já que era muito similar ao que haviam recebido na Tora. Entretanto, por arrogância, negaram a nova Verdade e se recusaram a professá-la.

(4) **O**: o Alcorão.

que confirma o que está com eles. Dize: "Por que, então, matastes, antes, os profetas de Allah, se sois crentes[1]?"

92. E, com efeito, Moisés chegou-vos com as evidências[2]; em seguida, depois dele[3], tomastes o bezerro **por divindade**, enquanto injustos.

93. E **lembrai-vos de** quando firmamos a aliança convosco e elevamos acima de vós o Monte[4], **dizendo**: "Tomai, com firmeza, o[5] que vos concedemos, e ouvi." Disseram: "Ouvimos e desobedecemos." E, por sua renegação da fé, seus corações foram imbuídos do amor ao bezerro. Dize: "Que execrável o que vossa fé vos ordena, se sois crentes!"

94. Dize: "Se a Derradeira Morada, junto de Allah, vos é consagrada, com exclusão de outras pessoas, anelai, então, a morte, se sois verídicos."

95. E jamais a anelarão, pelo que suas mãos anteciparam. E

---

[1] O mesmo que: "...se credes na Tora, onde vos foi prescrita a proibição de matar os profetas". Cf. II 61 n2.

[2] **As evidências** de Moisés, entre outras, são: a transformação da vara em serpente, a mão que se torna alva, a passagem pelo meio do mar.

[3] Ou seja, depois da ida dele ao Monte Sinai (II 51 n1).

[4] Ou seja, o **Monte Sinai**: proeminente montanha do deserto árabe na Península Arábica, entre os dois golfos do Mar Vermelho. Também cognominado a Montanha de Moisés (Jabel Mūssā), pois ali lhe foi entregue a Lei.

[5] Ou seja, os mandamentos divinos.

2. Sūratu Al-Baqarah

Allah, dos injustos, é Onisciente.

96. E, em verdade, encontrá-los-ás os mais ávidos de vida, e mais **ainda** que os que idolatram. Cada um deles almeja viver mil anos. E a longevidade não o distanciará do castigo. E Allah, do que fazem, é Onividente.

97. Dize, **Muḥammad**: "Quem é o inimigo de Gabriel[1] **o é de Allah**, pois, por certo, foi ele quem o[2] fez descer sobre teu coração, com a permissão de Allah, para confirmar o[3] que havia antes dele, e para ser orientação e alvíssaras para os crentes."

98. Quem é inimigo de Allah e de Seus anjos e de Seus Mensageiros e de Gabriel e de Miguel, por certo, Allah é inimigo dos renegadores da Fé.

99. E, com efeito, fizemos descer, para ti, versículos evidentes; e não os renegam senão os perversos.

100. E, será que cada vez que pactuam um pacto, um grupo deles haverá de rejeitá-lo? Mas a maioria

---

(1) No início do Islão, um dos rabinos da comunidade judaica indagou do Profeta quem lhe transmitira as revelações divinas, que ensinava. O Profeta respondeu-lhe que fora o anjo Gabriel, o que causou indignação ao rabino, que considerou o anjo inimigo dos judeus, a quem deveria ter entregue as revelações e não aos árabes. Vide Al Zamakhchari, volume I, p. 298, 1966.

(2) **O**: o Alcorão.

(3) **O**: o Livro, ou seja, a Tora.

deles não crê.

101. E, quando lhes chegou um Mensageiro, da parte de Allah, confirmando o que estava com eles, um grupo daqueles[1], a quem fora concedido o Livro, atirou para trás das costas o Livro[2] de Allah, como se não soubessem.

102. E seguiram o que os demônios recitavam acerca do reinado de Salomão. E Salomão não renegou a Fé[3], mas **foram** os demônios **que** a renegaram. Eles ensinaram aos homens a magia e o que fora descido sobre os dois anjos Hārūt e Mārūt[4], na Babilônia. E ambos a ninguém ensinaram, sem **antes** dizer: "Somos, apenas, tentação; então, não renegues a Fé." E **os homens** aprenderam de ambos o[5] com que separavam a pessoa de sua mulher. E eles não estavam, com ela[6], prejudicando a ninguém senão com a permissão de Allah. E eles aprenderam o que os prejudicava e não os beneficiava. E, com efeito, sabiam que quem a

وَلَمَّا جَآءَهُمْ رَسُولٌ مِّنْ عِندِ ٱللَّهِ مُصَدِّقٌ لِّمَا مَعَهُمْ نَبَذَ فَرِيقٌ مِّنَ ٱلَّذِينَ أُوتُوا۟ ٱلْكِتَٰبَ كِتَٰبَ ٱللَّهِ وَرَآءَ ظُهُورِهِمْ كَأَنَّهُمْ لَا يَعْلَمُونَ ۝

وَٱتَّبَعُوا۟ مَا تَتْلُوا۟ ٱلشَّيَٰطِينُ عَلَىٰ مُلْكِ سُلَيْمَٰنَ وَمَا كَفَرَ سُلَيْمَٰنُ وَلَٰكِنَّ ٱلشَّيَٰطِينَ كَفَرُوا۟ يُعَلِّمُونَ ٱلنَّاسَ ٱلسِّحْرَ وَمَآ أُنزِلَ عَلَى ٱلْمَلَكَيْنِ بِبَابِلَ هَٰرُوتَ وَمَٰرُوتَ وَمَا يُعَلِّمَانِ مِنْ أَحَدٍ حَتَّىٰ يَقُولَآ إِنَّمَا نَحْنُ فِتْنَةٌ فَلَا تَكْفُرْ فَيَتَعَلَّمُونَ مِنْهُمَا مَا يُفَرِّقُونَ بِهِۦ بَيْنَ ٱلْمَرْءِ وَزَوْجِهِۦ وَمَا هُم بِضَآرِّينَ بِهِۦ مِنْ أَحَدٍ إِلَّا بِإِذْنِ ٱللَّهِ وَيَتَعَلَّمُونَ مَا يَضُرُّهُمْ وَلَا يَنفَعُهُمْ وَلَقَدْ عَلِمُوا۟ لَمَنِ ٱشْتَرَىٰهُ مَا لَهُۥ فِى ٱلْءَاخِرَةِ مِنْ خَلَٰقٍ وَلَبِئْسَ مَا شَرَوْا۟ بِهِۦٓ أَنفُسَهُمْ لَوْ كَانُوا۟

---

(1) **Daqueles**: de judeus.

(2) **Livro**: a Tora. Assim procederam em repúdio às profecias da Tora em relação à vinda de Muḥammad.

(3) Ou seja, Salomão não renegou sua crença, praticando a Magia.

(4) **Hārūt e Mārūt** são os dois anjos, igualmente, mencionados nas tradições judaicas do Midrash, e no Novo Testamento. Vide II São Pedro II 4 e São Judas 6.

(5) **O**: aquilo, a magia.

(6) **Com ela**: com a magia.

adquirisse não teria, na Derradeira Vida, quinhão algum. E, em verdade, que execrável o **preço** pelo qual venderam suas almas! Se soubessem!

103. E, se eles cressem e fossem piedosos, em verdade, uma boa retribuição de Allah **lhes** seria melhor. Se soubessem!

104. Ó vós que credes! Não digas a **Muḥammad** "rā‘inā⁽¹⁾", e dizei "unẕurnā", e ouvi. E, para os renegadores da Fé, haverá doloroso castigo.

105. Nem os que renegam a Fé, dentre os seguidores do Livro⁽²⁾, nem os idólatras, almejariam que de vosso Senhor descesse algum bem sobre vós. E Allah privilegia, com Sua misericórdia, a quem quer. E Allah é Possuidor do magnífico favor.

106. Qualquer versículo que abroguemos ou façamos esquecer, faremos chegar um melhor ou igual a ele⁽³⁾. Não sabes que Allah, sobre

---

(1) Os moslimes, ao receberem os ensinamentos do Profeta, tinham o hábito de dizer-lhe: "**Rā‘inā!**", imperativo com o sentido de "**cuida de Nós!**". Os judeus, sempre hostis ao Profeta, para simularem o insulto que lhe dirigiam, usavam este imperativo, com ligeira corruptela fonética, tornando-o, perfidamente, semelhante a uma palavra hebraica, הַבַעֵר ("**Rā‘inu**"), que significa "**Nosso malvado**". Por essa razão, o Alcorão pediu aos moslimes que não mais usassem esta forma invocativa, mas a substituíssem pela palavra "**Unẕurnā**". "Olha-nos".

(2) Ou seja, os judeus e os cristãos que seguem, respectivamente, a Tora e o Evangelho.

(3) Estas alterações, mormente, visavam a acompanhar a evolução das épocas e

todas as cousas, é Onipotente?

107. Não sabes que de Allah é a soberania dos céus e da terra, e vós não tendes, além de Allah, nem protetor nem socorredor?

108. Ou quereis questionar vosso Mensageiro como, antes, foi questionado Moisés[(1)]? E quem troca a Fé pela renegação da Fé, com efeito, se descaminhará do caminho certo.

109. Muitos dos seguidores do Livro[(2)] almejaram, por inveja **vinda** de suas almas, – após haver-se tornado evidente, para eles, a Verdade – tornar-vos renegadores da Fé, depois de haverdes crido. Então, indultai-**os** e tolerai-**os**, até que Allah faça chegar Sua ordem. Por certo, Allah, sobre todas as cousas, é Onipotente.

110. E cumpri a oração e concedei az-zakāh[(3)]. E o que quer de bom que antecipeis a vossas almas, encontrá-lo-eis junto de Allah. Por certo, Allah, do que fazeis, é Onividente.

---

costumes. Não foram feitas *ex abrupto*, mas gradativamente e de forma sábia, a fim de se evitar o impacto e a subseqüente reação das sociedades a que se destinavam.

(1) O versículo dirigido aos moslimes faz alusão à demanda de provas, ou milagres espirituais que, outrora, os filhos de Israel exigiram de Moisés, quando disseram: "Mostra-nos Deus, claramente". (Vide IV 153)

(2) Ou seja, da Tora.

(3) Cf. II 43 n4.

111. E dizem: "Não entrará no Paraíso senão quem é judeu ou cristão." Essas são suas vãs esperanças. Dize: "Trazei vossas provanças, se sois verídicos."

112. Sim! Quem entrega a face a Allâh[1], enquanto benfeitor, terá seu prêmio junto de seu Senhor. E nada haverá que temer por eles, e eles não se entristecerão.

113. E os judeus dizem: "Os cristãos não estão **fundados** sobre nada." E os cristãos dizem: "Os judeus não estão **fundados** sobre nada", enquanto eles recitam o Livro[2]! Assim, os[3] que nada sabem dizem **algo** igual a seu dito. E Allah julgará, entre eles, no Dia da Ressurreição, naquilo de que discrepavam.

114. E quem mais injusto que aquele que impede, nas mesquitas de Allah, se mencione Seu Nome, e se esforça em arruiná-las? A esses, não lhes é admissível nelas entrarem senão temerosos. Há, para eles, na vida terrena, ignomínia e haverá, para eles, na Derradeira Vida, formidável castigo.

---

(1) Aqui, ocorre metonímia de grande valor estilístico, em que a palavra **face** simboliza a totalidade do ser, e a frase significa: "Entregar-se, inteiramente, a Deus".

(2) **O Livro**: a Tora e o Evangelho.

(3) Ou seja, os árabes pagãos.

2. Sūratu Al-Baqarah — Parte 1

115. E de Allah é o Levante e o Poente. E, para onde quer que vos volteis, lá está a face de Allah. Por certo, Allah é Munificente, Onisciente.

116. E dizem eles[1]: "Allah tomou **para Si** um filho!" Glorificado seja Ele! **Nada tomou Ele**. Mas dEle é o que há nos céus e na terra. A Ele todos são devotos!

117. Ele é O Criador Primordial dos céus e da terra, e, quando decreta algo, apenas, diz-lhe: "Sê", então, é.

118. E os que nada sabem dizem: "Que Allah nos fale ou que um sinal venha a nós!" Assim, os que foram antes deles disseram **algo** igual a seu dito. Seus corações se assemelham. Com efeito, tornamos evidentes os sinais, para um povo que **deles** se convence.

119. Por certo, Nós te enviamos, **Muḥammad**, com a Verdade, como alvissareiro e admoestador. E não serás interrogado acerca dos companheiros do Inferno.

120. E nem os judeus nem os cristãos se agradarão de ti, até que sigas sua crença. Dize: "Por certo, a Orientação de Allah é **a Verdadeira**

---

[1] **Eles**: os judeus e os cristãos (Vide IX 30).

2. Sūratu Al-Baqarah — Parte 1

Orientação." Mas, se seguisses suas paixões, após o que te chegou da ciência[1], não terias, de Allah, nem protetor nem socorredor.

121. Aqueles[2], a quem concedemos o Livro, recitam-no, como deve ser recitado. Esses crêem nele. E os que o renegam, esses são os perdedores.

122. Ó filhos de Israel! Lembrai-vos de Minha graça, com que vos agraciei, e de que vos preferi aos mundos[3].

123. E guardai-vos de um dia, em que uma alma nada poderá quitar por **outra** alma, e não se lhe aceitará resgate nem a beneficiará intercessão; e eles não serão socorridos.

124. E **lembrai-vos de** quando Abraão foi posto à prova por seu Senhor, com **certas** palavras[4], e ele as cumpriu. **O Senhor** disse: "Por certo, farei de ti dirigente[5] para os homens." **Abraão** disse: "E de minha descendência?" **Allah** disse: "Meu pacto não alcançará os injustos."

---

[1] **A Ciência**: a revelação divina.

[2] Alusão aos judeus e cristãos, que se aprofundaram no estudo de seus livros sagrados.

[3] Cf. II, 47 n2.

[4] Palavras de ordem e proibição.

[5] No texto, a palavra é **imame**, forma aportuguesada de imâm (vide Aurélio. líder, guia, oficiante) Título outorgado a Abraão.

125. E **lembrai-vos de** quando fizemos da Casa⁽¹⁾ lugar de visita e segurança para os homens, e **dissemos**: "Tomai o Maqām⁽²⁾ de Abraão por lugar de oração." E recomendamos a Abraão e a Ismael: "Purificai Minha Casa para os que **a** circundam⁽³⁾ e para os que estão em retiro e para os que se curvam e se prosternam".

126. E **lembrai-vos de** quando Abraão disse: "Senhor meu, faze desta⁽⁴⁾ uma cidade de segurança e dá dos frutos, por sustento, a seus habitantes, àqueles, dentre eles, que crêem em Allah e no Derradeiro Dia." **Allah** disse: "E a quem renega a Fé, fá-lo-ei gozar, por algum tempo; em seguida, forçá-lo-ei ao castigo do Fogo. E que execrável destino!

127. E **lembrai-vos de** quando Abraão levantava os alicerces da

---

(1) Ou seja, da Kaᶜbah, o primeiro templo de Deus, construído por Abraão e Ismael, em Makkah.

(2) **O Maqām**: o local em que Abraão permanecia em pé durante a oração; ou todo o templo, construído por Abraão, ou seja, a Kaᶜbah (vide III 96); ou somente, a pedra, ao lado da Kaᶜbah, na qual Abraão se apoiava, enquanto construía o templo, e que ficou marcada com sua pegada (vide III 97). Aliás, é anelo de todo o crente, orar neste lugar.

(3) **Para os que a circundam**: "Al Ṭawāf", tal como se denomina, no Islamismo, é parte fundamental da peregrinação a Makkah, e consiste na visita a Kaᶜbah, circundando-a sete vezes, em louvor a Deus.

(4) Referência à cidade de Makkah, a Cidade da Paz, que, desde então, tornou-se a Cidade Sagrada, depositária de paz permanente, onde é proibido o derramamento de sangue, a caça ou qualquer outra violação à vida. É local de prece e veneração.

2. Sūratu Al-Baqarah — Parte 1

وَإِسْمَٰعِيلُ رَبَّنَا تَقَبَّلْ مِنَّآ إِنَّكَ أَنتَ ٱلسَّمِيعُ ٱلْعَلِيمُ ۝

Casa, e Ismael[1] **também, dizendo**: "Senhor nosso! Aceita-a de nós. Por certo, Tu, Tu és O Oniouvinte, O Onisciente.

رَبَّنَا وَٱجْعَلْنَا مُسْلِمَيْنِ لَكَ وَمِن ذُرِّيَّتِنَآ أُمَّةً مُّسْلِمَةً لَّكَ وَأَرِنَا مَنَاسِكَنَا وَتُبْ عَلَيْنَآ إِنَّكَ أَنتَ ٱلتَّوَّابُ ٱلرَّحِيمُ ۝

128. "Senhor nosso! E faze de ambos de nós moslimes para Ti,[2] e **faze** de nossa descendência uma comunidade moslima para Ti; e ensina-nos nossos cultos e volta-Te para nós, remindo-nos. Por certo, Tu, Tu és O Remissório, O Misericordiador.

رَبَّنَا وَٱبْعَثْ فِيهِمْ رَسُولًا مِّنْهُمْ يَتْلُواْ عَلَيْهِمْ ءَايَٰتِكَ وَيُعَلِّمُهُمُ ٱلْكِتَٰبَ وَٱلْحِكْمَةَ وَيُزَكِّيهِمْ إِنَّكَ أَنتَ ٱلْعَزِيزُ ٱلْحَكِيمُ ۝

129. "Senhor nosso! E manda-lhes[3] um Mensageiro, **vindo deles**[4], o qual recitará, para eles, Teus versículos e lhes ensinará o Livro[5] e a Sabedoria e os dignificará. Por certo, Tu, Tu és O Todo-Poderoso, O Sábio!"

---

(1) Abraão, com sua escrava, Hāgar, e Ismael, filho primogênito de ambos, rumaram para o sul da Península Arábica, no vale de Makkah, no mesmo local, onde, tempos mais tarde, Abraão recebeu uma revelação de Deus. Ordenou Ele que Abraão construísse, aí, um templo para Sua adoração e, assim, foi erguida a Ka'bah, o primeiro santuário consagrado a Deus pelo homem, em todo o mundo (vide III 96).

(2) **Moslimes para Ti**: o termo corresponde, em árabe, ao particípio presente do verbo **aslama**, que, originalmente, significa **entregar-se**; posteriormente, **entregar-se, voluntariamente à obediência**; e restritamente, **entregar-se ao Islão**, a religião pregada por todos os profetas monoteístas. Estes termos derivam da raiz árabe **Salam**, paz. Daí, **Islão**: a Religião da Paz, e **moslim**: aquele que se entrega, inteiramente, a esta religião de Deus. E, no Alcorão, o termo **moslim** qualifica todos os profetas e todo bom crente.

(3) **Lhes**: à descendência de Abraão e Ismael.

(4) **Mensageiro, vindo deles**: atendendo à súplica de Abraão, Deus enviou **Muḥammad** por Mensageiro, surgido do meio dos Árabes, descendentes de Ismael, o filho do Patriarca.

(5) **O Livro**: o Alcorão.

130. E quem, **pois**, rejeita a crença de Abraão senão aquele cuja alma se perde na inépcia? E, com efeito, escolhemo-lo[1], na vida terrena, e, por certo, na Derradeira Vida, será dos íntegros.

131. Quando seu Senhor lhe disse: "Islamiza-te.[2]" Disse: "Islamizo-me, para O Senhor dos mundos.[3]"

132. E Abraão recomendou-a[4] a seus filhos – e, **assim também**, Jacó – **dizendo**: "Ó filhos meus! Por certo, Allah escolheu para vós a religião; então, não morrais senão enquanto moslimes."

133. Ou fostes vós testemunhas, quando a morte se apresentou a Jacó[5], quando ele disse a seus filhos: "O que adorareis depois de mim?" Disseram: "Adoraremos a teu deus e ao deus de teus pais – Abraão e Ismael e Isaque – como um Deus Único. E, para Ele, seremos moslimes."

134. Essa é uma nação que **já**

---

(1) **Lo**: Abraão.

(2) **Islamiza-te**: é tradução de **Aslim**, forma imperativa, derivada de **Aslama**, pretérito, do infinito **Islām**. (Cf. II 128 n2) Note-se que **islamizar-se** é neologismo calcado no verbo árabe, e criado em função da necessidade de evitar ocorrência de perífrases, constantes, tais como; "entrego-me, submisso, a Deus".

(3) Cf. I 2 n1.

(4) **A**: a religião islâmica.

(5) Este versículo foi revelado em resposta à assertiva dos judeus de que Muḥammad ignorava que Jacó (Israel) antes de morrer, recomendara a seus filhos que seguissem a religião judaica. O Alcorão observou que eles não podiam assegurar tal fato, já que não se encontravam lá na hora de sua morte.

passou. A ela, o que logrou, e a vós, o que lograstes, e não sereis interrogados acerca do que faziam.

135. E eles⁽¹⁾ dizem: "Sede judeus ou cristãos, vós sereis guiados." Dize, **Muḥammad**: "**Não**, mas **seguimos** a crença de Abraão, monoteísta sincero, e que não era dos idólatras."

136. Dizei⁽²⁾: "Cremos em Allah e no que foi revelado para nós, e no que fora revelado para Abraão e Ismael e Isaque e Jacó e **para** as tribos; e no que fora concedido a Moisés e a Jesus, e no que fora concedido aos profetas, por seu Senhor. Não fazemos distinção entre nenhum deles. E, para Ele, somos moslimes."

137. – Então, se eles crerem no mesmo em que vós credes, com efeito, guiar-se-ão; e, se voltarem as costas, por certo, estarão em discórdia. Então, Allah te bastará contra eles. E Ele é O Oniouvinte, O Onisciente –

138. "**Nossa religião** é a tintura de Allâh⁽³⁾, e quem melhor que

---

(1) **Eles**: os judeus e os cristãos.
(2) O versículo dirige-se aos moslimes.
(3) Os árabes cristãos misturavam uma tintura, de tonalidade amarelada, à agua batismal, para mostrar que a pessoa batizada tomou nova cor, em vida. O Islamismo não crê seja necessário ser batizado para ser salvo, e assegura que o mais elevado batismo é o batismo de Deus, pelo qual assumimos, simbolicamente, a cor de Deus e nos infundimos em Sua bondade, purificando-nos.

Allah, em tingir? E a Ele estamos adorando."

139. Dize: "Argumentais conosco, sobre Allah, enquanto Ele é O nosso Senhor e vosso Senhor, e a nós, nossas obras, e a vós, vossas obras, e para com Ele somos sinceros?

140. "Ou dizeis que Abraão e Ismael e Isaque e Jacó e as tribos eram judeus ou cristãos?" Dize: "Sois vós mais sabedores, ou Allah? E quem mais injusto que aquele que oculta um testemunho que tem de Allâh(1)? E Allah não está desatento ao que fazeis."

141. Essa é uma nação que **já** passou. A ela, o que logrou, e a vós, o que lograstes, e não sereis interrogados acerca do que faziam.

142. Os insensatos, entre os homens, dirão: "O que os fez voltar as costas a sua direção **Quiblah**(2), para a qual estavam virados?" Dize, **Muḥammad**: "É de Allah o Levante e o Poente. Ele guia a quem quer a uma senda reta."

---

(1) Alusão aos judeus que ocultaram o testemunho de que haveria de chegar um profeta, com a mesma mensagem de Abraão, ou seja, a do Islão. Vide III 86.

(2) **Quiblah**: a direção para a qual os moslimes se voltam na prece, ou seja, em direção a Ka ͨbah, em Makkah. Nas primícias do Islão, os moslimes, em prece, se voltavam em direção a Jerusalém; depois foram ordenados a voltar-se para a Ka ͨbah em Makkah. Esta mudança desagradou a muitos judeus, que viram nisto, um meio de desprestigiar o judaísmo, que, até então, ditava para todos a direção na prece.

143. E, assim, fizemos de vós[1] uma comunidade mediana[2], para que sejais testemunhas dos homens e para que o Mensageiro seja testemunha de vós. E não fizemos a direção, para a qual tu, **Muḥammad**, estavas virado, senão para saber **distinguir** quem segue o Mensageiro de quem torna atrás, virando os calcanhares. E, por certo, **essa mudança** é penosa, exceto para aqueles a quem Allah guia. E não é admissível que Allah vos faça perder **as recompensas d**a Fé[3]. Por certo, Allah, para com os homens, é Compassivo, Misericordiador.

144. Com efeito, vemos o revirar de tua face para o céu. Então, Nós voltar-te-emos, em verdade, para uma direção, que te agrade. Volta, pois, a face rumo à Mesquita Sagrada. E onde quer que estejais, voltai as faces para o seu rumo. E, por certo, aqueles, aos quais fora concedido o Livro[4], sabem que isso é a verdade de seu Senhor. E Allah não está desatento ao que fazem.

---

(1) **Vós**: os moslimes.

(2) **Mediana** é tradução do vocábulo árabe **waṣat** (o meio), e indica que a nação árabe deve estar isenta de extremismo, em todos os aspectos, uma vez que, segundo a máxima árabe, o que é melhor está no meio, aliás, essa idéia coincide com a máxima latina "*in medio stat virtus*".

(3) Assim o versículo redargúi aos moslimes, que indagaram se, também, perderiam suas recompensas aqueles que, antes, nas preces, se dirigiam para Jerusalém.

(4) **O Livro**: a Tora.

145. E, em verdade, se fizeres vir todos sinais àqueles aos quais fora concedido o Livro[1], eles não seguirão tua direção nem tu seguirás sua direção; e, entre eles, uns não seguirão a direção dos outros[2]. E, em verdade, se seguisses suas paixões, após o que te chegou da ciência, por certo, serias, nesse caso, dos injustos.

146. Aqueles, aos quais concedemos o Livro[3], conhecem-no[4] como conhecem a seus filhos, e, por certo, um grupo deles oculta a verdade, enquanto sabe.

147. A Verdade **vem** de teu Senhor. Então, não sejas, de modo algum, dos contestadores.

148. E, para cada um há um rumo, para onde Ele o faz voltar-se. Então, emulai-vos, pelas boas ações. De onde quer que estejais, Allah vos fará vir, a todos. Por certo, Allah, sobre todas as cousas, é Onipotente.

149. E, para onde quer que saias, volta a face rumo à Mesquita Sag-

---

[1] **O Livro**: a Tora e o Evangelho.
[2] Nem os judeus seguirão a quiblah dos cristãos (o Levante) nem estes a daqueles (Jerusalém).
[3] **O Livro**: a Tora.
[4] O pronome refere-se ao Profeta Muḥammad. O versículo alude ao que certo judeu, convertido ao Islão, de nome Ibn Salām, haveria dito: "Reconheci-o, ao vê-lo, como reconheço meu filho, até mais ainda".

rada; e por certo, **esta** é a Verdade de teu Senhor. E Allah não está desatento ao que fazeis.

150. E, para onde quer que saias, volta a face rumo à Mesquita Sagrada; e onde quer que estejais, voltai as faces para seu rumo, a fim de que não haja, da parte das pessoas, argumentação contra vós, exceto dos injustos entre elas. – Então, não os receeis, e receai-Me. – E **isso**, para que Eu complete Minha graça para convosco, e para vos guiardes,

151. Assim, enviamo-vos um Mensageiro **vindo** de vós, que recita, para vós, Nossos versículos e vos dignifica e vos ensina o Livro[1] e a Sabedoria, e vos ensina o que não sabíeis.

152. Então, lembrai-vos de Mim, Eu Me lembrarei de vós. E agradecei-Me e não Me renegueis.

153. Ó vós que credes! Implorai ajuda, com a paciência e a oração. Por certo, Allah é com os perseverantes.

154. E não digais dos que são mortos no caminho de Allah: "Eles estão mortos." Ao contrário, estão vivos, mas vós não percebeis.

155. E, em verdade, pomo-vos à

---

(1) **O Livro**: o Alcorão.

2. Sūratu Al-Baqarah Parte 2

prova, com algo do medo e da fome e da escassez de riquezas e de pessoas e de frutos. E alvissara **o Paraíso** aos perseverantes,

156. Àqueles que, quando uma desgraça os alcança, dizem: "Por certo, somos de Allah e, por certo, a Ele retornaremos."

157. Sobre esses são as bênçãos e a misericórdia de seu Senhor. E esses são os guiados.

158. Por certo, Aṣ-Ṣafā e Al Marwah⁽¹⁾ estão entre os lugares sagrados de Allah. Então, quem quer que faça a peregrinação⁽²⁾ à

---

(1) **Aṣ-Ṣafā e Al Marwah**: as duas colinas, localizadas nas proximidades do vale de Makkah, perto da Kaᶜbah e do poço Zam-Zam, as quais escalou Hāgar, sucessivamente, sete vezes, em busca de água para seu filho Ismael. Extenuada pela busca, retornou para junto do filho, ao lado do qual encontrou um anjo, escavando a terra, de onde fez brotar um poço, o poço Zam-Zam, existente até os dias de hoje. Este percurso de sete escaladas às colinas integrou-se ao ritual da peregrinação desde os tempos abraâmicos. Ocorre que, anteriormente ao Islão, os árabes locupletaram a Kaᶜbah e seus arredores de ídolos, a tal ponto que, na colina de Aṣ-ṣafā e Al Marwah, adoravam, respectivamente, os ídolos: Issāf e Nā ila. Com o advento do Islão e aniquilados os ídolos, a peregrinação passou a constituir um dos pilares do Islamismo, juntamente com aṣ-ṣalāh, az-zakāh, o jejum e a profissão de fé. Com receio de serem confundidos com os pagãos, os primeiros moslimes abstiveram-se percorrer as duas colinas e, por essa razão, foi revelado esse versículo para esclarecê-los sobre isso, tranqüilizá-los e convidá-los a continuar observando este ritual.

(2) A peregrinação **Al Ḥajj**, consiste na viagem a Makkah, para visita à Kaᶜbah e ao Monte ᶜArafāt, onde se deve permanecer, algum tempo. Esta prática é recomendada a todos os moslimes, ao menos por uma vez na vida, no 12.º mês do ano lunar, desde que o crente esteja em condições físicas e econômicas favoráveis. Além do culto religioso, é congraçamento universal, pois reúne moslimes de todas as partes do mundo. Os peregrinos devem trajar-se uniformemente, com, apenas, dois panos brancos e sem costuras, adaptados ao corpo; as mulheres devem trajar-se com roupas longas, e, conjuntamente, todos dão graças ao Senhor e Lhe entoam

Casa, ou faça Al'Umrah⁽¹⁾, não haverá culpa sobre ele, ao fazer vai-vém entre ambos. E quem faz, voluntariamente, uma boa ação, por certo, Allah é Agradecido, Onisciente.

159. Por certo, os que ocultam o que fizemos descer das evidências e da orientação, depois de o havermos tornado evidente, para os homens, no Livro⁽²⁾, a esses Allah os amaldiçoará, e **também** os amaldiçoarão os amaldiçoadores,

160. Exceto os que se voltam arrependidos e se emendam e evidenciam **a verdade**; então, para esses, voltar-Me-ei, remindo-os. E Eu sou O Remissório, O Misericordiador.

161. Por certo, os que renegam a Fé e morrem, enquanto renegadores da Fé, sobre esses será a maldição de Allah e dos anjos e de toda a humanidade.

162. Nela, serão eternos. Não se lhes aliviará o castigo nem se lhes concederá dilação.

---

louvores, longe das coisas mundanas, das vaidades e paixões, e, mormente, das diferenças existentes entre os homens: o rei se prostra ao lado do plebeu, o pobre , do rico, o negro do branco, em pé de igualdade, irmanados em uma única fé.

⁽¹⁾ **Al'umrah**: forma derivada do verbo "i'tamara, visitar: conjunto de ritos islâmicos, que consistem na visita de Ka'bah e no percurso entre as duas colinas de Aṣ-Ṣafā e Al Marwah, feita em qualquer época do ano.

⁽²⁾ Ou seja, na Tora.

2. Sūratu Al-Baqarah — Parte 2

163. E vosso Deus é Deus Único. Não existe deus senão Ele, O Misericordioso, O Misericordiador[1].

164. Por certo, na criação dos céus e da terra, e na alternância da noite e do dia, e no barco que corre, no mar, com o que beneficia a humanidade; e na água que Allah faz descer do céu, com a qual, vivifica a terra, depois de morta, e nela espalha todo **tipo** de ser animal, e na mudança dos ventos e das nuvens, submetidos entre o céu e a terra, em verdade, **nisso tudo**, há sinais para um povo que razoa.

165. E, dentre os homens, há quem, em vez de Allah, tome semelhantes[2], **em adoração**, amando-os como se ama a Allah. E os que crêem são mais veementes no amor de Allah. E, se os injustos soubessem, quando virem o castigo, que toda a força é de Allah, e que Allah é Veemente no castigo, **não haveriam adorado os ídolos**,

166. Quando os que foram seguidos, ao verem o castigo, romperem com os que **os** seguiram e os laços entre eles se cortarem!

167. E os seguidores dirão: "Se tivéssemos retorno à vida, romper-

---

(1) Esse versículo foi revelado por ocasião do desafio, feito pelos descrentes a Muḥammad, para que este lhes revelasse quem era seu Senhor.

(2) **Semelhantes**: ídolos ou próceres (entre os homens).

íamos com eles, como eles romperam conosco." Assim, Allah os fará ver que suas obras são aflições para eles. E jamais sairão do Fogo.

168. Ó humanos! Comei, do que há na terra, sendo lícito e benigno; e não sigais os passos de Satã. Por certo, ele vos é inimigo declarado.

169. Ele não vos ordena senão o mal e a obscenidade, e que digais acerca de Allah o que não sabeis.

170. E, quando se lhes[1] diz: "Segui o que Allah fez descer", dizem: "**Não,** mas seguimos aquilo[2] em que encontramos nossos pais." E ainda que seus pais nada razoassem nem se guiassem?

171. E o exemplo do **admoestador para** os que renegam a Fé é como **o d**aquele que grita para o **animal**, que não ouve senão convocar e chamar. São surdos, mudos, cegos, então não razoam.

172. Ó vós que credes! Comei das cousas benignas que vos damos por sustento, e agradecei a Allah, se só a Ele adorais.

173. Ele vos proibiu, apenas, **a carne d**o animal morto[3], e o

---

(1) **Lhes:** aos idólatras.
(2) **Aquilo:** o culto religioso dos antepassados.
(3) Esta proibição, promulgada há quatorze séculos, já antecipava recentes descobertas da Medicina, que, agora, proíbe a ingestão de carne de animais mortos

sangue, e a carne de porco, e o que é **imolado** com a invocação de outro nome que Allah. E quem é impelido **a alimentar-se disso**, não sendo transgressor nem agressor[1], não haverá pecado sobre ele. Por certo, Allah é Perdoador, Misericordiador.

174. Por certo, os que ocultam algo do Livro[2], que Allah fez descer, e o vendem por ínfimo preço, esses não devorarão para dentro de seus ventres[3], senão o Fogo, e Allah não lhes falará, no Dia da Ressurreição, nem os dignificará; e terão doloroso castigo.

175. Esses são os que compraram o descaminho pelo **preço** da orientação, e o castigo pelo perdão. E quanta paciência terão eles para **suportar** o Fogo!

176. Isso, porque Allah fez descer o Livro[4], com a Verdade.

---

naturalmente, e não adrede mortos para servir de alimento. E, pelo fato de a morte poder ser causada por doença ou envenenamento, deve-se evitar ingerir esta carne, para não haver perigo de contaminação ou morte. Quanto à ingestão de carne de porco, fica terminantemente proibida, ao que parece, pelas idênticas razões apontadas hoje, na Medicina, entre as quais, a transmissão da *Tênia Solium* e da Triquina, grandemente nocivas à saúde humana.

(1) Por **transgressor**, entenda-se o que transgride suas necessidades naturais de alimentação, comendo a mais; por **agressor** o que arrebata a porção encontrada por outro, em situações específicas (quando no deserto, por exemplo).

(2) **Do livro**: da Tora.

(3) Metonímia de notável valor expressivo, para ilustrar o terrível castigo destinado àqueles que perpetraram este enorme pecado.

(4) **O Livro**, aqui mencionado, tem o sentido genérico, isto é, refere-se a todos os Livros divinos.

E, por certo, os que discrepam do Livro estão em profunda discórdia.

177. A bondade não está em voltardes as faces para o Levante e para o Poente; mas a bondade é **a de** quem crê em Allah, e no Derradeiro Dia, e nos anjos, e no Livro, e nos profetas; e **a de** quem concede a riqueza, **embora** a ela apegado, aos parentes, e aos órfãos, e aos necessitados, e ao filho do caminho[1], e aos mendigos, e aos escravos[2]; e **a de** quem cumpre a oração e concede az-zakāh[3]; e **a dos** que são fiéis a seu pacto, quando **o** pactuam; e **a dos** que são perseverantes na adversidade e no infortúnio e em tempo de guerra. Esses são os que são verídicos e esses são os piedosos.

178. Ó vós que credes! É-vos prescrito o talião para o homicídio: o livre pelo livre e o escravo pelo escravo e a mulher pela mulher; e aquele, a quem se isenta de algo[4]

---

(1) **Filho do Caminho**: é tradução direta da expressão metafórica **ibn as-sabīl**, ou seja, aquele que, em viagem, despojado de recursos e sem condições de recorrer a seus outros bens, fica à mercê desta contingência, a meio caminho de seu destino. Integram esta categoria os estudantes bolsistas, os intrépidos pioneiros, os missionários, os pregadores, etc.

(2) Trata-se de uma categoria de escravos, **mukātab**: os que fazem acordo com seu senhor, para obtenção de alforria, mediante soma determinada. Além disso, o Alcorão conclama os crentes a não apenas ajudarem o escravo na obtenção da alforria, mas a se empenharem no resgate dos prisioneiros de guerra.

(3) Cf. II 43 n 4.

(4) Ou seja, substituir o talião pelo ressarcimento.

do sangue de seu irmão, deverá seguir, convenientemente, **o acordo** e ressarci-lo, com benevolência. Isso é alívio e misericórdia de vosso Senhor. E quem comete agressão, depois disso, terá doloroso castigo.

179. E, no talião, há vida para vós[1], ó dotados de discernimento, para serdes piedosos.

180. É-vos prescrito, quando a morte se apresentar a um de vós, – se deixar bens, – fazer testamento[2] aos pais e aos parentes, convenientemente[3]. É dever que impende aos piedosos.

181. E quem o altera, após ouvi-lo, apenas, haverá pecado sobre os que o alteram. Por certo, Allah é Oniouvinte, Onisciente.

182. E quem teme, por parte do testador, parcialidade ou pecado, e faz reconciliação entre eles[4], sobre ele não haverá pecado. Por

---

(1) Do impulso para o crime, nasce o receio da punição, aplicada pela retaliação. Do receio, surge a salvação da vítima e do criminoso. Daí, da intenção da morte, surge a vida. E toda a sociedade se beneficia com este sábio preceito, sucinta e maravilhosamente construída neste versículo.

(2) O Testamento, conforme as leis islâmicas, jamais, poderá ligar a outrem, que não os herdeiros, mais que um terço dos bens da pessoa a fim de não prejudicar os legítimos herdeiros.

(3) Este versículo foi ab-rogado pelos versículos que posteriormente, passaram a tratar das questões da herança, e pelo que disse o Profeta: "Não há testamento para o herdeiro legítimo".

(4) **Eles**: os herdeiros. O versículo alude aos que promovem a justa distribuição de bens entre os legítimos herdeiros.

certo, Allah é Perdoador, Misericordiador.

183. Ó vós que credes! É-vos prescrito o jejum⁽¹⁾, como foi prescrito aos que foram antes de vós, para serdes piedosos,

184. Durante dias contados. E quem de vós estiver enfermo ou em viagem, **que jejue** o mesmo número de outros dias. E impende aos que podem fazê-lo, **mas com muita dificuldade**⁽²⁾, um resgate: alimentar um necessitado. E quem mais o faz, voluntariamente, visando ao bem, ser-lhe-á melhor. E jejuardes⁽³⁾ vos é melhor. Se soubésseis!

185. Ramadan é o mês em que foi revelado o Alcorão, como orientação para a humanidade e como evidências da orientação e

---

(1) O jejum foi prática religiosa conhecida de todas as civilizações antigas e considerado mais como forma de contrição e expiação, além de culto espiritual para a purificação da alma. Do ângulo islâmico, o jejum é a abstenção total dos alimentos e da união sexual, durante o período que vai da alvorada ao por do sol, e, todos os moslimes devem jejuar trinta dias por ano, em data específica, ou seja, no **Ramadã**, o nono mês do calendário lunar, em que foi iniciada a revelação do Alcorão, e também chamado de "mês da misericórdia, da benevolência e do jejum". O jejum, para ser perfeito, requer abstenção, inclusive, de maledicência, de palavras tolas, de mentira e ódio.

(2) Entenda-se, por dificuldade, aquela provocada pela velhice ou por enfermidade incurável. Neste caso, a desobrigação do jejum se faz por meio da alimentação de um necessitado por dia, em todo Ramadã, ou de um mesmo necessitado, por trinta dias.

(3) Referência ao benefício do jejum. A medicina moderna aquiesce, plenamente, nisto, pois descobriu, entre outros benefícios, que o jejum cura o diabetes, o artritismo, age contra males cardíacos e digestivos, além de promover salutar desintoxicação orgânica e prevenção de várias outras enfermidades.

do critério de julgar⁽¹⁾. Então, quem de vós presenciar esse mês, que nele jejue; e quem estiver enfermo ou em viagem, **que jejue** o mesmo número de outros dias. Allah vos deseja a facilidade, e não vos deseja a dificuldade. E **fê-lo** para que inteireis o número prescrito, e para que magnifiqueis a Allah, porque vos guiou, e para serdes agradecidos.

186. E, quando Meus servos te perguntarem, por Mim, por certo, estou próximo, atendo a súplica do suplicante, quando Me suplica. Que eles Me atendam, então, e creiam em Mim, na esperança de serem assisados.

187. É-vos lícita, na noite do jejum, a união carnal com vossas mulheres. Elas são para vós vestimentas, e vós sois para elas vestimentas. Allah sabia que vos traíeis⁽²⁾ a vós mesmos **a esse respeito**, e Ele voltou-Se para vós e indultou-vos. Então, agora, juntai-vos a elas e buscai o que Allah vos prescreveu. E comei e bebei, até que se torne evidente,

---

(1) Cf. II 53 n2.

(2) Anteriormente à revelação deste versículo, houve alguns companheiros do Profeta, inclusive, Omar, que acreditavam haver cometido traição, por haverem dormido com suas mulheres, à noite, durante o mês do Ramadã. Daí o presente versículo, que veio para esclarecer que a cópula noturna, durante o período do Ramadã, não constitui, de forma alguma, pecado.

para vós, o fio branco do fio negro da aurora. Em seguida, completai o jejum até o anoitecer. E não vos junteis a elas, enquanto estiverdes em retiro nas mesquitas. Esses são os limites de Allah: então, não vos aproximeis deles. Assim, Allah torna evidentes Seus sinais, para os homens, a fim de serem piedosos.

188. E não devoreis, ilicitamente, vossas riquezas, entre vós, e não as entregueis, **em suborno**, aos juízes, para devorardes, pecaminosamente, parte das riquezas das pessoas, enquanto sabeis.

189. Perguntam-te pelas luas crescentes. Dize: "São marcas do tempo para a humanidade e **também** para a peregrinação." E a bondade não está em chegardes a **vossas** casas pelos fundos⁽¹⁾; mas, a bondade é **a de** quem é piedoso. E chegai a **vossas** casas por suas portas. E temei a Allah, na esperança de serdes bem-aventurados.

190. E combatei, no caminho de

---

(1) Referência ao costume pré-islâmico, observado pelos árabes, de entrar nas casas, no regresso da peregrinação, não pela porta principal, mas por um orifício feito nos fundos da casa, ou pela parte superior desta, por meio de utilização da escada. Acreditavam os árabes tratar-se de ato virtuoso, pois, se regressavam puros da peregrinação, constituiria pecado ultrapassar a porta usual, que deixaram quando em estado impuro ainda. O Alcorão negou a virtuosidade de tal procedimento e ordenou aos peregrinos que, de regresso a seus lares, se utilizassem da porta principal. E acrescentou que a virtude real está em praticar o bem e não em instituir tolas proibições como esta.

Allah[1], os que vos combatem, e não cometais agressão. Por certo, Allah não ama os agressores.

191. E matai-os, onde quer que os acheis, e fazei-os sair de onde quer que vos façam sair. E a sedição **pela idolatria** é pior que o morticínio. E não os combatais nas imediações da Mesquita Sagrada, até que eles vos combatam nela. Então, se eles vos combaterem, matai-os. Assim é a recompensa dos renegadores da Fé.

192. E, se eles se abstiverem, por certo, Allah é Perdoador, Misericordiador.

193. E combatei-os, até que não **mais** haja sedição **pela idolatria** e que a religião seja de Allah. Então, se se abstiverem, nada de agressão, exceto contra os injustos.

194. O Mês Sagrado pelo Mês Sagrado[2], e, para as cousas sagradas, o talião. Então, a quem

---

[1] A expressão **combater no caminho de Allah** quer dizer lutar pela religião de Deus, para salvar o descrente do julgo da descrença. Deste versículo até o 195 trata-se da permissão do combate, segundo o Islão, não só para defendê-lo, mas para extinguir a idolatria.

[2] Há, na tradição árabe, quatro meses sagrados. Três consecutivos: **Zul-Qaʿdah, Zul-Ḥajjah** e **Al Muḥarram**, respectivamente os meses 11.º, 12.º e 1.º do ano lunar. E um mês à parte, **Rajab**, o 7.º mês. Durante toda a época pré-islâmica, houve o hábito de cessar qualquer combate que fosse nessas datas, e tal hábito foi respeitado pelo Islão, até que os idólatras violaram esses meses sagrados, em combate aos moslimes, que precisaram revidar. Este versículo endossa o combate em defesa, mesmo que ocorra nesses meses citados.

2. Sūratu Al-Baqarah   Parte 2

vos agredir, agredi-o de igual modo, como ele vos agrediu. E temei a Allah e sabei que Allah é com os piedosos.

195. E despendei no caminho de Allah, e não lanceis vossas mãos à ruína[1]. E bem-fazei. Por certo, Allah ama os benfeitores.

196. E completai a peregrinação[2] e al'umrah[3], por Allah. E, se fordes impedidos de **fazê-lo**, **impender-vos-á** o que vos for acessível das oferendas. E não rapeis vossas cabeças, até que as oferendas atinjam seu local **de imolação**[4]. E quem de vós estiver enfermo ou com moléstia no couro cabeludo, **que o obrigue a rapar a cabeça, impender-lhe-á** um resgate: jejum ou esmola ou sacrifício ritual. E, quando estiverdes em segurança, aquele **de vós** que cumprir al'umrah e usufruir[5] **o que lhe é permitido**, até a peregrinação, **impender-lhe-á** o que **lhe** for acessível das

---

(1) **Estender as mãos à ruína**: proceder, avaramente na defesa da religião, subtraindo o auxílio aos combatentes, o que favorece a ação arruinadora do inimigo.

(2) Cf. II P.41 n2.

(3) Cf. II P.42 n1.

(4) Trata-se de local específico, perto de Makkah, para imolação das reses (carneiro, vaca, camelo), destinadas à oferenda.

(5) Ao peregrino, cabe o cumprimento só de **al-ḥajj**, ou de al'umrah e **al-ḥajj** simultaneamente. Neste caso, ou os cumpre conjuntamente ou os desvincula, com intervalo de poucos dias, durante os quais pode retornar à vida normal, usufruindo do que lhe é permitido: vestir-se normalmente, pentear-se, barbear-se.

oferendas. E quem o não encontrar, que jejue três dias, durante a peregrinação, e sete, quando retornardes. Serão dez dias inteiros. Isso, para aquele cuja família não resida nas proximidades da Mesquita Sagrada. E temei a Allah e sabei que Allah é Veemente na punição.

197. A peregrinação se faz em meses determinados. E quem neles se propõe a peregrinação, então, não haverá união carnal nem perversidade nem contenda, na peregrinação. E o que quer que façais de bom, Allah o sabe. E abastecei-vos; e, por certo, o melhor abastecimento é a piedade. E temei-Me, ó dotados de discernimento!

198. Não há culpa sobre vós, ao buscardes favor[1] de vosso Senhor **em vossos negócios**. E, quando prosseguirdes do **monte** ᶜArafāt,[2] lembrai-vos de Allah junto do Símbolo Sagrado[3]. E lembrai-vos

---

(1) Em tempos pré- islâmicos, nas épocas próximas da peregrinação, os árabes mantinham o comércio, normalmente, para, apenas, cessarem de fazê-lo, com a chegada dos peregrinos, crendo-o pecado. Este versículo foi revelado para esclarecer que a prática do comércio, nessa época, é aprovada pelo Islão e não constitui pecado algum.

(2) ᶜArafāt: nome da montanha e da planície situadas a leste de Makkah, onde os peregrinos moslimes devem permanecer por algum tempo, no 9.º dia do 12.º mês do ano lunar, ou seja, o **Ẓul-Ḥajjah**. A permanência aí é parte integrante e básica da peregrinação, sem a qual ela fica incompleta.

(3) **O Símbolo Sagrado: al Muzdalifah**, lugar, entre ᶜArafāt e Minā, onde esteve o Profeta Muḥammad, em longa oração. Tornou-se, por isso, símbolo sagrado e convite aos peregrinos para que nele orem, quando de regresso do Monte ᶜArafāt.

bem dEle, como Ele bem vos guiou; e, por certo, éreis, antes disso, dos descaminhados.

199. Em seguida, prossegui⁽¹⁾, de onde prosseguem os **outros** homens; e implorai perdão de Allah. Por certo, Allah é Perdoador, Misericordiador.

200. E, quando houverdes encerrado vossos ritos⁽²⁾, então, lembrai-vos de Allah, assim como vos lembráveis de vossos pais⁽³⁾, ou mais veementemente, em lembrança. E, dentre os homens, há quem diga: "Senhor nosso! Concede-nos **nosso quinhão** na vida terrena." E não terão, na Derradeira Vida, quinhão algum.

201. E, dentre eles, há quem diga: "Senhor nosso! Concede-nos,

---

(1) Exortação feita aos Quraich, tribo de escol da Península Arábica, à qual pertencia a família do Profeta Muḥammad, e cuja maioria, posteriormente, tornou-se hostil ao Profeta, em virtude da ferrenha oposição feita por este ao paganismo vigente. Após inumeráveis contendas, conhecidas pela história islâmica, os Quraich se tornaram moslimes definitivamente. Entretanto, consideravam-se, ainda, pertencentes ao escol e, por essa razão, em épocas de peregrinação, não se misturavam ao conjunto dos crentes, permanecendo distantes deles. Este versículo os exorta a que sigam os demais crentes, sem discriminação alguma.

(2) Os ritos da peregrinação, tais como: **a Imolação da Oferenda, o Circundamento da Kaᶜbah e o Lançamento das Pedras contra o Satã**, no local chamado Marmã al Jamarāt.

(3) Em tempos que antecederam o Islão, houve o hábito de os peregrinos árabes, após o cumprimento dos rituais de peregrinação, reunirem-se nas proximidades da Kaᶜbah, onde formavam as famosas feiras literárias (ᶜUkāz, Majannah e Ẓul-Majāz), palco do estro retórico e da facúndia inigualável desse povo. Delas se ocupavam em grande parte para celebrar os feitos de seus familiares e antepassados, em viva demonstração de ufania. Este versículo os convida a celebrarem a Deus tanto como aos seus, ou mais ainda.

2. Sūratu Al-Baqarah — Parte 2

na vida terrena, benefício, e, na Derradeira Vida, benefício; e guarda-nos do castigo do Fogo."

202. Esses terão porção do que lograram. E Allah é Destro no ajuste de contas.

203. E invocai a Allah em dias contados[1]. E, quem se apressa, **e o faz** em dois dias, não haverá pecado sobre ele. E quem se atrasa, não haverá pecado sobre ele. **Isso**, para quem é piedoso. E temei a Allah e sabei que a Ele sereis reunidos.

204. E, dentre os homens, há aquele cujo dito, acerca da vida terrena, te admira, **Muḥammad**, e que toma a Allah por testemunha do que há em seu coração, enquanto é o mais veemente inimigo.

205. E, quando volta as costas, esforça-se, na terra, em semear nela corrupção e em aniquilar os campos lavrados e os rebanhos. E Allah não ama a corrupção.

206. E, quando se lhe diz: "Temei a Allah", a soberba o induz ao pecado. Então, basta-lhe a Geena[2]. E que execrável leito!

---

(1) **Os dias contados**: ayyām at-tachrīq: os três dias depois do 10.º do mês **Ẓul-Ḥajjah**, quando os peregrinos permanecem no Vale de Minā, para orações e louvores, e recitam **Aṭ-Takbīr**, prece específica, freqüentemente recitada nesses dias.

(2) **Geena**: Jahannam, em árabe, nome dado ao Inferno, que Deus destina aos idólatras.

207. E, dentre os homens, há quem se sacrifique em busca do agrado de Allah. E Allah é compassivo para com os servos.

208. Ó vós que credes! Entrai na Paz⁽¹⁾, todos vós, e não sigais os passos de Satã. Por certo, ele vos é inimigo declarado.

209. E, se tropeçardes, após vos haverem chegado as evidências, sabei que Allah é Todo-Poderoso, Sábio.

210. Não esperam⁽²⁾ eles senão que Allah chegue a eles, em dosséis de nuvens, e, **também**, os anjos, e que a determinação seja encerrada? E a Allah são retornadas as determinações.

211. Pergunta, **Muḥammad**, aos filhos de Israel, quantos sinais evidentes lhes concedemos! E quem troca⁽³⁾ a graça de Allah, após haver-lhe chegado, por certo, Allah é Veemente na punição.

212. A vida terrena aformoseou-se, para os que renegam a Fé, e eles escarnecem dos que crêem. E os que são piedosos estarão acima deles, no Dia da Ressurreição. E

⁽¹⁾ Ou seja, "...entrai no Islão, a religião da Paz".

⁽²⁾ Os idólatras. O versículo indaga deles até quando protelarão seu ingresso no caminho reto. Esperam fazê-lo, somente, quando virem chegar Deus e os anjos, nas sombras das nuvens? Mas não sabem que tudo, então, estará consumado?

⁽³⁾ Ou seja, que troca a graça pela ingratidão.

Allah dá sustento, sem conta, a quem quer.

213. A humanidade era uma só comunidade[1]. Então, Allah enviou os profetas, por alvissareiros e admoestadores. E, por eles, fez descer o Livro[2], com a Verdade, para julgar, entre os homens, no de que discrepavam. E não discreparam dele senão aqueles aos quais fora concedido **o Livro**[3], após lhes haverem chegado as evidências, **movidos** por rivalidade entre eles. Então, Allah guiou, com Sua permissão, os que creram para aquilo de que discrepavam da Verdade. E Allah guia a quem quer à senda reta.

214. Ou supondes entrareis no Paraíso, enquanto ainda não chegaram a vós **provações** iguais às dos que foram antes de vós? A adversidade e o infortúnio tocaram-nos e foram estremecidos a tal ponto que o profeta e os que creram com ele disseram: "Quando **chegará** o socorro de Allah?" Ora, por certo, o socorro de Allah está próximo.

215. Perguntam-te pelo que devem despender. Dize: "O que quer que despendais de bom é para os pais e os parentes e os órfãos e os

---

(1) Mas, depois, divergem. Vide X 19.
(2) **O Livro**: todos os Livros revelados.
(3) **O Livro**: a Tora.

necessitados e o filho do caminho⁽¹⁾. E o que quer que façais de bom, por certo, Allah é, disso, Onisciente.

216. É-vos prescrito o combate, e ele vos é odioso. E, quiçá, odieis algo que vos seja melhor. E, quiçá, ameis algo que vos seja pior. E Allah sabe, e vós não sabeis.

217. Perguntam-te pelo combate, no mês sagrado. Dize: "Combater nele é grande **pecado**. E **pecado** maior, perante Allah, é afastar **os homens** do caminho de Allah e renegá-lO, e **afastá-los** da Mesquita Sagrada⁽²⁾, e fazer sair dela seus habitantes." E a sedição **pela idolatria** é **pecado** maior que o morticínio. E eles⁽³⁾ não cessarão de combater-vos, até que vos façam apostatar de vossa religião, se eles o puderem. E quem de vós apostata de sua religião e morre enquanto renegador da Fé, esses terão anuladas suas obras, na vida terrena e na Derradeira Vida. E esses são os companheiros do Fogo. Nele, serão eternos.

218. Por certo, os que creram e os que emigraram⁽⁴⁾ e lutaram no

---

⁽¹⁾ Cf. II 177 n1.
⁽²⁾ **Mesquita Sagrada**: aqui abrange a cidade de Makkah.
⁽³⁾ **Eles**: os idólatras.
⁽⁴⁾ De Makkah para Al Madīnah.

caminho de Allah, esses esperam pela misericórdia de Allah. E Allah é Perdoador, Misericordiador.

219. Perguntam-te pelo vinho[(1)] e pelo jogo de azar. Dize: "Há em ambos grande pecado e benefício para os homens[(2)], e seu pecado é maior que seu benefício." E perguntam-te o que devem despender. Dize: "O sobejo." Assim, Allah torna evidentes, para vós, os sinais, para refletirdes

220. Acerca da vida terrena e da Derradeira Vida. E perguntam-te pelos órfãos. Dize: "Emendar-lhes **as condições de vida** é o melhor. E, se vos misturais a eles, são vossos irmãos." E Allah sabe **distinguir** o corruptor do emendador. E, se Allah quisesse, embaraçar-vos-ia. Por certo, Allah é Todo-Poderoso, Sábio.

221. E não esposeis as idólatras, até se tornarem crentes. E, em verdade, uma escrava crente é melhor que uma idólatra, ainda que a admireis. E não façais esposar **vossas filhas** com os idólatras, até se tornarem crentes. E, em verdade,

---

(1) Por **vinho** entenda-se toda bebida inebriante.

(2) Este versículo refere-se à primeira fase da proibição do vinho, imposta, paulatinamente, a todos os moslimes em geral, e de toda Península Árabe, em particular, onde seu uso era arraigado e generalizado. O Islão percebeu que uma proibição categórica e inicial não poderia lograr bons resultados. Por isso, agiu gradualmente, na enunciação destas prescrições. Na sura IV 43, ocorre a segunda delas; na V 90, a terceira e última, com a proibição categórica do vinho.

um escravo crente é melhor que um idólatra, ainda que o admireis. Estes⁽¹⁾ convocam ao Fogo; enquanto Allah convoca, com Sua permissão, ao Paraíso e ao perdão. E Ele torna evidentes Seus sinais, para os homens, a fim de meditarem.

222. E perguntam-te pelo mênstruo. Dize: "É moléstia⁽²⁾". Então, apartai-vos das mulheres, durante o mênstruo, e não vos unais a elas, até se purificarem⁽³⁾. E, quando se houverem purificado, achegai-vos a elas, por onde Allah vos ordenou⁽⁴⁾. Por certo, Allah ama os que se voltam para Ele, arrependidos, e ama os purificados.

223. Vossas mulheres são, para vós, campo lavrado. Então, achegai-vos a vosso campo lavrado, como **e quando** quiserdes. E antecipai **boas obras**, para vós mesmos. E temei a Allah, e sabei que deparareis com Ele. E alvissara, **Muḥammad**, aos crentes o **Paraíso**!

224. E não façais **do nome** de

---

(1) **Estes**: os idólatras.

(2) Além da indisposição e do mal-estar que causa à mulher, há o problema higiênico. Crê-se que a ação do fluxo sangüíneo, na vagina, durante o período menstrual, enseje ambiente favorável à proliferação de bactérias, causadoras de inflamações, que podem não só danificar o aparelho genital feminino, mas também o masculino, em havendo cópula, daí a prescrição que a proíbe nesse período.

(3) Ou seja, até se mundificarem, após o mênstruo, com banho completo.

(4) As questões de sexo, no Alcorão, são tratadas de maneira discreta e sucinta. Aqui, refere-se ao coito vaginal, a única maneira que o Islão permite, nas relações sexuais.

2. Sūratu Al-Baqarah   Parte 2

Allah barreira a vossos juramentos de não serdes bondosos e piedosos e reconciliadores, entre as pessoas⁽¹⁾. E Allah é Oniouvinte, Onisciente.

225. Allah não vos culpa pela frivolidade em vossos juramentos, mas vos culpa pelo que vossos corações logram. E Allah é Perdoador, Clemente.

226. Para os que juram abster-se de estar com suas mulheres, há espera de quatro meses⁽²⁾. E, se retrocederem, por certo, Allah é Perdoador, Misericordiador.

227. E, se decidirem pelo divórcio, por certo, Allah é Oniouvinte, Onisciente.

228. E que as divorciadas aguardem, elas mesmas, **antes de novo casamento**, três períodos menstruais⁽³⁾, e não lhes é lícito ocultarem o que Allah criou em suas matrizes, se elas crêem em Allah e no Derradeiro Dia. E, nesse **interim**, seus maridos têm prioridade em tê-

---

(1) Se o homem jurar, em nome de Deus, não praticar uma boa ação, não deve manter este juramento, ao contrário, deve empenhar-se na prática constante do bem e expiar este juramento.

(2) Anteriormente ao Islão, era habitual, entre os árabes, a prática do 'īlā', ou seja, do juramento, feito pelo homem, quando divergia de sua mulher, de não mais aproximar-se dela, por quatro meses ou mais. Sendo assim, a mulher ficava presa a uma situação bem difícil e constrangedora: "suspensa", nem casada nem divorciada. Obviamente, o Islão, objurgando tal procedimento, recomenda, neste versículo, que, após quatro meses, não desejando o marido voltar atrás, consuma-se o divórcio e seja liberada a mulher.

(3) Isso, para elas se assegurarem da ausência de gravidez.

las de volta, se desejam reconciliação. E elas têm **direitos** iguais às suas obrigações, convenientemente. E há para os homens um degrau acima delas[1]. E Allah é Todo-Poderoso, Sábio.

229. O divórcio é **permitido** por duas vezes[2]. Então, ou reter a **mulher**, convenientemente, ou libertá-la, com benevolência. E não vos[3] é lícito retomardes nada do que lhes haveis concedido, exceto quando ambos temem não observar os limites[4] de Allah. Então, se vós[5] temeis que ambos não observem os limites de Allah, não haverá culpa sobre ambos, por aquilo com que ela[6] se resgatar. Esses são os limites de Allah: então, não os transgridais. E quem transgride os limites de Allah, esses são os injustos.

---

(1) Compete ao homem, em caso de divórcio, voltar atrás na decisão. Ele é quem deve deliberar sobre o assunto. Parece que o escalão, mencionado neste versículo, refere-se a este privilégio, e deve, assim, ser entendido, estritamente, neste caso, não genericamente, em todos os assuntos de vida (Vide Sayyed Qutb, **Zilāl-al-Qur ān**, volume II, pp. 246-247).

(2) As leis islâmicas estabelecem que o divórcio é revogável até duas vezes. O homem pode retornar à sua mulher, após o primeiro divórcio, para continuarem a viver normalmente. Se a segunda tentativa de convívio malograr, poderá o casal divorciar-se novamente, ainda com direito a mais uma tentativa de convivência; mas, se persistirem as incompatibilidades, o Alcorão recomenda que se divorciem definitiva e irrevogavelmente. Entretanto, se a mulher se casar com outro e dele divorciar-se, o Alcorão permite que torne a casar-se novamente, com o primeiro marido, de quem já estiver divorciada (vide II 230).

(3) **Vos**: a vós, maridos.

(4) Ou seja, as proibições impostas por Deus.

(5) Ou seja: "...se vós, autoridades, temerdes...".

(6) **Ela**: a mulher.

2. Sūratu Al-Baqarah Parte 2

230. E, se ele se divorcia dela, **pela terceira vez**, ela lhe não será lícita, novamente, até esposar outro marido. E, se este se divorcia dela, não haverá culpa, sobre ambos, ao retornarem um ao outro, se pensam observar os limites de Allah. E esses são os limites de Allah, que Ele torna evidentes, para um povo que sabe.

231. E, quando vos divorciardes das mulheres e elas atingirem seu prazo **de espera**[1], retende-as, convenientemente, ou libertai-as, convenientemente. Mas não as retenhais, prejudicando-as[2], para infligir-lhes agressões. E quem o faz, com efeito, é injusto com si mesmo. E não tomeis os versículos de Allah por objeto de zombaria. E lembrai-vos da graça de Allah para convosco e daquilo que Ele fez descer sobre vós: o Livro[3] e a Sabedoria, com que Ele vos exorta. E temei a Allah e sabei que Allah, de todas as cousas, é Onisciente.

232. E, quando vos divorciardes das mulheres, e elas atingirem seu

---

[1] **Ou seja: O fim do prazo de espera**, imposto à mulher, para poder casar-se novamente, e que varia conforme seu estado. Exemplo: para a mulher divorciada, o prazo é de três mênstruos ou três meses, conforme o caso; para a mulher viúva, é de quatro meses e dez dias; para a mulher grávida, até o nascimento da criança.

[2] É, expressamente, vedado ao homem utilizar-se da revogação do divórcio, com o fito de prejudicar sua mulher, isto é, obrigando-a a resgatar-se, ou prolongar-lhe o prazo de espera, a fim de ela permanecer só e, certamente, padecer com isto.

[3] **O Livro**: o Alcorão.

prazo **de espera**, não as impeçais de esposarem seus maridos **anteriores**, quando concordarem, entre eles, convenientemente. Com isso, é exortado aquele de vós que crê em Allah e no Derradeiro Dia. Isso vos é mais digno e mais puro. E Allah sabe, e vós não sabeis.

233. E as mães amamentam seus filhos, por dois anos inteiros. **Isso**, para quem deseja completar a lactação. E impende ao pai o sustento e o vestir delas, convenientemente. A nenhuma alma é imposto senão o que é de sua capacidade. Que nenhuma mãe seja prejudicada por causa de seu filho nem o pai, por causa de seu filho. E impende ao herdeiro fazer o mesmo[1]. E se ambos desejam desmama, de comum acordo e mútua consulta, não haverá culpa sobre ambos. E, se desejais amamentar vossos filhos **com amas**, não haverá culpa sobre vós, quando entregardes, convenientemente, o que prometestes conceder-lhes[2]. E temei a Allah e sabei que Allah, do que fazeis, é Onividente.

234. E os que, dentre vós, morrerem e deixarem mulheres, essas aguardem quatro meses e dez dias[3].

---

(1) Sendo o pai inválido, ou já havendo falecido, será incumbência do herdeiro sustentá-la e vesti-la.

(2) **Lhes**: às amas-de-leite.

(3) Trata-se do prazo de espera da mulher viúva, mencionado na sūra II 231 n1.

Então, quando atingirem seu prazo **de espera**, não haverá culpa sobre vós, pelo que fizerem com si mesmas[1], convenientemente. E Allah, do que fazeis, é Conhecedor.

235. E não há culpa sobre vós, em insinuardes às mulheres propostas de casamento, ou em ocultardes **essa intenção** em vossas almas. Allah sabe que vos estareis lembrando delas; mas não vos comprometais, secretamente, com elas, exceto se **lhes** disserdes dito conveniente. E não decidais consumar os laços matrimoniais, até que a prescrição atinja seu termo. E sabei que Allah sabe o que há em vossas almas: então, precatai-vos dEle. E sabei que Allah é Perdoador, Clemente.

236. Não há culpa sobre vós, se vos divorciais das mulheres, desde que não as hajais tocado, ou não hajais proposto farīḍah[2], **(mahr)**. E mimoseai-as – o próspero, conforme suas posses, e o carecente, conforme suas posses – com mimo conveniente. É dever que impende aos benfeitores.

237. E, se vos divorciais delas, antes de havê-las tocado, e após

---

(1) Os homens, sob cujos cuidados se encontram as viúvas, não estarão em pecado, se elas recorrerem a meios de embelezamento, para atrair novo casamento.

(2) **Al farīḍah**, corresponde a **al mahr** ou **aṣ ṣaduqah**: soma de bens que o noivo dá à esposa, antes de contrair núpcias, as arras.

haver-lhes proposto farīdah, **caber-lhes-á** a metade do que houverdes proposto, exceto se abrem mão **disso**, ou o faz aquele em cujas mãos estão os laços matrimoniais. E abrirdes mão **disso** é mais próximo da piedade. E não vos esqueçais do favor entre vós. Por certo, Allah, do que fazeis, é Onividente.

238. Custodiai as orações, e, **em particular**, a oração mediana, e levantai-vos, sendo devotos a Allah.

239. Mas, se temeis **um inimigo**, **orai**, andando ou montados. E, quando estiverdes em segurança, invocai a Allah, **e cumpri a oração**, como Ele vos ensinou o que não sabíeis.

240. E os que, entre vós, morrerem e deixarem mulheres, devem deixar testamento[1] a suas mulheres, **legando-lhes** provisão por um ano, sem fazê-las sair **de suas casas**. E, se elas saírem, não haverá culpa sobre vós, pelo que elas fizerem de conveniente com si mesmas. E Allah é Todo-Poderoso, Sábio.

241. E as divorciadas têm direito de mimo conveniente. É dever que impende aos piedosos.

---

(1) Essa recomendação testamentária de legar bens à viúva, por um ano, foi ab-rogada pelos versículos que lhe destinam parte determinada da herança (IV 12). Como ab-rogado, também foi seu prazo de espera, que antes era de um ano e passou para 4 meses e dez dias. Vide II 234.

2. Sūratu Al-Baqarah — Parte 2

242. Assim, Allah torna evidentes, para vós, Seus versículos, para razoardes.

243. Não viste, **Muḥammad**, os[1] que saíram de seus lares, aos milhares, para se precatarem da morte? Então, Allah lhes disse: "Morrei!" Em seguida, Ele deu-lhes a vida. Por certo, Allah é Obsequioso para com os homens. Mas, a maioria dos homens não agradece.

244. E combatei no caminho de Allah e sabei que Allah é Oniouvinte, Onisciente.

245. Quem empresta um bom empréstimo a Allah, Ele lho multiplicará muitas vezes. E Allah restringe e prodigaliza **Sua graça**. E a Ele sereis retornados.

246. Não viste os dignitários dos Filhos de Israel, depois de Moisés? Quando disseram a um de seus profetas: "Envia-nos um rei, nós combateremos no caminho de Allah", **o profeta** disse: "Quiçá, não combatêsseis, se vos fosse prescrito o combate?" Disseram: "E por que razão não combateríamos no caminho de Allah, enquanto, com

---

(1) **Os**: os membros de uma comunidade judaica, residentes em uma cidade, nas cercanias do Iraque, na qual grassou uma peste. Atemorizados, evadiram-se da cidade, para evitar a morte. Deus, então, fê-los morrer, em punição pela descrença de que a morte é predestinada por Deus, da qual ninguém escapa.

efeito, nos fizeram sair de nossos lares e **nos separaram** de nossos filhos?" Então, quando lhes foi prescrito o combate, eles, exceto alguns poucos, voltaram as costas. E Allah, dos injustos, é Onisciente.

247. E seu profeta lhes disse: "Por certo, Allah, com efeito, enviou-vos Ṭālūt[1] por rei." Disseram: "Como ele pode ter a soberania sobre nós, enquanto temos prioridade sobre ele, na soberania, e a ele não foi concedida abundância de riquezas?" **O profeta** disse: "Por certo, Allah escolheu-o sobre vós, e acrescentou-lhe grandeza em ciência e em **força** física." E Allah concede Sua soberania a quem quer. E Allah é Munificente, Onisciente.

248. E seu profeta lhes disse: "Por certo, o sinal de sua soberania é que vos chegará a Arca[2], nela há Serenidade[3] de vosso Senhor e relíquias, das que deixou a família de Moisés e a família de Aarão, os anjos a carregarão. Por certo, há nisso um sinal para vós, se sois crentes.

249. E, quando Ṭālūt partiu com o exército, disse: "Por certo, Allah vos estará pondo à prova, com um

---

(1) Ṭālūt: Saul.

(2) A arca da Aliança, mencionada na Bíblia. Vide Êxodo, XXV 10 - 22, Deuteronômio, X 1-5.

(3) Colocada à frente de seus exércitos, esta arca infundia-lhes serenidade e tranqüilidade de vitória sobre o inimigo.

rio. Então, quem dele beber não será mais dos meus, e quem não o provar será dos meus, exceto aquele que apanhar, com a mão, um pouco de água". Então, dele beberam, exceto poucos, dentre eles. E, quando **Ṭālūt** o atravessou, com os que criam com ele, **os demais** disseram: "Não temos força, hoje, para **combater** Golias e seu exército." Os que pensavam que deparariam com Allah, disseram: "Que de vezes, um pequeno grupo venceu um grande grupo, com a permissão de Allah! E Allah é com os perseverantes."

250. E, quando saíram ao encontro de Golias e seu exército, disseram: "Senhor nosso! Verte sobre nós paciência e torna firmes nossos passos e socorre-nos, contra o povo renegador da Fé."

251. Então, derrotaram-nos com a permissão de Allah. E Davi matou a Golias, e Allah concedeu-lhe a soberania e a sabedoria e ensinou-lhe **algo** do que Ele quis. E, se Allah não detivesse os homens, uns por outros, a terra corromper-se-ia. Mas Allah é Obsequioso para com os mundos.

252. Esses são os versículos de Allah: recitamo-los, para ti, **Muḥammad**, com a verdade. E, por certo, tu és dos Mensageiros.

2. Sūratu Al-Baqarah — Parte 3

253. Desses Mensageiros, preferimos uns a outros. Dentre eles, há aquele a quem Allah falou; e a algum deles Ele elevou em escalões[1]; e concedemos a Jesus, Filho de Maria, as evidências, e amparamo-lo com o Espírito Sagrado. E, se Allah quisesse, não se haveriam entrematado os que foram depois deles, após lhes haverem chegado as evidências. Mas discreparam. Então, dentre eles, houve quem cresse, e, dentre eles, houve quem renegasse a Fé. E, se Allah quisesse, não se haveriam entrematado. Mas Allah faz o que deseja.

254. Ó vós que credes! Despendei do que vos damos por sustento, antes que chegue um dia, em que não haverá venda nem amizade nem intercessão; e os renegadores da Fé, são eles os injustos.

255. Allah, não existe deus senão Ele, O Vivente, Aquele que subsiste por Si mesmo. Não O tomam nem sonolência nem sono. DEle é o que há nos céus e o que há na terra. Quem intercederá junto dEle senão com Sua permissão? Ele sabe seu[2] passado e seu

---

(1) Moisés foi aquele a quem Deus falou; e Muḥammad foi aquele a quem Deus elevou, acima de todos os profetas, com inúmeros privilégios, entre os quais, o recebimento do Alcorão.

(2) Ou seja, Deus conhece o passado e o futuro, além do presente, de todos os seres.

futuro. E nada abarcam de Sua ciência senão aquilo que Ele quer. Seu Trono abrange os céus e a terra. E não O afadiga custodiá-los. E Ele é O Altíssimo, O Magnífico[1].

256. Não há compulsão na religião! Com efeito, distingue-se a retidão da depravação. Então, quem renega Aṭ-Ṭāghūt[2] e crê em Allah, com efeito, ater-se-á à firme alça irrompível. E Allah é Oniouvinte, Onisciente.

257. Allah é O Protetor dos que crêem: fá-los sair das trevas para a luz. E, **quanto a**os que renegam a Fé, seus protetores são Aṭ-Ṭāghūt: fazem-nos sair da luz para as trevas. Esses são os companheiros do Fogo. Nele, serão eternos.

258. Não viste aquele[3] que, porque Allah lhe concedera a soberania, argumentou com Abraão, sobre seu Senhor? Quando Abraão disse: "Meu Senhor é Aquele Que dá a vida e dá a morte", **o outro**

---

(1) Este é um dos mais célebres versículos do Alcorão, infinitamente reproduzido nos arabescos que adornam mesquitas, monumentos, etc.. Chamado, outrossim, de "o versículo do Trono", pela alusão, nele contida, ao Trono, símbolo da onipotência e magnificência de Deus.

(2) Aṭ-Ṭāghūt: aqui, designa tanto Satanás quanto ao ídolo ou qualquer outra cousa maléfica.

(3) Aquele: Nemrod, rei da Mesopotâmia. Esse diálogo ocorreu, quando Abraão quebrou os ídolos e, seguidamente, foi preso por ordem de Nemrod, que o tirou da prisão, para queimá-lo vivo. Antes, porém, perguntou a Abraão quem era Seu Senhor: "Aquele que dá a vida e dá a morte". Vide XXI 51-69.

disse: "Eu, **também,** dou a vida e dou a morte." Abraão disse: "E, por certo, Allah faz vir o sol do Levante; faze-o, pois, vir do Poente." Então, ficou atônito quem renegou a Fé. E Allah não guia o povo injusto.

259. Ou aquele que passou por uma aldeia, enquanto deitada abaixo sobre seus tetos[(1)]? Disse: "Como Allah dará a vida a esta, depois de morta?" Então, Allah fê-lo morrer por cem anos; em seguida, ressuscitou-o. Disse Ele: "Quanto tempo permaneceste **morto?**" Disse: "Permaneci um dia ou parte de um dia." **Allah** disse: **"Nâo,** mas permaneceste cem anos; então, olha para teu alimento e para tua bebida, nada se alterou. E olha para teu asno – e **isso,** para que façamos de ti um sinal para a humanidade – e olha para os ossos **de teu asno,** como os erguemos para **recompô-los;** em seguida, revestimo-los de carne." E, quando **isso** se tornou evidente, para ele, disse: "Sei que Allah, sobre todas as cousas, é Onipotente.

260. E quando Abraão disse: "Senhor meu! Faze-me ver como

---

(1) A expressão textual é: "**caída sobre seus tetos**", o que significa: "não só caíram seus tetos mas as paredes desabaram sobre eles, ficando a aldeia totalmente arrasada". Dizem alguns exegetas tratar-se, aqui, da Cidade de Jerusalém, destruída por Nabucodonosor.

dás a vida aos mortos." **Allah** disse: "E não crês **ainda**?" **Abraão** disse: "Sim, mas é para que meu coração se tranqüilize." **Allah** disse: "Então, toma quatro pássaros, e aproxima-os de ti, **e corta-os**; em seguida, coloca parte deles sobre cada montanha; depois, convoca-os: eles chegarão depressa a ti. E sabe que Allah é Todo-Poderoso, Sábio."

261. O exemplo dos que despendem suas riquezas no caminho de Allah é como o de um grão que germina sete espigas; em cada espiga, há cem grãos. E Allah multiplica **a recompensa** a quem quer. E Allah é Munificente, Onisciente.

262. Os que despendem suas riquezas no caminho de Allah, em seguida, não fazem seguir o que despenderam nem de alarde nem de moléstia, terão seu prêmio junto de seu Senhor. E nada haverá que temer por eles, e eles não se entristecerão.

263. Dito conveniente e perdão são melhores que esmola seguida de moléstia. E Allah é Bastante a Si mesmo, Clemente.

264. Ó vós que credes! Não derrogueis vossas esmolas com o alarde e a moléstia, como quem despende sua riqueza, **por**

2. Sūratu Al-Baqarah — Parte 3

ostentação, para ser visto pelos homens, e não crê em Allah e no Derradeiro Dia. E seu exemplo é como o de uma rocha, sobre a qual há pó; então, uma chuva intensa a alcança e a deixa lisa. **Tais homens** não poderão beneficiar-se, em nada, do que lograram. E Allah não guia o povo renegador da Fé.

265. E o exemplo dos que despendem suas riquezas, em busca do agrado de Allah e com a firmeza de suas almas, é como o de um jardim em um outeiro: uma chuva intensa alcançou-o; então, deu em dobro, seu fruto. E, se chuva intensa não o alcançasse, haveria orvalho. E Allah, do que fazeis, é Onividente.

266. Acaso, algum de vós almejaria ter um jardim de tamareiras e videiras, abaixo do qual os rios correm, e no qual há toda a espécie de frutos, e que a velhice o alcançasse, enquanto tem indefesa descendência, então, uma tempestade, continente de fogo alcançasse seu jardim e o queimasse? Assim, Allah torna evidentes, para vós, os sinais, para refletirdes[1].

267. Ó vós que credes! Despendei das cousas boas que haveis

---

[1] Este versículo alerta que de nada vale a riqueza, sem o respaldo da caridade.

logrado e do que Nós vos fizemos sair da terra. E não recorrais ao que é vil, para dele despenderdes, sendo que o não tomaríeis, a não ser que a ele fechásseis os olhos. E sabei que Allah é Bastante a Si mesmo, Louvável.

268. Satã promete-vos a pobreza e ordena-vos a obscenidade[(1)], e Allah promete-vos perdão dEle e favor. E Allah é Munificente, Onisciente.

269. Ele concede a sabedoria a quem quer. E, àquele, a quem é concedida a sabedoria, com efeito, é-lhe concedido um bem abundante. E não meditam senão os dotados de discernimento.

270. E o que quer que despendais ou voteis, em votos, Allah, por certo, o sabe. E não há para os injustos socorredores.

271. Se mostrais as esmolas, quão excelente é! Mas se as escondeis e as concedeis aos pobres, é-vos melhor. E Ele vos remirá algo de vossas más obras. E Allah, do que fazeis, é Conhecedor.

272. Não te impende, **Muḥammad**, guiá-los **para o bom caminho**, mas Allah guia a quem quer. E o que quer que despendais

---

(1) Por **obscenidade**, entende-se, aqui, a avareza.

de bom é para vós mesmos. E não deveis despender senão para buscar a face de Allah[1]. E o que quer que despendais de bom vos será compensado e não sofrereis injustiça.

273. Dai vossas esmolas aos pobres, que, impedidos **pelo combate**, no caminho de Allah[2], não podem percorrer a terra, **para ganhar seu sustento**. O ignorante supõe-nos ricos, por suas maneiras recatadas. Tu os reconheces por seu semblante; não pedem **esmolas** aos outros, insistentemente. E o que quer que despendais de bom, por certo, Allah é, disso, Onisciente.

274. Os que despendem suas riquezas, quer de noite quer de dia, secreta e manifestamente, terão seu prêmio junto de seu Senhor, e nada haverá que temer por eles, e eles não se entristecerão.

275. Os que devoram a usura não se levantam senão como se levanta aquele que Satã enfurece com a loucura. Isto, porque dizem: "A venda é como a usura". Ao passo que Allah tornou lícita a

---

(1) Ou seja, à procura da complacência de Deus.

(2) Referência aos 400 moslimes, emigrados de Makkah, para Al Madīnah, onde, desamparados, sem lar nem parentes, ficaram na mesquita local, numa parte assombreada, chamada aṣ-ṣuffah, e, por isso, foram eles denominados "**homens de aṣ-ṣuffah**". Por orientação do Profeta, dedicaram-se ao combate pela causa de Deus, para a defesa do Islão.

venda e proibiu a usura. Então, aquele, a quem chega exortação de seu Senhor e se abstém **da usura**, a ele pertencerá o que se consumou⁽¹⁾, e sua questão será **entregue** a Allah. E quem reincide, esses são os companheiros do Fogo. Nele, serão eternos.

276. Allah extermina a usura e faz crescer as esmolas. E Allah não ama a nenhum ingrato pecador.

277. Por certo, os que crêem, e fazem as boas obras, e cumprem a oração, e concedem az-zakāh⁽²⁾, terão seu prêmio junto de seu Senhor; e nada haverá que temer por eles, e eles não se entristecerão.

278. Ó vós que credes! Temei a Allah e deixai o que resta da usura, se sois crentes.

279. E, se o não fazerdes, certificai-vos de uma guerra de Allah e de Seu Mensageiro; e, se vos voltardes **para Allah** arrependidos, tereis vosso capital. Não estareis cometendo injustiça nem sofrendo injustiça.

280. E, se um **devedor** estiver

---

(1) Isto é, tudo o que angariou, até a revelação deste versículo, pode ser mantido, sem necessidade de devolução ou abandono. Quanto a serem perdoados ou não, isto é decisão de Deus.

(2) Cf II 43 n4.

2. Sūratu Al-Baqarah — Parte 3

em dificuldade, concedei-lhe espera, até que tenha facilidade[1]. E fazerdes caridade vos é melhor. Se soubésseis!

281. E guardai-vos de um dia, em que sereis retornados a Allah. Em seguida, cada alma será compensada com o que logrou, e eles[2] não sofrerão injustiça.

282. Ó vós que credes! Se contrairdes, uns com os outros, dívida por termo designado, escrevei-a. E que um escrivão **vo-lo** escreva, entre vós, com a justiça. E que nenhum escrivão se recuse a escrever, conforme o que Allah lhe ensinou. Então, que ele escreva, e que o devedor dite a **dívida**, e que tema a Allah, seu Senhor, e que dela nada subtraia. E, se o devedor for inepto ou indefeso[3] ou incapaz, ele mesmo, de ditar, então, que seu tutor dite com a justiça. E tomai duas testemunhas, dentre vossos homens. E, se não houver dois homens, então um homem e duas mulheres, dentre quem vós aceitais por testemunhas, **pois**, se uma delas se descaminha **da lembrança de algo**, a outra a fará lembrar. E que

---

(1) Ou seja, isentar o devedor de toda dívida ou parte dela.
(2) **Eles**: todos os homens.
(3) **Indefeso**: em idade infantil ou senil.

as testemunhas não se recusem, quando convocadas **para testemunhar**. E não vos enfadeis de escrevê-la⁽¹⁾, pequena ou grande, até seu termo. Isso vos é mais eqüitativo diante de Allah, e mais reto para o testemunho, e mais adequado para que não duvideis; exceto se há mercadoria presente, negociada entre vós: então, não há culpa sobre vós em a não escreverdes. E tomai as testemunhas, se comerciais, e que se não prejudiquem nem escrivão nem testemunha. E, se o fizerdes, haverá perversidade em vós. E temei a Allah, e Allah vos ensinará. E Allah, de todas as cousas, é Onisciente.

283. E, se estais em viagem e não encontrais escrivão, que haja um penhor entregue em mão. E, se algum de vós confia a outrem **um depósito**, então, aquele, a quem foi confiado **este**, restitua seu depósito, e que tema a Allah, seu Senhor. E não oculteis o testemunho. E quem o oculta, por certo, seu coração será pecador. E Allah, do que fazeis, é Onisciente.

284. De Allah é o que há nos céus e o que há na terra. E, se mostrardes o que há em vossas almas ou o esconderdes, Allah vos

---

(1) **La**: a dívida.

pedirá conta disso. Então, Ele perdoa a quem quer e castiga a quem quer. E Allah, sobre todas as cousas, é Onipotente.

285. O Mensageiro crê no que foi descido, para ele, de seu Senhor, e, **assim também**, os crentes. Todos crêem em Allah e em Seus anjos e em Seus Livros e em Seus Mensageiros. **E dizem**: "Não fazemos distinção entre nenhum de Seus Mensageiros." E dizem: "Ouvimos e obedecemos. **Rogamos** Teu perdão, Senhor nosso! E a Ti será o destino."

286. – Allah não impõe a alma alguma senão o que é de sua capacidade. A ela, o que logrou **de bom** e, contra ela, o que cometeu **de mau** – E dizem: "Senhor nosso! Não nos culpes, se esquecemos ou erramos. Senhor nosso! E não nos carregues de pesados fardos como deles carregaste aos que foram antes de nós. Senhor nosso! E não nos carregues daquilo para o que não temos força. E indulta-nos e perdoa-nos e tem misericórdia de nós. Tu és nosso Protetor: então, socorre-nos contra o povo renegador da Fé.

SŪRATU ĀL'IMRĀN[1]
A SURA DA FAMÍLIA DE 'IMRĀN

De Al Madīnah – 200 versículos.

Em nome de Allah, O Misericordioso, O Misericordiador.

1. Alif, Lām, Mīm[2].

2. Allah, não existe deus senão Ele, O Vivente, Aquele que subsiste por Si mesmo.

3. Ele fez descer sobre ti o Livro, com a verdade, para confirmar o que havia antes dele. E fizera descer a Tora e o Evangelho,

4. Antes, como orientação para a humanidade; e fez descer Al Furqān[3]. Por certo, os que renegam os sinais de Allah terão

---

(1) Āl 'Imrān: Nome composto de Āl, oriundo de 'Ahl, família; e 'Imran, nome do pai de Maria, mãe de Jesus, embora alguns intérpretes, erroneamente, afirmem tratar-se do pai de Moisés. Assim se denomina a sura, pela menção desta palavra no versículo 33. Seu escopo precípuo é estabelecer a verdade sobre a idéia de Deus e combater a pretensa ilusão do homem de crer-se auto-suficiente por seus bens materiais e seus filhos, dispensando, assim, a orientação divina. A sura apresenta provas evidentes da soberania absoluta de Deus, em todo o Universo, e traz referências minuciosas, aliás, da família de Maria, de seu nascimento e do milagroso nascimento de seu filho Jesus. Volta a falar dos filhos de Israel, assim como dos cristãos, apontando-lhes as reações diante do Islão. Encerra ensinamentos dogmáticos e éticos, indicando a conduta correta dos combatentes, em tempo de guerra, seja da vitória, seja na derrota. Enfatiza, vigorosamente, a recompensa dos mártires, homens ou mulheres. Por fim, atenta, de novo, para o poder absoluto de Deus, na criação dos céus e da terra e de quanto neles existe, e prega a paciência, a perseverança e a piedade, como o único meio de o homem obter a bem-aventurança.

(2) Cf. II n3.

(3) Cf. II 53 n2. Aqui, al Furqān refere-se a todos os livros revelados como critério de distinguir o bem do mal.

veemente castigo. E Allah é Todo-Poderoso, Possuidor de vindita.

5. Por certo, de Allah nada se esconde, na terra nem no céu.

6. Ele é Quem, vos configura, nas matrizes, como quer. Não existe deus senão Ele, O Todo-Poderoso, O Sábio.

7. Ele é Quem fez descer sobre ti, **Muḥammad,** o Livro, em que há versículos precisos: são eles o fundamento do Livro; e, outros, ambíguos. Então, quanto àqueles, em cujos corações há deslize, eles seguem o que há de ambíguo nele, em busca da sedição e em busca de sua interpretação, **conforme seus intentos.** E ninguém sabe sua interpretação senão Allah. E os de ciência arraigada dizem[(1)]: "Cremos nele[(2)]. Tudo **vem** de nosso Senhor." – E não meditam senão os dotados de discernimento –.

8. "Senhor nosso! Não nos desvies os corações **do caminho reto,** após nos haveres guiado; e dadiva-nos, de Tua parte, com misericórdia. Por certo, Tu, Tu és O Dadivoso.

---

(1) Este período permite duas leituras distintas, conforme a pontuação adotada. A primeira faz ocorrer pausa, com ponto, logo após a palavra Deus, tal como a seguida pelo presente texto. A segunda desloca a pontuação para além da palavra ciência, ficando: "...senão Deus e aqueles de ciência arraigada", o que indica que, assim como Deus, os sábios também partilham da interpretação do Livro.

(2) **Nele**: no Alcorão.

9. "Senhor nosso! Por certo, és Tu Quem juntarás a humanidade, em um dia indubitável." Por certo, Allah não falta à promessa.

10. Por certo, aos que renegam a Fé, de nada lhes valerão as riquezas e os filhos, diante de Allah. E esses serão combustível do Fogo.

11. **Seu proceder é** como o do povo de Faraó e dos que foram antes deles. Desmentiram Nossos sinais; então, Allah apanhou-os, por seus delitos. E Allah é Veemente na punição.

12. Dize, **Muhammad**, aos que renegam a Fé: "Sereis vencidos e reunidos na Geena." E que execrável leito!

13. Com efeito, houve, para vós, um sinal em duas hostes[1], que se depararam: uma hoste combatia no caminho de Allah, e, outra, renegadora da Fé, via-os, em dobro, com os próprios olhos. E Allah ampara, com Seu socorro, a quem quer. Por certo, há nisso lição para os dotados de visão.

14. Aformoseou-se, para os homens, o amor dos haveres apetitosos: as mulheres e os filhos e

---

(1) Referência à Batalha de Badr, ocorrida no segundo ano de Héjira (624 d.C.). Constitui o primeiro combate dos muslimes contra os idólatras, do qual aqueles saíram vitoriosos.

os quintais acumulados de ouro e prata e os cavalos assinalados e os rebanhos e os campos lavrados. Isso é o gozo da vida terrena. Mas junto de Allah está o aprazível retorno.

15. Dize: "Informar-vos-ei de **algo** melhor que isso **tudo**? Para os piedosos, haverá, junto ao seu Senhor, Jardins, abaixo dos quais correm os rios; nesses, serão eternos, e terão mulheres puras e agrado de Allah." E Allah, dos servos, é Onividente,

16. Os quais dizem: "Senhor nosso! Por certo, cremos: perdoa-nos os delitos e guarda-nos do castigo do Fogo."

17. Esses são os perseverantes, e os verídicos, e os devotos, e os caritativos, e os que imploram perdão, nas madrugadas.

18. Allah testemunha – e, **assim também**, os anjos e os dotados de ciência – que não existe deus senão Ele, Que tudo mantém, com eqüidade. Não existe deus senão Ele, O Todo-Poderoso, O Sábio.

19. Por certo, a religião, perante Allah, é o Islão[1]. E aqueles, aos quais[2] fora concedido o Livro, não discreparam senão após a ciência

---

[1] Cf. II 128 n2.

[2] Trata-se dos judeus e dos cristãos.

haver-lhes chegado, **movidos** por agressividade entre eles. E quem renega os sinais de Allah, por certo, Allah é Destro no ajuste de contas.

20. E, se eles[1] argumentarem contigo, **Muhammad**, dize: "Entreguei minha face a Allah[2], e, **também**, quem me segue." E dize àqueles, aos quais fora concedido o Livro, e aos iletrados[3]: "Quereis islamizar-vos?" Então, se se islamizarem, com efeito, guiar-se-ão; e, se voltarem as costas, impender-te-á, apenas, a transmissão da **Mensagem**. E Allah, dos servos, é Onividente.

21. Por certo, aos que renegam os sinais de Allah e matam, sem razão, os profetas[4], e matam os que, dentre os homens, ordenam a eqüidade, alvissara[5]-lhes doloroso castigo.

22. Esses são aqueles, cujas obras se anulam, na vida terrena e na Derradeira Vida. E não terão socorredores.

---

(1) **Eles**: os idólatras.

(2) Aqui, ocorre metonímia de grande valor estilístico, em que a palavra **face** simboliza a totalidade do ser que fala, e a frase significa: "entreguei-me inteiramente, a Deus".

(3) Alusão aos idólatras, assim chamados, por não possuírem Livro divino, ao contrário dos judeus, que já possuíam a Tora, e dos cristãos, que possuíam o Evangelho.

(4) Cf. II 61 n2.

(5) Observe-se o tom irônico do verbo **alvissarar** (anunciar boas novas), aqui usado para anunciar o castigo infernal. O mesmo uso ocorrerá diversas outras vezes no Alcorão (IV 138; IX 3, 34; XXXI 7; XLV 8; LXXXIV 24).

23. Não viste aqueles aos quais fora concedida uma porção do Livro⁽¹⁾, enquanto convocados ao Livro de Allah⁽²⁾, para que julgasse, entre eles. Em seguida, um grupo deles voltou as costas, dando-**lhe** de ombros⁽³⁾?

24. Isso, porque eles disseram: "O Fogo não nos tocará senão por dias contados⁽⁴⁾."E iludiu-os aquilo que forjaram em sua religião.

25. Então, como estarão, quando os juntarmos, em um dia indubitável, e cada alma for compensada com o que logrou? E eles não sofrerão injustiça.

26. Dize: "Ó Allah, Soberano da soberania! Tu concedes a soberania a quem queres e tiras a soberania a quem queres. E dás o poder a quem queres e envileces a quem queres. O bem está em Tua mão. Por certo, Tu, sobre todas as cousas, és Onipotente.

27. "Inseres a noite no dia e inseres o dia na noite, e fazes sair o

---

(1) Ou seja, a Tora. A revelação divina é um todo através dos tempos; assim, o livro mosaico e o cristão são porções do Livro, e, o Alcorão chega para completar a revelação, e é, por excelência, o Livro de Deus.

(2) **O Livro de Allah**: o Alcorão.

(3) Este versículo foi revelado, quando ao Profeta Muḥammad foram levados dois judeus, acusados de adultério, para que os julgasse. Ocorre que Muḥammad lhes recomendou o que a Tora e o Alcorão prescreviam: o apedrejamento dos culpados, mas os judeus repudiaram o julgamento e voltaram as costas ao Profeta.

(4) Cf. II 80 n3.

vivo do morto e fazes sair o morto do vivo, e dás sustento, sem conta, a quem queres."

28. Que os crentes não tomem por aliados os renegadores da Fé, ao invés dos crentes. E quem o fizer não terá relação com Allah, exceto se quereis[1] guardar-vos de algo da parte deles. E Allah vos adverte dEle. E a Allah será o destino.

29. Dize, **Muḥammad**: "Se escondeis o que há em vossos peitos ou o mostrais, Allah o sabe. E sabe o que há nos céus e o que há na terra. E Allah, sobre todas as cousas, é Onipotente."

30. Um dia, cada alma encontrará presente o que fez de bem e o que fez de mal; ela almejará que haja longínquo termo entre ela e ele[2]. E Allah vos adverte dEle. E Allah, para com os servos, é Compassivo.

31. Dize: "Se amais a Allah, segui-me, Allah vos amará e vos perdoará os delitos." E Allah é Perdoador, Misericordiador.

32. Dize: "Obedecei a Allah e ao Mensageiro." E, se voltarem as costas, por certo, Allah não ama os renegadores da Fé.

---

[1] Observar a alternância de pessoa (3.ª singular e 2.ª plural).

[2] **Ele**: o mal cometido pela alma.

3. Sūratu Āl'Imrān Parte 3 88

33. Por certo, Allah escolheu Adão e Noé, e a família de Abraão, e a família de ʿImrān, sobre os mundos.

34. São descendentes, uns dos outros. E Allah é Oniouvinte, Onisciente.

35. Lembra-lhes de quando a mulher[1] de ʿImrān disse: "Senhor meu! Voto-Te o que há em meu ventre, consagrado a Ti; então, aceita-**o** de mim. Por certo, Tu, Tu és O Oniouvinte, O Onisciente."

36. E, quando deu à luz a ela, disse: "Senhor meu! Por certo, dei à luz uma varoa[2]." – E Allah era bem Sabedor de quem ela dera à luz – "E o varão não é igual à varoa. E, por certo, chamei-lhe Maria. E, por certo, entrego-a, e sua descendência, à Tua proteção, contra o maldito Satã."

37. Então, seu Senhor acolheu-a, com bela acolhida, e fê-la crescer belo crescimento. E deixou-a aos cuidados de Zacarias. Cada vez que Zacarias entrava no santuário[3],

---

(1) **Trata**-se de Ana, mãe de Maria.

(2) Avançada em anos e já estéril, Ana, a mulher de ʿImrān, ao ver um pássaro alimentar os filhotes, sentiu profundo desejo de criar descendência. E orou a Deus, pedindo-lhe um filho, prometendo, em sinal de gratidão, consagrá-lo a Seu serviço. Mas lhe nasceu uma menina, que pela Lei, era impedida de exercer sacerdócio. Daí a frase: "O varão não é igual à varoa".

(3) Diz-se da sala em frente ao templo ou do lugar mais nobre do Templo de Jerusalém.

encontrava junto dela sustento. Ele disse: "Ó Maria! De onde te provém isso?" Ela disse: "De Allah." Por certo, Allah dá sustento, sem conta, a quem quer.

38. Ali, Zacarias suplicou a seu Senhor. Ele disse: "Senhor meu, dadiva-me, de Tua parte, com descendência primorosa. Por certo, Tu és O Ouvidor da súplica."

39. Então, os anjos chamaram-no enquanto orava, de pé no santuário: "Allah alvissara-te **o nascimento de** Yaḥiā, **João**, confirmador de um Verbo de Allah[1]; e será senhor, e casto, e profeta entre os íntegros."

40. Ele disse: "Senhor meu! Como hei de ter um filho, enquanto, com efeito, a velhice me atingiu, e minha mulher é estéril?" Ele disse: "Assim é! Allah faz o que quer."

41. **Zacarias** disse: "Senhor meu! Faze-me um sinal." **Allah** disse: "Teu sinal será que não falarás a ninguém, durante três dias, a não ser por gestos[2]. E lembra-te amiúde de teu Senhor e glorifica-O ao anoitecer e ao alvorecer."

42. E **lembra-lhes**, **Muḥammad**, **de** quando os anjos disseram: "Ó Maria! Por certo, Allah te escolheu

---

(1) Refere-se a Jesus Cristo, que foi criado do Verbo de Deus: "Sê".
(2) Vide Lucas I 20.

e te purificou, e te escolheu sobre as mulheres dos mundos.

43. "Ó Maria! Sê devota a teu Senhor e prosterna-te e curva-te com os que se curvam⁽¹⁾."

44. Esses são alguns informes do Invisível, que Nós te revelamos. E não estavas junto deles⁽²⁾, quando lançavam seus cálamos⁽³⁾, **para saber** quem deles cuidaria de Maria. E não estavas junto deles, quando disputavam.

45. Lembra-lhes de quando os anjos disseram: "Ó Maria! Por certo, Allah te alvissara um Verbo, **vindo** dEle; seu nome é O Messias, Jesus, Filho de Maria, sendo honorável na vida terrena e na Derradeira Vida, e dos achegados **a Allah**.

46. "E falará aos homens, no berço, e na maturidade, e será dos íntegros."

47. Ela disse: "Senhor meu! Como hei de ter um filho, enquanto nenhum homem me tocou?" Ele disse: "Assim é! Allah cria o que

---

(1) Cf. II 43 n5.

(2) **Deles**: dos judeus.

(3) Ou seja: suas varas. Refere-se à disputa, ocasionada entre os sacerdotes do Templo de Jerusalém, para decidirem quem deveria cuidar de Maria. Zacarias insistiu em fazê-lo, alegando ser casado uma tia de Maria. Para deslindarem o impasse, decidiram pelo sorteio. Escreveram, então, algumas passagens da Lei em seus cálamos e os lançaram ao rio Jordão, onde todos afundaram, exceto o de Zacarias, que, por isso, tomou o encargo desejado.

quer. Quando decreta algo, apenas, diz-lhe: 'Sê', então, é.

48. "E ensinar-lhe-á a Escritura⁽¹⁾, e a sabedoria, e a Tora, e o Evangelho.

49. "E **fá-lo-á** Mensageiro para os filhos de Israel, **aos quais dirá**: 'Cheguei-vos com um sinal de vosso Senhor. Eu vos criarei do barro uma figura igual ao pássaro e, nela, soprarei e será pássaro, com a permissão de Allah. E curarei o cego de nascença, e o leproso, e darei a vida aos mortos, com a permissão de Allah. E informar-vos-ei do que comeis e do que entesourareis em vossas casas. Por certo, há nisso um sinal para vós, se sois crentes.

50. " 'E **cheguei-vos** para confirmar o que havia antes de mim: a Tora, e para tornar lícito, para vós, algo do que vos era proibido. E cheguei-vos com um sinal de vosso Senhor. Então, temei a Allah e obedecei-me.

51. " 'Por certo, Allah é meu Senhor e vosso Senhor. Então, adorai-O . Essa é a senda reta.'"

52. E quando Jesus lhes sentiu a

⁽¹⁾ De acordo com alguns exegetas, tratar-se-ia de uma Escritura Sagrada, outra que a Tora e o Evangelho, embora haja quem a interprete como alusiva à escrita ou ato de escrever.

renegação da Fé, disse: "Quem são meus socorredores, **no caminho para Allah?**" Os discípulos disseram: "Nós somos os socorredores de Allah; cremos nEle, e testemunha tu que somos moslimes.

53. "Senhor nosso! Cremos no que fizeste descer e seguimos o Mensageiro. Então, inscreve-nos entre as testemunhas."

54. E eles[1] usaram de estratagemas **contra Jesus**; e Allah usou de estratagemas. E Allah é O Melhor em estratagemas[2].

55. **Lembra-lhes, Muḥammad, de** quando Allah disse: "Ó Jesus! Por certo, findarei teus dias na terra e ascender-te-ei até Mim e apartar-te-ei dos que renegam a Fé e farei estar os que te seguiram acima dos que renegam a Fé, até o Dia da Ressurreição. Em seguida, a Mim será vosso retorno. E julgarei, entre vós, naquilo de que discrepáveis.

56. "Então, quanto aos que renegam a Fé, castigá-los-ei, com veemente castigo, na vida terrena e na Derradeira Vida. E não terão socorredores."

---

(1) **Eles**: os descrentes entre os judeus.
(2) Este versículo alude à conspiração de morte contra Jesus, intentada pelos judeus, a qual, segundo o Islão, Deus malogrou, fazendo que outro homem, semelhante a ele, em seu lugar fosse sacrificado, enquanto, para junto de Si, elevava Jesus. Vide IV 157 n4.

57. E, quanto aos que crêem e fazem as boas obras, Ele os compensará com seus prêmios. E Allah não ama os injustos.

58. Isto, recitamo-lo, para ti, dos versículos e da sábia Mensagem[1].

59. Por certo, o exemplo de Jesus, perante Allah, é como o de Adão. Ele o criou de pó; em seguida, disse-lhe: "Sê", então foi.

60. **Esta** é a Verdade **vinda** de teu Senhor. Então, não sejas dos contestadores.

61. E a quem argumentar contigo, sobre ele[2], depois do que te chegou da ciência, dize: "Vinde, nós convocaremos nossos filhos e vossos filhos, e nossas mulheres e vossas mulheres, e a nós mesmos e a vós mesmos; em seguida, imprecaremos e faremos ser a maldição de Allah sobre os mentirosos."

62. Por certo, esta é a verdadeira narrativa. E não há deus senão Allah. E, por certo, Allah é O Todo-Poderoso, O Sábio.

63. E, se eles voltarem as costas, por certo, Allah é Onisciente dos semeadores da corrupção.

64. Dize: "Ó seguidores do

---

[1] **Sábia Mensagem**: o Alcorão.
[2] **Ele**: Jesus.

Livro⁽¹⁾! Vinde a uma palavra igual entre nós e vós: não adoremos senão a Allah, e nada Lhe associemos e não tomemos uns aos outros por senhores, além de Allah." E, se voltarem as costas, dizei: "Testemunhai que somos moslimes."

65. Ó seguidores do Livro! Por que argumentais, sobre Abraão, enquanto a Tora e o Evangelho não foram descidos senão depois dele⁽²⁾? Então, não razoais?

66. Ei-vos que argumentais, sobre aquilo⁽³⁾ de que tendes ciência. Então, por que argumentais, sobre aquilo⁽⁴⁾ de que não tendes ciência? E Allah sabe, e vós não sabeis.

67. Abraão não era nem judeu nem cristão, mas monoteísta sincero, moslim⁽⁵⁾. E não era dos idólatras.

68. Por certo, os homens mais dignos de serem achegados a Abraão são os que o seguiram, e este Profeta⁽⁶⁾ e os que crêem. E Allah é O Protetor dos crentes.

---

(1) **Seguidores do Livro**: os judeus e os cristãos, que seguem respectivamente, a Tora e o Evangelho.

(2) Este versículo foi revelado para esclarecer, de vez, os judeus e os cristãos sobre a verdadeira religião de Abraão, a qual não era o Judaísmo, nem o Cristianismo, pois, a Tora e o Evangelho foram revelados, posteriormente, a ele.

(3) **Aquilo**: sobre a religião de Moisés e Jesus.

(4) **Aquilo**: sobre a religião de Abraão. Cf. III 65 n2.

(5) Ou seja, entregue, inteiramente, a Deus. Cf. II 128 n2.

(6) Isto é, Muḥammad.

69. Uma facção dos seguidores do Livro almeja descaminhar-vos. E não descaminham senão a si mesmos e não percebem.

70. Ó seguidores do Livro! Por que renegais os versículos de Allah, enquanto testemunhais **que são verdadeiros**?

71. Ó seguidores do Livro! Por que confundis o verdadeiro com o falso, e ocultais a verdade[1], enquanto sabeis?

72. E uma facção dos seguidores do Livro disse: "Crede no que foi descido sobre os que crêem, no início do dia, e renegai-o, no fim dele, na esperança de eles[2] retornarem.

73. "E não confieis **a ninguém**, exceto a quem segue vossa religião" – dize, **Muḥammad**: 'Por certo, a **Verdadeira** Orientação é a Orientação de Allah' – "que[3] a outrem foi concedido algo semelhante ao que vos fora concedido, ou que

---

[1] Quer dizer, ocultar a vinda de Muḥammad, como profeta, à Península Arábica, mencionada na Tora, mas eliminada, intencionalmente, pelos sacerdotes judaicos.

[2] Referência aos primeiros moslimes que os judeus queriam ver renegando o Islamismo, assim como eles próprios o fizeram. E, por se considerarem letrados e dignos de grande autoridade, acreditavam que os moslimes deveriam seguí-los, ou seja, abandonar o Islão, após abraçá-lo.

[3] Oração subordinada objetiva direta de "não confieis a ninguém". Os judeus recomendam que se não comente com os não judeus que não apenas outra nação pode receber a revelação divina - como eles próprios receberam - mas pode fazer prevalecer sua religião sobre o judaísmo.

eles⁽¹⁾ podem argumentar convosco, **sobre isso**, perante vosso Senhor." Dize: "Por certo, o favor está na mão de Allah: concede-o a quem quer. E Allah é Munificente, Onisciente."

74. Ele privilegia, com Sua misericórdia, a quem quer. E Allah é Possuidor do magnífico favor.

75. E, dentre os seguidores⁽²⁾ do Livro, há quem, se lhe confiares um quintal **de ouro**, restituir-to-á, e , dentre eles, há quem, se lhe confiares um dinar⁽³⁾, não to restituirá, a menos que permaneças ao pé dele. Isso, porque dizem: "Não há repreensão alguma, contra nós, no que concerne aos iletrados⁽⁴⁾." E dizem mentiras acerca de Allah, enquanto sabem.

76. Sim! Quem é fiel a seu pacto e é piedoso, por certo, Allah ama os piedosos.

77. Por certo, os que vendem o pacto de Allah e seus juramentos por ínfimo preço, esses não terão quinhão algum na Derradeira Vida,

---

(1) **Eles**: os moslimes.

(2) Aqui, referência aos judeus.

(3) **Dinār** - do latim *dinarium*, através do grego bizantino *denarion* e do árabe-persa dinār. Antiga unidade de peso árabe; antiga moeda de ouro, cunhada pelos árabes.

(4) Denominação dada aos árabes por não possuírem livro algum. De acordo com o preceito bíblico, os judeus estariam isentos de culpa, se praticassem a usura com outros, e não com seus semelhantes.

nem lhes falará Allah, nem os olhará no Dia da Ressurreição, nem os dignificará; e terão doloroso castigo.

78. E, por certo, há, dentre eles, um grupo que deturpa, com as próprias línguas, o Livro[1], a fim de que vós o suponhais do Livro, enquanto não é do Livro. E dizem que isso vem de Allah, enquanto não vem de Allah. E dizem mentiras acerca de Allah, enquanto sabem!

79. Não é admissível que um ser humano, a quem Allah concedeu o Livro e a sabedoria e a profecia, diga, em seguida, aos homens: "Sede meus adoradores, em vez de Allah", mas **que diga**: "Sede mestres devotos, por haverdes ensinado o Livro, e o haverdes estudado."

80. E, **também, não é admissível** que ele vos ordene tomar os anjos e os profetas por senhores. Ordenar-vos-ia a renegação da Fé, após vos haverdes tornado moslimes?

81. E quando Allah firmou a aliança com os profetas: "Seja o que for que Eu vos haja concedido, de Livro e de Sabedoria, se, em seguida, vos chegar um Mensageiro, confirmador do que está convosco,

---

(1) **O Livro**: a Tora.

deveis nele crer e deveis o socorrer." Ele disse: "Reconheceis e firmais Meu compromisso com isso?" Disseram: "Reconhecemos." Ele disse: "Então, testemunhai, e sou convosco, entre as testemunhas."

82. E quem, depois disso, volta as costas, esses são os perversos.

83. E, acaso, buscam eles religião outra que a de Allah, enquanto, para Ele, se islamiza[1] quem está nos céus e na terra, de bom ou de mau grado, e a Ele serão retornados?

84. Dize: "Cremos em Allah e no que foi descido sobre nós, e no que fora descido sobre Abraão, e Ismael, e Isaque, e Jacó, e **sobre** as Tribos, e no que fora concedido a Moisés e a Jesus, e aos profetas de seu Senhor. Não fazemos distinção entre nenhum deles e, para Ele, somos moslimes."

85. E quem busca outra religião que o Islão, ela não lhe será aceita, e ele, na Derradeira Vida, será dos perdedores.

86. Como Allah guiará a um povo que renega a Fé, após haver sido crente e haver testemunhado que o Mensageiro é verdadeiro, e

---

(1) Ou seja, "... se entrega", "... se submete". Cf. ll 128 n2 e ll 131 n2.

lhe haverem chegado as evidências? E Allah não guia o povo injusto.

87. Esses, sua recompensa será estar, sobre eles, a maldição de Allah e dos anjos e de toda a humanidade.

88. – Nela, serão eternos. Não se lhes aliviará o castigo nem se lhes concederá dilação –

89. Exceto dos que, depois disso, se voltam arrependidos e se emendam; então, por certo, Allah é Perdoador, Misericordiador.

90. Por certo, aos que renegam a Fé, após haverem sido crentes, em seguida, acrescentam a si mesmos a renegação da Fé[1], não se lhes aceitará o arrependimento; e esses são os descaminhados.

91. Por certo, os que renegam a Fé e morrem, enquanto renegadores da Fé, de nenhum deles se aceitará o conteúdo da terra em ouro, ainda que queira com isso resgatar-se. Esses terão doloroso castigo e não terão socorredores.

92. Não alcançareis a bondade, até que despendais daquilo que amais. E o que quer que despendais, por certo, Allah é, disso, Onisciente.

---

(1) Versículo dirigido aos judeus, que descreram de Jesus, depois de haverem crido em Moisés, e descreram mais ainda, de Muḥammad, quando o renegaram.

93. Todo o alimento era lícito aos filhos de Israel, exceto o que Israel proibira a si mesmo⁽¹⁾, antes que a Tora fosse descida. Dize, **Muḥammad**: "Fazei vir, então, a Tora e recitai-a, se sois verídicos."

94. E, os que, depois disso, forjam mentiras, acerca de Allah, esses são os injustos.

95. Dize: "Allah disse a verdade. Então, segui a crença de Abraão, monoteísta sincero, e que não era dos idólatras."

96. Por certo, a primeira Casa **de Allah**, edificada para os homens, é a que está em Bakkah⁽²⁾, é abençoada e **serve de** orientação para os mundos.

97. Nela, há sinais⁽³⁾ evidentes, **entre os quais** o maqām de Abraão⁽⁴⁾. E quem nela⁽⁵⁾ entra

---

(1) Os judeus censuraram os moslimes, por se alimentarem de carne de camelo, que a religião judaica não permitia. E desafiavam Muḥammad, dizendo-lhe: "Como pretendes dizer que segues a religião de Abraão, se ele não se alimentava de camelos nem bebia de seu leite?" Respondeu-lhes o Profeta com este versículo, afirmando que Deus não impusera aos filhos de Israel qualquer distinção de alimentos antes de revelar a Lei de Moisés, embora Jacó se houvesse abstido desses alimentos, mas voluntariamente, segundo alguns por causa de uma neuralgia isquiática, cuja cura o levou a tal voto. O que prova ser tudo anterior à revelação da Tora e ser a carne de uso amplo, na alimentação, na época do Patriarca Abraão.
(2) **Bakkah**: alternância prosaica de Makkah (Meca), onde se encontra a Mesquita Sagrada ou Casa de Deus, construída em torno da Kaᶜbah.
(3) São alguns deles, além do **Maqām** de Abraão, **a pedra negra**, o poço **Zam-Zam**, as colinas **Aṣ-Ṣafā** e **Al Marwah**.
(4) Cf. II 125 n2.
(5) **Nela**: na Casa de Deus.

estará em segurança. E, por Allah, impende aos homens a peregrinação à Casa, a quem até ela possa chegar. E quem renega **isso, saiba que**, por certo, Allah é Bastante a Si mesmo, prescindindo dos mundos[1].

98. Dize: "Ó seguidores do Livro! Por que renegais os versículos de Allah, enquanto Allah é Testemunha do que fazeis?"

99. Dize: "Ó seguidores do Livro! Por que afastais os que crêem do caminho de Allah, buscando torná-lo tortuoso, enquanto sois testemunhas **de que esse é o caminho certo**?" E Allah não está desatento ao que fazeis.

100. Ó vós que credes! Se obedeceis a um grupo daqueles, aos quais fora concedido o Livro[2], eles vos tornarão renegadores da Fé, após haverdes crido.

101. E como podeis renegar a Fé, enquanto se recitam, para vós, os versículos de Allah, e enquanto, dentre vós, está Seu Mensageiro? E quem se agarra a Allah, com efeito, será guiado a uma senda reta.

102. Ó vós que credes! Temei a Allah como se deve temê-lO, e não

---

(1) Ou seja, Deus prescinde dos mundos, constituídos de todos os seres: homens, jinns e anjos.
(2) **O Livro**: a Tora.

morrais senão enquanto moslimes.

103. E agarrai-vos todos à corda de Allah⁽¹⁾, e não vos separeis. E lembrai-vos da graça de Allah para convosco, quando éreis inimigos⁽²⁾ e Ele vos pôs harmonia entre os corações, e vos tornastes irmãos, por Sua graça. E estáveis à beira do abismo do fogo e Ele, deste, vos salvou. Assim, Allah torna evidentes, para vós Seus sinais, para vos guiardes.

104. E que seja formada de vós uma comunidade, que convoque ao bem, e ordene o conveniente, e coíba o reprovável. E esses são os bem-aventurados.

105. E não sejais como os que se separaram e discreparam, após lhes haverem chegado as evidências. E esses terão formidável castigo,

106. Um dia, em que certas faces resplandecerão e **outras** faces enegrecerão⁽³⁾. Então, quanto àqueles, cujas faces enegrecerem, **dir-se-lhes-á**: "Renegastes a Fé, após haverdes sido crentes? Experimentai, pois, o castigo, porque a renegáveis."

⁽¹⁾ **A corda de Allah**: o Alcorão. Invocação a que todos busquem amparo e proteção no Alcorão, o vínculo entre o homem e Deus, pois os ensinamentos, no Livro, não só unem, em cadeia, uns aos outros, mas, todos a Deus, seu Protetor.

⁽²⁾ Referência à inimizade existente entre os árabes, antes do advento do Islão.

⁽³⁾ A face do benfeitor será iluminada, enquanto a do malfeitor será marcada pelo negrume da descrença.

107. E, quanto àqueles, cujas faces resplandecerem, estarão na misericórdia de Allah. Nela, serão eternos.

108. Esses são os versículos de Allah: recitamo-los, para ti, com a verdade. E Allah não deseja injustiça para os mundos[1].

109. E de Allah é o que há nos céus e o que há na terra, e a Allah são retornadas as determinações.

110. Sois a melhor comunidade que se fez sair, para a humanidade: ordenais o conveniente e coibis o reprovável e credes em Allah. E, se os seguidores[2] do Livro, cressem, ser-lhes-ia melhor. Dentre eles, há os crentes, mas sua maioria é perversa.

111. Eles não vos prejudicarão senão com moléstia. E, se eles vos combaterem, voltar-vos-ão as costas; em seguida, não serão socorridos.

112. A vileza estende-se, sobre eles, onde quer que se achem, exceto se estão com proteção de Allah e proteção dos homens[3]. E incorrem em ira de Allah. E, sobre

---

[1] Cf. I 2 n1 e III 97 P101 n1.

[2] Referência aos judeus e aos cristãos.

[3] **Proteção dos homens**: os judeus só podem conviver em paz com os moslimes que lhes oferecem proteção, ao firmarem, conforme as leis islâmicas, a aliança de Az̧-Z̧immah (da proteção), mediante pagamento da taxa chamada **al jizyah**.

eles, estende-se a humilhação. Isso, porque renegavam os sinais de Allah e matavam[1], sem razão, os profetas. Isso, porque desobedeciam e cometiam agressão.

113. Eles não são **todos** iguais. Dentre os seguidores[2] do Livro, há uma comunidade reta, que recita os versículos de Allah, nas horas da noite, enquanto se prosterna;

114. Eles crêem em Allah e no Derradeiro Dia, e ordenam o conveniente e coíbem o reprovável e se apressam para as boas ações. E esses são dos íntegros.

115. E o que quer que façam de bom não lhes será negado. E Allah, dos piedosos, é Onisciente.

116. Por certo, aos que renegam a Fé, de nada lhes valerão as riquezas e os filhos diante de Allah. E esses são os companheiros do fogo. Nele, serão eternos.

117. O exemplo do que eles despendem, nesta vida terrena, é como **o de** um vento glacial: alcançou um campo lavrado de um povo injusto com si mesmo e aniquilou-o. E Allah não foi injusto com eles, mas eles foram injustos com si mesmos.

---

(1) Cf. II 61 n2.

(2) Referência aos judeus e aos cristãos.

118. Ó vós que credes! Não tomeis por confidentes **outros** além dos vossos: eles não vos pouparão desventura alguma; almejarão vosso embaraço. De fato, a aversão manifesta-se nas suas bocas, e o que seus peitos escondem é **ainda** maior. Com efeito, tornamos evidentes, para vós, os sinais. Se razoásseis!

119. Ei-vos que os amais, enquanto eles não vos amam; e vós credes em todo o Livro[(1)]. E, quando eles deparam convosco, dizem: "Cremos". E, quando a sós, mordem as pontas dos dedos de rancor contra vós. Dize, **Muḥammad**: "Morrei com vosso rancor!" Por certo, Allah, do íntimo dos peitos, é Onisciente.

120. Se algo de bom vos toca, isto os aflige. E, se algo de mal vos alcança, com isso jubilam. E, se pacientardes e fordes piedosos, sua insídia, em nada vos prejudicará. Por certo, Allah está **sempre** abarcando o que fazem.

121. E **lembra-te de** quando, ao amanhecer, deixaste tua família, para dispor os crentes em posição de combate[(2)]. – E Allah é Oniouvinte, Onisciente –

---

(1) Todos os livros divinos.

(2) Alusão à Batalha de ʿUḥud, o segundo combate dos moslimes, contra os idólatras de Makka, onde aqueles foram derrotados. A denominação desta batalha se deve a haver sido realizada perto da Montanha de ʿUḥud, em Al Madīnah.

122. E de quando duas de vossas facções⁽¹⁾ intentaram acovardar-se, enquanto Allah era seu Protetor. – E que os crentes, então, confiem em Allah! –

123. E com efeito, Allah socorreu-vos em Badr, enquanto éreis humilhados⁽²⁾. – Então, temei a Allah, na esperança de serdes agradecidos –.

124. E de quando disseste aos crentes: "Não vos basta que vosso Senhor vos auxilia com três mil anjos descidos **do céu**?"

125. Sim, se pacientais e sois piedosos, e **os inimigos** vos chegam, de imediato, vosso Senhor auxiliar-vos-á com cinco mil anjos assinalados⁽³⁾.

126. E Allah não o fez senão como alvíssaras para vós e para que vossos corações se tranqüilizassem com isso. – E o socorro não vem senão de Allah, O Todo-Poderoso, O Sábio –.

127. E socorreu-vos, para cortar uma facção dos que renegaram a

---

(1) O versículo faz referência a alguns dos Banū Salāmah, da tribo Khazraj, e Banū Hārithah, da tribo Al Aus, que, na batalha, compunham as duas alas do exército islâmico.

(2) Isso, em virtude do reduzidíssimo número de provisões e animais de montaria.

(3) **Anjos assinalados**: com sinais distintivos, tais como turbantes amarelos, cujas pontas desciam por entre as espáduas.

Fé, ou para desbaratá-los: então, tornariam malogrados;

128. – Nada da determinação **divina** te pertence, **Muḥammad** – ou para Ele voltar-se para eles, remindo-os, ou para castigá-los, pois eles, por certo, são injustos.

129. E de Allah é o que há nos céus e o que há na terra. Ele perdoa a quem quer e castiga a quem quer. E Allah é Perdoador, Misericordiador.

130. Ó vós que credes! Não devoreis a usura⁽¹⁾, muitas vezes duplicada; e temei a Allah, na esperança de serdes bem-aventurados.

131. E guardai-vos do Fogo, que é preparado para os renegadores da Fé.

132. E obedecei a Allah e ao Mensageiro, na esperança de obterdes misericórdia.

133. E apressai-vos para um perdão de vosso Senhor e para um Paraíso, cuja amplidão é a dos céus e

---

(1) Por dois motivos principais, o Islão proíbe a prática da usura: a) **por motivo ético**: o Islão assevera a convivência fraterna, na sociedade, em que o forte deve amparar o fraco, e jamais explorá-lo. Na verdade, o usurário se prevalece da situação do necessitado, oferecendo-lhe ilusório auxílio, em troca da restituição dobrada deste auxílio e da posse voraz de tudo quanto lhe pertence; b) **por motivo econômico**: a usura cria uma classe inoperante e ociosa na sociedade, quando o Islão prega, exatamente, o contrário, ou seja, que cada indivíduo deve trabalhar para viver e não viver do trabalho e do sofrimento alheios.

da terra, preparado para os piedosos,

134. Que despendem, na prosperidade e na adversidade, e que contêm o rancor, e indultam as **outras** pessoas – e Allah ama os benfeitores –

135. E que, quando cometem obscenidade, ou são injustos com si mesmos, lembram-se de Allah e imploram perdão de seus delitos – e quem perdoa os delitos senão Allah? – e não se obstinam no que fizeram, enquanto sabem.

136. Esses, sua recompensa será o perdão de seu Senhor e Jardins, abaixo dos quais correm os rios; nesses, serão eternos. E que excelente o prêmio dos laboriosos!

137. Com efeito passaram, antes de vós, procedimentos **exemplares de castigo**. Então, caminhai na terra, e olhai como foi o fim dos desmentidores!

138. Este[1] é um esclarecimento, para os homens, e orientação e exortação para os piedosos.

139. E não vos desanimeis nem vos entristeçais – enquanto sois os superiores –, se sois crentes.

140. Se um sofrimento vos tocar, **pacientai**, pois, com efeito,

---

[1] **Este**: o Alcorão.

sofrimento igual havia tocado o povo **inimigo**. E esses dias[1], alternamo-los entre os homens. E **isso**, para que Allah conheça os que crêem e escolha de vós mártires – e Allah não ama os injustos –

141. E para que purgue os que crêem e para que extermine os renegadores da Fé.

142. Ou supondes entrareis no Paraíso, enquanto, ainda, não fizestes saber[2] a Allah quais, dentre vós, lutareis, e não O fizestes saber quais os perseverantes?

143. E, com efeito, aneláveis a morte, antes de a deparardes; e, com efeito, viste-la, enquanto olháveis.

144. E Muḥammad não é senão Mensageiro; de fato, outros Mensageiros passaram, antes dele. Então, se ele morrer ou for morto, tornareis atrás, virando os calcanhares? E quem torna atrás, virando os calcanhares, em nada prejudicará a Allah. E Allah recompensará os agradecidos.

145. E não é admissível que uma pessoa morra senão com a

---

[1] O termo **dias** se refere aos momentos de vitória e derrota, na vida, que é alternada de prosperidade e adversidade.

[2] Literalmente: "... enquanto não sabe Deus, ainda, os que lutarão, entre vós, e não sabe, ainda, os que serão pacientes?' Estilisticamente, quando se diz que Deus "não sabe" algo, na verdade, quer-se dizer que este algo nem existe.

permissão de Allah. É prescrição fixa. E a quem deseja a retribuição da vida terrena, conceder-lhe-emos **algo** desta; e a quem deseja a retribuição da Derradeira Vida, conceder-lhe-emos **algo** desta. E recompensaremos os agradecidos.

146. E quantos profetas houve, junto dos quais numerosos devotos combateram! E não se desanimaram, pelo que os alcançara, no caminho de Allah, nem fraquejaram nem se humilharam. – E Allah ama os perseverantes –

147. E seu dito não foi senão dizerem: "Senhor nosso! Perdoa-nos os delitos e os excessos em nossa conduta. E torna-nos firmes os passos e socorre-nos contra o povo renegador da Fé."

148. Então, Allah concedeu-lhes a retribuição da vida terrena e a aprazível retribuição da Derradeira Vida. E Allah ama os benfeitores.

149. Ó vós que credes! Se obedeceis aos que renegam a Fé, eles vos farão tornar atrás, virando os calcanhares: então, tornar-vos-eis perdedores.

150. Mas Allah é vosso Protetor. E Ele é O Melhor dos socorredores.

151. Lançaremos o terror no coração dos que renegam a Fé, por haverem associado a Allah o[1] de que Ele não fez descer comprovação alguma. E sua morada será o Fogo. E que execrável a moradia dos injustos!

152. E, com efeito, Allah confirmou Sua promessa para convosco, quando, com Sua permissão, vós os trucidastes. **Assim foi**, até que, quando vos acovardastes e disputastes acerca da ordem[2], e desobedecestes, depois de Ele vos fazer ver o[3] que amáveis, **fostes derrotados**. Houve, dentre vós quem desejasse a vida terrena e houve, dentre vós, quem desejasse a Derradeira Vida. Em seguida, Ele desviou-vos deles[4], para pôr-vos à prova. E, com efeito, Ele vos indultou. E Allah é Obsequioso para com os crentes.

153. Lembrai-vos de quando vos afastáveis, **fugindo**, sem atentardes para ninguém, enquanto o Mensageiro vos convocava por trás de vós; então, Ele vos retribuiu angústia por angústia, **pelo que causastes ao Profeta**, e para que

---

(1) **O**: aquilo, ou seja, os ídolos.

(2) A ordem dada pelo Profeta Muḥammad aos flecheiros, para que permanecessem na montanha, à espreita do inimigo, e protegessem o exército. Na iminência de vitória dos moslimes, estes flecheiros começaram a polemizar a ordem dada. Muitos deles, em desobediência, desceram a montanha, à cata dos espólios, abrindo, com isso, uma brecha no exército, por onde, depois, entrou vitorioso o inimigo.

(3) **O**: aquilo, a vitória.

(4) **Deles**: dos idólatras.

vos não entristecêsseis com o que havíeis perdido nem com o que vos havia alcançado. E Allah, do que fazíeis, é Conhecedor.

154. Em seguida, Ele fez descer sobre vós, após a angústia, segurança: um sono que encobriu uma facção de vós, enquanto uma **outra** facção, com efeito, se preocupava com si mesma, conjeturando, inveridicamente, acerca de Allah, conjeturas **do tempo** da ignorância⁽¹⁾. Diziam: "Temos nós algo⁽²⁾ da determinação?" Dize, **Muḥammad**: "Por certo, toda determinação é de Allah." Eles escondem, nas almas, o que te não manifestam. Dizem: "Se tivéssemos algo da determinação, não haveríamos sido mortos, aqui." Dize: "Se estivésseis em vossas casas, em verdade, aqueles, a quem foi prescrita a morte, **em combate**, haveriam saído ao encontro de seu local de morte." E **isso**, para que Allah pusesse à prova o que havia em vossos peitos e para que vos purgasse o que havia nos corações. E Allah, do íntimo dos peitos, é Onisciente.

155. Por certo, aqueles, dentre vós, que voltaram as costas, no dia

---

(1) **Tempo da ignorância**: o período, anterior ao Islão, na Península Arábica.
(2) "Influiremos nós nas decisões da batalha?"

em que se depararam as duas hostes, é Satã, apenas, que fê-los incorrer em erro, por algo que cometeram. E, com efeito, Allah indultou-os. Por certo, Allah é Perdoador, Clemente.

156. Ó vós que credes! Não sejais como os que renegam a Fé e dizem de seus irmãos, quando percorrem a terra ou são mortos, em combate: "Se houvessem ficado conosco, não haveriam morrido nem haveriam sido mortos". Allah fez disso um motivo de aflição nos seus corações. E Allah dá a vida e dá a morte. E Allah, do que fazeis, é Onividente.

157. E, em verdade, se fordes mortos, no caminho de Allah, ou se morrerdes, perdão e misericórdia de Allah serão melhores que tudo quanto eles juntarem.

158. E, em verdade, se morrerdes ou fordes mortos, **em combate,** a Allah sereis reunidos.

159. E, por uma misericórdia de Allah, tu, **Muḥammad**, te tornaste dócil para eles. E, se houvesses sido ríspido e duro de coração, eles se haveriam debandado de teu redor. Então, indulta-os e implora perdão para eles e consulta-os sobre a decisão. E, se decidires **algo**, confia em Allah. Por certo,

Allah ama os confiantes **nEle**.

160. Se Allah vos socorre, não tereis vencedor algum. E, se Ele vos desampara, quem, após dEle, vos socorrerá? E que em Allah, então, confiem os crentes!

161. E não é admissível que um profeta defraude[1] **algo**. E quem defrauda virá, no Dia da Ressurreição, com o que defraudou. Em seguida, cada alma será compensada com o que logrou: e eles não sofrerão injustiça.

162. Então, será que quem segue o agrado de Allah é como quem incorre em ira de Allah? E a morada deste será a Geena; e que execrável destino!

163. Eles estão em escalões junto de Allah. E Allah, do que fazem, é Onividente.

164. Com efeito, Allah fez mercê aos crentes, quando lhes enviou um Mensageiro, **vindo** deles, o qual recita Seus versículos, para eles, e os dignifica e lhes ensina o Livro[2] e a Sabedoria. E, por certo, antes, estavam em evidente descaminho.

---

(1) Este versículo foi revelado logo após a Batalha de Badr, quando, na distribuição dos espólios, se deu por falta de um pedaço de tecido de veludo vermelho, que um dos hipócritas presentes afirmou haver sido tirado pelo Profeta. Daí a frase: "Não é concebível que o Profeta defraude algo, ocultando-o para si, na partilha dos espólios".

(2) **O Livro**: o Alcorão.

165. Que cousa! Quando uma desgraça vos alcançou, e que, com efeito, vos infligistes, em dobro, **ao inimigo**, dissestes: "De onde vem isso?" Dize: "Isso vem de vós mesmos⁽¹⁾!" Por certo, Allah, sobre todas as cousas, é Onipotente."

166. E o que vos alcançou, no dia em que se depararam as duas hostes, foi com a permissão de Allah, e para que Ele soubesse dos crentes,

167. E para que Ele soubesse dos hipócritas. E a estes foi dito: "Vinde combater no caminho de Allah ou defender-**nos do inimigo**." Disseram: "Se soubéssemos que haveria combate, seguir-vos-íamos." Eles estavam, nesse dia, mais próximos da renegação da Fé que da crença. Eles dizem com as bocas o que não há nos corações. E Allah é bem Sabedor do que ocultam.

168. São aqueles que, ausentando-se do combate, disseram de seus irmãos **mártires**: "Se eles nos houvessem obedecido, não haveriam sido mortos." Dize, **Muḥammad**: "Afastai, então, de vós a morte, se sois verídicos."

---

(1) Na Batalha de Badr, anterior à Batalha de Uḥud, pereceram 70 homens do exército inimigo do Islão, e 80 foram aprisionados. Quando, na Batalha de ʿUḥud, os moslimes também perderam 70 homens, lastimaram a terrível desgraça e não se conformaram com a derrota. Este versículo esclarece-os das causas desta derrota, antes atribuídas à desobediência deles ao Profeta, do que à vontade de Deus. Cf. III 152 n2.

169. E não suponhas que os que foram mortos no caminho de Allah estejam mortos; ao contrário, estão vivos, junto de seu Senhor, e **por Ele** sustentados,

170. Jubilosos com o que Allah lhes concedeu de Seu favor. E exultam pelos que, deixados atrás deles, ainda se lhes não ajuntaram: **exultam, ainda**, por nada haver que temer por eles, e eles não se entristecerão.

171. Exultam por graça de Allah e por **Seu** favor, e porque Allah não faz perder o prêmio dos crentes,

172. Daqueles que atenderam a Allah e ao Mensageiro, após o sofrimento que os alcançara⁽¹⁾ – há para os que, dentre eles, bem-fizeram e foram piedosos magnífico prêmio –

173. Daqueles aos quais alguns homens⁽²⁾ disseram: "Por certo, o povo⁽³⁾ **inimigo**, com efeito, reuniu **hostes** contra vós. Então, receai-os." E isso acrescentou-lhes fé, e disseram: "Basta-nos Allah! E que Excelente Patrono!"

---

(1) Logo após a derrota dos moslimes, na Batalha de Uḥud, Abū Sufiān, chefe de Quraich da hoste inimiga, ameaçou o Profeta e seus seguidores de que iria revidá-los em combate, no ano seguinte, desafio que os seguidores de Muḥammad aceitaram, mesmo abatidos que estavam, pela presente derrota.

(2) Trata-se, entre outros, de Nuᶜaim Ibn Massᶜūd Al Achjaᶜī, porta-voz de Abū Sufiān, Chefe do Quraich e grande inimigo do Profeta.

(3) A hoste liderada por Abū Sufiān.

174. Então, tornaram, com graça de Allah e favor, não os tocando mal algum; e seguiram o agrado de Allah. E Allah é Possuidor de magnífico favor.

175. Eis Satã: apenas ele vos faz temer seus aliados. Então, não os temais, e temei-Me, se sois crentes.

176. E que te não entristeçam, **Muḥammad**, os que se apressam para a renegação da Fé. Por certo, eles em nada prejudicarão a Allah. Allah deseja não fazer-lhes quinhão algum, na Derradeira Vida. E terão formidável castigo.

177. Por certo, os que compraram a renegação da Fé pel**o preço da** Fé em nada prejudicarão a Allah. E terão doloroso castigo.

178. E que os que renegam a Fé não suponham que o prazo que lhes concedermos seja um bem para eles mesmos. Apenas, concedemo-lhes prazo, para se acrescentarem em pecado. E terão aviltante castigo!

179. Não é admissível que Allah deixe os crentes **no estado** em que estais⁽¹⁾, até que Ele distinga o mau do bom. E não é admissível que Allah vos faça avistar o Invisível. Mas Allah elege, dentre Seus Mensageiros, a quem quer. Então,

---

(1) Ou seja, no estado em que sinceros e hipócritas se encontram mesclados.

crede em Allah e em Seus Mensageiros: e, se crerdes e fordes piedosos, tereis magnífico prêmio.

180. E que os que são avaros com o que Allah lhes concedeu de Seu favor não suponham que isso lhes seja um bem; ao contrário, isso lhes é um mal. No Dia da Ressurreição, estarão cingidos, ao pescoço, por aquilo a que se apegarem com avareza[1]. E de Allah é a herança dos céus e da terra. E Allah, do que fazeis, é Conhecedor.

181. Com efeito, Allah ouviu o dito dos que disseram: "Por certo, Allah é pobre, e nós somos ricos[2]!" – Inscreveremos o que disseram, e **também** sua desarrazoada matança de profetas. E diremos: "Experimentai o castigo da Queima!

182. "Isso, pelo que vossas mãos anteciparam!" E porque Allah não é injusto com os servos.–

183. São eles os que disseram: "Por certo, Allah recomendou-nos

---

(1) Conforme a tradição islâmica, os bens amealhados pelo avaro serão transformados, no Dia do Juízo, em enorme serpente, que lhe cingirá o pescoço, à guisa de colar e o picará, da cabeça aos pés, repetindo-lhe, incessantemente: "sou tua riqueza, sou teus tesouros".

(2) Ao ser revelado o versículo 245 do capítulo II, que diz: "Para quem empresta um bom empréstimo a Deus, Ele lho multiplicará muitas vezes", alguns judeus haveriam dito a Muḥammad que Deus deveria ser bem pobre, pois, do contrário, não necessitaria pedir empréstimo a ninguém. Em resposta a esta irônica observação, foi revelado o presente versículo.

3. Sūratu Āl 'Imrān   Parte 4

que não crêssemos em Mensageiro algum, até que **este** nos fizesse vir uma oferenda que fosse consumida pelo fogo⁽¹⁾." Dize, **Muḥammad**: "Mensageiros, antes de mim, com efeito, chegaram-vos com as evidências e com o que havíeis dito. Então, por que os matastes, se sois verídicos?"

184. E, se eles te desmentem, outros Mensageiros, antes de ti, com efeito, foram desmentidos. Eles chegaram com as evidências e com os Salmos e com o Livro Luminoso⁽²⁾.

185. Cada alma experimentará a morte. E, apenas, no Dia da Ressurreição, sereis compensados com vossos prêmios. Então, quem for distanciado do Fogo e introduzido no Paraíso, com efeito, triunfará. E a vida terrena não é senão gozo falaz.

186. Em verdade, sereis postos à prova em vossas riquezas e em vós mesmos; e, em verdade, ouvireis muitas moléstias daqueles⁽³⁾ aos quais, antes de vós, fora concedido o Livro, e dos que idolatram. E, se pacientardes e fordes piedosos, por certo, isso é da firmeza indispen-

---

(1) Versículo dirigido aos judeus que exigiam provas da veracidade de Muḥammad, como Mensageiro de Deus, segundo as contidas na Tora. Vide Levítico IX 24 e Reis XVIII 38.

(2) **O Livro Luminoso**: que engloba todos os livros divinos.

(3) **Daqueles**: de judeus e cristãos.

sável em todas as resoluções.

187. E quando Allah firmou aliança com aqueles a quem fora concedido o Livro⁽¹⁾: "Que vós o torneis evidente, para o povo e não o oculteis"; então, atiraram-no para trás das costas e venderam-no por ínfimo preço⁽²⁾. E que execrável o **preço** pelo qual **o** venderam!

188. Não suponhas que os que jubilam com o que cometem e amam ser louvados com o que não fizeram, não os suponhas, pois, salvos do castigo. E terão doloroso castigo!

189. E de Allah é a soberania dos céus e da terra. E Allah, sobre todas as cousas, é Onipotente.

190. Por certo, na criação dos céus e da terra, e na alternância da noite e do dia, há sinais para os dotados de discernimento,

191. Que se lembram de Allah, estando de pé e assentados e deitados⁽³⁾, e refletem na criação dos céus e da terra **e dizem**: "Senhor

---

⁽¹⁾ **O Livro**: a Tora.

⁽²⁾ Alusão aos sacerdotes judeus que se abstiveram de ensinar à sua comunidade todos os conhecimentos da Lei de Deus, preservando muitos deles, para si próprios, a fim de, com isso, estabelecer sua superioridade em relação ao povo e, assim, assegurar sua liderança. Por este vil preço, deixaram de disseminar a verdade do Livro.

⁽³⁾ É dever dos homens lembrarem-se de Deus a todo instante, e, mais intensamente, ao rezarem. Se, por circunstâncias várias, forem impedidos de fazer, normalmente, a oração de pé, ser-lhes-á permitido fazerem-na sentados ou deitados, ou simulando as reverências com meneios da cabeça.

nosso! Não criaste **tudo** isto em vão. Glorificado sejas! Então, guarda-nos do castigo do Fogo;

192. "Senhor nosso! Por certo, àquele que Tu fazes entrar no Fogo, Tu, com efeito, o ignominias. E não há para os injustos socorredores;

193. "Senhor nosso! Por certo, ouvimos um pregador que pregava a Fé, **dizendo**: 'Crede em vosso Senhor!' E cremos. Senhor nosso! Perdoa-nos, pois, os delitos e remite-nos as más obras e leva-nos a alma para junto dos virtuosos;

194. "Senhor nosso! E concede-nos o que nos prometeste por meio de Teus Mensageiros, e não nos ignominies, no Dia da Ressurreição. Por certo, Tu não faltas à promessa."

195. Então, Seu senhor atendeu-os, **dizendo**: "Por certo, não faço perder o labor de um laborioso, entre vós, seja varão[1] ou varoa: **procedeis** uns dos outros. Então, aos que emigraram e foram expulsos de seus lares e foram molestados em Meu caminho e combateram e foram mortos **em combate** remir-lhes-ei as más obras, e fá-los-ei entrar em Jardins, abaixo dos quais correm os rios, como retribuição

---

[1] Este versículo foi revelado quando Umm Salamah, mulher do Profeta Muḥammad, lhe confessou não entender porque, no Alcorão, não foram mencionadas as mulheres, assim como os homens, quando trata das recompensas da Hégira.

de Allah. E junto de Allah está a aprazível retribuição.

196. Não te iluda, **Muḥammad**, a prosperidade, nas terras, dos que renegam a Fé[1]:

197. É gozo efêmero. Em seguida, sua morada será a Geena. E que execrável leito!

198. Mas os que temem a seu Senhor terão Jardins, abaixo dos quais correm os rios; nesses, serão eternos, como hospedagem de Allah. E o que há junto de Allah é melhor para os virtuosos.

199. E, por certo, há, dentre os seguidores[2] do Livro, os que crêem em Allah, e no que foi descido para vós, e no que fora descido para eles, sendo humildes para com Allah, não vendendo os sinais de Allah por ínfimo preço. Esses terão seu prêmio junto de seu Senhor. Por certo, Allah é Destro no ajuste de contas.

200. Ó vós que credes! Pacientai e perseverai na paciência; e sede constantes na vigilância e temei a Allah, na esperança de serdes bem-aventurados.

---

(1) Este versículo foi dirigido aos que se deixavam seduzir pelas enganosas aparências, e aos que, não se conformando com situação próspera dos idólatras, em suas andanças à cata de riquezas, indagaram do Profeta por que eles, crentes, não gozavam dos mesmos privilégios, e se encontravam à míngua.

(2) Ou seja, os judeus e os cristãos.

SŪRATU AN-NISSĀ'[1]
A SURA DAS MULHERES

De Al Madīnah – 176 versículos.

Em nome de Allah, O Misericordioso, O Misericordiador.

1. Ó homens! Temei a vosso Senhor, Que vos criou de uma só pessoa e desta criou sua mulher[2], e de ambos espalhou **pela terra** numerosos homens e mulheres. E temei a Allah, **em nome** de Quem vos solicitais mutuamente, e **respeitai** os laços consangüíneos. Por certo, Allah, de vós, é Observante.

2. E concedei aos órfãos suas riquezas e não troqueis o maligno pelo benigno, e não devoreis suas riquezas, junto com vossas riquezas[3]. Por certo, isso é grande crueldade.

---

(1) **An-Nissā** : é a forma plural de **imra'ah**, que significa **mulher**, e, assim, se denomina esta sura pela menção reiterativa dessa palavra, desde os primeiros versículos. É o mais extenso do Alcorão, na análise de assuntos atinentes às mulheres, da infância, no casamento à maternidade, e as eleva a um nível, até então desconhecido. Além disso, a sura trata da estabilidade social dentro da comunidade islâmica, onde são tratadas questões de família, cuidados com os órfãos, preservação dos bens e da herança, boa existência familiar e social; e da estabilidade social fora da nação islâmica, quando orienta os moslimes sobre a Guerra Santa, os cuidados em combate, o cumprimento da oração em tempos de guerra, etc.. Esta sura analisa, outrossim, assuntos relativos aos judeus, de maneira geral, e a Jesus.

(2) Desconhecem-se, no Alcorão, as particularidades de como haja sido esse cônjuge. Alguns exegetas consideram que essa mulher de Adão foi criada da costela dele, tal como se pode encontrar no Gênesis II 18-25.

(3) O Islão enfatiza a importância dos cuidados dirigidos à criança órfã, cujos bens devem ser preservados, até sua maioridade, ocasião em que está apta a geri-los convenientemente.

3. E, se temeis não ser eqüitativos para com os órfãos[1], esposai as que vos aprazam das mulheres[2]: **sejam** duas, três ou quatro. E se temeis não ser justos, esposai uma só, ou **contentai-vos com** as escravas que possuís[3]. Isso é mais adequado, para que não cometais injustiça.

4. E concedei às mulheres, **no casamento**, suas saduqāt[4], como dádiva. E, se elas vos cedem,

---

[1] Tanto este versículo quanto o 127, desta mesma sura, se referem ao receio de os tutores se casarem com meninas órfãs, e a recomendação contida aqui é feita para sanar um mal, bastante disseminado na Península Arábica, em épocas pré-islâmicas, e que consistia no hábito de eles se casarem com órfãs, ou faziam-nas casar com seus filhos, a fim de assumirem seus dotes materiais e gozarem de seus dotes físicos. E, por não haver ninguém que intercedesse por elas, a injustiça perpetrada por eles continuou impune, até o advento do Islão. Outra interpretação, ligada a este versículo, é de que haja sido dirigido àqueles homens que, receando cometer injustiça com os órfãos, preferiram evitar a tutoria, mas se esquecendo de outra injustiça cometida: aquela contra suas próprias mulheres que, até o Islão, chegavam a um número incontável, e eram tratadas com severidade e desigualdade. O Islão não apenas lhes lembra isso, mas os aconselha a reduzir o número de mulheres no matrimônio, para que elas possam ter garantidos todos seus direitos.

[2] Sabe-se que o povo árabe adotou, durante vários séculos, a poligamia. No passado, foram inúmeros os povos que a adotaram. Desde o Patriarca Abraão até a vinda de Cristo, o Velho Testamento, por exemplo, apresenta inúmeras passagens da existência de vida conjugal poligâmica. Fundamentalmente, a poligamia resultou de dois fatores inexoráveis e incontornáveis do passado: 1.º) a mortalidade maior do sexo masculino, pelas guerras; 2.º) o repúdio dos orientais à instituição chamada prostituição. O Islão foi a primeira religião que limitou o número de esposas, no contexto poligâmico, impondo três condições ao homem: 1.º) não ultrapassar o número de quatro esposas; 2.º) não ser injusto com nenhuma delas ; e 3.º) ser apto a sustentá-las eqüitativamente. Ao admitir esta modalidade poligâmica, o Islão apenas corrigiu uma situação anárquica, que reinava no mundo todo. Impôs a justiça no matrimônio, a fim de garantir os direitos da mulher, algo absolutamente desconhecido na antiga prática de contrair casamento até com mais de vinte mulheres, ao mesmo tempo.

[3] Se o homem não se encontrar em condições de sustentar a mulher livre, pode casar-se com uma escrava, já que esta exige menos despesas.

[4] Şaduqāt, plural de şaduqāh, que equivale ao **mahr** ou **al fariḍah**: ou seja, a quantia que o homem deve pagar à mulher, no ato do contrato matrimonial, como dádiva. Cf. II 236 n2.

voluntariamente, algo destas, desfrutai-o, com deleite e proveito.

5. E não concedais aos ineptos vossas riquezas⁽¹⁾, que Allah vos fez por arrimo, e dai-lhes sustento delas⁽²⁾ e vesti-os, e dizei-lhes palavras bondosas.

6. E ponde à prova os órfãos, até que atinjam o matrimônio; então, se percebeis neles maturidade, entregai-lhes suas riquezas e não as devoreis, com dissipação e presteza, antes de eles alcançarem a maioridade. E quem é rico, que se abstenha **dessas riquezas**. E quem é pobre, que delas desfrute algo convenientemente. E, quando lhes entregardes as riquezas, fazei-o perante testemunhas. E basta Allah por Ajustador de contas.

7. Há para os homens porção do que deixam os pais e os parentes. E há para as mulheres porção⁽³⁾ do

---

(1) Apesar de o Islão garantir a liberdade individual da gerência dos próprios bens, restringe-a, em determinados casos, quando possa haver perigo de corrupção social, como é o caso dos ineptos, que a promovem, quando esbanjam os próprios bens, e dos deficientes mentais, e, por isto, incapacitados de participar, em termos de igualdade, do exercício de atividades normais.

(2) Sustentar e vestir os ineptos com o fruto da manipulação inteligente de suas riquezas e não com os próprios bens, que devem mostrar-se intatos, enquanto aplicados.

(3) Antes do Islão, tanto a mulher quanto a criança não podiam herdar, e este versículo veio, para garantir-lhes o seguinte: a) a mulher, como o homem, tem direito à parte da herança; b) a distribuição dos bens deve ser realizada sempre, não importa o montante (antes do Islão, se se tratasse de pequena monta, era concedida, apenas, ao filho); c) a herança é um **dever** desde que o morto deixe bens; d) o parente próximo impede o acesso à herança ao parente mais afastado; e)

que deixam os pais e os parentes, seja pouco ou muito. É porção preceituada.

8. E, se os parentes **não herdeiros**, e os órfãos e os necessitados presenciam a divisão **da herança**, dai-lhes algo dela, e dizei-lhes palavras bondosas.

9. E, que receiem **pelos órfãos** os que, se deixarem, atrás de si, descendência indefesa, com ela se preocupam. Então, que temam a Allah e que digam dito apropriado[1].

10. Por certo, os que devoram as riquezas dos órfãos, injustamente, apenas devoram fogo, para dentro de seus ventres. E queimar-se-ão em Fogo ardente.

11. Allah recomenda-vos, acerca **da herança** de vossos filhos: ao homem, cota igual à de duas mulheres [2]. Então, se forem mulheres, **duas ou** acima de duas, terão dois terços do que deixar **o falecido**. E, se for uma, terá a metade. E aos

---

a partilha da herança deve abranger toda a espécie de bens, seja de dinheiro ou não (antes do Islão, só o filho herdava os outros bens, além do dinheiro).

(1) É advertência aos tutores que, da mesma forma que receariam por seus próprios filhos, se os deixassem indefesos, devem recear pelos tutelados. E, ao pai agonizante, devemos aconselhá-lo e sugerir-lhe o melhor Para os filhos, que deixa, não se prevalecendo jamais da situação para insuflar-lhe idéias que os prejudicassem.

(2) O Islão concede ao homem, na herança, o dobro que à mulher, assentado no pressuposto de que àquele cabem responsabilidades maiores: as despesas com a casa, a família, os filhos, além do **mahr** que concede às mulheres, ao casar-se.

pais, a cada um deles, o sexto do que deixar **o falecido**, se este tiver filho. E, se não tiver filho, e seus pais o herdarem, à mãe, o terço. E, se tiver irmãos, à mãe, o sexto. **Isso**, depois de **executado o** testamento[1] que houver feito, ou **de pagas as** dívidas. **Entre** vossos pais e vossos filhos, não vos inteirais de quais deles vos são mais próximos em benefício. É preceito de Allah. Por certo, Allah é Onisciente, Sábio.

12. E tereis a metade do que vossas mulheres deixarem, se **estas** não tiverem filho. E, se tiverem filho, a vós, o quarto do que deixarem. **Isso**, depois de **executado o** testamento que houverem feito, **ou de pagas as** dívidas. E terão elas o quarto do que deixardes, se não tiverdes filho. E, se tiverdes filho, a elas, o oitavo do que deixardes. **Isso**, depois de **executado o** testamento que houverdes feito, **ou de pagas as** dívidas. E, se houver homem ou mulher com **herança e em estado de** kalālah[2], e tiver um irmão ou uma irmã[3], a cada um deles o sexto. E, se forem mais que isso, serão sócios no terço, depois

---

[1] Ou seja, após feitas as doações e pagas as dívidas, haverá, aí, a partilha do restante.

[2] **Estado de kalālah**: estado em que alguém, falecendo, não deixa ascendentes nem descendentes.

[3] Trata-se dos irmãos por parte de mãe. Quanto aos outros, seu caso é estudado no final desta sura.

de **executado** o testamento que houver sido feito, ou **de pagas as** dívidas, sem prejuízo de **ninguém**. É recomendação de Allah. E Allah é Onisciente, Clemente.

13. Esses são os limites de Allah. E a quem obedece a Allah e a Seu Mensageiro, Ele os fará entrar em Jardins, abaixo dos quais correm os rios; nesses, serão eternos. E esse é o magnífico triunfo.

14. E a quem desobedece a Allah e a Seu Mensageiro e transgride Seus limites, Ele o fará entrar em Fogo; nele, será eterno. E terá aviltante castigo.

15. E aquelas de vossas mulheres que cometerem obscenidade[1], então, fazei testemunhar contra elas quatro de vós. E, se o testemunharem, retende-as nas casas, até que a morte lhes leve a alma, ou que Allah lhes trace um caminho[2].

16. E àqueles dois, dentre vós, que a[3] cometerem, então, molestai-os. E, se ambos se voltarem arrependidos e se emendarem, dai-lhes de ombros. Por certo, Allah é Remissório, Misericordiador.

---

[1] Ou seja, cometer adultério.

[2] A punição, expressa neste versículo, refere-se à prescrita, somente, na primeira fase do Islão, já que foi ab-rogada, como se verá no início da sura XXIV.

[3] Trata-se, ao que parece, do adultério cometido pelo homem e mulher solteiros, cuja punição foi, igualmente, ab-rogada, como a do versículo anterior.

17. Impende a Allah a remissão, apenas, para os que fazem o mal por ignorância, em seguida, logo se voltam arrependidos; então, a esses Allah remitirá. E Allah é Onisciente, Sábio.

18. E a remissão não é para os que fazem más obras até que, no momento em que a morte se apresenta a um deles, diz: "Volto-me arrependido, agora"; nem para os que morrem, enquanto renegadores da Fé. Para esses, preparamos doloroso castigo.

19. Ó vós que credes! Não vos é lícito herdar às mulheres, contra a vontade[1] **delas**. E não as impeçais de se casarem **de novo**, a fim de que vos vades com algo que **já** lhes havíeis concedido, exceto se elas cometem evidente obscenidade. E convivei com elas, convenientemente. E, se as odiais, **pacientai**: quiçá, odieis algo, em que Allah faz **existir** um bem abundante.

20. E, se desejais substituir uma esposa em lugar de outra, e haveis concedido a uma delas um quintal **de ouro**, nada tomeis deste. Tomá-

---

(1) Antes do Islão, a viúva podia ser herdada por parentes, de maneira que o herdeiro podia casar-se com ela, sem precisar pagar-lhe **al mahr**. Podia, ainda, fazê-la casar-se com outrem, recebendo, deste modo, a quantia exigida. Ou podia impedi-la de casar-se com quem ela desejasse, até que ela lhe pagasse o resgate de sua herança.

4. Sūratu An-Nissā' — Parte 4

lo-íeis, em sendo infâmia e evidente pecado?

21. E como o tomaríeis, enquanto, com efeito, vos unistes um com o outro, intimamente, e elas firmaram convosco sólida aliança[1]?

22. E não esposeis as mulheres que vossos pais esposaram, exceto se isso já se consumou. Por certo, isso é obscenidade e abominação. E que vil caminho!

23. É-vos proibido **esposardes** vossas mães, e vossas filhas, e vossas irmãs, e vossas tias paternas e vossas tias maternas, e as filhas do irmão e as filhas da irmã, e vossas amas-de-leite, e vossas irmãs-de-leite, e as mães de vossas mulheres, e vossas enteadas, que estão em vossa proteção, **filhas** de vossas mulheres, com as quais consumais o casamento – e, se não haveis consumado com elas, não há culpa sobre vós – e as mulheres de vossos filhos, procriados por vós; e **vos é proibido** vos juntardes, **em matrimônio**, a duas irmãs, exceto se isso já se consumou. Por certo, Allah é Perdoador, Misericordiador.

---

[1] Ao cognominar o casamento de **sólida aliança**, o Islão elevou a união a um grau de dignidade, jamais atingido anteriormente, afastando-o da idéia de contrato de venda, aluguel ou escravidão, tão comum nos tempos pré-islâmicos. Note-se que a expressão **sólida aliança** sugere que o casamento exige de ambos os cônjuges amor, dedicação, carinho, que os unirão solidamente.

24. E vos é proibido esposardes as mulheres casadas, exceto as escravas que possuís[1]. É prescrição de Allah para vós. E vos é lícito, além disso, buscardes **mulheres** com vossas riquezas, para as esposardes, e não para cometerdes adultério. E, àquelas, com as quais vos deleitardes, concedei-lhes seu mahr[2] como direito preceituado. E não há culpa sobre vós, pelo que acordais, mutuamente, depois do preceituado. Por certo, Allah é Onisciente, Sábio.

25. E quem de vós não pode, **pelas posses**, esposar as crentes livres, **que ele tome mulher** dentre as jovens crentes que possuís. E Allah é bem Sabedor de vossa fé. **Procedeis** uns dos outros[3]. Então, esposai-as com a permissão de seus amos, e concedei-lhes seu mahr[4], convenientemente, sendo elas castas, não adúlteras e não tendo amantes. E, quando casadas, se, então, cometem obscenidade, caber-lhes-á a metade do castigo das mulheres livres. Isso, para quem de vós recear o embaraço **do adultério**. E pacientardes vos é melhor. E Allah é Perdoador, Misericordiador.

---

(1) Cf. IV 3 n3.

(2) Cf. IV 4 n4.

(3) Ou seja, todos são iguais, na sociedade islâmica, sejam escravos ou senhores.

(4) Cf. IV 4 n4.

26. Allah deseja tornar evidente, para vós, **o que não sabeis**, e guiar-vos aos procedimentos dos que foram antes de vós, e voltar-se para vós. E Allah é Onisciente, Sábio.

27. E Allah deseja voltar-se para vós; e os[1] que seguem a lascívia desejam que vos desvieis, com formidável desviar.

28. Allah deseja aliviar-vos **as dificuldades**. E foi criado frágil o ser humano.

29. Ó vós que credes! Não devoreis, ilicitamente, vossas riquezas, entre vós, mas **é lícito** existir comércio de comum acordo entre vós. E não vos mateis[2]. Por certo, Allah, para convosco, é Misericordiador.

30. E a quem o faz, com agressão e injustiça, fá-lo-emos entrar no Fogo. E isso, para Allah é fácil.

31. Se evitais os grandes pecados, de que sois coibidos, remir-vos-emos as más obras e far-vos-emos entrar em entrada nobre.

32. E não aneleis aquilo por que

---

[1] **Os**: idólatras, hipócritas e judeus de Al Madīnah, que não se agradaram de algumas proibições relativas ao casamento nem dos preceitos alcorânicos atinentes à herança das mulheres, das viúvas, etc..

[2] **E não vos mateis**: os que devoram os bens alheios, ilicitamente, não só causam a ruína social, mas sua própria ruína. Há os que interpretam como ordem contra o homicídio e o suicídio.

Allah preferiu alguns de vós a outros⁽¹⁾. Há, para os homens, porção do que logram, e há, para as mulheres, porção do que logram. E pedi a Allah **algo** de Seu favor. Por certo, Allah, de todas as cousas, é Onisciente.

33. E, para cada um, fizemos herdeiros do que os pais e os parentes deixam⁽²⁾. E aqueles com quem firmastes pacto, concedei-lhes sua porção. Por certo, Allah, de todas as cousas, é Testemunha.

34. Os homens têm autoridade sobre as mulheres, pelo que Allah preferiu alguns a outros⁽³⁾, e pelo que despendem de suas riquezas. Então, as íntegras são devotas, custódias **da honra**, na ausência **dos maridos**, pelo que Allah **as** custodiou. E àquelas de quem temeis a desobediência, exortai-as, pois, e abandonai-as no leito, e batei-lhes⁽⁴⁾. Então, se eles vos

---

(1) Este versículo atenta para a equidade social, pois convida os moslimes a não terem inveja uns dos outros, porque Deus é Quem distribui o sustento, de acordo com Sua sabedoria, que é onisciente. Só Deus sabe o que beneficia o homem e o que o prejudica. Este versículo relembra, também, que as mulheres não devem ter inveja dos homens nem estes, destas e salienta que homens e mulheres são iguais como seres humanos e que as mulheres podem trabalhar para disso auferir ganho.

(2) Este versículo vem para anular um costume, muito comum entre os árabes pré-islâmicos, que consistia em constituir qualquer pessoa, fora da família, herdeira dos bens de alguém, após sua morte, seja pela amizade ou pelo companheirismo que os unis. Com este versículo, o Alcorão fez preservar os direitos dos herdeiros legítimos.

(3) Entenda-se a primazia do homem, na sociedade mais propiciada pela força física e pelos encargos de que é investido, do que pelo grau de honra.

(4) Bater suavemente, cuidando de não atingir-lhes a face nem as partes sensíveis.

obedecem, não busqueis meio de importuná-las. Por certo, Allah é Altíssimo, Grande.

35. E, se temeis discórdia entre ambos, enviai-**lhes** um árbitro da família dele e um árbitro da família dela: se ambos desejam reconciliação, Allah estabelecerá a concórdia entre eles. Por certo, Allah é Onisciente, Conhecedor.

36. E adorai a Allah e nada Lhe associeis. E tende benevolência para com os pais e os parentes e os órfãos e os necessitados e o vizinho aparentado e o vizinho estranho e o companheiro achegado e o filho do caminho[1], e os escravos que possuís. Por certo, Allah não ama quem é presunçoso, arrogante,

37. Os que são avaros e ordenam a avareza aos outros, e ocultam o que Allah lhes concedeu de Seu favor. E preparamos, para os renegadores da Fé, aviltante castigo.

38. E **Allah não ama** os que despendem suas riquezas, **por ostentação**, para serem vistos pelos outros, e não crêem em Allah nem no Derradeiro Dia. E quem tem Satã por acompanhante, que vil acompanhante tem!

---

(1) Cf. II 177 nl.

39. E que lhes impenderia, se cressem em Allah e no Derradeiro Dia e despendessem do que Allah lhes deu por sustento? E Allah deles é Onisciente.

40. Por certo, Allah não faz injustiça nem mesmo do peso de um átomo. E se **este** é uma boa ação, multiplicá-la-á, e concederá, de Sua parte, magnífico prêmio.

41. Então, como estarão, quando trouxermos de cada comunidade uma testemunha, e te trouxermos, **Muḥammad**, por testemunha contra esses?

42. Nesse dia, os que renegam a Fé e desobedecem ao Mensageiro almejarão ser tragados pela terra. E não poderão ocultar de Allah conversação alguma.

43. Ó vós que credes! Não vos aproximeis da oração, enquanto ébrios, até que saibais o que dizeis, nem mesmo enquanto junub[1] – exceto quando em viagem – até que vos banheis completamente. E, se estais enfermos ou em viagem, ou se um de vós chega de onde se fazem as necessidades, ou se haveis

---

[1] A palavra **junub** é derivada de **janābah**, e quer dizer distância. É empregada no texto para designar o homem que, não se havendo banhado logo após emissão seminal voluntária ou involuntária, deve permanecer distante dos lugares de oração. Não pode rezar nem ler o Alcorão antes de se banhar.

tocado as mulheres⁽¹⁾ e não encontrais água, dirigi-vos a uma superfície pura, **tocai-a com as mãos** e roçai⁽²⁾ as faces e os braços, **à guisa de ablução**. Por certo, Allah é Indulgente, Perdoador.

44. Não viste, **Muḥammad**, aqueles aos quais fora concedida porção do Livro⁽³⁾? Eles compram o descaminho e desejam que vos descaminheis do caminho **reto**.

45. E Allah é bem Sabedor de vossos inimigos. E basta Allah por Protetor, e basta Allah por Socorredor.

46. Dentre os que praticam o judaísmo, há os que alteram o sentido das palavras **dO Livro** e dizem: "Ouvimos e desobedecemos" e "Ouve, oxalá não ouças." E **dizem**: "Rāʿinā⁽⁴⁾, deturpando a **verdade**, com suas línguas, e difamando a religião. E, se eles dissessem: "Ouvimos e obedece-

---

(1) **Tocar as mulheres**: copular. O Alcorão tem, por hábito, referir-se a questões sexuais de maneira bem discreta e quase metaforizada.

(2) **Roçai... à guisa de ablução**: é tradução de **tayammum**, que significa "tocar com as duas mãos qualquer superfície limpa, com apenas alguns resíduos de pó, para, em seguida, com elas, roçar as faces e os braços, simulando o movimento de ablução com água". Este versículo encerra um lembrete a todos os moslimes para que não sejam nunca desatentos à noção de asseio, antes de fazer suas orações, tanto que, não encontrando água para se lavarem, pelo menos, devem lembrar-se da lavagem por meio de gestos simbólicos.

(3) **Do livro**: da Tora.

(4) Cf. II 104 n1.

mos" e "Ouve" e "Olha-nos", ser-lhes-ia melhor e mais reto. Mas Allah os amaldiçoou por sua renegação da Fé. E não crerão, exceto poucos.

47. Ó vós a quem foi concedido o Livro[1]! Crede no que fizemos descer, confirmando o que está convosco, antes que apaguemos faces e as reduzamos a nucas[2], ou os[3] amaldiçoemos como amaldiçoa-mos as pessoas **transgressoras**[4] do sábado. E a ordem de Allah deve ser cumprida.

48. Por certo, Allah não perdoa que Lhe associem **outra divindade**, e perdoa tudo o que for, afora isso, a quem quer. E quem **a** associa a Allah, com efeito, forjará formidável pecado.

49. Não viste, **Muḥammad**, os que se pretendem dignos? Mas Allah é Quem dignifica a quem quer; e eles não sofrerão injustiça, nem a mínima que seja[5].

50. Olha como forjam mentiras acerca de Allah. E basta isso por evidente pecado!

---

(1) **O Livro**: a Tora.

(2) Ou seja, apagar as feições, tornando-as planas como nunca.

(3) **Os**: os donos das faces tornadas nucas.

(4) Cf. II 65.

(5) **Nem a mínima que seja**: traduz a palavra árabe **fatīl**, que significa a ínfima película que recobre o caroço da tâmara.

4. Sūratu An-Nissā'

51. Não viste aqueles a quem fora concedida porção do Livro[1]. Crêem em Al Jibt e Aṭ-Ṭāghūt[2], e dizem dos que renegam a Fé: "Esses são os mais bem guiados, no caminho, que os que crêem?"

52. Esses são os que Allah amaldiçoou. E para quem Allah amaldiçoa, não lhe encontrarás socorredor algum.

53. Têm eles porção de soberania? Então, nesse caso, dela não concederiam aos **outros** homens um mínimo que fosse[3].

54. Ou invejam eles os homens pelo que Allah lhes concedeu de Seu favor? E, com efeito, concedêramos o Livro e a Sabedoria à família de Abraão; e concedêramo-lhes magnífica soberania.

55. Então, dentre eles, há quem nele[4] creia e, dentre eles, há que dele se afaste. E basta a Geena por fogo ardente.

56. Por certo, aos que renegam Nossos sinais, fá-los-emos entrar

---

(1) **Do Livro:** da Tora.

(2) **Al jibt:** tudo o que foi adorado, em lugar de Deus: ídolos, videntes ou feiticeiros; quanto a **Al-Ṭāghūt**. (cf. II 256 n2)

(3) **Nem um mínimo que fosse:** traduz a palavra árabe **naqīr**, que é um minúsculo sinal na superfície do caroço da tâmara.

(4) **Nele:** o pronome pode referir-se só ao Livro, citado no versículo anterior, ou ao Profeta Muḥammad. Neste caso, o versículo faz alusão aos judeus, entre os quais uns crêem no Profeta e outros o renegam.

em Fogo. Cada vez que suas peles se consumirem, trocá-las-emos por outras peles, para que experimentem o castigo. Por certo, Allah é Todo-Poderoso, Sábio.

57. E aos que crêem e fazem as boas obras, fá-los-emos entrar em Jardins, abaixo dos quais correm os rios; nesses, serão eternos, para todo o sempre. Nesses, terão mulheres puras. E fá-los-emos entrar em sombra sombrosa.

58. Por certo, Allah vos ordena que restituais os depósitos a seus donos. E, quando julgardes entre os homens, que julgueis com justiça. Por certo, quão excelente é isso, a que Allah vos exorta! Por certo, Allah é Oniouvinte, Onividente.

59. Ó vós que credes! Obedecei a Allah e obedecei ao Mensageiro e às autoridades[1], dentre vós. E, se disputais por algo, levai-o a Allah e ao Mensageiro, se sois crentes em Allah e no Derradeiro Dia. Isso é melhor e mais belo, em interpretação.

60. Não viste, **Muḥammad**, aqueles[2] que pretendem crer no que foi descido para ti, e no que

---

[1] Este versículo é fundamento primeiro da constituição do estado islâmico e determina a base da religião e da disciplina política.

[2] **Aqueles**: referência aos hipócritas, mas de modo aparente e não efetivo.

fora descido antes de ti? Desejam recorrer ao julgamento de Aṭ-Ṭāghūt⁽¹⁾, enquanto, com efeito, foram ordenados a renegá-lo. E Satã deseja descaminhá-los, com profundo descaminho.

61. E, quando se lhes diz: "Vinde ao que Allah fez descer, e ao Mensageiro", tu vês os hipócritas se afastarem de ti, decididamente.

62. Então, como estarão, quando uma desgraça os alcançar, pelo que suas mãos anteciparam? Em seguida, chegarão a ti, jurando por Allah: "Não desejamos senão benevolência e concórdia."

63. Esses, Allah sabe o que há em seus corações; então, dá-lhes de ombros, mas exorta-os e dize-lhes às almas dito convencente.

64. E não enviamos Mensageiro algum senão para ser obedecido, com a permissão de Allah. E, se eles, quando foram injustos com si mesmos, chegassem a ti e implorassem perdão a Allah, e se o Mensageiro implorasse perdão para eles, haveriam encontrado a Allah Remissório, Misericordiador.

65. Então, por teu Senhor! Não crerão; até que te tomem por

---

(1) Cf. II 256 n2.

árbitro das dissensões entre eles, em seguida, não encontrem, em si mesmos, constrangimento no que julgaste, e até que se submetam, completamente.

66. E, se Nós lhes houvéssemos prescrito: "Matai-vos" ou "Saí de vossos lares", não o haveriam feito, exceto poucos deles[1]. E, se houvessem feito aquilo a que foram exortados, haver-lhes-ia sido melhor e **tornar-se-lhes-ia** mais firme a crença.

67. E, nesse caso, haver-lhes-íamos concedido, de Nossa parte, magnífico prêmio

68. E havê-los-íamos guiado a uma senda reta.

69. E quem obedece a Allah e ao Mensageiro, esses estarão com os que Allah agracia: os Profetas e os veracíssimos e os mártires e os íntegros. E que belos companheiros esses!

70. Esse é o favor de Allah, e basta Allah por Onisciente.

71. Ó vós que credes! Tomai vossas precauções e saí a campo, em pequenos grupos ou saí todos juntos.

---

[1] Se os hipócritas não aceitarem o sacrifício de seus pequenos interesses, seguindo o que Deus revelou, não haverá esperança de que aceitem sacrifício maior. E apenas poucos deles crerão em Deus.

4. Sūratu An-Nissā'

72. E, por certo, há, dentre vós, quem procrastine o combate. Então, se uma desgraça vos alcança, diz: "Com efeito, Allah agraciou-me por não haver estado com eles presente."

73. E, se um favor de Allah vos alcança, diz, como se não houvesse afeição entre vós e ele: "Quem dera houvesse estado com eles, então, haveria eu triunfado, com magnífico triunfo!"

74. Então, que combatam no caminho de Allah os que vendem a vida terrena pela Derradeira Vida. E a quem combate no caminho de Allah, e é morto ou vence, conceder-lhe-emos magnífico prêmio.

75. E por que razão não combateis no caminho de Allah e **pela salvação** dos indefesos, dentre os homens e as mulheres e as crianças, os quais dizem: "Senhor nosso! Faze-nos sair desta cidade, cujos habitantes são injustos[1]; e faze-nos, de Tua parte, um protetor e faze-nos, de Tua parte, um socorredor"?

76. Os que crêem combatem no caminho de Allah, e os que renegam a Fé combatem no caminho de

---

[1] Trata-se da súplica dos indefesos, que abraçaram o Islão e ficaram em Makkah pois não tinham possibilidade alguma de defender-se, menos ainda de emigrar para Al Madīnah, com o Profeta e seus seguidores.

4. Sūratu An-Nissā'   Parte 5

Aṭ-Ṭāghūt⁽¹⁾. Então, combatei os aliados de Satã. Por certo, a insídia de Satã é frágil.

77. Não viste, **Muḥammad**, aqueles aos quais foi dito: "Detende vossas mãos⁽²⁾ e cumpri a oração concedei az-zakāh⁽³⁾?" Então, quando lhes foi prescrito o combate, eis um grupo deles que receou os homens com o mesmo receio que de Allah, ou com mais veemente receio, e disseram: "Senhor nosso! Por que nos prescreveste o combate? Que, antes, nos houvesses concedido prazo, até um termo próximo." Dize: "O gozo da vida terrena é ínfimo. E a Derradeira Vida é melhor, para quem é piedoso, e não sofrereis injustiça, nem a mínima que seja⁽⁴⁾."

78. Onde quer que estejais, a morte atingir-vos-á, ainda que estejais em elevadas torres. E, se algo de bom os alcança, dizem: "Isso é da parte de Allah"; e, se algo de mau os alcança, dizem: "Isso é de ti." Dize: "Tudo é de

---

(1) Cf. II 256 n2.

(2) **Detende vossas mãos**: não combatais. Antes da Hégira, os moslimes empenharam-se em combate contra os idólatras, mas foram impedidos de fazê-lo, pelo Profeta. Só depois de emigrarem para Al Madīnah, após a Hégira, é que receberam permissão de combate.

(3) Cf. II 43 n4.

(4) Cf. IV 49 n5.

Allah." Mas por que razão este povo quase não entende conversação alguma?

79. O que quer de bom que te alcance é de Allah, e o que quer de mau que te alcance é de ti mesmo. E te enviamos, **Muḥammad**, como Mensageiro para a humanidade. E basta Allah por Testemunha.

80. Quem obedece ao Mensageiro, com efeito, obedece a Allah. E quem volta as costas, não te enviamos, sobre eles, por custódio.

81. E dizem: "Obediência!", e, quando se retiram de tua presença, uma facção deles maquina, à noite, outra cousa que o que disseste. Mas Allah escreve o que maquinam. Então, dá-lhes de ombros e confia em Allah. E basta Allah por Patrono.

82. E não ponderam eles o Alcorão? E, fosse **vindo** de outro que Allah, encontrariam nele muitas discrepâncias.

83. E, quando algum assunto de segurança ou medo lhes chega, divulgam-no. E, se eles o levassem ao Mensageiro e às autoridades entre eles, os que o desvendam, por meio desses[(1)] sabê-lo-iam. E, não

---

(1) É em época de combate que toda a espécie de boatos surge, suscitando ora o ânimo ora o desânimo, entre os combatentes. Aproveitando-se disso, os hipócritas, sem medir conseqüências, divulgavam-nos, mesmo sabendo-os falsos. Este

fora o favor de Allah para convosco e Sua misericórdia, haveríeis, exceto poucos, seguido a Satã.

84. Então, combate no caminho de Allah; tu não és responsável senão por ti mesmo. E incita os crentes **ao combate**. Quiçá, Allah detenha a fúria dos que renegam a Fé. E Allah é mais Veemente na fúria e mais Veemente no tormento.

85. Quem intercede, com boa intercessão, terá porção dela. E quem intercede, com má intercessão, terá partilha dela. E Allah, sobre todas as cousas, é Preponderante.

86. E, se fordes saudados com uma saudação, saudai com outra melhor, ou retribuí-a[1]. Por certo, Allah, de todas as cousas, é Ajustador de contas.

87. Allah, não existe deus senão Ele! Em verdade, Ele vos juntará no indubitável Dia da Ressurreição. E quem mais verídico que Allah em dizê-lo?

88. E por que razão vos dividis em dois grupos, no tocante aos

---

versículo adverte aos propagadores de boatos que os submetam ao Profeta e às autoridades, para que lhes seja esclarecida a veracidade e, com isso, não sejam os combatentes importunados.

(1) A saudação usual entre os moslimes, é "as-salāmu ᶜalaikum", "que a paz seja sobre vós". O versículo convida os moslimes a corresponderem à esta saudação com outra mais afável ainda: "ᶜalaikum as-salāmu wa rahmatu allāhi wa barakātuh", "que sobre vós seja a paz, e a misericórdia de Deus e Sua bênção".

hipócritas⁽¹⁾, enquanto Allah os fez decair pelo que cometeram? Desejais guiar a quem Allah descaminhou? E para quem Allah descaminha, jamais, encontrarás caminho.

89. Eles almejam que renegueis a Fé como eles a renegam, e, **assim**, sereis iguais. Então, não tomeis, dentre eles, aliados, até que emigrem, no caminho de Allah. E, se voltarem as costas, apanhai-os e matai-os, onde quer que os encontreis. E não tomeis, dentre eles, aliado nem socorredor.

90. Exceto os que se vincularem com um povo entre o qual e vós exista aliança, ou **os que** chegarem a vós com os peitos constritos por combater-vos ou por combater seu povo. E, se Allah quisesse, haver-lhes-ia dado poder sobre vós, e eles vos haveriam combatido. Então, se se apartarem de vós e não **mais** vos combaterem e vos lançarem a paz, Allah não vos fará caminho algum contra eles.

91. Encontrareis outros que desejam estar em segurança, em relação a vós, e em segurança, em relação a seu povo⁽²⁾. Cada vez que

---

(1) Este versículo se refere aos hipócritas que, já havendo abraçado o Islão, ainda apoiavam os inimigos dos moslimes, deixando confusos a estes últimos, que não sabiam se deveriam ou não combatê-los.

(2) De um lado, ganhando a confiança dos moslimes, pela adesão do Islão, e de outro, a confiança de seu povo, pela permanência na descrença.

forem levados à sedição⁽¹⁾ **pela idolatria**, nela, fá-los-ão decair. Então, se não se apartam de vós, nem vos lançam a paz, nem detêm as próprias mãos, apanhai-os e matai-os, onde quer que os acheis. E, contra esses, damo-vos evidente autoridade.

92. E não é admissível que um crente mate **a outro** crente, exceto se por engano. E quem mata um crente por engano, então, que ele se alforrie um escravo crente e entregue indenização⁽²⁾ a sua família a menos que esta a dispense, por caridade. E, se **a vítima** é de um povo inimigo de vós, e é crente, que se alforrie um escravo crente. E, se é de um povo, entre o qual e vós exista aliança, que se entregue à sua família indenização e se alforrie um escravo crente. E quem não encontra **recursos**, que jejue, por dois meses seguidos, como volta arrependida para Allah. E Allah é Onisciente, Sábio.

93. E quem mata um crente, intencionalmente, sua recompensa será a Geena; nela será eterno, e

---

(1) Ou seja, cada vez que forem levados ou à desordem da guerra contra os moslimes, ou à apostasia.

(2) Essa indenização é válida, conforme a tradição árabe, em cem camelos, ou o preço correspondente a eles. Não os havendo, valerão outras espécies animais, em quantidades determinadas.

Allah irar-Se-á contra ele, e amaldiçoá-lo-á e preparar-lhe-á formidável castigo.

94. Ó vós que credes! Quando percorrerdes o caminho de Allah⁽¹⁾, certificai-vos **da situação**, e não digais àquele que vos dirige a saudação **do Islão**: "Não é crente", buscando **com isso**, os efêmeros bens da vida terrena⁽²⁾, pois, junto de Allah, há muitos ganhos⁽³⁾. Assim, éreis, antes⁽⁴⁾, e Allah fez-vos mercê **do Islão**. Então, certificai-vos. Por certo, Allah, do que fazeis, é Conhecedor.

95. Não se igualam os ausentes **do combate**, dentre os crentes não inválidos, e os lutadores no caminho de Allah, com suas riquezas e com si mesmos. Allah prefere os lutadores, com suas riquezas e com si mesmos, aos ausentes, **dando-**

---

(1) Ou seja, "se fordes combater pela causa de Deus".

(2) Nos primórdios do Islão, o sinal de reconhecimento de um moslim para outro era o cumprimento "as-salāmu ᶜalaikum", "que a paz seja sobre vós". Houve ocasiões, porém, em que alguns combatentes moslimes tiveram dúvidas acerca de quem assim os saudava, e terminavam por matá-lo, para ficar-lhe com os espólios. Este versículo foi revelado, então, para impedir a matança indiscriminada, oriunda da falta de clareza desta identificação moslim.

(3) A palavra **ganhos** traduz **maghānim**, que significa espólios. O versículo adverte o crente de que jamais deve matar só para aproximar-se dos espólios da vítima, os quais nada são diante das recompensas oferecidas por Deus.

(4) Este versículo lembra os moslimes de que, no início do Islão, quando eram perseguidos pelos inimigos, o único sinal de reconhecimento entre eles, quando em combate na senda de Deus, era a saudação islâmica. Agora, agraciados com o Islão, fortes e poderosos, devem acatar esta saudação vinda de quem quer que seja, como sinal de sua crença.

lhes um escalão **acima destes**. E a ambos Allah promete a mais bela recompensa. E Allah prefere os lutadores aos ausentes, **dando-lhes** magnífico prêmio:

96. Escalões **concedidos** por Ele, e perdão e misericórdia. E Allah é Perdoador, Misericordiador.

97. Por certo, àqueles que foram injustos com si mesmo, os anjos lhes levarão as almas, dizendo: "Em que **situação** estáveis?" dirão: "Estávamos indefesos na terra." **Os anjos** dirão: "A terra de Allah não era **bastante** ampla, para, nela, emigrardes?" Então, a morada desses será a Geena. E que vil destino!

98. Exceto os indefesos, dentre os homens e as mulheres e as crianças, que não têm meios **de emigrar** e não se guiam a caminho algum,

99. Então, a esses, quiçá, Allah os indulte. E Allah é Indulgente, Perdoador.

100. E quem emigra, no caminho de Allah, encontrará, na terra, bastante abrigo – aviltante **para o inimigo** – e prosperidade. E quem sai de sua casa, emigrando para Allah e seu Mensageiro[(1)], em seguida a morte atinge-o, com efeito, impenderá a Allah seu

---

(1) Para a cidade de Deus e de Seu Mensageiro: Al Madīnah.

prêmio. E Allah é Perdoador, Misericordiador.

101. E, quando percorrerdes a terra, não haverá culpa sobre vós, em abreviardes as orações, se temeis que os que renegam a Fé vos provem. Por certo, os renegadores da Fé são-vos inimigos declarados.

102. E, quando estiveres, **Muḥammad**, com eles, e lhes celebrares a oração, que uma facção deles ore contigo e tome suas armas; então, ao terminar a prosternação, que **a outra facção** esteja atrás de vós. E que **esta** outra facção, que não orou, venha e ore, contigo, e que tome suas precauções e suas armas. Os que renegam a Fé almejariam que desatentásseis de vossas armas e de vossos pertences; então, atacar-vos-iam, de uma só vez. E não haverá culpa sobre vós, em deixardes de lado vossas armas, se sois molestados pela chuva ou estais enfermos. E tomai vossas precauções. Por certo, Allah preparou para os renegadores da Fé aviltante castigo.

103. E, quando houverdes encerrado a oração, lembrai-vos de Allah, estando de pé ou assentados ou deitados. E, quando estiverdes em segurança, cumpri a oração. Por certo, a oração, para os crentes, é **prescrição com tempos marcados**.

4. Sūratu An-Nissā'

104. E não vos desanimeis, na busca do povo **inimigo**: se estais sofrendo, eles, **também**, sofrem como vós sofreis, enquanto vós esperais de Allah o que eles não esperam. E Allah é Onisciente, Sábio.

105. Por certo, fizemos descer, para ti, **Muḥammad**, o Livro com a Verdade, a fim de que julgues, entre os homens, conforme o que Allah te fez ver. E não sejas defensor dos traidores[1].

106. E implora perdão a Allah. Por certo, Allah é Perdoador, Misericordiador.

107. E não discutas acerca dos que se traem a si mesmos. Por certo, Allah não ama quem é traidor, pecador.

108. Eles se escondem dos homens, e não se escondem de Allah, enquanto Ele está em sua companhia, quando maquinam, à noite, o que Lhe não agrada do dito. E Allah está, **sempre**, abarcando o que fazem.

---

(1) Conta-se que, em tempos de Muḥammad, certo árabe, de nome Bachīr ou Abu Taᶜmah Ibn Ubairiq, havendo roubado uma armadura, ocultou-a na casa de um judeu. Quando o dono, dando por falta dela, a descobriu, imediatamente Bachīr, jurando inocência, acusou o judeu de havê-la roubado. Então, a tribo Banū Ẓafār, a que Bachīr pertencia, dirigiu-se até o Profeta, pedindo-lhe que intercedesse por ele. Por desconhecer a verdade dos fatos, o Profeta o aceitou e, quando estava prestes a defendê-lo, foi revelado este versículo, revelando-lhe a verdade.

109. Ei-vos que discutis acerca deles, na vida terrena, mas quem discutirá, com Allah, acerca deles, no Dia da Ressurreição, ou quem será sobre eles patrono?

110. E quem faz um mal ou é injusto com si mesmo, em seguida, implora perdão a Allah, encontrará a Allah Perdoador, Misericordiador.

111. E quem comete um pecado, o cometerá, apenas, em prejuízo de si mesmo. E Allah é Onisciente, Sábio.

112. E quem comete erro ou pecado, em seguida, o atira sobre um inocente, com efeito, carregar-se-á de infâmia e evidente pecado.

113. E, não fora o favor de Allah para contigo, e Sua misericórdia, haveria uma facção deles[1] intentando descaminhar-te. Mas não descaminhariam senão a si mesmos e em nada te prejudicariam. E Allah fez descer, sobre ti, o Livro e a Sabedoria e ensinou-te o que não sabias. E o favor de Allah para contigo é imenso.

114. Nada de bem há em muitas de suas confidências, exceto nas de quem ordena caridade ou algo conveniente ou reconciliação entre

---

(1) **Deles**: dos hipócritas.

as pessoas. E a quem o faz, em busca de agrado de Allah, Nós conceder-lhe-emos magnífico prêmio.

115. E a quem discorda do Mensageiro, após haver-se tornado evidente, para ele, a direita direção, e segue caminho outro que o dos crentes, abandoná-lo-emos no **caminho** que escolheu[1] e fá-lo-emos entrar na Geena. E que vil destino!

116. Por certo, Allah não perdoa que Lhe associem **outra divindade**, e perdoa tudo o que for, afora isso, a quem quer. E quem **a** associa a Allah, com efeito, se descaminhará, com profundo descaminhar.

117. Não invocam, além dEle, senão divindades femininas, e não invocam senão um rebelde Satã!

118. Allah amaldiçoou-o. E ele disse: "Certamente, tomarei uma porção preceituada de Teus servos.

119. "E, certamente, descaminhá-los-ei e fá-los-ei nutrir vãs esperanças e ordenar-lhes-ei que cortem as orelhas dos animais de rebanho[2] e ordenar-lhes-ei que

---

(1) Este versículo foi revelado, quando Bachīr ou Abu Ta'mah fugiu de Al Madīnah, e se juntou aos idólatras, mostrando-se hostil ao Profeta e aos moslimes.
(2) Alusão aos hábitos supersticiosos dos árabes pré-islâmicos de cortarem a orelha da fêmea do camelo, logo após ela ter tido cinco ou dez crias, e de a oferecerem a seus ídolos. Além disso, a partir daí, o animal não devia mais ser usado para qualquer serviço que fosse. Com respeito às acepções da palavra **rebanho**. Vide VI n1.

desfigurem a criação de Allah." E quem toma Satã por aliado, em vez de Allah, com efeito, se perderá com evidente perdição.

120. Ele lhes faz promessas e fá-los nutrir vãs esperanças. E Satã não lhes promete senão falácias.

121. Esses, sua morada será a Geena, e eles não encontrarão desta fugida alguma.

122. E aos que crêem e fazem as boas obras, fá-los-emos entrar em Jardins, abaixo dos quais correm os rios; nesses, serão eternos, para todo o sempre. **Essa** é, deveras, a promessa de Allah. E quem mais verídico que Allah, em dito?

123. A recompensa não depende de vossos desejos nem dos desejos dos seguidores[1] do Livro. Quem faz mal, com ele será recompensado, e não encontrará, para si, além de Allah, protetor nem socorredor.

124. E quem faz as boas obras, varão ou varoa, enquanto crente, esses entrarão no Paraíso e não sofrerão injustiça, a mínima que seja[2].

125. E quem melhor, em religião, que aquele que entrega sua face a

---

(1) Referência aos judeus e cristãos.

(2) Cf. IV 53 n3.

4. Sūratu An-Nissā'

Allah⁽¹⁾, enquanto benfeitor, e segue a crença de Abraão, monoteísta sincero? E Allah tomou Abraão por amigo.

126. E de Allah é o que há nos céus e o que há na terra. E Allah está, sempre, abarcando todas as cousas.

127. E consultam-te, **Muḥammad**, sobre as mulheres. Dize: "Allah vos instrui a respeito delas – e **lembrai-vos** do que se recita, para vós, no Livro⁽²⁾, sobre as mulheres órfãs às quais não concedeis o que lhes é preceito⁽³⁾, enquanto tencionais esposá-las – e a respeito das crianças indefesas; e **vos ordena** cuidar dos órfãos com eqüidade. E o que quer que façais de bom, por certo, Allah é, disso, Onisciente.

128. E, se uma mulher teme de seu marido rejeição ou indiferença, não haverá culpa sobre ambos, se se reconciliam com uma reconciliação. E o reconciliar-se é melhor. E a mesquinhez está, **sempre**, presente nas almas. E, se bem-fizerdes e fordes piedosos, por certo, Allah, do que fazeis, é Conhecedor.

129. E não podereis ser justos com **vossas** mulheres, ainda que sejais zelosos **disso**. E não vos

---

(1) Cf. II 112 n1.

(2) **No Livro**: no Alcorão.

(3) Vide IV 4 n4.

desvieis, com total desviar, **de nenhuma delas**, então, a deixaríeis como que suspensa⁽¹⁾ E, se vos emendais e sois piedosos, por certo, Allah é Perdoador, Misericordiador.

130. E, se ambos se separam, Allah enriquecerá a cada **um deles** de Sua munificência. E Allah é Munificente, Sábio.

131. E de Allah é o que há nos céus e o que há na terra. E, com efeito, recomendamos àqueles, aos quais fora concedido o Livro⁽²⁾, antes de vós, e a vós, que temais a Allah. E, se renegais a Fé, por certo, de Allah é o que há nos céus e o que há na terra. E Allah é Bastante a Si Mesmo, Louvável.

132. E de Allah é o que há nos céus e o que há na terra; e basta Allah por Patrono.

133. Se Ele quisesse, far-vos-ia ir, ó humanos, e faria vir outros, **em vosso lugar**! E Allah, sobre isso, é Onipotente.

134. Quem deseja a retribuição da vida terrena, **saiba que é** junto de Allah, está a retribuição da vida terrena e da Derradeira Vida. E Allah é Oniouvinte, Onividente.

⁽¹⁾ Ou seja, no estado em que, abandonada pelo marido, não é considerada casada com ele nem dele divorciada.

⁽²⁾ **O Livro**: a Tora e o Evangelho.

135. Ó vós que credes! Sede constantes na equanimidade, testemunhando por Allah, ainda que contra vós mesmos, ou contra os pais e os parentes. Quer se trate de rico ou pobre, Allah terá prioridade sobre ambos. Então, não sigais as paixões, para serdes justos. E, se deturpais **o testemunho** ou dais de ombros, por certo, Allah, do que fazeis, é Conhecedor.

136. Ó vós que credes! Crede em Allah e em Seu Mensageiro e no Livro que Ele fez descer sobre Seu Mensageiro, e no Livro que Ele fizera descer antes. E quem renega a Allah e a Seus anjos e a Seus Livros e a Seus Mensageiros e ao Derradeiro Dia, com efeito, descaminhar-se-á com profundo descaminhar.

137. Por certo, aos que creram, depois renegaram a Fé, em seguida, creram, depois renegaram a Fé, em seguida, acrescentaram-se em renegação[1] da Fé, não é admissível que Allah os perdoe nem os guie a caminho algum.

138. Alvissara aos hipócritas que terão doloroso castigo,

139. São os que tomam por aliados os renegadores da Fé, em

---

(1) Referência aos oportunistas que não são crentes convictos. Crêem, apenas, quando lhes interessa.

vez dos crentes. Buscarão junto deles o poder? Então, por certo, todo o poder é de Allah.

140. E, com efeito, Ele fez descer, sobre vós, no Livro[(1)], que, quando ouvirdes os versículos de Allah, enquanto **os infiéis** os renegam e deles zombam, não deveis sentar-vos com eles, até confabularem, em outra conversação. Senão, seríeis iguais a eles. Por certo, Allah juntará os hipócritas e os renegadores da Fé, na Geena, a todos eles.

141. Os que espreitam **o que ocorrerá** para vós; então, se obtendes uma conquista **vinda** de Allah, dizem: "Não estávamos convosco?" E, se há para os renegadores da Fé porção **da conquista**, dizem: "Não vos conduzimos e vos defendemos dos crentes?" Então, Allah julgará, entre vós, no Dia da Ressurreição. E Allah não fará aos renegadores da Fé caminho, **para triunfarem** sobre os crentes.

142. Por certo, os hipócritas procuram enganar a Allah, mas Ele é quem os engana. E, quando se levantam para a oração, levantam-se preguiçosos – querem ser vistos pelos outros, **por ostentação**, e não se lembram de Allah, exceto poucos –

---

(1) **No Livro**: no Alcorão, com alusão ao versículo 68 da VI sura.

143. Hesitantes[1] nisso. Não estão nem com estes nem com aqueles. E para quem Allah descaminha, jamais encontrarás caminho.

144. Ó vós que credes! Não tomeis os renegadores da Fé por aliados, em vez dos crentes. Desejais dar a Allah comprovação evidente contra vós?

145. Por certo, os hipócritas estarão nas camadas mais profundas do Fogo – e, para eles, não encontrarás socorredor algum –

146. Exceto os que se voltam arrependidos e se emendam e se agarram a Allah e são sinceros com Allah em sua devoção: então, esses estão com os crentes. E Allah concederá aos crentes magnífico prêmio.

147. Que faria Allah com vosso castigo, se agradeceis e credes? E Allah é Agradecido, Onisciente.

148. Allah não ama a declaração de maledicência, exceto a de quem sofre injustiça. E Allah é Oniouvinte, Onisciente.

149. Se mostrais um bem ou se o escondeis, ou se indultais um mal, por certo, Allah é Indulgente, Onipotente.

---

[1] Diz respeito aos que não estão nem com os idólatras nem com os crentes.

150. Por certo, os que renegam a Allah e a Seus Mensageiros, e desejam fazer distinção entre Allah e Seus Mensageiros, e dizem: "Cremos em uns e renegamos a outros", e desejam tomar, entre isso, um caminho **intermediário**,

151. Esses são os verdadeiros renegadores da Fé. E, para os renegadores da Fé, preparamos aviltante castigo.

152. E aos que crêem em Allah e em Seus Mensageiros e não fazem distinção entre nenhum deles, a esses **Allah** lhes concederá seus prêmios. E Allah é Perdoador, Misericordiador.

153. Os seguidores do Livro pedem-te que faças descer sobre eles um Livro do céu. E, com efeito, eles pediram a Moisés **prova** maior que essa, e disseram: "Faze-nos ver a Allah, declaradamente." Então, o raio apanhou-os, por sua injustiça. Em seguida, tomaram o bezerro **por divindade**, após lhes haverem chegado as evidências; E indultamo-los, por isso. E concedemos a Moisés evidente comprovação.

154. E elevamos acima deles o Monte[1], por causa de sua aliança, e dissemo-lhes: "Entrai pela porta

---

(1) Ou seja, Monte Sinai. Cf. II 63 n1.

da cidade, prosternando-vos"; e dissemo-lhes: "Não transgridais o sábado"; e firmamos com eles sólida aliança.

155. Então, **amaldiçoamo-los**, por haverem desfeito sua aliança, e renegado os sinais de Allah, e matado, sem razão os profetas[1], e por haverem dito: "Nossos corações estão encobertos[2]!" – **Não**, mas Allah selou-os, por sua renegação da Fé; então, não crêem, exceto poucos –

156. E por sua renegação da Fé, e por seu dito de formidável infâmia[3] sobre Maria,

157. E por seu dito: "Por certo, matamos o Messias, Jesus, Filho de Maria, Mensageiro de Allah." Ora, eles não o mataram nem o crucificaram, mas isso lhes foi simulado[4]. E, por certo, os que discrepam a seu respeito estão em dúvida acerca disso[5]. Eles não têm ciência alguma disso, senão

---

(1) Cf. II 61 n2.
(2) Cf. II 88 n3.
(3) Essa infâmia constituiria reação dos judeus contra a propagação da nova crença. No momento em que Jesus Cristo passou a pregar e a convocar a todos, indistintamente, para a verdade cristã, os judeus entenderam isso como ameaça à posição assumida por eles e pelo Judaísmo, na época. Em defesa, passaram a difamar a mãe de Jesus, chamando-a de adúltera.
(4) O Islão prega que não foi Jesus crucificado, mas o foi, em seu lugar, um sósia.
(5) Alusão às divergências nascidas da dúvida dos cristãos quanto às circunstâncias da morte de Jesus Cristo, o que prova que o próprio Cristianismo não tem certeza absoluta a respeito.

conjeturas, que seguem. E não o mataram, seguramente;

158. Mas, Allah ascendeu-o[1] até Ele. E Allah é Todo-Poderoso, Sábio.

159. E não há ninguém dos seguidores[2] do Livro que, antes de morrer[3], deixe de nele crer. E, no Dia da Ressurreição, ele[4] será testemunha contra eles.

160. Então, por injustiça dos que praticam o judaísmo, proibimo-lhes cousas benignas, que lhes eram lícitas; e por afastarem a muitos do caminho de Allah;

161. E por tomarem a usura, enquanto foram coibidos disso[5]; e por devorarem, ilicitamente, as riquezas dos **outros** homens. E, para os renegadores da Fé, dentre eles, preparamos doloroso castigo.

162. Mas os que, dentre eles, estão enraizados na ciência e os crentes crêem no que foi descido para ti e no que fora descido antes

---

(1) Embora entenda a ascensão como fato incontestável, o Alcorão não oferece maiores informações sobre isso.

(2) Ou seja, os judeus e os cristãos.

(3) Isso significa que tanto os judeus quanto os cristãos acabarão aceitando que Jesus, também, é profeta de Deus. Mas, quando tiverem consciência disso, já será tarde demais.

(4) **Ele**: Jesus.

(5) Vide Êxodo XXII 25.

de ti. E aos que cumprem a oração e aos que concedem az-zakāh⁽¹⁾, e aos crentes em Allah e no Derradeiro Dia, a esses concederemos magnífico prêmio.

163. Por certo, Nós te fizemos revelações, **Muḥammad**, como fizemos a Noé e aos profetas, depois dele. E fizemos revelações a Abraão e a Ismael, e a Isaque e a Jacó, e às tribos e a Jesus, e a Jó e a Jonas, e a Aarão e a Salomão⁽²⁾; e concedemos os Salmos a Davi.

164. E **enviamos** Mensageiros, de que, com efeito, te fizemos menção, antes, e Mensageiros, de que não te fizemos menção; – e Allah falou a Moisés efetivamente–

165. Mensageiros por alvissareiros e admoestadores, para que não houvesse, da parte dos humanos, argumentação diante de Allah, após **a vinda d**os Mensageiros. E Allah é Todo-Poderoso, Sábio.

166. Mas Allah testemunha o que fez descer para ti. Ele o fez descer com Sua ciência. E os anjos, **também**, o testemunham. E basta Allah por Testemunha!

⁽¹⁾ Cf. II 43 n4.

⁽²⁾ O que torna evidente que o Mensageiro Muḥammad não chegou com nova religião, mas, sim, recebeu seus ensinamentos da mesma fonte, de onde receberam todos os mensageiros anteriores a ele, em diferentes épocas.

167. Por certo, os que renegam a Fé e afastam **os homens** do caminho de Allah, com efeito, descaminham-se, com profundo descaminhar.

168. Por certo, aos que renegam a Fé e são injustos, não é admissível que Allah os perdoe nem os guie a vereda alguma.

169. Exceto à vereda da Geena; nela, serão eternos, para todo o sempre. E isso, para Allah, é fácil.

170. Ó humanos! Com efeito, o Mensageiro chegou-vos com a Verdade de vosso Senhor; então, crede: é-vos melhor. E, se renegais a Fé, por certo, de Allah é o que há nos céus e na terra. E Allah é Onisciente, Sábio.

171. Ó seguidores[(1)] do Livro! Não vos excedais em vossa religião, e não digais acerca de Allah senão a verdade. O Messias, Jesus, filho de Maria não é senão o Mensageiro de Allah e Seu Verbo, que **Ele** lançou a Maria, e espírito **vindo** dEle. Então, crede em Allah e em Seus Mensageiros, e não digais: "Trindade". Abstende-vos **de dizê-lo**: é-vos melhor. Apenas, Allah é Deus Único. Glorificado seja! Como teria Ele um filho?! DEle é o que há nos céus e o que há na

---

(1) Ou seja, os cristãos.

terra. E basta Allah por Patrono!

172. O Messias não desdenhará ser servo de Allah nem os anjos **a Ele** achegados. E aos que desdenham Sua adoração e se ensoberbecem, Ele os reunirá, a todos, a Ele.

173. Então, quanto aos que crêem e fazem as boas obras, Ele os compensará, com seus prêmios, e lhes acrescentará **algo** de Seu favor. E, quanto aos que desdenham **Sua adoração** e se ensoberbecem, Ele os castigará com doloroso castigo, e não encontrarão, para si, além de Allah, protetor nem socorredor.

174. Ó humanos! Com efeito, chegou-vos uma provança[1] de vosso Senhor, e fizemos descer, para vós, evidente luz[2].

175. Então, quanto aos que crêem em Allah e a Ele se agarram, fá-los-á entrar em misericórdia, **vinda** dEle, e em favor, e guiá-los-á até Ele, por uma senda reta.

176. Consultam-te, **Muḥammad**. Dize: "Allah vos instrui sobre al-kalālah[3]. Se um homem morre, não

---

(1) Ou seja, o Mensageiro Muḥammad.

(2) Ou seja, o Alcorão.

(3) Cf. IV 12 n2.

tendo filho **nem pai**, e tendo irmã⁽¹⁾, a esta, a metade do que ele deixar. E ele a herdará, se ela não tem filho. E, se são duas **irmãs**, a elas os dois terços do que ele deixar. E, se são irmãos, homens e mulheres, ao varão, uma cota igual à de duas varoas. Allah torna evidente, para vós, **Suas leis**, para que vos não descaminheis. E Allah, de todas as cousas, é Onisciente.

---

(1) Trata-se de irmã, ou meia - irmã por parte de pai. Cf. IV 12 n3.

5. Sūratu Al-Māi'dah

SŪRATU AL-MĀI'DAH[1]
A SURA DA MESA PROVIDA

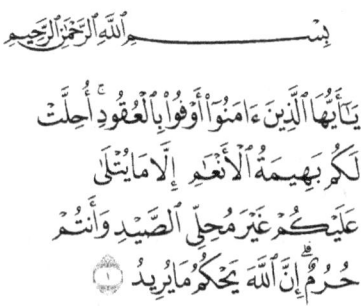

De Al Madīnah – 120 versículos.

Em nome de Allah, O Misericordioso, O Misericordiador.

1. Ó vós que credes! Sede fiéis aos compromissos. É-vos lícito o animal dos rebanhos[2], exceto o que se recita[3], para vós, e não torneis lícita a caça, enquanto estais hurum[4]. Por certo, Allah decide o que deseja.

---

(1) **Al Mā idah**: a mesa ou o alimento, nela colocado. Esta palavra pode ligar-se a duas origens: a) ao verbo **māda**, movimentar-se, já que a mesa, primitivamente, se movimentava sob o peso de alimentos, ou b) ao verbo **madahu**, dar algo a alguém, da mesma forma que a mesa oferece alimento ao comensal. Denomina-se, assim, esta sura, pela menção dessa palavra, no versículo 112, onde se alude, pela primeira vez, no Alcorão, à mesa provida, solicitada pelos discípulos de Jesus a Deus. Nota-se, aliás, que o Alcorão é o único dos livros divinos que relata a história de al mā idah. São dois os escopos essenciais desta sura: a) incitar os crentes a cumprirem seus pactos, tanto com Deus quanto com o próximo, e b) recriminar os seguidores do Livro, por haverem rompido sua aliança com Deus. Além disso, relembra que os judeus alteraram as palavras da Tora e que os cristãos renegaram a verdadeira Fé, ao afirmarem ser Jesus Cristo filho de Deus. Faz alusão a Caim e Abel, para poder demonstrar o traço de agressividade existente na natureza humana. Esta sura é categórica na execução do homicídio, do roubo, do assalto violento e na proibição do álcool, dos jogos de azar, etc.. Faz, ainda, referência às normas testamentárias, caso ocorra morte de alguém que esteja em viagem, e relembra, finalmente, os milagres de Jesus, sem deixar de expressar o repúdio pelos que o tomaram, também, por Deus, adorando-o.

(2) Trata-se dos eamelos, vacuns e ovinos.

(3) Cf. II 173 n3.

(4) **Hurum**: plural de **harām**, que equivale a **muhrim**, ambos adjetivos relacionados ao peregrino em estado de devoção e purificação e que, chegando, em peregrinação, ao território sagrado de Makkah, deve obedecer a certas proibições, tais como: o uso de trajes com costura, uma vez que só lhe é permitido cobrir-se com dois panos (toalha, lençol, etc.), um para a parte superior e outro para a parte inferior do corpo; o corte do cabelo, o barbear-se, a caça. Todas estas práticas, somente lhe serão permitidas, após o término de todos os ritos da Peregrinação.

5. Sūratu Al-Māi'dah Parte 6

2. – Ó vós que credes! Não profaneis os ritos⁽¹⁾ de Allah, nem o mês sagrado⁽²⁾, nem os animais em oferenda, nem as guirlandas⁽³⁾; e não **importuneis** os que se estão dirigindo à Casa Sagrada, buscando favor de seu Senhor e agrado. – E, quando não mais estiverdes hurum, caçai. – E que o ódio para com um povo⁽⁴⁾, por haver-vos afastado da Mesquita Sagrada, não vos induza a agredir. E ajudai-vos, mutuamente, na bondade e na piedade. E não vos ajudeis no pecado e na agressão. E temei a Allah. Por certo, Allah é Veemente na punição. –

3. É-vos proibido o **animal encontrado** morto e o sangue e a carne de porco e o que é **imolado** com a invocação de outro nome que o de Allah; e o **animal** estrangulado e o que é **morto** por espancamento e por queda e por chifradas e o que a fera devora, **parcialmente** – exceto se o imolais⁽⁵⁾ – e o que é imolado sobre as pedras levantadas,

---

(1) Os ritos de Deus compreendem, entre outros, a chamada à oração, a oração coletiva, a oração nas sextas-feiras, a peregrinação e a abstenção do álcool, da carne de porco, dos jogos de azar, etc..

(2) Cf. II 194 n2.

(3) Era costume, entre os árabes, cingirem, com colares de árvores de Makkah, o pescoço dos animais destinados à oferenda, como meio de distingui-los do furto, agressão ou mutilação, pois é proibição divina que tais animais sejam profanados.

(4) Alusão aos Quraich, que proibiram o Profeta e seus seguidores de fazerem peregrinação no dia de Al Ḥudaybiyah, no sexto ano de Hégira.

(5) Se estes animais mencionados são apanhados, ainda, com vida, e, em seguida, imolados, serão considerados lícitos para alimento.

em nome dos **ídolos**; e **é-vos proibido** que adivinheis o destino por meio de varinhas da sorte[1]. Isso é perversidade. – Hoje, os que renegam a Fé se desesperam de **aniquilar** vossa religião. Então, não os receeis, e receai-Me. Hoje[2], eu inteirei vossa religião, para vós, e completei Minha graça para convosco e agradei-Me do Islão como religião para vós. – Então, quem é impelido pela fome **a alimentar-se do que é proibido**, sem intuito de pecar, por certo, Allah é Perdoador, Misericordiador.

4. Perguntam-te, **Muḥammad**, o que lhes é lícito. Dize: "São-vos lícitas as cousas benignas e **a presa** dos animais, caçadores adestrados[3], que ensinastes, conforme Allah vos ensinou. Então, comei do que, para vós, eles retêm, e mencionai sobre isso o nome de Allah. E

---

(1) Prática pré-islâmica que consistia na leitura de varinhas em forma de pequenas flechas, quando se desejava fazer importante empreendimento, como viagem, negócios, casamento, etc.. Estas varinhas eram guardadas na Kaᶜbah e traziam inscrito, ora "Deus me ordena", o que possibilitava o empreendimento; ora "Deus me proíbe", o que obstava; outras, ainda, não traziam inscrição alguma, obrigando-se, com isso, ao reinício do sorteio, para definir-se o ato.

(2) Este versículo foi revelado, no dia da Peregrinação da Despedida, ou seja, no dia da última peregrinação feita pelo Profeta, antes de morrer. Isso ocorreu, logo depois de os moslimes conquistarem Makkah e de ser concluída a Mensagem de Muḥammad.

(3) Os animais adestrados à caça, como cães, falcões, panteras devem ser treinados a obedecer seu dono e a trazer-lhe intata a presa, do contrário esta se tornará imprópria para a alimentação. Assim, também, deve-se mencionar o nome de Deus, antes de aqueles serem soltos para saírem à caça.

temei a Allah. Por certo, Allah é Destro no ajuste de contas."

5. Hoje, são-vos lícitas as cousas benignas. E o alimento daqueles[1], aos quais fora concedido o Livro, é-vos lícito. E vosso alimento lhes é lícito. E vos é **lícito esposardes** as castas entre as crentes, e as castas entre aqueles aos quais fora concedido o Livro[2], antes de vós, quando lhes concederdes seus prêmios, **mahr**, sendo castos, não adúlteros, e não **as** tomando, **jamais**, por amantes. E quem renega a Fé, com efeito, anular-se-ão suas obras, e estará, na Derradeira Vida, entre os perdedores.

6. Ó vós que credes! Quando vos levantardes para a oração, lavai as faces e as mãos até os cotovelos – e, **com as mãos molhadas**, roçai as cabeças – e **lavai** os pés até os tornozelos. E, se estais junub[3], purificai-vos. E, se estais enfermos ou em viagem, ou se um de vós chega de onde se fazem as necessidades, ou se haveis tocado as mulheres, e não encontrais água, dirigi-vos a uma superfície pura, **tocai-a com as mãos** e roçai as

---

(1) **Daqueles**: dos judeus e dos cristãos.

(2) **O livro**: a Tora e o Evangelho.

(3) Cf. IV 43 n1.

faces e os braços, **à guisa de ablução**⁽¹⁾. Allah não deseja fazer-vos constrangimento algum, mas deseja purificar-vos e completar Sua graça para convosco, para serdes agradecidos.

7. E lembrai-vos da graça de Allah para convosco e de Sua aliança que firmou convosco, quando dissestes: "Ouvimos e obedecemos." E temei a Allah. Por certo, Allah, do íntimo dos peitos, é Onisciente.

8. Ó vós que credes! Sede constantes **em servir** a Allah, sendo testemunhas com equanimidade. E que o ódio para com um povo⁽²⁾ não vos induza a não serdes justos. Sede justos: isso está mais próximo da piedade. E temei a Allah. Por certo, Allah do que fazeis, é Conhecedor.

9. Allah promete aos que crêem e fazem as boas obras que terão perdão e magnífico prêmio.

10. E os que renegam a Fé e desmentem Nossos sinais, esses são os companheiros do Inferno.

11. Ó vós que credes! Lembrai-vos da graça de Allah para convosco, quando um grupo⁽³⁾ intentou

---

(1) Cf. IV 43 P.136 n2.

(2) Ou seja, para com os idólatras.

(3) **Um grupo**: os Quraich.

estender as mãos contra vós, e Ele lhe deteve as mãos, **afastando-as** de vós. E temei a Allah. E que os crentes, então, confiem em Allah.

12. E, com efeito, Allah firmou a aliança com os filhos de Israel⁽¹⁾, e enviamos, dentre eles, doze próceres⁽²⁾. E Allah disse: "Por certo, estou convosco. Em verdade, se cumpris a oração, e concedeis az-zakāh⁽³⁾, e credes em Meus Mensageiros e os amparais, e emprestais bom empréstimo a Allah, remir-vos-ei as más obras e far-vos-ei entrar em Jardins, abaixo dos quais correm os rios. E quem de vós renega a Fé depois disso, com efeito, descamin-har-se-á do caminho certo."

13. Então, por haverem desfeito sua aliança, Nós amaldiçoamo-los e tornamo-lhes duros os corações. Alteram⁽⁴⁾ o sentido das palavras **do Livro** e esquecem parte do que lhes fora lembrado. E tu, **Muḥammad**, não cessarás de descobrir traição da parte deles, exceto de poucos. Então, indulta-os e tolera-**os**. Por certo, Allah ama os benfeitores.

⁽¹⁾ Neste versículo e nos seguintes, Deus mostra aos crentes o nefasto fim dos que romperam o pacto com Deus, para que não caiam no mesmo erro.
⁽²⁾ De cada tribo, foi designado um líder, para observar o cumprimento do pacto feito por seu respectivo povo.
⁽³⁾ Cf. II 43 n4.
⁽⁴⁾ Cf. II 79 n2.

5. Sūratu Al-Māi'dah — Parte 6

14. E com os que disseram: "Somos cristãos", firmamos, **também**, aliança. Mas eles esqueceram parte do que lhes fora lembrado. Então, suscitamos, entre eles, a inimizade e a aversão, até o Dia da Ressurreição. E Allah informá-los-á do que engenhavam.

15. Ó seguidores[1] do Livro! Com efeito, Nosso Mensageiro chegou-vos, para tornar evidente, para vós, muito do que havíeis escondido do Livro[2], e para abrir mão de muito **disso**. Com efeito, chegou-vos de Allah uma luz e evidente Livro[3];

16. Allah guia, com ele, os que seguem Seu agrado aos caminhos da paz; e fá-los sair, com Sua permissão, das trevas para a Luz, e guia-os a uma senda reta.

17. Com efeito, são renegadores da Fé os que dizem: "Por certo, Allah é o Messias, Filho de Maria." Dize, **Muḥammad**: "Então, quem poderia impedir algo de Allah, se Ele desejasse aniquilar o Messias, filho de Maria, e sua mãe e aos que estão na terra, a todos juntos?" E de Allah é a soberania dos céus e da terra e do que há entre ambos.

---

(1) Ou seja, os judeus e os cristãos.

(2) Ou seja, da Tora e do Evangelho.

(3) **Evidente Livro**: o Alcorão.

Ele cria o que quer. E Allah, sobre todas as cousas, é Onipotente.

18. E os judeus e os cristãos dizem: "Somos os filhos de Allah e Seus bem-amados." Dize: "Então, por que Ele vos castiga por vossos delitos? Ao contrário, sois seres humanos dentre os **demais** que Ele criou. Ele perdoa a quem quer e castiga a quem quer. E de Allah é a soberania dos céus e da terra e do que há entre ambos. E a Ele será o destino."

19. Ó seguidores do Livro! Com efeito, Nosso Mensageiro chegou-vos para tornar evidente, para vós, **a Verdade**, após um interregno de Mensageiros, para que não digais: "Não nos chegou alvissareiro nem admoestador." Então, de fato, chegou-vos um alvissareiro e admoestador. E Allah , sobre todas as cousas, é Onipotente.

20. E **lembra-lhes**, **Muḥammad**, **de** quando Moisés disse a seu povo: "Ó meu povo! Lembrai-vos[1] da graça de Allah para convosco, quando fez, entre vós, profetas e vos fez reis, e concedeu-vos o que não concedera a nenhum dos mundos.

21. "Ó meu povo! Entrai na terra sagrada, que Allah vos prescreveu,

---

(1) Cf. II 40 nl.

5. Sūratu Al-Māi'dah   Parte 6

e não volteis atrás: tornar-vos-íeis, pois, perdedores."

22. Eles disseram: "Ó Moisés, por certo, há nela um povo gigante, e, por certo, não entraremos nela[1], até que dela saíam. E, se dela saírem, por certo, **nela** entraremos.

23. Dois homens[2] – dos que temiam **a Allah** – aos quais Allah agraciara disseram: "Entrai, pela porta, sobressaltando-os. Então, quando entrardes por ela, por certo, sereis vencedores. E, em Allah, então, confiai, se sois crentes."

24. Eles disseram: "Ó Moisés! Jamais entraremos nela, enquanto nela permanecerem. Vai, então, tu e teu Senhor, e combatei. Por certo, nós aqui ficaremos assentados."

25. Ele disse: "Senhor meu! Por certo, não tenho poder, senão sobre mim mesmo e sobre meu irmão[3]. Então, separa-nos do povo perverso."

26. Allah disse: "Então, por certo, ela lhes será proibida por quarenta anos, errando eles, na terra. Então, não te aflijas com o povo perverso."

27. E, recita, **Muḥammad**, para eles, com a verdade, a história dos

---

(1) Cf. II 58 n2.

(2) Ou seja, Joshua e Caleb.

(3) Ou seja, Aarão.

dois filhos de Adão[(1)], quando fizeram ambos oferenda **a Allah**, e foi aceita **a** de um deles, e não foi aceita **a** do outro. Disse **este**: "Certamente, matar-te-ei." Disse **aquele**: "Allah aceita, apenas, **a oferenda** dos piedosos.

28. "Em verdade, se me estendes a mão, para matar-me, não te estarei estendendo a mão, para matar-te. Por certo, eu temo a Allah, O Senhor dos mundos.

29. "Por certo, eu desejo que tu incorras em meu pecado e em teu pecado: então, serás dos companheiros do fogo. E essa é a recompensa dos injustos."

30. E sua alma induziu-o a matar o irmão; e matou-o, então, tornou-se dos perdedores.

31. E Allah enviou um corvo, que se pôs a escavar a terra[(2)], para fazê-lo ver como acobertar o cadáver de seu irmão. Disse ele: "Ai de mim! Sou incapaz de ser como este corvo e acobertar o cadáver de meu irmão?" Então, tornou-se dos arrependidos.

32. Por causa disso, prescrevemos aos filhos de Israel que quem mata

---

(1) **Dois filhos de Adão**: Caim e Abel. Vide Gênese IV.

(2) Ao lado do corvo, estava um outro, morto. Para enterrá-lo, começou a escavar a terra com o bico e as patas, cobrindo, totalmente, o corpo inerte. Vide Al Jalālayn, p. 147.

uma pessoa, sem que esta haja matado outra ou semeado corrupção na terra, será como se matasse todos os homens. E quem lhe dá a vida será como se desse a vida a todos os homens. E, com efeito, Nossos Mensageiros chegaram-lhes com as evidências; em seguida, por certo, muitos deles, depois disso, continuaram entregues a excessos, na terra.

33. A recompensa dos que fazem guerra a Allah e a Seu Mensageiro, e se esforçam em semear a corrupção na terra, não é senão serem mortos ou serem crucificados ou terem cortadas as mãos e os pés, de lados opostos[1], ou serem banidos da terra. Isso lhes é ignomínia, na vida terrena, e, na Derradeira Vida, terão formidável castigo,

34. Exceto os que se voltam arrependidos, antes que deles vos aposseis. Então, sabei que Allah é Perdoador, Misericordiador.

35. Ó vós que credes! Temei a Allah e buscai os meios de **chegar** a Ele; e lutai em Seu caminho, na esperança de serdes bem-aventurados.

---

(1) Há quatro modalidades de punição de crimes e furtos pelas leis islâmicas: a morte, para o homicídio; a crucificação, para o homicida que, também, assalta; a decepação da mão direita e do pé esquerdo para o que assalta e não comete homicídio; e o banimento, para o que ameaça assaltar e matar, mas não o faz.

36. Por certo, os que renegam a Fé, se tivessem tudo o que há na terra e **mais** outro tanto, para, com isso, se resgatarem do castigo do Dia da Ressurreição, nada **disso** lhes seria aceito. E terão doloroso castigo.

37. Eles desejarão sair do Fogo, e dele não sairão. E terão permanente castigo.

38. E ao ladrão e à ladra, cortai-lhes, a ambos, a mão[1], como castigo do que cometeram, e como exemplar tormento de Allah. E Allah é Todo-Poderoso, Sábio.

39. E quem se volta arrependido, depois de sua injustiça, e se emenda, por certo, Allah Se voltará para ele, remindo-o. Por certo, Allah é Perdoador, Misericordiador.

40. Não sabes que de Allah é a Soberania dos céus e da terra? Ele castiga a quem quer e perdoa a quem quer. E Allah, sobre todas as cousas, é Onipotente.

41. Ó Mensageiro! Não te entristeçam aqueles que se apressam para a renegação da Fé, dentre os que dizem com as próprias bocas:

---

(1) Conforme as leis islâmicas, quando o ladrão rouba, pela primeira vez, determinado valor, correspondente a ¼ de dinar (Cf. III 75 n3), corta-se-lhe a mão direita; se reincide, corta-se-lhe o pé esquerdo; e, sucessivamente, se continuar a reincidir, a mão esquerda e o pé direito.

"Cremos", enquanto os próprios corações não crêem[1]. E, dentre os que praticam o judaísmo, há os que sempre dão ouvidos às mentiras e sempre dão ouvidos à outra coletividade[2] que não te chegou. Eles alteram o sentido das palavras. Dizem: "Se isso vos é concedido, aceitai-o e, se não vos é concedido, precatai-vos **de aceitá-lo**." E para aquele, a quem Allah deseja sua provação, nada lhe poderás fazer, **para protegê-lo** de Allah. Esses são aqueles cujos corações Allah não deseja purificar. Terão, na vida terrena, ignomínia e, terão, na Derradeira Vida, formidável castigo.

42. Eles dão sempre ouvidos às mentiras e sempre devoram o ganho ilícito. Então, se chegam a ti, julga entre eles, ou lhes dá de ombros. E, se lhes dás de ombros, em nada eles poderão prejudicar-te. E, se julgas, julga, entre eles, com equanimidade. Por certo, Allah ama os equânimes.

43. Mas como eles te tomam por árbitro, enquanto têm a Torá,

---

(1) Alusão aos hipócritas.

(2) Referência aos habitantes da comunidade judaica de Khaibar, da qual dois elementos cometeram adultério, o que, segundo as leis judaicas, deveria ser punido com apedrejamento, até a morte. A comunidade, entretanto, não quis executar a pena e enviou uma delegação da tribo de Quraizah ao Profeta, a fim de lhe inquirirem sobre outra forma de punição. O Profeta, por sua vez, confirmou que a punição, para aquele caso, era idêntica à da Torá, e que nada poderia fazer para atenuá-la.

em que há o julgamento de Allah? Em seguida, depois disso, voltam as costas. E esses não são os crentes.

44. Por certo, fizemos descer a Tora; nela, há orientação e luz. Com ela, os profetas, que se islamizaram, julgavam aos que praticavam o judaísmo e, **assim também**, os rabis e os sacerdotes, porque custodiavam o Livro de Allah, e eram testemunhas dele. Então, não receeis os homens, e receai-Me. E não vendais Meus sinais por ínfimo preço. E quem não julga conforme o que Allah fez descer, esses são os renegadores da Fé.

45. E nela[1] prescrevemo-lhes que **se pague** a vida pela vida e o olho pelo olho e o nariz pelo nariz e a orelha pela orelha e o dente pelo dente, e, **também**, para as feridas, o talião. Então, a quem, por caridade, o dispensa, isso lhe servirá de expiação. E quem não julga conforme o que Allah fez descer, esses são os injustos.

46. E, na pegada daqueles[2], fizemos seguir a Jesus, filho de Maria, para confirmar a Tora, que havia antes dele. E concedêramo-lhe o Evangelho; nele, há orientação e luz e confirmação da Tora, que

---

(1) **Nela**: na Tora.

(2) **Daqueles**: dos profetas anteriores a Muḥammad.

havia antes dele, e orientação e exortação para os piedosos.

47. E que os seguidores do Evangelho julguem conforme o que Allah fez descer nele. E quem não julga conforme o que Allah fez descer, esses são os perversos.

48. E, para ti, **Muḥammad**, fizemos descer o Livro, com a verdade, para confirmar os Livros que havia antes dele e para prevalecer sobre eles. Então, julga, entre eles[1], conforme o que Allah fez descer. E não sigas suas paixões, **desviando-te** do que te chegou da Verdade. Para cada um de vós, fizemos uma legislação e um plano. E, se Allah quisesse, haveria feito de vós uma única comunidade, mas **não o fez**, para pôr-vos à prova, com o que vos concedeu. Então, emulai-vos, pelas boas ações. A Allah será o retorno de todos vós. E Ele vos informará daquilo de que discrepáveis.

49. E que julgues, entre eles, conforme o que Allah fez descer, e não sigas suas paixões, e precata-te de que eles te desviem de algo do que Allah fez descer, para ti. Então, se voltam as costas, sabe que Allah deseja que sejam alcançados por alguns de seus delitos. E, por

---

(1) Ou seja, entre os judeus e os cristãos.

certo, muitos dos humanos são perversos.

50. Buscam, então, o julgamento **dos tempos** da ignorância⁽¹⁾? E quem melhor que Allah, em julgamento, para um povo que se convence **da Verdade**?

51. Ó vós que credes! Não tomeis por aliados os judeus e os cristãos. Eles são aliados uns aos outros. E quem de vós se alia a eles será deles. Por certo, Allah não guia o povo injusto.

52. Então, tu vês aqueles, em cujos corações há enfermidade⁽²⁾, se apressarem para eles, dizendo: "Receamos nos alcance um revés." Quiçá, pois, Allah faça chegar a vitória ou uma ordem de Sua parte. Então, tornar-se-ão arrependidos daquilo de que guardaram segredo, em suas almas.

53. E os que crêem dirão: "São estes os que juraram, por Allah, com seus mais solenes juramentos, estar convosco?" **Mas**, anular-se-ão suas obras, e, eles se tornarão perdedores.

54. Ó vós que credes! Quem de vós apostata de sua religião, Allah fará chegar, **em seu lugar**, um povo

---

(1) Referência ao paganismo dos tempos pré- islâmicos. Cf. III 154 n1.

(2) **Enfermidade**: a hipocrisia.

que Ele amará e que O amará; **e que será** humilde com os crentes, poderoso com os renegadores da Fé. Lutará no caminho de Allah e não temerá repreensão de quem quer que seja. Esse é o favor de Allah, que Ele concede a quem quer. E Allah é Munificente, Onisciente.

55. Vossos aliados são, apenas, Allah e Seu Mensageiro e os que crêem: aqueles que cumprem a oração e concedem az-zakah[1], enquanto se curvam **diante de Allah**.

56. E quem se alia a Allah e a Seu Mensageiro e aos que crêem **triunfará**, por certo, o partido de Allah é o vencedor.

57. Ó vós que credes! Não tomeis por aliados os que tomam vossa religião por objeto de zombaria e diversão, dentre aqueles aos quais fora concedido o Livro, antes de vós, nem os renegadores da Fé – E temei a Allah, se sois crentes –

58. E, quando chamais à oração, tomam-na por objeto de zombaria e diversão. Isto, por que são um povo que não razoa.

59. Dize, **Muḥammad**: "Ó seguidores do Livro! Vós nos censurais apenas por crermos em

---

(1) Sobre **az-zakah**, cf. II 43 n4.

Allah e no que foi descido, para nós, e no que fora descido antes? Mas a maioria de vós é perversa.

60. Dize: "Informar-vos-ei do que é pior que isso, como retribuição, junto de Allah? Os [1] que Allah amaldiçoou e contra quem Se irou, e de quem fez símios e porcos, e os que adoram At̪-T̪āghūt[2]: esses estão em pior situação, e mais descaminhados do caminho certo."

61. E, quando vos chegam, dizem: "Cremos", enquanto, com efeito, entram com a renegação da Fé, e, com efeito, com ela saem. E Allah é bem Sabedor do que ocultam.

62. E tu vês muitos deles se apressarem para o pecado e para a agressão e para a devoração do ganho ilícito. Que execrável, em verdade, o que fazem!

63. Que os rabis e os sacerdotes os houvessem coibido do dito pecaminoso e da devoração do ganho ilícito! Que execrável, em verdade, o que engenham!

64. E os judeus dizem: "A mão de Allah está atada[3]." Que suas

---

[1] **Os**: os judeus.
[2] Cf. II 256 n2.
[3] **A mão de Deus está atada**: Deus está sendo avaro para com eles, restringindo-lhes os ganhos. Foi assim que blasfemaram os judeus, quando, desmentindo o

mãos fiquem atadas e que sejam eles amaldiçoados pelo que dizem! Ao contrário, Suas mãos estão estendidas: Ele despende **Seus dons** como quer. E, em verdade, o que de teu Senhor foi descido, para ti, acrescenta a muitos deles transgressão e renegação da Fé. E lançamos, entre eles, a inimizade e a aversão, até o Dia da Ressurreição. Cada vez que acendem um Fogo para a guerra, Allah apaga-o[1]. E eles esforçam-se em semear a corrupção na terra. E Allah não ama os corruptores.

65. E, se os seguidores[2] do Livro cressem e fossem piedosos, certamente, remir-lhes-íamos as más obras e fá-los-íamos entrar em Jardins da Delícia.

66. E, se houvessem observado a Tora e o Evangelho e o que, de seu Senhor, fora descido, para eles, haveriam desfrutado **os bens** acima deles e debaixo de seus pés[3]. Entre eles, há uma comunidade moderada. Mas que vil o que muitos deles fazem!

67. Ó Mensageiro! Transmite o que foi descido de teu Senhor, para

---

Profeta, caíram em desprestígio e, consequentemente, começaram a sofrer prejuízos nos negócios, e empobreceram-se.

(1) Fazer guerra contra Muḥammad é inócuo, pois Deus a faz malograr.

(2) Ou seja, os judeus e os cristãos.

(3) **Os bens acima deles e abaixo de seus pés**: os bens celestiais e terreais.

ti. E, se o não fazes, não haverás transmitido Sua Mensagem. E Allah te protegerá dos homens. Por certo, Allah não guia o povo renegador da Fé.

68. Dize: "Ó seguidores do Livro! Não estais **fundados** sobre nada, até que observeis a Tora e o Evangelho e o que de vosso Senhor fora descido para vós." E, em verdade, o que de teu Senhor foi descido, para ti, acrescenta a muitos deles transgressão e renegação da Fé. Então, não te aflijas com o povo renegador da Fé.

69. Por certo, os que crêem[1] e os que praticam o judaísmo e os sabeus e os cristãos, aqueles **dentre eles** que crêem em Allah e no Derradeiro Dia, e fazem o bem, por eles nada haverá que temer, e eles não se entristecerão.

70. Com efeito, firmamos a aliança com os filhos de Israel e lhes enviamos Mensageiros. **Mas** cada vez que um Mensageiro lhes chegava, com aquilo pelo que suas almas não se apaixonavam, eles, a um grupo desmentiam e a um grupo matavam.

71. E eles[2] supunham que não haveria sanção; então, enceguecerem

---

(1) Cf. II 62 n3.

(2) **Eles**: os judeus.

e ensurdeceram. Em seguida, Allah voltou-Se para eles, remindo-os; depois, muitos deles enceguecerem e ensurdeceram. E Allah, do que fazem, é Onividente.

72. Com efeito, são renegadores da Fé os que dizem: "Por certo, Allah é o Messias, filho de Maria". E o Messias diz: "Ó filhos de Israel! Adorai a Allah, meu Senhor e vosso Senhor." Por certo, a quem associa **outras divindades** a Allah, com efeito, Allah proíbe-lhe o Paraíso, e sua morada é o Fogo. E não há para os injustos socorredores."

73. Com efeito, são renegadores da Fé os que dizem: "Por certo, Allah é o terceiro de três." E não há deus senão um Deus Único. E, se não se abstiverem do que dizem, em verdade, doloroso castigo tocará os que, entre eles, renegam a Fé.

74. Então, não se voltam, arrependidos, para Allah e Lhe imploram perdão? E Allah é Perdoador, Misericordiador.

75. O Messias, filho de Maria, não é senão um Mensageiro; antes dele, com efeito, os **outros** Mensageiros passaram. E sua mãe era veracíssima. Ambos comiam alimentos **como os demais**. Olha como tornamos evidentes, para eles, os sinais; em seguida, olha

como se distanciam **destes**.

76. Dize: "Adorais, em vez de Allah, a quem não possui, para vós prejuízo nem benefício?" e Allah é O Oniouvinte, O Onisciente.

77. Dize: "Ó seguidores do Livro! Não vos excedais, inveridicamente, em vossa religião, e não sigais as paixões de um povo que, com efeito, se descaminhou, antes, e descaminhou a muitos, e se tem descaminhado do caminho certo."

78. Os[1] que renegaram a Fé, dentre os filhos de Israel, foram amaldiçoados pela boca de Davi[2] e de Jesus[3], filho de Maria. Isso, porque desobedeceram e cometiam agressão.

79. Eles não coibiam uns aos outros de nenhum ato reprovável que cometiam. Que execrável, em verdade, o que faziam!

80. Tu vês a muitos deles se aliarem aos que renegam a Fé. Que execrável, em verdade, o que suas almas antecipam, para eles! A cólera de Allah é sobre eles e, no castigo, serão eternos.

---

[1] **Os**: Alusão aos que transgrediram o Sábado e, por isso, foram transformados em macacos.

[2] Com respeito às maldições de Davi, vide Salomão CIX 17-18; LXXVIII 21-22; LXIX 27-28.

[3] Conforme o Alcorão, foram amaldiçoados por Jesus os que descreram do sinal da Mesa Provida, que Deus lhes fizera descer. Vide V 114 - 115.

81. E, se houvessem crido em Allah e no Profeta e no que foi descido, para ele, não os haveriam tomado por aliados. Mas muitos deles são perversos.

82. Em verdade, encontrarás, – dentre os homens, – que os judeus e os idólatras são os mais violentos inimigos dos crentes. E, em verdade, encontrarás que os mais próximos aos crentes, em afeição, são os que dizem: "Somos cristãos." Isso, porque há dentre eles[1] clérigos e monges, e porque não se ensoberbecem.

83. E, quando ouvem o que foi descido, para o Mensageiro, tu vês seus olhos se marejarem de lágrimas, pelo que reconhecem da Verdade. Dizem: "Senhor nosso! Cremos. Então, inscreve-nos entre as testemunhas **da verdade**.

84. "E por que razão não creríamos em Allah e na Verdade que nos chegou, enquanto aspiramos a que nosso Senhor nos faça entrar **no Paraíso**, com o povo íntegro?"

85. Então, pelo que disseram, Allah retribuiu-lhes Jardins, abaixo dos quais correm os rios; nesses, serão eternos. E essa é a recompensa dos benfeitores.

---

(1) Ou seja, entre os cristãos.

86. E os que renegam a Fé e desmentem Nossos sinais, esses são os companheiros do Inferno.

87. Ó vós que credes! Não proibais as cousas benignas⁽¹⁾ que Allah vos tornou lícitas, e não cometais agressão. Por certo, Allah não ama os agressores.

88. E comei daquilo que Allah vos deu por sustento, enquanto lícito e benigno. E temei a Allah, em Quem sois crentes.

89. Allah não vos culpa pela frivolidade em vossos juramentos⁽²⁾, mas vos culpa pelos juramentos intencionais **não cumpridos**. Então, sua expiação é alimentar dez necessitados, no meio-termo com que alimentais vossas famílias; ou vesti-los ou alforriar um escravo. E quem não encontra **recursos**, deve jejuar três dias. Essa é a expiação de vossos juramentos, quando perjurardes. E custodiai vossos juramentos. Assim, Allah torna evidentes, para vós, Seus sinais, para serdes agradecidos.

---

(1) Este versículo faz referência a um grupo de piedosos que, ao tempo do Profeta, pretendia, por excessivo sentimento religioso, proibir-se das cousas lícitas, crendo, com isso, tornarem-se mais piedosos. Obrigavam-se, então, a jejuar, incessantes, todos os dias; a rezar, insones, toda a noite; a abster-se, sempre, de mulheres, e da ingestão de carne, e do bem-estar. Sabedor disso, o Profeta recriminou-os pelo excessivo exagero e acrescentou que a cada um impende cuidar de si mesmo, seguindo os caminhos normais, apontados por Deus.

(2) Cf. II 225.

5. Sūratu Al-Māi'dah   Parte 7

90. Ó vós que credes! O vinho e o jogo de azar e as pedras levantadas **com nome dos ídolos** e as varinhas da sorte[1] não são senão abominação: ações de Satã. Então, evitai-as na esperança de serdes bem-aventurados.

91. Satã deseja, apenas, semear a inimizade e a aversão, entre vós, por meio do vinho e do jogo de azar, e afastar-vos da lembrança de Allah e da oração. Então, abster-vos-eis **disso**?

92. E obedecei a Allah e obedecei ao Mensageiro e precatai-vos. Então, se voltais as costas, sabei que, impende, apenas, a Nosso Mensageiro a evidente transmissão **da Mensagem**.

93. Não há culpa sobre aqueles que crêem e fazem as boas obras, por aquilo de que se alimentaram[2], **anteriormente**, desde que se guardem **do proibido** e creiam **nisso** e façam as boas obras; depois, continuem a guardar-se e a crer; em seguida, se guardem e bem-façam. E Allah ama os benfeitores.

94. Ó vós que credes! Em verdade, Allah por-vos-á à prova

---

[1] Cf. V 3 n1.

[2] Trata-se dos que, antes da proibição expressa no Alcorão, se alimentavam da carne de porco e bebiam vinho.

com **a proibição de** alguma caça, que vossas mãos e vossas lanças puderem alcançar[1], a fim de que Allah saiba quem de vós O teme, embora seja Ele Invisível. Então, quem, depois disso, comete agressão terá doloroso castigo.

95. Ó vós que credes! Não mateis a caça, enquanto estais hurum[2]. E, a quem de vós a mata, intencionalmente, impender-lhe-á compensação, em rebanhos, igual ao que matou, julgada por dois homens justos dos vossos, em oferenda, destinada à Al Kaʿbah; ou expiação: alimentar necessitados ou o equivalente a isso, em jejum[3], para experimentar a nefasta conseqüência de sua conduta. Allah indulta o que já se consumou. E quem reincide, Allah dele se vingará. E Allah é Todo-Poderoso, Possuidor de vindita.

96. É-vos lícita a pesca do mar e seu alimento, como proveito para vós e para os viandantes. E vos é

---

[1] Este versículo foi revelado no ano de Al Ḥudaibiyah, o 6º ano da Hégira, quando os moslimes saíram de Al Madīnah, para fazer a peregrinação, mas foram disso impedidos pelos Quraich. E, encontrando-se os moslimes em estado ḥurum, foram surpreendidos por uma variedade grande de caças, ao alcance das mãos e das lanças. Essa foi uma prova de Deus, para experimentar a obediência a Seus preceitos, pois, ao peregrino, em estado de devoção e purificação, é-lhe vedada a caça.

[2] Cf. V 1 n4.

[3] Ou seja, jejuar tantas vezes quanto for o número de necessitados a serem alimentados.

proibida a caça da terra, enquanto permaneceis hurum⁽¹⁾. E temei a Allah, a Quem sereis reunidos.

97. Allah fez da Al Ka'bah, a Casa Sagrada, arrimo para os homens e, **assim também**, o Mês Sagrado⁽²⁾, e os animais em oferenda e as guirlandas. Isso, para que saibais que Allah sabe o que há nos céus e o que há na terra, e que Allah, de todas as cousas, é Onisciente.

98. Sabei que Allah é Veemente na punição e que Allah é Perdoador, Misericordiador.

99. Não impende ao Mensageiro senão a transmissão da **Mensagem**. E Allah sabe o que mostrais e o que ocultais.

100. Dize, **Muḥammad**: "Não se igualam o maligno e o benigno, ainda que te admire a abundância do maligno. Então, temei a Allah, ó dotados de discernimento, na esperança de serdes bem-aventurados."

101. Ó vós que credes! Não pergunteis por cousas que, se vos fossem divulgadas, vos afligiriam: e, se perguntardes por elas, enquanto o Alcorão estiver sendo descido, ser-vos-ão divulgadas. Allah **vo-lo**

---

(1) Cf. V 1 n4.

(2) **O Mês Sagrado**: todos os meses sagrados. Vide II 194 n2.

indultará. E Allah é Perdoador, Clemente.

102. Com efeito, um povo, antes de vós, perguntou por elas; em seguida, tornaram-se renegadores delas.

103. Allah não fez **determinação alguma** de baḥīrah[1] nem de sāi'bah[2] nem de waṣṣīlah[3] nem de ḥāmī[4]. Mas, os que renegam a Fé forjam mentiras acerca de Allah. E a maioria deles não razoa.

104. E, quando se lhes diz: "Vinde ao que Allah fez descer e ao Mensageiro", dizem: "Basta-nos aquilo em que encontramos nossos pais." E **bastar-lhes-ia**, ainda que seus pais nada soubessem e não fossem guiados?

105. Ó vós que credes! Cuidai de vós mesmos; não vos prejudicará quem se descaminha, quando sois

---

(1) **Baḥīrah**: acerca da fêmea do camelo, cuja orelha intercisa indicava já haver desemprenhado dez vezes, sendo que, da última vez, lhe nascera um camelo macho. Os árabes pré- islâmicos marcavam-na, assim, por um hábito supersticioso, para que não fosse utilizada no transporte de carga, nem imolada, nem cavalgada. E, sempre, a deixavam desfrutar todos os pastos e fontes d'água.

(2) **Sā ibah** : a fêmea do camelo, após dar dez crias fêmeas, era deixada livre, não podendo ser cavalgada, nem seu pelo tosado. nem seu leite sorvido. **Sā ibah**, também, era a fêmea do camelo, dedicada aos ídolos, logo após o retorno de viagem de seu dono ou de seu restabelecimento de uma doença.

(3) **Waṣṣilah**: pode ser, também, a fêmea do camelo que dá uma cria fêmea, na primeira vez, seguida de outra fêmea, sem que haja nascido um camelo macho entre as fêmeas. Neste caso, esta cria era dedicada aos ídolos.

(4) **Ḥāmi**: o camelo reprodutor, que já gerou dez crias. Destarte, é protegido do trabalho e da imolação.

guiados. A Allah será vosso retorno, de todos vós. E Ele vos informará do que fazíeis.

106. Ó vós que credes! Quando a morte se apresentar a um de vós, que haja, ao testar, o testemunho de dois homens justos dos vossos ou o de dois outros, que não dos vossos, se estais percorrendo a terra e sois alcançados pela desgraça da morte. Retende-os a ambos, após a oração; e eles jurarão por Allah, se duvidais deles, **e dirão**: Não venderemos isso[1] por preço algum, ainda que **o beneficiado** seja parente, nem ocultaremos o testemunho de Allah: por certo, nesse caso, seríamos dos pecadores."

107. Se se descobre que ambos cometeram pecado **de perjuro**, então, que os substituam dois outros, dentre os que foram prejudicados pelos primeiros, e jurarão por Allah: "Em verdade, nosso testemunho é mais justo que o deles, e não cometemos agressão: por certo, nesse caso, seríamos dos injustos."

108. Isso é mais adequado para que prestem testemunho autêntico, ou temam que **outros** juramentos voltem a ser prestados, após os seus. E temei a Allah e ouvi. E Allah não guia o povo perverso.

---

(1) **Isso**: o juramento feito a Deus.

109. Lembra-lhes, Muhammad, de que, um dia, Allah juntará os Mensageiros, então, dirá: "O que vos foi respondido⁽¹⁾?" Dirão: "Não temos ciência **disso**. Por certo, Tu, Tu és O Profundo Sabedor das cousas invisíveis."

110. Quando Allah dirá: "Ó Jesus, filho de Maria! Lembra-te de Minha graça para contigo e para com tua mãe, quando te amparei com o Espírito Sagrado: falaste aos homens, **quando ainda** no berço, e na maturidade. E quando te ensinei a Escritura⁽²⁾ e a Sabedoria e a Tora e o Evangelho. E quando criaste, do barro, a figura igual ao pássaro, com Minha permissão, e nela sopraste, e ela se tornou um pássaro, com Minha permissão. E curaste o cego de nascença e o leproso, com Minha permissão. E quando fizeste sair os mortos **dos sepulcros**, com Minha permissão. E quando detive os filhos de Israel, **afastando-os** de ti, quando lhes chegaste com as evidências; então, disseram os que, dentre eles, renegaram a Fé: 'Isto não é senão evidente magia.'

---

(1) Trata-se da resposta dos idólatras aos mensageiros, quando estes pregavam a unicidade de Deus. A inquirição divina existe para exprobrar os que negam esta unicidade.

(2) Cf. III 48 n1.

111. "E quando inspirei aos discípulos: 'Crede em Mim e em Meu Mensageiro'; disseram: 'Cremos, e testemunha que somos moslimes'."

112. Lembra-lhes de quando os discípulos disseram: "Ó Jesus, filho de Maria! Teu Senhor poderá fazer-nos descer do céu uma mesa provida?" Ele disse: "Temei a Allah, se sois crentes."

113. Disseram: "Desejamos comer dela e que se nos tranqüilizem os corações; e **desejamos** saber se tu, com efeito, nos disseste a verdade, e **desejamos** ser testemunhas dela[(1)]."

114. Jesus, filho de Maria, disse: "Ó Allah, Senhor nosso! Faze-nos descer do céu uma mesa provida, que nos seja uma festa, para os primeiros e os derradeiros de nós, e um sinal de Ti; e sustenta-nos, e Tu és O Melhor dos sustentadores."

115. Allah disse: "Por certo, far-vo-la-ei descer. Então, a quem de vós renegar a Fé, depois, por certo, castigá-lo-ei com um castigo com que jamais castigarei a alguém dos mundos."

116. E **lembra-lhes de** quando Allah dirá: "Ó Jesus, filho de Maria! Disseste tu aos homens: 'Tomai-me

---

(1) Ou seja, "querem ser testemunhas, junto aos judeus ausentes, da mesa provida".

e a minha mãe por dois deuses, além de Allah?'" Ele dirá: "Glorificado sejas! Não me é admissível dizer o que me não é de direito. Se o houvesse dito, com efeito, Tu o haverias sabido. Tu sabes o que há em mim, e não sei o que há em Ti. Por certo, Tu, Tu és O Profundo Sabedor das cousas invisíveis.

117. "Não lhes disse senão o que me ordenaste: 'Adorai a Allah, meu Senhor e vosso Senhor'. E fui testemunha deles, enquanto permaneci entre eles. Então, quando findaste meus dias na terra, Tu foste, sobre eles, O Observante. E Tu, de todas as cousas, és Testemunha.

118. "Se os castigas, por certo, são Teus servos. E, se os perdoas, por certo, Tu, Tu és O Todo-Poderoso, O Sábio."

119. Allah dirá: "Este é um dia em que beneficiará aos verídicos sua veracidade. Eles terão Jardins, abaixo dos quais correm os rios; nesses, serão eternos para todo o sempre." Allah se agradará deles, e eles se agradarão dEle. Esse é o magnífico triunfo.

120. De Allah é a soberania dos céus e da terra e o que há neles. E Ele, sobre todas as cousas, é Onipotente.

SŪRATU AL-ANʿĀM[1]
A SURA DOS REBANHOS

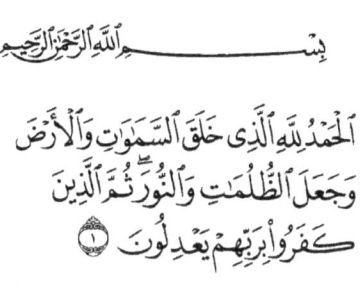

DE MAKKAH – 165 VERSÍCULOS.

Em nome de Allah, O Misericordioso, O Misericordiador.

1. Louvor a Allah, Que criou os céus e a terra e fez as trevas e a luz. Todavia, os que renegam a Fé equiparam **outros** a seu Senhor.

2. Ele é Quem vos criou de barro; em seguida, decretou-**vos** um

---

(1) **Al Ānʿām**: Plural de **naʿam** que é, originalmente, o coletivo de camelo. Posteriormente, esta palavra passou a designar não só este coletivo, mas o de bovino e ovino, conjuntamente, razão por que não se pode usar este coletivo, separadamente, para estas duas últimas categorias animais. E, por inexistir, em língua portuguesa, um coletivo apropriado que englobe todas as três categorias acima, ficamos, forçosamente, obrigados a usar a palavra plural **rebanhos**, que, em português, substitui o coletivo apropriado para cada espécie animal. Esta sura, que, assim, se denomina, por mencionar esta palavra nos versículos 136, 138, 139, 142, trata de três pontos fundamentais: a) a Unicidade de Deus, b) a Revelação e a Mensagem e, c) Ressurreição e a recompensa, no dia do Juízo. Além disso, em alguns versículos, a partir do 136, recrimina os árabes pagãos por certos hábitos, tais como: a) destinarem a ídolos parte dos rebanhos; b) permitirem, a quem lhes aprouvesse, de se alimentar destes rebanhos, vedando-os aos demais; c) facultarem aos varões, somente, o que houvesse nas entranhas dos rebanhos; e, d) o infanticídio, perpetrado contra a filha recém-nascida, que enterravam viva nas areias do deserto. Nesta sura, encontram-se, ainda, referências históricas a alguns profetas, tais como Abraão, que, ao afirmar a unicidade divina, deu início à pregação do monoteísmo absoluto, a tônica permanente do Livro Sagrado. Faz atentar, por exemplo, para os fenômenos comprobatórios do poder divino, ubíquo e perfeito, e conclama os crentes a seguirem os sagrados preceitos do Livro, conferindo-lhes o que poderíamos chamar de "decálogo islâmico": 1. Não associar nada a Deus; 2. Ter benevolência para com os pais; 3. Não matar os filhos, receando não poder sustentá-los; 4. Evitar qualquer tipo de obscenidade ou torpeza; 5. Não cometer homicídio; 6. Não surrupiar os bens dos órfãos; 7. Ser honesto nas transações; 8. Agir, sempre, com justiça, mesmo em detrimento de parentes; 9. Cumprir o pacto de Deus, observando-lhe os preceitos; 10. Seguir a senda reta de Deus. Finalmente, reiterando que Deus é Único, afirma que Ele é O Senhor da Punição, do Perdão e da Misericórdia.

termo⁽¹⁾. E, junto dEle, há **outro** termo designado⁽²⁾. Todavia, vós contestais

3. E Ele é Allah nos céus e na terra. Sabe vosso segredo e vossas declarações e sabe o que lograis.

4. E não lhes⁽³⁾ chega sinal algum dos sinais de seu Senhor, sem que lhes estejam dando de ombros.

5. E, com efeito, desmentiram a Verdade, quando **esta** lhes chegou. Então, chegar-lhes-ão os informes daquilo⁽⁴⁾ de que zombavam.

6. Não viram eles quantas gerações aniquilamos, antes deles? Empossamo-las na terra, **com poder** de que jamais vos empossamos. E enviamos, sobre eles, a chuva, em abundância, e fizemos correr os rios, a seus pés; então, aniquilamo-las por seus delitos e fizemos surgir, depois delas, outras gerações.

7. Mesmo se fizéssemos descer, sobre ti, **Muḥammad**, um livro, **escrito** em pergaminho, e eles o tocassem com as mãos, os que renegam a Fé diriam: "Este não é senão evidente magia."

---

(1) **Termo**: Aqui, significa a vida que termina com a morte.

(2) **Termo designado**: ou seja, o Dia do Juízo, em que se dará a Ressurreição.

(3) **Lhes**: aos idólatras de Makkah.

(4) **Daquilo**: do Alcorão.

8. E dizem: "Que se faça descer sobre ele, **Muḥammad**, um anjo." E, se houvéssemos feito descer um anjo, já estaria encerrada⁽¹⁾ a ordem; em seguida, não lhes seria concedida dilação alguma.

9. E, se houvéssemos feito dele um anjo, havê-lo-íamos feito **na forma de** homem, e havê-los-íamos feito confundir o que **já** confundem.

10. E, com efeito, zombaram de Mensageiros, antes de ti; então, aquilo⁽²⁾ de que zombavam envolveu os que escarneceram deles.

11. Dize: "Caminhai, na terra; em seguida, olhai como foi o fim dos desmentidores."

12. Dize: "De quem é o que há nos céus e na terra?" Dize: "De Allah". Ele prescreveu a Si mesmo a misericórdia. Em verdade, Ele vos juntará, no indubitável Dia da Ressurreição. Os que se perdem a si mesmos, então, não crêem.

13. E dEle é o que repousa na noite e no dia. E Ele é O Oniouvinte, O Onisciente.

14. Dize: "Tomarei eu por protetor outro que Allah, O Criador dos céus e da terra, enquanto Ele é

⁽¹⁾ Ou seja, sua aniquilação já estaria determinada.

⁽²⁾ **Aquilo**: o castigo, reservado aos idólatras, sobre o qual falavam os mensageiros.

Quem alimenta e não é alimentado? Dize: "Por certo, foi-me ordenado ser o primeiro dos que se islamizam!" E não sejas, de modo algum, dos idólatras.

15. Dize: "Por certo, temo, se desobedecer a meu Senhor, o castigo de um formidável dia."

16. Nesse dia, de quem quer que seja desviado **o castigo**, com efeito, será porque **Allah** dele teve misericórdia. E esse é o evidente triunfo.

17. E, se Allah te toca com um infortúnio, não haverá quem o remova a não ser Ele. E, se te toca com um bem, Ele, sobre todas as cousas, é Onipotente.

18. E Ele é O Dominador sobre Seus servos e Ele é O Sábio, O Conhecedor.

19. Dize: "O que há de maior testemunho[1]?" Dize: "Allah. Ele é Testemunha entre mim e vós. E foi-me revelado este Alcorão, para com ele admoestar-vos e àqueles a quem ele atingir." Testemunhais vós, em verdade, que há, junto de Allah, outros deuses? Dize: "Não o testemunho." Dize: "Apenas Ele é Deus Único. E, por certo, estou em rompimento com o que idolatrais."

---

(1) Textualmente: "qual cousa é maior, em testemunho?"

20. Aqueles, aos quais concedêramos o Livro, conhecem-no como conhecem a seus filhos[1]. Os que se perdem a si mesmos, então, não crêem.

21. E quem mais injusto que aquele que forja mentiras acerca de Allah ou desmente Seus sinais? Por certo, os injustos não serão bem-aventurados.

22. E um dia, os reuniremos, a todos; em seguida, diremos aos que idolatram: "Onde estão vossos ídolos, que pretendíeis **serem deuses**?"

23. Em seguida, sua provação não será senão dizer: "Por Allah, Nosso Senhor! Não éramos idólatras."

24. Olha como mentirão acerca de si mesmos! E sumirá, **para longe** deles, o que forjavam.

25. E há, dentre eles, quem te ouça, **ao recitares o Alcorão**. E fizemo-lhes véus sobre os corações, a fim de o não entenderem, e fizemo-lhes, nos ouvidos, surdez. E, se vissem todos os sinais, neles não creriam, a tal ponto que, quando te chegassem, discutindo contigo, os que renegam a Fé diriam: "Isto[2] não são senão fábulas dos antepassados."

---

(1) Cf. II 146 n4.

(2) **Isto**: o Alcorão.

26. E eles coíbem dele[1] os **demais** e dele se afastam. E não se aniquilam senão a si mesmos, e não percebem.

27. E se visses quando postos diante do Fogo! Então, dirão: "Quem dera nos levassem **à vida terrena**, e não desmentiríamos os sinais de nosso Senhor, e seríamos dos crentes."

28. Mas mostrar-se-lhes-á o que, antes, escondiam; e, se os houvessem levado **à vida terrena**, haveriam reincidido no de que foram coibidos. E, por certo, eles são mentirosos.

29. E dizem: "Não há senão nossa vida terrena, e não seremos ressuscitados."

30. E se visses quando postos diante de seu Senhor! Ele dirá: "Não é esta[2] a Verdade?" Dirão: "Sim, por nosso Senhor!" Ele dirá: "Então, experimentai o castigo, porque renegáveis a Fé."

31. Com efeito, os que desmentem o deparar de Allah perdem-se, até que, quando a Hora lhes chegar, inopinadamente, dirão: "Que aflição a nossa, por descurarmos dela[3]!" E carregarão nos dorsos seus fardos.

---

(1) A proibição pode referir-se tanto ao Livro quanto ao Profeta.

(2) **Esta**: a Ressurreição, no Dia do Juízo.

(3) **Dela**: Da Hora do Juízo Final.

Ora, que vil o que carregarão!

32. E a vida terrena não é senão diversão e entretenimento. E, certamente, a Derradeira Morada é melhor para os que são piedosos. Então, não razoais?

33. Com efeito, sabemos que o que eles dizem te entristece. E, por certo, não **é a ti que** desmentem, mas **é** aos sinais de Allah **que** os injustos negam.

34. E, com efeito, **outros** Mensageiros, antes de ti, **Muḥammad**, foram desmentidos, e eles pacientaram ao serem desmentidos, e foram molestados, até que Nosso socorro lhes chegasse. E não há quem troque as palavras de Allah. E, com efeito, chegaram-te alguns informes dos **outros** Mensageiros.

35. E, se te é grave que eles dêem de ombros, então, se puderdes buscar um túnel na terra ou uma escada no céu e fazer-lhes chegar um sinal, **para que creiam, faze-o**

E, se Allah quisesse, juntá-los-ia na orientação. Não sejas, pois, de modo algum, dos ignorantes.

36. Apenas, os que ouvem atendem **a verdade**. E quanto aos mortos[(1)], Allah ressuscitá-los-á. Em

---

(1) Ou seja, os que não ouvem a Palavra de Deus são como mortos. No dia do Juízo, serão ressuscitados para a prestação de contas.

seguida, a Ele eles serão retornados.

37. E dizem: "Que se faça descer sobre ele⁽¹⁾ um sinal de seu Senhor!" Dize: "Por certo, Allah é Poderoso para fazer descer um sinal, mas a maioria deles não sabe."

38. E não há ser animal algum na terra nem pássaro que voe com suas asas senão em comunidade como vós. De nada descuramos, no Livro⁽²⁾. Em seguida, a seu Senhor serão reunidos.

39. E os que desmentem Nossos sinais são surdos e mudos: estão nas trevas. Allah descaminha a quem quer e faz estar na senda reta a quem quer.

40. Dize, **Muḥammad**: "Vistes? Se o castigo de Allah vos chega ou vos chega a Hora, que outro que não Allah invocareis, se sois verídicos?

41. "Mas **é** a Ele **que** invocareis: então, Ele vos removerá, se quiser, aquilo⁽³⁾ pelo que O invocais, e esquecereis o que idolatrais."

42. E, com efeito, antes de ti, enviamos **Mensageiros** a **outras** comunidades, **e foram desmentidos**; então, apanhamo-las, com a

---

(1) Quer dizer, sobre Muḥammad.

(2) **No Livro**: no Livro do Destino.

(3) **Aquilo**: O castigo divino.

adversidade e o infortúnio, para se humildarem.

43. Então, que, ao chegar-lhes Nosso suplício, se houvessem humildado! Mas seus corações se endureceram, e Satã aformoseou, para eles, o que faziam.

44. E, quando esqueceram o que lhes fora lembrado, abrimos, sobre eles, as portas de todas as **boas** cousas, até que, quando jubilaram com o que se lhes concedera, apanhamo-los, inopinadamente, e ei-los mudos de desespero.

45. Então, foi exterminado o povo injusto, até o último deles. E louvor a Allah, O Senhor dos Mundos!

46. Dize: "Vistes? Se Allah vos tomar o ouvido e as vistas e vos selar os corações, que outro deus que Allah vo-los fará vir? Olha como patenteamos os sinais; todavia, eles apartam-se!

47. Dize: "Vistes? Se o castigo de Allah vos chega, inopinada ou declaradamente, quem será anquilado, senão o povo injusto?"

48. E não enviamos os Mensageiros senão por alvissareiros e admoestadores. Então, quem crê e se emenda, por eles nada haverá que temer, e eles não se entristecerão.

49. E aos que desmentem Nossos sinais, tocá-los-á o castigo pela perversidade que cometiam.

50. Dize: "Não vos digo que tenho os cofres de Allah nem que conheço o Invisível, nem vos digo que sou anjo. Não sigo senão o que me é revelado." Dize: "Igualam-se o cego e o vidente? Então, não refletis?"

51. E admoesta, com ele[1], os que temem ser reunidos a seu Senhor – enquanto não têm, além dEle, nem protetor nem intercessor – na esperança de serem piedosos.

52. E não repulses os que invocam a seu Senhor, ao amanhecer e ao anoitecer, buscando-Lhe a face[2]. Nada te impende de sua conta e nada lhes impende de tua conta, pois o repulsá-los te fará ser dos injustos.

53. E, assim, nós os provamos uns pelos outros[3], a fim de que

---

(1) **Com ele**: Com o Alcorão.

(2) Ou seja, buscando a benevolência de Deus. Houve, entre os adeptos do Profeta, aqueles humildes, como Bilāl e Şuhaib, que eram desprezados e odiados pelos ricos e pelos idólatras. Estes haviam dito, certa vez, ao Profeta que, se este os expulsasse da comunidade, sentar-se-iam com ele e com ele conversariam a respeito do Islão. Diante disso, o Profeta respondeu que lhe era, absolutamente, inconcebível expulsá-los. Insistindo, os ricos e os idólatras pediram que, ao menos, o Profeta não permitisse que aqueles se aproximassem deles, enquanto estivessem palestrando sobre o Islão. E, diante da possível anuência do Profeta, este versículo foi revelado como exortação a que ele não desprezasse os humildes e não os afastasse.

(3) Ou seja, o íntegro é provado pelo iníquo, e o rico, pelo pobre.

digam⁽¹⁾: "São estes⁽²⁾ aqueles a quem Allah fez mercê, entre nós?" Não é Allah bem Sabedor dos agradecidos?

54. E, quando os que crêem em Nossos sinais te chegarem, dize: "Que a paz seja sobre vós! Vosso Senhor prescreveu a Si mesmo a misericórdia: quem de vós faz um mal, por ignorância; em seguida, depois disso, volta-se arrependido e emenda-se, por certo, Ele é Perdoador, Misericordiador."

55. E, assim, aclaramos os sinais, e **isso** para que se torne evidente o caminho dos criminosos.

56. Dize: "Por certo, foi-me coibido de adorar os que invocais, além de Allah." Dize: "Não seguirei vossas paixões: com efeito, nesse caso, descaminhar-me-ia, e não seria dos guiados."

57. Dize: "Por certo, estou **fundado** sobre evidência de meu Senhor; e vós O⁽³⁾ desmentis. Não tenho o⁽⁴⁾ que quereis apresar. O julgamento não é senão de Allah. Ele narra a Verdade. E Ele é O Melhor dos Árbitros."

---

(1) Ou seja, "a fim de que digam os ricos".

(2) **Estes**: os pobres.

(3) Este pronome se refere a Deus, e o sentido da frase seria: "desmentistes a existência de Deus".

(4) **O**: o castigo.

58. Dize; "Se tivesse o que quereis apressar, **já** estaria encerrada a questão entre mim e vós. E Allah é bem Sabedor dos injustos."

59. E Ele tem as chaves do Invisível; ninguém sabe delas senão Ele. E Ele sabe o que há na terra e no mar. E nenhuma folha tomba sem que Ele saiba disso, e não há grão algum nas trevas da terra nem algo, úmido nem seco, que não estejam no evidente[1] livro.

60. E Ele é Quem vos leva a alma, durante a noite[2], e sabe o que adquiris, durante o dia; em seguida, nele[3] vos ressuscita, para ser encerrado um termo designado. Em seguida, a Ele será vosso retorno; depois, Ele vos informará do que fazíeis.

61. E Ele é O Dominador sobre Seus servos. E envia **anjos** custódios, sobre vós, até que quando a morte chega a um de vós, Nossos Mensageiros **celestiais** lhe levam a alma, e de nada descuram.

62. Em seguida, serão levados a Allah, seu Verdadeiro Protetor. Ora, dEle é o julgamento, e Ele é O mais Destro no ajuste de contas.

---

(1) Quer dizer, no Livro do Destino, em que, segundo a tradição islâmica, está registrado o destino de todas as criaturas.

(2) **Levar a alma durante a noite**: fazer mergulhar na inconsciência do sono.

(3) **Nele**: Durante o dia.

63. Dize: "Quem vos salva das trevas da terra e do mar?" A Ele, vós invocais humilde e secretamente: 'Certamente, se Ele nos salva destas, seremos dos agradecidos'"

64. Dize: "Allah vos salva destas e de todas as angústias; todavia, vós idolatrais!"

65. Dize: "Ele é O Poderoso para enviar-vos um castigo, **proveniente** de cima de vós ou debaixo de vossos pés[(1)], ou para confundir-vos em seitas e fazer **que** alguns de vós experimenteis a fúria dos outros." Olha como patenteamos os sinais, para entenderem.

66. E teu povo desmentiu-o[(2)], enquanto ele é a Verdade. Dize: "Não sou, sobre vós, patrono.

67. "Para cada informe, há um tempo de ser, e vós logo sabereis."

68. E, quando tu vires os que confabulam, em Nossos versículos, **com escárnio**, dá-lhes de ombros, até que confabulem, em outro assunto. E, se Satã to faz esquecer, então, não te assentes com o povo injusto, depois de teres lembrança **disso**.

---

(1) **O castigo de cima**: Tal como a chuva de pedras ígneas, que fez sucumbir o povo de Loṭ em Sodoma e Gomorra; **o castigo de baixo**: tal como as águas do Mar Vermelho, que afogaram o povo de Faraó.

(2) **O**: o Alcorão.

69. E não impende aos que são piedosos nada de seu[1] ajuste de contas, mas **sim** uma lembrança, para serem piedosos.

70. E deixa os que tomam sua religião por diversão e entretenimento, e aos quais a vida terrena ilude. E adverte, com ele[2], para que alma alguma se entregue à ruína, pelo que cometeu, enquanto não terá, além de Allah, nem protetor nem intercessor. E, se ela quiser resgatar-se, com qualquer resgate, **este** não lhe será aceito. Esses, que se entregam à ruína, pelo que cometem, terão, por bebida, água ebuliente e doloroso castigo, por que renegavam a Fé.

71. Dize: "Invocaremos, além de Allah, o que não nos beneficia nem nos prejudica, e tornaremos atrás, virando os calcanhares, após Allah haver-nos guiado, como aquele que os demônios seduzem, na terra, ficando perplexo, enquanto tem companheiros que o convocam à orientação: 'Vem a nós'"? Dize: "Por certo, a orientação de Allah é a **verdadeira** orientação, e foi-nos ordenado que nos islamizássemos, para O Senhor dos mundos.

72. "E cumpri a oração e temei-

---

(1) **Seu**: deles, dos que tratam os versículos, com escárnio.

(2) **Com ele**: com o Alcorão.

O. E Ele é Aquele a Quem sereis reunidos."

73. E Ele é Quem criou os céus e a terra, com a verdade. E, quando diz: "Sê", então, é. Seu dito é a verdade. E dEle será a soberania, um dia, em que se soprará na Trombeta. É O Sabedor do invisível e do visível. E Ele é O Sábio, O Conhecedor.

74. E **lembra-lhes, Muḥammad**, **de** quando Abraão disse a seu pai Āzar[1]: "Tomas ídolos por deuses? Por certo, eu te vejo e a teu povo em evidente descaminho."

75. E, assim, fizemos ver a Abraão o reino dos céus e da terra, e **isso** para que fosse dos convictos.

76. Então, quando a noite o envolveu, ele viu um astro. Disse: "Eis meu Senhor." E quando ele se pôs, disse: "Não amo os que se põem."

77. E, quando viu a lua surgindo, disse: "Eis meu Senhor." E, quando ela se pôs, disse: "Se meu Senhor não me guia, em verdade, estarei entre o povo descaminhado."

78. E, quando viu o sol surgindo, disse: "Eis meu Senhor; este é **o**

---

(1) Segundo o exegeta Al-Zamakhchari, Āzar seria alcunha do pai de Abraão, cujo nome era Tera; ou Tera seria a forma correspondente de Āzar, em assírio. Vide Al Kachchaf, volume 2, pp. 29-30.

maior!" E, quando ele se pôs, disse; "Ó meu povo! Por certo, estou em rompimento com o que idolatrais.

79. "Por certo, eu dirijo minha face, como monoteísta sincero, para Quem criou os céus e a terra. E não sou dos idólatras."

80. E seu povo argumentou com ele. **Mas** ele disse: "Argumentais comigo, sobre Allah, enquanto Ele, com efeito, me guiou? E não temo o que Lhe associais, exceto se meu Senhor quiser algo **de mal para mim**. Meu senhor abrange todas as cousas em ciência. Então, não meditais?

81. "E como temerei o que idolatrais, enquanto não temeis associar a Allah aquilo do que Ele não fez descer, sobre vós, comprovação alguma? Então, qual das duas partes é mais digna de segurança? Se soubésseis!

82. "Os que crêem e não confundem sua fé com injustiça, esses têm a segurança e são guiados."

83. E esse Nosso argumento, concedemo-lo a Abraão contra seu povo. Elevamos, em escalões, a quem queremos. Por certo, teu Senhor é Sábio, Onisciente.

84. E dadivamo-lo com Isaque e

6. Sūratu Al-Anᶜām

Jacó⁽¹⁾. A ambos guiamos. E a Noé, guiamo-lo, antes. E, de sua descendência, **guiamos** a Davi e a Salomão e a Jó e a José e a Moisés e a Aarão – e, assim, recompensamos os benfeitores –

85. E a Zacarias e a Yaḥiā, **João-Batista**, e a Jesus e a Elias – todos eram dos íntegros –

86. E a Ismael⁽²⁾ e a Eliseu⁽³⁾ e a Jonas e a Lot – e a todos **eles** preferimos aos mundos –

87. E a alguns de seus pais, e de sua descendência, e de seus irmãos. E Nós os elegemos e os guiamos a uma senda reta.

88. Essa é a orientação de Allah: guia com ela a quem quer, entre Seus servos. E, se eles houvessem idolatrado; haver-se-ia anulado o que faziam.

89. Esses são aqueles a quem concedêramos o Livro⁽⁴⁾, e a sabedoria, e a profecia. E, se estes⁽⁵⁾ os⁽⁶⁾ renegam, com efeito, confiá-los-emos a um povo não renegador deles.

---

(1) **Jacó**: filho de Isaque e neto de Abraão.

(2) **Ismael**: filho de Abraão.

(3) Eliseu, no texto corânico, é **Al Yassaᶜ**, citado em I Reis XIX 16 -21.

(4) **O Livro**: todos os livros divinos.

(5) **Estes**: os Quraich.

(6) **Os**: o Livro, a sabedoria e a profecia.

90. Esses são os que Allah guiou. Então, segue sua orientação. Dize: "não vos peço prêmio por ele[1]. Ele não é senão lembrança para os mundos."

91. E eles não estimam a Allah como se deve estimá-lO, quando dizem: "Allah nada fez descer sobre ser humano algum." Dize: "Quem fez descer o Livro, com que Moisés chegou, como luz e guia para os humanos? Vós o[2] fazeis, **agora**, em folhas **soltas**, **de** que mostrais **algo** e escondeis muito[3]. E fostes ensinados do[4] que não sabíeis, nem vós nem vossos pais." Dize: "Foi Allah." Em seguida, deixa-os se divertirem, em suas confabulações.

92. E este é um Livro, que fizemos descer: bendito, confirmador do que havia antes dele; e **fizemo-lo descer** para tu advertires a Mãe das cidades[5] e os que estão a seu redor. E os que crêem na Derradeira Vida nele crêem. E eles custodiam suas orações.

---

[1] **Por ele**: pelo Alcorão.

[2] **O**: o Livro de Moisés, ou seja, a Tora.

[3] Alusão ao que os judeus ocultaram da Tora, relativo à vinda do Profeta Muḥammad.

[4] Ou seja: "E aprendestes, no Alcorão, o que não aprendestes na Tora".

[5] **Mãe das cidades**: Makkah, a mais importante cidade do mundo islâmico, assim designada, por ser o local do primeiro templo de Deus, onde está a Kaᶜbah, em direção da qual se voltam os crentes, nas orações.

93. E quem mais injusto que aquele que forja mentiras acerca de Allah ou diz: "Foi-me revelado **algo**", enquanto nada lhe fora revelado, e aquele que diz: "Farei descer, **algo** igual ao que Allah fez descer"? E se visses os injustos, enquanto na agonia da morte, e os anjos, estendendo as mãos **e dizendo**: "Fazei sair vossas almas. Hoje[1], sereis recompensados com o castigo da vileza, porque dizíeis acerca de Allah o que não era verdade, e porque vos ensoberbecíeis, diante de Seus sinais."

94. Allah dirá: "E, com efeito, chegais a Nós sozinhos[2], como vos criamos da vez primeira, e deixastes, atrás das costas, o de que fizemos vos assenhoreardes. E não vemos, junto de vós, vossos intercessores, que pretendíeis parceiros **em vossa adoração**. Com efeito, o que havia entre vós cortou-se. E sumiu, **para longe** de vós, o que pretendíeis."

95. Por certo, Allah é Quem faz fender os grãos e os caroços. Faz sair o vivo do morto e faz sair o morto do vivo. Esse é Allah. Então, como **dEle** vos distanciais?

---

[1] **Hoje**: a partir de agora.

[2] **Sozinhos**: despojados de todos os bens terrenos, dos familiares e de toda a proteção. Assim será, no Dia do Juízo.

96. Ele é Quem rompe a manhã. E faz da noite repouso, e do sol e da lua, cômputo **do tempo**. Essa é a determinação dO Todo-Poderoso, dO Onisciente.

97. E Ele é Quem vos fez as estrelas, para que vos guieis, por elas, nas trevas da terra e do mar. Com efeito, aclaramos os sinais a um povo que sabe.

98. E Ele é Quem vos fez surgir de uma só pessoa; então, é receptáculo e depósito. Com efeito, aclaramos os sinais a um povo que **os** entende.

99. E Ele é Quem faz descer do céu água e, com ela, fazemos sair planta de toda a espécie. E, dela, fazemos sair o verdor; dele fazemos sair aglomerados grãos – e, nas espatas das tamareiras, há cachos acessíveis – e **fazemos sair** jardins de videiras, e a oliva e a romã, semelhantes e não semelhantes[1]. Olhai seus frutos, quando frutificam, e seu sazonar. Por certo, há nisso sinais para um povo que crê.

100. E eles fizeram a Allah, os jinns, como parceiros, enquanto foi Ele Quem os criou. E inventaram-Lhe, sem ciência, filhos e filhas.

---

(1) Ou seja, semelhantes na aparência e dessemelhantes no paladar.

Glorificado e Sublimado seja Ele, acima do que alegam!

101. Ele é O Criador Ímpar do céu e da terra. Como teria Ele um filho, enquanto não tem companheira? E Ele criou todas as cousas. E Ele, de todas as cousas, é Onisciente.

102. Esse é Allah, vosso Senhor. Não existe deus senão Ele, Criador de todas as cousas: então, adorai-O. E Ele, sobre todas as cousas, é Patrono.

103. As vistas não O atingem enquanto Ele atinge todas as vistas. E Ele é O Sutil, O Conhecedor.

104. Com efeito, chegaram-vos clarividências de vosso Senhor. Então, quem **as** enxerga, será em benefício de si mesmo. E quem enceguece, será em prejuízo de si mesmo. E, sobre vós, não sou custódio.

105. E, assim, patenteamos os versículos, e **isso**, para que dissessem: "Estudaste[1] **com os seguidores do Livro**", e para que o[2] tornássemos evidente, para um povo que sabe.

---

(1) Os idólatras, sempre, acusaram, falazmente, Muḥammad de receber seus ensinamentos de judeus e cristãos, e não de Deus, diretamente.

(2) **O**: o Alcorão.

106. Segue o que te foi revelado de teu Senhor. Não existe deus senão Ele. E dá de ombros aos idólatras.

107. E, se Allah quisesse, não haveriam idolatrado. E, sobre eles, Nós não te fizemos custódio. E tu, sobre eles, não és patrono.

108. E não injurieis os que eles invocam além de Allah: pois, eles injuriariam a Allah, por agressão, sem ciência. Assim, aformoseamos, para cada comunidade, suas obras; em seguida, seu retorno será a seu Senhor; então, informá-los-á do que faziam.

109. E juraram, por Allah, com seus mais solenes juramentos, que, se lhes chegasse um sinal, certamente, nele creriam. Dize: "Os sinais estão, apenas, junto de Allah." E o que vos faz pressenti-lo[1]? Por certo, quando ele lhes chegar, não crerão.

110. E Nós lhes reviraremos os corações e as vistas: **então, não crerão**, como não creram nele, da vez primeira, e deixá-los-emos, em sua transgressão, caminhando às cegas.

---

(1) **Lo**: Isso, ou seja, a crença nos **sinais** divinos, por parte dos idólatras. O versículo adverte os crentes, que ansiavam ardentemente que chegassem os sinais divinos, reclamados pelos idólatras, de que, mesmo que lhes chegassem, por contumácia e ignorância, não iriam crer neles.

111. E, se fizéssemos descer-lhes os anjos e lhes falassem os mortos e lhes reuníssemos todas as cousas a sua frente, não creriam, exceto se Allah quisesse. Mas a maioria deles o ignora.

112. E, assim, fizemos para cada profeta inimigos: demônios dentre os humanos e os jinns, que inspiraram uns aos outros dito floreado, para se iludirem – e, se teu Senhor quisesse, não o fariam. Então, deixa-os e ao que forjam –

113. E para o escutarem os corações daqueles que não crêem na Derradeira Vida, e para, com isso, se agradarem, e para **continuarem a** perpetrar o que estavam perpetrando.

114. Dize: "Então, buscarei por juiz outro que Allah, enquanto Ele é Quem fez descer, para vós, o Livro aclarado?" E aqueles, aos quais concedêramos o Livro[(1)], sabem que ele foi descido de teu Senhor, com a verdade. Então, não sejas, de modo algum, dos contestadores.

115. E a palavra de teu Senhor cumpriu-se, em verdade e justiça. Não há quem troque Suas Palavras. E Ele é O Oniouvinte, O Onisciente.

116. E, se obedeces à maioria dos que estão na terra, descaminhar-te-

---

(1) **O Livro**: a Tora.

ão do caminho de Allah. Não seguem senão conjeturas e nada fazem senão imposturar.

117. Por certo, teu Senhor é bem Sabedor de quem se descaminha de Seu caminho. E Ele é bem Sabedor dos guiados.

118. Então, comei daquilo, sobre o qual foi mencionado o nome de Allah, se de Seus sinais sois crentes.

119. E por que razão não comereis daquilo, sobre o que foi mencionado o nome de Allah, enquanto, com efeito, Ele vos aclarou o que vos é proibido, exceto aquilo[1] ao qual fostes impelidos **pela fome**? E, por certo, muitos, com suas paixões, descaminham **a outros**, sem ciência. Por certo, teu Senhor é bem Sabedor dos agressores.

120. E deixai o pecado, aparente e latente. Por certo, os que cometem o pecado serão recompensados, pelo que perpetravam.

121. E não comais daquilo, sobre o qual não foi mencionado o nome de Allah. E, por certo, isto é perversidade. E, por certo, os demônios inspiram seus aliados, para que contendam convosco. E,

---

(1) Cf. V 3.

se vós lhes obedeceis, por certo, sereis idólatras.

122. E, acaso, quem estava morto, e Nós demo-lhe vida e fizemo-lhe luz, com que anda entre os homens, é igual a quem está nas trevas, das quais jamais sairá⁽¹⁾? Assim, aformoseou-se, para os renegadores da Fé, o que faziam.

123. E, assim, fizemos, em cada cidade, próceres de seus criminosos⁽²⁾, para nela usarem de estratagemas. E não usam de estratagemas senão contra si mesmos, e não percebem.

124. E, quando um sinal lhes⁽³⁾ chega dizem: "Não creremos, até que nos concedam algo igual ao que fora concedido aos Mensageiros de Allah." Allah é bem Sabedor de onde depositar Sua mensagem. Aos que foram criminosos alcançá-los-á vileza, junto de Allah, e veemente castigo, pelos estratagemas de que usavam.

125. Então, a quem Allah deseja guiar, Ele lhe dilatará o peito para o

---

(1) Este versículo alude, de um lado, ao idólatra, que é igual ao morto, e que, havendo abraçado o Islão, começa a gozar a vida: de outro lado, ao idólatra que, não abandonando a idolatria, nas trevas permanece, irremediavelmente.

(2) Referência aos principais de Makkah, que se tornaram os mais ferrenhos inimigos de Muḥammad.

(3) **Lhes**: aos principais de Makkah, entre os quais se encontrava Abū Jahl, tio do Profeta e inimigo declarado da mensagem pregada por ele.

Islão. E a quem deseja descaminhar, Ele lhe tornará o peito constrito, oprimido, como se se esforçasse para ascender ao céu⁽¹⁾. Assim, Allah faz cair o tormento sobre os que não crêem.

126. E esta é a senda reta de teu Senhor. Com efeito, aclaramos os sinais a um povo que medita.

127. Deles é a Morada da Paz, junto de seu Senhor. E Ele será seu Protetor, pelo que faziam.

128. E um dia, Ele os reunirá, a todos, e dirá: "Ó coorte de jinns! Com efeito, cativastes muitos dos humanos." E seus aliados, entre os humanos, dirão: "Senhor nosso! Deleitamo-nos, uns com os outros⁽²⁾, e atingimos nosso termo, que Tu havias fixado, para nós." Ele dirá: "O Fogo será vossa moradia: nele, sereis eternos, exceto se Allah quiser⁽³⁾ **outra cousa**." – Por certo, teu Senhor é Sábio, Onisciente.

129. E, assim, tornamos os

---

(1) É notável o moderno entendimento científico, encerrado neste versículo, acerca das dificuldades respiratórias ocorridas em grandes altitudes. Pesquisas atuais revelam que, quanto mais o homem ascende no espaço, tanto mais sua respiração se torna difícil, em virtude da compressão atmosférica exercida em seu tórax.

(2) **Uns como os outros**: os homens se deleitaram com os jinns, pois estes aformosearam os pecados, que pareceram àqueles puro deleite. E, por sua vez, os jinns se deleitaram com a obediência dos homens.

(3) Quer dizer, exceto se Deus predispuser que o castigo do fogo seja transferido para um outro castigo, tal como o do gelo.

injustos aliados uns aos outros, pelo que cometiam –

130. "Ó coorte de jinns e humanos! Não vos chegaram Mensageiros **vindos** de vós, que vos narraram Meus sinais e vos admoestaram do deparar deste vosso dia?" Dirão: "Testemunhamos contra nós mesmos." E a vida terrena iludiu-os, e testemunharão, contra si mesmos, que foram renegadores da Fé.

131. Isso porque não é admissível que teu Senhor aniquile as cidades por injustiça, enquanto seus habitantes estão desatentos **à Verdade**.

132. E, para cada um deles, há escalões, pelo que fazem. E teu Senhor não está desatento ao que fazem.

133. E teu Senhor é O Bastante a Si mesmo, O Possuidor de misericórdia. Se quisesse, far-vos-ia ir e faria suceder, depois de vós, a quem quisesse, assim como vos fez surgir da descendência de outro povo.

134. Por certo, o que vos é prometido virá, e não podereis escapar **disso**.

135. Dize: "Ó meu povo! Fazei o que puderdes: por certo, farei **o que puder**. Então, sabereis quem

terá o final feliz da **Derradeira Morada**. Por certo, os injustos não serão bem-aventurados."

136. E eles⁽¹⁾ destinam a Allah porção das messes e dos rebanhos, que Ele fez existir, e dizem: "Isto é para Allah", segundo sua pretensão, "e aquilo é para nossos ídolos." Então, o que é para seus ídolos jamais chegará a Allah, e o que é para Allah chegará a seus ídolos. Que vil o que julgam!

137. E, assim, seus parceiros⁽²⁾ aformoseiam, para muitos dos idólatras, a matança de seus filhos, para arruiná-los e para confundi-los em sua religião. E, se Allah quisesse, não o fariam. Então, deixa-os e ao que forjam.

138. E dizem: "Estes são rebanhos e messes vedados: não se alimentará deles senão quem⁽³⁾ quisermos", segundo sua pretensão.

---

(1) Há referência, neste versículo, ao hábito, entre os idólatras de Makkah, de destinarem parte das messes e rebanhos a Deus, para atos de caridade; e outra parte aos ídolos, para oferenda e distribuição a seus servidores. Ocorre que a destinada a Deus, eles se permitiam despendê-la, em benefício dos ídolos, enquanto a que era destinada aos ídolos, nunca chegava a Deus, ou seja, nunca era despendida em caridade.

(2) **Parceiros**: aqui relacionam-se com os demônios ou com os guardiães dos ídolos. Note-se que, à época pré-islâmica, era costume um pai imolar aos ídolos o filho que nascesse após um número determinado dos filhos. Tal prática era incentivada pelos parceiros a que este versículo se refere.

(3) **Quem**: o guardião dos ídolos. Por ser este cargo ocupado, exclusivamente, por homens, e jamais por mulheres, só estes, podiam alimentar-se destes rebanhos e messes.

E há rebanhos, cujos dorsos são proibidos[1], e rebanhos, sobre os quais eles não mencionam o nome de Allah, **ao serem imolados**, forjando, **assim**, mentiras a respeito dEle. Ele recompensá-los-á pelo que forjavam.

139. E dizem: "O que há nos ventres destes rebanhos é privilégio exclusivo de nossos varões e proibido a nossas mulheres." E, se a cria nascer morta, **todos** serão parceiros **na partilha** dela. Ele recompensá-los-á, por suas alegações. Por certo, Ele é Sábio, Onisciente.

140. Com efeito, perdem-se os que matam a seus filhos, insensatamente, sem ciência, e proíbem o que Allah lhes dá por sustento, forjando mentiras acerca de Allah. Com efeito, descaminham-se e não são guiados.

141. E Ele é Quem fez surgir jardins emparrados e não emparrados, e as tamareiras e as searas, sendo variados seus frutos; e a oliva e a romã, semelhantes e não semelhantes. Comei de seu fruto, quando frutificar, e concedei o que é de seu direito, no dia de sua ceifa, e não vos entregueis a excessos[2].

---

(1) Cf. V 103 n 1. e 4.

(2) Ou seja, distribuindo toda a safra, sem deixar para si próprio e para os seus.

Por certo, Ele não ama os entregues a excessos.

142. E Ele **criou**, dos rebanhos, **uns para** carga e, **outros**, pequenos, **para o abate**. Comei do que Allah vos deu por sustento e não sigais os passos de Satã. Por certo, ele vos é inimigo declarado.

143. E criou oito **reses** acasaladas: um casal de ovinos e um casal de caprinos. – Dize: "Qual **deles** Ele proibiu⁽¹⁾? Os dois machos ou as duas fêmeas? Ou o que contêm as matrizes das duas fêmeas? Informai-me, com ciência, se sois verídicos." –

144. E um casal de camelos e um casal de vacuns. – Dize: "Qual **deles** Ele proibiu⁽²⁾? Os dois machos ou as duas fêmeas? Ou o que contêm as matrizes das duas fêmeas? Ou fostes testemunhas, quando Allah vo-lo recomendou?"- Então, quem mais injusto que aquele que forja mentiras, acerca de Allah, para descaminhar, sem ciência, os humanos? Por certo,

---

(1) Este versículo e o seguinte patenteiam a arbitrariedade e o absurdo com que os pagãos decretavam suas leis e proibições. Aqui, a proibição não se estendia, por exemplo, a todos os espécimens animais de um mesmo sexo, mas a apenas alguns deles e de sexos diferentes, sem um motivo lógico que o explicasse. Na verdade, por que não foram vedados, então, ao alimento e à cavalgada, todos os espécimens animais do sexo masculino, ou, por outro, todos os espécimens animais do sexo feminino, mas inexplicável e indistintamente alguns deles?

(2) Ver nota anterior.

Allah não guia o povo injusto.

145. Dize: "Não encontro, no que se me revelou, nada de proibido para quem queira alimentar-se, a não ser que seja **animal encontrado** morto, ou sangue fluido, ou carne de porco – pois é, por certo, abominação – ou perversidade: **o animal imolado** com a invocação de outro nome que Allah." E aquele que é impelido **a alimentar-se disso**, não sendo transgressor nem agressor[1], por certo, teu Senhor é Perdoador, Misericordiador.

146. E, aos que praticam o judaísmo, proibimos todo **animal** de unha **não fendida**. E dos vacuns e ovinos, proibimo-lhes a gordura, exceto a que seus dorsos possuem ou suas entranhas, ou a que está aderida aos ossos. **Com isso, recompensamo-los por sua transgressão**[2]. E, por certo, somos Verídicos.

147. Então, se te desmentem, dize: "Vosso Senhor é Possuidor da imensa misericórdia, e não será revogado Seu suplício para o povo criminoso."

148. Os que idolatram dirão: "Se Allah quisesse, não idolatraríamos,

---

(1) Cf. II 173 n1.

(2) Cf. IV 160.

nem nossos pais, e nada proibiríamos." Assim, aqueles que foram antes deles, desmentiram **a seus Mensageiros**, até experimentarem Nosso suplício. Dize: "Tendes alguma ciência **disso** e podeis no-la demonstrar? Vós não seguis senão conjeturas, e nada fazeis senão imposturar."

149. Dize: "É de Allah o terminante argumento. Então, se Ele quisesse, haver-vos-ia guiado, a todos."

150. Dize: "Trazei vossas testemunhas que testemunham que Allah proibiu isso." Então, se testemunham, não testemunhes com eles. E não sigas as paixões dos que desmentem Nossos sinais e que não crêem na Derradeira Vida, enquanto equiparam **outros** a seu Senhor.

151. Dize: "Vinde, eu recitarei o que vosso Senhor vos proibiu[(1)]: nada Lhe associeis. E **tende** benevolência para com os pais. E não mateis vossos filhos, com receio da indigência: Nós vos

---

(1) Este versículo e os dois subseqüentes encerram o que se pode chamar de o **decálogo islâmico**: 1. Não associar nada a Deus; 2. Ter benevolência para com os pais; 3. Não matar os filhos, receando não poder sustentá-los; 4. Evitar qualquer tipo de obscenidade ou torpeza; 5. Não cometer homicídio; 6. Não surrupiar os bens dos órfãos; 7. Ser honesto nas transações; 8. Agir, sempre, com justiça, mesmo em detrimento de parentes; 9. Cumprir o pacto de Deus, observando-lhe os preceitos; 10. Seguir a senda reta de Deus.

damos sustento, e a eles. E não vos aproximeis das obscenidades, aparentes e latentes. E não mateis a alma, que Allah proibiu[1] **matar**, exceto se com justa razão. Eis o que Ele vos recomenda, para razoardes.

152. "E não vos aproximeis das riquezas do órfão, a não ser da melhor maneira[2], até que ele atinja sua força plena[3]. E completai a medida e o peso com eqüidade. Não impomos a nenhuma alma senão o que é de sua capacidade. E, quando falardes, sede justos, ainda que se trate de parente. E sede fiéis ao pacto de Allah. Eis o que Ele vos recomenda, para meditardes.

153. "E, por certo, esta é a Minha senda reta: então, segui-a e não sigais os **outros** caminhos[4], pois vos separariam de Seu caminho. Eis o que Ele vos recomenda, para serdes piedosos."

154. Em seguida, concedêramos a Moisés o Livro, como comple-

---

(1) É lei comum a todos os livros divinos o respeito pela vida, exceto quando, por motivos retaliativos, a religião permite o homicídio.

(2) Ou seja, incrementando os bens, e não espoliando-os.

(3) Ou seja, até chegar ao auge da força psicofisiológica que, segundo alguns exegetas, corresponde à puberdade; e, segundo outros, à idade da razão, atingida entre os 25 e 30 anos. Repetir-se-á esta expressão em XII 22, XVII 34, XVIII 82, XXII 5, XXVIII 14, XL 67 e XLVI 15, sendo que, neste último versículo, a palavra parece corresponder à idade de 40 anos.

(4) **Os outros caminhos**: as outras religiões.

6. Sūratu Al-An'ām — Parte 8

mento **de Nossa graça** para com aquele que bem-faz, e como aclaração de todas as cousas, e como orientação e misericórdia, para eles[1] crerem no deparar de seu Senhor.

155. E este[2] é um Livro, que fizemos descer: bendito. Segui-o, então, e sede piedosos, na esperança de obterdes misericórdia.

156. Fizemo-lo descer, para não dizerdes: "Apenas, fora descido o Livro, sobre duas facções[3], antes de nós, e, por certo, estávamos desatentos a seu estudo."

157. Ou para não dizerdes: "Se houvesse descido o Livro, sobre nós, haveríamos sido mais bem guiados que eles." Com efeito, chegou-vos, então, de vosso Senhor, evidência e orientação e misericórdia. E quem mais injusto que aquele que desmente os sinais de Allah e deles se aparta? Recompensaremos os que se apartam de Nossos sinais, com o pior castigo, porque **deles** se apartavam.

158. Não esperam eles senão os anjos lhes cheguem ou chegue teu Senhor ou cheguem alguns sinais

---

(1) **Eles** : os filhos de Israel.

(2) **Este** : o Alcorão.

(3) Ou seja, sobre os judeus e os cristãos.

de teu Senhor? Um dia, quando alguns sinais de teu Senhor[1] chegarem, não beneficiará a alma alguma sua fé, se ela não houver crido, antes, ou não houver logrado nenhum bem, em sua fé. Dize: "Esperai: por certo, Nós estaremos esperando."

159. Por certo, os que separam sua religião e se dividem em seitas, tu nada tens com eles. Apenas, sua questão será entregue a Allah; em seguida, Ele os informará do que faziam.

160. Quem chega com a boa ação terá dez vezes seu equivalente, e quem chega com a má ação não será recompensado senão com seu equivalente. E eles[2] não sofrerão injustiça.

161. Dize: "Por certo, meu Senhor guiou-me a uma senda reta: a uma religião justa, a crença de Abraão, monoteísta sincero, e que não era dos idólatras."

162. Dize: "Por certo, minha oração e meu culto e minha vida e minha morte são de Allah, O Senhor dos mundos.

---

(1) Quer dizer: "acaso esperam que lhes cheguem os **anjos da morte ou o castigo de Deus** ou **alguns sinais divinos do Dia do Juízo** (entre outros, o nascimento do sol no poente, o retorno de Jesus, o surgimento de Gog e Magog), para que creiam?"

(2) **Eles**: os homens.

163. "Ele não tem parceiro. E isso me foi ordenado, e eu sou o primeiro dos moslimes."

164. Dize: "Buscarei outro senhor que Allah, enquanto Ele é O Senhor de todas as cousas? E cada alma não comete **pecado** senão contra si mesma. E nenhuma alma pecadora arca com o pecado de outra. Em seguida, a vosso Senhor será vosso retorno: então, Ele vos informará daquilo de que discrepáveis."

165. E Ele é Quem vos fez sucessores, na terra, e elevou, em escalões, alguns de vós acima de outros, para pôr-vos à prova, com o que vos concedeu. Por certo, teu Senhor é Destro na punição e, por certo, Ele é Perdoador, Misericordiador.

SŪRATU 'AL-'AʿRĀF[1]
A SURA DE AL 'AʿRĀF

De Makkah – 206 versículos.

Em nome de Allah, O Misericordioso, O Misericordiador.

1. Alif, Lām, Mīm, Ṣād[2]

2. **Este** é um Livro, que é descido para ti[3], **Muḥammad** – então, que não haja, em teu peito, constrangimento a seu respeito –, para admoestares, com ele, **os renegadores da Fé**, e para ser lembrança para os crentes.

3. Segui o que é descido para vós, de vosso Senhor, e não sigais, em vez dEle, **outros** protetores. Quão pouco meditais.

---

(1) **Al Aʿrāf**: plural da palavra ʿurf, que significa, entre outras cousas, o simo de qualquer elevação do solo; tudo o que sobressai de uma cousa. No Alcorão, este vocábulo designa o píncaro da muralha divisória entre o Paraíso e o Inferno. Acresça-se que esta muralha pode ou não ser material e não impede que se ouçam ecos das vozes dos que ficam em cada um dos lados, que ela separa. No píncaro desta muralha, encontram-se os que podem ver tanto os habitantes do Paraíso, quanto os do Inferno, com os quais se comunicam, ora com escárnio, quando com estes últimos, ora com afabilidade, quando com os primeiros. A sura, assim, se denomina, pela dupla menção desta palavra nos versículos 46 e 48. É a mais longa sura revelada em Makkah, e, como todas aí reveladas, trata dos assuntos básicos do Islão, tais como: a Mensagem, a Ressurreição e a recompensa no Dia do Juízo. Além disso, há relatos minuciosos da história de vários profetas e seus povos. É notável na apresentação da gênese do mundo, quando não deixa de fazer menção da história edênica e da tentação satânica sobre Adão e Eva. Outra vez, faz-nos atentar para os fenômenos do Universo, como prova da incontestável soberania de Deus. Finalmente, admoesta o incréu do nefasto fim dos que se voltam para Satã, e convida o crente para ser humilde e temeroso nas preces e no amor a Deus.

(2) Cf. II 1 n3.

(3) **Para ti**: de Deus através o Anjo Gabriel.

4. E que de cidades aniquilamos! Então, Nosso suplício chegou-lhes[1], enquanto dormiam à noite, ou enquanto sesteavam.

5. E, quando Nosso suplício lhes chegou, sua invocação não foi senão dizer: "Por certo, fomos injustos."

6. Então, em verdade, interrogaremos aqueles, aos quais **Nossa Mensagem** foi enviada, e em verdade interrogaremos os Mensageiros.

7. Em verdade, narrar-lhes-emos, então, com ciência, **o que fizeram**, e nunca estivemos Ausentes.

8. E a pesagem verdadeira será nesse dia. Então, aqueles cujos pesos **em boas obras** forem pesados, esses serão os bem-aventurados;

9. E aqueles, cujos pesos forem leves, esses serão os que se perderão a si mesmos, porque foram injustos com Nossos sinais;

10. E, com efeito, empossamo-vos na terra, e, nela, fizemos, para vós, meios de subsistência. **Mas quão pouco agradeceis!**

11. E, com efeito, criamo-vos; em seguida, configuramo-vos; depois, dissemos aos anjos:

---

(1) **Lhes**: aos habitantes dessas cidades, tal como ocorreu ao povo de Lot, aniquilado à noite, e ao povo de Chuᶜaib, aniquilado durante a sesta.

"Prosternai-vos diante de Adão." E prosternaram-se, exceto Iblis. Ele não foi dos que se prosternaram.

12. Allah disse: "O que te impediu de te prosternares, quando to ordenei?" **Satã** disse: "Sou melhor que ele. Criaste-me de fogo e criaste-o de barro."

13. Allah disse: "Então, desça dele[1]! E não te é admissível te mostrares soberbo nele. Sai, pois, por certo, és dos humilhados!"

14. Satã disse: "Concede-me dilação, até um dia, em que eles[2] serão ressuscitados."

15. Allah disse: "Por certo, és daqueles aos quais será concedida dilação."

16. Satã disse: "Então, pelo mal a que me condenaste, ficarei, em verdade, à espreita deles, em Tua senda reta.

17. "Em seguida, achegar-me-ei a eles, por diante e por detrás deles, e pela direita deles e pela esquerda deles, e não encontrarás a maioria deles agradecida."

18. Allah disse: "Sai dele[3], como execrado, banido. Dos que,

---

(1) **Dele**: do Paraíso.

(2) **Eles**: os homens.

(3) **Dele**: do Paraíso.

dentre eles, te seguirem, encherei a Geena, de todos vós.

19. "E, ó Adão! Habita, tu e tua mulher, o Paraíso; e comei onde ambos quiserdes, e não vos aproximeis desta áravore(1); pois, seríeis dos injustos."

20. E Satã sussurrou-lhes **perfídias**, para mostrar a ambos o que lhes fora acobertado de suas partes pudendas, e disse: Vosso Senhor não vos coibiu desta árvore senão para não serdes dois anjos ou serdes dos eternos."

21. E jurou-lhes: "Por certo, sou para ambos de vós um dos conselheiros."

22. Então, seduziu-os, com falácia. E, quando ambos experimentaram da árvore, exibiram-se-lhes as partes pudendas, e começaram a aglutinar, sobre elas, folhas do Paraíso. E seu Senhor chamou-os: "Não vos coibi a ambos desta árvore e não vos disse que Satã vos era inimigo declarado?"

23. Disseram: "Senhor nosso! Fomos injustos com nós mesmos e, se não nos perdoares e não tiveres misericórdia de nós, estaremos, em verdade, dentre os perdedores.

---

(1) Cf. II 35 n3.

24. Allah disse: "Descei, sendo inimigos uns dos outros. E tereis, na terra, residência e gozo até certo tempo."

25. Ele disse: "Nela vivereis e nela morrereis e dela far-vos-ão sair."

26. Ó filhos de Adão! Com efeito, criamos, para vós, vestimenta, para acobertar vossas partes pudendas, e adereços. Mas a vestimenta da piedade, esta é a melhor. Esse é um dos sinais de Allah, para meditarem.

27. Ó filhos de Adão! Que Satã não vos tente, como **quando** fez sair a vossos pais do Paraíso, enquanto a ambos tirou a vestimenta, para fazê-los ver suas partes pudendas. Por certo, ele e seus sequazes vos vêem de onde vós não os vedes. Por certo, Nós fizemos os demônios aliados aos que não crêem.

28. E, quando eles[1] cometem obscenidade[2], dizem: "Encontramos, nela, nossos pais, e Allah no-la ordenou." Dize, **Muḥammad**: "Por certo, Allah não ordena

---

(1) **Eles**: os que nâo crêem, ou seja, os Quraich.

(2) O vocábulo obscenidade traduz **fāḥichah**, que significa pecado nefando. Em geral, este termo é aplicado para designar o adultério. Neste versículo, pode qualificar o hábito de os pagãos pré-islâmicos, homens e mulheres, circundarem desnudos a Kaᶜbah.

a obscenidade. Dizeis acerca de Allah o que não sabeis?"

29. Dize: "Meu senhor ordena a eqüidade. E erguei vossas faces **para Allah**, em cada mesquita. E invocai-O, sendo sinceros com Ele, na devoção. Assim como Ele vos iniciou **a criação**, **a Ele** regressareis."

30. A um grupo Ele guiou, e a um grupo deveu-se o descaminho; por certo, eles tomaram os demônios por aliados, em vez de Allah, enquanto supunham estar sendo guiados.

31. Ó filhos de Adão! Tomai vossos ornamentos[1], em cada mesquita. E comei e bebei, e não vos entregueis a excessos. Por certo, Ele não ama os entregues a excessos.

32. Dize: "Quem proibiu os ornamentos que Allah criou para Seus servos e as cousas benignas do sustento?" Dize: "Estas são, nesta vida, para os[2] que crêem, e serão **a eles** consagradas no Dia da Ressurreição. Assim, aclaramos os sinais a um povo que sabe."

---

(1) Ou seja, "Vesti-vos com os adornos materiais, e morais como a piedade, ao orardes nas mesquitas." Isso, em oposição aos peregrinos pagãos, que cumpriam seus ritos, circulando desnudos estes locais de oração.

(2) Os que crêem e os que não crêem desfrutam das boas cousas desta vida. No dia do Juízo, entretanto, estas serão consagradas, apenas, aos primeiros.

33. Dize: "Apenas, meu Senhor proibiu as obscenidades, aparentes e latentes, e o pecado e a agressão desarrazoada, e que associeis a Allah aquilo de que Ele não fez descer, sobre vós, comprovação alguma, e que digais acerca de Allah o que não sabeis."

34. E para cada comunidade há um termo. Então, quando seu termo chegar, ela não poderá atrasar-se, uma hora **sequer**, nem adiantar-se.

35. Ó filhos de Adão! Se, em verdade, vos chegam Mensageiros, **vindos** de vós, para narrar-vos Meus sinais, então, aqueles que são piedosos e se emendam, por eles nada haverá que temer, e eles não se entristecerão.

36. E os que desmentem Nossos sinais e, diante deles, se ensoberbecem, esses são os companheiros do Fogo. Nele serão eternos.

37. E quem mais injusto que aquele que forja mentiras acerca de Allah ou desmente Seus sinais? A esses, alcançá-los-á sua porção do Livro[1], até que, quando Nossos Mensageiros **celestiais** lhes chegarem para levar-lhes a alma, dirão **estes**: "Onde estão os que invocáveis além de Allah?" Dirão:

---

(1) **Do Livro** : do Livro do Destino. Cf. VI 38 n2.

"Sumiram, **para longe** de nós." E testemunharão, contra si mesmos, que eram renegadores da Fé.

38. Allah dirá: "Entrai no Fogo, junto com comunidades de jinns e de humanos, que, com efeito, passaram antes de vós." Cada vez que uma comunidade aí entrar, amaldiçoará sua irmã[1], até que, quando se sucederem todas, nele[2], a última dirá, acerca da primeira: "Senhor nosso! São estes os que nos descaminharam; então, concede-lhes o duplo castigo do Fogo." Ele dirá: "Para cada qual haverá o duplo, mas vós não sabeis."

39. E a primeira delas dirá à última: "E não tendes vantagem alguma sobre nós: então, experimentai o castigo pelo que cometíeis."

40. Por certo, aos que desmentem Nossos sinais e, diante deles, se ensoberbecem, não se lhes abrirão as portas do céu nem entrarão no Paraíso, até que o camelo[3] penetre

---

(1) **Irmã** : a geração precedente, amaldiçoada por haver extraviado a nação seguinte.
(2) **Nele** : no Inferno.
(3) Camelo, em árabe, é **jamal**; mas esta palavra árabe pode ser lida, também, **jaml**, que significa, então, soga, corda grossa. A segunda maneira de interpretar esta palavra foi escolhida pelo companheiro do Profeta, o erudito Ibn Abbās, asseverando que as analogias ensinadas por Deus são mais propícias que aquelas alusivas ao camelo. Ou seja, enquanto a soga é mais condizente com o fio que passa pelo fundo da agulha, o camelo é bem mais estranho a esta. Entretanto, a opinião geral que a palavra, no texto, significa camelo, o símbolo de algo

no fundo da agulha. E, assim, recompensaremos os criminosos.

41. Terão a Geena, por leito, e sobre eles, cobertas **de fogo**. E, assim, recompensaremos os injustos.

42. E os que crêem e fazem as boas obras – não impomos a nenhuma alma senão o que é de sua capacidade – esses são os companheiros do Paraíso. Nele, serão eternos.

43. E tiraremos o que houver de ódio em seus peitos. Correrão rios a seus pés. E dirão: "Louvor a Allah, Que nos guiou a isto! E não haveríamos guiado, se Allah não nos houvesse guiado! Com efeito, os Mensageiros de nosso Senhor chegaram com a Verdade." E bradar-se-lhes-á: "Este é o Paraíso que vos fizeram herdar, pelo que fazíeis."

44. E os companheiros do Paraíso bradarão aos companheiros do Fogo: "Com efeito, encontramos verdadeiro o que nosso Senhor nos prometera: então, vós encontrastes verdadeiro o que vosso Senhor prometera?" Eles dirão: "Sim." Então, um anunciador anunciará,

---

volumoso, e o fundo da agulha, o símbolo da passagem estreita. E, por tratar-se, aqui, de algo impossível, nada obsta que se apele para esta imagem, a fim de traduzir-se a impossibilidade dos descrentes no céu. Vide Mateus XIX 24; Marcos X 25 e Lucas XVIII 25.

entre eles, que a maldição de Allah será sobre os injustos,

45. Que afastaram **os homens** do caminho de Allah, e buscaram torná-lo tortuoso, e foram renegadores da Derradeira Vida.

46. E haverá, entre ambos, uma muralha. E, sobre Al'A'rāf[1], haverá homens, que reconhecerão cada um por seu semblante[2]. E bradarão aos companheiros do Paraíso: "Que a paz esteja sobre vós!" Eles não entraram nele, enquanto **a isso** aspirem.

47. E, quando suas vistas se voltarem em direção aos companheiros do Fogo, dirão: "Senhor nosso! Não nos faça estar com o povo injusto."

48. E os companheiros[3] de Al 'A'rāf bradarão a uns homens, que reconhecerão por seu semblante. Dirão: "De que vos valeu vosso juntar de riquezas e vossa soberba?

---

[1] Ocorre, aqui, a primeira menção da palavra **Al A'Rāf**, o ponto mais alto da muralha divisória entre o Paraíso e o Inferno.

[2] O reconhecimento se fará pelo esplendor das faces dos bem-aventurados. e pela negritude das faces dos mal-aventurados. Cf. III 106 n3.

[3] São várias as opiniões acerca destes companheiros de Al A'Rāf. Há quem os relacione a anjos, e, outros, a mensageiros; outros, ainda, a indivíduos cujas boas e más ações se equilibram. Entretanto, na verdade, não podem ser anjos, já que, no versículo 46 desta mesma sura, são chamados de **homens**, termo que não se aplica aos anjos. A opinião mais credenciada é a de que eles representam o escol da humanidade e as testemunhas das nações, junto às quais se constituem profetas e mensageiros.

49. "Estes⁽¹⁾ são aqueles a respeito dos quais jurastes que Allah não os alcançaria com Sua misericórdia? **Mas Allah disse-lhes**: 'Entrai no Paraíso; nada haverá que temer por vós, e vós não vos entristecereis!'"

50. E os companheiros do Fogo bradarão aos companheiros do Paraíso: "Entornai, sobre nós, uma pouca água ou do que Allah vos deu por sustento." Dirão: "Por certo, Allah proibiu ambas as cousas aos renegadores da Fé,

51. "Que tomaram sua religião por entretenimento e diversão, e que a vida terrena iludiu." Então, hoje, Nós os esqueceremos como esqueceram eles o deparar deste seu dia, e **isso**, porque negavam Nossos sinais.

52. E, com efeito, chegamo-lhes⁽²⁾ com um Livro, Que aclaramos com ciência, como orientação e misericórdia para um povo que crê.

53. Não esperam eles senão sua interpretação⁽³⁾? Um dia, quando sua interpretação chegar, dirão os que, antes, o esqueceram: "Com efeito, os Mensageiros de nosso Senhor chegaram com a Verdade.

---

(1) **Estes** : os companheiros do Paraíso, que os idólatras desprezavam, na vida terrena.
(2) **Lhes** : aos habitantes de Makkah.
(3) **Sua interpretação** : o cumprimento das revelações do Livro.

Então, será que teremos intercessores, e, por nós, intercederão? Ou podemos ser levados **à terra**, e faremos outra cousa que a que fizemos?" Com efeito, perder-se-ão a si mesmos, e sumirá, **para longe** deles, o que forjavam.

54. Por certo, vosso Senhor é Allah, Que criou os céus e a terra, em seis dias[(1)]; em seguida, estabeleceu-Se no Trono. Ele faz a noite encobrir o dia, **cada um** na assídua procura do outro; e **criou** o sol e a lua e as estrelas, submetidos, por Sua ordem. Ora, dEle é a criação e a ordem. Bendito seja Allah, O Senhor dos mundos!

55. Invocai a vosso Senhor, humilde e secretamente. Por certo, Ele não ama os agressores.

56. E não semeeis a corrupção na terra, depois de reformada. E invocai-O, com temor e aspiração. Por certo, a misericórdia de Allah está próxima dos benfeitores.

57. E Ele é Quem envia o vento, por alvissareiro, adiante de Sua misericórdia[(2)], até que, quando

---

[(1)] Aqui, não se trata, é óbvio, dos dias convencionais de 24 horas de duração, mas sim, de extensas fases de tempo, uma vez que o sistema solar, ao qual se relacionam os dias convencionais, não existia, ainda, nos primórdios da criação.

[(2)] **Adiante de Sua misericórdia**: antes da chuva, que é dádiva divina, para fazer brotar o alimento do homem.

carrega pesadas nuvens, conduzimo-las a uma plaga morta⁽¹⁾; e fazemos descer sobre ela a água, com que, então, fazemos sair todos os frutos. Assim, faremos sair os mortos **dos sepulcros. Isso**, para meditardes.

58. E, da plaga benigna, sai sua planta, com a permissão de seu Senhor. E, da que é maligna, nada sai senão escassa e infrutuosa-mente⁽²⁾. Assim, patenteamos os sinais, para um povo que agradece.

59. Com efeito, enviamos Noé a seu povo. E disse: "Ó meu povo! Adorai a Allah: não tendes outro deus que **não seja** Ele. Por certo, temo, por vós, o castigo de um formidável dia."

60. Os dignitários de seu povo disseram: "Por certo, nós te vemos em evidente descaminho."

61. Noé disse: "Ó meu povo! Não há descaminho em mim, mas sou Mensageiro do Senhor dos mundos.

62. "Transmito-vos as mensagens de meu Senhor e aconselho-vos, e sei de Allah o que não sabeis.

63. "E vos admirais de que vos chegue uma mensagem de vosso

---

(1) **Morta**: árida.

(2) O versículo faz alegoria entre o homem bom e o mau: enquanto o primeiro está aberto à prática de boas ações, o segundo, recusando-se a isso, permanece extraviado, sem nada frutificar de bom.

Senhor, por meio de um homem **vindo** de vós, para admoestar-vos e para serdes piedosos e para obterdes misericórdia?"

64. E desmentiram-no; então, salvamo-lo e aos que estavam com ele, no barco, e afogamos os que desmentiram Nossos sinais. Por certo, eles eram um povo cego.

65. E, ao **povo** de ᶜĀd[1], enviamos seu irmão[2] Hūd. Disse: "Ó meu povo! Adorai a Allah: não tendes outro deus que **não seja** Ele. Então, não temeis **a Allah**?"

66. Os dignitários de seu povo, os quais renegavam a Fé, disseram: "Por certo, nós te vemos em insensatez e, por certo, pensamos que és dos mentirosos."

67. **Hūd** disse: "Ó meu povo! Não há insensatez em mim, mas sou Mensageiro do Senhor dos mundos.

68. "Transmito-vos as mensagens de meu Senhor e sou, para vós, leal conselheiro.

69. "E vos admirais de que vos chegue uma Mensagem de vosso Senhor, por meio de um homem

---

[1] **Povo de ᶜĀd**: povo que habitava a Península Arábica, no local chamado Al Aḥqāf, entre Ḥadramaut e Yêmen, havendo aí surgido, após Noé.

[2] **Irmão** : traduz a palavra **'Akh**, que engloba várias acepções. Aqui, refere-se a um membro da tribo, que é o profeta Hūd.

vindo de vós, para admoestar-vos? E lembrai-vos de que Ele vos fez sucessores, depois do povo de Noé, e acrescentou-vos força e estatura, entre as criaturas. Então, lembrai-vos das mercês de Allah, na esperança de serdes bem-aventurados."

70. Disseram: "Vens a nós para que adoremos a Allah, só a Ele, e deixemos o que nossos pais adoravam? Então, faze-nos vir o⁽¹⁾ que nos prometes, se és dos verídicos."

71. Disse: "com efeito, cairá, sobre vós, tormento e ira de vosso Senhor. Discutis comigo acerca de nomes **de ídolos** que nomeastes, vós e vossos pais, **e** dos quais Allah não fez descer comprovação alguma? Então, esperai; Por certo, estarei convosco entre os que esperam."

72. E salvamo-lo e aos que estavam com ele, por misericórdia de Nossa Parte, e exterminamos, até o último deles, aos que desmentiram Nossos sinais, e não eram crentes.

73. E ao **povo de** Thamūd⁽²⁾, **enviamos** seu irmão Ṣāliḥ. Disse: "Ó meu povo! Adorai a Allah: não

---

(1) O : o castigo.

(2) **Povo de Thamūd** : tribo árabe pré-islâmica, cujo *habitat* se encontrava entre Al Ḥijāz e a Síria.

tendes outro deus que **não seja** Ele. Com efeito, chegou-vos uma evidência de vosso Senhor: este camelo fêmea vindo de Allah é, para vós, como sinal[1]. Então, deixai-o comer na terra de Allah e não o toqueis com mal algum: pois, apanhar-vos-ia um doloroso castigo.

74. "E lembrai-vos de que Ele vos fez sucessores, depois **do povo** de ʿĀd, e vos fez dispor da terra: ergueis palácios em suas planícies e escavais casas nas montanhas. Então, lembrai-vos das mercês de Allah. E não semeeis a maldade na terra, sendo corruptores."

75. Os dignitários de seu povo disseram aos que foram subjugados, aos que, entre eles creram: "Sabeis que Ṣāliḥ é enviado de seu Senhor?" Disseram: "Por certo, estamos crendo naquilo, com que ele foi enviado."

76. os que se ensoberbeceram Disseram: "Por certo, estamos

---

[1] O povo de Thamūd, ao ouvir Ṣāliḥ exortando-os à crença de Deus, exigiu-lhe um sinal profético. Inquirindo-os sobre que espécie de sinal desejavam, o chefe do povo apontou para uma rocha, nas imediações de uma montanha, dizendo-lhe que, então, suplicasse a seu Senhor, fosse fendida a rocha, para dela surgir um camelo fêmea. Assim aconteceu. E Ṣāliḥ ordenou-lhes que não mais maltratassem o animal e que o deixassem pastar à vontade e beber das poças d'água, em dias alternados, ou seja, num dia a tribo beberia da água; noutro dia, o animal. Conta-se que, quando este bebia, esgotava a água do poço e ficava à disposição da tribo, que o ordenhava fartamente. Contudo, não crendo na profecia de Ṣāliḥ, a grande maioria da tribo conspirou, finalmente, contra o animal, e, incumbiram Qudār Ibn Sālif de matá-lo. Por isso, todos foram aniquilados por um raio.

renegando aquilo em que credes."

77. Então, abateram o camelo fêmea e transgrediram, desmesuradamente, a ordem de seu Senhor, e disseram: "Ó Ṣāliḥ! Faze-nos vir o⁽¹⁾ que nos prometes, se és dos Mensageiros."

78. E o terremoto apanhou-os, e amanheceram, em seus lares, inertes, sem vida.

79. E **Ṣāliḥ** voltou-lhes as costas e disse: "Ó meu povo! Com efeito, transmiti-vos a mensagem de meu Senhor e aconselhei-vos, mas vós não amais os conselheiros."

80. E Loṭ, quando disse a seu povo: "Vós vos achegais à obscenidade, em que ninguém, nos mundos, se vos antecipou?

81. "Por certo, vós vos achegais aos homens⁽²⁾, por lascívia, ao invés de às mulheres. Sois, aliás, um povo entregue a excessos."

82. E a resposta de seu povo não foi senão dizer: "Fazei-os⁽³⁾ sair de vossa cidade. Por certo, são pessoas que se pretendem puras."

83. Então, salvamo-lo, e a sua família, exceto sua mulher, que foi

---

⁽¹⁾ **O**: o castigo.

⁽²⁾ Alusão às práticas homossexuais, disseminadas entre o povo de Loṭ.

⁽³⁾ **Os**: Loṭ e sua família.

dos⁽¹⁾ que ficaram para trás.

84. E fizemos cair sobre eles chuva⁽²⁾: então, olha como foi o fim dos criminosos!

85. E, ao **povo de** Madian⁽³⁾, **enviamos** seu irmão Chuʿaib. Disse: "Ó meu povo! Adorai a Allah; não tendes outro deus que **não seja** Ele. Com efeito, chegou-vos uma evidência⁽⁴⁾ de vosso Senhor. Então, completai, **com eqüidade**, a medida e o peso, e não subtraias das pessoas suas cousas, e não semeeis a corrupção na terra, depois de reformada. Isso vos é melhor, se sois crentes.

86. "E não fiqueis à espreita, em cada senda, ameaçando e afastando do caminho de Allah os que nEle crêem, e buscando torná-lo tortuoso. E lembrai-vos do tempo em que éreis poucos, e Ele vos multiplicou. E olhai como foi o fim dos corruptores.

87. "E, se há, entre vós, uma facção que crê naquilo com que fui

---

(1) **Os que ficaram para trás** traduz a palavra **al ghābirīn**, que, segundo alguns exegetas, se refere aos condenados que ficaram na cidade e foram destruídos junto com ela.

(2) Tipo extraordinário de chuva, constituída de pedras de fogo.

(3) **Madian**: região da Arábia Saudita, ao norte da Península, entre o golfo de Aqabah, ao norte, e Yanbuʿ e Al Madīnah, ao sul. É a terra do profeta Chuʿaib.

(4) Segundo este versículo, Chuʿaib trazia, também, um sinal profético, embora não especificado, no Alcorão.

enviado, e uma facção que não crê, pacientai, até que Allah julgue, entre nós. E Ele é O Melhor dos juízes."

88. Os dignitários de seu povo, que se ensoberbeceram, disseram: "Em verdade, far-te-emos sair, ó Chuʿaib, e aos que crêem contigo, de nossa cidade, ou regressareis a nossa crença." Ele disse: "E ainda que **a** odiássemos?

89. "Com efeito, forjaríamos mentiras acerca de Allah, se regressássemos a vossa crença, após Allah haver-nos livrado dela. E não nos é admissível regressarmos a ela, a menos que Allah, nosso Senhor, **o** queira. Nosso Senhor abrange todas as cousas, em ciência. Em Allah confiamos. Senhor nosso! Sentencia, com a verdade, entre nós e nosso povo, e Tu és O Melhor dos sentenciadores."

90. E os dignitários[1] de seu povo, que renegavam a Fé disseram: "Em verdade, se seguirdes a Chuʿaib, por certo, nesse caso, sereis perdedores."

91. E o terremoto apanhou-os, e amanheceram, em seus lares, inertes, sem vida.

---

(1) Ou seja, disseram a seus subordinados.

92. Os que desmentiram a Chuʿaib, foram **exterminados**, como se lá jamais houvessem morado. Os que desmentiram a Chuʿaib, foram eles os perdedores.

93. Então, **Chuʿaib** voltou-lhes as costas, e disse: "Ó meu povo! Com efeito, transmiti-vos as mensagens de meu Senhor e aconselhei-vos. Então, como afligir-me com um povo renegador da Fé?"

94. E não enviamos a uma cidade profeta algum, sem apanhar seus habitantes, com a adversidade e o infortúnio, para se humildarem.

95. Em seguida, trocamo-lhes o mal pelo bem, até se multiplicarem e dizerem: "Com efeito, o infortúnio e a prosperidade tocaram a nossos pais." Então, apanhamo-los, inopinadamente, enquanto não percebiam.

96. E, se os habitantes das cidades houvessem crido e houvessem sido piedosos, haver-lhes-íamos facultado bênçãos do céu e da terra; mas desmentiram **os Mensageiros**; então, apanhamo-los pelo que cometiam.

97. Será que os habitantes das cidades estão seguros de que lhes não chegará Nosso suplício, durante a noite, enquanto dormem?

98. Ou os habitantes das cidades

estão seguros de que lhes não chegará Nosso suplício, em plena luz matinal, enquanto se divertem?

99. Estão seguros, pois, contra o estratagema de Allah? Então, não está seguro contra o estratagema de Allah senão o povo perdedor.

100. E não é notório, aos que herdaram a terra após **o aniquilamento de** seus habitantes, que, se quiséssemos os alcançaríamos, por seus delitos, e selar-lhes-íamos os corações, então não ouviriam?

101. Essas são as cidades, de cujos informes te narramos algo. E, com efeito, seus Mensageiros, chegaram-lhes com as evidências, e não quiseram crer no que haviam desmentido, antes. Assim, Allah sela os corações dos renegadores da Fé.

102. E não encontramos, na maioria deles, nenhum **cumprimento do** pacto. Mas, por certo, encontramos a maioria deles perversa.

103. Em seguida, depois deles, enviamos Moisés, com Nossos sinais, a Faraó e a seus dignitários, mas foram injustos com eles. Então, olha como foi o fim dos corruptores.

104. E Moisés disse: "Ó Faraó, sou Mensageiro do Senhor dos mundos;

105. "Impende-me não dizer de Allah senão a verdade. Com efeito, cheguei-vos com uma evidência de vosso Senhor; então, envia comigo os filhos de Israel."

106. Faraó disse: "Se estás chegando com um sinal, faze-o vir, se és dos verídicos."

107. Então, Moisés lançou sua vara, e ei-la evidente serpente.

108. E tirou sua mão[1]; e ei-la alva[2] para os olhadores.

109. Os dignitários do povo de Faraó disseram: "Por certo, este é um mágico sapiente,

110. "Que deseja fazer-vos sair de vossa terra." **Disse Faraó**: "Então, que ordenais[3]?"

111. Disseram: "Pretere-o e a seu irmão, e envia congregantes às cidades;

112. "Far-te-ão vir todo mágico sapiente."

113. E os mágicos chegaram a Faraó. Disseram: "Por certo, teremos um prêmio, se formos nós os vencedores?"

---

[1] Ou seja, tirou a mão de dentro da abertura do peitoral.

[2] Vide Êxodo IV 2 - 8.

[3] A intercalação da fala faraônica é uma das interpretações, apresentada pelo exegeta Al Zamakhcharī, em sua obra **Al Kachchāf**, volume II, p. 102, Cairo, 1935.

114. **Faraó** disse: "Sim, e, por certo, estareis entre os achegados."

115. Disseram: "Ó Moisés, ou lançarás **tua vara** ou seremos nós os lançadores?"

116. Moisés disse: "Lançai". Então, quando lançaram⁽¹⁾, enfeitiçaram os olhos dos homens e assombraram-nos. E chegaram com magnífica magia.

117. E Nós inspiramos a Moisés: "Lança tua vara." Então, ei-la que engoliu o que falsificaram.

118. Então, a verdade confirmou-se e o que faziam derrogou-se.

119. E foram, aí, vencidos⁽²⁾ e tornaram-se humilhados.

120. E os mágicos caíram, prosternando-se.

121. Disseram: "Cremos no Senhor dos mundos,

122. "O Senhor de Moisés e Aarão!"

123. Faraó disse: "Credes nele, antes de eu vo-lo permitir? Por certo, isto é um estratagema de que usastes, na cidade, para fazer sair dela seus habitantes. **Logo**, sabereis!

---

(1) Quer dizer, quando lançaram suas cordas e varas. Vide XXVI 44.

(2) Quer dizer, Faraó e seus dignitários foram vencidos.

124. "Em verdade, cortar-vos-ei as mãos e as pernas, de lados opostos; em seguida, crucificar-vos-ei, a todos."

125. Disseram: "Por certo, seremos tornados a nosso Senhor.

126. "E tu não te vingas de nós senão por crermos nos sinais de nosso Senhor, quando **estes** nos chegaram. Senhor nosso! Verte sobre nós paciência e leva-nos a alma, enquanto moslimes."

127. E os dignitários de Faraó disseram: "Deixarás Moisés e seu povo, para que semeiem a corrupção na terra, e para que ele te deixe, e a teus deuses?" Disse: "matar-lhes-emos os filhos e deixar-lhes-emos vivas as mulheres e, por certo, somos sobre eles dominadores."

128. Moisés disse a seu povo: "Implorai ajuda de Allah, e pacientai. Por certo, a terra é de Allah; Ele a faz herdar a quem quer, entre Seus servos. E o final feliz é dos piedosos."

129. Disseram: "Fomos molestados, antes que viesses a nós, e, depois de tua chegada a nós⁽¹⁾." Disse: "Quiçá, vosso Senhor

---

(1) Este versículo alude ao sofrimento pelo qual passaram, quando Faraó ordenou a matança de todos os varões, antes do nascimento de Moisés; e ao sofrimento pelo qual irão passar com a nova ameaça de matança aos varões.

aniquile vosso inimigo e vos faça suceder **a ele**, na terra; então, Ele olhará como fareis."

130. E, com efeito, apanhamos o povo de Faraó com anos de seca e escassez de frutos, para meditarem.

131. Então, quando o bem lhes chegava, diziam: "Isso se deve a nós[1]." E, se um mal os alcançava, pressentiam mau agouro por causa de Moisés e dos que estavam com ele. Ora, seu agouro é junto de Allah, mas a maioria deles não sabe.

132. E disseram: "Sejam quais forem os sinais, com que nos chegues, para com eles enfeitiçar-nos, não estaremos crendo em ti."

133. Então, enviamos, sobre eles, o dilúvio e os gafanhotos e os piolhos[2] e as rãs e o sangue, como claros sinais, e ensoberbeceram-se, e foram um povo criminoso.

134. E, quando o tormento sobre eles caiu, disseram: "Ó Moisés! Suplica, por nós, a teu Senhor, pelo que te recomendou. Em verdade, se removeres de nós o tormento, creremos em ti e enviaremos, contigo, os filhos de Israel."

---

(1) Ou seja, "por nossos méritos".

(2) Em árabe, esta palavra designa, além de piolho, outros tipos de insetos, como a pulga, o caruncho, o mosquito, que atacam os cereais, devorando-lhes as espigas incipientes. Em síntese, é praga nociva à saúde dos homens, dos animais e dos vegetais.

135. E, quando removemos deles o tormento, até um termo, a que iriam chegar, ei-los que violaram a promessa.

136. Então, vingamo-Nos deles e afogamo-los na onda, porque desmentiram Nossos sinais e a eles estiveram desatentos.

137. E fizemos herdar ao povo, que estava subjugado⁽¹⁾, as regiões orientais e ocidentais da terra, que abençoamos. E a mais bela Palavra de teu Senhor cumpriu-se, sobre os filhos de Israel, porque pacientaram. E profligamos tudo quanto engenharam Faraó e seu povo, e tudo quanto erigiram.

138. E fizemos os filhos de Israel atravessarem o mar, e eles foram ter a um povo que cultuava seus ídolos. Disseram; "Ó Moisés! Faze-nos ter um deus, **assim** como eles têm deuses." Disse: "Por certo, sois um povo ignorante⁽²⁾.

139. "Por certo, a estes, o⁽³⁾ que praticam ser-lhes-á esmagado, e derrogado o que faziam."

140. Disse: "Buscar-vos-ei outro deus que Allah, enquanto Ele vos preferiu aos mundos?"

---

(1) Alusão à escravidão dos filhos de Israel.

(2) Na verdade, os filhos de Israel ignoram o quão absurdo é o que pedem a Moisés.

(3) O: a idolatria.

141. E **lembrai-vos de** quando Nós vos salvamos do povo de Faraó, que vos infligia o pior castigo: degolavam vossos filhos e deixavam vivas vossas mulheres. E, nisso houve, de vosso Senhor, terrível prova.

142. E fizemos promessa a Moisés durante trinta noites, e as completamos com **mais** dez. Assim, completou-se o tempo marcado de seu Senhor, em quarenta noites. E Moisés disse a seu irmão Aarão: Sucede-me junto de meu povo e age bem, e não sigas o caminho dos corruptores.

143. E, quando Moisés chegou a Nosso tempo marcado, e seu Senhor lhe falou, disse: "Senhor meu! Faze-me ver-Te, que Te olharei." Ele disse: "Não Me verás, mas olha para a Montanha: se permanecer em seu lugar, ver-Me-ás." E, quando seu Senhor se mostrou à Montanha, fê-la em pó, e Moisés caiu fulminado. E, quando voltou a si, disse: "Glorificado sejas! Volto-me arrependido para Ti e sou o primeiro dos crentes."

144. Allah disse: "Ó Moisés! Por certo, escolhi-te, sobre todas as pessoas, para Minhas mensagens e Minhas palavras; então, toma o que te concedi e sê dos agradecidos."

145. E escrevemo-lhe, nas tábuas, exortação acerca de tudo e aclaração de todas as cousas, e **lhe dissemos**: "Então, toma-as, com firmeza, e ordena a teu povo que tome o que há de melhor nelas. Far-vos-ei ver a morada dos perversos.

146. "Desviarei de Meus sinais os que, na terra, se mostram soberbos, sem razão, e, se eles vêem todos os sinais, neles não crêem, e, se vêem o caminho da retidão, não o tomam por caminho, e, se vêem o caminho da depravação, tomam-no por caminho. Isso, porque eles, por certo, desmentiam Nossos sinais e a eles estavam desatentos.

147. "E os que desmentem Nossos sinais, e o deparar da Derradeira Vida terão anuladas suas obras. Não serão recompensados, senão pelo que faziam?"

148. E o povo de Moisés, depois deste, tomou, **por divindade,** um bezerro feito de suas jóias: um corpo que dava mugidos. Não viram eles que ele não lhes falava nem os guiava a caminho algum? Tomaram-no, **por divindade**, e foram injustos.

149. E, quando a consciência os remordeu e viram que, com efeito, se descaminharam, disseram: "Em verdade, se nosso Senhor não tiver misericórdia de nós e não nos perdoar, seremos dos perdedores."

150. E, quando Moisés voltou a seu povo, irado e pesaroso, disse: "Execrável é **a maneira com** que me sucedestes, em minha ausência. Quisestes apressar a ordem de vosso Senhor?" E lançou as Tábuas e apanhou a seu irmão, pela cabeça, puxando-o para si. **Aarão** disse: "Ó filho de minha mãe! Por certo, o povo me julgou fraco e quase me matou; então, não faças os inimigos se regozijarem com minha desgraça, e não me faças estar com o povo injusto."

151. Moisés disse: "Senhor meu! Perdoa-me e a meu irmão, e faze-nos entrar em Tua misericórdia, e Tu és O mais Misericordiador dos misericordiadores."

152. Por certo, aos que tomaram o bezerro, **por divindade**, alcançá-los-á ira de seu Senhor, e vileza, na vida terrena. E, assim, recompensamos os forjadores **de falsidades**.

153. E os que fazem más obras; em seguida, voltam-se arrependidos, depois destas, e crêem, por certo, teu Senhor, depois disso, é Perdoador, Misericordiador.

154. E, quando a ira de Moisés se calou, ele retomou as Tábuas. E, em sua inscrição, havia orientação e misericórdia para os que veneram a seu Senhor.

155. E Moisés escolheu setenta homens de seu povo, para Nosso tempo marcado. E, quando o terremoto os apanhou, **Moisés** disse: "Senhor meu! Se quisesses, havê-los-ias aniquilado, antes, e a mim. Tu nos aniquilas pelo que fizeram os insensatos entre nós? Isto não é senão Tua provação, com que descaminhas a quem queres e guias a quem queres. Tu és nosso Protetor: então, perdoa-nos e tem misericórdia de nós, e Tu és O Melhor dos perdoadores.

156. "E prescreve-nos, nesta vida terrena, algo de bom, e na Derradeira Vida **também**. Por certo, para Ti, voltamo-nos arrependidos." **Allah** disse: "Com Meu castigo, alcançarei a quem quiser. E Minha misericórdia abrange todas as cousas. Então, prescrevê-la-ei aos que são piedosos, e concedem az-zakāh[(1)], e aos que crêem em Nossos sinais,

157. "Os que seguem o Mensageiro, O Profeta iletrado[(2)] – que eles encontram escrito junto deles,

---

[(1)] **Cf II 43 n4.**

[(2)] **Iletrado**: traduz a palavra **ummī**, ou seja, aquela que não sabe ler, tal como o Profeta.

na Tora e no Evangelho – o qual lhes ordena o que é conveniente e os coíbe do reprovável, e torna lícitas, para eles, as cousas benignas e torna ilícitas, para eles, as cousas malignas e os livra de seus fardos e dos jugos[1] a eles impostos. Então, os que crêem nele e o amparam e o socorrem e seguem a luz[2], que foi descida, **e está** com ele, esses são os bem-aventurados."

158. Dize, **Muḥammad**: "Ó humanos! Por certo, sou, para todos vós, o Mensageiro de Allah de Quem é a soberania dos céus e da terra. Não existe deus senão Ele. Ele dá a vida e dá a morte. Então, crede em Allah e em Seu Mensageiro, o Profeta iletrado, que crê em Allah e em Suas palavras, e segui-o, na esperança de vos guiardes."

159. E há, entre o povo de Moisés, uma comunidade[3], que guia **os outros**, com a verdade[4], e, com ela, faz justiça.

160. E Nós os dividimos em doze tribos, **tornando-as** comunidades. E inspiramos a Moisés, quando seu

---

(1) Alusão às severas leis impostas aos judeus (tais como: a queima dos espólios bélicos, o suicídio expiatório, a mutilação dos órgãos infratores) das quais foram remidos, com a vinda do Profeta.

(2) **A Luz**: o Alcorão.

(3) Referência ou aos filhos de Israel, que abraçaram o Islão, ao tempo de Muḥammad; ou aos judeus contritos, que seguiram, plenamente, a Lei mosaica.

(4) **Com a verdade**: dentro dos preceitos revelados por Deus.

povo lhe pediu água: "Bate na pedra com tua vara." E dela jorraram doze olhos d'água. Cada tribo soube de onde beber. E fizemos as nuvens sombreá-los, e fizemos descer sobre eles o maná e as codornizes[1], **dizendo**: "Comei das cousas benignas, que vos damos por sustento." E não foram injustos coNosco, mas foram injustos com si mesmos.

161. E, **lembra-lhes, Muḥammad, de** quando se lhes disse: "Habitai esta cidade[2] e dela comei, onde quiserdes, e dizei: 'Perdão'. E entrai pela porta, prosternando-vos, Nós vos perdoaremos os erros. Acrescentaremos **as graças** aos benfeitores."

162. Em seguida, os injustos, dentre eles, trocaram, por outro dizer, o que lhes havia sido dito; então, enviamos, sobre eles, um tormento do céu, porque eram injustos.

163. E pergunta-lhes[3] pela cidade[4], que ficava à beira-mar, quando **seus habitantes** cometeram agressão, no sábado, quando os peixes lhes chegaram emergindo

---

(1) Cf. II 57.
(2) Cf. II 58 n2.
(3) **Lhes**: aos judeus.
(4) Cf. II 65 n3.

7. Sūratu 'Al-'a'rāf — Parte 9

em seu dia de sábado, e, em dia, em que não sabatizavam, não lhes chegavam estes. Assim, pusemo-los à prova, pela perversidade que cometiam.

164. E de quando uma comunidade[1], entre eles, disse: "Por que exortais um povo, que Allah aniquilará ou castigará com veemente castigo?" Disseram: "É escusa perante vosso Senhor, e **isso**, para serem, talvez, piedosos."

165. Então, quando esqueceram o de que foram lembrados, salvamos os que coibiam o mal e apanhamos os que foram injustos, com impetuoso castigo, pela perversidade que cometiam.

166. E, quando eles transgrediram, desmesuradamente, o de que foram coibidos, Nós lhes dissemos: "Sede símios repelidos!"

167. E de quando teu Senhor noticiou que, na verdade, enviaria, sobre eles[2], até o Dia da Ressurreição, quem lhes infligiria o pior castigo. Por certo, teu Senhor é Destro na punição. E, por certo, Ele é Perdoador, Misericordiador.

---

(1) Trata-se de um grupo de homens íntegros, da cidade de Elate, que já se haviam empenhado, anteriormente, mas em vão, ao aconselhamento dos habitantes desta localidade.

(2) **Eles**: os judeus.

168. E dividimo-los em comunidades, na terra. Dentre eles, havia os íntegros e, dentre eles, havia os que eram inferiores a isso. E pusemo-los à prova, com as boas ações e as más ações, para retornarem **ao bom caminho**.

169. Então, vieram, depois deles, sucessores[1], que herdaram o Livro[2]: tomam o que é efêmero deste **mundo** inferior, e dizem: "Perdoar-nos-ão." E, se lhes chega algo efêmero, semelhante, tomam-no **de novo**. Acaso, não foi confirmada com eles a aliança do Livro de não dizer acerca de Allah senão a verdade? E eles estudaram o que havia nele[3]. E a Derradeira Morada é melhor para os que são piedosos. Então, não razoais?

170. E os que se atêm ao Livro e cumprem a oração, por certo, não faremos perder o prêmio dos emendadores.

171. E quando arrancamos a Montanha, **elevando-a** acima deles, como se fosse um dossel e eles pensaram que iria cair sobre eles. E dissemo-lhes: "Tomai, com firmeza, o que Nós vos concedemos

---

(1) **Sucessores**: os judeus de Al Madīnah, contemporâneos do Profeta.

(2) **O Livro**: a Tora.

(3) **Nele**: na Tora, quando diz que o arrependimento de cada um é a condição *sine qua non* para sua remissão.

e lembrai-vos do que há nele, na esperança de serdes piedosos."

172. E, **lembra-te, Muḥammad, de** quando teu Senhor tomou, dos filhos de Adão – do dorso⁽¹⁾ deles – seus descendentes e fê-los testemunhas de si mesmos, **dizendo-lhes**: "Não sou vosso Senhor?" Disseram: "Sim, testemunhamo-lo." **Isso**, para não dizerdes, no Dia da Ressurreição: "Por certo, a isto estávamos desatentos",

173. Ou, para não dizerdes: "Apenas, nossos pais idolatraram, antes, e somos **sua** descendência, após eles. Tu nos aniquilas pelo que fizeram os defensores da falsidade?"

174. E, assim, aclaramos os sinais, e **isso**, para, **talvez**, retornarem.

175. E recita, para eles, a história daquele⁽²⁾ a quem concedêramos Nossos sinais, e deles se afastara: então, Satã perseguira-o, e ele fora dos desviados.

---

(1) Este passo refere-se à origem primordial da descendência na região dorsal. Com efeito, modernas pesquisas científicas confirmam que, no feto, os testículos se formam, primeiro, na região dorsal, abaixo dos rins, aí permanecendo até as últimas semanas, quando começam a deslocar-se para seu lugar definitivo e aparente. Na mulher, os ovários formam-se, justamente, abaixo dos rins, descendo, depois, para as ilhargas, quando cada um deles irá ladear o útero. Vide **Al Muntakhab**, p. 235, Cairo, 1968.

(2) Alusão a Balaão, filho de Beor, um dos sábios do povo de Israel, que renegou o que aprendera nos Livros divinos, e seguiu Satã. Vide Números XXII.

176. E, se quiséssemos, havê-lo-íamos elevado com eles[1], mas ele se ativera à terra e seguira suas paixões. E seu exemplo é igual ao do cão: se o repeles, arqueja, ou, se o deixas, arqueja. Esse é o exemplo do povo, que desmente Nossos sinais. Então, narra-lhes a narrativa, na esperança de refletirem[2].

177. Que vil, como exemplo, o povo que desmente Nossos sinais e é injusto com si mesmo!

178. Quem Allah guia é o guiado. E aqueles a quem Ele descaminha, esses são os perdedores.

179. E, com efeito, destinamos, para a Geena, muitos do jinns e humanos. Têm corações com que não compreendem, e têm olhos, com que nada enxergam, e têm ouvidos, com que não ouvem. Esses são como os rebanhos, aliás, são mais decaminhados[3]. Esses são os desatentos.

180. E de Allah são os mais belos nomes: então, invocai-O com eles, e deixai os que profanam Seus nomes. Serão recompensados pelo que faziam.

---

[1] **Com eles**: com os sinais de Deus.

[2] Ou seja, para os judeus refletirem.

[3] Ou seja, mais extraviados que os animais irracionais que, embora se desgarrem de seus rebanhos, sempre evitam o que lhes é nocivo, enquanto os descrentes se desgarram, em busca da própria ruína.

181. E há, dentre os que criamos, uma comunidade⁽¹⁾, que guia **os outros**, com a verdade, e, com ela, faz justiça.

182. E aos que desmentem Nossos sinais, fá-los-emos se abeirarem de seu aniquilamento, por onde não saibam.

183. E conceder-lhes-ei prazo. Por certo, Minha insídia é fortíssima.

184. E não refletiram eles? Não há loucura alguma em seu companheiro⁽²⁾. Ele não é senão evidente admoestador.

185. E não olharam para o reino dos céus e da terra e para todas as cousas que Allah criou, e **não pensaram** que o termo deles, quiçá, possa estar-se aproximando? Então, em que mensagem, depois dele⁽³⁾, crerão?

186. Para os que Allah descaminha, não haverá guia algum, e Ele os deixará, em sua transgressão, caminhando às cegas.

187. Perguntam⁽⁴⁾te, **Muḥammad**, pela Hora: quando será sua

---

(1) Ou seja, uma nação formada pelos adeptos de Muḥammad.

(2) Ou seja, Muḥammad. Eles afirmavam ser o Profeta um "poeta louco". Vide XXXVII 36.

(3) **Depois dele**: depois do Alcorão.

(4) Ou seja, os habitantes de Makkah perguntam.

ancoragem? Dize: "Sua ciência está, apenas, junto de meu Senhor. Ninguém senão Ele a mostra, em seu **devido** tempo. Ela pesa **aos que estão** nos céus e na terra. Ela não vos chegará senão inopinadamente." Perguntam-te, como se estivesses inteirado dela. Dize: "Sua ciência está, apenas, junto de Allah, mas a maioria dos homens não sabe."

188. Dize: "Não possuo, para mim mesmo, nem benefício nem prejuízo, exceto o que Allah quer. E, se soubesse do Invisível, multiplicar-me-ia os bens, e não me tocaria o mal. Não sou senão admoestador e alvissareiro para um povo que crê."

189. Ele é Quem vos criou de uma só pessoa e, desta, fez sua mulher, para ele tranqüilizar-se junto dela. E, quando com ela coabitou, ela carregou **dentro de si** uma leve carga[1]. E movimentava-se com ela, **sem dificuldade**. Então, quando se tornou pesada, ambos suplicaram a Allah, seu Senhor: "Em verdade, se nos concederes um **filho** são, seremos dos agradecidos."

190. E, quando Ele lhes[2] concedeu um **filho** são, associaram-

---

[1] **Leve carga**: o sêmen.

[2] Alusão aos descendentes de Adão e Eva, os quais, depois, se tornaram idólatras.

Lhe ídolos, no que Ele lhes concedera. Então, Sublimado seja Ele, acima do que **Lhe** associam.

191. Associam-Lhe os⁽¹⁾ que nada criam, enquanto eles mesmos são criados,

192. E que não podem oferecer-lhes socorro nem socorrer-se a si mesmos?

193. E, se os⁽²⁾ convocais à orientação, não vos seguirão. É-vos igual que os convoqueis ou fiqueis calados.

194. Por certo, os que invocais, além de Allah, são servos como vós. Então, invocai-os! Que eles vos atendam, se sois verídicos.

195. Têm eles pernas com que andar? Ou têm mãos, com que bater? Ou têm olhos com que enxergar? Ou têm ouvidos, com que ouvir? Dize: "Invocai vossos ídolos; em seguida, insidiai-me, e não me concedais dilação alguma.

196. "Por certo, meu Protetor é Allah, Quem fez descer o Livro. E Ele protege os íntegros.

197. "E aqueles a que invocais, além dEle, não podem socorrer-vos nem socorrer-se a si mesmos."

---

(1) **Os**: os ídolos.

(2) **Os**: os ídolos.

198. E, se os convocais à orientação, não ouvirão. E vê-los-ás olhar para ti, enquanto nada enxergam.

199. Toma-te, **Muḥammad**, de indulgência[1] e ordena o que é conveniente, e dá de ombros aos ignorantes.

200. E, se, em verdade, te instiga alguma instigação de Satã, procura refúgio em Allah. Por certo, Ele é Oniouvinte, Onisciente.

201. Por certo, os que são piedosos, quando uma sugestão de Satã os toca, lembram-se **dos preceitos divinos**, e ei-los clarividentes.

202. E a seus irmãos **descrentes, os demônios** estendem-lhes a depravação; em seguida, não se detêm.

203. E, quando não lhes[2] trazes um sinal, dizem: "Que o falsifiques!" Dize; "Sigo, apenas, o que me é revelado de meu Senhor. Isto[3] são clarividências de vosso Senhor e orientação e misericórdia para um povo que crê."

204. E, quando for lido o Alcorão, ouvi-o e escutai-o, na

---

[1] **Tomar-se de indulgência para com os homens**: ser indulgente para com seus atos.

[2] **Lhes**: os idólatras de Makkah.

[3] **Isto**: o Alcorão.

esperança de obterdes misericórdia.

205. E invoca teu Senhor, em ti mesmo, humilde e temerosamente, e sem alterar a voz, ao amanhecer e ao entardecer, e não sejas dos desatentos.

206. Por certo, os[1] que estão juntos de teu Senhor não se ensoberbecem, diante de Sua adoração e O glorificam. E prosternam-se diante dEle.

وَٱذۡكُر رَّبَّكَ فِي نَفۡسِكَ تَضَرُّعٗا وَخِيفَةٗ وَدُونَ ٱلۡجَهۡرِ مِنَ ٱلۡقَوۡلِ بِٱلۡغُدُوِّ وَٱلۡأٓصَالِ وَلَا تَكُن مِّنَ ٱلۡغَٰفِلِينَ ۝

إِنَّ ٱلَّذِينَ عِندَ رَبِّكَ لَا يَسۡتَكۡبِرُونَ عَنۡ عِبَادَتِهِۦ وَيُسَبِّحُونَهُۥ وَلَهُۥ يَسۡجُدُونَ ۩ ۝

---

(1) **Os**: os anjos.

8. Sūratu Al-'Anfāl

SŪRATU AL-'A NFĀL[1]
A SURA DOS ESPÓLIOS DE GUERRA

De Al Madīnah – 75 versículos.

Em nome de Allah, O Misericordioso, O Misericordiador.

1. Perguntam[2]-te, **Muḥammad**,

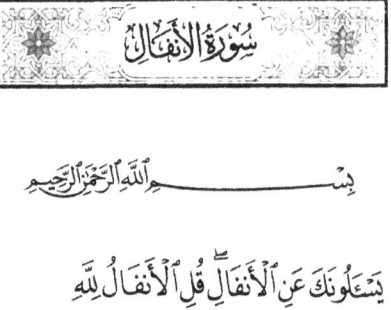

---

[1] **Al-'Anfāl**: plural de **Nafal**, que, etimologicamente, significa **o que é a mais, o que excede**. Posteriormente, passou a denominar os **espólios de guerra**, obtidos do inimigo pelos soldados vitoriosos, já que estes espólios são algo recebido além do alvo principal na luta pela causa de Deus, ou seja, a defesa da nação e a pregação do Islão. Esta sura, assim, se denomina, pela menção de palavra **anfāl** no primeiro versículo. Nela, trata-se da estratégia militar e das legislações que devem ser aplicadas em tempo de guerra, além das orientações que os crentes devem seguir, de um lado, entre eles, e, de outro, entre os inimigos. Destarte, esta sura é iniciada pela solução do problema da partilha de espólios, surgido na batalha de Badr, a primeira entre os moslimes e os idólatras, e ocorrida no segundo ano da Hégira. Por duas vezes ao ano, havia de Makkah para a Síria, e desta para aquela, caravanas que empreendiam comércio nessas regiões. Uma delas, de retorno a Makkah, vinha chefiada por Abū Sufiān, um dos líderes da tribo Quraich - inicialmente, tenaz adversária do Profeta - e trazia consigo perto de quarenta pessoas e grande carregamento de mercadorias. Ao sabê-lo, pelo anjo Gabriel, o Profeta inteirou os mais moslimes do fato, e estes, entusiasmados com a perspectiva não só da posse da caravana, mas de represália ao que os Quraich lhes fizeram, em Makkah, saíram a seu encontro. Nesse interim, Abū Sufiān, a fim de pôr a salvo a caravana, alterou-lhe o rumo, tomando o caminho do litoral. Ao mesmo tempo, Abū Jahl, um dos líderes Quraich, em Makkah, ao cientificar-se dos planos moslimes, reuniu numeroso exército para salvaguardá-la. Quando soube que ela se encontrava à salvo, pela tática de Abū Sufiān, não retornou a Makkah, mas continuou adiante, com o fito de chegar, com seu exército, a Badr, poço de água perto de Al Madīnah, e, assim, intimidar o Profeta e seus companheiros, ostentando-lhes superioridade e força. E, para comemorar o feito, pretendiam festejar com banquetes e vinho. Novamente informado do ocorrido, pelo anjo Gabriel, o Profeta, consultou seus companheiros sobre o ataque ao exército Quraich. Os companheiros, porém, em sua maioria, julgaram melhor não combater, alegando a desigualdade de forças entre as hostes, o que lhes poderia, fatalmente, acarretar a derrota. Finalmente, por inspiração divina, Muḥammad convenceu-os da necessidade de irem a combate, onde, aliás, acabaram sendo vitoriosos.

[2] A terceira pessoa plural é referência aos moslimes, quando, divergindo entre eles, a respeito dos despojos da localidade de Badr, pretendiam saber como dividi-los e a quem deviam eles pertencer, já que os mais jovens sustentavam pertence-lhes exclusivamente, pois, afinal, eram eles que, em luta, se postavam à frente dos exércitos; os mais velhos, entretanto, pensavam o contrário, asseverando que o

pelos espólios. Dize: "Os espólios são de Allah e do Mensageiro⁽¹⁾. Então, temei a Allah e reconciliai-vos. E obedecei a Allah e a Seu Mensageiro, se sois crentes."

2. Os **verdadeiros** crentes são, apenas, aqueles cujos corações se atemorizam, quando é mencionado Allah, e, quando são recitados, para eles, Seus versículos, acrescentam-lhes fé; e eles confiam em seu Senhor;

3. Aqueles que cumprem a oração e despendem do que lhes damos por sustento.

4. Esses são, deveras, os crentes. Terão escalões junto de seu Senhor, e perdão e generoso sustento.

5. **A situação de desagrado, acerca da distribuição de espólios,** é como⁽²⁾ **aquela havida, quando** teu Senhor, em nome da verdade, te fez sair de tua casa⁽³⁾, **para combateres,** enquanto um grupo de crentes, **o estava odiando.**

---

combate existia, porque dependia da retaguarda, que eles davam aos combatentes. Finalmente, para dirimir as dúvidas e inquirições dos moslimes ao Profeta acerca desta questão, foi revelado este versículo.

(1) Somente Deus indica quem possuirá os espólios, e impende ao Mensageiro dividi-los, conforme a vontade divina.

(2) Este versículo e o seguinte aludem ao dissabor causado aos crentes pela distribuição dos espólios, dissabor este análogo àquele causado antes, quando o Mensageiro, ordenado a sair a combate, os incitou à luta.

(3) **Casa**: aqui, pode ser a própria casa do Profeta ou a cidade de Al Madīnah. Isso ocorreu, anteriormente, à Batalha de Badr.

6. Eles discutiam contigo, acerca da verdade, após evidenciar-se ela, **indo eles a combate**, como se estivessem sendo conduzidos à morte, olhando-**a, frente a frente.**

7. E **lembrai-vos de** quando Allah vos prometeu que uma das duas partes[1] seria para vós, e almejastes que a desarmada[2] fosse vossa. E Allah desejou estabelecer, com Suas palavras, a verdade e exterminar os renegadores da Fé, até o último deles,

8. Para estabelecer a verdade e derrogar a falsidade, ainda que os criminosos **o** odiassem

9. **Lembrai-vos de** quando implorastes socorro a vosso Senhor, e Ele vos atendeu: "Por certo, auxiliar-vos-ei com mil anjos[3], que se sucederão uns aos outros."

10. E Allah não o fez senão como alvíssaras e para que se vos tranqüilizassem os corações com isso. E o socorro não é senão da parte de Allah. Por certo, Allah é Todo-Poderoso, Sábio.

11. **De** quando Ele fez o sono

---

[1] Gabriel informou ao Profeta que Deus prometera aos moslimes uma destas duas opções: a posse da caravana ou a vitória sobre os Quraich.

[2] Ou seja, a caravana, pois as pessoas acompanhantes eram em pequeno número e pouco armadas.

[3] Este número inicial passou a ser, depois, três mil, para, finalmente, ser cinco mil. Cf. III 124 e 125.

encobrir-vos, como segurança[1] **vinda** dEle, e fez descer, sobre vós, água do céu, para com ela purificar-vos, e fazer ir o tormento de Satã[2] **para longe** de vós, e para revigorar-vos os corações, e, com ela, tornar-vos firmes os pés.

12. De quando teu Senhor inspirou aos anjos: "Por certo, estou convosco: então, tornai firmes os que crêem. Lançarei o terror nos corações dos que renegam a Fé. Então, batei-lhes, acima dos pescoços, e batei-lhes em todos os dedos[3]."

13. – Isso, porque discordaram de Allah e de Seu Mensageiro. E quem discorda de Allah e de Seu Mensageiro, por certo, Allah é Veemente na punição –

14. "Esse é **vosso castigo**: então, experimentai-o; e, por certo, haverá para os renegadores da Fé, o castigo do Fogo."

15. Ó vós que credes! Quando deparardes com os que renegam a Fé, em marcha, não lhes volteis as costas.

---

(1) O sono atuava como segurança de tranqüilidade para eles, pois o terror do combate os impedia de dormir e descansar.

(2) Satã, prevalecendo-se da crítica situação em que se encontravam os moslimes, tentou convencê-los de que, naquelas condições, sem água, sem armas, seriam aniquilados pelos idólatras que, além de mais numerosos e mais bem armados, eram donos da fontes de água, e podiam aniquilá-los, também, pela sede.

(3) As partes vulneráveis do homem em combate são: a junção entre o pescoço e a cabeça, e os dedos da mão que empunha as armas.

16. E, quem lhes volta as costas, nesse dia – exceto se por estratégia, ou para juntar-se a outro grupo – com efeito, incorrerá em ira de Allah, e sua morada será a Geena. E que execrável destino!

17. Então, vós não os matastes[1], mas foi Allah Quem os matou. E tu não atiraste **areia**, quando **a** atiraste, mas foi Allah Quem **a** atirou[2]. E **fê-lo**, para pôr os crentes à prova, com uma bela prova **vinda** dEle. Por certo, Allah é Oniouvinte, Onisciente.

18. Essa é **a vitória**, e Allah debilita a insídia dos renegadores da Fé.

19. Se vós[3] suplicáveis a sentença **de Allah**, com efeito, chegou-vos a sentença[4]. E, se vos abstendes **da descrença**, ser-vos-á melhor. E, se reincidis, Nós

---

[1] Quando os moslimes venceram os Quraich, matando cerca de setenta de seus líderes e capturando outro tanto, alguns deles vangloriaram-se, uma vez que eram, ao todo, apenas 300, sem armas e sem montarias. E venceram mais de mil homens, bem armados, do exército inimigo. Este versículo foi revelado para evidenciar que a vitória era obra divina e não humana, pois foi Deus que enviou os anjos para combaterem com os moslimes.

[2] Quando os Quraich apareceram acompanhados de uma multidão, o Mensageiro suplicou a Deus a vitória prometida. Gabriel, então, chegou até ele, e sugeriu-lhe apanhar um punhado de terra e lançá-la contra os Quraich, que, com os olhos cheios de areia e impossibilitados de enxergar, foram derrotados. Outra vez mais, tratava-se da intercessão divina em auxílio dos crentes.

[3] **Vos**: os idólatras de Makkah.

[4] Alusão aos rogos de Abu Jahl a Deus, na Ka'bah, às vésperas da Batalha de Badr, quando suplica a Deus pelo aniquilamento daquele que mais semeasse hostilidades entre as duas hostes. E foi ele, afinal, o aniquilado, por justiça divina.

reincidiremos, e de nada vos valerá vossa hoste, ainda que numerosa; e Allah é com os crentes.

20. Ó vós que credes! Obedecei a Allah e a Seu Mensageiro e não lhe volteis as costas, enquanto ouvis[1].

21. E não sejais como os[2] que dizem: "Ouvimos", enquanto não ouvem.

22. Por certo, os piores seres animais, perante Allah, são os surdos, os mudos[3], que não razoam.

23. E, se Allah soubesse de algum bem neles, havê-los-ia feito ouvir. E, se Ele os houvesse feito ouvir, voltariam as costas, dando de ombros.

24. Ó vós que credes! Atendei a Allah e a Seu Mensageiro, quando **este** vos convocar ao[4] que vos dá a **verdadeira** vida. E sabei que Allah Se interpõe entre a pessoa e seu coração[5], e que a Ele sereis reunidos.

25. E guardai-vos de uma calamidade, que não alcançará,

---

(1) Ou seja, enquanto escutais o Alcorão.

(2) **Os**: os idólatras.

(3) Este versículo compara os idólatras que não atendem à pregação do Profeta, aos animais irracionais, que não ouvem e não raciocinam.

(4) **Ao**: ao Islão.

(5) Deus conhece os pensamentos do homem e pode modificá-los, conforme Sua vontade.

unicamente, os injustos entre vós[1]. E sabei que Allah é Veemente na punição.

26. E lembrai-vos de quando éreis poucos, indefesos na terra[2], temendo que os adversários[3] vos arrebatassem. Então, Ele vos abrigou[4] e vos amparou com Seu socorro e vos deu sustento das cousas benignas, para serdes agradecidos.

27. Ó vós que credes! Não atraiçoeis a Allah e ao Mensageiro nem atraiçoeis os depósitos que vos são confiados, enquanto sabeis.

28. E sabei que vossas riquezas e vossos filhos **vos são provação**[5] e que, junto de Allah, há magnífico prêmio.

29. Ó vós que credes! Se temeis a Allah, Ele vos fará critério[6] **de distinguir o bem do mal** e vos remitirá as más obras e vos perdoará. E Allah é Possuidor do magnífico favor.

30. E **lembra-te, Muḥammad, de** quando os que renegam a Fé

---

[1] Referência a que as desgraças, acarretadas pelas dissensões, não só atingem os iníquos, mas também os inocentes, com os que convivem, em comunidade.
[2] **Na terra**: em Makkah.
[3] Ou seja, os inimigos: isto é, os opositores à nova religião.
[4] Em Al Madīnah.
[5] O excessivo amor aos filhos e aos bens materiais pode fazer esquecer ao homem os preceitos de Deus.
[6] **Furqān**: critério para distinguir o bem do mal. Cf. II 53 n2.

usaram de estratagemas⁽¹⁾ contra ti, para aprisionar-te ou matar-te ou fazer-te sair **de Makkah**. E usaram de estratagemas, e Allah usou de estratagemas. E Allah é O Melhor em estratagema.

31. E, quando se recitavam Nossos versículos, para eles⁽²⁾, diziam: "Com efeito, **já os** ouvimos. Se quiséssemos, haveríamos dito algo igual a isso; isso não são senão fábulas dos antepassados."

32. E quando eles disseram: "Ó Allah! Se esta é a verdade de Tua parte, faze chover sobre nós pedras do céu, ou faze-nos vir doloroso castigo."

33. E não é admissível que Allah os castigasse, enquanto tu estavas entre eles. E não é admissível que

---

(1) Trata-se da reunião dos Quraich em Dār al-Nadwah, ou casa da deliberação, em Makkah, onde deliberaram sobre o melhor meio de se livrarem de Muḥammad. Entre aprisioná-lo ou bani-lo, concluíram, ao fim desta reunião, pela morte do Profeta, o que seria realizado por um grupo de homens dos mais fortes, escolhidos entre as tribos. O Profeta, então, informado pelo anjo Gabriel, e por sugestão deste, preparou-se para emigrar de Makkah para Al Madīnah, marcando, com isso, a Hégira ou o início da propagação do Islamismo. No momento em que viu sua casa sediada pelos assassinos, Muḥammad, a fim de confundi-los, solicitou do primo Ali se deitasse no leito, em seu lugar, e, em seguida, saiu pelos fundos da casa, rumo a uma caverna existente na montanha Thawr, perto de Makkah. Quando, então, o grupo assassino acercou-se do leito do Profeta e não o encontrou, mas a seu primo Ali, debandou, malogrado e furioso, e iniciou acirrada perseguição ao Profeta.

(2) Alude-se, aqui, a um árabe pagão chamado Al-Naḍr Ibn Al Ḥārith, antagonista do Profeta que viajava pelas fronteiras da Península Arábica para fazer comércio e comprar livros da história dos antigos persas, cujas leituras, no retorno destas viagens, relatava aos correligionários, pretendendo, com isso, torná-las mais interessantes que o Alcorão.

Allah os castigasse, enquanto imploravam perdão.

34. E por que razão Allah não os castiga, enquanto afastam **os moslimes** da Mesquita Sagrada e não são seus protetores? Seus protetores não são senão os piedosos. Mas a maioria deles não sabe.

35. E suas orações, junto da Casa, não são senão assobios e palmas[1]. Então, experimentai[2] o castigo, porque renegáveis a Fé.

36. Por certo, os que renegam a Fé despendem suas riquezas para afastar **os homens** do caminho de Allah. Então, despendê-las-ão; em seguida, ser-lhes-á aflição; em seguida, serão vencidos. E os que renegam a Fé, na Geena, serão reunidos,

37. Para que Allah distinga o maligno do benigno e faça estar o maligno, um sobre o outro, e os amontoe a todos e os faça estar na Geena. Esses são os perdedores.

38. Dize aos que renegam a Fé que se se abstêm **da descrença**, ser-lhes-á perdoado o que já se consumou. E, se reincidirem, com efeito, precederam os procedimentos

---

(1) Faz-se, aqui, referência aos peregrinos pagãos que, antes da época islâmica, tinham o hábito de rodear a Ka‘bah, inteiramente desnudos, tanto os homens quanto mulheres, assobiando, por entre as mãos entrelaçadas, e batendo palmas.

(2) Assim lhes falaram, quando foram derrotados pelos moslimes, na Batalha de Badr.

8. Sūratu Al-'Anfāl

de punir, dos antepassados⁽¹⁾.

39. E combatei-os, até que não **mais** haja sedição **da idolatria**, e que a religião toda seja de Allah. E, se se abstêm, por certo, Allah, do que fazem, é Onividente.

40. E, se voltam as costas, sabei que Allah é vosso Protetor. Que Excelente Protetor e que Excelente Socorredor!

41. E sabei que, de tudo que espoliardes, a quinta parte⁽²⁾ será de Allah, e do Mensageiro, e dos parentes **deste**, e dos órfãos, e dos necessitados, e do filho do caminho⁽³⁾, se credes em Allah e no que fizemos descer sobre Nosso servo, no Dia de al Furqān⁽⁴⁾, no dia em que se depararam as duas hostes⁽⁵⁾ – e Allah, sobre todas as cousas, é Onipotente –

42. Quando estáveis do lado adjacente⁽⁶⁾, e eles, do lado extremo,

---

(1) Ou seja, "se reincidirem, que se acautelem, pois, serão punidos como já foram os antepassados, que transgrediram os preceitos divinos".

(2) Ou seja, parte pertencerá aos designados pelo Profeta, além dos mencionados no versículo. Quanto ao restante, ou seja, os 4/5, pertencerão aos combatentes.

(3) Cf. II 177 n1.

(4) **No dia de Al Furqān**: no dia da vitória, na Batalha de Badr. Quanto ao vocábulo **Furqān**, cf. II 53 n2.

(5) Cf. III 13 n1.

(6) O versículo conota a situação privilegiada dos inimigos em detrimento dos moslimes, na Batalha de Badr. Note-se que o lado mais próximo de Al Madīnah, onde acamparam os moslimes, era de areia movediça, por onde se moviam com

e a caravana abaixo de vós. E, se vos houvésseis comprometido **com o inimigo**, haveríeis faltado ao encontro, mas **os enfrentastes**, para que Allah cumprisse uma ordem já prescrita[1], a fim de que aquele que fosse perecer perecesse com evidência, e aquele que fosse sobreviver sobrevivesse com evidência. – E, por certo, Allah é Oniouvinte, Onisciente –

43. Quando, em teu sono, Allah te fez vê-los pouco numerosos. E, se Ele te houvesse feito vê-los numerosos, haver-vos-íeis acovardado e haveríeis disputado acerca da ordem **de combate**. Mas Allah **vos** salvou. – Por certo, Ele, do íntimo dos peitos, é Onisciente –

44. E, quando os deparastes, Ele vos fez vê-los, a vossos olhos, pouco numerosos, e vos diminuiu a seus olhos[2], para que Allah cumprisse uma ordem já prescrita. – E a Allah são retornadas as determinações –

45. Ó vós que credes! Quando deparardes com uma hoste, mantende-vos firmes e lembrai-vos amiúde de Allah, na esperança de serdes bem-aventurados.

---

dificuldade, e, além disso, era região desprovida d'água; já o lado mais distante, onde se encontravam os inimigos, era de terra firme e bem abastecida d'água.

(1) **Ordem já prescrita**: a vitória dos moslimes.

(2) Isso ocorreu antes do combate, mas, logo que este se iniciou, Deus fez o inimigo ver, em dobro, aos moslimes. Cf. III 13.

8. Sūratu Al-'Anfāl Parte 10

46. E obedecei a Allah e a Seu Mensageiro, e não disputeis, senão, vos acovardareis, e vossa força se irá. E pacientai. Por certo, Allah é com os perseverantes.

47. E não sejais como os que saíram de seus lares, com arrogância e ostentação, para serem vistos pelos outros[1], e afastaram **os demais** do caminho de Allah. E Allah está, sempre, **abarcando** o que fazem

48. E quando Satã lhes aformoseou as obras, e disse: "Hoje, não há, entre os humanos, vencedor de vós, e, por certo, sou vosso defensor." Então, quando se depararam as duas hostes, ele recuou, voltando os calcanhares, e disse: "Por certo, estou em rompimento convosco; por certo, vejo o[2] que não vedes; por certo, temo a Allah. E Allah é Veemente na punição."

49. Lembra-te de quando os hipócritas e aqueles em cujos corações havia enfermidade, disseram: "Esses **crentes**, sua religião **os** iludiu[3]." – E quem confia em

---

(1) Referência aos Quraich que, conforme foi visto na nota 1 desta sura, saíram para defender a caravana e, quando esta foi salva, encaminharam-se a Badr e disseram que não retornariam antes dos festejos desse evento, com banquetes, vinhos e canções, para que todas as tribos da Península Arábica tomassem conhecimento de sua vitória sobre Muḥammad, o que não ocorre.

(2) O: alusão aos anjos, que Satã vê, no campo de Batalha, em auxílio dos moslimes.

(3) Referência aos moslimes que, sendo pouco numerosos, saíram em combate e,

Allah, por certo, Allah é Todo-Poderoso, Sábio –

50. E, se visses os anjos, quando levam a alma dos que renegam a Fé, batendo-lhes nas faces e nas nádegas, e **dizendo**: "Experimentai o castigo da Queima.

51. "Isso, pelo que vossas mãos anteciparam e porque Allah não é injusto com os servos."

52. O proceder desses é como o do povo de Faraó e daqueles que foram antes deles. Renegaram os sinais de Allah: então, Allah apanhou-os por seus delitos. – Por certo, Allah é Forte, Veemente na punição –

53. Isso, porque não é admissível que Allah transmute uma graça, com que haja agraciado um povo, antes que este haja transmutado o que há em si mesmo[1]. – E Allah é Oniouvinte, Onisciente –

54. O proceder desses é como o do povo de Faraó e daqueles que foram antes deles. Desmentiram os sinais de Seu Senhor: então, aniquilamo-los por seus delitos e

---

mesmo assim, puseram-se em luta com numeroso exército inimigo, na certeza de que sairiam vitorioso por causa de sua religião.

(1) Este versículo encerra o princípio básico responsável pelo aprimoramento social, quer seja, nenhuma mudança ocorrerá na sociedade, sem que antes hajam ocorrido mudanças no íntimo de cada indivíduo que a compõem.

afogamos o povo de Faraó. E todos eram injustos.

55. Por certo, os piores seres animais, perante Allah, são os que renegam a Fé, pois não crêem.

56. São aqueles, com os quais tu pactuas; em seguida, desfazem[1] seu pacto, toda vez, e nada temem.

57. Então, se os encontras na guerra, trucida-os, para **atemorizar e** dispersar os que estão atrás deles, na esperança de meditarem.

58. E, se temes traição de um povo, deita fora **teu pacto com eles**, do mesmo modo que eles **o fazem**. Por certo, Allah não ama os traidores.

59. E os que renegam a Fé não suponham que se esquivaram[2]. Por certo, não conseguirão escapar **ao castigo de Allah**.

60. E, preparai, para **combater com** eles, tudo o que puderdes: força e cavalos vigilantes, para, com isso, intimidardes o inimigo de Allah e vosso inimigo, e outros além desses, que não conheceis, mas Allah os conhece. E o que quer que despendais, no caminho de Allah, ser-vos-á compensado, e

---

(1) Revelou-se este versículo a respeito dos Banū Quraizah, tribo judaica residente em Al Madīnah, antes da Hégira, e que, pactuando com o profeta, rompeu, depois, este pacto, quando os Quraich, com seus aliados, vieram combatê-lo.

(2) Aqui, há referência aos Quraich que se salvaram, após a Batalha de Badr.

não sofrereis injustiça.

61. E, se eles se inclinam à paz, inclina-te, **também**, a ela, e confia em Allah. Por certo, Ele é O Oniouvinte, O Onisciente.

62. E, se desejam enganar-te, por certo, Allah bastar-te-á. Ele é Quem te amparou com Seu socorro e com os crentes,

63. E pôs-lhes harmonia entre os corações. Se houvesses despendido tudo o que há na terra, não lhes haverias posto harmonia entre os corações, mas Allah pôs-lhes harmonia entre eles. Por certo, Ele é Todo-Poderoso, Sábio.

64. Ó Profeta! Basta-te Allah, e aos crentes que te seguem.

65. Ó Profeta! Incita os crentes ao combate. Se há, entre vós, vinte **homens** perseverantes, vencerão duzentos. E, se há, entre vós, cem, vencerão mil dos que renegam a Fé, porque **estes** são um povo que não entende.

66. Agora, Allah alivia-vos **a tarefa**, sabendo que há fraqueza em vós. Então, se há, entre vós, cem **homens** perseverantes, vencerão duzentos. E, se há, entre vós, mil, vencerão dois mil, com a permissão de Allah. E Allah é com os perseverantes.

67. Não é admissível que um profeta tenha cativos, sem antes dizimar **os inimigos** na terra. Desejais os efêmeros bens da vida terrena, enquanto Allah **vos** deseja a Derradeira Vida. E Allah é Todo-Poderoso, Sábio.

68. Não fora uma prescrição antecipada de Allah, um formidável castigo[1] haver-vos-ia tocado, pelo que havíeis tomado **em resgate**.

69. Então, comei do que espoliastes, enquanto lícito e benigno, e temei a Allah. Por certo, Allah é Perdoador, Misericordiador.

70. Ó Profeta! Dize aos cativos que estão em vossas mãos: "Se Allah sabe que há, em vossos corações, um bem, conceder-vos-á algo melhor que aquilo que vos foi tomado, e perdoar-vos-á. E Allah é Perdoador, Misericordiador."

71. E, se desejam atraiçoar-te, com efeito, **já** atraiçoaram a Allah, antes. E Allah apoderou-se[2] deles. E Allah é Onisciente, Sábio.

72. Por certo, os que creram e emigraram e lutaram, com suas riquezas e com si mesmos, no

---

(1) Este versículo censura os moslimes, que aceitaram o resgate dos prisioneiros da Batalha de Badr, quando deveriam havê-los trucidado, para enfraquecer a hoste inimiga. Entretanto, como não procederam de má-fé, Deus os indultou.

(2) Alusão ao que ocorreu aos idólatras de Makkah, na Batalha de Badr, quando foram mortos ou capturados.

caminho de Allah; e os que abrigaram e socorreram⁽¹⁾ **o Profeta e os moslimes**, esses são aliados uns aos outros. E aos que creram e não emigraram, não tendes de aliar-vos a eles, até que emigrem. E, se eles vos pedem socorro em **defesa da** religião, impender-vos-á socorro, exceto se contra um povo, com o qual tendes aliança. E Allah, do que fazeis, é Onividente.

73. E os que renegam a Fé são aliados uns aos outros. Se não o⁽²⁾ fazeis, haverá sedição na terra e grande corrupção.

74. E os que creram e emigraram e lutaram no caminho de Allah, e os que abrigaram e socorreram **o Profeta e os moslimes**, esses são, deveras, os crentes. Terão perdão e generoso sustento.

75. E os que creram depois, e emigraram e lutaram convosco, então, esses são dos vossos. E os parentes consangüíneos têm prioridade uns com outros⁽³⁾, no Livro de Allah. Por certo, Allah, de todas as cousas, é Onisciente.

---

(1) Trata-se dos Al Anşār, habitantes de Al Madīnah, que abrigaram e socorreram o Profeta e seus companheiros.

(2) Ou seja, "se não vos aliardes, também, uns aos outros".

(3) Ou seja, "são mais ligados à herança, que uns herdam aos outros". Revelou-se este versículo, para retificar as normas que regiam a herança, uma vez que, nos primórdios da Hégira, os moslimes herdavam, apenas, pelos vínculos da fé e da migração, e não pelos de parentesco. Após a revelação deste versículo, a herança passou a ser regida, única e exclusivamente, pelo parentesco sangüíneo.

SŪRATU AT-TAUBAH[1]
A SURA DO ARREPENDIMENTO

De Al Madīnah – 129 versículos.

1. Este é um rompimento de Allah e de Seu Mensageiro com os que, dentre os idólatras, vós pactuastes:

2. Então, percorrei, **livremente**, a terra durante quatro meses[2], e sabei que não escapareis **do castigo** de Allah, e que Allah ignominiará os renegadores da Fé.

3. E é uma proclamação de Allah e de Seu Mensageiro aos homens, no dia[3] da Peregrinação maior:

---

(1) **At-Taubah**: arrependimento ou remissão. A palavra é derivada do verbo **tāba**, que significa, conforme a regência, "voltar-se arrependido para", no caso dos homens em relação a Deus; ou "voltar-se para, remindo", no caso de Deus em relação aos homens. Essa palavra é mencionada nos versículos 117 e 118, e nomeia a sura, que comporta, outrossim, o título de **al barā'ah**, que quer dizer **o rompimento**, pois diz respeito à quebra de relação entre Deus e os idólatras da Península Arábica, mencionada no início desta sura. Foi revelada no fim do nono ano da Hégira e veio a esclarecer, na história islâmica, dois pontos fundamentais: 1.º - A atitude dos moslimes, de um lado, para com os idólatras, e, de outro, para com os seguidores do Livro. No que tange aos primeiros, deviam eles, após o período determinado de 4 meses, aceitar o Islão ou ser combatidos; no que respeita aos segundos, deviam, igualmente, aceitar o Islão ou pagar uma taxa: **al Jizyah**, a fim de garantir-lhes a coexistência pacífica na sociedade islâmica da Península Arábica; 2.º - A denúncia dos estratagemas urdidos pelos hipócritas contra o Profeta e seus seguidores. Esta é a única sura do Alcorão que não vem encabeçada pela **basmalah** (a epígrafe de todos os capítulos: "Em nome de Deus, O Misericordioso, O Misericordiador"), o que se explica, segundo Ibn ʿAbbās, pelo tom enérgico da sura, não cabendo, portanto, nele, o tom misericordioso e apaziguante daquela forma invocativa.

(2) Nesses quatro meses de calendário, **chawwāl, ẓul-qaʿdah, ẓul-ḥajjah, al muḥarram**, foi fixado o período para que os idólatras aderissem ao Islão ou fossem combatidos.

(3) Trata-se do dia em que todos os peregrinos se reúnem, obrigatoriamente, no Monte

que Allah e Seu Mensageiro estão em rompimento com os idólatras – então, se vos voltais arrependidos, ser-vos-á melhor. E, se voltais as costas, sabei que não escapareis **do castigo** de Allah. E alvissara, **Muḥammad**, aos que renegam a Fé doloroso castigo. –

4. Exceto com os idólatras, com os quais pactuastes, em seguida, em nada eles vos faltaram e não auxiliaram a ninguém contra vós; então, completai o pacto com eles até seu termo. Por certo, Allah ama os piedosos.

5. E, quando os meses sagrados[1] passarem, matai os idólatras, onde quer que os encontreis, e apanhai-os e sediai-os, e ficai a sua espreita, onde quer que estejam. Então, se se voltam arrependidos e cumprem a oração e concedem az-zakāh[2], deixai-lhes livre o caminho. Por certo, Allah é Perdoador, Misericordiador.

6. E, se um dos idólatras te pede defesa, defende-o, até que ouça as palavras de Allah; em seguida,

---

ᶜArafāt. Nessa data, o Profeta enviou seu primo Ali para proclamar, além da ruptura com os idólatras, os seguintes tópicos: 1.º - A partir daí, ficava obstado a todo idólatra aproximar-se da Kaᶜbah; 2.º - Ficava, expressamente, vedada a nudez, na circulação da Kaᶜbah; 3.º - Ficava expresso que não entraria no Paraíso senão o crente; 4.º - Finalmente, ficava estabelecido que todos os pactos deveriam ser respeitados e cumpridos.

[1] Cf. II 194 n2.
[2] Cf. II 43 n4.

faze-o chegar a seu lugar seguro⁽¹⁾. Isso, porque são um povo que não sabe.

7. Como os idólatras poderiam ter pacto com Allah e Seu Mensageiro? A não ser aqueles com quem pactuastes, junto da Sagrada Mesquita – Então, se **estes** são retos convosco, sede retos com eles. Por certo, Allah ama os piedosos. –

8. Como **poderiam tê-lo**, enquanto, se obtivessem eles a vitória sobre vós, não observariam convosco parentesco nem obrigação? Agradam-vos com suas bocas, enquanto seus peitos recusam-se; e a maioria deles é perversa.

9. Venderam os versículos de Allah por ínfimo preço e afastaram **os homens** de Seu caminho. Por certo, que vil o que faziam!

10. Não respeitam, em crente algum, nem parentesco nem obrigação. E esses são os agressores.

11. Então, se se voltam arrependidos e cumprem a oração e concedem az-zakāh⁽²⁾, serão, pois, vossos irmãos na religião. E Nós aclaramos os versículos a um povo que sabe.

12. E, se violam seus juramentos, depois de haverem pactuado

---

(1) Ou seja, chegar a seu lar, a sua comunidade.
(2) Cf II 43 n 4.

convosco, e difamam vossa religião, combatei os próceres da renegação da Fé – por certo, para eles, não há juramentos **respeitados** – na esperança de se absterem **da descrença**.

13. Será que vós não combatereis um povo que violou seus juramentos e intentou fazer sair **de Makkah** o Mensageiro, e vos empreenderam **o ataque**, por vez primeira? Receai-los? Então, Allah é mais Digno de que O receeis, se sois crentes.

14. Combatei-os, Allah os castigará por vossas mãos e os ignominiará, e vos socorrerá contra eles e curará **a aflição d**os peitos de um povo crente.

15. E fará ir o rancor de seus corações. E Allah volta-Se para quem quer, remindo-o. E Allah é Onisciente, Sábio.

16. Ou supondes sereis deixados **sem provação**, enquanto, ainda, não fizestes saber[1] a Allah quais de vós lutareis e não tomareis **outros** por confidentes, além de Allah e de Seu Mensageiro e dos crentes? E Allah, do que fazeis, é Conhecedor.

17. Não é admissível que os idólatras povoem as mesquitas de

---

(1) Cf. III 142 n2.

Allah, testemunhando contra si mesmos a renegação da Fé. Esses são aqueles cujas obras se anularão. E, no Fogo, eles serão eternos.

18. Apenas, povoa as mesquitas de Allah quem crê em Allah e no Derradeiro Dia, e cumpre a oração e concede az-zakāh[1], e não receia senão a Allah. Quiçá, sejam esses dos guiados.

19. Julgais os que dão de beber[2] aos peregrinos e os que cuidam da Mesquita Sagrada como aqueles que crêem em Allah e no Derradeiro Dia, e lutam no caminho de Allah? Não se igualam perante Allah. E Allah não guia o povo injusto.

20. Os que crêem e emigram e lutam no caminho de Allah, com suas riquezas e com si mesmos, têm escalões mais elevados junto de Allah. E esses são os triunfadores.

21. Seu Senhor alvissara-lhes misericórdia vinda dEle, e agrado, e jardins; neles, terão delícia permanente.

---

(1) Cf II 43 n4.
(2) A incumbência de dar água aos peregrinos, ou **As-Siqāyah**, era ofício que honrava a tribo, assim encarregada. Havia, também, outras atribuições, tais como: **Al-Ḥijabāh**, que consistia em guardar as chaves do Templo; **Ar-Rifādah**, que cuidava de oferecer alimentos aos peregrinos; **An-Nadwah**, que cuidava de chefiar as reuniões, todos os dias do ano; **Al-Liwā**, que cuidava de ostentar a bandeira ao redor da qual se reuniam os combatentes, em tempos de guerra.

22. Neles, serão eternos, para todo o sempre. Por certo, junto de Allah, haverá magnífico prêmio.

23. Ó vós que credes! Não tomeis por aliados a vossos pais e a vossos irmãos, se amam a renegação da Fé mais que a Fé. E quem de vós se alia a eles, esses serão os injustos.

24. Dize: "Se vossos pais e vossos filhos e vossos irmãos e vossas mulheres e vossos clãs, e riquezas, que ganhastes, e comércio, de que receais a estagnação, e vivendas, de que vos agradais, são-vos mais amados que Allah e Seu Mensageiro e a luta em Seu caminho, então, aguardai até que Allah faça chegar Sua ordem. E Allah não guia o povo perverso.

25. Com efeito, Allah socorreu-vos, em muitos campos **de batalha**. E, **lembrai-vos, d**o dia de Hunain[(1)], quando vos admiráveis de vosso grande número, e este de nada vos valeu; e parecia-vos a terra estreita, por mais ampla que fosse. Em seguida, voltastes as costas, fugindo.

---

(1) Nome de um vale entre **Makkah** e **Aṭ Ṭāyif**, em que houve batalha, no mês de **Chawwāl**, no oitavo ano da Hégira, entre os moslimes e a tribo **Hawāzin**. Ao todo eram 12.000 moslimes contra 4.000 idólatras, de modo que os primeiros, orgulhando-se desta superioridade, proclamavam que jamais seriam vencidos nesta batalha. Contudo, no início do combate, a superioridade numérica dos moslimes não impediu que se sentissem atemorizados e tentassem debandar. E quase foram derrotados, no início, não fosse a coragem e o denodo do Profeta, que demonstrou firmeza suficiente para conter a desordem e levar, os correligionários à vitória final.

26. Em seguida, Allah fez descer Sua serenidade sobre Seu Mensageiro e sobre os crentes, e fez descer um exército **de anjos**, que não víeis, e castigou os que renegaram a Fé. E essa é a recompensa dos renegadores da Fé.

27. Em seguida, Allah voltar-se-á, depois disso, para quem quiser, remindo-o . E Allah é Perdoador, Misericordiador.

28. Ó vós que credes! Os idólatras não são senão imundícia. Então, que eles se não mais aproximem da Mesquita Sagrada, após este seu ano⁽¹⁾. E, se temeis penúria⁽²⁾, Allah enriquecer-vos-á com Seu favor, se quiser. Por certo, Allah é Onisciente, Sábio.

29. Dentre aqueles⁽³⁾, aos quais fora concedido o Livro, combatei os que não crêem em Allah nem no Derradeiro Dia, e não proíbem o que Allah e Seu Mensageiro proibiram, e não professam a verdadeira religião; **combatei-os** até que paguem al jizyah⁽⁴⁾, com as próprias mãos, enquanto humilhados.

---

(1) Ou seja, o nono da Hégira, após a conquista de Makkah pelos moslimes.
(2) Temer a penúria causada pela interrupção do comércio com os idólatras, obstados de chegar a Makkah.
(3) **Aqueles**: os judeus e os cristãos.
(4) **Al Jizyah**: taxa monetária paga pelos não- moslimes, que viviam em território moslim. Seu valor oscilava entre 12 e 48 dracmas por pessoa, e ela contribuía para o orçamento do país, e os protegia de qualquer agressão que fosse. Esta taxa se equiparava a **az-zakāh** e a outras obrigações, que os moslimes deviam prestar,

9. Sūratu At-Taubah Parte 10

30. E os judeus dizem: "ʿUzair⁽¹⁾ é filho de Allah." E os cristãos dizem: "O Messias é filho de Allah." Esse é o dito de suas bocas. Imitam o dito dos que, antes, renegaram a Fé. Que Allah os aniquile! Como se distanciam **da verdade**!

31. Tomam seus rabinos e seus monges por senhores, além de Allah, e, **assim também**, ao Messias, filho de Maria. E não se lhes ordenou senão adorarem um Deus Único. Não existe deus senão Ele. Glorificado seja Ele, acima do que idolatram.

32. Desejam apagar com **o sopro d**as bocas a luz de Allah⁽²⁾, e Allah não permitirá senão que seja completa Sua luz, ainda que **o** odeiem os renegadores da Fé.

33. Ele é Quem enviou Seu Mensageiro com a orientação e a religião da verdade, para fazê-la prevalecer sobre todas as religiões, ainda que **o** odeiem os idólatras.

34. Ó vós que credes! Por certo, muitos dos rabinos e dos monges

---

obrigatoriamente. **Al Jizyah** era da competência, somente, dos judeus e dos cristãos, e não dos idólatras, e sua cobrança visava a impor a obediência às leis do território, onde residiam.

(1) Chamado, também, de ʿIzrā, personagem da história judaica, que, diz-se, sabia de cor a Tora. Por essa razão, os judeus, de sua época, afirmavam que ele era filho de Deus.

(2) Ou seja, a legislação divina.

devoram, ilicitamente, as riquezas dos homens, e afastam-**nos** do caminho de Allah. E aos que entesouram o ouro e a prata e não os despendem no caminho de Allah, alvissara-lhes doloroso castigo.

35. Um dia, quando os incandescerem no fogo da Geena, e, com eles, lhes cauterizar as frontes e os flancos e os dorsos, **dir-se-lhes-á**: "Isto é o que entesourastes, para vós mesmos: então, experimentai o que entesouráveis.

36. Por certo, o número dos meses, junto de Allah, é de doze meses, **conforme está** no Livro de Allah, desde o dia em que Ele criou os céus e a terra. Quatro deles são sagrados[1]. Essa é a religião reta. Então, não sejais, neles, injustos com vós mesmos, e combatei os idólatras, a todos eles, como eles vos combatem, a todos vós[2]. E sabei que Allah é com os piedosos.

37. O postergar[3] **dos meses sagrados** é, apenas, acréscimo na

---

(1) Cf. II 194 n2.
(2) Embora o combate fosse proibido nos meses sagrados, os moslimes deveriam revidar os idólatras, caso fossem por eles atacados.
(3) Conforme os costumes árabes pré-islâmicos, era proibido travar-se combate durante os meses sagrados (cf. II 194 n158). No entanto, para escapar a esses costumes, quando lhes era difícil cessar combate, eles tentavam ou trocar os meses sagrados por outros, ou aumentar um mês no fim do ano, ou, ainda, aumentar alguns dias do ano lunar, de 354 dias, a fim de igualá-lo ao ano solar, de 365 dias. O Islão condenou este costume e proibiu, categoricamente, a alteração dos meses.

renegação da Fé: com ele, os que renegam a Fé descaminham-se. Eles tornam-no lícito, num ano, e ilícito em **outro** ano, para fazerem coincidir com o número do que Allah consagrou; então, tornam lícito o que Allah proibiu. Aformoseou-se, para eles, o mal de suas obras. E Allah não guia o povo renegador da Fé.

38. Ó vós que credes! Por que razão, ao vos dizerem: "Saí a campo, **para combater** no caminho de Allah", permanecestes apegados à terra[1]? Vós vos agradastes da vida terrena, em lugar da Derradeira Vida? Ora, o gozo da vida terrena não é senão ínfimo na Derradeira Vida.

39. Se vós não saís a campo, **Allah** castigar-vos-á com doloroso castigo e vos substituirá por outro povo, e, em nada, O prejudicareis. E Allah, sobre todas as cousas, é Onipotente.

40. Se não o[2] socorreis, **Allah o socorrerá, como,** com efeito, Allah o socorreu, quando os que renegavam a Fé o fizeram sair, **de**

---

(1) Este versículo foi revelado quando o Profeta instou os moslimes à Batalha de **Tabūk**, no nono ano da Hégira, para combaterem os bizantinos, na antiga Síria, uma vez que os moslimes, desalentados pelas dificuldades econômicas e o excessivo calor, tornaram-se indolentes e abúlicos.

(2) O: o Profeta.

Makkah, sendo ele o segundo de dois[1]; quando ambos estavam na caverna[2] e quando disse a seu companheiro: "Não te entristeças; por certo, Allah é conosco." Então, Allah fez descer Sua serenidade sobre ele e amparou-o com um exército **de anjos**, que não víeis, e fez inferior a palavra dos que renegavam a Fé. E a palavra de Allah é a altíssima. E Allah é Todo-Poderoso, Sábio.

41. Saí a campo **armados**, leve ou pesadamente, e lutai, com vossas riquezas e vós mesmos, no caminho de Allah. Isso vos é melhor. Se soubésseis!

42. Se se tratasse de ganho imediato ou de viagem fácil, **os hipócritas** haver-te-iam seguido, mas lhes era longa a árdua distância. E jurarão por Allah, **ao retornardes a eles**: "Se pudéssemos, haveríamos saído convosco." Aniquilam-se a si mesmos, **por perjuro**. E Allah sabe que são mentirosos.

43. Que Allah indulta-te! Por que tu lhes[3] permitiste **não saírem**

---

(1) **O segundo dos dois**: Muḥammad e seu companheiro, Abū Bakr.
(2) Trata-se da caverna perto do cimo da montanha de Thawr, localizada nas cercanias de Makkah.
(3) **Lhes**: um grupo de hipócrita a que o Profeta permitiu ausentar-se de combate. Por isso, foi censurado. Entretanto, a censura é atenuada, pelo indulto que o versículo apresenta, no início.

a campo, antes que se tornassem evidentes, para ti, os que diziam a verdade, e conhecesses os mentirosos?

44. Os que crêem em Allah e no Derradeiro Dia jamais te pedirão isenção de lutar, com seus bens e com si mesmos. E Allah, dos piedosos, é Onisciente.

45. Apenas, pedem-te isenção os que não crêem em Allah nem no Derradeiro Dia; e seus corações duvidam; então, vacilam em sua dúvida.

46. E, se eles houvessem desejado sair, haveriam preparado, para isso, um preparativo, mas Allah odiou sua partida e desencorajou-os, e foi dito: "Permanecei junto com os que permanecem."

47. Se eles houvessem saído convosco, não vos haveriam acrescentado senão desventura e haveriam precipitado a cizânia entre vós, buscando, para vós, a sedição, enquanto, entre vós, há os que lhes dão ouvidos. E Allah, dos injustos, é Onisciente.

48. Com efeito, buscaram, antes, a sedição e fizeram virar contra ti as determinações, até que a verdade chegou e a ordem de Allah prevaleceu, enquanto **a** estavam odiando.

49. E, dentre eles, há quem diga: "Permite-me a isenção e não me põe na tentação⁽¹⁾." Ora, na tentação, já caíram. E, por certo, a Geena estará abarcando os renegadores da Fé.

50. Se algo de bom te alcança, isto os aflige. E, se uma desgraça te alcança, dizem: "Com efeito, tomamos nossa decisão, antes." E voltam as costas, enquanto jubilosos.

51. Dize: "Não nos alcançará senão o que Allah nos prescreveu. Ele é nosso Protetor." E que os crentes, então, confiem em Allah.

52. Dize: "Vós não aguardais, para nós, senão uma das duas⁽²⁾ mais belas **recompensas**? E nós aguardamos, para vós, que Allah vos alcance com castigo de sua parte, ou por nossas mãos. Então, aguardai-o. Por certo, nós o estaremos aguardando convosco."

53. Dize: "Despendei **vossas riquezas**, de bom ou de mau grado: nada vos será aceito. Por certo, sois um povo perverso."

54. E o que impediu se lhes

---

(1) Trata-se da provação a que, fatalmente, sucumbiria Al Jadd Ibn Qais, convidado pelo Profeta a combater os bizantinos na Síria, uma vez que, sendo contumaz apreciador do sexo feminino, muito provavelmente seria atraído pelas belas mulheres bizantinas, não só interrompendo, assim, o combate, senão abandonando-o, para ir ter com elas.
(2) Ou seja, o martírio ou a vitória.

aceitasse o que despendiam não foi senão eles renegarem a Allah e a Seu Mensageiro; e não realizam a oração senão enquanto preguiçosos, e não despendem **suas riquezas** senão enquanto de mau grado.

55. Então, não te admires de suas riquezas e de seus filhos. Apenas, Allah não deseja, com isso, senão castigá-los na vida terrena, e que morram, enquanto renegadores da Fé.

56. E eles juram por Allah que são dos vossos, enquanto não são dos vossos, mas são um povo que se atemoriza.

57. Se encontrassem refúgio ou grutas, ou subterrâneo, a eles se voltariam, enquanto infrenes.

58. E, dentre eles, há quem te critica acerca **da distribuição** das Sadaqāts, **(as ajudas caridosas)**; então, se lhes dão delas, agradam-se disso; e, se lhes não dão, ei-los que se enchem de cólera.

59. E, se eles se agradassem do que Allah e Seu Mensageiro lhes concedem, e dissessem: "Allah basta-nos; Allah conceder-nos-á algo de Seu favor, e **também** Seu Mensageiro!... por certo, a Allah estamos rogando", **ser-lhes-ia melhor**.

60. As sadaqāts, **as ajudas caridosas**, são, apenas, para os pobres e os necessitados e os encarregados de arrecadá-las e aqueles, cujos corações estão prestes a harmonizar-se[1] com o Islão e os escravos, **para se alforriarem**, e os endividados e **os combatentes** no caminho de Allah e o filho do caminho, **o viajante em dificuldades**[2]: é preceito de Allah. E Allah é Onisciente, Sábio.

61. E, dentre eles, há os que molestam o Profeta e dizem: "Ele é todo ouvidos." Dize: "Ele é todo ouvidos para vosso bem; ele crê em Allah e crê nos crentes e é misericórdia para os que crêem, dentre vós." E os que molestam o Mensageiro de Allah terão doloroso castigo.

62. Juram[3]- vos, por Allah, para agradar-vos, e Allah – como **também** Seu Mensageiro – é mais Digno de que eles O agradem, se são crentes.

63. Não sabem eles que quem se opõe a Allah e a Seu Mensageiro

---

(1) **Aqueles ... prestes a harmonizar-se**: trata-se do grupo da comunidade árabe, que, embora não se houvesse islamizado, estava inclinado a fazê-lo. E, nos primórdios do Islão, era oportuno doar-lhes parte das esmolas; ou para trazê-los para a nova religião; ou para com isso, incitar outros, não- muslimes ainda, a imitá-los.
(2) Cf. II 177 nl.
(3) Ou seja, "juram-vos, por Deus, que não vituperaram o Mensageiro, e fazem-no para comprazer-vos".

terá o fogo da Geena, em que será eterno? Essa é a formidável ignomínia.

64. Os hipócritas precatam-se[1] de que seja descida uma sura a seu respeito, que os informe do que há em seus corações. Dize: "Zombai! Por certo, Allah fará sair **à tona** aquilo de que vos precatais."

65. E, em verdade, se lhes perguntas **acerca de sua zombaria**, dirão: "Apenas, confabulávamos e nos divertíamos." Dize: "Estáveis zombando de Allah e de Seus versículos e de Seu Mensageiro?"

66. Não vos desculpeis: com efeito, renegastes a Fé, após haverdes crido. Se indultamos uma facção de vós, castigaremos **a outra** facção, porque era criminosa.

67. Os hipócritas e as hipócritas **procedem** uns dos outros: ordenam o reprovável e coíbem o conveniente e fecham as próprias mãos[2]. Esqueceram-se de Allah, então, Ele Se esqueceu deles. Por certo, os hipócritas são os perversos.

68. Allah promete aos hipócritas e às hipócritas e aos renegadores

---

[1] Os hipócritas tinham, por hábito, escarnecer do Profeta e dos moslimes, quando distantes destes, mas receavam que tal atitude fosse de conhecimento de todos.

[2] Ou seja, são mãos-atadas ou avarentos, quando se trata de despenderem em caridade.

da Fé o fogo da Geena; nela, serão eternos. Basta-lhes ela. E Allah amaldiçoa-os, e terão castigo permanente.

69. **Vós, hipócritas**, sois como os que foram antes de vós: eram mais veementes que vós em força, e mais **privilegiados** em riquezas e filhos, e deleitavam-se com seu quinhão; e vós vos deleitais com vosso quinhão, como se deleitaram com seu quinhão os que foram antes de vós, e confabulais, como eles confabularam. Esses terão anuladas suas obras, na vida terrena e na Derradeira Vida. E esses são os perdedores.

70. Não lhes chegou a história dos que foram antes deles: do povo de Noé e de ᶜĀd e de T̲h̲amūd e do povo de Abraão e dos habitantes de Madian⁽¹⁾ e das cidades tombadas⁽²⁾? Seus Mensageiros chegaram-lhes com as evidências; então, não era admissível que Allah fosse injusto com eles, mas foram injustos com eles mesmos.

71. E os crentes e as crentes são aliados uns aos outros. Ordenam o conveniente e coíbem o reprovável e cumprem a oração e concedem

---

(1) Cf. VII 85 n3.
(2) Isto é, das cidades do povo de Loṭ: Sodoma e Gomorra.

az-zakāh⁽¹⁾, e obedecem a Allah e a Seu Mensageiro. Desses, Allah terá misericórdia. Por certo, Allah é Todo-Poderoso, Sábio.

72. Allah promete aos crentes e às crentes Jardins, abaixo dos quais correm os rios; nesses, serão eternos, e esplêndidas vivendas nos Jardins do Éden e agrado de Allah, **ainda**, maior. Esse é o magnífico triunfo.

73. Ó Profeta! Luta contra os renegadores da Fé e os hipócritas, e sê duro para com eles. E sua morada será a Geena. E que execrável destino!

74. Juram, por Allah, não haver dito **moléstia alguma**, e, com efeito, disseram a palavra da renegação da Fé e renegaram a Fé, após se islamizarem. E intentaram o⁽²⁾ que não conseguiram alcançar. Mas eles não fizeram censuras, senão porque Allah e Seu Mensageiro os haviam enriquecido com Seu favor. Então, se se voltam arrependidos, ser-lhes-á melhor, e se voltam as costas, Allah castigá-los-á com doloroso castigo, na vida terrena e na Derradeira Vida. E não terão, na terra, nem protetor nem socorredor.

---

(1) Cf II 43 n 4.
(2) No retorno da expedição de Tabūk, alguns hipócritas tencionaram matar o Mensageiro, e malograram.

75. E, dentre eles, houve quem⁽¹⁾ pactuasse com Allah, **dizendo**: "Se Ele nos concedesse **algo** de Seu favor, em verdade, daríamos az-zakāh⁽²⁾, e seríamos dos íntegros."

76. E, quando Ele lhes concedeu **algo** de Seu favor, tornaram-se avaros disso e voltaram as costas, dando de ombros.

77. Então, Ele fez redundar hipocrisia em seus corações, até um dia, em que O depararão, por haverem faltado a seus compromissos com Allah e por haverem mentido.

78. Não sabiam eles que Allah sabe seus segredos e suas confidências, e que Allah, das cousas invisíveis, é Profundo Sabedor?

79. Os que caluniam os doadores voluntários, dentre os crentes, no tocante às ajudas caridosas, **e caluniam** os que nada encontram **para oferecer** senão seus parcos recursos, e desses escarnecem; Allah deles escarnecerá, e terão doloroso castigo.

80. Implora perdão para eles; ou, não implores perdão para eles;

---

(1) Referência a Thaʿlabah Ibn Ḥaṭib, que solicitara ao Mensageiro rogasse a Deus lhe desse riquezas, de que despenderia em caridade. Uma vez atendido, negligenciou os preceitos islâmicos e faltou à sua promessa.

(2) cf II 43 n4.

se imploras perdão para eles, setenta vezes, Allah não os perdoará. Isso, porque renegaram a Allah e a Seu Mensageiro. E Allah não guia o povo perverso.

81. Os que ficaram para trás jubilaram, com sua ausência ao combate, discrepando do Mensageiro de Allah, e odiaram lutar, com suas riquezas e com si mesmos, no caminho de Allah, e disseram: "Não saias a campo, no calor." Dize: **Muḥammad**: "O fogo da Geena é mais veemente em calor." Se entendessem!

82. Então, que riam pouco e chorem muito, em recompensa do que cometiam.

83. E, se Allah te faz retornar a uma facção deles, e eles te pedem permissão para sair **a campo**, dize: "Jamais saireis comigo nem combatereis inimigo algum, junto de mim. Por certo, vós vos agradastes da ausência ao combate, da vez primeira: então, ausentai-vos do combate com os que ficaram para trás.

84. E não ores, nunca, por nenhum deles, quando morrer, nem te detenhas em seu sepulcro: por certo, eles renegaram a Allah e a Seu Mensageiro, e morreram, enquanto perversos.

85. E não te admires de suas riquezas e de seus filhos. Apenas, Allah deseja, com isso, castigá-los na vida terrena, e que morram, enquanto renegadores da Fé.

86. E, quando se faz descer uma sura **que diz**: "Crede em Allah e lutai com Seu Mensageiro", os dotados de posses, entre eles, pedem-te permissão **de não lutar**, e dizem: "Deixa-nos estar com os ausentes do combate."

87. Agradaram-se de ficar com as **mulheres** isentas do combate, e selaram-se-lhes os corações: então, eles não entendem.

88. Mas o Mensageiro e os que crêem, com ele, lutam, com suas riquezas e com si mesmos. E esses terão as boas cousas, e esses são os bem-aventurados.

89. Allah preparou-lhes Jardins, abaixo dos quais correm os rios; nesses, serão eternos. Esse é o magnífico triunfo.

90. E chegaram os que, entre os beduínos, alegavam desculpas para que lhes permitissem isenção **de combate**; e ausentaram-se os que mentiram a Allah e a Seu Mensageiro. Doloroso castigo alcançará os que, entre eles, renegaram a Fé.

91. Não há culpa sobre os indefesos nem sobre os enfermos nem sobre os que não encontram recursos **para o combate**, quando são sinceros com Allah e Seu Mensageiro. Não há repreensão aos benfeitores – e Allah é Perdoador, Misericordiador –

92. Nem àqueles que, quando chegaram a ti, para os levares **a combate, e lhes** disseste: "Não encontro aquilo sobre o qual levar-vos". Eles voltaram com os olhos marejados de lágrimas, de tristeza por não haverem encontrado o de que despender.

93. Há repreensão, apenas, aos que, enquanto ricos, te pedem isenção. Agradaram-se de ficar com as **mulheres** isentas do combate; e Allah selou-lhes os corações; então, eles não sabem.

94. Eles pedir-vos-ão desculpas, quando retornardes a eles. Dize: "Não vos desculpeis. Não creremos em vós. Com efeito, Allah informou-nos de vossas notícias. E Allah verá, e **também** Seu Mensageiro, vossas obras; em seguida, sereis levados ao Sabedor do invisível e do visível: então, Ele vos informará do que fazíeis."

95. Eles jurar-vos-ão, por Allah, quando a eles tornardes, que estavam com a razão, para que lhes absolvais o erro. Então, dai-lhes de ombros: por certo, são uma abominação, e sua morada é a Geena, em recompensa do que cometiam.

96. Eles juram-vos, para que deles vos agradeis; então, se deles vos agradais, por certo, Allah não Se agradará do povo perverso.

97. Os beduínos são mais veementes na renegação da Fé e na hipocrisia e mais afeitos a não saber os limites do que Allah faz descer sobre Seu Mensageiro. E Allah é Onisciente, Sábio.

98. E, dentre os beduínos, há quem tome por dano o que despende **pela causa de Allah**, e aguarde, para vós, os reveses. Que sobre eles seja o revés do mal! E Allah é Oniouvinte, Onisciente.

99. E, dentre os beduínos, há quem creia em Allah e no Derradeiro Dia e tome o que despende **pela causa de Allah** por oferendas a Allah e **meio de acesso** às preces do Mensageiro. Ora, por certo, é uma oferenda para eles. Allah fá-los-á entrar em Sua Misericórdia. Por certo, Allah é Perdoador, Misericordiador.

100. E os precursores primeiros, dentre os emigrantes, e os socor-

redores e os que os seguiram com benevolência, Allah Se agradará deles, e eles se agradarão dEle, e Ele lhes preparou Jardins, abaixo dos quais correm os rios; nesses, serão eternos, para todo o sempre. Esse é o magnífico triunfo.

101. E, dentre os beduínos, que estão a vosso redor, há hipócritas, e, dentre os habitantes de Al-Madīnah, há os que se adestraram na hipocrisia: tu não os conheces. Nós os conhecemos. Castigá-los-emos duas vezes; em seguida, serão levados a formidável castigo.

102. E outros[1] reconheceram seus delitos; mesclaram uma boa obra com uma outra má. Quiçá, Allah Se volte para eles, remindo-os. Por certo, Allah é Perdoador, Miseri-cordiador.

103. Toma de suas riquezas uma Sadaqah, com que os purifiques e os dignifiques, e ora por eles: por certo, tua oração é lenitivo para eles. E Allah é Oniouvinte, Onisciente.

104. Não sabiam eles que Allah aceita o arrependimento de Seus

---

[1] Alusão a um grupo de moslimes, não hipócritas, integrado por Abū Lubābah, os quais, eximindo-se de combater e, sabendo, depois, do que fora revelado acerca dos omissos, caíram em tão profundo arrependimento que se ataram às colunas da Mesquita de Al Madīnah, jurando que somente o Profeta dali poderia desatá-los (o que, efetivamente, ocorreu, logo que foi revelado este versículo.

servos e recebe as Ṣadaqāts, e que Allah é O Remissório, O Misericordiador?

105. E dize: "Laborai: então, Allah verá vossas obras e **também** Seu Mensageiro e os crentes. E sereis levados ao Sabedor do invisível e do visível; e Ele, informar-vos-á do que fazíeis."

106. E há outros, preteridos, até a ordem de Allah: ou Ele os[1] castigará, ou Ele Se voltará para eles, remindo-os. E Allah é Onisciente, Sábio.

107. E há os que edificaram uma mesquita[2], para prejuízo **da outra**, e para renegação da Fé e separação entre os crentes, e **para ser** lugar de espreita para quem, antes, fez guerra contra Allah e Seu Mensageiro; e, em verdade, eles juram por Allah: "Não desejamos senão a mais bela ação." E Allah testemunha que são mentirosos.

108. Nunca te detenhas nela[3]. Em verdade, uma mesquita, fundada

---

(1) Trata-se dos três companheiros do Profeta, Marārah Ibn Al Rabīᶜ, Kaᶜb Ibn Mālik e Hilāl Ibn Umayyah, que não só se eximiram do combate, mas não se desculparam com o Profeta. Por isso, foram banidos da comunidade islâmica, até a revelação deste versículo.

(2) Alusão à mesquita edificada pelos doze hipócritas, integrados por Abū ᶜĀmir Al-Rāhib, com o fito de prejudicar a outra de Qubā', erguida pelo Profeta, em inícios do século VII, na cidade de Al Madīnah, tão logo aí ele chegou.

(3) **Nela**: na mesquita dos doze hipócritas.

sobre a piedade, desde o primeiro dia, é mais digna de que nela te detenhas. Nela, há homens que amam purificar-se. E Allah ama os que se purificam.

109. Então, quem é melhor? Quem fundou sua edificação sobre piedade e agrado de Allah, ou quem fundou sua edificação à beira de encosta solapada, então, vem a desmoronar-se, com ele, no fogo da Geena? E Allah não guia o povo injusto.

110. Sua edificação, que edificaram, não cessará de ser **fonte de** dúvida em seus corações, até que seus corações se lhes despedacem. E Allah é Onisciente, Sábio.

111. Por certo, Allah comprou aos crentes suas pessoas e suas riquezas, pelo **preço por** que terão o Paraíso. Combatem no caminho de Allah: então, eles matam e são mortos. É promessa, que, deveras, Lhe impende, na Tora e no Evangelho e no Alcorão. E quem mais fiel a seu pacto que Allah? Então, exultai pela venda que fizestes. E esse é o magnífico triunfo.

112. **Esses são** os arrependidos, os adoradores, os louvadores, os jejuadores, os curvados, **em oração**, os prosternados, os ordenadores do conveniente e os coibidores do

reprovável e os custódios dos limites de Allah. E alvissara aos crentes **O Paraíso**.

113. Não é admissível que o Profeta e os que crêem implorem perdão para os idólatras[1] – ainda que **estes** tenham vínculo de parentesco–, após haver-se tornado evidente, para eles, que são os companheiros do Inferno.

114. E a súplica de perdão, de Abraão para seu pai, não foi senão por causa de uma promessa, que lhe fizera. Então, quando se tornou evidente, para ele, que era inimigo de Allah, rompeu com ele. Por certo, Abraão era suplicante, clemente.

115. E não é admissível que Allah descaminhe um povo, após havê-lo guiado, sem antes tornar evidente, para ele, aquilo[2] de que deve guardar-se. Por certo, Allah, de todas as cousas, é Onisciente.

116. Por certo, de Allah é a Soberania dos céus e da terra. Ele dá a vida e dá a morte. E não tendes, além de Allah, nem protetor nem socorredor.

---

(1) Este versículo foi revelado, quando o Mensageiro implorou perdão para seu tio Abū Tālib, que era idólatra, e, também, quando alguns moslimes imploraram perdão para seus pais idólatras.

(2) **Aquilo**: tudo que é proibido e que as revelações feitas ao Profeta trazem ao conhecimento de todos.

117. Com efeito, Allah voltou-se para o Profeta, remindo-o e aos emigrantes e aos socorredores que o seguiram na hora da dificuldade[1], após que os corações de um grupo deles quase se haverem desviado; em seguida, Allah voltou-se para eles, remindo-os. Por certo, Ele é, para com eles, Compassivo, Misericordiador.

118. E **remiu** os três que ficaram para trás **e se sentiram tão culpados** que a terra se lhes pareceu estreita, por mais ampla que fosse; e estreitas, **também**, se lhes pareceram as almas, e pensaram que não haveria refúgio **contra a ira** de Allah senão nEle **Mesmo**. Em seguida, Ele voltou-Se para eles, remindo-os, para que se voltassem para Ele, arrependidos. Por certo, Allah é Remissório, Misericordiador.

119. Ó vós que credes! Temei a Allah e permanecei com os verídicos.

120. Não é admissível que os habitantes de Al-Madīnah e os beduínos, a seu redor, fiquem para trás do Mensageiro de Allah nem prefiram as próprias vidas à sua vida. Isso, porque **serão recompen-**

---

(1) Ou seja, quando, durante a expedição de Tabūk, os moslimes se encontravam em tão crítica situação material que uma só tâmara era partilhada entre dois homens, e um camelo era cavalgado, alternadamente, por mais de 10.

sados, em qualquer eventualidade; não os alcançará sede nem fadiga nem fome, no caminho de Allah; nem pisarão uma terra que suscite o rancor dos renegadores da Fé; nem obterão do inimigo obtenção alguma, senão para ser-lhes registada boa obra. Por certo, Allah não faz perder o prêmio dos benfeitores.

121. Nem terão dispêndio algum, pequeno ou grande, nem cortarão um vale, senão para ser-lhes registada **boa obra**, a fim de que Allah os recompense com **algo** melhor que aquilo que faziam.

122. E não é admissível que os crentes saiam todos a campo. Então, que saia uma facção de cada coletividade, para que possam instruir-se na religião e para que, **depois**, admoestem seu povo, quando a ele retornarem, a fim de que **este** se precate.

123. Ó vós que credes! Combatei os renegadores da Fé, que vos circunvizinham, e que estes encontrem dureza em vós, e sabei que Allah é com os piedosos.

124. E, quando se faz descer uma sura, há dentre eles[1], quem diga: "A quem de vós esta **sura**

---

(1) **Eles**: os hipócritas.

acrescentou Fé?" então, quanto aos que crêem, esta lhes acrescenta Fé, enquanto exultam.

125. E quanto àqueles[1], em cujos corações há enfermidade, ela lhes acrescenta abominação sobre sua abominação, e morrem, enquanto renegadores da Fé.

126. E não vêem eles que são provados uma ou duas vezes em cada ano? Em seguida, não se voltam arrependidos nem meditam.

127. E, quando se faz descer uma sura, olham-se uns aos outros, **dizendo**: "Alguém vos vê?" Em seguida, se desviam. Que Allah lhes desvie os corações **da orientação**, porque são um povo que não entende.

128. Com efeito, um Mensageiro vindo de vós chegou-vos; é-lhe penoso o que vos embaraça; é zeloso de guiar-vos, é compassivo e misericordiador para com os crentes.

129. Então, se eles voltam as costas, dize: "Allah basta-me. Não existe deus senão Ele. Nele confio. E Ele é O Senhor do magnífico Trono."

---

(1) **Aqueles**: aos hipócritas.

10. Sūratu Yūnus — Parte 11

SŪRATU YŪNUS(1)
A SURA DE JONAS

De Makkah – 109 versículos.

Em nome de Allah, O Misericordioso, O Misericordiador.

1. Alif, Lām, Rā(2). Esses são os versículos do Livro pleno de sabedoria.

2. É de admirar aos homens(3) que revelemos a um homem, dentre eles: "Admoesta os humanos(4) e alvissara aos que crêem que terão, junto de seu Senhor, real primazia?" Os renegadores da Fé dizem: "Por certo, este(5) é um evidente mágico!"

3. Por certo, vosso Senhor é Allah, Que criou os céus e a terra, em seis dias(6); em seguida, estabeleceu-Se no Trono, administrando a ordem **de tudo**; não há intercessor algum senão após Sua

---

(1) **Yūnus**: um dos vinte e cinco profetas, mencionados no Alcorão e cujo relato mais minucioso ocorrerá, adiante, na sura XXXVII. Esta sura, assim, se denomina pela menção, no versículo 98, do profeta Jonas e de seu povo, de quem Deus remove o castigo da ignomínia perpetrada, no início. E trata, como todas as suras reveladas em Makkah, dos três pontos fundamentais do Islão, a saber: a unicidade de Deus; a Revelação e a Mensagem; e a Ressurreição e a recompensa, no Dia do Juízo. E para ratificar estes pontos, ainda, menciona histórias de alguns profetas, tais como Noé, Moisés e Aarão, e seu povo.

(2) Cf. II 1 n3.

(3) **Homens**: o povo de Makkah.

(4) **Os humanos**: a Humanidade, em todas as épocas, até o dia do Juízo.

(5) **Este**: O Profeta Muḥammad.

(6) Cf. VII 54, n23.

permissão. Esse é Allah, vosso Senhor: adorai-O, pois. Não meditais?

4. A Ele será vosso retorno, de todos vós: é, deveras, a promessa de Allah. Por certo, Ele inicia a criação; em seguida, repete⁽¹⁾-a, para recompensar, com eqüidade, os que crêem e fazem as boas obras. E os que renegam a Fé terão, por bebida, água ebuliente, e doloroso castigo, porque renegam a Fé.

5. Ele é Quem fez do sol luminosidade, e da lua, luz⁽²⁾, e determinou-lhe fases, para que saibais o número dos anos e o cômputo **do tempo**. Allah não criou isso senão com a verdade. Ele aclara os sinais a um povo que sabe.

6. Por certo, na alternância da noite e do dia, e no que Allah criou nos céus e na terra, há sinais para um povo que teme **a Allah**.

7. Por certo, os que não esperam Nosso deparar e se agradam da vida terrena e, nela, se tranqüilizam, e

---

(1) Ou seja, cria novamente, na Ressurreição.
(2) Este versículo enuncia uma verdade científica, conhecida, apenas, recentemente. Trata-se do conhecimento de que o sol é corpo incandescente e fonte de energias várias, inclusive de luz e calor, enquanto a lua, ao contrário, reflete a luz recebida do sol, e, por isso, aparece-nos iluminada. Outro fato, apontado neste versículo, é o de a lua girar ao redor da Terra, descrevendo fases determinadas em cada uma de suas evoluções, e completando-as em um mês lunar, para formar, assim, o ano lunar, que é o cômputo dos dias e meses.

os que estão desatentos a Nossos sinais,

8. Desses, a morada será o Fogo, pelo que cometiam.

9. Por certo, aos que crêem e fazem as boas obras, seu Senhor guia-os, por causa de sua Fé: a seus pés, os rios correrão, nos Jardins da Delícia.

10. Aí, sua súplica será: "Glorificado sejas, ó Allah!" e, neles, sua saudação será: "Salam!" **Paz!** E o término de sua súplica será: "Louvor a Allah, O Senhor dos mundos!"

11. E, se Allah apressasse, para os homens, **a vinda do** mal, como eles apressam **a vinda do** bem, seu termo haveria sido encerrado[1]; então, deixamos os que não esperam Nosso deparar, em sua transgressão, caminhando às cegas.

12. E, quando o infortúnio toca ao ser humano, **este** Nos invoca, estando deitado ou assentado ou de pé. Então, quando lhe removemos o infortúnio, segue em frente, como se Nos não houvesse invocado, por infortúnio que o tocou. Assim, aformoseou-se, para os que se entregam a excessos, o que faziam.

---

(1) **Seu termo já haveria sido encerrado**: todos já haveriam sido aniquilados.

13. E, com efeito, aniquilamos as gerações, antes de vós, quando foram injustas, enquanto seus Mensageiros chegaram-lhes com as evidências. E não quiseram crer. Assim, recompensamos o povo criminoso.

14. Em seguida, fizemo-vos[1] sucessores na terra, depois delas, para olhar como faríeis.

15. E, quando se recitam, para eles, Nossos evidentes versículos, os que não esperam Nosso deparar dizem: "Faze-nos vir um Alcorão outro que este, ou troca-o." Dize: "Não me é admissível trocá-lo, por minha própria vontade: não sigo senão o que me é revelado. Por certo, temo, se desobedeço a meu Senhor, o castigo de um formidável dia."

16. Dize: "Se Allah quisesse, não o[2] haveria eu recitado, para vós, nem Ele vos haveria feito inteirar-vos dele; e, com efeito, antes dele[3], permaneci durante uma vida[4] entre vós. Então, não razoais?"

17. E, quem mais injusto que aquele que forja mentiras, acerca

---

[1] **Vos**: para a nação do Profeta Muḥammad.
[2] **O** : o Alcorão.
[3] Ou seja, antes do Alcorão.
[4] Foi com a idade de quarenta anos que Muḥammad recebeu a Mensagem de Deus. Antes, jamais havia falado em revelação.

de Allah, ou desmente Seus sinais? — Por certo, os criminosos não são bem-aventurados —

18. E eles adoram, além de Allah, o que não os prejudica nem os beneficia, e dizem: "Estes são nossos intercessores perante Allah". Dize: "Vós informaríeis a Allah do que Ele não sabe[1], nos céus nem na terra?" Glorificado e Sublimado seja Ele, acima do que idolatram!

19. E os homens não eram senão uma só comunidade; então, discreparam. E, não fora uma Palavra antecipada[2] de teu Senhor, arbitrar-se-ia, entre eles, por aquilo de que discrepavam.

20. E dizem: "Que se faça descer sobre ele um sinal de seu Senhor!" Então, dize: "O Invisível é, apenas, de Allah; esperai, pois; por certo, serei convosco, entre os que esperam."

21. E, quando fazemos experimentar misericórdia aos homens, após infortúnio que os tocou, ei-los usando de estratagemas contra Nossos sinais. Dize: "Allah é mais Destro em estratagemas." Por certo,

---

(1) Se estes ídolos intercessores fossem, efetivamente, parceiros de Deus, Ele os conheceria, já que é Onisciente. Como, porém, os ignora, é porque eles não existem.

(2) Trata-se da determinação divina de postergar o julgamento até a outra vida. Caso contrário, se o castigo fosse aplicado aos pecadores, ainda na terra, todos seriam dizimados, e extinguir-se-ia a humanidade da face do mundo. Vide XVI 61.

Nossos Mensageiros **celestiais** escrevem os estratagemas de que usais.

22. Ele é Quem vos faz caminhar, na terra e no mar, até que, quando estais no barco, e este corre com eles[1], **movido** por galerno vento, e com este eles jubilam, chega-lhe tempestuoso vento, e chegam-lhes as ondas, de todos os lados, e pensam que estão assediados: eles suplicam a Allah, sendo sinceros com Ele, na devoção: "Em verdade, se nos salvares desta, seremos dos agradecidos!"

23. Então, quando os salva, ei-los cometendo, sem razão, transgressão, na terra. Ó humanos! Vossa transgressão é, apenas, contra vós mesmos. É gozo da vida terrena. Em seguida, a Nós será vosso retorno; e informar-vos-emos do que fazíeis.

24. O exemplo da vida terrena é, apenas, como água que fazemos descer do céu, e, com ela, se mescla a planta da terra, da qual comem os humanos e os rebanhos, até que, quando a terra se paramenta com seus ornamentos e se aformoseia, e seus habitantes pensam ter poderes sobre ela,

---

(1) **Eles**: os passageiros. Outro caso típico do estilo árabe: a brusca mudança de pessoa verbal, de **vós** para **eles**.

Nossa ordem chega-lhe, de dia ou de noite[1], e fazemo-la ceifada, como se, na véspera, nada houvesse existido nela. Assim, aclaramos os sinais a um povo que reflete.

25. E Allah convoca à Morada da paz[2] e guia, a quem quer, à senda reta.

26. Para os que bem-fazem, haverá a mais bela recompensa e, **ainda**, algo mais[3]. E não lhes cobrirá as faces nem negrume nem vileza. Esses são os companheiros do Paraíso; nele, serão eternos.

27. E os que cometem as más obras terão recompensa de uma ação má seu equivalente, e cobri-los-á uma vileza. Não terão defensor algum **contra o castigo de Allah**: suas faces ficarão como que encobertas por fragmentos da tenebrosa noite. Esses são os companheiros do Fogo; nele, serão eternos.

28. E **lembra-lhes, Muḥammad, de que**, um dia, os reuniremos, a todos; em seguida, diremos aos que idolatraram: "Para vossos lugares,

---

(1) A ordem de Deus chega, **simultaneamente**, a qualquer região da Terra, seja durante o dia do hemisfério sul e durante a noite do hemisfério norte, ou vice-versa, conforme a posição da Terra em relação ao sol.
(2) **Morada da Paz**: o Paraíso.
(3) Segundo alguns exegetas, o privilégio, que terão os crentes, de contemplar Deus, será a recompensa adicional.

vós e vossos ídolos!" Então, separá-los-emos, e seus ídolos dirão: "Não éramos nós a quem adoráveis⁽¹⁾.

29. "Então, basta Allah por testemunha, entre nós e vós: por certo, estivemos desatentos à vossa adoração."

30. Aí, cada alma estará ciente do que adiantou. E **todos** serão levados a Allah, seu Verdadeiro Protetor; e o que eles forjavam sumirá, **para longe** deles.

31. Dize: "Quem vos dá sustento do céu e da terra? Ou quem tem poder sobre o ouvido e as vistas⁽²⁾? E quem faz sair o vivo do morto e faz sair o morto do vivo? E quem administra a ordem?" Dirão: "Allah." Dize: "Então, não temeis **a Allah?"**.

32. E esse é Allah, vosso Verdadeiro Senhor. E o que há para além da verdade, senão o descaminho? Então, como **dela** vos desviais?"

33. Assim, cumpriu-se a palavra de teu Senhor, contra os que cometeram perversidade: "eles não crerão".

⁽¹⁾ Deus fará falar os ídolos, para desmentirem os idólatras, em sua pretensão de que seriam eles seus intercessores e para revelar-lhes que não adoravam os ídolos, mas seus caprichos, ou seus demônios, que os incitavam à idolatria.

⁽²⁾ Ou seja, quem, além de Deus, pode criar o mecanismo maravilhoso da audição e da visão?

34. Dize: "De vossos ídolos, há quem inicie a criação, em seguida, a repita?" Dize: "Allah inicia a criação; em seguida, repete-a: então, como, **dEle** vos distanciais?"

35. Dize: "De vossos ídolos, há quem guie à verdade?" Dize: "Allah guia à verdade. Então, quem é mais digno de ser seguido: quem guia à verdade ou quem não se guia senão enquanto guiado? Então, o que há convosco? Como julgais?

36. E a maioria deles não segue senão conjecturas. **Mas,** por certo, a conjetura de nada valerá contra a verdade. Por certo, Allah, do que fazem, é Onisciente.

37. E não é admissível que este Alcorão seja forjado por fora de Allah, mas é a confirmação do que havia antes dele e aclaração do Livro[1], indubitável, do Senhor dos mundos.

38. Ou eles dizem: "Ele[2] o forjou?" Dize: "Então, fazei vir uma sura igual à **dele** e, **para isso,** convocai quem puderdes, afora Allah, se sois verídicos."

39. Ao contrário, **não a farão chegar**; eles desmentem aquilo cuja ciência não abarcam, e, ainda,

---

(1) **Livro**: todos os preceitos divinos, revelados por Deus.
(2) **Ele** : Muḥammad.

lhes não chegou sua interpretação[1]. Assim, os que foram antes deles, desmentiram **a seus Mensageiros**. Então, olha como foi o fim dos injustos!

40. E, dentre eles, há quem nele[2] creia e, dentre eles, há quem nele não creia. E teu Senhor é bem Sabedor dos corruptores.

41. E, se eles te desmentem, dize: "A mim, minha ação, e a vós, vossa ação: vós estais em rompimento com o que faço, e eu estou em rompimento com o que fazeis."

42. E, dentre eles, há quem te ouça; então, podes fazer ouvir os surdos, ainda que não razoem?

43. E, dentre eles, há quem te olhe; então, podes guiar os cegos, ainda que nada enxerguem?

44. Por certo, Allah não faz injustiça alguma com os homens, mas os homens fazem injustiça com si mesmos.

45. E um dia, Ele os reunirá; será como se não houvessem permanecido **na vida terrena** senão por uma hora do dia; reconhecer-se-ão uns aos outros. Com efeito, perder-se-ão os que

---

(1) Cf. VII 53 n 3.
(2) **Nele**: no Alcorão.

desmentiram o deparar de Allah e não foram guiados.

46. E, se te fazemos ver algo[1] do que lhes prometemos ou te levamos a alma, a Nós será seu retorno. Além disso, Allah é Testemunha do que fazem.

47. E, para cada comunidade, há um Mensageiro. Então, quando chegar seu Mensageiro, arbitrar-se-á, entre eles[2], com eqüidade, e eles não sofrerão injustiça.

48. E dizem: "Quando será o **cumprimento** desta promessa, se sois verídicos?"

49. Dize: "Não possuo, para mim mesmo, prejuízo nem benefício, exceto o que Allah quiser. Para cada comunidade, há um termo. Quando seu termo chegar, eles não poderão atrasar-se, uma hora **sequer**, nem adiantar-se."

50. Dize: "Vistes? Se Seu castigo vos chega, de noite ou de dia, o que dele[3] os criminosos apressarão[4]?

51. "Crereis nele[5], quando sobrevier? **Dir-se-lhes-á**: "Agora,

---

[1] **Algo** : o castigo pela idolatria ou a vitória sobre os idólatras.
[2] Entre o Mensageiro e seus adversários, no Dia do Juízo.
[3] **Dele**: do castigo.
[4] Ou seja, se o castigo de Deus deve surpreendê-los, e se o castigo todo é execrável, por que hão de querer apressá-lo os pecadores?
[5] **Nele**: no castigo.

credes! Enquanto, com efeito, tanto o apressáveis?"

52. Em seguida, dir-se-á aos que foram injustos: "Experimentai o castigo da Eternidade! Não estais sendo recompensados senão pelo que cometíeis?"

53. E pedem-te informações: "É isso[1] verdade?" dize: "Sim, por meu Senhor; por certo, é verdade. E, **dele**, não podeis escapar."

54. E, se cada alma injusta tivesse o que há na terra, ela resgatar-se-ia, com isso. E eles guardarão segredo[2] do arrependimento, quando virem o castigo, e arbitrar-se-á, entre eles, com eqüidade, e eles não sofrerão injustiça.

55. Ora, por certo, de Allah é o que há nos céus e na terra. Ora, por certo, a promessa de Allah é verdadeira, mas a maioria deles não sabe.

56. Ele dá a vida e dá a morte, e a Ele sereis retornados.

57. Ó humanos! Com efeito, uma exortação de vosso Senhor chegou-vos e cura para o que há nos peitos e orientação e misericórdia para os crentes.

---

(1) **Isso**: a promessa de castigo e da Ressurreição.
(2) Ou seja, os idólatras se arrependerão, em segredo.

58. Dize: "Com o favor de Allah e com a Sua misericórdia, então, com isso, é que devem jubilar: isso é melhor que tudo quanto juntam."

59. Dize: "Vistes o que Allah criou para vós, de sustento, e disso fazeis **algo** ilícito e lícito[1]?" Dize: "Allah vo-lo permitiu, ou forjais mentiras acerca de Allah?"

60. E o que pensarão, no dia da Ressurreição, os que forjam mentiras acerca de Allah? Por certo, Allah é Obsequioso para com os humanos, mas a maioria deles não agradece.

61. E seja qual for a situação em que estejas, **Muḥammad**, e seja o que for que, nela, recites do Alcorão, e vós não fazeis ação alguma sem que sejamos Testemunhas de vós, quando nisso vos empenhais. E não escapa de teu Senhor peso algum de átomo, na terra nem no céu; e nada menor que isto nem maior, que não esteja no evidente Livro.

62. Ora, por certo, os aliados a Allah, por eles nada haverá que temer, e eles não se entristecerão

63. – Os que crêem e são piedosos. –

---

[1] Cf. VI 138 - 139.

13. E, com efeito, aniquilamos as gerações, antes de vós, quando foram injustas, enquanto seus Mensageiros chegaram-lhes com as evidências. E não quiseram crer. Assim, recompensamos o povo criminoso.

14. Em seguida, fizemo-vos[1] sucessores na terra, depois delas, para olhar como faríeis.

15. E, quando se recitam, para eles, Nossos evidentes versículos, os que não esperam Nosso deparar dizem: "Faze-nos vir um Alcorão outro que este, ou troca-o." Dize: "Não me é admissível trocá-lo, por minha própria vontade: não sigo senão o que me é revelado. Por certo, temo, se desobedeço a meu Senhor, o castigo de um formidável dia."

16. Dize: "Se Allah quisesse, não o[2] haveria eu recitado, para vós, nem Ele vos haveria feito inteirar-vos dele; e, com efeito, antes dele[3], permaneci durante uma vida[4] entre vós. Então, não razoais?"

17. E, quem mais injusto que aquele que forja mentiras, acerca

---

(1) **Vos**: para a nação do Profeta Muḥammad.
(2) **O**: o Alcorão.
(3) Ou seja, antes do Alcorão.
(4) Foi com a idade de quarenta anos que Muḥammad recebeu a Mensagem de Deus. Antes, jamais havia falado em revelação.

10. Sūratu Yūnus

70. Terão gozo, na vida terrena; em seguida, a Nós será seu retorno. E fá-los-emos experimentar o veemente castigo, porque renegavam a Fé.

71. E recita, para eles, a história de Noé, quando disse a seu povo: "Ó meu povo! Se vos é grave minha permanência **junto de vós** e minha lembrança dos sinais de Allah, é em Allah que eu confio. Determinai, pois, vossa decisão, vós e vossos associados; e, que vossa decisão não seja obscura para vós; em seguida, executai-**a** contra mim, e não me concedais dilação alguma.

72. "E, se voltais as costas, não vos pedirei prêmio algum. Meu prêmio não impende senão a Allah, e foi-me ordenado ser dos moslimes."

73. Então, desmentiram-no, e salvamo-lo e aos que estavam com ele, no barco, e fizemo-los sucessores e afogamos os que desmentiram Nossos sinais. Então, olha como foi o fim dos que foram admoestados!

74. Em seguida, enviamos, depois dele, Mensageiros a seus povos, e chegaram-lhes, com as evidências. Mas não quiseram crer no que haviam desmentido, antes. Assim, selamos os corações dos agressores.

75. Em seguida, depois deles, enviamos Moisés e Aarão, com Nossos sinais, a Faraó e a seus dignitários; então, ensoberbeceram-se e foram um povo criminoso.

76. E, quando a verdade lhes chegou, de Nossa parte, disseram: "Por certo, isto é evidente magia!"

77. Moisés disse: "Dizeis **isto** da verdade, quando ela vos chega: 'Magia, isso?', enquanto os mágicos não são bem-aventurados."

78. Disseram: "Chegaste a nós, para desviar-nos daquilo, em que encontramos nossos pais, e para terdes, ambos de vós, a grandeza na terra⁽¹⁾? E não estamos crendo em vós!"

79. E Faraó disse: "Fazei-me vir todo mágico sapiente."

80. Então, quando chegaram os mágicos, Moisés disse-lhes: "Lançai o que tendes para lançar."

81. Então, quando o lançaram⁽²⁾, Moisés disse: "O que trouxestes é a magia. Por certo, Allah a derrogará. Por certo, Allah não emenda as obras dos corruptores.

82. "E Allah estabelece, com Suas palavras, a verdade, ainda

---

(1) **Na terra**: no Egito.
(2) Cf. VII 116 n1.

que **o** odeiem os criminosos."

83. Então, ninguém creu em Moisés senão alguns descendentes de seu povo, por medo de que Faraó e seus dignitários os provassem. E, por certo, Faraó era altivo, na terra, e, por certo, era dos entregues a excessos.

84. E Moisés disse: "Ó meu povo! Se credes em Allah, nEle confiais, se sois moslimes."

85. Eles disseram: "Em Allah confiamos. Senhor nosso! Não faças de nós **vítimas da** provação[1] do povo injusto.

86. "E salva-nos, com Tua misericórdia, do povo renegador da Fé."

87. E inspiramos a Moisés e a seu irmão: "Disponde, para vosso povo, casas no Egito, e fazei de vossas casas lugar de adoração, e cumpri a oração. E alvissara, **ó Moisés**, aos crentes **a vitória**."

88. E Moisés disse: "Senhor nosso! Por certo, concedeste a Faraó e a seus dignitários ornamentos e riquezas, na vida terrena – Senhor nosso! – para que se descaminhem de Teu caminho. Senhor nosso! Apaga-lhes as riquezas e endurece-lhes os corações: então, não crerão,

---

(1) Ou seja, "não faças de nós o alvo do castigo, infligido pelos de Faraó e seu povo".

até virem o doloroso castigo."

89. Ele disse: "Com efeito, foi atendida vossa súplica: então, sede ambos retos e não sigais o caminho dos que não sabem."

90. E fizemos os filhos de Israel atravessar o mar; então, Faraó seguiu-os, ele e seu exército, transgressora e agressoramente, até que, quando o afogamento atingiu-o, ele disse: "Creio que não há deus senão Aquele em Que crêem os filhos de Israel, e sou dos moslimes."

91. Foi-lhe dito: "Agora?! E, com efeito, desobedeceste, antes, e foste dos corruptores!

92. "Hoje, salvar-te-emos o corpo[1], para que tu sirvas de sinal aos que serão, depois de ti. E, por certo, muitos dos homens estão desatentos a Nossos sinais."

93. E, com efeito, dispusemos os filhos de Israel em primoroso

---

[1] Para ilustrar aos homens de todas as terras a fatuidade de Faraó, que se julgava de origem divina, Deus preservou-lhe, apenas, o corpo, a fim de que fosse ele visto dentro de um prisma real, ou seja, de um ser humano comum, tanto que sucumbiu em afogamento, assim como todo seu exército. Afirmam os estudiosos que o corpo deste Faraó, relacionado no Alcorão, é a múmia encontrada no início do século XX, em escavações, no Egito e identificada como sendo Mniftāh ou Meneptah (1235-1224 a.C.). Seria, então, o filho e continuador de Ramsés II, o qual reinou durante a XIX ͣ dinastia, exatamente, por época do êxodo dos israelitas. Destarte, apresenta-se como verídica a promessa divina, no Alcorão, de fazer do corpo desse Faraó lição, para a posteridade crer no poder de Deus e não no presunçoso poder do homem (**Al Muntakhab**, p. 302, 1969, Cairo; e **Grande Enciclopédia Delta Larousse**, volume 10, 1971).

lugar e demo-lhes, por sustento, das cousas benignas; e não discreparam, até chegar-lhes a ciência. Por certo, teu Senhor arbitrará, entre eles, no Dia da Ressurreição, acerca daquilo de que discrepavam.

94. E, se estás em dúvida acerca do que fizemos descer para ti, **Muḥammad**, pergunta aos[1] que, antes de ti, leram o Livro. Com efeito, chegou-te a verdade de teu Senhor. Então, não sejas, de modo algum, dos contestadores.

95. E não sejas, de modo algum, dos que desmentem os sinais de Allah, pois, serias dos perdedores.

96. Por certo, aqueles, contra os quais a palavra de teu Senhor se cumpriu, não crerão,

97. Ainda que todos os sinais lhes cheguem, até virem o doloroso castigo.

98. Então, que houvesse havido uma cidade que cresse, e havê-la-ia beneficiado sua fé! **Mas não houve**, exceto a do povo de Jonas, que, quando creram, Nós lhes removemos o castigo da ignomínia, na vida terrena, e fizemo-los gozar, até certo tempo.

99. E, se teu Senhor quisesse, todos os que estão na terra, juntos,

---

(1) **Aos que, antes de ti, lerem o Livro**: os judeus.

creriam. Então, compelirás tu os homens, até que sejam crentes?

100. E não é admissível que uma alma creia, sem permissão de Allah, e Ele inflige o tormento aos que não razoam.

101. Dize: "Olhai o que há nos céus e na terra." Mas nada valem os sinais e as admoestações a um povo que não crê.

102. Então, não esperam eles senão dias iguais[1] aos dos que passaram, antes deles? Dize: "Esperai! Por certo, estarei convosco, entre os que esperam."

103. Em seguida, salvamos Nossos Mensageiros e os que creram. Assim, impende-Nos salvarmos os crentes.

104. Dize: "Ó homens! Se estais em dúvida acerca de minha religião, eu não adoro o que adorais além de Allah, mas adoro a Allah, Que vos levará a alma, e foi-me ordenado ser dos crentes."

105. E ergue tua face para a religião, como monoteísta sincero, e não sejas, de modo algum, dos idólatras.

106. E não invoques, além de Allah, o que não te beneficia nem

---

(1) **Dias iguais**: correspondem ao que ocorreu aos povos que desmentiam os mensageiros de Deus, e foram aniquilados.

te prejudica. Então, se o fizeres, por certo, será, nesse caso, dos injustos.

107. E, se Allah te toca com um infortúnio, não existirá quem o remova senão Ele; e, se Ele te deseja um bem, não existirá revogador de Seu favor. Com este, Ele alcança a quem quer de Seus servos. E Ele é O Perdoador, O Misericordiador.

108. Dize: "Ó humanos! Com efeito, a verdade chegou-vos de vosso Senhor. Então, quem se guia se guiará, apenas, em benefício de si mesmo, e quem se descaminha se descaminhará, apenas, em prejuízo de si mesmo. E, sobre vós, não sou patrono."

109. E segue o que te é revelado, e pacienta, até que Allah julgue. E Ele é O Melhor dos juízes.

SŪRATU HŪD[1]
A SURA DE HŪD

De Makkah – 123 versículos.

Em nome de Allah, O Misericordioso, O Misericordiador.

1. Alif, Lām, Rā[2]. Este é um Livro, cujos versículos são precisos, em seguida, aclarados, da parte de um Sábio, Conhecedor.

2. Não adoreis senão a Allah. Por certo, sou dEle, para vós, admoestador e alvissareiro.

3. E implorai perdão a vosso Senhor; em seguida, voltai-vos arrependidos para Ele. Ele vos fará gozar belo gozo, até um termo designado[3], e concederá Seu favor a cada merecedor de favor; mas, se voltais as costas, por certo, temo, por vós, o castigo de um grande dia[4].

---

(1) **Hūd**: um dos vinte e cinco profetas mencionados no Alcorão, enviado ao povo de ᶜĀd, que habitava a Península Arábica, na região de Al Aḥqāf, ao norte de Ḥaḍramaut e a oeste de Omān. Este povo ficou célebre por sua força física e pelas prósperas condições em que vivia. A história de Hūd, cujo nome vai originar o título desta sura, inicia-se no versículo 70. Esta sura, como as outras reveladas em Makkah, trata dos assuntos básicos do Islão, tais como: adoração de um Deus único e aceitação de que a vida terrena é a preparação de uma outra vida de recompensas, além da compreensão de que a mensagem divina é transmitida pelos profetas para guiar e orientar a humanidade. Traz, ainda, a história de vários profetas e seu povo, no momento em que enfrentaram o desprezo, a calúnia, o escárnio e a ameaça dos que neles não criam. Salienta que a convicção na vitória final e a paciência sempre marcaram a atitude dos profetas.

(2) Cf. II 1 n3.

(3) Ou seja, até a morte.

(4) Isto é, o Dia do Juízo Final.

11. Sūratu Hūd   Parte 12

4. A Allah será vosso retorno, e Ele, sobre todas as cousas, é Onipotente.

5. Ora, eles dobram seus peitos[1] para esconder-se dEle. Ora, **mesmo** quando se encobrem em seus trajes, Ele sabe o de que guardam segredo e o que manifestam. Por certo, Ele, do íntimo dos peitos, é Onisciente.

6. E não há ser animal algum na terra, sem que seu sustento impenda a Allah, e Ele conhece sua residência e seu depósito. Tudo está no evidente Livro[2].

7. E Ele é Quem criou os céus e a terra, em seis dias[3] – enquanto Seu Trono estava sobre a água – para pôr à prova qual de vós é melhor em obras. E se dizes, **Muḥammad**: "Por certo, sereis ressuscitados, depois da morte", os que renegam a Fé dizem: "Em verdade, isso não é senão evidente magia!"

8. E, se lhes adiamos o castigo, até um tempo contado, dizem: "Que o detém?" Ora, um dia, quando lhes chegar **o castigo**, deles não se desviará, e envolvê-los-á aquilo de que zombavam.

---

(1) Quer dizer, os hipócritas guardam os segredos, nos escaninhos de seus corações.
(2) Isto é, no Livro do Destino.
(3) Cf. VII 54 n1.

9. E, se fazemos experimentar ao ser humano Misericórdia de Nossa parte; em seguida, tiramo-la dele, por certo, fica desesperado, ingrato.

10. E, se o fazemos experimentar prosperidade, após infortúnio, que o haja tocado, diz: "Os males se foram, **para longe** de mim." Por certo, fica jubiloso, vanglorioso,

11. Exceto os que pacientam e fazem as boas obras: esses terão perdão e grande prêmio.

12. Então, talvez tu deixes **de recitar** algo do que te foi revelado e, com que teu peito se constrange, porque eles[1] dizem: "Que se faça descer um tesouro sobre ele, ou que chegue com ele um anjo!" Tu és, apenas, admoestador. E Allah, sobre todas as cousas, é Patrono.

13. Ou dizem: "Ele o[2] forjou?" Dize: "Então, fazei vir dez suras forjadas, iguais às dele, e, para tal, convocai[3] quem puderdes, em vez de Allah, se sois verídicos."

14. E, se eles vos não atendem, sabei que ele foi descido com a ciência de Allah, e que não existe deus senão Ele. Então, sois moslimes?

---

(1) **Eles**: os idólatras.
(2) **O**: o Alcorão.
(3) Quer dizer, convocai quem quer que seja, para ajudar-vos a fazê-lo.

15. Quem deseja a vida terrena e seus ornamentos, Nós, nela, compensar-lhes-emos as obras e, nela, em nada eles serão subtraídos.

16. Esses são os que não terão, na Derradeira Vida, senão o Fogo, e anular-se-á o que engenharam nela, **na vida terrena**, e derrogar-se-á o que faziam.

17. Então, sera que quem está **fundado** sobre evidência[1] de seu Senhor, e segue-o uma testemunha[2] dEle – e, antes dela, houve o Livro de Moisés, como guia e misericórdia – **é igual ao que não está fundado sobre nada?** Aqueles[3] crêem nele[4]. E para quem o renega, dentre os partidos[5], o Fogo lhe é o lugar prometido. Então, não estejas em dúvida acerca dele, **Muḥammad**. Por certo, ele é a verdade de teu Senhor, mas a maioria dos homens não crê.

18. E quem mais injusto que aquele que forja mentiras acerca de Allah? Esses serão expostos a seu Senhor, e as testemunhas[6] dirão: "Estes são os que mentiram acerca

---

[1] **Evidência**: o Islão.
[2] Ou seja, o Alcorão.
[3] **Aqueles**: os que se fundamentam no Alcorão.
[4] **Nele**: no Alcorão.
[5] Ou seja, os idólatras de Makkah e seus aliados.
[6] **As testemunhas**: os anjos e os profetas.

de seu Senhor." Ora, que a maldição de Allah seja sobre os injustos,

19. Que afastam **os homens** do caminho de Allah, e buscam torná-lo tortuoso, e são renegadores da Derradeira Vida.

20. Esses não poderão escapar **de Seu castigo**, na terra[1], e não terão protetores, além de Allah. Duplicar-se-lhes-á o castigo: eles não foram capazes de ouvir nem de nada enxergar.

21. Esses são os que se perderam a si mesmos. E o que eles forjavam sumirá **para longe** deles.

22. É inconteste que serão, na Derradeira Vida, os mais perdedores.

23. Por certo, os que crêem e fazem as boas obras e se humildam a seu Senhor, esses são os companheiros do Paraíso. Nele, serão eternos.

24. O exemplo dos dois grupos[2] é como o do cego e do surdo, e do vidente e do ouvidor: igualam-se, como exemplo? Então, não meditais?

25. E, com efeito, enviamos Noé a seu povo. **Disse:** "Por certo, sou-vos evidente admoestador.

---

(1) **Na Terra**: na vida terrena.
(2) Os grupos dos descrentes e crentes.

26. "Não adoreis senão a Allah. Por certo, temo, por vós, o castigo de um doloroso dia."

27. Então, os dignitários que, dentre seu povo, renegavam a Fé disseram: "Não te vemos senão um mortal como nós, e não vemos seguir-te, impensadamente, senão os mais ignóbeis dos nossos, e não vemos, em vós, privilégio algum sobre nós. Aliás, pensamos que sois mentirosos."

28. Disse: "Ó meu povo! Vistes? Se estou **fundado** sobre evidência de meu Senhor, e Ele me concede misericórdia[1] de Sua parte, e ela se vos obscurece[2], teremos de vo-la impor, enquanto a estais odiando?

29. "E ó meu povo! Não vos peço por isso[3] riqueza alguma. Meu prêmio não impende senão a Allah. E não vou repulsar os que crêem. Por certo, eles deparação[4] com seu Senhor, mas eu vos vejo um povo ignorante.

30. "E ó meu povo! Quem me socorrerá, **contra a ira** de Allah, se eu os repulsar? Então, não meditais?

---

(1) **Misericórdia**: o dom da profecia.
(2) **Ela se vos obscurece**: a profecia de Noé não se lhes apresenta claramente, segundo eles que, não querendo aceitá-la, portam-se como cegos diante dela.
(3) **Por isso**: pela transmissão da Mensagem.
(4) Alusão à Ressurreição, quando os crentes estarão diante de seu Senhor.

31. "E não vos digo que tenho os cofres de Allah nem que conheço o Invisível nem digo que sou anjo nem digo daqueles, que vossos olhos desprezam, que Allah não lhes concederá bem algum; – Allah é bem Sabedor do que há em suas almas – por certo, nesse caso, eu seria dos injustos."

32. Disseram: "Ó Noé! Com efeito, discutiste conosco e multiplicaste nossa discussão; então, faze-nos vir o que prometestes⁽¹⁾, se és dos verídicos."

33. Disse: "Apenas, Allah vo-lo fará vir, se quiser, e não podereis escapar **de Seu castigo**.

34. "E meu conselho não vos beneficiará, caso deseje aconselhar-vos, se Allah deseja fazê-los incorrer no mal. Ele é vosso Senhor, e a Ele sereis retornados."

35. Esta a verdadeira narrativa; mas eles⁽²⁾ dizem: "Ele o⁽³⁾ forjou?" Dize, **muḥammad**,: "Se o houvesse forjado, que esteja sobre mim meu crime! E estou em rompimento com vossas práticas criminosas."

36. E inspirou-se a Noé: "Não

---

(1) Referência ao castigo, prometido pela descrença.
(2) **Eles**: os idólatras de Makkah.
(3) **O**: o Alcorão.

crerá de teu povo senão quem já creu. Então, não te melancolizes, pelo que faziam.

37. "E fabrica o barco diante de Nossos olhos e com Nossa inspiração, e não Me fales mais acerca dos que são injustos. Por certo, eles serão afogados."

38. E ele se pôs a fabricar o barco, e, cada vez que alguns dos dignitários de seu povo passavam por ele, dele escarneciam[1]. Ele disse: "Se escarneceis de nós, por certo, escarneceremos de vós como escarneceis.

39. "Então, logo sabereis a quem chegará um castigo, que o ignominiará; e cairá sobre ele castigo permanente."

40. E, assim, foi, até que, quando Nossa ordem chegou e as fontes da terra jorraram, dissemos: "Carrega, nele, de cada **espécie**, um casal, e tua família – exceto aquele contra quem o Dito, **a sentença**, se antecipou – e os que crêem." E não creram, com ele, senão poucos.

41. E ele disse: "Embarcai nele: em nome de Allah será seu singrar e sua ancoragem. Por certo, meu

---

(1) Zombavam de Noé, dizendo: "Noé, tornaste-te carpinteiro, após haveres sido profeta?!".

Senhor é Perdoador, Misericordiador."

42. E ele⁽¹⁾ corria com eles, entre ondas como as montanhas; e Noé chamou a seu filho, que se achava à parte: "Ó meu filho! Embarca conosco e não te deixes estar com os renegadores da Fé."

43. Ele disse: "Abrigar-me-ei em uma montanha, que me protegerá da água." **Noé** disse: "Hoje, não há protetor contra a ordem de Allah senão para aquele de quem Ele tem misericórdia." E as ondas interpuseram-se entre ambos: então, foi ele dos afogados.

44. E foi dito: "Ó terra! Engole tua água" e "Ó céu! Detém-te". E a água diminuiu e a ordem foi encerrada, e ele⁽²⁾ se instalou em Al Jūdy⁽³⁾. E foi dito: "Para trás! Para o povo injusto!"

45. E Noé chamou a seu Senhor, e disse: "Senhor meu! Por certo, meu filho é de minha família⁽⁴⁾ e, por certo, Tua promessa é a verdade, e Tu és O mais Justo dos juízes!"

---

(1) **Ele**: o barco.
(2) **Ele**: o barco.
(3) Montanha, próxima de Mossul, ao norte do Iraque.
(4) Deus havia prometido a Noé salvá-lo e a toda sua família. Entretanto, um de seus filhos desobedeceu às ordens paternais e não embarcou na Arca, sendo, por isso, castigado pelas águas. Daí, haver Noé suplicado a Deus que o salvasse, pois este filho pertencia à sua família, que a Palavra divina prometera salvar.

46. Ele disse: "Ó Noé! Por certo, ele não é de tua família. Por certo, isso⁽¹⁾ é ação incorreta. Então, não me perguntes aquilo de que não tens ciência. Por certo, exorto-te, para não seres dos ignorantes."

47. Noé disse: "Senhor meu! Por certo, refugio-me em Ti contra o perguntar-Te aquilo de que não tenho ciência. E, se me não perdoas e não tens misericórdia de mim, eu serei dos perdedores."

48. Foi-**lhe** dito: "Ó Noé! Desembarca, com paz de Nossa parte, e com bênçãos sobre ti e sobre comunidades⁽²⁾ dos que estão contigo. E haverá comunidades, que faremos gozar, **na vida terrena**; em seguida, tocá-las-á doloroso castigo de Nossa parte."

49. Esses são alguns informes do Invisível, que te revelamos, **Muḥammad**. Não os conhecias, antes disso, nem tu nem teu povo. Então, pacienta. Por certo, o final feliz é para os piedosos.

50. E ao **povo de ῾Ād enviamos** seu irmão Hūd. Disse: "Ó meu povo! Adorai a Allah: não tendes outro deus que **não seja** Ele. Não sois senão forjadores de mentiras.

---

(1) **Isso**: a súplica feita a Deus por Noé, para que seu filho pecador fosse salvo.
(2) Ou seja, sobre as comunidades formadas por seus filhos e descendentes.

51. "Ó meu povo! Não vos peço por isso prêmio algum. Meu prêmio não impende senão a Quem me criou. Então, não razoais?

52. "E ó meu povo! Implorai perdão a vosso Senhor; em seguida, voltai-vos arrependidos para Ele. Ele vos enviará a chuva em abundância e vos acrescentará força à vossa força. E não volteis as costas, em sendo criminosos."

53. Disseram: "Ó Hūd! Não nos chegaste com evidência alguma e não deixaremos nossos deuses, por causa de seu dito, e não estamos crendo em ti.

54. "Não dizemos senão que alguns de nossos deuses te atingiram com um mal[1]." Ele disse: "Por certo, tomo Allah por testemunha, e testemunhai que estou em rompimento com os que idolatrais,

55. "Em vez dEle. Então insidiai-me vós todos; em seguida, não me concedais dilação alguma.

56. "Por certo, confio em Allah, meu Senhor e vosso Senhor. Não há ser animal algum, sem que Ele lhe apanhe o topete. Por certo, meu Senhor está na senda reta.

57. "E, se voltais as costas, com

---

[1] Acusaram Hūd de loucura, causada pelo mal que os deuses lhe infligiram, quando Hūd os desprezou.

efeito, transmiti-vos aquilo com que vos fui enviado. E meu Senhor vos fará suceder outro povo e, em nada, O prejudicareis. Por certo, meu Senhor, sobre todas as cousas, é Custódio."

58. E, quando chegou Nossa ordem, salvamos, por misericórdia de Nossa parte, a Hūd e aos que creram com ele; e salvamo-los de duro castigo.

59. E esse era **o povo de** ʿĀd. Negaram os sinais de seu Senhor e desobedeceram a Seus Mensageiros e seguiram a ordem de todo tirano obstinado.

60. E foram perseguidos, nesta vida terrena, por maldição, e **sê-lo-ão**, no Dia da Ressurreição. Ora, por certo, **o povo de** ʿĀd renegou a seu Senhor. Ora, para trás! Para ʿĀd, o povo de Hūd!

61. E ao **povo de** Thamūd, **enviamos** seu irmão Şāliḥ. Ele disse: "Ó meu povo! Adorai a Allah. Vós não tendes outro deus que **não seja** Ele; Ele vos fez surgir da terra e vos fez povoá-la; então, implorai-Lhe perdão; em seguida, voltai-vos arrependidos para Ele. Por certo, meu Senhor está Próximo, Atento **às súplicas**."

62. Disseram: "Ó Şāliḥ! Com

efeito, antes disso⁽¹⁾, eras esperança, entre nós. Queres coibir-nos de adorar o que nossos pais adoravam? E, por certo, estamos em dúvida tormentosa acerca daquilo a que nos convocas."

63. Ele disse: "Ó meu povo! Vistes? Se estou **fundado** sobre evidência de meu Senhor, e Ele me concede misericórdia⁽²⁾ **vinda** dEle, então, quem me socorreria **contra a ira** de Allah, se Lhe desobedecesse? Vós não me acrescentaríeis senão perdição.

64. "E ó meu povo! Este camelo fêmea é, para vós, como sinal. Então, deixa-o comer na terra de Allah e não o toqueis com mal algum, pois, apanhar-vos-ia castigo próximo."

65. E eles abateram-no; então, disse ele: "Gozai, em vossos lares, três dias⁽³⁾. Essa é promessa que não será desmentida."

66. E, quando Nossa ordem chegou, salvamos, por misericórdia de Nossa parte, a Sālih e aos que creram com ele, e **salvamo-los** da ignomínia desse dia. Por certo, teu

---

(1) **Antes disso**: antes da pregação de Sālih, quando era estimado por todos, que nele viam a esperança de beneficiá-los com sua capacidade. Quando, porém, Sālih chegou com a pregação do monoteísmo, afligiram-se com isso e desesperaram-se.
(2) Vide XI 28 n1.
(3) "Após os quais sereis aniquilados".

Senhor é O Forte, O Todo-Poderoso.

67. E o Grito⁽¹⁾ apanhou aos que foram injustos; então, amanheceram inertes, sem vida, em seus lares,

68. Como se jamais lá houvessem morado. Ora, por certo, o povo de Thamūd renegou a seu Senhor. Ora, para trás! Para Thamūd!

69. E, com efeito, nossos Mensageiros chegaram a Abraão, com alvíssaras⁽²⁾. Disseram: "Salam!" **Paz**⁽³⁾!. Disse: "Salam!" E não tardou em trazer-**lhes** um bezerro assado.

70. E, quando ele viu que suas mãos não chegavam a ele⁽⁴⁾, desconfiou deles e deles teve medo. Disseram: "Não te atemorizes; por certo, somos enviados ao povos de Lot."

71. E sua mulher⁽⁵⁾ estava de pé, então, riu-se. E alvissaramo-lhe **o nascimento de** Isaque e, depois de Isaque, Jacó.

72. Ela disse: "Ai de mim! Darei à luz, enquanto estou velha e este

---

⁽¹⁾ Segundo os exegetas, o grito é o castigo proveniente do céu, encerrava todos ruídos do Universo.

⁽²⁾ Alvíssaras que anunciavam a Abraão o nascimento de seu filho Isaque e de seu neto Jacó.

⁽³⁾ **Paz**, do árabe **salām**, é a forma simplificada da saudação: "A paz seja sobre vós", que traduz o árabe: **"as-salāmu ᶜalaikum"**.

⁽⁴⁾ **A ele**: ao bezerro.

⁽⁵⁾ Ou seja, **Sara**, mulher de Abraão.

meu marido é ancião? Por certo, isso é cousa admirável!"

73. Disseram: "Admiras-te da ordem de Allah? Que a misericórdia de Allah e Suas bênçãos sejam sobre vós, ó família da casa de **Abraão**! Por certo, Ele é Louvável, Glorioso."

74. E, quando o susto de Abraão se foi, e as alvíssaras lhe chegaram, discutiu conosco[1] acerca do povo de Lot.

75. Por certo, Abraão era clemente, suplicante, contrito.

76. Dissemos: "Ó Abraão! Dá de ombros a isso. Por certo, chegou a ordem de teu Senhor. E, por certo, chegar-lhes-á um castigo irrevogável."

77. E, quando Nossos Mensageiros, **Nossos anjos,** chegaram a Lot, afligiu-se com eles e sentiu-se impotente para defendê-los, e disse: "Este é um terrível dia!"

78. E seu povo chegou-lhe, impetuosamente. E, antes, faziam as más obras. Ele disse: "Ó meu povo! Eis minhas filhas[2]: elas vos são mais puras. Então, temei a

---

(1) Ou seja, "Abraão começou a discutir com nossos mensageiros".
(2) Trata-se da oferta aos varões da cidade de Lot, para que se unissem em casamento a suas filhas e não aos anjos, que em sua casa se encontravam, recriminando, com isso, a prática de homossexualidade, muito difundida nessa época.

Allah e não me ignominieis, em **ultrajando** meus hóspedes. Não há, dentre vós, um homem assisado?"

79. Disseram: "Com efeito, sabes que não temos direito a tuas filhas e, por certo, sabes o que desejamos."

80. Disse: "Se eu tivesse força contra vós, ou se me abrigasse a sólido esteio, **aniquilar-vos-ia**."

81. Eles[1] disseram: "Ó Loṭ! Somos os Mensageiros de teu Senhor; eles[2] não te chegarão. Então, parte com tua família, na calada da noite – e que nenhum de vós retorne para trás – exceto com tua mulher. Por certo, alcançá-la-á o que os alcançará. Por certo, o seu tempo prometido será amanhã de manhã. Não está próxima a manhã?"

82. E, quando Nossa ordem chegou, revolvemos **as cidades** de cima para baixo e fizemos chover sobre elas[3] pedras de sijjīl[4], sem interrupção,

83. Marcadas junto de teu Senhor[5]. E elas não estão longe dos injustos.

---

(1) **Eles**: os mensageiros celestiais.
(2) **Eles**: os homens depravados.
(3) **Elas**: as cidades.
(4) **Sijjīl**: pedras de barro cozido no fogo da Geena.
(5) "... **junto de teu Senhor**": no céu. Estas pedras tinham marca celestial, que as distinguia das pedras terrenas. Dizem que cada uma delas trazia marcado o nome do pecador, a quem ela era arrojada.

84. E ao **povo** de Madian, enviamos seu irmão Chuʿaib. Disse: "Ó meu povo! Adorai a Allah: não tendes outro deus que **não seja** Ele. E não diminuais a medida e o peso. Por certo, vejo-vos em prosperidade[1] e, por certo, temo, por vós, o castigo de um dia abarcante.

85. "E ó meu povo! Completai, com eqüidade, a medida e o peso, e não subtraiais dos homens suas cousas e não semeeis a maldade na terra, sendo corruptores.

86. "O que Allah vos deixa **de lícito** vos é melhor, se sois crentes. E não sou, sobre vós custódio."

87. Disseram: "Ó Chuʿaib! Tua oração te ordena que deixemos o que nossos pais adoravam, ou **que deixemos** de fazer de nossas riquezas o que quisermos? Por certo, tu, tu és o clemente, o assisado."

88. Disse: "Ó meu povo! Vistes? Se estou **fundado** sobre evidência de meu Senhor, e Ele deu-me por sustento belo sustento[2] **vindo dEle, não deverei eu aconselhar-vos**? E não desejo fazer, longe de vós, o de que vos estou coibindo. Não desejo senão a reconciliação,

---

[1] Ou seja, "vejo-vos muito ricos e, assim, não precisais enganar o próximo, na medida e no peso, amealhardes mais fortuna".

[2] **Belo sustento**: a profecia e a sabedoria.

tanto quanto possa. E meu êxito não é senão pela ajuda de Allah. Nele confio e para Ele me volto contrito.

89. "E ó meu povo! Que minha discórdia convosco não vos induza a que vos alcance o mesmo que alcançou o povo de Noé ou o povo de Hūd ou o povo de Ṣāliḥ. E o povo de Loṭ não está longe de vós[1].

90. "E implorai perdão a vosso Senhor; em seguida, voltai-vos arrependidos para Ele. Por certo, meu Senhor é Misericordiador, Afetuoso."

91. Disseram: "Ó Chuʿaib! Não entendemos muito do que dizes e, por certo, vemo-te fraco, entre nós, E não fora teu clã, apedrejar-te-íamos. E, para nós, tu não és poderoso."

92. Disse: "Ó meu povo! Será que meu clã é mais poderoso para vós que Allah, e a Quem voltais as costas? Por certo, Meu Senhor está, **sempre**, abarcando o que fazeis.

93. "E ó meu povo! Fazei o que puderdes; por certo, farei **o que puder**. Logo sabereis a quem

---

[1] Ou seja, o povo de Loṭ não se encontrava, cronológica e geograficamente, distante do povo de Chuʿaib. Portanto, o que ocorreu ao primeiro era, ainda, do conhecimento de todos, devendo, por isso, servir-lhes de advertência.

chegará o castigo que o ignominiará, e quem é mentiroso. E expectai; por certo, estou expectando, convosco."

94. E, quando Nossa ordem chegou, salvamos, por misericórdia de Nossa parte, a Chuʿaib, e aos que creram com ele. E o Grito apanhou aos que foram injustos; então, amanheceram, em seus lares, inertes, sem vida,

95. Como se, jamais, lá houvessem morado. Ora, para trás! Para Madian! Como houve para trás! Para Thamūd!"

96. E, com efeito, enviamos Moisés, com Nossos sinais e evidente comprovação,

97. A Faraó e a seus dignitários. Mas **estes** seguiram a ordem de Faraó. E a ordem de Faraó não era assisada.

98. No Dia da Ressurreição, irá ele à frente de seu povo, e ele os levará⁽¹⁾ para a aguada do Fogo. E que execrável aguada a que serão levados!

99. E foram perseguidos, nesta vida, por maldição, e **sê-lo-ão**, no

---

(1) Usa-se, em árabe, o verbo levar, **aurada**, sempre acompanhado do complemento água, **al-mā'**, que dá origem à expressão **aurada al-mā'**, levar para beber água, tal como se diz quando leva o rebanho para aplacar a sede. No versículo, por ironia, o complemento é mudado para **an nār**, o fogo, aonde Faraó levará seu povo, já não mais para mitigar a sede, mas para abrasar-se todo.

Dia da Ressurreição. Que execrável o dom dadivado!

100. Esses são alguns informes das cidades: Nós tos narramos, **Muḥammad**. Entre elas, há umas de pé e outras ceifadas.

101. E não fomos injustos com eles[1], mas eles foram injustos com si mesmos. E de nada lhes valeram os deuses, que invocaram, em vez de Allah, quando a ordem de teu Senhor chegou. E nada lhes acrescentaram senão perdição.

102. E, assim, é o apanhar de teu Senhor, quando apanha as cidades, enquanto injustas. Por certo, Seu apanhar é doloroso, veemente.

103. Por certo, há nisso um sinal para quem teme o castigo da Derradeira Vida. Esse será um dia, em que os humanos serão juntados, e esse será um dia testemunhado **por todas as criaturas**.

104. E não o adiaremos senão até um termo contado.

105. Um dia, **quando este chegar**, nenhuma alma falará senão com Sua permissão; e haverá, entre eles[2], infelizes e felizes.

106. Então, quanto aos infelizes,

---

(1) **Com eles**: com os idólatras.
(2) **Entre eles**: entre os homens.

estarão no Fogo: nele, darão suspiros e soluços;

107. Nele, serão eternos, enquanto se perpetuarem os céus e a terra, exceto se **outra cousa** teu Senhor quiser[1]. Por certo, teu Senhor é realizador de quanto deseja.

108. E quanto aos felizes, estarão no Paraíso, em que serão eternos, enquanto se perpetuarem os céus e a terra, exceto se **outra cousa** teu Senhor quiser: é dádiva que não será supressa.

109. Então, não estejas em contestação, **Muḥammad**, acerca do que estes[2] adoram. Não adoram senão como seus pais adoravam antes. E, por certo, compensá-los-emos com sua porção, que não será diminuída.

110. E, com efeito, concedêramos a Moisés o Livro, e discreparam dele. E, não fora uma Palavra antecipada[3] de teu Senhor, haver-se-ia arbitrado entre eles. E, por certo, estão em dúvida tormentosa acerca dele.

111. E, por certo, teu Senhor compensá-los-á, a todos, por suas obras. Por certo, Ele, do que fazem, é Conhecedor.

---

(1) Cf. VI 128 n3.
(2) **Estes**: os idólatras de Makkah.
(3) Cf. X 19 n2.

112. Então, sê reto, como te foi ordenado, e, contigo, quem se volta arrependido[1], e nada transgridais. Por certo, Ele, do que fazeis, é Onividente.

113. E não vos inclineis aos que são injustos, pois, tocar-vos-ia o Fogo, e não teríeis, além de Allah, protetores; em seguida, não seríeis socorridos.

114. E cumpre a oração, nos dois extremos do dia e nas primícias da noite[2]. Por certo, as boas obras fazem ir as más obras. Isso é lembrança para os que se lembram **de Allah**.

115. E pacienta, pois, por certo, Allah não faz perder o prêmio dos benfeitores.

116. Então, que houvesse, entre as gerações antes de vós, **homens** dotados de bom senso, que coibissem a corrupção na terra! Mas poucos, dentre os que deles salvamos, **fizeram-no**. E os que foram injustos continuaram a seguir a opulência, em que viviam, e foram criminosos.

117. E não é admissível que teu Senhor aniquile, injustamente, as

---

[1] Ou seja, todo aquele que se torna crente.
[2] **Os extremos do dia**: compreendem as orações matutinas (Aṣ Ṣubh), do meio-dia (Aẓ-Zuhr) e vespertina (Al-ᶜasr). **As primícias da noite**: compreendem as duas últimas orações da noite (Al Magrib e Al-ᶜichā').

cidades, enquanto seus habitantes são reformadores.

118. E, se teu Senhor quisesse, haveria feito dos homens uma só comunidade. Mas eles não cessam de ser discrepantes,

119. Exceto os de quem teu Senhor tem misericórdia. E, por isso, Ele os criou[1]. E a palavra de teu Senhor completar-se-á: "Em verdade, encherei a Geena de jinns e de homens, de todos eles."

120. E Nós te narramos, **Muḥammad**, dos informes dos Mensageiros, tudo aquilo com que te tornamos firme o coração. E, nestes, chegou-te a verdade e exortação e lembrança para os crentes.

121. E dize aos que não crêem: "Fazei o que puderdes; por certo, faremos **o que pudermos**.

122. "E esperai; por certo, Nós estaremos esperando!"

123. E de Allah é o Invisível dos céus e da terra. E a Ele retorna toda a determinação. Então, adora-O e nEle confia. E teu Senhor não está desatento ao que fazeis.

---

(1) Deus criou divergentes os homens, para possibilitar-lhes, assim, a escolha de seu próprio caminho, e, de acordo com esta escolha, são classificados em bons ou maus.

12. Sūratu Yūssuf

SŪRATU YŪSSUF⁽¹⁾
A SURA DE JOSÉ

De Makkah – 111 versículos.

Em nome de Allah, O Misericordioso, O Misericordiador.

1. Alif, Lām, Rā⁽²⁾. Esses são os versículos do explícito Livro.

2. Por certo, fizemo-lo descer em Alcorão⁽³⁾ árabe, para razoardes.

3. Nós te narramos, **Muḥammad**, a mais bela das narrativas, com o te revelarmos este Alcorão, e, em verdade, antes dele⁽⁴⁾, eras dos desatentos⁽⁵⁾.

4. Quando José disse a seu pai: "Ó meu pai! Por certo, vi em sonhos onze astros e **também** o sol e a lua; vi-os prosternando-se diante de mim."

5. Disse: "Ó meu filho! Não narres teu sonho a teus irmãos,

---

(1) **Yūssuf**: José, filho de Jacó e Raquel, e um dos vinte e cinco profetas mencionados no Alcorão. Dos 111 versículos desta sura, 98 são dedicados ao relato da história de José, considerada, no Alcorão, uma das mais belas histórias de todos os tempos. É a única sura que se concentra, quase exclusivamente, em um assunto, permeado de inúmeras vicissitudes e sentimentos, onde a inveja, o medo, o escravagismo, a sedução, o confinamento, a adversidade, a prosperidade se entrelaçam, para compor uma unidade narrativa de real beleza.

(2) Cf. II 1 n3.

(3) **Alcorão**: em árabe, **qur'ān**, leitura, um dos infinitivos do verbo **qara'a**, que significa **ler**. Este infinito substantivou-se, para designar o Livro Divino, revelado ao profeta Muḥammad. No versículo, **qur'ān** quer dizer o que deve ser lido e compreendido e divulgado.

(4) **Dele**: do Alcorão.

(5) Antes da revelação do Alcorão, Muḥammad desconhecia essas passagens.

pois, armar-te-iam insídias. Por certo, Satã é, para o ser humano, inimigo declarado.

6. "E, assim, teu Senhor eleger-te-á e ensinar-te-á algo da interpretação dos sonhos e completará Sua graça para contigo e para com a família de Jacó, como a havia completado, antes, para com teus dois pais[1], Abraão e Isaque. Por certo, teu Senhor é Onisciente, Sábio."

7. Com efeito, havia, em José e em seus irmãos, sinais para os questionadores **da verdade**.

8. Quando eles disseram[2]: "Em verdade, José e seu irmão[3] são mais amados de nosso pai que nós, enquanto somos um grupo coeso. Por certo, nosso pai está em evidente descaminho.

9. "Matai a José ou abandonai-o em uma terra **qualquer**; **assim**, a face de vosso pai se voltará só para vós, e sereis, depois dele[4], um grupo[5] íntegro."

10. Um deles disse: "Não mateis

---

(1) Abraão, pai de Isaque e este, pai de Jacó, é chamado **pai**, conforme a tradição, que considera o avô, também, pai do neto.
(2) Ou seja, quando disseram os irmãos de José, uns aos outros.
(3) Benjamim, o filho mais novo de Jacó e Raquel.
(4) Ou seja, depois da morte de José, "podereis arrepender-vos e tornar-vos um povo íntegro".
(5) No texto, a palavra "grupo" indica o sentido restrito de família.

12. Sūratu Yūssuf

a José e, se pretendeis fazer algo, lançai-o no fundo do poço, então, um dos viandantes o recolherá."

11. Disseram: "Ó nosso pai! Por que razão não nos confias José? E, por certo, com ele, seremos cautelosos.

12. "Envia-o conosco, amanhã, ele se deleitará e brincará. E, por certo, ser-lhe-emos custódios."

13. Ele disse: "Por certo, entristecer-me-á que vades com ele, e temo que o lobo o devore, enquanto a ele estiverdes desatentos."

14. Disseram: "Em verdade, se o lobo o devorar, em sendo nós um grupo coeso, por certo, nesse caso, seremos perdedores."

15. Então, quando se foram com ele e se decidiram a lançá-lo no fundo do poço, **não titubearam em fazê-lo**. E inspiramo-lhe[1]: "Em verdade, **um dia**, informá-los-ás desta sua conduta, enquanto não percebam."

16. E chegaram ao pai, no princípio da noite, chorando.

17. Disseram: "Ó nosso pai! Por certo, fomos apostar corrida e deixamos José junto de nossos pertences; então, o lobo devorou-o.

---

(1) **Lhe**: a José.

E não estás crendo em nós, ainda que estejamos sendo verídicos."

18. E chegaram, com falso sangue sobre sua[1] túnica. Ele disse: "Mas vossas almas vos aliciaram a algo de mal. Então, **não me cabe senão uma bela paciência!** E Allah me será O Auxiliador, acerca do que alegais."

19. E chegou um grupo de viandantes, e enviaram seu aguadeiro, e este fez descer o balde **ao poço**. Disse: "Oh! Alvíssaras! Eis um jovem!" E guardaram-no, secretamente, como mercadoria. E Allah, do que faziam, era Onisciente.

20. E eles venderam-no por baixo preço, por dracmas contadas, e dele estavam desinteressados.

21. E aquele do Egito, que o comprara, disse à sua mulher: "Torna digna sua estada **aqui**. Quiçá, ele nos beneficie, ou o tomemos por filho." E, assim, empossamos José na terra[2], **para fazê-lo cumprir seu desígnio**, e para ensinar-lhe **algo** da interpretação dos sonhos. E Allah é Vencedor em Sua ordem, mas a maioria dos homens não sabe.

22. E, quando ele atingiu a sua força plena, concedemo-lhe sabe-

---

(1) **Sua** : de José.
(2) Ou seja, no Egito.

doria e ciência. E, assim, recompensamos os benfeitores.

23. E aquela em cuja casa ele estava tentou seduzi-lo, e fechou as portas e disse: "Vem. Sou **toda** para ti!" Ele disse: "Possa eu refugiar-me em Allah! Por certo, ele[1] é meu senhor; ele bem-fez minha estada **aqui**. Por certo, os injustos não serão bem-aventurados."

24. E, com efeito, ela intentou estar com ele. E ele haveria intentado estar com ela, não houvesse visto a provança[2] de seu Senhor. Assim, **fizemos**, para desviar-lhe o mal e a obscenidade. Por certo, ele é um dos Nossos servos prediletos.

25. E ambos correram à porta, e ela lhe rasgou a túnica por trás; e, junto da porta, ambos encontraram seu senhor[3]. Ela disse: "Qual a punição de quem desejou um mal[4] para tua família, senão que seja preso ou que tenha doloroso castigo?"

26. José disse: "Foi ela quem tentou seduzir-me." E uma teste-

---

(1) **Ele**: o marido da mulher sedutora.
(2) Os exegetas explicam a provança, pela qual passou José, ou pela voz que o advertia do pecado ou pelo vislumbre da figura paterna que, batendo-lhe, fortemente, no peito, chamava à razão.
(3) **Seu senhor**: seu marido.
(4) **Mal**: a desonra do adultério.

munha de sua família testemunhou: "Se sua túnica está rasgada pela frente, então, ela disse a verdade e ele é dos mentirosos.

27. "Mas, se sua túnica está rasgada por trás, então, ela mentiu e ele é dos verídicos."

28. Então, quando ele[1] viu sua túnica rasgada por trás, disse: "Por certo, esta é uma de vossas insídias, **ó mulheres**! Por certo, vossas insídias são formidáveis.

29. "Ó José! Dá de ombros a isso. E tu, **mulher**, implora perdão por teu delito. Por certo, és dos errados."

30. E certas mulheres, na cidade, disseram: "A mulher de Al-ᶜAzīz[2] tentou seduzir a seu jovem servo! Com efeito, ele a deixou embevecida de amor. Por certo, vemo-la em evidente descaminho."

31. E, quando lhe chegaram aos ouvidos suas maledicências, ela as convidou e preparou-lhes um banquete. E concedeu a cada uma delas uma faca, e disse a **José**: "Sai ao encontro delas." Então, quando elas o viram, maravilharam-se dele e se cortaram nas mãos, e disseram: "Glória a Allah! Este não é um

---

(1) **Ele**: seu marido.
(2) **Al ᶜAzīz**: título de governador egípcio.

mortal. Este não é senão um nobre anjo!"

32. Ela disse: "Então, é este aquele por quem me censurastes. E, com efeito, tentei seduzi-lo, e ele resistiu. E, em verdade, se ele não fizer o que lhe ordeno, será preso e será dos humilhados."

33. Ele disse: "Senhor meu! A prisão me é mais amada que aquilo ao que elas me convidam. E, se Tu não desvias de mim suas insídias, inclinar-me-ei a elas e serei dos ignorantes."

34. Então, seu Senhor atendeu-o, e desviou dele as insídias delas. Por certo, Ele é O Oniouvinte, O Onisciente.

35. Em seguida, depois de haverem visto os sinais[1], pareceu-lhes[2] **de bom alvitre** aprisioná-lo, até certo tempo.

36. E dois jovens servos entraram, com ele, na prisão. Um deles disse: "Vi-me, em sonhos, espremendo uvas." E o outro disse: "Vi-me, em sonhos, carregando, sobre a cabeça, pão, de que os pássaros comiam. Informa-nos de sua interpretação. Por certo, vemo-te dos benfeitores."

---

(1) Os sinais da inocência de José.
(2) **Lhes**: ao Governador e à sua família.

12. Sūratu Yūssuf — Parte 12

37. Ele disse: "Não chegará a ambos de vós alimento algum, com que sois sustentados, sem que eu vos informe de sua interpretação, antes mesmo que ele vos chegue. Isso é **algo** do que meu Senhor me ensinou. Por certo, deixei a crença de um povo que não crê em Allah, e que é renegador da Derradeira Vida;

38. "E segui a crença de meus pais Abraão e Isaque e Jacó. Não nos é admissível associarmos nada a Allah. Isso, é algo do favor de Allah para conosco e para com a humanidade, mas a maioria dos homens não agradece.

39. "Ó meus dois companheiros de prisão! Que é melhor: divindades dispersas ou Allah, O Único, O Dominador?

40. "Não adorais, em vez dEle, senão nomes **de ídolos** que nomeastes, vós e vossos pais, dos quais Allah não fez descer com-provação alguma. O julgamento não é senão de Allah. Ele ordenou que não adoreis senão a Ele. Essa é a religião reta, mas a maioria dos homens não sabe.

41. "Ó meus dois companheiros de prisão! Quanto a um de vós, ele dará vinho de beber a seu senhor. E, quanto ao outro, ele será crucificado, e os pássaros comerão de sua cabeça. Encerra-se a questão sobre a qual ambos me consultais."

42. E ele disse àquele, dos dois, que pensava ser salvo: "Menciona-me, junto de teu senhor." Mas Satã fê-lo esquecer a menção a seu senhor. Então, ele permaneceu na prisão, por alguns[1] anos.

43. E o rei disse: "Por certo vi, em sonhos, sete vacas gordas, às quais sete vacas **magras** devoraram, e sete espigas verdes e outras **sete** secas. Ó dignitários! Instruí-me sobre meu sonho, se sois capazes de interpretar os sonhos."

44. Disseram: "E um amontoado de sonhos. E nós não somos sabedores da interpretação dos sonhos."

45. E aquele, dos dois, que se salvou, e que se lembrou **de José**, depois de algum tempo disse: "Informar-vos-ei de sua interpretação. Então, enviai-me **a José**."

46. "Ó José, ó veracíssimo! Instruí-nos sobre sete vacas gordas, às quais sete **vacas** magras devoram, e sete espigas verdes e outras **sete** secas, na esperança de que eu volte aos homens[2], para eles saberem."

---

(1) **Alguns**: traduz o indefinido árabe, **biḍᶜ**, que encerra um número de 3 a 9, pois, conforme a tradição exegética, ele ficara preso 7 anos.

(2) **Aos homens**: o rei e seus nobres.

47. José[1] disse: "Semeareis, sete anos seguidos. Então, o que ceifardes, deixai-o nas espigas[2], exceto um pouco daquilo que fordes comer.

48. "Em seguida, virão, depois disso, sete anos severos, que devorarão o que lhes antecipardes exceto um pouco do que preservardes.

49. "Em seguida, virá, depois disso, um ano; nele, os homens serão assistidos[3] e, nele, espremerão **os frutos.**"

50. E o rei disse: "Fazei-mo vir." E quando o mensageiro lhe[4] chegou, disse: "Retorna a teu senhor e pergunta-lhe que é das mulheres que se cortaram nas mãos. Por certo, meu Senhor, de sua insídia, é Onisciente."

51. Ele[5] disse: "Qual foi vosso intuito, quando tentastes seduzir a José? Disseram: "Glória a Allah! Nada sabemos de mal a seu respeito." A mulher de Al-ᶜAzīz disse: "Agora, a verdade evidencia-

---

(1) José, ainda na prisão, interpretou o sonho do rei.
(2) Este modo de proceder é, totalmente, abonado pelas atuais pesquisas científicas que já comprovam a eficácia da conservação dos grãos nas espigas, quando guardadas, mantendo-se, assim, imunes aos ataques das intempéries e dos bichos.
(3) Quer dizer, quando serão socorridas pela chuva abundante.
(4) **Lhe**: a José.
(5) **Ele**: o Governador. Assim falou ele às mulheres, após havê-las reunido.

12. Sūratu Yūssuf   Parte 13

se: tentei seduzi-lo, e, por certo, ele é dos verídicos.

52. "Isso, para que ele saiba que o não traí[1], embora estando ele ausente, e que, por certo, Allah não guia a insídia dos traidores.

53. "E não absolvo minha alma **do pecado**. Por certo, a alma é constante incitadora do mal, exceto a de quem meu Senhor tem misericórdia. Por certo, meu Senhor é Perdoador, Misericordiador."

54. E o rei disse: "Fazei-mo vir, que o consagrarei a mim." Então, quando **o rei** lhe[2] falou, disse: "Por certo, és, hoje junto de nós, prestigiado, leal."

55. José[3] disse: "Confia-me os cofres da terra[4]. Por certo, serei **deles** custódio sapiente."

56. E, assim, empossamos José na terra, dela dispondo onde quisesse. Alcançamos, com Nossa Misericórdia a quem queremos, e não fazemos perder o prêmio dos benfeitores.

57. E, certamente, o prêmio da Derradeira Vida é melhor para os

---

(1) Segundo alguns exegetas, é José quem fala neste versículo ao referir-se ao Governador.
(2) **Lhe**: a José.
(3) José, sabendo de sua capacidade, fez o pedido ao rei.
(4) Ou seja, da terra do Egito.

que crêem e são piedosos.

58. E os irmãos de José chegaram⁽¹⁾, e entraram junto dele; então, ele os reconheceu, enquanto que eles não o reconhecram.

59. E, quando ele lhes preparou as provisões, disse: "Fazei-me vir um de vossos irmãos⁽²⁾, por parte de vosso pai. Não vedes que eu completo a medida⁽³⁾, e sou o melhor dos hospedeiros?

60. "E, se não mo fazeis vir, não haverá medida⁽⁴⁾ de mim para vós nem vos aproximareis de mim."

61. Disseram: "Tentaremos persuadir seu pai. E, por certo, fá-lo-emos."

62. E ele disse a seus jovens servos: "Recolocai sua mercadoria⁽⁵⁾ junto de suas bagagens, na esperança de que a reconheçam, ao tornarem a sua família, **e isso**, para retornarem."

63. E, quando retornaram a seu pai, disseram: "Ó nosso pai! Foi-nos impedida a medida. Então,

---

⁽¹⁾ Os irmãos de José chegaram ao Egito, para comprar alimento para os seus.
⁽²⁾ Vide Gênese XLII 1 - 24.
⁽³⁾ **Completar a medida**: satisfazer, plenamente, a necessidade de provisões.
⁽⁴⁾ **Medida**: traduz a palavra árabe **Kail**, que significa a medida de capacidade dos cereais. A palavra portuguesa alqueire, derivada de Al Kail, foi antiga medida de capacidade para secos e líquidos, variável de terra para terra. No Brasil, é medida agrária.
⁽⁵⁾ **Sua mercadoria**: a que trouxeram em paga das provisões obtidas no Egito.

envia conosco nosso irmão⁽¹⁾, nós teremos a medida e, por certo, ser-lhe-emos custódios."

64. Ele disse: "Confiar-vo-lo-ia como, antes, vos confiei seu irmão? Então, Allah é O Melhor por Custódio, e Ele é O mais Misericordiador dos misericordiadores."

65. E, quando abriram seus pertences, encontraram sua mercadoria, a eles devolvida. Disseram: "Ó nosso pai! Que **mais** desejaríamos? Eis nossa mercadoria a nós devolvida. E aprovisionaremos nossa família e custodiaremos nosso irmão e acrescentaremos a nós mesmos uma medida de camelo⁽²⁾. Isso é medida fácil **de obter**!"

66. Ele disse: "Não o enviarei convosco, até me fazerdes promessa perante Allah, que, em verdade, mo trareis, salvo se sois assediados." E, quando lhe fizeram promessa, disse: "Allah, do que dizemos, é Patrono."

67. E ele disse: "Ó meus filhos! Não entreis **no Egito** por uma só porta⁽³⁾. E entrai **nele** por diversas portas. E de nada vos valerei,

---

(1) O irmão mais moço, Benjamim.
(2) **Medida de camelo**: medida de carga de provisões, que um camelo é capaz de transportar.
(3) O objetivo de Jacó era evitar que seus numerosos filhos, belos e bem vestidos, fossem alvo da inveja ou da perseguição por parte dos habitantes do Egito.

diante de Allah. O julgamento não é senão de Allah. NEle confio e que nEle, então, confiem os que são confiantes."

68. E quando entraram por onde seu pai lhes ordenara, **isto** de nada lhes valeu, diante de Allah, a não ser porque era desejo, no âmago de Jacó, que ele satisfez. E, por certo, ele era dotado de ciência, porque Nós o ensinamos, mas a maioria dos homens não sabe.

69. E, quando entraram junto de José, este aconchegou a si seu irmão dizendo: "Por certo, eu, eu sou teu irmão; e não te melancolizes, pelo que faziam."

70. E, quando ele lhes preparou as provisões, colocou a taça nas bagagens de seu irmão. Em seguida, um noticiador noticiou: "Ó caravana! Por certo, sois ladrões."

71. Disseram, dirigindo-se a eles[1]: "O que perdestes?"

72. Eles disseram: "Perdemos a taça do rei e, para quem a trouxer, haverá carga de camelo. E eu[2] sou o fiador disso."

73. Disseram: "Por Allah! Sabeis que não chegamos para semear

---

(1) **Eles**: os servidores de José.
(2) **Eu**: o noticiador.

corrupção na terra, e não somos ladrões."

74. Disseram eles: "Então, qual será sua recompensa⁽¹⁾, se sois mentirosos?"

75. Disseram: "Sua recompensa será **a escravidão d**aquele, em cujos haveres ela⁽²⁾ for encontrada; então, esta será sua recompensa. Assim, recompensamos os injustos."

76. E ele⁽³⁾ começou por seus⁽⁴⁾ bornais, antes de **ir** ao bornal de seu irmão. Em seguida, fê-la sair do bornal de seu irmão. Assim, inspiramos a José esta insídia. Não era admissível que ele tomasse a seu irmão, conforme a legislação do Rei⁽⁵⁾, exceto se Allah o quisesse. Elevamos, em escalões, a quem queremos. E, acima de cada dotado de ciência há, **sempre**, um mais sapiente.

77. Eles disseram: "Se ele rouba, com efeito, um irmão seu já roubou, antes." Então, José guardou segredo

---

⁽¹⁾ **Recompensa**: o castigo pelo roubo da taça.
⁽²⁾ **Ela**: a taça.
⁽³⁾ **Ele**: José.
⁽⁴⁾ **Seus**: dos outros irmãos.
⁽⁵⁾ De acordo com as leis egípcias, o castigo do ladrão consistia, apenas, na punição por espancamento e no pagamento do duplo valor do objeto roubado. Sendo assim, de acordo com esta lei, José não poderia tomar seu irmão Benjamim por escravo, como pretendia. Daí, haver induzido a que seus irmãos, segundo as leis israelitas, propusessem o castigo vigente em sua própria terra.

disso⁽¹⁾, em seu âmago, e não lhos mostrou. Disse **para si**: "Vossa situação é pior ainda! E Allah é bem Sabedor daquilo que alegais."

78. Disseram: "Ó Al-ʿAzīz! Por certo, ele tem um pai bastante idoso; então, toma um de nós em seu lugar. Por certo, vemo-te dos benfeitores."

79. Ele disse: "Guarde-nos Allah de tomarmos **outro** que aquele junto de quem encontramos o que nos pertence! Por certo, nesse caso, seríamos injustos."

80. Então, quando se desesperaram **da aquiescência** dele, retiraram-se, confidenciando. O primogênito deles disse: "Não sabeis que, com efeito, vosso pai recebeu de vós uma promessa, perante Allah, e, antes, vós **já** descurastes de José? Então, não deixarei **esta** terra, até que mo permita meu pai, ou Allah julgue por mim. E Ele é O Melhor dos juízes.

81. "Retornai a vosso pai, e dizei: 'Ó nosso pai! Por certo, teu filho roubou. E não testemunhamos senão do que sabemos, e não podíamos ser custódios do invisível⁽²⁾.

82. " 'E pergunta à cidade, onde

---

(1) **José guardou segredo disso**: José percebeu a maledicência, que lhe dirigiam, mas o dissimulou.
(2) Ou seja, "não podíamos prever, quando fizemos a promessa que Benjamim iria roubar, no Egito".

estivemos, e à caravana, em que viemos. E, por certo, somos verídicos!'"

83. Jacó disse: "Mas vossas almas vos aliciaram a algo **de mal**. Então, **cabe-me** bela paciência. Quiçá, Allah mos faça vir, a todos[1]. Por certo, ele é O Onisciente, O Sábio."

84. E voltou-lhes as costas e disse: "Que pesar sinto por José!" E os olhos embranqueceram[2]-se-lhe de tristeza, pois estava muito angustiado.

85. Disseram: "Por Allah! Não cessarás de lembrar-te de José, até ficares desfalecido, ou seres dos aniquilados!"

86. Ele disse: "Apenas, queixo-me a Allah de minha aflição e tristeza, e sei[3] de Allah o que não sabeis.

87. "Ó meus filhos! Ide e procurai notícias de José e seu irmão, e não vos desespereis da misericórdia de Allah. Por certo, não se desespera da misericórdia de Allah senão o povo renegador da Fé."

---

(1) **A todos**: a José, a Benjamim e ao irmão que permaneceu no Egito.
(2) Parece alusão à catarata, que provoca a perda da transparência do cristalino, conferindo aos olhos, aparência esbranquiçada, e que surgiu em virtude da sua idade provecta e de grandes pesares.
(3) Alusão à certeza de Jacó, por inspiração divina, de que o sonho de José se realizara e ele estava vivo.

88. E, quando entraram junto dele⁽¹⁾, disseram: "Ó Al-ʿAzīz! O infortúnio tocou-nos e a nossa família, e chegamos com mercadoria desprezível. Então, completa-nos a medida e esmola-nos. Por certo, Allah recompensa os esmoleres."

89. Disse: "Sabeis o que fizestes com José e seu irmão, quando éreis ignorantes?"

90. Disseram: "Em verdade, és tu José?" Disse: "Sou José, e este é meu irmão. Com efeito, Allah fez-nos mercê. Por certo, quem é piedoso e pacienta, Allah não faz perder o prêmio dos benfeitores."

91. Disseram: "Por Allah! Com efeito, Allah te deu preferência sobre nós, e, por certo, estávamos errados."

92. Disse: "Não há exprobração a vós, hoje. Que Allah vos perdoe. E Ele é O mais Misericordiador dos misericordiadores.

93. "Ide com esta minha túnica e lançai-a sobre o rosto de meu pai, ele se tornará vidente. E fazei vir a mim toda vossa família."

94. E, quando a caravana partia **do Egito**, seu pai disse⁽²⁾: "Por certo, sinto o odor de José, se me

---

(1) **Dele**: de josé.
(2) Ou seja, Jacó disse aos netos e às pessoas circundantes.

não acusais de devanear."

95. Eles disseram: "Por Allah! Certamente, estás em teu antigo descaminho."

96. E, quando o alvissareiro[1] chegou, lançou-a[2] sobre seu rosto, e, logo, ele se tornou vidente. Ele[3] disse: "Não vos disse que, por certo, sei de Allah o que não sabeis?"

97. Disseram: "Ó nosso pai! Implora perdão de nossos delitos. Por certo, estávamos errados."

98. Disse: "Implorarei a meu Senhor perdão para vós. Por certo, ele é O Perdoador, O Misericordiador."

99. Então, quando entraram junto de José, **este** aconchegou a si seus pais e disse; "Entrai no Egito, em segurança, se Allah quiser!"

100. E elevou seus pais ao trono, e eles[4] caíram, diante dele, em prosternação. E ele disse: "Ó meu pai! Esta é a interpretação de meu sonho de antes. Com efeito, meu Senhor fê-lo verdadeiro. E, de fato, ele me bem-fez, quando me fez sair da prisão e vos fez chegar do deserto, depois de Satã instigar a

---

(1) Ou seja, o que trazia a túnica de José.
(2) **A**: a túnica de José.
(3) **Ele**: o pai, Jacó.
(4) **Eles**: tanto os pais quanto os irmãos.

cizânia, entre mim e meus irmãos. Por certo, meu Senhor é Sutil no que quer. Por certo, Ele é O Onisciente, O Sábio.

101. "Senhor meu! Com efeito, concedeste-me **algo** da soberania e ensinaste-me **algo** da interpretação dos sonhos. Ó Criador dos céus e da terra! Tu és meu Protetor na vida terrena e na Derradeira Vida. Leva-me a alma, enquanto moslim, e ajunta-me aos íntegros."

102. Esses são alguns informes do Invisível, que te revelamos, **Muhammad**. E não estavas junto deles[1], quando determinaram sua decisão, enquanto usavam de estratagemas.

103. E a maioria dos homens, ainda que estejas zeloso **disso**, não é crente.

104. E tu não lhes pedes disso[2] prêmio algum. Ele[3] não é senão lembrança para os mundos.

105. E quantos sinais há, nos céus e na terra, pelos quais eles passam, enquanto lhes estão dando de ombros.

106. E a maioria deles não crê em Allah senão enquanto idólatras.

107. Então, será que eles estão s

---

(1) **Deles**: doze irmãos de José.
(2) **Disso**: do Alcorão.
(3) **Ele**: o Alcorão.

seguros de que lhes não chegará um manto do castigo de Allah, ou não lhes chegará a Hora, inopinadamente, enquanto não percebam?

108. Dize: "Este é o meu caminho: convoco-**vos** a Allah. Estou **fundado** sobre clarividência, eu e quem me segue. E Glorificado seja Allah! E não sou dos idólatras."

109. E não enviamos, antes de ti, senão homens das cidades, aos quais fizemos revelações – então, não caminharam eles na terra, para olhar como foi o fim dos que foram antes deles? E, em verdade, a morada da Derradeira Vida é melhor para os que são piedosos. Então, não razoais? –

110. Até que, quando os Mensageiros se desesperaram e pensaram que, com efeito, foram desmentidos, chegou-lhes Nosso socorro. Então, foram salvos os que quisemos. E Nosso suplício não se revoga, **junto** do povo criminoso.

111. Com efeito, há, em suas narrativas, lição para os dotados de discernimento. Isto[1] não é conversa forjada, mas confirmação do que havia antes dele, e aclaramento de todas as cousas e orientação e misericórdia para um povo que crê.

---

(1) **Isto**: o Alcorão.

SŪRATU AR-RAᶜD[1]
A SURA DO TROVÃO

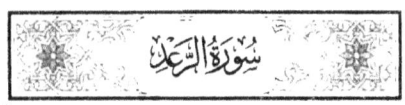

De Al Madīnah[2] – 43 versículos.

Em nome de Allah, O Misericordioso, O Misericordiador.

1. Alif, Lām, Mīm[3], Rā. Esses são os versículos do Livro. E o que foi descido para ti, **Muhammad**, de teu Senhor é a verdade, mas a maioria dos homens não crê.

2. Allah é Quem elevou os céus, sem colunas que vejais; em seguida, estabeleceu-Se no Trono. E submeteu o sol e a lua, cada qual corre até um termo designado[4]. Ele administra a ordem **de tudo e** aclara os sinais, para vos convencerdes do deparar de vosso Senhor.

3. E Ele é Quem estendeu a terra e nela fez assentes montanhas e rios. E, de todos os frutos, nela fez um par, um casal[5]. Ele faz a noite

---

(1) **Ar-Raᶜd**: o trovão. Assim, denomina-se a sura pela menção desta palavra no versículo 13. A sura aborda inúmeros fatos, que comprovam a existência divina, e fala dos céus e da terra, do sol e da lua, das plantas e dos frutos, dos fenômenos atmosféricos, das nuvens, assim como das cousas invisíveis, que só Deus conhece, do Dia do Juízo, da recompensa dos benfeitores e dos malfeitores.

(2) Conforme a maioria dos exegetas, esta sura foi revelada em Al Madīnah. Entretanto, alguns estudiosos asseveram que o foi em Makkah, pela identidade dos temas tratados nela com os de todas as suras reveladas nesta cidade, e que compreendem a unicidade de Deus, a revelação aos mensageiros e a Ressurreição.

(3) Cf. II 1 n3.

(4) Ou seja, até o Dia do Juízo.

(5) Deus criou, na natureza, a planta macho e a planta fêmea, para assegurarem a fecundação e a reprodução da espécie.

encobrir o dia. Por certo, há nisso sinais para um povo que reflete.

4. E, na terra, há extensões⁽¹⁾ contíguas, **mas diversas**; e jardins de videiras e searas e tamareiras, geminadas e não geminadas, irrigadas pela mesma água; e preferimos algumas delas a outras, no sabor. Por certo, há nisso sinais para um povo que razoa.

5. E, se te admiras, **Muḥammad, de que te desmintam**, mais admirável é seu dito: "Quando formos pó, tornar-nos-emos em nova criatura?" Esses são os que renegam a seu Senhor. E esses são aqueles em cujos pescoços haverá gargalheiras. E esses são os companheiros do Fogo. Nele, serão eternos.

6. E pedem-te que **lhes** apresses o mal, antes do bem, enquanto, com efeito, antes deles, passaram os castigos exemplares. E, por certo, teu Senhor é Possuidor de perdão para os homens, apesar de sua injustiça. E, por certo, teu Senhor é Veemente na punição.

7. E os que renegam a Fé dizem: "Que se faça descer sobre ele um sinal⁽²⁾ de seu Senhor!" Tu és,

---

(1) Embora seja a terra una, apresenta extensões de terreno de características várias: algumas férteis, outras áridas, e, mesmo próximas, produzem frutos diversos.

(2) Os incrédulos exigem, aqui, sinais idênticos aos de Jesus, tais como a ressurreição dos mortos, a recuperação de um cego; ou idênticos aos de Moisés, que transformava em serpente sua vara.

apenas, admoestador, e, para cada povo, há um guia.

8. Allah sabe o⁽¹⁾ que cada varoa carrega consigo e a contração das matrizes e sua dilatação. E cada cousa, junto dEle, está na justa medida.

9. Ele é O Sabedor do invisível e do visível, O Grande, O Sublime.

10. É-Lhe igual quem de vós guarda segredo do dito e quem o declara, e quem está escondido, de noite, e é caminhante, de dia.

11. Ele⁽²⁾ tem anjos da guarda, adiante dele e detrás dele, que o custodiam, por ordem de Allah. Por certo, Allah não transmutará o que um povo tem⁽³⁾, até que este haja transmutado o que há em si mesmo. E, quando Allah deseja um mal a um povo, não há revogador disso, e não terão, além dEle, protetor algum.

12. Ele é Quem vos faz ver o relâmpago, para suscitar temor e aspiração⁽⁴⁾, e faz surgir as densas nuvens.

13. E o trovão glorifica-O, com louvor, e, **também**, os anjos por

---

⁽¹⁾ **O**: o tipo (são ou defeituoso) e o número de fetos (de 1 a décuplos), contidos no útero, durante a gravidez, e o tempo (de 7 a 9 meses) que aí duram, até o parto.
⁽²⁾ **Ele**: o ser humano.
⁽³⁾ Ou seja, as graças que gozam as pessoas: saúde, prosperidade, etc..
⁽⁴⁾ Para alguns, o relâmpago relaciona-se ao medo e à destruição; para outros, à esperança da chuva.

temor dEle. E Ele envia os raios, e, com eles, alcança a quem quer, enquanto eles⁽¹⁾ discutem⁽²⁾ acerca de Allah. E Ele é Veemente na força.

14. DEle é a verdadeira súplica. E os que eles⁽³⁾ invocam, além dEle, em nada lhes atendem senão como **é atendido** aquele que estende as duas mãos à água **de um poço**, para que esta lhe atinja a boca, mas ela jamais a estará atingindo. E a súplica dos renegadores da Fé não está senão em descaminho.

15. E, diante de Allah, prosterna-se, de bom ou de mau grado, quem está nos céus e na terra, e **também** suas sombras, ao amanhecer e ao entardecer.

16. Dize, **Muḥammad**: "Quem é o Senhor dos céus e da terra?" Dize: "Allah". Dize: "Então, tomais, além dEle, protetores, que não possuem, para si mesmos, benefício nem prejuízo?" Dize: "Igualam-se o cego e o vidente? Ou igualam-se as trevas e a luz? Ou fazem a Allah parceiros, que hajam criado **algo** como Sua criação, então, assemelha-se-lhes a criação?" Dize: "Allah é

---

(1) **Eles**: os idólatras.
(2) Ou seja, negam a unicidade de Deus, tomando ídolos além dEle, e, ainda, Lhe atribuem filhos, já que afirmam serem os anjos as filhas de Deus, e Jesus, Seu filho.
(3) **Eles**: os idólatras.

O Criador de todas as cousas. E Ele é O Único, O Dominador."

17. Ele faz descer água do céu, e ela flui em vales, conforme a medida destes, então, a torrente carrega uma espuma flutuante. E, parte daquilo[(1)] sob a qual acendem o fogo, para fazer jóias ou utensílios, é espuma igual. Assim, Allah apresenta em parábola a verdade e a falsidade. Quanto à espuma, vai-se embora. E, quanto ao que beneficia aos homens, permanece na terra. Assim, Allah propõe os exemplos.

18. Para os que atendem a seu Senhor, haverá a mais bela recompensa. E os que Lhe não atendem, se tivessem tudo o que há na terra e **mais** outro tanto, com isso, resgatar-se-iam. Esses terão o pior ajuste de contas. E sua morada será a Geena. E que execrável leito!

19. Então, quem sabe que o que foi descido, para ti, de teu Senhor, é a verdade será igual a quem é cego? Apenas, meditam os dotados de discernimento,

20. Os que são fiéis ao pacto de Allah e não desfazem a aliança,

21. E os que unem o que Allah

---

(1) **Daquilo**: nos metais, tal como o ouro, a prata, o cobre, cuja fundição provoca espuma semelhante.

ordena estar unido, e receiam a seu Senhor e temem o pior ajuste de contas,

22. E os que pacientam, em busca do agrado de seu Senhor, e cumprem a oração e despendem, secreta e manifestamente, daquilo que lhes damos por sustento, e revidam o mal, com o bem, esses terão o final feliz da **Derradeira** Morada:

23. Os Jardins do Éden, em que entrarão, junto com os que se emendaram dentre seus pais e seus cônjuges e sua descendência. E os anjos entrarão junto deles, por todas as portas, **dizendo**:

24. "Que a paz seja sobre vós, porque pacientastes! Então, que excelente final feliz da **Derradeira** Morada!"

25. E os que desfazem o pacto de Allah, após havê-lo firmado, e cortam o que Allah ordena estar unido e semeiam a corrupção na terra, esses terão a maldição e terão a pior Morada.

26. Allah prodigaliza o sustento a quem quer, e restringe-o. E eles[1] jubilam com a vida terrena. E a vida terrena, ao lado da Derradeira Vida, não é senão gozo **efêmero**.

27. E os que renegam a Fé dizem:

---

(1) **Eles**: os idólatras.

"Que se faça descer sobre ele um sinal de seu Senhor!" Dize: "Por certo, Allah descaminha a quem quer e guia para Ele quem se volta para Ele, contrito,

28. "Os que crêem e cujos corações se tranqüilizam com a lembrança de Allah." – Ora, é com a lembrança de Allah que os corações se tranqüilizam –

29. "Os que crêem e fazem as boas obras terão bem-aventurança e aprazível retorno."

30. Assim, enviamo-te, **Muḥammad**, a uma comunidade – antes da qual, com efeito, **outras** comunidades passaram – para recitares, para eles, o que te revelamos. Mas eles renegam O Misericordioso. Dize: "Ele é meu Senhor. Não existe deus senão Ele. NEle confio e para Ele é meu arrependimento."

31. E, se houvesse um Alcorão[1], com que se fizesse caminhar as montanhas ou com que se fizesse cortar a terra ou com que se fizesse falar aos mortos, **seria este**. Mas de Allah é toda a ordem. Então, não sabem os que crêem que, se

---

[1] A revelação deste versículo se deu pelas solicitações dos idólatras que, desafiando o Profeta, diziam: "Se és, de fato, Mensageiro de Deus, faze que teu Alcorão mova as montanhas de Makka, para torná-la ampla e nela se formarem jardins"; ou "faze-nos submissos os ventos, para que nos transportem à Síria, onde negociaremos, e de onde retornaremos no mesmo dia, como ocorreu a Salomão"; ou "ressuscita-nos alguns de nossos antepassados, para a eles falarmos. Só, assim, creremos em ti".

Allah quisesse, Ele haveria guiado a toda a humanidade? E os que renegam a Fé não cessarão de ser alcançados – devido a suas ações – por uma calamidade, ou de tê-la perto de seus lares, até que chegue a promessa[1] de Allah. Por certo, Allah não falta à promessa.

32. E, com efeito, zombaram de **outros** Mensageiros, antes de ti; então, concedi prazo aos que renegaram a Fé; em seguida, apanhei-os. Como foi, pois, Minha punição?

33. Então, Quem se mantém atento a cada alma, acerca do que logra, **é igual aos ídolos**? E eles fizeram a Allah parceiros. Dize: "Nomeai-os. Ou vós O informais do que **Ele** não sabe, na terra? Ou **dizeis** um dito vão? Mas aformosearam-se, para os que renegam a Fé, seus estratagemas, e foram afastados do caminho **reto**. E aquele, a quem Allah descaminha, não tem guia algum.

34. Eles[2] terão castigo, na vida terrena. E, em verdade, o castigo da Derradeira Vida será mais árduo. E não terão, **contra o castigo** de Allah, Protetor.

35. **Eis** o exemplo do Paraíso,

---

(1) Quer dizer, ou a morte, ou o Dia da Ressurreição.
(2) **Eles:** : os idólatras.

prometido aos piedosos: abaixo dele, correm os rios; seus frutos são permanentes, e, **assim**, sua sombra. Esse é o final feliz dos que são piedosos. E o final dos renegadores da Fé é o Fogo.

36. E aqueles[1], a quem concedêramos o Livro, jubilam com o que foi descido para ti. E entre os partidos[2], há quem negue parte dele. Dize: "Apenas, foi-me ordenado adorar a Allah e nada associar-Lhe. A Ele convoco **os homens** e a Ele será meu retorno."

37. E, assim, fizemo-lo **Alcorão** descer como sabedoria em língua árabe. E, em verdade, se seguires suas[3] paixões, após o que te chegou da ciência[4], não terás, de Allah, nem aliado nem protetor.

38. E, com efeito, enviamos Mensageiros, antes de ti, e fizemo-lhes mulheres[5] e descendência. E não é admissível que um Mensageiro chegue com um sinal senão com a permissão de Allah. Para cada termo há uma prescrição.

39. Allah cancela e confirma o

---

[1] **Aqueles**: os judeus que abraçaram o Islão, como Abdullāh Ibn Salām.
[2] **Partidos**: os aliados, entre os idólatras e os judeus, contra o Profeta Muḥammad.
[3] **Suas**: dos idólatras.
[4] Cf. II 120 n1.
[5] Os adversários de Muḥammad criticavam-no por haver-se casado e tido filhos. Por este versículo, ele lhes responde que isso era comum entre seus antecessores.

que quer. E, junto dEle, está a Mãe do Livro⁽¹⁾.

40. E, se te fazemos ver algo⁽²⁾ do que lhes prometemos ou te levamos a alma, **antes disso**; a ti te impende, apenas, a transmissão **da Mensagem**, e a Nós Nos impende o ajuste de contas.

41. E não viram eles ⁽³⁾ que chegamos à terra⁽⁴⁾, diminuindo-a em seus extremos? E Allah julga; não há revogador de Seu julgamento. E Ele é Destro no ajuste de contas.

42. E, com efeito, aqueles antes deles usaram de estratagemas, mas de Allah são todos os estratagemas. Ele sabe o que toda alma logra. E os renegadores da Fé saberão de quem é o final feliz da **Derradeira Morada**.

43. E os que renegam a Fé dizem: "Tu não és enviado de Allah." Dize: "Basta Allah, por testemunha, entre mim e vós, e quem tem ciência de Livro⁽⁵⁾."

---

(1) **A Mãe do Livro**, do árabe **ummu-l-kitāb**, quer dizer a fonte de todos os livros divinos, ou seja, o Livro do Destino, onde tudo está escrito.

(2) Cf. X 46 n1.

(3) **Eles**: os idólatras.

(4) **Terra**: terras dos descrentes, conquistadas pelo Profeta Muḥammad, no advento do Islão.

(5) **Do Livro**: do Alcorão.

SŪRATU IBRĀHĪM[1]
A SURA DE ABRAÃO

De Makkah – 52 versículos.

Em nome de Allah, O Misericordioso, O Misericordiador.

1. Alif, Lām, Rā[2]. **Este** é um Livro, que fizemos descer para ti, **Muḥammad**, a fim de fazeres sair os homens das trevas para a Luz – com a permissão de seu Senhor – para a senda dO Todo-Poderoso, dO Louvável,

2. De Allah, de Quem é o que há nos céus e o que há na terra. E ai dos renegadores da Fé, por um veemente castigo!

3. Os que amam mais a vida terrena que a Derradeira Vida e afastam **os homens** do caminho de Allah, buscando torná-lo tortuoso, esses estão em profundo descaminho.

4. E não enviamos Mensageiro algum senão com a língua de seu povo, para que ele torne evidente, para eles, **a Mensagem**. Então, Allah descaminha a quem quer e

---

[1] **Ibrāhim**: Abraão, o Patriarca de todos os profetas, cuja menção, feita no versículo 35, passa a denominar toda a sura. Embora esta trate dos mesmos temas daquelas reveladas em Makkah (a unicidade de Deus, a Mensagem divina, etc.), dois deles salientam-se acima de todos: a unicidade da Mensagem divina e a atitude unificada dos mensageiros, diante do desmentido dos povos, em todas as épocas e lugares, e a graça de Deus para com os homens, sempre acrescida diante da gratidão destes, e da atitude ingrata de sua maioria, em face da graça divina.

[2] Cf. II 1 n3.

guia a quem quer. E Ele é O Todo-Poderoso, O Sábio.

5. E, com efeito, enviamos Moisés, com Nossos sinais, **e dissemo-lhe**: "Faze sair teu povo das trevas para a luz e lembra-lhes os dias de Allah⁽¹⁾." Por certo, há nisso sinais para todo perseverante, agradecido.

6. E **lembra-lhes, Muḥammad, de** quando Moisés disse a seu povo: "Lembrai-vos da graça de Allah para convosco, quando vos salvou do povo de Faraó. Infligiam-vos o pior castigo e degolavam vossos filhos e deixavam vivas vossas mulheres. E, nisso, houve de vosso Senhor formidável prova."

7. E, **de** quando vosso Senhor noti-ciou: "Em verdade, se agradeceis, acrescentar-vos-ei **Minhas graças**. Mas, em verdade, se estais ingratos, por certo, Meu castigo será veemente."

8. E Moisés disse: "Se renegais a Fé, vós e todos os que estão na terra, por certo, Allah é Bastante a Si mesmo, Louvável."

9. Não vos chegou o informe dos que foram antes de vós: do povo de Noé e de ᶜĀd e de Thamūd e dos que foram depois deles, os

---

⁽¹⁾ **Dias de Allah**: os eventos e os castigos, enviados por Deus aos povos antigos.

quais ninguém conhece senão Allah? Seus Mensageiros chegaram-lhes com as evidências; então, levaram as mãos à boca[1] e disseram: "Por certo, renegamos aquilo com que sois enviados e, por certo, estamos em dúvida tormentosa acerca daquilo a que convocais."

10. Seus Mensageiros disseram: "Há dúvida acerca de Allah, O Criador dos céus e da terra, Que vos convoca para perdoar-vos **parte** dos delitos e para conceder-vos prazo, até um termo designado?" Eles[2] disseram: "Vós não sois senão mortais como nós; desejais afastar-nos do que nossos pais adoravam. Então, fazei-nos vir evidente comprovação!"

11. Seus Mensageiros disseram-lhes: "Certamente, não somos senão mortais como vós, mas Allah faz mercê a quem quer, entre Seus servos. E não é admissível que vos façamos chegar uma comprovação senão com a permissão de Allah. E que os crentes, então, confiem, em Allah.

12. "E por que razão nós não confiamos em Allah, enquanto,

---

[1] Este ato pode traduzir ou o espanto diante da Mensagem proferida pelos profetas; ou o gesto de fazer calar os profetas, por crerem absurdas suas palavras acerca da unicidade de Deus; ou, ainda, a ira contida através da mordida dos dedos.
[2] **Eles**: os idólatras.

com efeito, Ele nos guiou a nossos caminhos? E, em verdade, pacientaremos, quanto ao que nos molestais. E que os confiantes, então, confiem em Allah."

13. E os que renegaram a Fé disseram a seus Mensageiros: "Em verdade, far-vos-emos sair de nossa terra, ou regressareis à nossa crença." Então, seu Senhor, inspirou-lhes[1]: "Certamente, aniquilaremos os injustos,

14. "E far-vos[2]-emos habitar a terra, depois deles. Isso, para quem teme Minha preeminência e teme Minha cominação."

15. E eles suplicaram a vitória[3]. E mal-aventurado foi todo tirano obstinado,

16. Adiante[4] dele, estará a Geena, e ser-lhe-á dado de beber água putrefata,

17. Que ele sorverá aos goles e quase não conseguirá tragar. E a morte chegar-lhe-á de todos os lados, e ele não será morto. E, adiante dele, haverá duro castigo.

18. O exemplo das obras dos

---

(1) **Lhes**: aos mensageiros.
(2) **Vos**: os mensageiros.
(3) Quer dizer, os mensageiros suplicaram a vitória sobre os idólatras.
(4) O advérbio árabe **warā'** encerra duas acepções opostas, conforme o contexto, ou seja, pode ser traduzido por adiante ou atrás.

que renegam a seu Senhor é como cinza, em que o vento sopra, intensamente, em dia tempestuoso. Não tirarão proveito algum do que lograram. Esse é o profundo descaminho.

19. Não viste que Allah criou os céus e a terra, com a verdade? Se Ele quisesse, far-vos-ia ir e faria vir novas criaturas.

20. E isso não é penoso para Allah.

21. E expor-se-ão[1], todos, a Allah; então, os fracos dirão aos que se ensoberbeceram: "Por certo, éramos vossos seguidores. Pois, podeis valer-nos contra algo do castigo de Allah?" Eles[2] dirão: "Se Allah nos houvesse guiado, haver-vos-íamos guiado. É-nos igual que nos aflijamos ou pacientemos; não há, para nós, fugida alguma."

22. E, quando for encerrada[3] a ordem, Satã dirá: "Por certo, Allah prometeu-vos a verdadeira promessa, e eu vos prometi, mas vos falhei. E eu não tinha poder algum sobre vós, senão que vos convoquei, e me atendestes. Então, não me censureis,

---

[1] Ou seja, todos os homens sairão de seus túmulos, para prestar contas a Deus.
[2] **Eles**: os soberbos.
[3] Ou seja: quando se cumprir a determinação de recompensar os benfeitores e castigar os malfeitores.

e censurai-vos a vós mesmos. Não sou vosso salvador nem vós sois meus salvadores. Por certo, renego que me houvésseis associado **a Allah**, antes." Por certo, os injustos terão doloroso castigo.

23. E far-se-á entrar os que crêem e fazem as boas obras em Jardins, abaixo dos quais correm os rios; nesses, serão eternos, com a permissão de seu Senhor. Neles, sua saudação será: "Salam!", **Paz!**

24. Não viste como Allah propõe um exemplo? Uma palavra benigna é como uma árvore benigna, cuja raiz é firme e cujos ramos se alçam ao céu;

25. Ela concede seus frutos, em cada tempo, com a permissão de seu Senhor. E Allah propõe os exemplos para os homens, a fim de meditarem.

26. E o exemplo de uma palavra maligna é como uma árvore maligna, que é desenraizada da superfície da terra: ela não tem estabilidade.

27. Allah torna firmes os que crêem, com o firme dito, na vida terrena e na Derradeira Vida. E Allah descaminha os injustos. E Allah faz o que quer.

28. Não viste os que trocaram a graça de Allah por ingratidão e fizeram seu povo habitar a Morada da Destruição?

29. A Geena, nela se queimarão. E que execrável lugar de permanência!

30. E fazem para Allah semelhantes, para descaminhar **os homens** de Seu caminho. Dize: "Gozai! Por certo, vosso destino será o Fogo."

31. Dize a Meus servos que crêem que cumpram a oração e despendam, secreta ou manifestamente, daquilo que lhes damos por sustento, antes que chegue um dia, em que não haverá nem venda nem amizade.

32. Allah é Quem criou os céus e a terra e faz descer do céu água, com que faz brotar dos frutos sustento para vós. E submeteu-vos o barco, para correr no mar, por Sua ordem, e submeteu-vos os rios.

33. E submeteu-vos o sol e a lua, constantes em seu percurso. E submeteu-vos a noite e o dia.

34. E concedeu-vos de tudo que Lhe pedistes. E, se contais as graças de Allah, não podereis enumerá-las. Por certo, o ser humano é injusto, ingrato.

35. E **lembra-lhes de** quando Abraão disse: "Senhor meu! Faze esta cidade[(1)] **lugar** de segurança, e

---

(1) Ou seja, a cidade de Makkah.

faze-me, e a meus filhos, evitar que adoremos os ídolos;

36. "Senhor meu! Por certo, eles descaminharam a muitos dos homens. Então, quem me segue, por certo, é dos meus[1]. E quem me desobedece, por certo, Tu és Perdoador, Misericordiador.

37. "Senhor nosso! Por certo, eu fiz habitar parte de minha descendência[2] em vale sem searas, junto de Tua Casa Sagrada – Senhor nosso! – para que eles cumpram a oração. Então, faze que os corações **de parte** dos homens se precipitem, a eles, com fervor. E dá-lhes dos frutos, por sustento, na esperança de serem agradecidos.

38. "Senhor nosso! Por certo, Tu sabes o que escondemos e o que manifestamos. E nada se esconde de Allah na terra nem no céu.

39. "Louvor a Allah, Que me dadivou, na velhice, com Ismael e Isaque. Por certo, meu Senhor é O Ouvidor da súplica.

40. "Senhor meu! Faze-me cumpridor da oração e, **também**, **uma** parte de minha descendência. Senhor nosso! E aceita minha súplica!

---

(1) Ou seja, será dos seguidores da religião de Abraão.
(2) Alusão a Ismael que, juntamente com sua mãe Hāgar, foram deixados, por Abraão, no vale de Makkah.

41. "Senhor nosso! Perdoa-me e a meus pais e aos crentes, um dia, quando advier a conta."

42. E não suponhas, **Muḥammad**, que Allah esteja desatento ao que os injustos fazem. Ele, apenas, lhes concede prazo, até um dia em que as vistas se estarrecerão.

43. Correndo, infrenes, de olhos fitos à frente, levantando as cabeças, seus olhares não obedecerão à sua vontade, e seus corações estarão vazios.

44. E admoesta os homens de que, um dia, o castigo lhes chegará; então, os que foram injustos dirão: "Senhor nosso! Concede-nos prazo, até um termo próximo, nós atenderemos Tua convocação e seguiremos os Mensageiros." **Dir-se-lhes-á**: "Não jurastes, antes, que jamais deixaríeis a **terra**[1]?

45. "E habitastes as vivendas dos que foram injustos com si mesmos, e tornou-se evidente, para vós, como fizemos com eles, e, para vós, propomos os exemplos."

46. E, com efeito, eles usam de estratagemas, enquanto seus estratagemas são **do conhecimento** de Allah, ainda que, com seus

---

(1) Isto é, "que jamais seríeis ressuscitados".

estratagemas, as montanhas deixem de existir.

47. Então, não suponhas, **Muḥammad**, que Allah falte à promessa a Seus Mensageiros. Por certo, Allah é Todo-Poderoso, Possuidor de vindita.

فَلَا تَحْسَبَنَّ ٱللَّهَ مُخْلِفَ وَعْدِهِۦ رُسُلَهُۥٓ إِنَّ ٱللَّهَ عَزِيزٌ ذُو ٱنتِقَامٍ ۝

48. Um dia, a terra será trocada por outra terra, e, **também**, os céus. E expor-se-ão eles a Allah, O Único, O Dominador

يَوْمَ تُبَدَّلُ ٱلْأَرْضُ غَيْرَ ٱلْأَرْضِ وَٱلسَّمَٰوَٰتُ وَبَرَزُوا۟ لِلَّهِ ٱلْوَٰحِدِ ٱلْقَهَّارِ ۝

49. E verás os criminosos, nesse dia, aos pares, atados a grilhões,

وَتَرَى ٱلْمُجْرِمِينَ يَوْمَئِذٍ مُّقَرَّنِينَ فِى ٱلْأَصْفَادِ ۝

50. Seus trajes serão de alcatrão, e o Fogo lhes cobrirá as faces.

سَرَابِيلُهُم مِّن قَطِرَانٍ وَتَغْشَىٰ وُجُوهَهُمُ ٱلنَّارُ ۝

51. Para que Allah recompense cada alma do que logrou. Por certo, Allah é Destro no ajuste de contas.

لِيَجْزِىَ ٱللَّهُ كُلَّ نَفْسٍ مَّا كَسَبَتْ إِنَّ ٱللَّهَ سَرِيعُ ٱلْحِسَابِ ۝

52. Esta é uma Mensagem para os homens, **para que se guiem** e, com ela, sejam admoestados, e para que saibam que Ele é Deus Único, e, **também**, para que os dotados de discernimento meditem.

هَٰذَا بَلَٰغٌ لِّلنَّاسِ وَلِيُنذَرُوا۟ بِهِۦ وَلِيَعْلَمُوٓا۟ أَنَّمَا هُوَ إِلَٰهٌ وَٰحِدٌ وَلِيَذَّكَّرَ أُو۟لُوا۟ ٱلْأَلْبَٰبِ ۝

SŪRATU AL-ḤIJR[1]
A SURA DE AL-ḤIJR

De Makkah – 99 versículos.

Em nome de Allah, O Misericordioso, O Misericordiador.

1. Alif, Lām, Rā[2]. Esses são os versículos do Livro e explícito Alcorão.

2. É muito[3] provável que os que renegaram a Fé almejem haver sido moslimes.

3. Deixa-os comer e gozar e **deixa** a esperança entretê-los, pois, logo saberão[4]!

4. E não aniquilamos cidade alguma, sem que ela tivesse prescrição determinada.

---

[1] **Al Ḥijr**: esta palavra encerra várias acepções: 1ª) regaço; 2ª) o que é proibido; ; 3a) o juízo que impede alguém de cometer tolices; 4a) o vale entre Al Madīnah e a Síria, que era habitada pela tribo de Thamūd, e cujas casas, escavadas nas pedras, impediam o ataque das outras tribos. A idéia de abrigo e proteção subjaz, de alguma forma, nas quatro acepções citadas. Assim se denomina a sura, por vir mencionada esta palavra no versículo 80. Seu tema principal é realçar os caracteres dos renegadores do Islão e os motivos desta conduta, e, ao redor disso, a sura descreve os cenários do Universo: os céus e suas constelações, a terra estendida, as montanhas estabelecidas, os ventos polinizadores, as nuvens e as águas, a vida e a morte, e a ressurreição para todos os seres. Seguidamente, retoma a história de Adão e Satã, bem como trechos de outras histórias, como as de Chuᶜaib, Ṣāliḥ, etc., como fito de mostrar a bem-aventurança e a mal-aventurança, segundo os atos humanos.

[2] Cf. II 1 n3.

[3] O advérbio de intensidade, **muito**, traduz a palavra **rubamā**, que, junto ao verbo, lhe confere, de acordo com o contexto, o aspecto de maior ou menor ocorrência da ação que exprime. Neste versículo, vigoram as duas acepções, e optou-se, aqui, pela ação de maior ocorrência, pois, quando os descrentes, no Dia do Juízo, virem as recompensas dos que seguiram o Profeta, vão lamentar, sobejamente, não haver sido moslimes.

[4] Ou seja, no futuro, saberão de seu nefasto fim.

15. Sūratu Al-Ḥijr   Parte 14

5. Nenhuma comunidade antecipa seu termo nem o atrasa.

6. E eles[1] dizem: "Ó tu, sobre quem foi descido o Alcorão! Por certo, és louco!

7. "Que nos faças vir os anjos, se és dos verídicos!"

8. Não fazemos descer os anjos senão com a verdade, e, nesse caso, não haveria, para eles[2], dilação.

9. Por certo, Nós fizemos descer o Alcorão e, por certo, dele somos Custódios.

10. E, com efeito, enviamos, antes de ti, **Mensageiros** às seitas dos antepassados.

11. E não lhes chegou Mensageiro algum, sem que dele zombassem.

12. Assim, também, Nós o[3] introduzimos nos corações dos criminosos.

13. Nele não crêem. E, com efeito, passaram os procedimentos dos antepassados.

14. E, se lhes abríssemos uma

---

(1) **Eles**: os idólatras de Makkah.
(2) **Eles**: os idólatras, que recebiam o castigo, na vida terrena, pela refutação da Verdade, mesmo se os anjos descessem. Quanto à dilação não lha seria concedida absolutamente.
(3) **O**: o Alcorão. Isso significa que, da mesma forma que Deus introduziu o Alcorão no coração dos crentes, introduziu-o, também, no coração dos descrentes, que dele descreram.

porta do céu, e eles seguissem ascendendo a ela,

15. Em verdade, **ainda**, diriam: "Apenas, nossas vistas turvam-se; aliás, somos um povo enfeitiçado!"

16. E, com efeito, fizemos, no céu, constelações, e aformoseamo-lo, para os olhadores.

17. E custodiamo-lo, contra todo demônio maldito.

18. Mas a quem tenta ouvir[1], às ocultas, então, uma evidente bólide persegue-o.

19. E a terra, estendemo-la e, nela, implantamos assentes montanhas e, nela, fizemos germinar de toda cousa, no justo peso.

20. E, nela, fizemos meios de subsistência para vós e para aqueles[2], aos quais não estais dando sustento.

21. E não há cousa alguma, sem que estejam junto de nós seus cofres, e não a fazemos descer

---

(1) Segundo os exegetas, houve demônios, outrora, que tentaram, no céu, escutar os colóquios dos anjos, para se inteirarem dos mais recônditos segredos, referentes aos eventos terrenos. Entretanto, parte deles foi impedida de fazê-lo, por época do nascimento de Jesus; e, outra parte, por época do nascimento de Muḥammad, de maneira que qualquer demônio que intentasse agir assim, após Muḥammad, seria perseguido por incandescente e fugaz estrela.

(2) Alusão aos filhos, servos e empregados, que os senhores imaginam, de modo errôneo, estarem a seus encargos, exclusivamente, quando, na verdade, é Deus quem deles cuida, assim como cuida dos rebanhos e de todos os animais e de tudo quanto há no Universo.

15. Sūratu Al-Ḥijr — Parte 14

senão na medida determinada.

22. E enviamos os ventos fecundantes, e fazemos descer do céu água, e damo-vo-la de beber; e não sois seus retentores.

23. E, por certo, damos a vida e damos a morte; e Nós somos O Herdeiro[1].

24. E, com efeito, sabemos dos antecessores de vós e, com efeito, sabemos dos sucessores[2].

25. E, por certo, teu Senhor os reunirá. Por certo, Ele é o Sábio, Onisciente.

26. E, com efeito, criamos o ser humano de argila sonorosa[3], de barro moldável.

27. E os jinns, criamo-los, antes, do fogo do Samūm[4].

28. E quando teu Senhor disse aos anjos: "Por certo, estou criando um mortal de argila sonorosa, de barro moldável;

29. "E, quando o houver formado e, nele, houver soprado **algo** de

---

(1) Ou seja, Deus é Eterno, e sobrevive a todos e a tudo, dos quais é o Herdeiro Único.

(2) Trata-se do conhecimento que Deus tem das criaturas, das primeiras, existentes ao tempo de Adão, até as últimas, que existirão no Dia do Juízo.

(3) Referência à sonoridade emitida pelo barro seco, quando tocado.

(4) **Samūm**: vento abrasador, que penetra os poros. A palavra tem a mesma raiz de **massām**, poros. A transcrição **simum** existe em língua portuguesa, por influência francesa, a partir do século XIX.

Meu espírito, então, caí prosternados, diante dele."

30. Então, todos os anjos prosternaram-se, juntos.

31. Exceto Iblīs. Ele se recusou estar com os que se prosternavam.

32. **Allah** disse: "Ó Iblīs! Por que razão não estás com os que se prosternam?"

33. Disse: "Não é admissível que me prosterne diante de um mortal que criaste de argila sonorosa, de barro moldável."

34. **Allah** disse: "Então, sai dele⁽¹⁾, e, por certo, és maldito.

35. "E, por certo, a maldição será sobre ti, até o Dia do Juízo."

36. Ele disse: "Senhor meu! Então, concede-me dilação, até um dia, em que eles⁽²⁾ serão ressuscitados."

37. **Allah** disse: "E, por certo, és daqueles aos quais será concedida dilação.

38. "Até o dia do tempo determinado."

39. Ele disse: "Senhor meu! Pelo mal a que me condenaste, em verdade, aformosearei **o erro**, para

---

(1) **Dele**: do Paraíso. Cf. VII 13 n1.
(2) **Eles**: os homens. Cf. VII 14 n2.

eles, na terra, e fá-los-ei, a todos, incorrer no mal,

40. "Exceto Teus servos prediletos, entre eles."

إِلَّا عِبَادَكَ مِنْهُمُ ٱلْمُخْلَصِينَ ﴿٤٠﴾

41. **Allah** disse: "Esta é uma senda reta, que Me impende **observar**.

قَالَ هَٰذَا صِرَٰطٌ عَلَىَّ مُسْتَقِيمٌ ﴿٤١﴾

42. "Por certo, sobre Meus servos não terás poder algum, exceto sobre os que te seguirem, entre os desviados.

إِنَّ عِبَادِى لَيْسَ لَكَ عَلَيْهِمْ سُلْطَٰنٌ إِلَّا مَنِ ٱتَّبَعَكَ مِنَ ٱلْغَاوِينَ ﴿٤٢﴾

43. "E, por certo, a Geena será seu lugar prometido, de todos.

وَإِنَّ جَهَنَّمَ لَمَوْعِدُهُمْ أَجْمَعِينَ ﴿٤٣﴾

44. "Ela tem sete portas. Cada porta terá deles uma parte determinada."

لَهَا سَبْعَةُ أَبْوَٰبٍ لِّكُلِّ بَابٍ مِّنْهُمْ جُزْءٌ مَّقْسُومٌ ﴿٤٤﴾

45. Por certo, os piedosos estarão entre jardins e fontes.

إِنَّ ٱلْمُتَّقِينَ فِى جَنَّٰتٍ وَعُيُونٍ ﴿٤٥﴾

46. **Dir-se-lhes-á**: "Entrai neles em paz e em segurança."

ٱدْخُلُوهَا بِسَلَٰمٍ ءَامِنِينَ ﴿٤٦﴾

47. E tiraremos o que houver de ódio em seus peitos, sendo como irmãos, em leitos, frente a frente.

وَنَزَعْنَا مَا فِى صُدُورِهِم مِّنْ غِلٍّ إِخْوَٰنًا عَلَىٰ سُرُرٍ مُّتَقَٰبِلِينَ ﴿٤٧﴾

48. Neles[1], nenhuma fadiga os tocará, e deles jamais os farão sair.

لَا يَمَسُّهُمْ فِيهَا نَصَبٌ وَمَا هُم مِّنْهَا بِمُخْرَجِينَ ﴿٤٨﴾

49. Informa Meus servos, **Muḥammad**, de que sou O Perdoador, O Misericordiador.

۞ نَبِّئْ عِبَادِى أَنِّى أَنَا ٱلْغَفُورُ ٱلرَّحِيمُ ﴿٤٩﴾

50. E de que Meu castigo é o doloroso castigo.

وَأَنَّ عَذَابِى هُوَ ٱلْعَذَابُ ٱلْأَلِيمُ ﴿٥٠﴾

---

(1) **Neles**: nos jardins.

51. E informa-os dos hóspedes⁽¹⁾ de Abraão,

52. Quando entraram junto dele e disseram: "Salam!, **Paz**⁽²⁾!" Disse ele: "Por certo, estamos atemorizados convosco."

53. Disseram: "Não te atemorizes! Por certo, alvissaramo-te um filho sapiente."

54. Disse: "Alvissarais-me **um filho**, enquanto a velhice já me tocou? Então, o que me alvissarais?"

55. Disseram: "Alvissaramo-te a verdade. Então, não sejas dos desesperados."

56. Disse: "E quem pode desesperar-se da misericórdia de seu Senhor, senão os descaminhados?"

57. Disse **ainda**: "Qual é vosso intuito, ó Mensageiros **de Allah**?"

58. Disseram: "Por certo, fomos enviados a um povo criminoso, **para aniquilá-lo**,

59. "Exceto à família de Lot. Por certo, salvá-la-emos, a todos,

60. "Exceto sua mulher. Determinamos que, por certo, ela será dos que ficarão para trás⁽³⁾."

⁽¹⁾ **Hóspedes**: os anjos, enviados a Abraão, para alvissará-lo do nascimento de seu filho Isaque.

⁽²⁾ Cf. XI 69 n3.

⁽³⁾ Cf. VII 83 n1.

61. E, quando os Mensageiros chegaram à família de Lot,

62. Ele disse: "Por certo, sois um grupo desconhecido."

63. Disseram: "Mas chegamos a ti com o⁽¹⁾ que eles⁽²⁾ contestam.

64. "E trouxemo-te a verdade e, por certo, somos verídicos.

65. "Então, parte com tua família, na calada da noite, e segue suas pegadas, e que nenhum de vós retorne para trás. E ide para onde sois ordenados."

66. E inspiramo-lhe essa ordem: que esses serão exterminados, até o último deles, logo ao amanhecer.

67. E os habitantes da cidade chegaram, exultantes⁽³⁾.

68. Ele⁽⁴⁾ disse: "Por certo, esses são meus hóspedes. Então, não me desonreis.

69. "E temei a Allah e não me ignominieis."

70. Disseram: "Não te coibimos **de hospedar quem quer que seja** dos mundos?"

---

(1) **O**: o castigo.
(2) **Eles**: os criminosos.
(3) Sabedores de que, na casa de Lot, havia formosos hóspedes, os habitantes de Sodoma chegaram ansiosos, com o propósito de seduzi-los.
(4) **Ele**: Lot.

71. Ele disse: "Estas são minhas filhas⁽¹⁾, se quereis fazê-**lo**."

72. Por tua vida, **Muḥammad**! Por certo, eles estavam em sua embriaguez, caminhando às cegas.

73. Então, o Grito⁽²⁾ apanhou-os, ao nascer do sol.

74. E revolvemo-las⁽³⁾ de cima para baixo, e fizemos chover sobre eles pedras de sijjil⁽⁴⁾.

75. Por certo, há nisso sinais para os observantes.

76. E, por certo, elas⁽⁵⁾ estavam em um caminho, que **ainda** permanece.

77. Por certo, há nisso um sinal para os crentes.

78. E, por certo, os habitantes de Al-'Aykah⁽⁶⁾ eram injustos.

79. Então, vingamo-Nos deles. E, por certo, ambas⁽⁷⁾ estão em evidente caminho.

---

(1) Cf. XI 78 n2.
(2) Cf. XI 67 n1.
(3) **Revolvemo-las**: as cidades do profeta Loṭ, ou seja, Sodoma e Gomorra.
(4) **Sijjīl**: pedras de barro cozidos no fogo da Geena. Cf. XI 82.
(5) **Elas**: as cidades do povo de Loṭ, que permaneciam, ainda, ao tempo de Muḥammad, de modo que seus contemporâneos podiam vê-las, quando a caminho de Makkah para a Síria.
(6) **Al 'Aikah**: designação dada a árvores de porte gigantesco, ou ao bosque em que elas se encontravam. O povo, a que alude o versículo, é o do profeta Chuᶜaib, residente nas vizinhanças deste bosque.
(7) **Ambas**: as duas cidades: do povo de Loṭ e do povo de Chuᶜaib.

80. E, com efeito, os companheiros de Al-Hijr[1] desmentiram aos Mensageiros.

81. E concedemo-lhes Nossos sinais, e eles lhes estavam dando de ombros;

82. E escavavam, em segurança, casas nas montanhas.

83. Então, o Grito apanhou-os, logo ao amanhecer.

84. E de nada lhes valeu o que logravam.

85. E não criamos os céus e a terra e o que há entre ambos, senão com a verdade. E, por certo, a Hora está prestes a chegar. Então, tolera **os adversários** com bela tolerância.

86. Por certo, teu Senhor é O Criador, O Onisciente.

87. E, com efeito, concedemo-te sete[2] **versículos** dos reiterativos e o magnífico Alcorão.

88. Não estendas teus olhos[3] para aquilo que fizemos gozar alguns casais entre eles[4]. E não te entristeças por eles. E baixa tua

---

[1] Conforme n1 desta sura.
[2] Referência a al Fātiḥah, a primeira sura alcorânica, composta de sete versículos, e repetida várias vezes nas orações dos moslimes.
[3] Ou seja, "não ambiciones os bens dos idólatras".
[4] **Entre eles**: entre os idólatras e os pagãos.

asa⁽¹⁾ aos crentes.

89. E dize: "Por certo, sou o evidente admoestador" **do castigo,**

90. Como o que fizemos descer sobre os que dividiram⁽²⁾ **o Livro,**

91. Que fizeram o Alcorão em fragmentos.

92. Então, **Muḥammad**, por teu Senhor! Interrogá-los-emos, a todos,

93. Acerca do que faziam.

94. Proclama, então, aquilo para o qual és ordenado e dá de ombros aos idólatras.

95. Por certo, Nós bastamo-te contra os zombadores,

96. Que fazem, junto de Allah, outro deus. Então eles logo saberão.

97. E, em verdade, sabemos que teu peito se constrange com o que dizem.

98. Então, glorifica, com louvor, a teu Senhor e sê dos que se prosternam.

99. E adora teu Senhor, até chegar-te a certeza⁽³⁾.

⁽¹⁾ **Baixar suas asas aos crentes**: "protege-os, com humildade e ternura".

⁽²⁾ Alusão aos judeus e cristãos, que dividiram o Alcorão, conforme seus caprichos, asseverando que parte do Livro era verdadeira, pois coincidia com as Escrituras, e parte era falsa, já que estava em desacordo com elas.

⁽³⁾ Segundo os exegetas, **Certeza** refere-se à **Morte**, pois dela não se pode duvidar.

SŪRATU AN-NAḤL[1]
A SURA DAS ABELHAS

De Makkah – 128 versículos.

Em nome de Allah, O Misericordioso, O Misericordiador.

1. A ordem de Allah há de chegar[2]: então, não a apresseis. Glorificado e Sublimado seja Ele, acima do que idolatram.

2. Ele faz descer os anjos sobre quem quer, entre Seus servos, com a revelação de Sua ordem: "Admoestai **os homens de** que não existe deus senão Eu. Então, temei-Me."

3. Ele criou os céus e a terra, com a verdade. Sublimado seja Ele acima do que idolatram!

4. Ele criou o ser humano de gota seminal; ei-lo[3], então,

---

(1) **An-Naḥl**: é a forma plural de **naḥlah**, que define os insetos himenópteros sociais, produtores do mel. O título desta sura provém da menção deste inseto no versículo 68 e, como todos as suras reveladas em Makkah, ela trata dos assuntos básicos do Islão, tais como a unicidade de Deus, a Revelação, o envio dos profetas com a Mensagem divina. Esta sura trata, ainda, de assuntos, como: o elo que une a religião do Patriarca Abraão com a do Profeta Muḥammad; as pretensões pagãs acerca do que é lícito; a emigração pela causa de Deus; a ordem divina a respeito da prática da justiça, da caridade e do cumprimento do pacto. O pano de fundo destes assuntos é o Universo inteiro: os céus e a terra, as águas e as plantas, o dia e a noite, o sol, a lua, as estrelas, em síntese, a vida terrena e a eterna com suas respectivas características.

(2) Os idólatras de Makkah exigiam do Profeta o apressamento do castigo da vida terrena ou eterna. E, em não ocorrendo o advento deste, aumentavam o escárnio contra Muḥammad, insinuando que o Profeta, apenas, pretendia amedrontá-los com fatos sem base real. O versículo confirma, então, a inevitabilidade da Ordem de Deus.

(3) **Lo**: o homem que, apesar de oriundo de insignificante gota seminal, põe em

adversário declarado.

5. E os rebanhos, Ele os criou. Neles, tendes calor⁽¹⁾ e proveitos, e deles comeis.

6. E tendes neles beleza, quando, ao anoitecer, os fazeis voltar aos apriscos, e, quando, ao amanhecer, os levais para pascer.

7. E eles carregam vossas cargas para um território, a que não chegaríeis senão com a dificuldade das almas. Por certo, vosso Senhor é Compassivo, Misericordiador.

8. E **criou** os cavalos e as mulas e os asnos, para os cavalgardes e para os terdes como ornamento. E Ele cria o que não sabeis⁽²⁾.

9. E a Allah impende indicar a direção reta do caminho, e neste há-os com desvio. E, se Ele quisesse, guiar-vos-ia, a todos vós⁽³⁾.

10. Ele é Quem vos faz descer do céu água. Dela bebeis e dela brota vegetação, em que fazeis pascer **vossos rebanhos**.

---

dúvida o poder criador de Deus. Aqui, há alusão a 'Ubai Ibn Khalaf, que se apresentara ao Profeta, com ossos humanos putrefatos, inquirindo-o da possibilidade de Deus fazê-lo ressuscitar naquele instante. O versículo responde, pois, a todos quantos não crêem no poder de Deus de ressuscitar os mortos.

(1) O calor propiciado pelas vestes feitas de sua pele e pêlo.
(2) Crêem alguns exegetas haver, aqui, alusão às invenções criadas, modernamente, pelo homem, tais como os variados meios de transporte: os veículos automotores, aviões, trens, etc..
(3) Ou seja, Deus conferiu ao homem o livre arbítrio, que lhe permite escolher o caminho que lhe aprouver.

11. Com ela, Ele vos faz germinar as searas e as oliveiras e as tamareiras e as videiras e toda espécie de frutos. Por certo, há nisso um sinal para um povo que reflete.

12. E submete-vos a noite e o dia, e o sol e a lua. E as estrelas estão submetidas, por Sua ordem. Por certo, há nisso sinais para um povo que razoa.

13. E **submete-vos** o que Ele vos fez existir, na terra, cujas cores são variadas. Por certo, há nisso um sinal para um povo que medita.

14. E Ele é Quem vos submete o mar, para dele comerdes carne tenra, e dele extrairdes adornos, que usais. E tu vês o barco sulcando-o, e, **tudo isso,** para que busqueis **algo** de seu favor, e para serdes agradecidos.

15. E Ele implantou na terra assentes montanhas, para que ela se não abale convosco, e **também** rios e caminhos, para vos guiardes,

16. E pontos de referência. E, com as estrelas, eles, **os homens**, se guiam.

17. Quem cria seria como quem não cria? Então, não meditais?

18. E, se contais as graças de Allah, não podereis enumerá-las.

Por certo, Allah é Perdoador, Misericordiador.

19. E Allah sabe o que ocultais e o que manifestais.

20. E os que eles invocam, além de Allah, nada criam, enquanto eles mesmos são criados.

21. São mortos, não vivos. E não percebem[1] quando serão ressuscitados.

22. Vosso Deus é Deus Único. Então, os que não crêem na Derradeira Vida, seus corações são negadores **da unicidade de Deus**, e eles são soberbos.

23. É inconteste que Allah sabe o que eles ocultam e o que manifestam. Por certo, Ele não ama os soberbos.

24. E, quando se lhes diz: "O que vosso Senhor fez descer?", dizem: "As fábulas dos antepassados."

25. Que eles carreguem seus fardos inteiros, no Dia da Ressurreição, e parte dos fardos dos que eles descaminham, sem ciência. Ora, que vil o que eles carregarão!

26. Com efeito, aqueles, antes deles, usaram de estratagemas, e Allah chegou a sua edificação[2],

---

[1] Referência aos ídolos de pedra, ou de qualquer outro material inerte, inanimado: incapazes, naturalmente, de perceber o que quer que seja.
[2] **Edificação**: a torre construída por Nimrod - o fabuloso rei caldaico, de que falam

pelos alicerces. Então, o teto ruiu sobre eles, e o castigo chegou-lhes por onde não perceberam.

27. Em seguida, no Dia da Ressurreição, Ele os ignominiará e dirá: "Onde estão Meus parceiros, pelos quais discordastes?" Aqueles, aos quais fora concedida a ciência, dirão: "Por certo, hoje, a ignomínia e o mal serão sobre os renegadores da Fé,

28. "Aqueles, cujas almas os anjos levam, enquanto injustos com si mesmos." Então, eles render-se-ão, **dizendo**: "Não fazíamos nada de mal". **Dirão os anjos**: "Sim! Por certo, Allah é Onisciente do que fazíeis,

29. "Então, entrai pelas portas da Geena. Nela, sereis eternos. E que execrável, em verdade, a moradia dos assoberbados!"

30. E dir-se-á aos que foram piedosos: "O que fez descer vosso Senhor?" Dirão: "Um bem." Há, para os que bem-fazem, nesta vida terrena, algo de bom. Mas, em verdade, a morada da Derradeira Vida é melhor. E, que excelente a morada dos piedosos!

31. Os Jardins do Éden, em que

---

as Escrituras e as tradições árabes e persas - por meio da qual pretendia combater os habitantes do céu, e a qual Deus determinou fosse destruída.

entrarão, abaixo dos quais correm os rios. Nesses, terão o que quiserem. Assim, Allah recompensa os piedosos,

32. Aqueles[1], cujas almas os anjos levam, enquanto benignos, **dizendo**: "Que a paz seja sobre vós! Entrai no Paraíso, pelo que fazíeis."

33. Não esperam eles[2] senão que os anjos lhes cheguem, ou que chegue a ordem de teu Senhor? Assim, agiram os que foram antes deles. E não foi Allah injusto com eles, mas eles foram injustos com si mesmos.

34. Então, as más obras que fizeram alcançaram-nos, e aquilo de que zombavam envolveu-os.

35. E os que idolatram dizem: "Se Allah quisesse, nada idolatraríamos, além dEle, nem nós nem nossos pais, e nada nos proibiríamos, além do que Ele **proibiu**." Assim, agiram os que foram antes deles. Então, não impende aos Mensageiros senão evidente transmissão **da Mensagem**?

36. E, com efeito, enviamos a cada comunidade um Mensageiro, **para dizer**: "Adorai a Allah e

---

(1) **Aqueles**: os bem aventurados, isto é, os mensageiros, os profetas e os crentes.
(2) **Eles**: os idólatras.

evitai At-Tāghūt⁽¹⁾." Então, dentre eles, houve aquele a quem Allah guiou, mas, dentre eles, houve aquele ao qual se deveu o descaminho. Caminhai, pois, na terra, e olhai como foi o fim dos desmentidores!

37. Se estás zeloso de guiá-los, por certo, Allah não guia a quem Ele descaminha. E eles não têm socorredores.

38. E eles juram, por Allah, com seus mais solenes juramentos, que "Allah não ressuscitará a quem morre." Sim! É promessa que, deveras, Lhe impende. Mas a maioria dos homens não sabe.

39. Ressuscitá-lo-á, para tornar evidente, para eles, o de que discrepavam e para saberem os que renegaram a Fé que eram mentirosos.

40. Nosso dito, para uma cousa, quando a desejamos, é, apenas, dizer-lhe: "Sê", então, é.

41. E aos⁽²⁾ que, por Allah, emigraram, depois de haverem sofrido injustiça, em verdade, dispô-los-emos, na vida terrena, com bela dádiva. E, certamente, o prêmio da Derradeira Vida é maior. Se soubessem!

---

(1) Cf. II 256 n2.
(2) **Aos**: o Profeta e seus companheiros, que emigram de Makkah - uns para a Etiópia, outros para Al Madīnah - após haverem sofrido grandes injustiças por parte dos Quraich.

42. São os que pacientam, e em seu Senhor confiam.

43. E não enviamos, antes de ti, **Muhammad**, senão homens⁽¹⁾, aos quais fizemos revelações. Então, perguntai-o aos sapios da Mensagem⁽²⁾, se não sabeis.

44. Enviamo-los com as evidências e os Salmos. E fizemos descer, para ti, a Mensagem, a fim de tornares evidente, para os homens, o que foi descido para eles, e a fim de refletirem.

45. Então, será que os⁽³⁾ que usaram de maus estratagemas estão seguros de que Allah não fará a terra engoli-los, ou de que o castigo lhes não chegará por onde não percebam?

46. Ou de que Ele os não apanhará em sua prosperidade, então não possam escapar?

47. Ou de que Ele os não apanhará, paulatinamente, **com gradual ruína**? Então, por certo, vosso Senhor é Compassivo, Misericordiador.

48. E não viram eles que a sombra de todas as cousas que

---

(1) Ou seja, não foram enviados anjos, como exigiam os idólatras de Makkah.
(2) **Mensagem**: a Tora e o Evangelho.
(3) Alusão aos Quraich idólatras que se reuniram em Dār Al-Nadwah, para deliberarem sobre um meio de se livrarem do Profeta, quer o aprisionando, matando-o ou o expulsando. Cf. VIII 30.

Allah criou se lhes alonga, à direita e à esquerda, prosternando-se diante de Allah, humildemente?

49. E, diante de Allah, prosterna-se o que há nos céus e o que há na terra de ser animal, e **também** os anjos, e eles não se ensoberbecem.

50. Eles temem seu Senhor, acima deles, e fazem o que lhes é ordenado.

51. E Allah disse: "Não tomeis, **em adoração**, a dois deuses. Apenas Ele é Deus Único, e a Mim, então, venerai-Me."

52. E dEle é o que há nos céus e na terra, e dEle é a devoção perpétua. Então, temeis a outro que Allah?

53. E toda graça, que está convosco, vem de Allah. Em seguida, quando o infortúnio vos toca, é a Ele que dirigis o rogo.

54. Em seguida, quando Ele vos remove o infortúnio, eis um grupo, de vós, que associa **ídolos** a seu Senhor,

55. Para renegar o que lhes concedemos. Gozai, pois! Logo, sabereis!

56. E eles destinam aos[1] que nada sabem uma porção do que lhes damos por sustento. Por Allah!

---

(1) Ou seja, aos ídolos.

Sereis interrogados, certamente, acerca do que forjáveis!

57. E atribuem as filhas[1] a Allah – Glorificado seja! – e, a eles mesmos, o[2] que lhes apetece.

58. E, quando a um deles se lhe alvissara **o nascimento** de uma filha, torna-se-lhe a face enegrecida, enquanto fica angustiado.

59. Esconde-se do povo, por causa do mal que se lhe alvissarou. Retê-lo[3]-á, com humilhação, ou soterrá-lo-á no pó? Ora, que vil o que julgam!

60. Aos que não crêem na Derradeira Vida, cabe o pior qualificativo, enquanto a Allah, o altíssimo qualificativo. E Ele é O Todo-Poderoso, O Sábio.

61. E, se Allah culpasse os homens por sua injustiça, não deixaria sobre ela[4] ser animal algum; mas concede-lhes prazo, até um termo designado. Então, quando chegar seu termo, não poderão retardá-lo, uma hora **sequer**, nem adiantá-lo.

62. E eles atribuem a Allah o[5]

---

(1) Crença árabe pagã de que os anjos são do sexo feminino e são as filhas de Deus.
(2) **O**: os filhos varões.
(3) **Lo**: o mal representado pelo nascimento de uma filha.
(4) **Ela**: a terra.
(5) **O**: aquilo, as filhas mulheres.

que odeiam. E suas línguas alegam a mentira, **quando dizem** que terão a mais bela recompensa. É inconteste que terão o Fogo e que a este serão conduzidos, antes de todos.

63. Por Allah! Com efeito, enviamos **Mensageiros** a comunidades, antes de ti. Então, Satã aformoseou-lhes as obras, e ele é, hoje, seu aliado, **nesta vida**. E eles terão doloroso castigo, **na outra**.

64. E não fizemos descer, sobre ti, o Livro senão para tornares evidente, para eles, o de que discrepam e para ser ele orientação e misericórdia para um provo que crê.

65. E Allah faz descer do céu água; e, com ela, vivifica a terra, depois de morta. Por certo, há nisso um sinal para um povo que ouve.

66. E, por certo, há nos rebanhos, lição para vós. Damo-vos de beber, do que há em seus ventres –entre fezes e sangue– leite puro, suave para quem o bebe.

67. E dos frutos das tamareiras e das videiras, deles tomais vinho[(1)] e belo sustento[(2)]. Por certo, há

[(1)] Vinho traduz o termo árabe **sakar**, que significa: 1) a bebida alcoólica; 2) o vinagre; 3) a bebida não espirituosa. A última acepção condiz mais com este versículo, uma vez que o Islão proíbe, taxativamente, a ingestão de bebida alcoólica. Entretanto, se este versículo se refere ao primeiro sentido, deve haver sido revelado em Makkah, antes dessa proibição, ocorrida em Al Madīnah.

[(2)] Ou seja tâmara e uvas secas.

nisso um sinal para um povo que razoa.

68. E teu Senhor inspirou às abelhas: "Tomai casas, nas montanhas e nas árvores e no que eles[1] erigem.

69. "Em seguida, comei de todos os frutos. E ide, docilmente, pelos caminhos de vosso Senhor." De seu ventre sai um licor: variadas são suas cores; nele, há cura para os homens. Por certo, há nisso um sinal para um povo que reflete.

70. E Allah criou-vos; em seguida, levar-vos-á a alma. E há, dentre vós, quem seja levado à mais provecta idade, para nada mais saber, após haver tido ciência. Por certo, Allah é Onisciente, Onipotente.

71. E Allah preferiu alguns de vós a outros, **na repartição do** sustento. Então, os que são preferidos não estão partilhando seu sustento com seus escravos[2], e nele, seriam iguais. Então, negam eles a graça de Allah?

72. E Allah vos fez mulheres de vós mesmos e vos fez, de vossas mulheres, filhos e netos, e deu-vos

---

(1) **Eles**: os homens.
(2) No Alcorão, a frase metafórica: "O que suas destras possuem" traduz o vocábulo "escravos".

por sustento das cousas benignas. Então, crêem eles na falsidade e renegam a graça de Allah?

73. E eles adoram, além de Allah, o que não possui, para eles, sustento algum, nem dos céus nem da terra, e nada podem.

74. Então, não engendreis semelhantes a Allah. Por certo, Allah sabe, enquanto vós não sabeis.

75. Allah propõe um exemplo: um escravo subalterno, que nada pode, e um homem a quem damos por sustento um belo sustento de Nossa parte, e, dele, despende, secreta e declaradamente. Igualar-se-ão? Louvor a Allah! Mas a maioria deles não sabe.

76. E Allah propõe um exemplo: dois homens, um deles mudo, que nada pode, e é fardo para seu amo; aonde quer que **este** o envie, **daí** não chegará com bem algum. Igualar-se-á ele a quem ordena a justiça e está em senda reta?

77. E de Allah é o Invisível dos céus e da terra. E a ordem acerca da Hora não será senão como o piscar de olhos, ou mais rápido, **ainda**. Por certo, Allah, sobre todas as cousas, é Onipotente.

78. E Allah vos faz sair do ventre de vossas mães, enquanto nada sabeis. E vos faz o ouvido e as vistas e os corações, para serdes agradecidos.

79. Não viram eles[1] os pássaros submetidos, no espaço do céu, **onde** nada os sustém senão Allah? Por certo, há nisso sinais para um povo que crê.

80. E Allah vos faz, de vossas casas, lugar de repouso, e vos faz, das peles dos rebanhos, casas, que achais leves, em vosso dia de viagem e em vosso dia de acampamento. E de sua lã e de seu pêlo e de sua crina, **tendes** guarnições e proveito, até certo tempo.

81. E Allah vos faz sombras do que criou. E vos faz abrigos, das montanhas. E vos faz vestes que vos guardam do calor e vestes que vos guardam, em vossas guerras. Assim, Allah completa Sua graça, para convosco, para vos islamizardes.

82. E, se voltam as costas, apenas, impender-te-á, **Muḥammad**, a evidente transmissão **da Mensagem**.

83. Eles reconhecem a graça de Allah; em seguida, negam-na. E a maioria deles é renegadora da Fé.

84. E **lembra-lhes de que**, um dia, faremos surgir uma testemunha[2], de cada comunidade.

---

[1] **Eles**: todos os homens.
[2] Ou seja, no Dia da Ressurreição, os profetas, enviados às nações, serão testemunhas de sua renegação.

Em seguida, não será permitida **a escusa** aos que renegaram a Fé, e eles não serão solicitados a se desculpar.

85. E, quando os que foram injustos virem o castigo, **este** não se aliviará, para eles, nem se lhes concederá dilação.

86. E, quando os idólatras virem seus ídolos, dirão: "Senhor nosso! Esses são nossos ídolos, que invocamos, além de Ti." Então, **os ídolos** endereçar-lhes-ão o dito: "Por certo, sois mentirosos."

87. E, nesse dia, eles render-se-ão a Allah. E sumirá, **para longe** deles, o que forjavam.

88. Aos que renegam a Fé e afastam **os homens** do caminho de Allah, Nós acrescentar-lhes-emos castigo sobre castigo, pela corrupção que cometiam.

89. E um dia, faremos surgir, de cada comunidade, uma testemunha dela mesma, e te traremos por testemunha contra estes[1]. E fizemos descer sobre ti o Livro[2], como elucidação de todas as cousas, e orientação e misericórdia e alvíssaras para os moslimes.

---

[1] **Destes**: os idólatras árabes que recusaram a religião nova.
[2] **O Livro**: o Alcorão.

90. Por certo, Allah ordena a justiça e a benevolência e a liberalidade para com os parentes, e coíbe a obscenidade e o reprovável e a transgressão. Ele vos exorta, para meditardes.

91. E sede fiéis ao pacto de Allah, quando **já** o pactuastes, e não desfaçais os juramentos, após haverem sido firmados, uma vez que, com efeito, fizestes a Allah vosso Fiador. Por certo, Allah sabe o que fazeis.

92. E não sejais como aquela[1] que desfazia, em filamento, sua fiação, após retorcida firmemente, tomando vossos juramentos por engodo, entre vós, por ser uma comunidade mais crescida que **outra** comunidade. Apenas, Allah põe-vos à prova, com isso; e **isso**, para que, no Dia da Ressurreição, Ele torne evidente, para vós, o de que discrepáveis.

93. E, se Allah quisesse, far-vos-ia uma única comunidade, mas Ele descaminha a quem quer, e guia a quem quer. E, em verdade, sereis interrogados acerca do que fazíeis.

94. E não tomeis vossos juramentos por engodo, entre vós,

---

[1] Alusão a uma tola mulher, de Makkah, que passava o dia fiando, para, no final dele, desfazer tudo que fizera. O versículo coteja esta atitude com o perjúrio, que desfaz em nada um sólido juramento.

pois, tropeçaria o pé após haver sido firme⁽¹⁾, e experimentaríeis o mal, por haverdes afastado **os homens** do caminho de Allah, e teríeis formidável castigo.

95. E não vendais o pacto de Allah por ínfimo preço. Por certo, o que há junto de Allah vos é melhor. Se soubésseis!

96. O que há junto de vós se exaure, mas o que há junto de Allah é permanente. E, em verdade, recompensaremos os que pacientaram com prêmio melhor que aquilo que faziam.

97. A quem faz o bem, seja varão ou varoa, enquanto crente, certamente, fá-lo-emos viver vida benigna. E Nós recompensá-los-emos com prêmio melhor que aquilo que faziam.

98. E, quando leres o Alcorão, suplica a proteção⁽²⁾ de Allah contra o maldito Satã.

99. Por certo, ele não tem poder sobre os que crêem e confiam em seu Senhor.

100. Seu poder está, apenas, sobre os que a ele se aliam e que,

---

(1) Ou seja, depois de os pés haverem seguido, firmemente, o caminho reto do Islão.
(2) O crente, antes de ler ou recitar o Alcorão, e a fim de que Deus possa protegê-lo contra o mal de Satã, deve dizer a seguinte frase: "Aᶜūzu billāhi min ach-chaiṭāni ar-rajīm" (Busco refúgio em Deus contra o maldito Satã).

por sua causa, são idólatras.

101. E, quando trocamos um versículo por outro versículo – e Allah é bem Sabedor do que faz descer – eles[1] dizem: "Tu és, apenas um forjador[2]." **Não**. Mas a maioria deles não sabe.

102. Dize: "O Espírito Sagrado[3] fê-lo[4] descer, de teu Senhor, com a verdade, para tornar firmes os que crêem e para ser orientação e alvíssaras para os moslimes.

103. E, com efeito, sabemos que eles dizem: "Apenas, um ser humano[5] ensina-o." Ora, a língua daquele[6], a que aludem, é forânea, e este[7] é de língua árabe, clara.

104. Por certo, aos que não crêem nos sinais de Allah, Allah não os guiará, e terão doloroso castigo.

105. Apenas forjam mentiras os que não crêem nos sinais de Allah, e esses são os mentirosos.

---

(1) **Eles**: os idólatras.
(2) Alusão às acusações feitas pelos idólatras contra o Profeta, insinuando que este modificava e falsificava o Livro, segundo suas intenções.
(3) **O Espírito Sagrado**: o anjo Gabriel, com quem desceu a revelação do Livro.
(4) **O**: o Alcorão.
(5) Alusão a um servo instruído, de nome Ya'īch, que, havendo abraçado o Islão, passou a recitar o Alcorão, continuamente. Dizem que o Profeta sempre o ouvia, quando por ele passava. (Al Zamakhcharī, vol. 11, p.429, Cairo, 1938).
(6) **Daquele**: do servo instruído.
(7) **Este**: o Alcorão.

106. Quem renega a Allah, após haver crido, **será abominoso**, exceto quem for compelido **a isto**, enquanto seu coração estiver firme na Fé. Mas quem dilata o peito para a renegação da Fé, sobre eles será uma ira de Allah, e terão formidável castigo.

107. Isso, por que eles amam mais a vida terrena que a Derradeira Vida. E Allah não guia o povo renegador da Fé.

108. Esses são aqueles cujos corações e ouvido e vistas Allah selou. E esses são os desatentos.

109. É inconteste que eles, na Derradeira Vida, serão os perdedores.

110. E, por certo, teu Senhor será, para com os que emigraram, após haverem sido provados – em seguida, lutaram e pacientaram – por certo, depois disso, teu Senhor será Perdoador, Misericordiador.

111. Lembra-lhes de que, um dia, cada alma chegará para discutir acerca de si mesma, e cada alma será compensada com o que fez. E eles não sofrerão injustiça.

112. E Allah propõe um exemplo: uma cidade[(1)], estava em

[(1)] Alusão aos habitantes pagãos da cidade de Makkah.

segurança, tranqüila; a ela chegava, fartamente, seu sustento, de todos os lados. Depois, renegou as graças de Allah. Então, Allah fê-la experimentar a violência da fome e do medo, pelo que faziam.

113. E, com efeito, um Mensageiro chegou-lhes, **vindo** deles, mas desmentiram-no. Então, o castigo apanhou-os enquanto injustos.

114. Comei, então, do que Allah vos deu por sustento, enquanto lícito e benigno. E agradecei a graça de Allah, se só a Ele adorais.

115. Ele vos proibiu, apenas, o **animal encontrado** morto[1], e o sangue, e a carne de porco, e o que é **imolado** com a invocação de outro nome que Allah. E quem é impelido **a alimentar-se disso**, não sendo transgressor nem agressor[2], por certo, Allah é Perdoador, Misericordiador.

116. E não digais, por alegação mentirosa de vossas línguas: "Isto é lícito e isto é ilícito", para forjardes a mentira acerca de Allah. Por certo, os que forjam a mentira acerca de Allah não são bem-aventurados.

---

(1) Cf. II 173 n3.
(2) Cf. II 173 p.45 n1.

117. Têm gozo ínfimo, mas terão doloroso castigo.

118. E, aos que praticam o judaísmo, proibimos o que te narramos, antes⁽¹⁾, e não fomos injustos com eles, mas eles foram injustos com si mesmos.

119. E, certamente, teu Senhor, para com os que fazem o mal, por ignorância, e, logo, voltam-se arrependidos e emendam-se, por certo, depois disso, teu Senhor é Perdoador, Misericordiador.

120. Por certo, Abraão era prócer, devoto a Allah, monoteísta sincero, e não era dos idólatras.

121. Agradecido a Suas graças. Ele o elegeu e o guiou a uma senda reta.

122. E concedemo-lhe, na vida terrena, boa dádiva, e, por certo, na Derradeira Vida, será dos íntegros.

123. Em seguida, revelamo-te, **Muḥammad**: "Segue a crença de Abraão, monoteísta sincero. E ele não era dos idólatras."

124. O sábado foi prescrito, apenas, aos que dele discreparam. E, por certo, teu Senhor julgará, entre eles, no Dia da Ressurreição, naquilo de que discrepavam.

---

(1) Alusão ao que foi mencionado na sura VI 146.

125. Convoca ao caminho de teu Senhor, com a sabedoria e a bela exortação, e discute com eles, da melhor maneira. Por certo, Allah é bem Sabedor de quem se descaminha de Seu caminho e Ele é bem Sabedor dos que são guiados.

126. E, se punis **o inimigo**, puni-o de igual modo, com que fostes punidos[1]. E, em verdade, se pacientais, isso é melhor para os perseverantes.

127. E pacienta, e tua paciência não é senão com a ajuda de Allah. E não te entristeças por eles[2], e não tenhas constrangimento, por usarem de estratagema.

128. Por certo, Allah é com os que são piedosos e com os que são benfeitores.

---

[1] O versículo adverte a todos quantos queiram prevalecer-se da vingança de um ataque, cometendo inomináveis atrocidades, tal como as ocorridas no assassínio de Ḥamzah, tio de Muḥammad, na Batalha de ʿUḥud.

[2] **Eles**: os idólatras.

17. Sūratu Al-'Isrā'

SŪRATU AL-'ISRĀ'(1)
A SURA DA VIAGEM NOTURNA

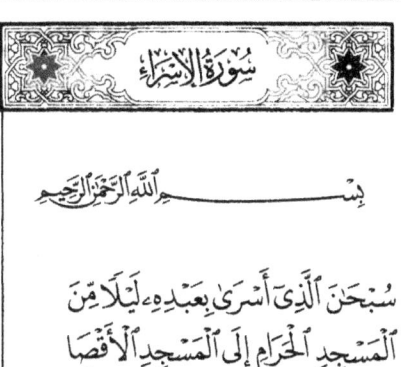

De Makkah – 111 versículos.
Em nome de Allah, O Misericordioso, O Misericordiador.

1. Glorificado seja Quem fez Seu servo **Muḥammad** viajar à noite – da Mesquita Sagrada para a Mesquita Al-'Aqṣā(2), cujos

---

(1) **Al-'Isrā'**: do infinito **asrā**, que significa **andar a noite**. Assim, é denominada a sura pela menção, no primeiro versículo, da Viagem Noturna que, de acordo com a tradição, Muḥammad, acompanhado do anjo Gabriel, fez, no segundo ano da Hégira, desde a Mesquita Sagrada, em Makkah, até a Mesquita de Al ᶜAqṣā, em Jerusalém. O sentido dessa viagem, no dizer de alguns exegetas, "é a afirmação da unidade profética, a proclamação da identidade das mensagens divinas, transmitidas por todos os profetas, nomeadamente, por Abraão, Moisés, Jesus e Muḥammad". A esta viagem terrestre sucedeu, na mesma noite, a outra, mais importante: **al miᶜrāj** ou ascensão aos céus, onde Muḥammad não só encontrou, em cada um dos céus, alguns dos profetas anteriores a ele (Noé, Abraão, José, Moisés, Jesus), mas testemunhou todas as maravilhas invisíveis do Universo. Já no sétimo céu, Muḥammad foi levado à **Sidrat al Muntahā** (cuja menção alcorânica se encontra na sura LIII 14), à árvore existente à direita do Trono, além da qual, está o Invisível. Passar por ela é interdito a todos os anjos celestiais. Em seguida à série de deslumbramentos e conhecimentos, Muḥammad, finalmente, contemplou a Deus com os olhos do espírito. Despertando, contou sua viagem e ascensão a alguns parentes, que, incrédulos, tentaram persuadi-lo de nada relatar a ninguém, pois seus prosélitos poderiam não crer no ocorrido, por inverossímil, além de que seus inimigos se prevaleceriam disso para detraí-lo mais ainda e tornar mais acirradas as perseguições contra ele. Esta sura implica, também, vários itens, cuja maioria se relaciona com a fé; outros, tratam da conduta tanto individual quanto coletiva do homem. Além disso, traz notícias sobre os filhos de Israel (aliás, uma outra denominação desta sura é **Banū Isrāīl** ou Filhos de Israel), e, ainda, concernentes à Mesquita de Jerusalém, para a qual Muḥammad foi transportado, durante a viagem noturna, antes de ascender aos céus; e, outrossim, notícias sobre Adão e Iblīs. O elemento preponderante, nesta sura, é a personalidade do Profeta Muḥammad e a atitude dos idólatras de Makkah em relação a ele e ao Alcorão; assim também, a natureza da Mensagem, que se distingue das demais, por não apresentar milagres concretos, tais quais os verificados com Abraão, Moisés e Jesus. Ela, apenas, se atém a um plano puramente espiritual e divino.

(2) **'Aqṣā**: extrema, distante. Trata-se da Mesquita de Jerusalém, que se achava distante de Makkah.

arredores abençoamos[1] – para mostrar-lhe, **em seguida**, alguns de Nossos Sinais[2]. Por certo, Ele é O Oniouvinte, O Onividente.

2. E concedêramos a Moisés o Livro, e o fizéramos orientação para os filhos de Israel, **dizendo**: "Não tomeis, além de Mim, patrono algum,

3. "**Ó** descendência dos que levamos com Noé[3]! Por certo, ele era servo agradecido."

4. E decretáramos, no Livro, aos filhos de Israel: "Em verdade, semeareis a corrupção na terra, por duas vezes, e, em verdade, sublimar-vos-eis, em grande arrogância.

5. "Então, quando chegar o tempo da primeira[4] das duas **promessas**, enviaremos contra vós servos Nossos, dotados de veemente fúria. Eles, invadirão os lares." E a promessa foi cumprida.

6. Em seguida, devolvemo-vos a dominação sobre eles, e estendemo-vos riquezas e filhos. E fizemo-vos mais numerosos.

---

(1) Estes arredores são abençoados, por serem o local eleito pelos profetas, para a adoração de Deus, desde o tempo de Moisés. É o local da revelação divina.
(2) Referência aos magníficos sinais do universo celestial, contemplados pelo Profeta, quando, após a viagem terrestre, ascendeu, com Gabriel, às sete regiões empíreas.
(3) Alusão aos que embarcaram na nau de Noé.
(4) Segundo alguns exegetas, isso ocorreu, quando os filhos de Israel mataram o profeta Zacarias. Deus, então, enviou Golias e seu exército, para trucidarem os homens, escravizarem as mulheres e destruírem o Templo.

7. E dissemos: "Se bem-fizerdes, bem-fareis, a vós mesmos, e se malfizerdes, será em prejuízo de vós mesmos. Então, quando chegar o tempo da última⁽¹⁾, **enviá-los**⁽²⁾**-emos contra vós**, para afligirem vossas faces e para entrarem na mesquita, como nela entraram, da vez primeira, e para esmagarem, completamente, tudo de que se forem apoderando."

8. E dissemos: "Quiçá, vosso Senhor tenha misericórdia de vós. E, se reincidirdes, reincidiremos. E Nós fizemos da Geena cárcere para os renegadores da Fé."

9. Por certo, este Alcorão guia ao **caminho** mais reto e alvissara aos crentes, que fazem as boas obras, que terão grande prêmio,

10. E que, para os que não crêem na Derradeira Vida, preparamos doloroso castigo.

11. E o ser humano suplica o mal como suplica o bem. E o ser humano é pressuroso⁽³⁾.

12. E fizemos da noite e do dia

---

(1) Refere-se à segunda promessa do castigo, que lhes chegou, quando os filhos de Israel mataram o profeta João Batista. Deus, então, enviou, contra eles, Nabucodonosor que os aniquilou e escravizou seus filhos e mulheres, e destruiu, novamente, o Templo de Jerusalém.
(2) **Los**: nossos servos.
(3) Ou seja, o homem deseja que a justiça divina se cumpra, imediatamente, de acordo com seu próprio critério, tanto para o mal como para o bem.

dois sinais. Então, apagamos o sinal da noite[1] e fizemos claro o sinal do dia, para buscardes favor de vosso Senhor e para saberdes o número dos anos e o cômputo **do tempo**. E aclaramos, cada cousa, detalhadamente.

13. E, em cada ser humano, impusemos seu agouro[2] no pescoço. E, no Dia da Ressurreição, faremos sair, para ele, um Livro, que ele deparará, desenrolado.

14. Dir-se-lhe-á: "Lê teu livro. Hoje, bastas-te, a ti mesmo, por ajustador de contas."

15. Quem se guia se guiará, apenas, em benefício de si mesmo, e quem se descaminha se descaminhará, apenas, em prejuízo de si mesmo. E nenhuma alma pecadora arca com o pecado de outra. E não é admissível que castiguemos **a quem quer que seja**, até que **lhe** enviemos um Mensageiro.

16. E, quando desejamos aniquilar uma cidade, ordenamos, **primeiro, obediência a** seus opulentos **habitantes**. Mas, **ao contrário**, eles

---

(1) Ou seja, faz-se escura a noite, para o repouso do homem, e claro o dia, para o labor. Por meio destes sinais, o homem pode estabelecer o tempo: os dias, os meses, os anos.

(2) Os atos de todos os homens estão, intimamente ligados a eles, como se fossem um colar preso ao pescoço.

cometem nela perversidade. Então, o Dito cumpre-se contra ela. E profligamo-la, inteiramente.

17. E que de gerações aniquilamos, depois de Noé! E, dos pecados de Seus servos, basta teu Senhor, por Conhecedor, Onividente.

18. Para quem deseja a vida transitória, apressamos, nela, para quem desejamos, o que queremos. Em seguida, fá-lo-emos queimar-se na Geena, infamado, banido.

19. E quem deseja a Derradeira Vida, e se esforça em obtê-la, enquanto crente, desses o esforço será reconhecido.

20. A ambos, a estes e àqueles, estendemos algo do dom de teu Senhor. E o dom de teu Senhor jamais é vedado **a alguém**.

21. Olha, **Muḥammad**, como preferimos alguns deles a outros. E, em verdade, a Derradeira Vida é maior em escalões e maior em preferências.

22. Não faças[1], junto de Allah, outro deus, pois, tornar-te-ias infamado, desamparado.

23. E teu Senhor decretou que não adoreis senão a Ele; e

---

(1) A ordem imperativa, deste versículo e de outros, adiante, é dirigida aos homens, em geral.

decretou benevolência para com os pais. Se um deles ou ambos atingem a velhice, junto de ti, não lhes digas: "Ufa!", nem os maltrates, e dize-lhes dito nobre.

24. E baixa a ambos a asa⁽¹⁾ da humildade, por misericórdia. E dize: "Senhor meu! Tem misericórdia deles, como **quando** eles cuidaram de mim, enquanto pequenino."

25. Vosso Senhor é bem Sabedor do que há em vossas almas. Se sois íntegros, por certo, Ele é, para os contritos, Perdoador.

26. E concede ao parente seu direito⁽²⁾, e ao necessitado e ao filho do caminho⁽³⁾. E não dissipes **teus bens** exageradamente.

27. Por certo, os dissipadores são irmãos dos demônios. E o demônio é ingrato a seu Senhor.

28. E, se lhes⁽⁴⁾ dás de ombros, em busca da misericórdia de teu Senhor, pela qual esperas, dize-lhes dito bondoso.

29. E não deixes tua mão atada

⁽¹⁾ **Baixar as asas da humildade a ambos**: protegê-los, com humildade e ternura.

⁽²⁾ Trata-se da obrigatoriedade de ajuda ao parente próximo (pai, filho), a quem se lhe ofertará toda sorte de sustento; enquanto, ao parente afastado, ofertar-se-á afeição, boa convivência e auxílio eventual.

⁽³⁾ cf II 177n1

⁽⁴⁾ **Lhes**: ao parente, ao necessitado, etc.. Se, por condições financeiras desfavoráveis, não se puder auxiliá-los, deve-se, ao menos, tratá-los com ternura.

ao pescoço⁽¹⁾, e não a estendas, com exagero, pois, tornar-te-ias censurado, afligido.

30. Por certo, teu Senhor prodigaliza o sustento, para quem quer, e restringe-o. Por certo, Ele, de Seus servos, é Conhecedor, Onividente.

31. E não mateis vossos filhos, com receio da indigência: Nós lhes damos sustento, e a vós. Por certo, seu morticínio é grande erro.

32. E não vos aproximeis do adultério. Por certo, ele é obscenidade; e que vil caminho!

33. E não mateis o ser humano, que Allah proibiu **matar**, exceto se com justa razão⁽²⁾. E quem é morto injustamente, Nós, com efeito, estabelecemos a seu herdeiro poder **sobre o culpado**. Então, que ele não se exceda⁽³⁾ no morticínio. Por certo, **pela lei**, ele **já** é socorrido.

34. E não vos aproximeis das riquezas de órfão, senão da melhor maneira⁽⁴⁾, até que ele atinja sua força plena. E sede fiéis ao pacto

---

(1) Metáfora alusiva ao avaro, que tolhe os movimentos da mão, para, assim, não oferecer o que quer que seja a ninguém.
(2) Cf. VI 151 p.231 n1.
(3) O víndice não deve vingar-se além do necessário, como era costume entre as tribos árabes, pré-islâmicas, que, comumente, cometiam excessos na vingança, tais como os que matavam toda uma tribo para vingarem a morte de uma só pessoa.
(4) Cf. VI 152 n2.

firmado. Por certo, o pacto será questionado.

35. E completai a medida, quando medirdes, e pesai com a balança correta. Isso é melhor e mais belo, em efeito.

36. E não persigas o de que não tens ciência. Por certo, do ouvido e da vista e do coração, de tudo isso se questionará[1].

37. E não andes pela terra com jactância. Por certo, não fenderás a terra nem atingirás as montanhas, em altura.

38. O mal de tudo isso, perante teu Senhor, é odioso.

39. Isso é **parte** da sabedoria, que teu Senhor te revelou. E não faças, junto de Allah, outro deus, pois, serias lançado na Geena, censurado, banido.

40. Acaso, vosso Senhor escolheu filhos, **para** vós[2], e tomou dentre os anjos, filhas, **para Ele**? Por certo, dizeis dito monstruoso!

41. E, com efeito, patenteamos, neste Alcorão, **os exemplos**, para que eles[3] meditem; e **isso** não lhes

---

[1] Ou seja, não se deve mentir acerca do que se viu, ouviu ou sentiu, dado que, no Dia do Juízo, da mínima cousa haver-se-á de prestar contas. Não se deve omitir nem acrescentar nada à Verdade.
[2] **Para vós**: para os idólatras, que pretendiam ser os anjos filhas de Deus.
[3] **Eles**: os descrentes.

acrescenta senão repulsa **à verdade**.

42. Dize: "Se houvesse, junto dEle, deuses, como eles dizem, esses, nesse caso, haveriam buscado um caminho até O Possuidor do Trono[1].

43. Glorificado e Sublimado, ao auge, seja Ele, acima do que dizem!

44. Os sete céus e a terra e quem neles existe glorificam-nO. E não há cousa alguma que O não glorifique, com louvor, mas vós não entendeis sua glorificação. Por certo, Ele é Clemente, Perdoador.

45. E, quando tu, **Muḥammad**, lês o Alcorão, pomos entre ti e os que não crêem na Derradeira Vida, um cortinado invisível[2];

46. E fazemo-lhes véus sobre os corações, a fim de o não entenderem, e, nos ouvidos, surdez. E, quando, no Alcorão, mencionas teu Senhor, só a Ele, voltam-se para trás, em repulsa.

47. Nós somos bem Sabedores **da intenção** com que eles ouvem,

---

[1] Ou seja, os outros deuses haveriam procurado acesso a Deus, para usurpar-Lhe o trono.

[2] Os idólatras de Makkah, ao ouvirem a pregação do Profeta Muḥammad, repetiam, sempre, as seguintes palavras: "Nossos corações estão envoltos em pálios, longe daquilo a que nos convocas, e, há surdez, em nossos ouvidos, e há um véu, entre nós e ti". Vide XLI 5. E, por se mostrarem renitentes à pregação islâmica, neste versículo e no seguinte, Deus efetiva-lhes, conforme sua renitência, os obstáculos à compreensão do Alcorão.

quando te ouvem⁽¹⁾, e quando estão em confidências, quando os injustos dizem, **entre eles**: "Não seguis senão um homem enfeitiçado!"

48. Olha, como engendram semelhantes⁽²⁾ a ti, e se descaminham! Então, não poderão encontrar caminho algum.

49. E dizem: "Quando formos ossos e resquícios, seremos ressuscitados, em novas criaturas?"

50. Dize: "Sede **o que fordes**, pedras ou ferro,

51. "Ou criatura **outra**, que vossas mentes consideram assaz difícil **de ter vida, sereis ressuscitados.**" Então, dirão: "Quem nos fará voltar **à vida**?" Dize: "Aquele que vos criou, da vez primeira." Então, menearão a cabeça, **em escárnio** a ti, e dirão: "Quando será **isso**?" Dize: "Quiçá, seja bem próximo.

52. "Um dia, quando Ele vos convocar, então, vós O atendereis, louvando-O, e pensareis que não permanecestes, **nos sepulcros**, senão por pouco **tempo!**"

53. E dize a Meus servos que

---

(1) Deus sabe que os descrentes sempre escarneceram a pregação islâmica.
(2) Referência às alegações dirigidas, pelos descrentes, ao Profeta, tais como: louco, poeta, enfeitiçado.

digam aos idólatras a palavra⁽¹⁾ que for melhor. Por certo, Satã instiga a cizânia, entre eles. Por certo, Satã é para o ser humano inimigo declarado.

54. Vosso Senhor é bem Sabedor de vós. Se Ele quiser, terá misericórdia de vós ou, se Ele quiser, castigar-vos-á. E não te enviamos, sobre eles, por patrono.

55. E teu Senhor é bem Sabedor de quem existe nos céus e na terra. E, com efeito, Nós preferimos alguns dos profetas a outros, e concedêramos a Davi os Salmos.

56. Dize: "Invocai os que pretendeis **serem deuses**, além dEle: Eles não possuirão o **dom de** remover de vós o infortúnio nem alterá-lo."

57. Esses⁽²⁾, que eles invocam, buscam meios **de aproximar-se** de seu Senhor, cada qual **ansiando** estar mais próximo dEle, e esperam por Sua misericórdia e temem Seu castigo. Por certo, o castigo de teu Senhor é temível.

58. E não há cidade que não aniquilemos⁽³⁾, antes do Dia da

---

(1) **A palavra**: aquelas palavras, mencionadas no início do versículo seguinte: "Vosso Senhor é bem Sabedor de vós", em lugar de dizer: "Ireis para o Inferno", ou outra frase que possa incitar os idólatras a fazerem o mal.
(2) **Esses**: os anjos e Jesus.
(3) Alude-se, aqui, ao aniquilamento, por morte natural, dos habitantes crentes; e, por

Ressurreição, ou que não castiguemos com veemente castigo. Isso está escrito no Livro.

59. E o que nos impede de enviar os sinais não é senão que os antepassados os desmentiram⁽¹⁾. E concedêramos **ao povo** de Ṯhāmūd o camelo fêmea⁽²⁾ por sinal claro, e foram injustos com ele. E não enviamos sinais senão para amedrontar.

60. E quando te dissemos: "Por certo, teu Senhor abarca os humanos." E não fizemos da visão⁽³⁾, que te fizemos ver, senão provação para os homens⁽⁴⁾ e, **o mesmo** da árvore maldita⁽⁵⁾, no Alcorão. E Nós os amedrontamos; então, **isso** não lhes acrescenta senão grande transgressão.

61. E quando dissemos aos anjos: "Prosternai-vos diante de Adão"; então, prosternaram-se, exceto Iblīs, que disse: "Prosternar-

---

castigo e outras desaparições, dos habitantes descrentes.
(1) Era praxe, em épocas anteriores a Muḥammad, que os povos, descrentes dos sinais divinos, fossem aniquilados. Entretanto, Deus determinou que os descrentes, a partir de Muḥammad, não fossem castigados, senão no dia do Juízo.
(2) Cf. VII p.250 n1.
(3) Alusão ao que o Profeta viu, durante sua viagem noturna.
(4) **Os homens**: os habitantes de Makkah, entre os quais, uns creram na visão; outros, estranhando o fenômeno, abandonaram o Islão.
(5) Alusão à árvore **Az Zaqqūm**, mencionada na sura XXXVII 62. Os Quraich, céticos, não podiam conceber que, no Inferno, pudesse existir esta árvore, dado que o fogo, que tudo consome, já deveria havê-la consumido também.

me-ei diante de quem Tu criaste de barro?"

62. Disse **ainda**: "Viste? É este quem preferiste a mim? Em verdade, se me concedes prazo, até o Dia da Ressurreição, tomarei as rédeas de sua[1] descendência, exceto de poucos **deles**."

63. **Allah** disse: "Vai! E quem deles te seguir, por certo, a Geena será a recompensa de **todos** vós, como plena recompensa.

64. "E importuna, com tua voz, a quem puderes, dentre eles, e tumultua-os, com tua cavalaria e infantaria, e partilha com eles as riquezas e os filhos e faze-lhes promessas." – E Satã não lhes promete senão falácias –

65. "Por certo, sobre Meus servos não tens poder algum." E basta teu Senhor por Patrono.

66. Vosso Senhor é Quem vos impulsa o barco, no mar, para buscardes **algo** de Seu favor. Por certo, Ele, para convosco, é Misericordiador.

67. E, quando o infortúnio vos toca, no mar, somem aqueles a quem invocais, exceto Ele. Então, quando Ele vos põe em salvo, na

---

[1] **Sua descendência**: a descendência de Adão.

terra, vós dais de ombros. E o ser humano é assaz ingrato.

68. Então, estais seguros de que Ele não fará uma faixa de terra engolir-vos ou não enviará contra vós um vento lastrado de seixos, em seguida, não encontrareis para vós patrono algum?

69. Ou estais seguros de que Ele vos não fará tornar a ele[1], outra vez, e não enviará contra vós um vento devastador, então, afogar-vos-á por vossa renegação da Fé, em seguida, não encontrareis para vós defensor, contra Nós?

70. E, com efeito, honramos os filhos de Adão e levamo-los por terra e mar e demo-lhes por sustento das cousas benignas, e preferimo-los, nitidamente, a muitos dos que criamos[2].

71. Um dia, convocaremos cada grupo dos homens, com seu imam[3]. Então, a quem for concedido seu livro em sua destra, esses lerão seu livro e não sofrerão injustiça, nem a mínima que seja.

72. E quem, nesta vida, é

---

[1] Ou seja, o mar.
[2] Ou seja, entre os seres animados e inanimados, que povoam o Universo, a preferência divina recai sobre o ser humano.
[3] Esta palavra significa: o líder. No texto alcorânico, indica o líder religioso que é o Profeta.

cego⁽¹⁾, na Derradeira Vida será cego e mais descaminhado do rumo.

73. E, por certo, quase eles te desviaram, **Muḥammad**, do que te revelamos, para que forjasses, acerca de Nós, outra **revelação** que esta. E, nesse caso, haver-te-iam tomado por amigo.

74. E, se te não houvéssemos tornado firme, com efeito, quase te haverias inclinado, um pouco, para eles.

75. Nesse caso, haver-te-íamos feito experimentar o dobro **do castigo** da vida e o dobro **do** da morte. Em seguida, não encontrarias, para ti, socorredor contra Nós.

76. E, por certo, quase te importunaram, na terra⁽²⁾, para dela te fazerem sair. E, nesse caso, nela não haveriam permanecido, depois de ti, senão por pouco⁽³⁾ **tempo**.

77. Assim, foi o Nosso procedimento com quem, com efeito, enviamos, antes de ti, dentre Nossos Mensageiros. E não encontrarás, em Nosso procedimento, alteração alguma.

⁽¹⁾ Trata-se, logicamente, do cego espiritual, que não atende aos ensinamentos divinos.
⁽²⁾ Ou seja, na cidade de Al Madīnah.
⁽³⁾ Triunfaria a palavra de Deus sobre os descrentes, desgraçando-os, se eles houvessem, efetivamente, expulsado o Profeta de Al Madīnah.

78. Cumpre a oração, do declínio do sol até a escuridão da noite, e **cumpre** a oração da aurora. Por certo, a oração da aurora é testemunhada **pelos anjos**.

79. E, à noite, então, reza com ele[1], à guisa de **oração suplementar**[2] para ti. Quiçá, teu Senhor te ascenda a uma louvável preeminência.

80. E dize: "Senhor meu! Faze-me entrar uma entrada, verdadeiramente, digna, e faze-me sair uma saída, verdadeiramente, digna, e faze-me, de Tua parte, um poder socorredor."

81. E dize: "A Verdade chegou e a falsidade pereceu. Por certo, a falsidade é perecível."

82. E fazemos descer, do Alcorão, o que é cura e misericórdia para os crentes. E, aos injustos, **isto** não acrescenta senão perdição.

83. E, quando agraciamos o ser humano, ele dá de ombros e se distancia, sobranceiro. E, quando o mal o toca, fica desesperado.

84. Dize: "Cada qual age conforme sua índole. E, vosso Senhor é bem Sabedor de quem é o mais guiado no caminho."

---

(1) **Ele**: o Alcorão.
(2) Esta oração suplementar é privilégio exclusivo do Profeta Muḥammad.

85. E perguntam-te eles⁽¹⁾ pela alma. Dize: "A alma é da Ordem de meu Senhor. E não vos foi concedido da ciência senão pouco."

86. E, em verdade, se quiséssemos ir-Nos com o⁽²⁾ que te revelamos, em seguida, não encontrarias, para ti, patrono contra Nós.

87. Não o fizemos senão por misericórdia de teu Senhor. Por certo, Seu favor para contigo é grande.

88. Dize: "Se os humanos e os jinns se juntassem, para fazer vir **algo** igual a este Alcorão, não fariam vir **nada** igual a ele, ainda que uns deles fossem coadjutores dos outros."

89. E, com efeito, patenteamos, para os homens, neste Alcorão, **algo** de cada exemplo. Então, a maioria dos homens a **tudo** recusa, exceto à ingratidão.

90. E dizem: "Não creremos em ti, até que nos faças emanar, da terra, uma nascente,

91. "Ou que haja para ti um jardim de tamareiras e videiras, e que faças emanar os rios, abundantemente, através dele;

---

(1) **Eles**: os judeus.
(2) **O**: o Alcorão.

92. "Ou que faças cair, sobre nós, como pretendes, o céu em pedaços, ou que faças vir Allah e os anjos, frente a frente;

93. "Ou que haja para ti uma casa **repleta** de ornamento⁽¹⁾, ou que ascendas ao céu. E não creremos em tua ascensão, até que faças descer sobre nós um Livro, que leremos." Dize: "Glorificado seja meu Senhor! Quem sou eu senão um mortal Mensageiro?"

94. E o que impediu os homens de crerem, quando lhes chegou a orientação, não foi senão haverem dito: "Allah enviou um mortal por Mensageiro?"

95. Dize: "Se houvesse, na terra, anjos que andassem tranqüilos, haveríamos feito descer, do céu, sobre eles, um anjo por Mensageiro."

96. Dize: "Allah basta, por testemunha, entre mim e vós. Por certo, Ele, de Seus servos, é Conhecedor, Onividente.

97. E quem Allah guia é o guiado. E para quem Ele descaminha, não lhes encontrarás protetores, além dEle. E reuni-los-emos, no Dia da Ressurreição, **arrastados** sobre as faces, cegos e

---

(1) **Ornamento**: traduz a palavra **zuhkruf**, que significa, também, **ouro**.

mudos e surdos. Sua morada será a Geena: cada vez que se entibiar, acrescentar-lhes-emos fogo ardente.

98. Essa será sua recompensa, porque renegaram Nossos sinais, e disseram: "Quando formos ossos e resquícios, seremos ressuscitados, em novas criaturas?"

99. Não viram eles que Allah, Que criou os céus e a terra, é Poderoso para criar semelhantes a eles? E Ele lhes fez um termo indubitável. Mas os injustos **a tudo** recusam, exceto à ingratidão.

100. Dize: "Se possuísseis os cofres da misericórdia de meu Senhor, nesse caso, haveríeis de retê-los, com receio de despendê-los. E avaro é o ser humano!"

101. E, com efeito, concedemos a Moisés nove evidentes sinais[1]. Então, pergunta aos filhos de Israel, quando ele lhes chegou e Faraó lhe disse: "Por certo, penso, ó Moisés, que és enfeitiçado."

102. Moisés disse: "Com efeito, sabes que não fez descer estes, como clarividências, senão O Senhor dos céus e da terra. E, por certo, penso, ó Faraó, que estás arruinado."

---

(1) Os nove sinais são: 1) a vara, 2) a mão alva, 3) o dilúvio, 4) os gafanhotos e os piolhos e as rãs e o sangue, 5) a seca e a escassez de frutos, 6) a passagem pelo mar, 7) a água emanada da rocha, 8) a elevação do Monte Sinai, 9) o colóquio com Deus.

103. E ele⁽¹⁾ desejou expulsá-los da terra⁽²⁾; então, afogamo-lo e a quem estava com ele, a todos.

104. E dissemos, depois dele, aos filhos de Israel: "Habitai a terra; e, quando chegar a promessa da Derradeira Vida, far-vos-emos vir, em multidões."

105. E, com a verdade, fizemo-lo⁽³⁾ descer e, com a verdade, ele desceu. E não te enviamos, **Muḥammad**, senão por alvissareiro e admoestador.

106. E **fizemos descer** Alcorão, fragmentamo-lo⁽⁴⁾, a fim de o leres aos homens, paulatinamente. E fizemo-lo descer, com **gradual** descida.

107. Dize: "Crede nele; ou, não creais. Por certo, aqueles aos quais fora concedida a ciência, antes dele⁽⁵⁾, quando é recitado, para eles, caem de mento, por terra, prosternando-se.

108. "E dizem: 'Glorificado seja nosso Senhor! Por certo, a promessa de nosso Senhor foi cumprida.'"

109. E caem de mento por terra,

⁽¹⁾ **Ele**: Faraó.
⁽²⁾ **Da terra**: do Egito.
⁽³⁾ **Lo**: o Alcorão.
⁽⁴⁾ A revelação do Alcorão ao Profeta durou 23 anos, para abranger e explicar todos os eventos surgidos na sociedade islâmica.
⁽⁵⁾ **Antes dele**: antes do Alcorão.

chorando, e ele⁽¹⁾ lhes acrescenta humildade.

110. Dize: "Invocai a Allah ou invocai aO Misericordioso. O que quer que seja que invoqueis, dEle são os mais belos nomes." E não alteies **a voz, em** tua oração, nem a silencies, e busca, entre ambas, um caminho **justo.**

111. E dize: "Louvor a Allah, Que não tomou **para Si** filho algum, e para Quem não há parceiro na soberania, e para Quem não há protetor contra a humilhação." E magnifica-O, fartamente.

---

(1) **Ele**: o Alcorão.

SŪRATU AL-KAHF[1]
A SURA DA CAVERNA

De Makkah – 110 versículos.

Em nome de Allah, O Misericordioso, O Misericordiador.

1. Louvor a Allah, Que fez descer sobre Seu servo o Livro, e nele não pôs tortuosidade[2] alguma!

2. Fê-lo reto, para advertir **os descrentes de** veemente suplício de Sua parte, e alvissarar os crentes, que fazem as boas obras, que terão belo prêmio,

3. Nele permanecendo para todo o sempre,

4. E para admoestar os que dizem: "Allah tomou **para Si** um filho."

5. Nem eles nem seus pais têm ciência disso. Grave palavra a que sai de suas bocas! Não dizem senão mentiras!

6. E, talvez, **Muḥammad**, te mates de pesar, após a partida deles,

---

(1) **Al Kahf**: a caverna. Assim se denomina esta sura, pois os versículos 9, 10, 11, 16, 17 e 25 fazem menção desta palavra. A parte principal da sura é a narração de histórias, tais como a dos Companheiros da Caverna; a dos Proprietários dos Dois Jardins; a sucinta alusão à história de Adão e Iblīs; a de Moisés e o sábio Al Khiḍr; e, finalmente, a história de Zul Qarnain. Assim sendo, esta sura é quase, totalmente, constituída de diversas narrativas, de modo que 71 dos 110 versos se compõem delas. O restante, ou são comentários acerca dessas histórias, ou menção de cenas sobre a vida eterna. Quanto ao tema essencial da sura, ao qual se prendem os vários assuntos, é a reavaliação da crença e da maneira de pensar, assim como dos valores assentados nesta crença.

(2) Ou seja, o Alcorão é isento de contradições e erros.

se não crêem nesta Mensagem.

7. Por certo, fizemos do que há sobre a terra ornamento para ela, a fim de pôr à prova qual deles[1] é melhor em obras.

8. E, por certo, faremos do que há sobre ela superfície árida.

9. Supões que os Companheiros da Caverna[2] e do Ar-Raqīm[3] sejam, entre nossos sinais, algo de admiração?

---

[1] **Deles**: dos homens.
[2] Não se sabe, ao certo, quem eram estes Companheiros da Caravana nem quando ou onde se protegeram de provável perseguição. Tudo o que o Alcorão diz é que eram jovens crentes, foragidos de uma sociedade repressora, a fim de poderem preservar a crença. Do que se deduz que, possivelmente, se tratava de vítimas de perseguições religiosas, e, no estudo destas perseguições religiosas, relatadas pela História, chegamos a algumas que parecem encaixar-se neste quadro. A primeira hipótese se prenderia à perseguição ocorrida ao tempo do rei selêucida Antíoco IV, Epífano (175 - 164 ªC.), que, ao apoderar-se do reino sírio, e sendo profundo admirador da civilização helênica, impôs aos judeus da Palestina - dominada, na época, pelos sírios - a religião grega e a anulação do judaísmo. Daí concluir-se que os Companheiros da Caverna eram judeus refugiados de Jerusalém, onde habitavam. Seu despertar dataria, então, de 126 d.C., ou seja, 445 anos antes do nascimento do Profeta Muhammad. A Segunda hipótese se ligaria à perseguição ocorrida no reinado do imperador romano Adriano (117 a 138 d.C.), que, da mesma forma que Antíoco, perseguiu os judeus. Em 13 d.C., os judeus, rebelando-se contra o Império Romano, expulsaram da Palestiana as legiões romanas e apoderaram-se de Jerusalém, que dominaram por três anos. Foi, depois disso, que Adriano, com seu exército, invadiu a Palestina e pôs fim à soberania dos judeus, retomando Jerusalém e extinguindo o judaísmo com a morte de seus líderes e a escravidão de seu povo. Novamente, a História comprova que estes Companheiros eram judeus e provavelmente habitavam Jerusalém. Seu despertar, então, haveria ocorrido cerca de 435 d.C., ou 135 antes do nascimento do Profeta. A maioria dos exegetas, entretanto, aponta a primeira hipótese como a mais congruente com o episódio do Alcorão.
[3] Este nome foi interpretado de vários modos. Dizem uns que se tratava de uma tábua, onde foram escritos os nomes dos Companheiros da Caverna; ou, como preferem outros, o nome do cão destes; outros, ainda, dizem ser o nome do vale, em que se achava a Caverna, ou o nome da montanha ou da aldeia.

10. Quando os jovens se abrigaram⁽¹⁾ na Caverna, e disseram: "Senhor nosso! Concede-nos misericórdia de Tua parte e, para nós, dispõe retidão, em tudo o que nos concerna."

11. Então, na Caverna, estendemo-lhes um véu sobre os ouvidos⁽²⁾, durante vários anos.

12. Em seguida, despertamo-los, para saber qual dos dois partidos⁽³⁾ enumerava melhor o tempo, em que lá permaneceram.

13. Nós te narramos sua história, com a verdade. Por certo, eles eram jovens, que criam em seu Senhor e aos quais acrescentamos orientação,

14. E revigoramo-lhes os corações, quando se levantaram e disseram: "Nosso Senhor é O Senhor dos céus e da terra. Não invocamos, além dEle, deus algum: com efeito, nesse caso, estaríamos dizendo um cúmulo de blasfêmia.

15. "Este nosso povo tomou, além dEle, **outros** deuses. Que

---

(1) Assim o fizeram, para preservarem a Crença e se protegerem contra os que, entre seu povo, queriam levá-los à apostasia.
(2) **Estender um véu sobre os ouvidos**: selar os ouvidos com a surdez proveniente de sono profundo, do qual nem um grande ruído poderia fazê-los despertar.
(3) **Dois partidos**: trata-se ou de dois grupos dos Companheiros, que divergiram, acerca da duração de sua permanência, na Caverna; ou de dois grupos de habitantes da cidade, que, ao lado de fora da Caverna, testemunharam o despertar dos Companheiros.

façam vir, a respeito desses, uma evidente comprovação! Quem mais injusto, pois, que aquele que forja mentiras acerca de Allah?"

16. E **disseram uns aos outros**: "Quando vos houverdes apartado deles e do que adoram, em vez de Allah, então, abrigai-vos na Caverna, vosso Senhor espargirá, sobre vós, **algo** de Sua misericórdia e, para vós, disporá apoio, em vossa condição."

17. E tu haverias visto o sol, quando se levanta, declinar de sua caverna, pela direita, e, quando se punha, desviar-se deles[(1)], pela esquerda, enquanto que eles se achavam em um espaço[(2)] dela. Isso é um dos sinais de Allah. Aquele, a quem Allah guia, é o guiado. E para aquele, a quem descaminha, não lhe encontrarás protetor, conselheiro.

18. E tu os suporias despertos, enquanto estavam adormecidos. E fazíamo-los se virarem[(3)], para a direita e para a esquerda. E seu cão tinha estendidas as patas dianteiras,

---

(1) **Deles**: dos Companheiros da Caverna.
(2) Embora estes Companheiros estivessem em um lugar espaçoso na entrada da Caverna, o sol jamais os molestou, nem no nascente nem no poente, o que significava que eles estavam na proteção de Deus.
(3) Para a preservação de seus corpos contra o apodrecimento, causado pelo contato com o sol da Caverna, Deus evitou-lhes a imobilidade, fazendo-os virarem-se, periodicamente.

no limiar **da caverna**. Se tu os houvesses avistado, haver-lhes-ias voltado as costas, fugindo, e haverias ficado cheio de pavor deles.

19. E, assim, **como os adormecemos**, despertamo-los, para que se interrogassem, entre eles. Um deles disse: "Quanto tempo permanecestes, **aqui**?" Disseram: "Permanecemos um dia ou parte de um dia." **Outros** disseram: "Vosso Senhor é bem Sabedor de quanto permanecestes. Então, enviai um de vós à cidade, com esta vossa moeda de prata. E que olhe qual o mais puro alimento, e que deste vos faça vir sustento, e que ele sutilize e que não deixe ninguém perceber-vos.

20. "Por certo, se eles[1] obtêm poder sobre vós, apedrejar-vos-ão ou far-vos-ão tornar à sua crença[2]. E nunca seríeis, nesse caso, bem-aventurados!"

21. E, assim, **como os fizemos despertar**, fizemo-los descobertos[3] – para saberem que a promessa de Allah é verdadeira[4], e que a Hora é indubitável – quando disputavam,

---

[1] **Eles**: os habitantes da cidade.
[2] **Retornar a sua crença**: adotar a religião pagã deles.
[3] Ou seja, tornarem-se conhecidos dos habitantes da cidade.
[4] Isto é, para que os habitantes soubessem da veracidade da promessa de Deus, acerca da Ressureição.

entre eles⁽¹⁾, sua questão; então, disseram: "Edificai, sobre eles, uma edificação. Seu Senhor é bem Sabedor deles." Mas aqueles, cuja opinião prevaleceu, disseram: "Que erijamos, sobre eles, uma mesquita."

22. **Alguns**⁽²⁾ dirão: "Eram três, sendo seu cão o quarto deles." E **outros** dirão: "Eram cinco, sendo seu cão o sexto deles", conjeturando o invisível. E **outros, ainda,** dirão: "Eram sete e seu cão o oitavo deles." Dize: "Meu Senhor é bem Sabedor de seu número. Não os conhece senão poucos."⁽³⁾ Então, não alterques sobre eles senão em altercação ligeira, e não consultes, a seu respeito, a nenhum deles⁽⁴⁾.

23. E não digas a respeito de uma cousa: "Por certo, fá-la-ei, amanhã",

24. Exceto se **acrescentares**: "Se Allah quiser!" E lembra-te de teu Senhor, quando O esqueceres. E dize: "Quiçá, meu Senhor me guie ao que é mais próximo que isso, em retidão."

---

(1) **Eles**: os habitantes da cidade.
(2) Referência aos que, na época do Profeta, divergiam do número exato dos Companheiros da Caverna.
(3) **Os**: os Companheiros da Caverna e seu número exato.
(4) **Deles**: os contemporâneos do Profeta, que divergiam a respeito dos Companheiros da Caverna.

25. E eles permaneceram, em sua Caverna, trezentos anos, e acrescentaram-se nove⁽¹⁾.

26. Dize: "Allah é bem Sabedor de quanto lá permaneceram. DEle é o Invisível, dos céus e da terra. Quão bem Ele vê e quão bem Ele ouve! Eles⁽²⁾ não têm, além dEle, protetor algum. E Ele não associa ninguém a Seu julgamento."

27. E recita o que te foi revelado do Livro de teu Senhor; não há quem possa alterar Suas palavras. E não encontrarás, além dEle, refúgio algum.

28. E sê paciente **permanecendo** com os que invocam seu Senhor, ao amanhecer e ao anoitecer, desejando-Lhe a face. E não afastes deles os olhos, desejando o ornamento da vida terrena. E não obedeças àquele cujo coração tornamos desatento à Nossa lembrança e que segue sua paixão e cuja conduta excede os limites.

29. E dize: "A verdade emana de vosso Senhor. Então, quem quiser que creia, e quem quiser que renegue a Fé. Por certo, preparamos

---

⁽¹⁾ O versículo alude ao lado astronômico de que 300 anos solares correspondem a 309 anos lunares. Assim, tanto os árabes quanto os não árabes poderiam ter noção exata do tempo em que lá permaneceram os Companheiros da Caverna, já que os primeiros medem seu tempo segundo o calendário lunar e os outros, segundo o solar.

⁽²⁾ **Eles**: os habitantes dos céus e da terra, que não têm outro protetor que não Deus.

para os injustos um Fogo, cujo paredão **de labaredas** os abarcará. E, se pedirem socorrimento, terão socorrimento de água, como o metal em fusão: escaldar-**lhes**-á as faces. Que execrável bebida! E que vil recinto de permanência!"

30. **Quanto a**os que crêem e fazem as boas obras, por certo, não faremos perder o prêmio de quem bem-faz, em obras.

31. Esses terão os Jardins de Éden, abaixo dos quais correm os rios; nesses, serão enfeitados com braceletes de ouro, e se vestirão com trajes verdes, de fina seda e de brocado; nesses, estarão reclinados sobre coxins. Que excelente retribuição! E que aprazível recinto de permanência!

32. E propõe, para eles, um exemplo: dois homens. Fizemos, para um deles, dois jardins de videiras e cercamo-los com tamareiras e fizemos, entre ambos, searas.

33. Cada um dos jardins deu seu fruto, e nada se lhe diminuía. E, através de ambos, fizemos emanar um rio.

34. E tinha ele[1] **outros frutos**[2];

---

(1) **Ele**: o dono dos dois jardins.
(2) **Outros frutos**: outras fontes de riqueza.

então, disse a seu companheiro, enquanto dialogava com ele: "Sou mais que tu, em riqueza, e mais poderoso, em **número de** pessoas."

35. E entrou em seu jardim; sendo injusto para com si mesmo, disse: "Não penso, jamais, que este pereça,

36. "E não penso que a Hora advenha. E, em verdade, se fora levado a meu Senhor, encontraria, por fim, **outro** melhor que este."

37. Seu companheiro disse-lhe, enquanto dialogava com ele: "Renegas Aquele Que te criou de pó, em seguida, de gota seminal, depois, formou-te um homem?

38. "Mas **eu digo que** Allah é meu Senhor, e não associo ninguém a meu Senhor.

39. "E, entrando em teu jardim, houvesses dito: 'Que seja o que Allah quiser! Não há força senão com **a ajuda de** Allah!' Se me vês, a mim, menos que tu em riquezas e em **número de** filhos,

40. "Então, quiçá, meu Senhor me conceda **algo** melhor que teu jardim, e, sobre este, envie **ruína** calculada do céu; então, tornar-se-á em superfície escorregadia,

41. "Ou sua água tornar-se-á subtérrea, e, jamais, poderás readquirí-la."

18. Sūratu Al-Kahf   Parte 15   471

42. E foram devastados seus frutos; então, ele[1] amanheceu meneando as mãos, **atormentado** pelo que havia despendido nele[2], enquanto o jardim era deitado abaixo, sobre seus tetos, e disse: "Quem dera não houvesse eu associado ninguém a meu Senhor!"

43. E não houve, para ele, hoste alguma que o socorresse, em vez de Allah, e não foi socorrido.

44. Aí, a proteção é de Allah O Verdadeiro. Ele é Melhor em retribuição e Melhor em final feliz.

45. E, para eles, propõe o exemplo da vida terrena[3]: é como água que fazemos descer do céu, e com ela se mescla a planta da terra; então, **esta** se torna palha, que o vento dispersa. E Allah, sobre todas as cousas, é Onipotente.

46. As riquezas e os filhos são o ornamento da vida terrena. Mas as boas obras, duradouras, são, junto de seu Senhor, melhores em retribuição e melhores em esperança.

47. E um dia, faremos caminhar as montanhas, e tu verás a terra aplanada; e reuní-los[4]-emos e não

---

(1) **Ele**: o companheiro incréu.
(2) **Nele**: no jardim.
(3) O versículo coteja a vida à bela planta que germina e viceja; e se seca e se desfaz e se dispersa, com o vento.
(4) **Los**: todos os homens.

deixaremos nenhum deles **sequer**.

48. E serão expostos, em fila, a teu Senhor. **Ele dirá**: "Com efeito, chegais a Nós, como vos criamos, da vez primeira. Aliás, pretendíeis que vos não faríamos um tempo prometido **para serdes ressuscitados**!"

49. E será posto o Livro⁽¹⁾ **à vista**; então, tu verás os criminosos atemorizados do que nele há; e dirão: "Ai de nós! Por que razão este Livro não deixa, nem cousa pequena, nem cousa grande, sem enumerá-la?" E, **nele**, encontrarão presente o que fizeram. E teu Senhor não faz injustiça com ninguém.

50. E quando dissemos aos anjos: "Prosternai-vos diante de Adão"; então, eles se prosternaram, exceto Iblīs. Ele era dos jinns, e desobedeceu a ordem de seu Senhor. Então, vós tomai-lo e a sua descendência, por aliados, em vez de Mim, enquanto eles vos são inimigos? Que execrável troca para os injustos!

51. Não os⁽²⁾ fiz testemunhas da criação dos céus e da terra nem da criação deles mesmos. E não é

---

(1) **Livro**: o registro individual dos atos humanos, durante a vida terrena, o qual, segundo o Alcorão, cada ser humano receberá, no Dia do Juízo.
(2) **Os**: Iblīs e seus descendentes ou os idólatras

admissível que Eu tome os desencaminhadores por amparo.

52. E um dia, Ele dirá: "Chamai Meus parceiros que pretendestes **serem deuses**." Então, eles os convocarão, e não lhes atenderão; e faremos, entre eles, um vale de destruição.

53. E os criminosos verão o Fogo; então, pensarão que nele irão cair, e, fora dele, não encontrarão refúgio.

54. E, com efeito, patenteamos, neste Alcorão, para os homens, **algo** de cada exemplo. Mas o ser humano está, mais que tudo, em contenda.

55. E o que impediu os homens de crerem, quando lhes chegou a orientação, e de implorarem o perdão de seu Senhor não foi senão **a exigência de** lhes chegarem os procedimentos **de punição** dos antepassados, ou de chegar-lhes o castigo, pela frente.

56. E não enviamos os Mensageiros senão por alvissareiros e admoestadores. E os que renegam a Fé discutem, com a falsidade, para, com esta, refutar a verdade. E eles tomaram Meus sinais e o que lhes é admoestado por objeto de zombaria.

57. E quem mais injusto que aquele a quem são lembrados os

sinais de seu Senhor, e ele lhes dá de ombros e esquece o que suas próprias mãos anteciparam? Por certo, fizemo-lhes véus sobre os corações, a fim de o⁽¹⁾ não entenderem, e, nos ouvidos, surdez. E, se tu os convocas à orientação, nesse caso, jamais se guiarão.

58. E teu Senhor é O Perdoador, O Possuidor da misericórdia. Se Ele os culpasse pelo que cometeram, apressaria, para eles, o castigo. Mas terão um tempo prometido, do qual não encontrarão escape algum.

59. E a essas cidades⁽²⁾, aniquilamo-las, quando foram injustas, e fizemos, para seu aniquilamento, um tempo prometido.

60. E **lembra-lhes de** quando Moisés disse a seu jovem servo⁽³⁾: "Não deixarei de andar, até atingir a junção dos dois mares⁽⁴⁾, ou passarei décadas **andando!**"

61. E, quando atingiram ambos a junção dos dois **mares**, esqueceram seu peixe⁽⁵⁾, e **este** tomou seu

---

(1) **O**: o Alcorão.
(2) Alusão às cidades de Thamud e de Loṭ, que foram destruídas, por desmentirem seus profetas.
(3) Trata-se de Yuchaᶜ Ibn Nūn.
(4) Prevalece o parecer de que estes dois mares seriam o Mediterâneo e o Vermelho, e o local de encontro ficaria na região dos Lagos Amargos e Timsah. Outra opinião aponta o local no encontro do Golfo de ᶜAqabah com o de Suez, no Mar Vermelho.
(5) Segundo a tradição islâmica, este episódio ocorreu, quando Moisés, certo dia, ao falar aos filhos de Israel, e ser indagado sobre quem era o mais sábio, no mundo,

caminho no mar, penetrando **nele**.

62. E, quando atravessaram ambos **esse lugar**, ele disse a seu jovem servo: "Traze-nos o almoço; com efeito, deparamos fadiga, nesta nossa viagem."

63. O jovem servo disse: "Viste, quando nos abrigamos no rochedo? Então, por certo, esqueci o peixe, e não me fez esquecê-lo senão Satã. E ele tomou seu caminho no mar. Que admirável!"

64. Moisés disse: "Isso é o que buscávamos." Então, ambos voltaram, seguindo suas **próprias** pegadas,

65. E encontraram um de Nossos servos[1], ao qual concedêramos misericórdia[2] **vinda** de Nós, e ensináramo-lhe ciência, de Nossa parte.

66. Moisés disse-lhe: "Posso seguir-te, com a condição de que me ensines **algo** do que te foi ensinado de retidão?"

67. O outro disse: "Por certo, não poderás ter paciência comigo.

---

respondeu ser ele próprio. Deus, então, censurou-o por não havê-Lo mencionado, e fê-lo saber, em seguida, que havia um homem mais sábio ainda e que poderia ser encontrado na confluência dos dois mares, e, para isso, era necessário que Moisés levasse consigo um peixe, numa cesta, e, onde o perdesse, lá estaria o sábio. E assim foi.

[1] Al Khiḍr, conforme atesta a tradição.
[2] Segundo alguns exegetas, Deus concedera-lhe o dom da profecia.

68. "E como pacientar, acerca do que não abarcas em ciência?"

69. Moisés disse: "Encontrar-me-ás paciente, se Allah quiser, e não te desobedecerei ordem alguma."

70. O outro disse: "Então, se me seguires, não me perguntes por cousa alguma, até que te faça menção desta **cousa**."

71. Então, ambos foram adiante, até que, quando embarcaram na nau, ele⁽¹⁾ a furou. **Moisés** disse: "Furaste-a, para afogar seus ocupantes? Com efeito, fizeste algo nefando!"

72. O outro disse: "Não te disse que, por certo, não poderias ter paciência comigo?"

73. Moisés disse: "Não me culpes pelo que esqueci, e não me imponhas dificuldade, acima de minha condição."

74. Então, ambos foram adiante, até que, quando depararam um jovem, então, ele⁽²⁾ o matou, disse **Moisés**; "Mataste uma pessoa inocente, sem que ela haja matado outra? Com efeito, fizeste algo terrível!"

---

(1) **Ele**: Al Khiḍr, que retirou, com um machado, uma ou duas tábuas da embarcação.
(2) **Ele**: Al Khiḍr.

75. **O outro** disse: "Não te disse a ti que, por certo, não poderias ter paciência comigo?"

76. Moisés disse: "Se, depois disso, te perguntar por algo, não me acompanhes mais! Com efeito, conseguiste de minha parte uma desculpa."

77. Então, ambos foram adiante, até que, quando chegaram aos moradores de uma cidade, pediram a seus habitantes alimento, e estes recusaram-se a hospedá-los. Então, aí, encontraram ambos um muro prestes a desmoronar-se, e ele[1] o aprumou. **Moisés** disse: "Se quisesses, receberias prêmio por isso."

78. O outro disse: "Esta é **a hora da** separação entre mim e ti. Informar-te-ei da interpretação daquilo, com que não pudeste ter paciência.

79. "Quanto à nau, pertencia ela a pobres, que trabalhavam no mar. Então, desejei danificá-la, pois, adiante deles, havia um rei, que tomava, por usurpação, toda nau **não danificada**.

80. "E, quanto ao jovem, seus pais eram crentes, e receávamos

---

(1) **Ele**: Al Khiḍr.

que ele os induzisse à transgressão e à renegação da Fé.

81. "Então, desejamos que seu Senhor lhes substituísse **o filho por outro** melhor que ele, em pureza, e mais próximo, em blandícia.

82. "E, quanto ao muro, ele pertencia a dois meninos órfãos, na cidade, e, debaixo dele, havia um tesouro para ambos; e seu pai era íntegro: então, teu Senhor desejou que ambos atingissem sua força plena e fizessem sair seu tesouro, por misericórdia de teu Senhor. E não o fiz por minha ordem. Essa é a interpretação daquilo, com que não pudeste ter paciência."

83. E eles[1] te perguntam, **Muḥammad**, por Zul Qarnain[2]. Dize: "Far-vos-ei menção dele."

84. Por certo, empossamo-lo na terra e concedemo-lhe caminho **de acesso** a cada cousa.

85. Então, ele seguiu um caminho,

---

(1) **Eles**: os judeus.
(2) **Zul Qarnain**: possuidor de dois cornos. Nada nos menciona o Alcorão acerca de Zul Qarnain, nem de sua época nem da região que habitou. Aliás, esta é uma característica do Alcorão, que não se prende ao fato histórico, mas a seu significado, para utilizá-lo na exortação. Alguns exegetas, entretanto, afirmam tratar-se de Alexandre Magno, da Macedônia, (embora este parecer não condiga com os fatos, dado que o rei macedônio era pagão, e a personagem alcorânica é crente) que, por haver conquistado os dois lados, o Leste e o Oeste, era conhecido como o possuidor dos dois lados, que a própria coroa representava, na forma de dois chifres.

86. Até quando atingiu o lugar do pôr-do-sol, encontrou este pondo-se numa fonte quente e lodosa⁽¹⁾, e, junto dela, encontrou um povo **incrédulo**. Dissemos: "Ó Zul Qarnain! Ou **os** castigas ou **os** tratas com benevolência."

87. Disse: "Quanto ao que é injusto, castigá-lo-emos. Em seguida, será levado a seu Senhor; então, Ele o castigará com terrível castigo.

88. "E quanto a quem crê e faz o bem, terá, como paga, a mais bela recompensa. E dir-lhe-emos o **que for** fácil de nossas ordens."

89. Em seguida, seguiu **outro** caminho,

90. Até que, quando atingiu o lugar do nascer do sol, encontrou-o nascendo sobre um povo⁽²⁾, para quem não fizéramos proteção alguma contra ele⁽³⁾.

91. Assim foi. E, com efeito, abarcávamos, em conhecimento, **tudo** o que ele possuía.

92. Em seguida, seguiu **outro** caminho,

---

(1) Ou seja, desaparecendo do horizonte, como que mergulhado em água de fonte.
(2) Alusão a um povo descrente, a quem Deus ofereceu a opção do castigo ou do ingresso na religião de Deus.
(3) **Ele**:o sol. Ou seja, este povo descrente não tinha nada que o protegesse do sol: nem construção nem indumentária.

93. Até que, quando atingiu **um lugar** entre as duas barreiras[1], encontrou, para além delas, um povo que quase não entendia língua alguma.

94. Disseram: "Ó Zul Qarnain! Por certo, Ya'jūj e Ma'jūj[2] estão semeando a corrupção na terra; então, poderíamos pagar-te um tributo para fazeres uma barreira, entre nós e eles?"

95. Ele disse: "Aquilo, em que meu Senhor me empossou, é melhor. Então, ajudai-me com força, e eu farei um obstáculo, entre vós e eles.

96. "Dai-me pedaços de ferro." **E os foi utilizando na construção**, até que, quando nivelou os dois lados **das barreiras**, disse: "Soprai." **E sopraram**, até que, quando o fez em fogo, disse: "Dai-me cobre, que, sobre ele, o verterei!"

97. Então, **Ya'jūj e Ma'jūj** não puderam escalá-lo[3], e não puderam perfurá-lo.

98. Disse: "Este[4] é misericórdia de meu Senhor. E, quando a

---

(1) Parece tratar-se de duas montanhas na fronteira do Turquestão.
(2) Gog e Magog, na transcrição portuguesa: duas tribos selvagens que habitavam atrás destas montanhas, e de onde saíam, periodicamente, para atacar os habitantes vizinhos.
(3) Ou seja, Gog e Magog não puderam transpor o obstáculo, entre as montanhas.
(4) **Este**: o obstáculo.

promessa de meu Senhor chegar, Ele o fará pó. E a promessa de meu Senhor é verdadeira."

99. E, nesse dia, deixá-los-emos se agitarem, undantes, uns sobre outros. E se soprará na Trombeta; então, juntá-los-emos, a todos.

100. E, nesse dia, exporemos, abertamente, a Geena aos renegadores da Fé,

101. Àqueles cujos olhos estavam vendados para Minha Mensagem, e nada podiam ouvir.

102. Os que renegam a Fé supõem que tomarão Meus servos[1] por aliados, além de Mim? Por certo, prepararemos a Geena, como hospedagem para os renegadores da Fé.

103. Dize, **Muḥammad**: "Informar-vos-emos dos mais perdedores, em obras?

104. "São aqueles cujo esforço, na vida terrena, se descaminha, enquanto supõem que eles fazem o bem."

105. Esses são os que renegam os sinais de seu Senhor e Seu deparar; então, serão anuladas suas obras e, no Dia da Ressurreição, não lhes estipularemos peso algum.

---

(1) Alusão aos anjos, a Jesus e a ᶜUzair, que os idólatras adoravam, em vez de Deus.

106. É que sua recompensa será a Geena, porque renegaram a Fé e tomaram Meus sinais e Meus Mensageiros por objeto de zombaria.

107. Por certo, os que crêem e fazem boas obras terão os Jardins de Al-Firdaus[1], por hospedagem;

108. Neles, serão eternos e de onde não buscarão mudança.

109. Dize: "Se o mar fosse tinta para **registrar** as palavras de meu Senhor, em verdade, o mar exaurir-se-ia antes de se exaurirem as palavras de meu Senhor, ainda que fizéssemos chegar outro igual, em auxílio."

110. Dize: "Sou, apenas, um mortal como vós; revela-se-me que vosso Deus é Deus Único. Então, quem espera pelo deparar de seu Senhor, que faça boa ação e não associe ninguém à adoração de seu Senhor."

---

(1) **Al-Firdaus**: etimologicamente, é um vale fértil. No versículo, é o lugar mais elevado do Paraíso.

SŪRATU MARYAM[1]
A SURA DE MARIA

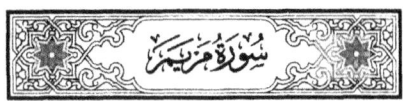

De Makkah – 98 versículos.

Em nome de Allah, O Misericordioso, O Misericordiador.

1. Kāf, Hā, Yā, ʿAin, Ṣād[2].

2. **Este** é o relato da misericórdia de teu Senhor, para com Seu servo Zacarias,

3. Quando ele chamou por seu Senhor, em secreto chamado.

4. Disse: "Senhor meu! Por certo, meus ossos fraquejam e minha cabeça flameja encanecida, e, jamais, fui infeliz, Senhor meu, na súplica a Ti!

5. "E, por certo, temo os herdeiros, depois de mim[3], e minha mulher é estéril; então, dadiva-me, de Tua parte, com um herdeiro,

6. "Que herdará de mim **a ciência** e herdará, da família de

---

[1] **Maryam**: Maria, mãe de Jesus, a quem o Islão considera, apenas, um dos mensageiros de Deus. Esta sura, cujo título se deve à menção do nome de Maria nos versículos 16 e 27, confirma a unicidade de Deus e refuta, categoricamente, a atribuição de filhos a ele, além de reiterar a questão da Ressurreição e outras, próprias das suras reveladas em Makkah. Saliente-se, ainda, aqui, a narração de histórias, iniciadas com a de Zacarias e João Batista (ou Yaḥiā em árabe); a de Maria e o nascimento de Jesus; a de Abraão e seu pai. Há, também, alusão aos profetas Isaque, Jacó, Moisés, Aarão, Ismael, Idrīs, Adão e Noé. Essas histórias ocupam quase 2/3 da sura. Cenas do Juízo Final e dissensões com os negadores da Ressurreição ocupam sua parte restante.

[2] Cf. II 1 n3.

[3] **Depois de mim**: depois de minha morte.

Jacó, **o reino**. E faze-o, Senhor meu, agradável **a Ti**."

7. **Allah disse**: "Ó Zacarias! Por certo, Nós te alvissaramos um filho, cujo nome será Yaḥiā, **(João)**, para quem, antes, não fizemos homônimo."

8. **Zacarias** disse: "Senhor meu! Como hei de ter um filho, enquanto minha mulher é estéril e, com efeito, **já** atingi, da velhice, **a** decrepitude?"

9. Disse ele[1] "Assim, teu Senhor disse: 'Isso Me é fácil, e, com efeito, criei-te, antes, enquanto nada eras!'"

10. **Zacarias** disse: "Senhor meu! Faze-me um sinal." Ele disse: "Teu sinal será que não falarás aos humanos, por três noites, **embora** estando perfeito."

11. Então, saiu do santuário, a seu povo, e inspirou-lhes, **por gestos**: "Glorificai **a Allah**, ao alvorecer e ao anoitecer."

12. "Ó Yaḥiā[2]! Toma o Livro[3], com firmeza!" E concedemo-lhe a sabedoria, em sendo infante,

13. E ternura, de Nossa parte, e pureza. E era piedoso,

---

(1) **Ele**: o anjo Gabriel.

(2) Passou-se o tempo, e nasceu João Batista, a quem Deus se dirige, neste versículo.

(3) **O Livro**: a Tora.

14. E blandicioso para com seus pais; e não era tirano, desobediente.

15. E que a paz seja sobre ele, no dia em que nasceu e no dia em que morrer e no dia em que for ressuscitado, vivo!

16. E menciona, **Muḥammad**, no Livro[1], a Maria, quando se insulou de sua família, em lugar na direção do oriente,

17. E colocou entre ela e eles um véu; então, enviamo-lhe Nosso Espírito[2], e ele apresentou-se-lhe como um homem perfeito.

18. Ela disse: "Por certo, refugio-me nO Misericordioso, contra ti. Se és piedoso, **não te aproximes**."

19. Ele[3] disse: "Sou, apenas, o Mensageiro de teu Senhor, para te dadivar com um filho puro."

20. Ela disse: "Como hei de ter um filho, enquanto nenhum homem me tocou, e nunca fui mundana?"

21. Ele disse: "Assim teu Senhor disse: 'Isso Me é fácil, e **sê-lo-á** para fazer dele[4] um sinal para os homens e misericórdia de Nossa parte.' E foi uma ordem decretada."

---

[1] **No Livro**: no Alcorão.
[2] Ou seja, o anjo Gabriel.
[3] **Ele**: o anjo Gabriel.
[4] **Dele**: de Jesus, filho de Maria.

22. Então, ela o concebeu, e insulou-se com ele[1], em lugar longínquo.

23. E as dores do parto levaram-na **a abrigar-se** ao tronco da tamareira. Ela disse: "Quem dera houvesse morrido antes disto, e fosse insignificante objeto esquecido!"

24. Então, abaixo dela, **uma voz** chamou-a: "Não te entristeças! Com efeito, teu Senhor fez **correr**, abaixo de ti, um regato.

25. "E move, em tua direção, o tronco da tamareira, ela fará cair, sobre ti, tâmaras maduras, frescas.

26. "Então, come e bebe e refresca de alegria teus olhos[2]. E, se vês alguém, dos mortais, dize: 'Por certo, fiz votos de silêncio aO Misericordioso, e, hoje, não falarei a humano algum.'"

27. E ela chegou, com ele[3], a seu povo, carregando-o . Disseram: "Ó Maria! Com efeito, fizeste uma cousa assombrosa!

28. "Ó irmã de Aarão[4]! Teu pai não era pessoa atreita ao mal e tua mãe não era mundana!"

---

(1) **Ele**: seu filho, Jesus.
(2) Na alegria, os olhos ficam frescos, por não sofrerem ação calórica das lágrimas, provocadas pela tristeza.
(3) **Ele**: seu filho, Jesus.
(4) Há inúmeros pareceres com respeito a este Aarão, que seriam: 1) O irmão de Maria, por parte do pai, e que era muito virtuoso; 2) O irmão de Moisés, de cuja família

19. Sūratu Maryam

29. Então, ela apontou para ele⁽¹⁾. Eles disseram: "Como falaremos a quem está no berço, em sendo infante?"

فَأَشَارَتْ إِلَيْهِ قَالُوا كَيْفَ نُكَلِّمُ مَن كَانَ فِي ٱلْمَهْدِ صَبِيًّا ۝

30. O bebê⁽²⁾ disse: "Por certo, sou o servo de Allah. Ele me concederá o Livro⁽³⁾, e me fará Profeta,

قَالَ إِنِّي عَبْدُ ٱللَّهِ ءَاتَىٰنِيَ ٱلْكِتَٰبَ وَجَعَلَنِي نَبِيًّا ۝

31. "E me fará abençoado, onde quer que esteja, e me recomendará a oração e az-zakāh⁽⁴⁾, enquanto permanecer vivo,

وَجَعَلَنِي مُبَارَكًا أَيْنَ مَا كُنتُ وَأَوْصَىٰنِي بِٱلصَّلَوٰةِ وَٱلزَّكَوٰةِ مَا دُمْتُ حَيًّا ۝

32. "E **me fará** blandicioso para com minha mãe, e não me fará tirano, infeliz;

وَبَرًّۢا بِوَٰلِدَتِي وَلَمْ يَجْعَلْنِي جَبَّارًا شَقِيًّا ۝

33. "E que a paz seja sobre mim, no dia em que nasci, e no dia em que morrer e no dia em que for ressuscitado, vivo!"

وَٱلسَّلَٰمُ عَلَيَّ يَوْمَ وُلِدتُّ وَيَوْمَ أَمُوتُ وَيَوْمَ أُبْعَثُ حَيًّا ۝

34. – Esse é Jesus, filho de Maria. É o Dito da verdade, que eles⁽⁵⁾ contestam.

ذَٰلِكَ عِيسَى ٱبْنُ مَرْيَمَ قَوْلَ ٱلْحَقِّ ٱلَّذِي فِيهِ يَمْتَرُونَ ۝

35. Não é admissível que Allah

مَا كَانَ لِلَّهِ أَن يَتَّخِذَ مِن وَلَدٍ سُبْحَٰنَهُۥ إِذَا

Maria descendia por laços de parentesco; assim sendo, a idéia de fraternidade expressa no versículo, não implica, obrigatoriamente, o elo sangüíneo, mas, de acordo com os costumes árabes, o elo de caráter, que os unia: virtude e piedade eram seus traços próprios.

⁽¹⁾ **Ele:** Jesus, seu filho. Em virtude dos votos de silêncio, que fizera, Maria apontava para Jesus, sempre que sua família queria falar-lhe, mostrando, assim que era ele quem responderia por ela.

⁽²⁾ **O bebê:** Jesus criancinha.

⁽³⁾ **O Livro:** o Evangelho.

⁽⁴⁾ **Cf II 43 n4.**

⁽⁵⁾ **Eles:** os cristãos, que contestam a natureza de Jesus.

tome **para Si** um filho. Glorificado seja! Quando decreta algo, apenas, diz-lhe: "Sê", então, é –

36. "E, por certo, Allah é meu Senhor e vosso Senhor: então, adorai-O. Esta é uma senda reta"–.

37. Em seguida, os partidos[1] discreparam entre eles. Então, ai dos que renegam a Fé, **quando** de **sua** presença, em um terrível dia!

38. Quão bem ouvirão e quão bem verão[2], um dia, em que virão a Nós. Mas os injustos, hoje, estão em evidente descaminho!

39. E adverte-os, **Muḥammad**, do Dia da Aflição – quando a ordem for encerrada – enquanto eles estão, **neste mundo**, em desatenção e enquanto não crêem.

40. Por certo, somos Nós Que herdaremos a terra e quem sobre ela **existe**. E a Nós eles serão retornados.

41. E menciona, no Livro[3], a Abraão – por certo, ele era veracíssimo, profeta –

42. Quando disse a seu pai: "Ó meu pai! Por que adoras o que não ouve nem vê e de nada te vale?

---

(1) Alusão aos cristãos que, acerca da natureza de Jesus, se dividiram em três seitas: os arianos, os nestorianos e os jacobitas.
(2) Ao contrário do que ocorria, em vida, quando eram cegos e surdos à Verdade, no Dia do Juízo, terão de ouvir e ver tudo, irrefragavelmente.
(3) **No livro**: no Alcorão.

19. Sūratu Maryam — Parte 16

43. "Ó meu pai! Por certo, chegou-me, da ciência, o que te não chegou; então, segue-me, eu te guiarei a uma senda perfeita.

44. "Ó meu pai! Não adores Satã. Por certo, Satã é desobediente aO Misericordioso.

45. "Ó meu pai! Por certo, temo que um castigo dO Misericordioso te toque: então, tornar-te-ias aliado a Satã."

46. Ele disse: "Está rejeitando meus deuses, ó Abraão? Em verdade, se não te absténs **disso**, apedrejar-te-ei. E abandona-me, por longo prazo!"

47. Abraão disse: "Que a paz seja sobre ti. Implorarei a meu Senhor perdão para ti. Por certo, Ele é Afável para comigo.

48. "E aparto-me[1] de vós e do que invocais, em vez de Allah, e invoco a meu Senhor. Quiçá, não seja eu infeliz com a súplica a meu Senhor."

49. Então, quando ele se apartou deles e do que adoravam, em vez de Allah, dadivamo-lo com Isaque e Jacó. E de cada um fizemos profeta.

50. E dadivamo-los com algo de Nossa misericórdia e fizemo-lhes

---

(1) Abraão sai da terra natal, rumo à Síria.

língua⁽¹⁾ verídica, altíssima.

51. E menciona, no Livro, a Moisés. Por certo, ele era predileto e era Mensageiro, profeta.

52. E chamamo-lo, do lado direito do Monte⁽²⁾, e fizemo-lo aproximar-se **de Nós**, como confidente.

53. E, de Nossa misericórdia, dadivamo-lo com seu irmão Aarão, como profeta.

54. E menciona, no Livro, a Ismael. Por certo, ele era verídico na promessa, e era Mensageiro, profeta;

55. E ordenava à sua família a oração e az-zakāh⁽³⁾, e era agradável, junto de seu Senhor.

56. E menciona, no Livro, a Idrīs⁽⁴⁾. Por certo, ele era veracíssimo, profeta.

57. E elevamo-lo a um lugar altíssimo.

58. Esses, os que Allah agraciou – dentre os profetas da descendência de Adão, e dos que levamos, **na**

⁽¹⁾ Ou seja, Deus fez com que se perpetuasse a memória de Abraão, Isaque e Jacó, por meio da excelente reputação, de veracidade, que gozaram sempre, nas gerações posteriores.

⁽²⁾ Ou seja, do Monte Sinai.

⁽³⁾ **Cf II 43 n4.**

⁽⁴⁾ **Idrīs**: um dos 25 profetas mencionados no Alcorão. Há os que identificam com Enoque bíblico (Gênese V 21 - 24).

Arca, com Noé, e da descendência de Abraão e Israel, e dos que guiamos e elegemos – quando os versículos dO Misericordioso se recitavam, para eles, caíam prosternados e chorosos.

59. E sucederam, depois deles, sucessores, que descuraram da oração, e seguiram a lascívia. Então, depararão uma desventura,

60. Exceto quem se voltar arrependido e crer e fizer o bem; então, esses entrarão no Paraíso – e não sofrerão injustiça alguma –

61. Nos Jardins do Éden, que O Misericordioso prometeu a Seus servos, **que creram** no Invisível. Por certo, Sua promessa se concretizará.

62. Neles, não ouvirão frivolidades; somente **a saudação "Salam!", "Paz!".** E, neles, terão seu sustento, ao alvorecer e ao anoitecer.

63. Esse Paraíso é o que faremos herdar a quem é piedoso, de Nossos servos.

64. "E não descemos[1] senão por ordem de teu Senhor[2]. DEle é

---

(1) Quem está falando é o anjo Gabriel.
(2) Trata-se, aqui, da fala do anjo Gabriel, quando, após certa demora na revelação, o Profeta ainda lhe perguntou: "O que te impede de visitar-nos?"

o que está adiante de nós e o que está detrás de nós e o que está entre ambos. E teu Senhor nada esquece.

65. "É O Senhor dos céus e da terra e do que há entre ambos. Então, adora-O e pacienta, em Sua adoração. **Acaso**, conheces-Lhe algum homônimo?"

66. E o ser humano[1] diz: "Quando morrer, far-me-ão sair vivo?"

67. E o ser humano não se lembra de que o criamos antes, enquanto nada era?

68. Então, por teu Senhor! Reuni-los-emos e aos demônios; em seguida, fá-los[2]-emos estar presentes, ao redor da Geena, genuflexos.

69. Em seguida, tiraremos, de cada seita, o mais rebelde deles contra O Misericordioso.

70. E, em verdade, Nós somos melhor Sabedor dos que são mais merecedores de ser por ela queimados.

71. E não haverá ninguém de vós que por ela não passe. É

---

(1) Alusão a 'Ubai Ibn Khalaf, contemporâneo do Profeta, o qual negava a Ressurreição.
(2) Los: os que não crêem na Ressurreição, como os idólatras de Makkah, nessa época.

determinação decretada, que impende a teu Senhor.

72. Em seguida, salvaremos os que foram piedosos e deixaremos, nela, os injustos, genuflexos.

73. E, quando se recitam, para eles, Nossos evidentes versículos, os que renegam a Fé dizem aos que crêem: "Qual dos dois grupos[(1)] tem a situação mais confortável e a mais bela companhia?"

74. E quantas gerações aniquilamos, antes deles, as quais foram melhores em conforto e aspecto?

75. Dize, **Muḥammad**: "A quem está em descaminho, que O Misericordioso lhe estenda **a vida**, por certo tempo, até que, quando virem o que lhes foi prometido – ou o castigo ou a Hora – saibam, então, quem está em pior situação, e é o mais fraco da tropa.

76. "E Allah acresce orientação aos que se guiam. E as boas obras, duradouras, são, junto de teu Senhor, melhores em retribuição e melhores em destino."

77. E viste quem renega Nossos sinais e diz: "Em verdade, ser-me-ão concedidas riquezas e filhos[(2)]?"

---

(1) Ou seja, de crentes e descrentes.
(2) Alusão que disse o idólatra Al ᶜĀṣṣī Ibn Wā'il, ao moslime Khabbāb Ibn Al'Aratt,

78. Avistou ele o Invisível, ou firmou pacto com O Misericordioso?

79. Em absoluto, **nada disso!** Escreveremos o que ele diz e estender-lhe-emos o castigo, intensamente.

80. E herdar-lhe-emos o que diz **possuir**, e a Nós virá sozinho.

81. E tomam⁽¹⁾, além de Allah, **outros** deuses, para que lhes sejam um poder.

82. Em absoluto, **não o serão**. Renegarão⁽²⁾ sua adoração e serão deles antagonistas.

83. Não viste que enviamos os demônios contra os renegadores da Fé, para incitá-los, ao mal, impetuosamente?

84. Então, não lhes apresses **o castigo**. Apenas, contamo-lhes⁽³⁾ **todos seus atos**, precisamente.

85. **Lembra-lhes de** um dia, quando reunirmos os piedosos, em missão de honra aO Misericordioso,

---

'Aratt, quando este solicitou a devolução do empréstimo que lhe fizera. Como aquele não tencionava pagar a dívida, e descrendo da Ressurreição, assegurou, ironicamente, a este, que somente lhe pagaria, quando, ao ressuscitar, recebesse outros bens e filhos.

(1) Ou seja, os idólatras de Makkah.
(2) Ou seja, os ídolos renegarão sua adoração.
(3) Isto é, tudo que fazem lhes é computado, para, no Dia do Juízo, prestarem conta de cada ato.

86. E impulsionarmos os criminosos para a Geena, **como rebanhos** sequiosos,

87. Não terão[1] o poder de intercessão senão os que houverem firmado pacto com O Misericordioso.

88. E eles[2] dizem: "O Misericordioso tomou **para Si** um filho!"

89. Com efeito, fizestes algo horrente!

90. Por causa disso, os céus quase se despedaçam e a terra se fende e as montanhas caem, desmoronando-se,

91. Por atribuírem um filho aO Misericordioso!

92. E não é concebível que O Misericordioso tome **para Si** um filho.

93. Todo ser que está nos céus e na terra chegará aO Misericordioso apenas como servo.

94. Com efeito, Ele os enumerou e os contou, precisamente.

95. E todos eles, no Dia da Ressurreição, Lhe chegarão individualmente.

---

(1) Ou seja, os homens não poderão interceder por ninguém.
(2) **Eles**: os judeus e os cristãos.

96. Por certo, aos que crêem e fazem as boas obras, O Misericordioso fá-los-á ter afeição[1] mútua.

97. Então, apenas o[2] facilitamos em tua língua, para que, com ele, alvissares os piedosos e admoestes um povo irredutível.

98. E quantas gerações aniquilamos, antes deles! Sentes a alguém delas? Ou lhes ouves algum murmúrio?

---

(1) A própria afeição de Deus e a de todos os seres.
(2) O: o Alcorão.

SŪRATU ṬĀ-HĀ[1]
A SURA DE ṬĀ-HĀ

De Makkah – 135 versículos.

Em nome de Allah, O Misericordioso, O Misericordiador.

1. Ṭā-Hā.

2. Não fizemos descer sobre ti o Alcorão, para que sejas infeliz[2],

3. Mas como lembrança para quem receia **a Allah**.

4. É revelação descida de Quem criou a terra e os altos céus.

5. O Misericordioso estabeleceu-Se no Trono.

6. DEle é o que há nos céus e o que há na terra e o que há entre ambos e o que há sob o solo.

7. E, se alteias o dito, por certo, Ele sabe o segredo e o mais recôndito **ainda**.

---

(1) **Ṭa, Ha**: nomes de duas letras árabes correspondentes aproximadas, em português, às letras t e h. Acerca de seu significado, ver II 1 n3. Assim, denomina-se a sura, pela menção dessas letras em seu primeiro versículo, a qual se inicia por palavras dirigidas ao profeta Muḥammad, que o lembram de que o Alcorão não foi revelado, para causar-lhe fadiga. Lembram-no, também, de que o Alcorão foi revelado por Deus, Que criou os céus e a terra, e Que tudo conhece. A seguir, há menção da história de Moisés e sua mensagem, do episódio dos filhos de Israel, quando da adoração do bezerro, logo após a saída do Egito; do diálogo entre Deus e Moisés e entre este e Faraó; do desafio entre Moisés e os feiticeiros. Há breve referência sobre a história de Adão e do perdão de Deus, após o pecado. Finalmente, há recomendação ao Profeta para que paciente, ore e oriente a todos na boa conduta.

(2) Refere-se à fadiga experimentada pelo Profeta, que, logo após a revelação, passava noites orando a Deus. E tanto se empenhou na celsa tarefa que, tendo os pés intumescidos de cansaço, foi advertido pelo anjo Gabriel de que se cuidasse, uma vez que a moderação, inclusive na prece, é essencial.

8. Allah, não existe deus senão Ele. DEle são os mais belos nomes.

9. E chegou-te o relato de Moisés?

10. Quando ele viu um fogo, então, disse à sua família: "Permanecei **aqui**. Por certo, entrevejo um fogo. Talvez vos traga dele um tição, ou encontre, junto do fogo, alguma orientação."

11. E, quando chegou a ele, chamaram-no: "Ó Moisés!

12. "Por certo, Eu sou teu Senhor. Então, tira tuas sandálias: por certo, estás no vale sagrado de Ṭuwā.

13. "E Eu te escolhi; então, ouve o que te será revelado.

14. "Por certo, eu sou Allah; não existe deus senão Eu; então, adora-Me e cumpre a oração em lembrança de Mim.

15. "Por certo, a Hora está chegando; estou prestes a fazê-la aparecer[1], para que cada alma se recompense pelo que se esforça em fazer.

16. "Então, que aquele que nela não crê e segue seu capricho, não te deixe te afastares dela: pois, arruinar-te-ias.

---

[1] **Aparecer** traduz o verbo árabe **'ukhfī**, derivado do verbo **'akhfā**, que, de acordo com o contexto, significa **esconder** ou **mover a coberta**, isto é, descobrir, aparecer. Nesta última acepção, foi usado, aqui, o verbo.

20. Sūratu Ṭā-Hā — Parte 16

17. "E o que é isso, em tua destra, ó Moisés?"

18. Ele disse: "É minha vara: apoio-me sobre ela e, com ela, faço derribar a folhagem para meu rebanho, e, nela, tenho outros usos."

19. Allah disse: "Lança-a, ó Moisés!"

20. Então, ele a lançou e ei-la serpente a colear.

21. Allah disse: "Toma-a e não temas. Torná-la-emos em seu estado anterior.

22. "E junta tua mão a teu flanco: ela sairá alva, sem mal[1] algum, como outro sinal,

23. "Para que te façamos ver **algo** de Nossos grandiosos sinais.

24. "Vai a Faraó; por certo, ele cometeu transgressão."

25. Moisés disse: "Senhor meu! Dilata-me o peito,

26. "E facilita-me a missão,

27. "E desata-me um nó da língua[2],

28. "Para que eles entendam meu dito,

---

[1] Ou seja, sem o mal da lepra.
[2] Diz a tradição que Moisés padecia de um defeito da fala, provavelmente de tartamudez.

29. "E faze, para mim, um vizir, **assistente**, de minha família:

30. "Aarão, meu irmão,

31. "Intensa, com ele, minha força,

32. "E associa-o à minha missão,

33. "Para que te glorifiquemos amiúde,

34. "E para que amiúde nos lembremos de Ti.

35. "Por certo, de nós, Tu és Onividente."

36. **Allah** disse: "Com efeito, é-te concedido teu pedido, ó Moisés.

37. "E, com efeito, já te fizemos mercê, outra vez,

38. "Quando inspiramos a tua mãe o que lhe foi inspirado:

39. "Deita-o na arca e deita esta na onda – então, que a onda o lance à margem! – Um inimigo Meu e inimigo seu o tomará." E lancei sobre ti amor, de Minha parte, e **isso** para que fosses criado diante de Meus olhos.

40. Quando **por lá** tua irmã andava, e disse: "Indicar-vos-ei quem dele pode cuidar?" E devolvemo-te a tua mãe, para que se lhe refrescassem de alegria os olhos[1]

---

(1) Cf. XIX 26 n2.

e que ela se não entristecesse. E mataste uma pessoa; e Nós te salvamos da angústia⁽¹⁾, e te provamos, seriamente. Então, permaneceste anos entre os habitantes de Madian; em seguida, chegaste a um tempo predestinado, ó Moisés!

41. "E escolhi-te para Mim.

42. "Vai, tu e teu irmão, com Meus sinais, e de nada descureis, em lembrança de Mim.

43. "Ide ambos a Faraó; por certo, ele cometeu transgressão.

44. "Então, dizei-lhe dito afável, na esperança de ele meditar ou recear **a Allah**."

45. Ambos disseram: "Senhor nosso! Por certo, tememos que ele se apresse em prejudicar-nos, ou que cometa transgressão."

46. Ele disse: "Não temais. Por certo, sou convosco: ouço e vejo.

47. "E ide a ele e dizei: 'Por certo, somos ambos Mensageiros de teu Senhor; então, envia conosco os filhos de Israel e não os castigues. Com efeito, chegamos a ti com um sinal de teu Senhor. E que a paz seja sobre quem segue a orientação!

---

(1) Quer dizer, Moisés sobreviveu após cada provação: quando nasceu, foi salvo à matança dos varões, imposta por faraó; lançado ao Nilo, salvou-se; havendo matado um egípcio copta, escapou, fugindo para Madian.

48. " 'Por certo, foi-nos revelado que o castigo será sobre quem desmente **a Mensagem** e volta as costas.' "

49. **Faraó** disse[1]: "Então, quem é vosso Senhor, ó Moisés?"

50. **Moisés** disse: "Nosso Senhor é Quem deu a cada cousa sua criação[2]; em seguida, guiou-a."

51. **Faraó** disse: "E que é das gerações anteriores?"

52. **Moisés** disse: "Sua ciência está junto de meu Senhor, em um Livro. Meu Senhor não se descaminha e nada esquece.

53. "Ele é Quem vos fez da terra leito, e, nela, abriu caminhos, para vós; e fez descer do céu água." Então, com ela, fizemos brotar casais de várias plantas.

54. Comei e apascentai vossos rebanhos. Por certo, há nisso sinais para os dotados de entendimento.

55. Dela[3] vos criamos e a ela vos tornamos e dela vos faremos sair, outra vez.

56. E, com efeito, fizemo-lo ver todos Nossos sinais; mas, ele os desmentiu e os recusou.

---

[1] **Faraó**: assim, perguntou quando os mensageiros lhe transmitiram a mensagem.
[2] **Criação**: existência.
[3] **Dela**: da terra.

57. Ele disse: "Chegaste-nos, para fazer-nos sair de nossa terra, com tua magia, ó Moisés?

58. "Então, em verdade, chegar-te-emos, com magia igual. E marca, entre nós e ti, um tempo prometido, ao qual não faltaremos, nem nós nem tu, em lugar eqüidistante."

59. Moisés disse: "Vosso tempo prometido será o dia do ornamento[1]. E que os homens sejam reunidos em plena luz matinal."

60. Então, Faraó retirou-se e juntou sua insídia; em seguida, voltou.

61. Moisés disse-lhes: "Ai de vós! Não forjeis mentiras acerca de Allah, pois ele vos exterminará, com um castigo. E, com efeito, malaventurado será quem **as** forjar."

62. E, deliberaram, entre eles, sua questão e guardaram segredo da confidência.

63. Disseram: "Por certo, estes são dois mágicos que desejam fazer-vos sair de vossa terra, com sua magia, e apoderar-se de vosso método exemplar.

64. "Então, juntai vossa insídia; em seguida, vinde enfileirados. E,

---

(1) **Dia do Ornamento**: dia de festa, possivelmente, na chegada da primavera, quando os egípcios se adornavam, e às ruas e aos templos, e, isentos de trabalho, todos se reuniam, em festa.

com efeito, bem-aventurado será, hoje, quem ficar por cima."

65. Disseram: "Ó Moisés! Lançarás **tua vara**, ou seremos os primeiros que lançaremos **as nossas?**"

66. Disse: "Mas, lançai vós." Então, eis suas cordas e suas varas que, por magia, lhe pareciam colear.

67. E, em seu âmago, Moisés teve medo.

68. Dissemos: "Não temas! Por certo, tu, tu és o superior;

69. "E lança o que há em tua destra; ela engolirá o que engenharam. O que engenharam é, apenas, insídia de mágico. E o mágico não é bem-aventurado, aonde quer que chegue."

70. Então, os mágicos caíram prosternados. Disseram: "Cremos nO Senhor de Aarão e Moisés."

71. **Faraó**[1] disse: "Credes nele, antes de eu vo-lo permitir? Por certo, ele é vosso mestre, que vos ensinou a magia. Então, em verdade, cortar-vos-ei as mãos e as pernas, de lados opostos, e crucificar-vos-ei nos troncos das tamareiras, e sabereis qual de nós é mais veemente no castigo e mais

---

(1) Faraó, furioso, começou a ameaçar os mágicos.

permanente⁽¹⁾ **em poder.**"

72. Disseram: "Não te daremos preferência sobre as evidências que nos chegaram e **sobre** Quem nos criou. Então, arbitra o que quiseres arbitrar. Tu arbitras, apenas, nesta vida terrena.

73. "Por certo, cremos em nosso Senhor, para que nos perdoe os erros e a magia, a que nos compeliste. E Allah é Melhor e mais Permanente⁽²⁾, **em poder.**"

74. Por certo, quem chega a seu Senhor, sendo criminoso, terá a Geena, em que não morrerá nem viverá.

75. E os que Lhe chegam, sendo crentes, havendo feito, de fato, as boas obras, então, esses terão os altos escalões,

76. Os Jardins do Éden, abaixo dos quais correm os rios; nesses, serão eternos. E essa é a recompensa de quem se purifica.

77. E, com efeito, inspiramos a Moisés: "Parte, durante a noite, com Meus servos; e traça-lhes uma vereda seca no mar: não temas ser alcançado e nada receies."

---

(1) Faraó faz atentar para o poder divino de que pretendia ser investido e compara-o com o do Deus de Moisés.
(2) Ou seja, Deus é O Melhor em recompensar e O Mais Permanente em poder.

78. E Faraó perseguiu-os, com seu exército; então encobriu-os o que da onda os encobriu.

79. E Faraó descaminhou a seu povo e não o guiou.

80. Ó filhos de Israel! Com efeito, salvamo-vos de vosso inimigo, e prometemo-vos encontro no lado direito do Monte, e fizemos descer, sobre vós, o maná e as codornizes, **e dissemos:**

81. "Comei das cousas benignas, que vos damos por sustento, e não cometais transgressão: senão, minha ira cairia sobre vós. E aquele, sobre quem Minha ira cai, se abismará, de fato, **na Geena.**

82. "E, por certo, sou Perdoador de quem se volta arrependido e crê e faz o bem, em seguida, se guia."

83. Allah disse: "E o que te fez apressar-te em vir adiante de teu povo[1], ó Moisés?"

84. Moisés disse: "Ei-los em minha pegada, e apressei-me em vir a Ti – Senhor meu! – para que isso Te agrade."

85. Allah disse: ", por certo, Nós, de fato, provamos teu povo, depois de ti, e As-Sāmiriy[2] descaminhou-os."

---

(1) **Povo**: 70 líderes, escolhidos por Moisés, para irem com ele ao encontro de Deus.
(2) **As-Sāmiriy**: um dos seguidores da crença mosaica. Por haver pertencido a um

20. Sūratu Ṭā-Hā — Parte 16

86. Então, Moisés retornou a seu povo, irado, pesaroso. Disse: "Ó meu povo! Vosso Senhor não vos prometeu bela promessa(1)? Será que a aliança(2) tornou-se longa para vós? Ou desejastes que caísse sobre vós ira de vosso Senhor, então faltastes à minha promessa?"

87. Disseram: "Não faltamos à tua promessa, por vontade nossa, mas fizeram-nos carregar fardos de ornamentos(3) do povo; então, deitamo-los(4) **ao fogo** e, assim, **também**, lançou-os(5) As-Sāmiriy."

88. Então ele lhes fez sair(6) um bezerro, um corpo que dava mugidos, e disseram(7): "Este é vosso deus e o deus de Moisés." Então, ele esqueceu(8) **a verdade**.

89. E não viram eles que ele(9) lhes não respondia dito algum nem

---

povo que adorava bezerros, foi insincero, em relação à sua fé, e, na ausência de Moisés, induziu o povo à taurolatria.

(1) A Promessa de Deus consistia em protegê-los, para levá-los à Terra Prometida e, antes de tudo, ofertar-lhes a Tora, com Sua Lei e Mandamentos.

(2) Ou seja, Moisés indaga ao povo se, afinal, foi tão longo o espaço de tempo entre sua ida ao Monte e seu retorno, para que o povo, em sua ausência, se impacientasse e se comportasse com irreverência.

(3) Trata-se dos ornamentos dos egípcios, que os filhos de Israel lhes haviam pedido emprestado, a fim de se adornarem para uma festa de casamento. Estes ornamentos acabaram ficando com eles, até o êxodo.

(4) **Los**: os ornamentos foram lançados ao fogo.

(5) **Os**: os ornamentos que possuía As-Sāmiriy, além do pó que recolheu das pegadas deixadas pelo cavalo do anjo Gabriel.

(6) Ou seja, fez sair do fogo o bezerro fundido com os metais dos ornamentos.

(7) Ou seja, As-Sāmiriy e seus prosélitos.

(8) As-Sāmiriy esqueceu-se de que Deus jamais pode ser um bezerro.

(9) **Ele**: o bezerro.

possuía, para eles, prejuízo nem benefício?

90. E, com efeito, antes, Aarão dissera-lhes: "Ó meu povo! Apenas, sois provados por ele[1]. E, por certo, vosso Senhor é O Misericordioso; então, segui-me e obedecei-me a ordem."

91. Disseram: "Não deixaremos de cultuá-lo, até que Moisés retorne a nós."

92. **Moisés**[2] disse; "Ó Aarão! Quando os viste se descaminharem, o que te impediu

93. "De me seguires? Então, desobedeceste a minha ordem?"

94. **Aarão** disse: "Ó filho de minha mãe! Não me apanhes pela barba nem pela cabeça. Por certo, receei que dissesses: 'Causaste separação entre os filhos de Israel, e não observaste meu dito!' "

95. **Moisés** disse: "Qual foi teu intuito, ó Sāmiriy?"

96. Ele disse: "Enxerguei o que eles não enxergaram; então, apanhei um punhado **de pó** das pegadas do Mensageiro[3], e

---

(1) **Ele**: As-Sāmiriy.
(2) Moisés que, ao retornar do Monte Sinai, deparou com seu povo em práticas idolátricas.
(3) **Mensageiro**: o anjo Gabriel.

deitei⁽¹⁾-o. E, assim, minha alma me aliciou **a fazê-lo**."

97. **Moisés** disse: "Então, vai e, por certo, hás de dizer, na vida: 'Não me toques⁽²⁾!' E, por certo, terás tempo prometido, ao qual não te farão faltar. E olha para teu deus, a quem permaneceste cultuando; na verdade, queimá-lo-emos; em seguida, espalhá-lo⁽³⁾-emos na onda, totalmente."

98. Vosso Deus é, apenas, Allah: é que não existe deus senão Ele. Ele abrange todas as cousas em ciência.

99. Assim, narramo-te, **Muḥammad**, algo dos informes do que, de fato, se antecipou. E, com efeito, concedemo-te uma Mensagem de Nossa parte.

100. Quem a ela dá de ombros, por certo, carregará, no Dia da Ressurreição, um fardo;

101. Nisto, serão eternos. E que vil carga para eles, no Dia da Ressurreição,

102. Um dia, quando se soprar na Trombeta. E reuniremos os criminosos, nesse dia, azuis **de medo**.

---

(1) Ou seja: As-Sāmiriy deitou o punhado de pó ao bezerro.
(2) Em punição, As-Sāmiriy foi condenado a viver em isolamento, por toda a vida, e, para assegurar esta condenação, sempre que se aproximasse de alguém, seu corpo se incendiaria com o contato. Assim, devia evitar a aproximação de quem quer que fosse.
(3) Lo: o bezerro reduzido a cinzas.

103. Murmurarão, entre eles: "Não permanecestes **na vida terrena**, senão dez **dias**."

104. Nós sabemos perfeitamente o que dirão, quando o mais judicioso deles disser. "Não permanecestes senão um dia."

105. E perguntam-te pelas montanhas; então, dize: "Meu Senhor desintegrá-las-á inteiramente,

106. "E deixá-las-á como várzeas, desnudadas,

107. "Onde não verás tortuosidade nem altibaixos."

108. Nesse dia, eles seguirão o convocador[1], sem dele se desviarem. E as vozes humildar-se-ão aO Misericordioso; então, não ouvirás senão cicios.

109. Nesse dia, a intercessão não beneficiará senão a quem O Misericordioso permitir e àquele de quem Ele Se agradar, em dito.

110. Ele sabe o que está adiante deles e o que está detrás deles; e eles não o abarcam, em ciência.

111. E as faces avassalar-se-ão, perante O Vivente, Aquele que subsiste por Si mesmo. E, com

---

(1) Alusão ao anjo Isrāfīl, que tocará a trombeta, convocando a Humanidade à reunião, no Dia do Juízo.

efeito, mal-aventurado é quem carrega injustiça.

112. E quem faz as boas obras, sendo crente, não temerá injustiça nem opressão.

113. E, assim, fizemo-lo[1] descer em Alcorão[2] árabe, e, nele, patenteamos **algo** das cominações, para serem eles[3] piedosos, ou para lhes causar lembrança.

114. Então, Sublimado seja Allah, O Rei, O Verdadeiro! E não te apresses para **a recitação do** Alcorão, antes que seja encerrada[4] sua revelação a ti. E dize: "Senhor meu, acrescenta-me ciência."

115. E, com efeito, recomendamos, antes, a Adão **não comesse da árvore**, mas ele **o** esqueceu, e não encontramos, nele, firmeza.

116. E quando dissemos aos anjos: "Prosternai-vos diante de Adão"; então, prosternaram-se, exceto Iblis. Ele recusou **fazê-lo**.

117. E dissemos: "Ó Adão! Por certo, este é um inimigo para ti e para tua mulher; então, que ele vos

---

(1) **Lo**: isso, a Mensagem.
(2) Ou seja, como leitura da revelação divina, em língua árabe. Cf. XII 2 n3.
(3) **Eles**: os homens.
(4) Antes mesmo de o anjo concluir a transmissão de fragmentos da Revelação, o Profeta já os repetia, com o intuito de fixá-los na memória. Aqui, há recomendação para não preocupar-se, com tal, uma vez que Deus cuidará de que ele jamais venha a olvidá-la.

não faça sair do Paraíso: serias, pois, infeliz.

118. "Por certo, nele, não hás de estar com fome nem com nudez,

119. "E nele, não hás de estar com sede nem com calor do sol."

120. E Satã sussurrou-lhe **perfídias**. Disse: "Ó Adão! Queres que te indique a árvore da eternidade e um reino, que jamais perecerá?"

121. Então, dela ambos comeram, e as partes pudendas mostraram-se-lhes, e começaram a aglutinar, sobre elas, folhas do Paraíso. E Adão desobedeceu a seu Senhor, e transviou-se.

122. Em seguida, seu Senhor elegeu-o, e voltou-Se para ele, remindo-o, e guiou-o.

123. Ele disse: "Descei ambos dele[1], todos vós, **como** inimigos uns dos outros. E, se, em verdade, vos chega de Mim orientação, então, quem segue Minha orientação não se descaminhará nem se infelicitará.

124. "E quem der de ombros a Minha Mensagem, por certo, ele terá uma vida atormentada e ressuscitá-lo-emos cego, no Dia da Ressurreição."

---

(1) **Dele**: do Paraíso.

125. Ele dirá: "Senhor meu! Por que me ressuscitaste cego, enquanto, com efeito, era vidente?"

126. Allah dirá: "Assim é. Nossos sinais chegaram-te e tu os esqueceste. E, assim, hoje, és esquecido."

127. E, assim, recompensamos a quem se entregou a excessos e não creu nos sinais do seu Senhor. E, em verdade, o castigo da Derradeira Vida é mais veemente e mais permanente.

128. Então, não lhes[1] são notórias quantas gerações aniquilamos, antes deles, por cujas vivendas andam, **agora**? Por certo, há nisso sinais para os dotados de entendimento.

129. E, não fora uma Palavra antecipada de teu Senhor e um termo designado, haver-lhes-ia sido imposto **o castigo**.

130. Então, pacienta, **Muḥammad**, quanto ao que dizem, e glorifica, com louvor, a teu Senhor, antes do nascer do sol e antes de seu ocaso. E, durante as horas da noite, glorifica-**O**, então, e durante os extremos do dia, na esperança de agradar-te **a recompensa disso**.

---

[1] **Lhes**: aos idólatras de Makkah.

131. E não estendas teus olhos⁽¹⁾ para aquilo que fizemos gozar alguns grupos entre eles⁽²⁾: são floreios da vida terrena, para, com eles, os provarmos. E o sustento de teu Senhor é melhor e mais permanente.

132. E ordena a tua família a oração, e pacienta quanto a esta. Não te pedimos sustento. Nós é que te damos sustento. E o final feliz é para a piedade.

133. E eles⁽³⁾ dizem: "que ele nos chegue com um sinal de seu Senhor!" E já lhes não chegou a evidência do que havia nas primeiras páginas⁽⁴⁾?

134. E, se Nós os houvéssemos aniquilado com um castigo, antes dele⁽⁵⁾, haveriam dito: "Senhor nosso! Que nos houvesses enviado um Mensageiro: então, haveríamos seguido Teus sinais, antes que nos envilecêssemos e nos ignominiás- semos."

135. Dize: "Cada qual está aguardando **seu destino**: aguardai- o, pois. Então, sabereis quem são os companheiros da senda perfeita e quem se guia!"

---

(1) Cf. XV 88 n3.
(2) **Entre eles**: entre os idólatras e os pagãos de Makkah.
(3) **Eles**: os idólatras.
(4) Ou seja, nas Escrituras.
(5) **Antes dele**: antes da vinda do Profeta Muḥammad.

SŪRATU AL-ANBIYĀ'[1]
A SURA DOS PROFETAS

De Makkah – 112 versículos.

Em nome de Allah, O Misericordioso, O Misericordiador.

1. Aproxima-se, para os homens[2], seu ajuste de contas, enquanto eles, em desatenção, estão dando de ombros.

2. Não lhes chega nenhuma Mensagem renovada de seu Senhor, sem que a ouçam, enquanto se divertem,

3. Com os corações entretenidos. E os que são injustos guardam segredo da confidência: "Este não é senão um mortal como vós. Então, achegai-vos à magia, enquanto **a** enxergais?"

4. Ele[3] disse: "Meu Senhor sabe[4] o dito, no céu e na terra. E

---

(1) **Al Anbiyā'**: é plural da palavra **nabiy**, profeta, derivada do verbo **anba'a**, que significa informar. E o Profeta é o que informa os homens das verdades divinas. Assim, denomina-se esta sura, por relatar, de forma variável, quanto aos pormenores, episódios atinentes a inúmeros profetas: Abraão, Noé, Moisés, Aarão, Loṭ, Ismael, Idrīs, Ẕul-Kifl, Ẕun-Nūn, Zacarias, João e Jesus. E, como todas as suras reveladas em Makkah, esta trata do assunto da crença, em seus aspectos básicos: a unicidade de Deus, a Mensagem Divina e a Ressurreição. Além disso, apresenta os fenômenos universais, para evidenciar a grandeza do Criador dos céus e da terra, do dia e da noite, do sol e da lua, reiterando que a origem de todo ser vivo está na água. Trata, outrossim, da questão da bem-aventurança e da má-aventurança, dos benfeitores e dos malfeitores.

(2) Ou seja, para os idólatras de Makkah.

(3) **Ele**: Muḥammad.

(4) Deus, conhece todas as palavras ditas, no céu e na terra, conhece, também, as confidências dos descrentes.

21. Sūratu Al-Anbiyā' Parte 17

Ele é O Oniouvinte, O Onisciente."

5. Mas eles dizem: "É um amontoado de sonhos⁽¹⁾! Ou antes, ele o forjou. Aliás, é um poeta. Então, que ele nos faça vir um sinal igual ao com que foram enviados os **profetas** antepassados."

6. Antes deles, nenhuma cidade dentre as que destruímos foi crente **ao ver os sinais**. Então, crerão eles?

7. E não enviamos, antes de ti, senão homens, aos quais fizemos revelações. – Então, interrogai os sábios da Mensagem⁽²⁾, se não sabeis. –

8. E não fizemos deles corpos que não comessem alimentos, e não foram eternos.

9. Em seguida, cumprimos a promessa a eles, então, salvamo-los e àqueles a quem quisemos, e aniquilamos os entregues a excessos.

10. Com efeito, fizemos descer para vós um Livro, em que há honra, para vós. Então, não razoais?

11. E quantas cidades destruímos, que foram injustas! – E fizemos surgir, depois delas, outros povos –

⁽¹⁾ Alusão ao Alcorão.
⁽²⁾ **Os Sábios da Mensagem**: os judeus, aos quais fora enviada a Tora; e os cristãos, que receberam o Evangelho.

21. Sūratu Al-Anbiyā' Parte 17

12. Então, quando perceberam Nosso suplício, ei-los fugindo delas, galopando.

13. Foi-lhes dito: "Não galopeis e retornai à opulência, em que vivíeis, e a vossas vivendas, para serdes interrogados⁽¹⁾."

14. Disseram: "Ai de nós! Por certo, fomos injustos!"

15. E não cessou de ser essa sua lamentação, até que os fizemos como que ceifados, extintos.

16. E não criamos o céu e a terra e o que há entre ambos, por diversão.

17. Se houvéssemos desejado tomar um entretenimento⁽²⁾, havê-lo-íamos tomado de Nossa parte⁽³⁾, se houvéssemos querido fazê-lo.

18. Mas arrojamos a verdade contra a falsidade; então, esmaga-a e ei-la nula. E ai de vós pelo que alegais!

19. E dEle é quem está nos céus e na terra. E os que estão junto dEle não se ensoberbecem, diante de Sua adoração, nem esmorecem.

20. Glorificam-nO, noite e dia; não se entibiam **jamais**.

---

(1) Aos trânsfugas, os anjos disseram que não fugissem, e retornassem, para que, assim, fossem interrogados por circunstantes acerca da ira divina sobre eles.
(2) **Entretenimento**: aqui, significa **mulher** ou **filhos**.
(3) Ou seja, entre os seres celestiais, criados por Deus.

21. Será que tomaram eles⁽¹⁾ deuses da terra⁽²⁾, os quais ressuscitam **mortos**?

22. Houvesse, em ambos⁽³⁾, **outros** deuses que Allah, haveriam sido ambos corrompidos. Então, glorificado seja Allah, O Senhor do Trono, acima do que alegam!

23. Ele não é interrogado, acerca do que faz, enquanto eles serão interrogados.

24. Ou tomaram, além dEle, deuses? Dize, **Muḥammad**: "Trazei vossa provança. Esta é a Mensagem⁽⁴⁾ de quem é comigo, e a Mensagem⁽⁵⁾ de quem foi, antes de mim." Mas a maioria deles não sabe a verdade, então, **a ela** estão dando de ombros.

25. E não enviamos, antes de ti, Mensageiro algum, sem que lhe revelássemos que não existe deus senão Eu; então, adorai-Me.

26. E dizem: "O Misericordioso tomou **para Si** um filho." Glorificado seja Ele! Mas eles⁽⁶⁾

⁽¹⁾ **Eles**: os idólatras de Makkah.
⁽²⁾ **Deuses da terra**: aqueles feitos de pedra, barro, madeira, ouro, prata, etc..
⁽³⁾ **Em ambos**: nos céus e na terra.
⁽⁴⁾ **Mensagem de quem é comigo**: o Alcorão, que é a mensagem dos contemporâneos de Muḥammad.
⁽⁵⁾ **Mensagem de quem foi, antes de mim**: a Tora e o Evangelho, a mensagem dos judeus e dos cristãos, que precederam o Alcorão.
⁽⁶⁾ **Eles**: os anjos. Este versículo foi revelado, quando a tribo de Khuzāᶜah afirmara que os anjos eram "filhas de Deus".

são **Seus** servos honrados.

27. Não O antecipam no dito e atuam por Sua ordem.

28. Ele sabe o que está adiante deles e o que está detrás deles. E eles não intercedem senão por quem Lhe agrada. E, do receio dEle, estão amedrontados[1].

29. E a quem, dentre eles, diz: "Por certo, sou deus, em vez dEle", a esse recompensaremos com a Geena. Assim, recompensamos os injustos.

30. E os que renegam a Fé não viram que os céus e a terra eram um todo compacto[2], e Nós desagregamo-los, e fizemos da água[3] toda cousa viva? – Então, não crêem? –

31. E fizemos, na terra, assentes montanhas, para que ela se não abalasse com eles, e, nela, fizemos amplos desfiladeiros, por caminhos, para se guiarem.

32. E fizemos do céu um teto custodiado. E eles, a seus sinais, estão dando de ombros.

---

[1] Os anjos receiam o castigo e a ira de Deus, infligidos aos que se descaminham.

[2] O versículo confirma o dado científico de que a formação do sistema solar (da terra e dos planetas, em particular), provém de um processo de separação de um todo inicial, que foi nebulosa primitiva.

[3] Outra verdade científica, que o Alcorão antecipa, uma vez que a vida se originou na água, e esta é a parte primeira constitutiva de toda célula viva (protoplasma).

33. E Ele é Quem criou a noite e o dia, e o sol e a lua. Cada qual voga, em uma órbita.

34. E nunca fizemos a eternidade para mortal algum, antes de ti. Então, se morres, serão eles[1] eternos?

35. Cada alma experimentará a morte. E por-vos-emos à prova, com o mal e com o bem, à guisa de tentação. E a Nós sereis retornados.

36. E, quando os que renegam a Fé te vêem, não te tomam senão por objeto de zombaria, e **dizem**: "É este quem difama vossos deuses?" E eles, da Mensagem dO Misericordioso, são renegadores.

37. O ser humano foi criado de precipitação. Far-vos-ei ver Meus sinais: então, não Me apresseis!

38. E dizem: "Quando será o **cumprimento** desta promessa, se sois verídicos?"

39. Se os que renegam a Fé soubessem da hora, em que não poderão deter o fogo das próprias faces nem das próprias costas, e em que não serão socorridos, **não se haveriam apressado**!

40. Mas lhes chegará ela[2], inopinadamente, e deixá-los-á

---

[1] **Eles**: os idólatras de Makkah.
[2] **Ela**: a promessa do castigo que reclamam no versículo 38.

atônitos: então, não poderão repulsá-la nem se lhes concederá dilação.

41. E, com efeito, zombaram de Mensageiros, antes de ti; então, envolveu aos que escarneceram deles aquilo⁽¹⁾ de que zombavam.

42. Dize: "Quem vos resguarda, na noite e no dia, **do castigo** dO Misericordioso?" Mas eles estão dando de ombros à Mensagem⁽²⁾ de seu Senhor.

43. Ou têm eles deuses que os defendam, além de Nós? **Mas** estes não podem socorrer-se a si mesmos nem serão acompanhados por Nós.

44. Ao contrário, fizemos gozar a esses e a seus pais, até que se lhes prolongou a idade. Então, eles não vêem que chegamos à terra⁽³⁾, diminuindo-a em seus extremos? Serão eles, pois, os vencedores?

45. Dize: "Admoesto-vos, apenas, com a revelação. E os surdos não ouvem a convocação, quando admoestados."

46. E, se um sopro do castigo de teu Senhor os toca, em verdade, dizem: "Ai de nós! Por certo, fomos injustos."

⁽¹⁾ **Aquilo**: o castigo preconizado pelos mensageiros.
⁽²⁾ **Mensagem**: o Alcorão.
⁽³⁾ Cf. XIII 41 n4.

47. E Nós poremos as balanças eqüitativas para o Dia da Ressurreição; então, nenhuma alma sofrerá nada de injustiça. E, se houver ação do peso de um grão de mostarda[1], fá-la-emos vir **à balança**. E bastamos Nós por Ajustador de contas.

48. E, com efeito, concedêramos a Moisés e a Aarão o Critério[2], e luminosidade e Mensagem para os piedosos,

49. Os que receiam a seu Senhor, ainda que Invisível, e da Hora eles estão amedrontados.

50. E este[3] é uma Mensagem bendita, que fizemos descer. Então, ser-lhe-eis negadores?

51. E, com efeito, concedêramos, antes, a Abraão sua retidão – e éramos, dele, Onisciente –

52. Quando disse a seu pai e a seu povo: "Que são estes ídolos, que estais cultuando?"

53. Disseram: "Encontramos nossos pais adorando-os."

---

(1) **Mostarda**: designação que abrange diversas plantas crucíferas, cujas sementes ou grãos são tão diminutos que não alcançam 1 miligrama de peso. Daí a comparação, existente no versículo, quando nem o menor e mais insignificante ato humano escapará à justiça divina, no Dia do Juízo.
(2) Ou seja, a Tora.
(3) **Este**: o Alcorão.

54. Ele disse: "Com efeito, vós e vossos pais tendes estado em evidente descaminho."

55. Disseram: "Chegaste-nos com a verdade, ou és dos que se divertem?"

56. Disse: "**Não o sou.** Mas vosso Senhor é O Senhor dos céus e da terra, Que os criou, e sou das testemunhas disso."

57. "E por Allah! Insidiarei vossos ídolos, depois de vos retirardes, voltando-**lhes** as costas."

58. Então, fê-los⁽¹⁾ em pedaços, exceto o maior deles, para a ele reotrnarem⁽²⁾.

59. Disseram: "Quem fez isto a nossos deuses? Por certo, ele é dos injustos."

60. Alguns disseram: "Ouvimos um jovem difamando-os. Chama-se Abraão."

61. Disseram: "Então fazei-o vir diante dos olhos dos homens, na esperança de o testemunharem."

62. Disseram: "Foste tu que fizeste isso a nossos deuses, Ó Abraão?"

63. Disse: "Mas o maior deles,

---

(1) **Los**: os ídolos.
(2) Ou seja, para que os idólatras se dirigissem ao ídolo restante, o maior de todos.

este **aqui**, o fez. Então, interrogai-os, se é que falam."

64. Então, caíram em si, e disseram uns aos outros: "Por certo, sois vós os injustos!"

65. Em seguida, viraram a cabeça⁽¹⁾, **e disseram**: "Com efeito, sabes que esses não falam."

66. **Abraão** disse: "Então, adorais, em vez de Allah, o que em nada vos beneficia nem vos prejudica?

67. "Ufa a vós e ao que adorais, em vez de Allah! Então, não razoais?"

68. Disseram: "Queimai-o⁽²⁾, e socorrei vossos deuses, se quereis fazer algo **por eles**."

69. Dissemos⁽³⁾: "Ó fogo! Sê frescor e paz⁽⁴⁾ sobre Abraão."

70. E desejaram **armar**-lhe insídias; então, fizemo-los os mais perdedores.

71. E salvamo-lo e a Lot, **levando-os** à terra⁽⁵⁾ que abençoamos, para os mundos.

⁽¹⁾ **Virar a cabeça**: expressão que, em português, também quer dizer tornar-se insensato, cair na insensatez. No texto, depois de reconhecerem que eram iníquos, voltaram à insensatez, atacando Abraão, em defesa dos ídolos.

⁽²⁾ **O**: Abraão.

⁽³⁾ O sujeito do verbo é Deus, Que ordenou ao fogo não queimasse Abraão.

⁽⁴⁾ **Paz**: no versículo, encerra o sentido de salvação e segurança.

⁽⁵⁾ Ou seja, a região de Ach-Chām, representada, atualmente, pela Síria, Líbano,

72. E dadivamo-lo com Isaque, e Jacó por acréscimo. E, a todos, fizemo-los íntegros.

73. E fizemo-los próceres, que guiaram **os homens**, por Nossa ordem. E inspiramo-lhes a prática das boas cousas e o cumprimento da oração e a concessão de az-zakāh[1]. E foram Nossos adoradores.

74. E a Lot, concedemo-lhe sabedoria e ciência, e salvamo-lo da cidade que praticava as torpezas. Por certo, eles[2] eram um povo atreito ao mal, perverso.

75. E fizemo-lo entrar em Nossa misericórdia. Por certo, ele era dos íntegros.

76. E Noé, quando, antes, **Nos** chamou, então, atendemo-lo e salvamo-lo e a sua família da formidável angústia[3].

77. E socorremo-lo, contra o povo que desmentira Nossos sinais. Por certo, eram um povo atreito ao mal. Então, afogamo-los a todos.

78. E Davi e Salomão, quando julgaram acerca do campo

Jordânia e Palestina, onde surgiram todas as religiões monoteístas, razão porque essa região é abençoada.
(1) **Cf II 43 n4.**
(2) **Eles**: os habitantes da cidade.
(3) **Formidável angústia**: o Dilúvio.

lavrado⁽¹⁾, quando, nele, se dispersara, à noite, o rebanho de um povo. E fomos Testemunha de seu julgamento.

79. Então, fizemos Salomão comprendê-lo⁽²⁾. E a cada qual concedemos sabedoria e ciência. E submetemos, com Davi, as montanhas e os pássaros, para **Nos** glorificarem. E fomos Nós Feitor **disso**.

80. E ensinamo-lhe⁽³⁾ o ofício de fazer couraças para vós, a fim de escudar-vos contra vossa violência – Então, estais agradecidos? –

81. E **submetemos** a Salomão o tempestuoso vento, que corria, por sua ordem, à terra que abençoamos. E Nós, de todas as cousas, somos Onisciente.

82. E, dentre os demônios, **submetemo-lhe** os que, para ele, mergulhavam **no mar**, e lhe

---

(1) Referência à história dos dois homens que se dirigiram a Davi: um era dono de um campo lavrado e outro, de um rebanho. O primeiro reclamava ao Profeta Davi que o rebanho do segundo havia devastado seu campo, durante a noite. Davi, então, determinou que o dono do campo se apossasse do rebanho, como indenização. A seguir, o dono do rebanho, passando por Salomão, inteirou-o do julgamento de Davi. Salomão foi, então, ao pai, Davi, e sugeriu-lhe solução mais justa, para o caso: Davi deveria entregar o rebanho ao dono do campo, para dele beneficiar-se; e o campo, ao dono do rebanho, para corrigir-lhe os estragos, até retornar ao que era; a seguir, cada qual devolveria ao outro seu respectivo bem. Então, Davi concordou com a sentença de Salomão e aprovou-a.

(2) **Lo**: o julgamento mais adequado.

(3) **Lhe**: a Davi.

faziam, além disso, outros afazeres. E fomos Custódio deles.

83. E Jó, quando chamou a seu Senhor: "O mal tocou-me, e Tu és O mais Misericordiador dos misericordiadores!"

84. Então, atendemo-lo e removemo-**lhe** o que tinha de mal. E concedemo-lhe, **em restituição**, sua família e, com ela, outra igual[(1)], por misericórdia de Nossa parte e por lembrança para os adoradores.

85. E Ismael e Idrīs e Ẕal-Kifl[(2)]. Todos eram dos perseverantes,

86. E fizemo-los entrar em Nossa misericórdia. Por certo, eles eram dos íntegros.

87. E Ẕan-Nūn[(3)], quando se foi,

---

(1) Jó recebeu de volta sua mulher e seus filhos e, ainda, teve com ela, outros tantos filhos mais.

(2) Trata-se de um homem piedoso, da época dos filhos de Israel, sem maiores identificações.

(3) **Ẕun Nūn**: companheiro da baleia, epíteto de Jonas, que, assim, era conhecido, por haver sido engolido por uma baleia (**nūn**), conforme nos relata a tradição islâmica. Enviado, como profeta, a uma cidade, Jonas convocou seus habitantes a adorarem a Deus, mas eles desobedeceram, e isto o enfadou. Impacientado com a recalcitrância deles, Jonas saiu da cidade, imaginando encontrar, na imensidão da Terra, outro lugar para sua pregação, sem recear que Deus pudesse condená-lo por isso. Ao aproximar-se do mar e pretendendo evadir-se da cidade, entrou em um barco, que lá se encontrava, lotado de passageiros. Assim que o barco partiu, o barqueiro, para aliviar a carga, decidiu que teria de livrar-se de um dos passageiros, para pôr a salvo os demais. Fez um sorteio e Jonas foi o escolhido para ser arremessado ao mar. Feito isso, foi ele engolido por uma baleia. Imerso na escuridão das trevas da noite, do mar e do interior do animal, Jonas, aflito, invocou a Deus, exclamando: "Não existe Deus senão Tu! Certamente, fui dos iníquos!" Deus, então, atendeu-lhe a prece e fez a baleia expeli-lo nas praias próximas da

irado, e pensou que não tínhamos possibilidade de repessão contra ele; então, clamou nas trevas: "Não existe deus, senão Tu! Glorificado sejas! Por certo, fui dos injustos."

88. Então, atendemo-lo, e salvamo-lo da angústia. E, assim, salvamos os crentes.

89. E Zacarias, quando chamou a seu Senhor: "Senhor meu! Não me deixes só, e Tu és O Melhor dos herdeiros."

90. Então, atendemo-lo e dadivamo-lo com Yahiã, **João**, e tornamos fecunda sua mulher. Por certo, eles[1] se apressavam para as boas cousas e Nos invocavam com rogo e veneração. E foram humildes coNosco.

91. E aquela que escudou sua virgindade; então, sopramos, nela, **algo** de Nosso Espírito; e fizemo-la e a seu filho um sinal para os mundos.

92. Por certo, esta é vossa religião[2], uma religião única, e Eu sou vosso Senhor: então, adorai-Me.

93. E, **contudo, os homens** cortaram, entre eles, seus laços

---

cidade, onde deveria haver permanecido. E, assim, Jonas foi salvo. Vide XXXVII 139 - 148, e Bíblia, Jonas II 1-10.

(1) **Eles**: todos os profetas mencionados nesta sura.
(2) Ou seja, a religião de todos os povos.

religiosos. **Mas**, todos a Nós estarão retornando.

94. E quem faz as boas obras, enquanto crente, não haverá negação de seu esforço; e, por certo, estamo-lhe escrevendo **as ações**.

95. E não é permissível a uma cidade que aniquilamos que não retorne[1],

96. Até serem abertas **as portas** de Ya'jūj e Ma'jūj[2], e eles sairão açodados de cada colina.

97. E a verdadeira Promessa aproxima-se; então, eis estarrecidas as vistas dos que renegaram a Fé. **Dirão**: "Ai de nós! Com efeito, estávamos em desatenção a isso; aliás, fomos injustos!"

98. Por certo, vós e o que adorais, além de Allah, sereis o combustível da Geena; nela, ingressareis.

99. Se estes fossem deuses, nela não ingressariam. E todos, nela, serão eternos.

100. Nela, darão suspiros e, nela, nada ouvirão.

101. Pro certo, aqueles, aos quais foi antecipada, por Nós, a mais

---

[1] A recompensa das obras se fará no Dia do Juízo, mesmo que parte dela haja sido feita na vida terrena. Portanto, o povo das cidades aniquiladas, em virtude de seus pecados, voltará a existir, indubitavelmente, neste Dia, para o ressarcimento de sua recompensa total. É inadmissível seu não retorno.

[2] Cf. XVIII 94 n2.

bela recompensa, esses serão dela⁽¹⁾ afastados.

102. Não ouvirão seu⁽²⁾ assobio, e serão eternos no que suas almas apeteceram.

103. O grande terror⁽³⁾ não os entristecerá. E os anjos recebê-los-ão, **dizendo**: "Este é vosso dia, que vos foi prometido."

104. Um dia, dobraremos o céu, como se dobra o rôlo dos livros. Como iniciamos a primeira criação, repeti-la-emos. É promessa que Nos impende. Por certo, seremos Feitor disso.

105. E, com efeito, escrevemos, nos Salmos, após a Mensagem⁽⁴⁾, que a terra, herdá-la-ão Meus servos íntegros.

106. Por certo, há neste⁽⁵⁾ uma comunicação para um povo adorador **de Allah**.

107. E não te enviamos senão como misericórdia para os mundos.

108. Dize, **Muḥammad**: "Revela-se-me que, apenas, vosso Deus é Deus Único. Então, sois moslimes?"

---

(1) **Dela**: da Geena.
(2) **Seu**: do fogo da Geena.
(3) Ou seja, o terror do Dia do Juízo.
(4) **Mensagem**: a Tora.
(5) **Nesta**: no Alcorão.

109. E, se eles voltam as costas, dize: "Adverti-vos, a todos vós, igualmente. E não me inteiro de estar próximo ou distante o que vos é prometido.

110. "Por certo, Ele sabe o que se diz em alta voz e sabe o que ocultais.

111. "E não me inteiro de ser isso[1], talvez, provação para vós e gozo, até certo tempo."

112. Ele disse: "Senhor meu! Julga-**nos** com a verdade! E nosso Senhor é O Misericordioso, Aquele de Quem se implora ajuda, contra o que alegais."

فَإِن تَوَلَّوْاْ فَقُلْ ءَاذَنتُكُمْ عَلَىٰ سَوَآءٍ وَإِنْ أَدْرِىٓ أَقَرِيبٌ أَم بَعِيدٌ مَّا تُوعَدُونَ ۝

إِنَّهُۥ يَعْلَمُ ٱلْجَهْرَ مِنَ ٱلْقَوْلِ وَيَعْلَمُ مَا تَكْتُمُونَ ۝

وَإِنْ أَدْرِى لَعَلَّهُۥ فِتْنَةٌ لَّكُمْ وَمَتَـٰعٌ إِلَىٰ حِينٍ ۝

قَـٰلَ رَبِّ ٱحْكُم بِٱلْحَقِّ وَرَبُّنَا ٱلرَّحْمَـٰنُ ٱلْمُسْتَعَانُ عَلَىٰ مَا تَصِفُونَ ۝

---

(1) **Isso**: a tardança do castigo para os idólatras.

22. Sūratu Al-Ḥajj Parte 17

SŪRATU AL-ḤAJJ[1]
A SURA DA PEREGRINAÇÃO

De Al Madīnah – 78 versículos.

Em nome de Allah, O Misericordioso, O Misericordiador.

1. Ó humanos! Temei a vosso Senhor. Por certo, o tremor da Hora será cousa formidável!

2. Um dia, quando o virdes, toda nutriz distrair-se-á de quem estiver amamentando e toda mulher grávida deporá sua carga[2]. E tu verás os homens ébrios, enquanto não ébrios; mas o castigo de Allah será veemente.

3. E, dentre os humanos, há quem[3] discuta acerca de Allah, sem ciência alguma, e siga todo demônio rebelde.

---

[1] **Al Ḥajj**: a peregrinação. Esta palavra é derivada do verbo **hajja** que significa **dirigir-se a**. O substantivo mantém o mesmo significado do verbo, uma vez que a peregrinação consiste em dirigir-se à Casa de Deus ou Kaᶜbah, para o cumprimento dos ritos religiosos, prescritos pelo Islão. Esta sura, assim se denomina pela menção, no versículo 27, dessa palavra. Apesar de revelada em Al Madīnah, os temas predominantes são atinentes às suras reveladas em Makkah, a saber: a unicidade de Deus, a ratificação da Ressurreição, as mensagens proféticas e as cenas do Dia do Juízo, concernentes à recompensa e ao castigo. A par disso, há os temas, habitualmente, revelados em Al Madīnah, tais como: a permissão dos crentes de combater os descrentes, a proteção dos símbolos da adoração de Deus, o compromisso de Deus de socorrer os oprimidos que revidam a agressão dos inimigos. Impera, ainda, por toda a sura, o tom admoestador e a incitação ao temor e à veneração a Deus.

[2] **Deporá sua carga**: abortará.

[3] Referência aos idólatras de Makkah, que asseveram serem os anjos "as filhas de Deus"; ser o Alcorão fábulas dos antepassados; e ser a Ressurreição algo fictício, assim como o Dia do Juízo.

22. Sūratu Al-Ḥajj — Parte 17

4. É-lhe prescrito que, a quem o seguir, ele o descaminhará e o guiará ao castigo do Fogo ardente.

5. Ó homens[1]! Se estais em dúvida acerca da Ressurreição, por certo, Nós vos criamos de pó; em seguida, de gota seminal; depois, de uma aderência; em seguida, de embrião configurado[2] e não configurado, para tornar evidente, para vós, **Nosso poder**. E fazemos permanecer, nas matrizes, o que queremos, até um termo designado. Em seguida, fazemo-vos sair crianças, para, depois, atingirdes vossa força plena. E há, dentre vós, quem morra. E há, dentre vós, quem seja levado à mais provecta idade, para nada mais saber, após haver tido ciência. E tu vês a terra árida; então, quando fazemos descer, sobre ela, a água, move-se e cresce e germina toda espécie de esplêndidos casais **de plantas**.

6. Isso[3], porque Allah é a Verdade e porque Ele dá vida aos mortos e porque Ele, sobre todas as cousas, é Onipotente.

---

(1) Referência aos idólatras de Makkah.
(2) Alusão ao óvulo fecundado, já instalado na parede do útero. Quando configurado, engendrará um ser perfeito; quando não configurado, um ser defeituoso. Por essa razão, esta passagem atenta para que os seres humanos não são iguais, desde o início de sua criação.
(3) **Isso**: tudo o que foi mencionado no versículo anterior, acerca da criação do homem e da germinação da terra.

22. Sūratu Al-Ḥajj — Parte 17

7. E porque a Hora está prestes a chegar, indubitavelmente, e porque Allah ressuscita quem está nos sepulcros.

8. E, dentre os homens, há quem discuta acerca de Allah, sem ciência alguma nem orientação nem livro luminoso[1],

9. Virando os flancos, para descaminhar **os demais** do caminho de Allah. Há para ele ignomínia na vida terrena, e fá-lo-emos experimentar, no Dia da Ressurreição, o castigo da Queima.

10. **Dir-se-lhe-á:** "Isso, pelo que tuas mãos anteciparam, e porque Allah não é injusto para com os servos."

11. E, dentre os homens, há quem adore a Allah, vacilante. Então, se o alcança um bem, tranqüiliza-se, e, se o alcança uma provação, desvia sua face **para voltar-se à renegação da Fé.** Perde a vida terrena e a Derradeira Vida. Essa é a evidente perdição!

12. Ele invoca, além de Allah, o que não o prejudica e o que não o beneficia. Esse é o profundo descaminho!

13. Invoca aquilo cujo prejuízo está mais próximo que seu benefício.

---

(1) **Sem livro luminoso**: sem revelação divina.

Que execrável protetor e que execrável convivente!

14. Por certo, Allah, aos que crêem e fazem as boas obras, fará entrar em Jardins, abaixo dos quais correm os rios. Por certo, Allah faz o que deseja.

15. Quem pensa que Allah o⁽¹⁾ não socorrerá, na vida terrena e na Derradeira Vida, que estenda uma soga até o teto, em seguida se enforque; então, que olhe: **será que** sua insídia fará desaparecer o que **lhe** suscita rancor⁽²⁾?

16. E, assim fizemo-lo⁽³⁾ descer como sinais evidentes, e, por certo, Allah guia a quem deseja.

17. Por certo, os que crêem e os que praticam o judaísmo e os sabeus e os cristãos e os magos e os que idolatram, por certo, Allah decidirá, entre eles, no Dia da Ressurreição. Por certo, Allah, de todas as cousas, é Testemunha.

18. Não viste que, diante de Allah, se prosterna quem está nos céus e quem está na terra, e o sol e

---

(1) **O**: o Profeta Muḥammad.
(2) Quem não se conformar com a vitória do Profeta, respaldada pela proteção divina, nesta e na outra vida, que faça o que quiser para impedi-la, mas jamais logrará seu objetivo. Poderá, até mesmo, enforcar-se, que isso em nada mudará os desígnios divinos.
(3) **Lo**: o Alcorão.

a lua e as estrelas e as montanhas e as árvores e os seres animais e muitos dos humanos? E, sobre muitos **destes**, cumpre-se o castigo. E aquele, a quem Allah avilta, não terá quem o honre. Por certo, Allah faz o que quer.

19. Estes são dois adversários[1], que disputam acerca de seu Senhor. Então, aos que renegam a Fé, cortar-se-lhes-ão trajes de fogo. Sobre suas cabeças, entornar-se-á água ebuliente;

20. Com ela, derreter-se-á o que há em seus ventres, e, **também**, as peles.

21. E, para eles, haverá recurvados fustes de ferro.

22. Cada vez que desejarem sair dele[2], por angústia, fá-los-ão voltar a ele. E **dir-se-lhes-á**: "Experimentai o castigo da Queima!"

23. Por certo, Allah, aos que crêem e fazem boas obras, fará entrar em Jardins, abaixo dos quais correm os rios; neles, serão enfeitados com braceletes de ouro e com pérolas. E, neles, suas vestimentas serão de seda.

---

(1) Referência a crentes e renegadores da Fé.
(2) **Dele**: do Fogo infernal.

22. Sūratu Al-Ḥajj — Parte 17

24. E serão guiados ao dito⁽¹⁾ bondoso, e serão guiados à senda dO Louvável.

25. Por certo, os que renegam a Fé e obstruem o caminho de Allah e da Mesquita Sagrada – que estabelecemos para **todos** os homens, seja o residente nela, seja o nômade – **experimentarão doloroso castigo**. E a quem deseja, com injustiça, fazer profanação nela, fá-lo-emos, **também**, experimentar de doloroso castigo.

26. E quando indicamos a Abraão o lugar da Casa, **e ordenamo-lhe**: "Nada associes a Mim, e purifica Minha Casa para os que a circundam e para os que, nela, oram de pé e para os que se curvam e para os que se prosternam.

27. "E noticia aos homens a peregrinação. Eles te virão a pé ou **montados** em todo magro⁽²⁾ camelo, vindo de cada desfiladeiro distante,

28. "Para presenciar certos benefícios seus⁽³⁾ e para mencionar,

---

⁽¹⁾ Para aumentar as delícias dos crentes, no Paraíso, serão eles inspirados a proferir exímias palavras de louvor a Deus.

⁽²⁾ Em virtude das grandes distâncias percorridas, nessa época, na viagem até Makkah, os animais aí chegavam macilentos e fracos.

⁽³⁾ Ou seja, os peregrinos ansiarão estar presentes em Makkah, para usufruir benefícios espirituais e, assim também, benefícios sociais, com seus correligionários, deliberando, com eles, assuntos de mútuo interesse; e benefícios materiais, por meio de intercâmbio comercial, efetuado entre eles.

em dias determinados, o nome de Allah, sobre o animal dos rebanhos que Ele lhes deu por sustento⁽¹⁾. Então, deles comei⁽²⁾ e alimentai o desventurado, o pobre.

29. "Em seguida, que se asseiem, e que sejam fiéis a seus votos, e que circundem a Casa Antiga⁽³⁾."

30. Essa é **a determinação**. E quem magnifica os preceitos invioláveis de Allah, isto lhe é melhor junto de seu Senhor. E são-vos lícitos os rebanhos **como alimento**, exceto o que é recitado⁽⁴⁾, para vós. Então, evitai a abominação dos ídolos; e evitai o dito falso,

31. Sendo monoteístas sinceros para com Allah, nada Lhe associando. E quem associa **algo** a Allah é como se caísse do céu, então, os pássaros o arrebatassem ou o vento o abismasse em lugar bem profundo.

32. Essa é **Nossa determinação**. E quem magnifica os ritos de Allah, por certo, isto é **prova** da piedade dos corações.

---

(1) Ao término da peregrinação, as oferendas devem ser imoladas, invocando-se o nome de Deus sobre elas.
(2) Esta ordem evidencia a permissão dos peregrinos de se alimentarem das oferendas, ao contrário das proibições pagãs pré-islâmicas.
(3) **Casa Antiga**: a Kaᶜbah.
(4) Cf. V 3.

22. Sūratu Al-Ḥajj — Parte 17

33. Neles[1], há para vós benefícios, até um termo designado[2]; em seguida, seu local **de imolação** será a Casa antiga.

34. E, para cada comunidade, fizemos rito de sacrifício, para mencionarem o nome de Allah sobre os animais de rebanhos que Ele lhes deu por sustento. E vosso Deus é Deus Único; então, islamizai-vos, para Ele. E alvissara, **Muḥammad, a bem-aventurança** aos **crentes** humildes,

35. Àqueles cujos corações se atemorizam, quando Allah é mencionado; e aos que têm paciência, com o que os alcança; e aos cumpridores da oração; e que despendem do que lhes damos por sustento.

36. E os camelos, fizemo-los para vós, entre os ritos de Allah; neles, há bem para vós. Então, mencionai o nome de Allah sobre eles, enquanto perfilados **para serem imolados**. E, quando **abatidos e,** caem sobre os flancos, comei deles e alimentai o pobre e o mendigo. Assim, submetemo-los a vós, para serdes agradecidos.

---

(1) **Neles**: nos animais destinados à oferenda, após a peregrinação.
(2) Os peregrinos se beneficiarão dos animais de oferenda, mantendo-os ou usando-os para carga, até o tempo de imolá-los.

37. Nem sua carne nem seu sangue alcançam a Allah, mas O alcança vossa piedade. Assim, Ele vo-los submeteu, para que magnifiqueis a Allah, porque Ele vos guiou. E alvissara **a bem-aventurança** aos benfeitores.

38. Por certo, Allah defende os que crêem. Por certo, Allah não ama a nenhum traidor, ingrato.

39. É permitido⁽¹⁾ **o combate** aos que são combatidos, porque sofreram injustiça. – E, por certo, Allah, sobre seu socorro, é Onipotente. –

40. Esses são os que, sem razão, foram expulsos de seus lares, apenas porque disseram: "Nosso Senhor é Allah." E, se Allah não detivesse os homens uns pelos outros, estariam demolidos eremitérios e igrejas e sinagogas e mesquitas, em que o nome de Allah é amiúde mencionado. E, em verdade, Allah socorre a quem O socorre. Por certo, Allah é Forte, Todo-Poderoso.

41. Esses são os que, se os empossamos na terra, cumprem a oração e concedem az-zakāh⁽²⁾, e ordenam o conveniente e coíbem o

---

⁽¹⁾ Este é o primeiro versículo alcorânico, que concede permissão aos moslimes de revidarem o combate dos renegadores da Fé, pois, em mais de 70 versículos, revelados anteriormente, isso lhes fora vedado.
⁽²⁾ **Cf II 43 n4.**

conveniente e coíbem o reprovável. E de Allah é o fim de todas as determinações.

42. E, se te desmentem, **Muḥammad**, com efeito, antes deles, o povo de Noé e **o** de ʿĀd e **o** de Thamūd já desmentiram **a seus Mensageiros**.

43. E o povo de Abraão e o povo de Loṭ.

44. E os habitantes de Madian. E, **também**, Moisés foi desmentido. Então concedi prazo aos renegadores da Fé; em seguida, apanhei-os. Como foi, pois, Minha reprovação?

45. E quantas cidades aniquilamos, enquanto injustas! Então, ei-las deitadas abaixo, sobre seus tetos! E **que de** poços inutilizados, e palácios elevados, **abandonados**!

46. Então, não caminharam eles[1], na terra, para que tivessem corações, com que razoassem, ou ouvidos, com que ouvissem? Pois, por certo, não são as vistas que se enceguecem, mas se enceguecem os corações que estão nos peitos.

47. E pedem-te que apresses o castigo, e Allah não faltará a Sua promessa. E, por certo, um dia,

---

(1) **Eles**: os idólatras.

junto de teu Senhor, é como mil anos dos que contais[1].

48. E a quantas cidades concedi prazo, enquanto injustas! Em seguida, apanhei-as. E a Mim será o destino.

49. Dize, **Muhammad**: "Ó homens[2]! Sou-vos, apenas, evidente admoestador.

50. "Então, os que crêem e fazem as boas obras terão perdão e generoso sustento.

51. "E os que se esforçam em **negar** Nossos sinais, intentando escapar **de Nosso castigo**, esses serão os companheiro do Fogo."

52. E não enviamos, antes de ti, Mensageiro algum nem profeta, sem que, quando recitava **uma Mensagem**, Satã lançasse **falsidade** em sua recitação; então, Allah anula o que Satã lança; em seguida, Allah mantém concisos Seus versículos – e Allah é Onisciente, Sábio –

53. Para fazer do que Satã lança uma provação àqueles, em cujos corações há enfermidade, e àqueles, cujos corações estão endurecidos –

---

(1) Aqui, o Alcorão se antecipa à hodierna ciência, quando afirma que o tempo é relativo, e não absoluto como propagavam os antigos pensadores e filósofos da Antigüidade Clássica.

(2) **Homens**: os habitantes de Makkah.

e, por certo, os injustos estão em profunda discórdia –

54. E para que aqueles, aos quais fora concedida a ciência saibam que ele[1] é a Verdade de teu Senhor, então, nele creiam, e seus corações se humildem a ele. E, por certo, Allah guia os que crêem a uma senda reta.

55. E os que renegam a Fé não cessarão de estar em dúvida a respeito dele, até que lhes chegue a Hora, inopinadamente, ou lhes chegue o castigo de um dia estéril[2].

56. A soberania, nesse dia, será de Allah: Ele julgará entre eles[3]. Então, os que crêem e fazem as boas obras estarão nos Jardins da Delícia.

57. E os que renegam a Fé e desmentem Nossos sinais, esses terão aviltante castigo.

58. E aos que emigram, no caminho de Allah, em seguida, são assassinados ou morrem, certamente, Allah dar-lhes-á belo sustento. E, por certo, Allah é O Melhor dos sustentadores.

---

(1) **Eles**: o Alcorão.
(2) Assim se denomina, também, o Dia do Juízo, porque será o último dos dias, e não engendrará, após ele, nenhum outro mais.
(3) **Eles**: todos os homens, crentes e descrentes.

22. Sūratu Al-Ḥajj   **Parte 17**

59. Certamente, fá-los-á entrar em um lugar, de que se agradarão. E, por certo, Allah é Onisciente, Clemente.

60. Essa é **a determinação**. E a quem pune de igual modo com que foi punido, em seguida, é cometida transgressão contra ele, Allah com certeza o socorrerá. Por certo, Allah é Indulgente, Perdoador.

61. Isso, porque Allah insere a noite no dia e insere o dia na noite, e porque Allah é Oniouvinte, Onividente.

62. Isso, porque Allah é a Verdade, e porque o que invocam, além dEle, é a falsidade, e porque Allah é O Altíssimo, O Grande.

63. Não viste que Allah faz descer do céu água, então, a terra torna-se verdejante? Por certo, Allah é Sutil, Conhecedor.

64. DEle é o que há nos céus e o que há na terra. E, por certo, Allah é O Bastante a Si Mesmo, O Louvável.

65. Não viste que Allah vos submete o que há na terra, e que o barco corre no mar, por Sua ordem, e que Ele sustém o céu, para não cair sobre a terra, exceto com Sua permissão? Por certo, Allah, para com os homens, é Compassivo, Misericordiador.

66. E Ele é Quem vos deu a vida; em seguida, Ele vos faz morrer; depois, Ele vos dará a vida. Por certo, o ser humano é ingrato.

67. Para cada comunidade, fizemos ritos, que eles[1] observam; então, que eles[2] não disputem contigo acerca da ordem[3]. E invoca a teu Senhor. Por certo, estás em direção reta.

68. E, se eles discutem contigo, dize: "Allah é bem Sabedor do que fazeis.

69. "Allah julgará, entre vós, no Dia da Ressurreição, por aquilo de que discrepáveis."

70. Não sabias que Allah sabe o que há no céu e na terra? Por certo, isso está em um Livro[4]. Por certo, isso é fácil para Allah.

71. E eles adoram, além de Allah, aquilo de que Ele não faz descer comprovação alguma e aquilo de que eles não têm ciência. E não há, para os injustos, socorredor algum.

---

[1] **Eles**: os integrantes destas comunidades.
[2] **Eles**: os idólatras de Makkah.
[3] Trata-se da divergência acerca do animal imolado. Os idólatras não aceitavam a prática da imolação. Acreditavam que o animal encontrado morto valia mais, argumentando que, havendo sido o animal morto por Deus, era mais merecedor de ser comido que o morto pelo homem.
[4] Ou seja, no Livro do Destino.

22. Sūratu Al-Ḥajj — Parte 17

72. E, quando são recitados, para eles, Nossos evidentes versículos, tu reconheces a reprovação na face dos que renegam a Fé. Quase atacam os que recitam, para eles, Nossos versículos. Dize, **Muḥammad**: "Então, informar-vos-ei de **algo** pior que isso? É o Fogo: Allah prometeu-o aos que renegam a Fé. E que execrável destino!"

73. Ó homens[1]! É-**vos** proposto um exemplo, então, ouvi-o: "Por certo, os que invocais, além de Allah, não criarão uma mosca sequer, ainda que, para isso, se juntem. E, se a mosca lhes tirar algo, não poderão recuperá-lo. O procurador e o procurado[2] são fracos."

74. Eles não estimam a Allah como se deve estimar a Ele. Por certo, Allah é Forte, Todo-Poderoso.

75. Allah escolhe Mensageiros, entre os anjos e os homens. Por certo, Allah é Oniouvinte, Onividente.

76. Ele sabe o que está adiante deles e o que está detrás deles. E a Allah são retornadas as determinações.

77. Ó vós que credes! Curvai-vos e prosternai-vos e adorai a vosso

---

(1) O versículo se dirige aos idólatras de Makkah.
(2) Isto é, o idólatra e o ídolo invocado.

Senhor, e fazei o bem, na esperança de serdes bem-aventurados.

78. E lutai por Allah, como se deve lutar por Ele. Ele vos elegeu. E não vos fez constrangimento algum, na religião: a crença de vosso pai Abraão. Ele vos nomeou moslimes, antes e, **agora**, neste[1], para que o Mensageiro seja testemunha de vós, e vós sejais testemunhas da humanidade. Então, cumpri a oração e concedei az-zakāh[2], e agarrai-vos a Allah. Ele é vosso Protetor. Então, que Excelente Protetor e que Excelente Socorredor!

---

(1) **Neste**: no Alcorão.
(2) **Cf II 43 n4.**

SŪRATU AL-MU'MINŪN[1]
A SURA DOS CRENTES

De Makkah – 118 versículos.

Em nome de Allah, O Misericordioso, O Misericordiador.

1. Com efeito, bem-aventurados os crentes,

2. Que são humildes em suas orações,

3. E que dão de ombros à frivolidade,

4. E que concedem az-zakāh[2].

5. E que são custódios de seu sexo[3],

6. – Exceto com suas mulheres, ou com as escravas que possuem; então, por certo, não serão censurados.

---

[1] Al-Mu'minūn: plural de mu'min, crente, particípio presente de 'āmana, crer. Assim se denomina a sura, pela menção dessa palavra em seu primeiro versículo. Aqui, o tema básico são os crentes e sua crença. Partindo da característica inicial destes, a sura passa pelos fatos que induzem à crença, dentro do Universo e do próprio ser humano. Em seguida, trata da essência da crença, tal como os mensageiros de Deus demonstraram, a partir de Noé, até Muḥammad, expondo os falsos argumentos dos desmentidores, suas objeções e suas atitudes detratoras e hostis para com os enviados divinos, e o fim de cada uma das partes: a vitória dos profetas e o aniquilamento dos desmentidores. Esta sura aponta, outrossim, as divergências entre grande parcela das gerações, acerca da crença em Deus, após a vinda dos profetas; a desatenção a ela e o empenho pela vida mundana, enquanto os verdadeiros crentes não se desprendem jamais da adoração de Deus, receando a desobediência a Ele. A sura termina com cenas do Dia do Juízo, quando são recompensados os bem-aventurados e castigados os mal-aventurados.

[2] Cf II 43 n4.

[3] Ou seja, que se abstêm de relações sexuais ilegítimas.

7. E quem busca **algo**, além disso, esses são os transgressores –

8. E que respeitam fielmente seus depósitos, **a eles confiados**, e honram seus pactos,

9. E que custódiam suas orações.

10. Esses são os herdeiros,

11. Que herdarão Al-Firdaus(1). Nele, serão eternos.

12. E, com efeito, criamos o ser humano da quintessência de barro,

13. Em seguida, fizemo-lo(2) gota seminal, em lugar(3) estável, seguro.

14. Depois, criamos, da gota seminal, uma aderência; e criamos, da aderência, embrião; e criamos, do embrião, ossos; e revestimos os ossos de carne; em seguida, fizemo-lo surgir em criatura outra. – Então, Bendito seja Allah, O Melhor dos criadores! –

15. Em seguida, por certo, depois disso, sereis mortos.

16. Em seguida, por certo, no Dia da Ressurreição, sereis ressuscitados.

17. E, com efeito, criamos, acima de vós, sete céus; e não estamos desatentos à criação.

---

(1) Cf. XVIII 107 n1.
(2) **Lo**: o ser humano.
(3) Ou seja, no útero.

18. E fizemos descer do céu água, na **justa** medida; e fizemo-la remanescer, na terra – e, por certo, somos Poderoso, para fazê-la desaparecer –

19. Então, com ela, produzimos, para vós, jardins de tamareiras e videiras; neles há, para vós, abundantes frutas e delas comeis;

20. E uma árvore, que brota do Monte Sinai: ela produz azeite, e tempero para quem come.

21. E, por certo, há, nos rebanhos, lição para vós. Damo-vos de beber do que há em seus ventres e, neles, há abundantes benefícios para vós, e deles comeis.

22. E, sobre eles e sobre os barcos, sois carregados.

23. E, com efeito, enviamos Noé a seu povo; e disse: "Ó meu povo! Adorai a Allah. Não tendes outro deus que **não seja** Ele; então, não temeis **a Allah**?"

24. Então, os dignitários de seu povo, que renegaram a Fé, disseram: "Este não é senão um ser humano como vós; ele deseja ter preferência sobre vós, e, se Allah quisesse, haveria feito descer anjos, **por Mensageiros**. Não ouvimos **falar** disso, entre nossos pais antepassados.

25. "Ele não é senão um homem; nele, há loucura; então, aguardai-o, **com paciência**, até certo tempo."

26. Ele disse: "Senhor meu! Socorre-me, porque me desmentem."

27. Então, inspiramo-lhe: "Fabrica o barco, diante de Nossos olhos e com Nossa inspiração. E, quando Nossa ordem chegar e as fontes da terra jorrarem, faze entrar, nele, de cada **espécie** um casal; e tua família, exceto aquele, dentre eles, contra quem o Dito, **a sentença**, se antecipou. E não Me fales mais dos que são injustos. Por certo, eles serão afogados.

28. "E, quando te instalares no barco, tu e os que estão contigo, dize: 'Louvor a Allah que nos salvou do povo injusto!'

29. "E dize: 'Senhor meu! Faze-me desembarcar de um desembarque bendito, e Tu és O Melhor em fazer desembarque.' "

30. Por certo, há nisso sinais, e, por certo, estávamo-**los** provando.

31. Em seguida, criamos, depois deles, outra geração.

32. Então, enviamo-lhes[1] um Mensageiro **vindo** deles, **que disse**: "Adorai a Allah! Não tendes outro

---

(1) **Lhes**: aos homens dessa geração.

deus que **não seja** Ele; então, não temeis **a Allah**?"

33. E os dignitários de seu povo, que renegaram a Fé e desmentiram o encontro da Derradeira Vida, e aos quais opulentáramos, na vida terrena, disseram: "Este não é senão um ser humano como vós: ele come do que comeis e bebe do que bebeis;

34. "E, em verdade, se obedeceis a um homem como vós, por certo, sereis, nesse caso, perdedores.

35. "Ele vos promete que, quando morrerdes e fordes pó e ossos, vos farão sair **dos sepulcros**?

36. "Longe, bem longe, está o que vos é prometido!

37. "Não há senão nossa vida terrena; morremos e vivemos, e não seremos ressuscitados.

38. "Ele não é senão um homem que forja mentiras acerca de Allah, e não estamos crendo nele."

39. Ele disse: "Senhor meu! Socorre-me, porque me desmentem."

40. Allah disse: "Dentro em pouco, estarão arrependidos."

41. E o Grito[1] apanhou-os, com a justiça, e fizemo-los escória. Então,

---

[1] Cf. Xl 67 n1.

23. Sūratu Al-Mu'minūn Parte 18

que se suma para sempre o povo injusto!

42. Em seguida, criamos, depois deles, outras gerações.

43. Nenhuma comunidade antecipa seu termo nem **o** atrasa.

44. Em seguida, enviamos, consecutivamente, Nossos Mensageiros. Cada vez que um Mensageiro chegava a sua comunidade, eles o desmentiam. E fizemo-las seguir, umas após outras, **no aniquilamento**, e fizemos delas temas de conversa. Então, que se suma para sempre um povo que não crê!

45. Em seguida, enviamos Moisés e seu irmão Aarão, com Nossos sinais e evidente comprovação,

46. A Faraó e seus dignitários; então, ensoberbeceram-se e foram um povo altivo.

47. E disseram: "Creremos em dois homens iguais a nós, enquanto seu povo nos está escravo?"

48. E desmentiram-nos; então, foram dos aniquilados.

49. E, com efeito, concedemos a Moisés o Livro[1], para que eles[2] se guiassem.

---

(1) **O Livro**: a Tora.
(2) **Eles**: o povo de Moisés, ou seja, os filhos de Israel.

50. E fizemos do filho de Maria e de sua mãe um sinal. E abrigamo-los em um outeiro⁽¹⁾, de solo estável e com água corrente.

51. Ó Mensageiros! Comei das cousas benignas e fazei o bem. Por certo, do que fazeis, sou Onisciente.

52. E, por certo, esta é vossa religião, uma religião única. E sou vosso Senhor; então, temei-Me.

53. Mas, **os homens**, entre eles, cortaram, em pedaços, os laços **que os uniam**. Cada partido está jubiloso com o que tem.

54. Então, deixa-os⁽²⁾, **Muḥammad, mergulhados** em sua confusão, até certo tempo.

55. Supõem eles que, com o que Nós lhes outorgamos, em riquezas e filhos,

56. Estamo-lhes apressando as boas cousas? **Não**. Mas eles não percebem.

57. Por certo, os que, pelo receio de seu Senhor, estão amedrontados.

58. E os que nos sinais de seu Senhor crêem,

59. E os que nada associam a seu Senhor,

---

(1) Há várias opiniões acerca da localização exata desse lugar: seria em Jerusalém, ou Damasco, ou Palestina, ou Egito.
(2) **Os**: os idólatras de Makkah.

60. E os que concedem o que concedem, enquanto seus corações estão atemorizados, porque terão de retornar a seu Senhor,

61. Esses se apressam para as boas cousas, e destas são precursores.

62. E não impomos a nenhuma alma senão o que é de sua capacidade. E, junto de Nós, há um Livro, que fala a verdade. E eles[1] não sofrerão injustiça.

63. Mas seus[2] corações estão **mergulhados** em confusão a respeito deste[3], e eles têm obras **nefandas**, além disso, que estão praticando,

64. Até que, quando apanharmos seus **homens** opulentos com castigo, ei-los que rogarão.

65. Dir-se-lhe-á: "Não rogueis, hoje. Por certo, não sereis, por Nós, socorridos.

66. "Com efeito, recitavam-se, para vós, Meus versículos, então, recuáveis, virando os calcanhares,

67. "Ensoberbecendo-vos, e conversando, à noite, vós o[4] difamáveis."

---

[1] **Eles**: os seres humanos.
[2] **Seus**: dos idólatras de Makkah.
[3] **Deste**: do Alcorão.
[4] **O**: o Alcorão.

68. E não ponderam eles o Dito[1]? Ou lhes chegou o que não chegara a seus pais antepassados[2]?

69. Ou eles não reconhecem seu Mensageiro, e o estão negando?

70. Ou dizem: "Há loucura nele?" **Não.** Mas ele lhes chegou com a verdade, e a maioria deles odeia a verdade.

71. E, se a verdade seguisse suas paixões, os céus e a terra e quem neles existe haver-se-iam corrompido. Ao contrário, chegamo-lhes com sua Mensagem, e estão dando de ombros a sua Mensagem.

72. Ou lhes pedes um tributo? Mas o tributo de teu Senhor é melhor. E Ele é O Melhor dos sustentadores.

73. E, por certo, tu os convocas a uma senda reta.

74. E, por certo, os que não crêem na Derradeira Vida estão desviados d**esta** senda.

75. E, se tivéssemos misericórdia para com eles, e removêssemos o que há de mal com eles, persistiriam em sua transgressão, caminhando às cegas.

---

(1) **A Mensagem Divina**: o Alcorão.
(2) O versículo alude a que, se os habitantes de Makkah ponderassem melhor, perceberiam que a Mensagem de Deus para a Humanidade não é estranha, mas tão antiga quanto a dos primeiros profetas, enviados às gerações de seus antepassados.

23. Sūratu Al-Mu'minūn Parte 18

76. E, com efeito, apanhamo-los com o castigo; mas, não se sujeitaram a seu Senhor, e não se humildam,

77. Até que, quando abrirmos, sobre eles, uma porta de veemente castigo, ei-los mudos de desespero.

78. E Ele é Quem vos criou o ouvido e as vistas e os corações. Quão pouco agradeceis!

79. E Ele é Quem vos multiplicou na terra, e a Ele sereis reunidos.

80. E Ele é Quem dá a vida e dá a morte, e dEle é a alternância da noite e do dia. Então, não razoais?

81. Mas dizem o mesmo que os antepassados disseram.

82. Dizem: "Quando morrermos e formos pó e ossos, seremos ressuscitados?

83. "Com efeito, foi-nos prometido isso, a nós e, antes, a nossos pais; isso não são senão fábulas dos antepassados!"

84. Dize, **Muḥammad**: "De quem é a terra e quem nela existe, se sabeis?"

85. Dirão: "De Allah." Dize: "Então, não meditais?"

86. Dize: "Quem é O Senhor dos sete céus e O Senhor do magnífico Trono?"

87. Dirão: "Allah." Dize: "Então, não temeis **a Allah**?"

88. Dize: "Quem tem em Suas mãos o reino de todas as cousas, e Quem **a todos** protege e não precisa de ser protegido, se sabeis?"

89. Dirão: "Allah." Dize: "Então, como vos deixais enfeitiçar?"

90. Mas chegamo-lhes com a verdade, e, por certo, são mentirosos.

91. Allah não tomou **para Si** filho algum, e não há com Ele deus algum; nesse caso, cada deus haver-se-ia ido com o que criara, e alguns deles se haveriam sublimado em arrogância, sobre outros. Glorificado seja Allah, acima do que alegam,

92. Ele é O Sabedor do invisível e do visível; então, Sublimado seja Ele, acima do que idolatram!

93. Dize, **Muḥammad**: "Senhor meu! Se me fazes ver o que lhes é prometido,

94. "Senhor meu, então, não me faças estar entre o povo injusto."

95. E, por certo, somos Poderoso para fazer-te ver o que lhes prometemos.

96. Revida o mal com o que é melhor. Nós somos bem Sabedor do que alegam.

97. E dize: "Senhor meu! Refugio-me em Ti, contra as incitações dos demônios,

98. "E refugio-me em Ti, Senhor meu, para que eles me não sejam presentes."

99. **E os renegadores da Fé permanecerão descrentes**, até que, quando a morte chegar a um deles, dirá: "Senhor meu! Fazei[1]-me voltar **à terra**,

100. "Na esperança de eu fazer o bem, no que tange ao que negligenciei." Em absoluto, **não o farei**. Por certo, será uma palavra[2] **vã**, que estará dizendo. E, adiante deles, haverá uma barreira[3], até um dia, em que eles ressuscitarão.

101. E, quando se soprar na Trombeta, não haverá parentesco entre eles, nesse dia, nem se interrogarão.

102. Então, aqueles, cujos pesos **em boas obras** forem pesados, esses serão os bem-aventurados.

103. E aqueles, cujos pesos forem leves, esses se perderão a si mesmos; serão eternos na Geena.

---

[1] Ocorre, aqui, pela primeira e única vez no Alcorão, o uso da segunda pessoa do plural, do Modo Imperativo, dirigindo-se a Deus.

[2] **Palavra**: tudo o que o descrente proferir, quando rogar a Deus que o faça retornar à terra, para corrigir o mal que praticou.

[3] **Barreira** traduz **barzakh**, que, além do sentido próprio, significa a barreira entre a morte e a Ressurreição.

104. O Fogo queimar-lhes-á as faces e, nele, ficarão tenebrosos.

105. Dir-se-lhes-á: "Meus versículos não se recitavam para vós e vós os desmentíeis?"

106. Dirão: "Senhor nosso! Nossa infelicidade dominou-nos, e fomos um povo descaminhado.

107. "Senhor nosso! Faze-nos sair dele⁽¹⁾, e se reincidirmos, seremos injustos."

108. Ele dirá: "Sede nele⁽²⁾ repelidos, e não Me faleis **mais**!

109. "Por certo, houve um grupo de Meus servos que dizia: 'Senhor nosso! Cremos: então, perdoa-nos e tem misericórdia de nós, e Tu és O Melhor dos misericordiadores!'

110. "E vós tomaste-los por objeto de escárnio, até que vos fizeram esquecer Minha Mensagem, e deles vos ríeis.

111. "Por certo, recompensei-os, hoje – porque pacientaram – com serem eles os triunfadores."

112. Ele dirá: "Quantos anos vós permanecestes na terra?"

113. Dirão: "Permanecemos um

---

(1) **Dele**: do Fogo infernal.
(2) **Nele**: no Fogo infernal.

dia ou parte de um dia; então, pergunta aos enumeradores."

114. Ele dirá; "Não permanecestes senão por pouco **tempo**. Se soubésseis!

115. "E supusestes que vos criamos, em vão, e que não seríeis retornados a Nós?"

116. Então, Sublimado seja Allah, O Rei, O Verdadeiro! Não existe deus senão Ele. Ele é O Senhor do nobre Trono!

117. E quem invoca, com Allah, outro deus, do qual não tem provança alguma, seu ajuste de contas será, apenas, junto de seu Senhor. Por certo, os renegadores da Fé não serão bem-aventurados.

118. E dize: "Senhor meu! Perdoa e tem misericórdia, e Tu és O Melhor dos misericordiadores!"

SŪRATU AN-NŪR[1]
A SURA DA LUZ

De Al Madīnah – 64 versículos.

Em nome de Allah, O Misericordioso, O Misericordiador.

1. **Esta** é uma Sura: fizemo-la descer e preceituamo-la, e, nela, fizemos descer evidentes versículos, para meditardes.

2. À adúltera e ao adúltero[2], açoitai a cada um deles com cem açoites. E que não vos tome compaixão alguma por eles, no **cumprimento do** juízo de Allah, se credes em Allah e no Derradeiro Dia. E que um grupo de crentes testemunhe o castigo de ambos.

3. O adúltero não esposará senão uma adúltera ou uma idólatra. E a adúltera, não a esposará senão um adúltero ou um idólatra. E isso[3] é

---

(1) **An-Nūr**: etimologicamente, quer dizer a luz. No Alcorão, esta palavra apresenta, segundo o contexto, várias acepções, entre as quais, salientam-se: o conhecimento verdadeiro através da Fé, que ab-roga a dúvida; o Livro Divino; o Profeta. Ela é mencionada nos versículos 35 e 40, daí a denominação da presente sura, cujo tema principal é a educação individual e social, que preserva a sociedade de condutas perniciosas, tais como o adultério, a propagação da corrupção e obscenidade em atos e palavras. É a legislação de severos castigos para quem viola os códigos de honra e, além disso, aponta os princípios éticos que devem nortear o convívio familiar e o ingresso em casa alheia; conclama, ainda, à pureza moral e faz atentar que Deus é fonte constante de luz, nos céus e na terra. Assim sendo, bem-aventurado, na terra, é aquele a quem Deus confere a luz da orientação. E, por fim, a sura configura o perfil dos verdadeiros crentes.

(2) Trata-se do adultério cometido entre pessoas não comprometidas pelo casamento, já que, o adultério cometido após este, é punido com apedrejamento.

(3) **Isso**: o casamento com adúlteros.

proibido aos crentes.

4. E aos que acusam de adultério as castas mulheres, em seguida, não fazem vir quatro testemunhas, açoitai-os com oitenta açoites, e, jamais, lhes aceiteis testemunho algum; e esses são os perversos,

5. Exceto os que, depois disso, se voltam arrependidos e se emendam; então, por certo, Allah é Perdoador, Misericordiador.

6. E aos que acusam de adultério suas mulheres, e não há para eles testemunhas senão eles mesmos, então, o testemunho de um deles, jurando por Allah, quatro vezes, que é dos verídicos,

7. E, na quinta **vez**, que a maldição de Allah seja sobre ele, se é dos mentirosos, **afastá-lo-á do castigo.**

8. E afastá-la⁽¹⁾-á do castigo o testemunhar ela, quatro vezes, jurando por Allah: "Por certo, ele é dos mentirosos",

9. E, na quinta **vez**, que a ira de Allah seja sobre ela, se ele é dos verídicos.

10. E não fora o favor de Allah para convosco, e sua misericórdia,

---

(1) Ou seja, a mulher, sobre quem recai a acusação de adultério, não será punida, se testemunhar conforme o versículo.

24. Sūratu An-Nūr   Parte 18

e que Allah é Remissório, Sábio, **haveria apressado o castigo para vós, nesta vida.**

11. Por certo, os que chegaram com a calúnia⁽¹⁾ são um grupo coeso de vós. Não suponhais que ela⁽²⁾ vos seja um mal. Mas vos é um bem. Para cada um deles, haverá o

---

(1) Alusão à falsa acusação de adultério lançada sobre ᶜAicha, mulher do Profeta. Isso ocorreu, segundo o relato dela, quando, no quinto ano da Hégira, acompanhando seu marido à uma expedição militar e havendo descido da tenda (na época, as mulheres eram transportadas por camelos, em tendas fechadas), para suas necessidades, distanciou-se, um pouco, do acampamento. Nesse ínterim, o exército, dando por terminada a expedição militar, preparou-se para retornar a Al Madīnah. Quando regressava ao acampamento, ᶜAicha deu por falta de um colar, que, acreditara, havia perdido no caminho. Voltou, novamente, ao lugar e, após certo tempo de busca, acabou por encontrá-lo. Mas, os homens, encarregados de cuidar de seu camelo, ignorando que sua tenda estivesse vazia, sem ᶜAicha dentro, recolocaram-na em cima do animal, para partir. Como justificativa ᶜAicha, em seus relatos, por essa época, as mulheres eram muito magras, e, se jovens ainda, como era ela própria, tornava-se mesmo difícil perceber sua ausência, quando erguida a tenda pertencente a ela. Assim, todos partiram, inclusive o camelo de ᶜAicha. Esta, ao chegar ao local do acampamento, não encontrou ninguém e se assustou. Julgou melhor não distanciar-se de lá, uma vez que, ao darem por sua ausência, deveriam retornar para apanhá-la. Durante a longa espera, esgotada, acabou por adormecer. Entretanto, um dos combatentes do Profeta, de nome Safwān as-Salmī, também permanecera adormecido, nas imediações e, ao despertar, saiu imediatamente, rumo ao lugar do acampamento. Passando por ᶜAicha, adormecida, reconheceu-a como mulher do Profeta e lamentou, em voz alta, que tal fato houvesse ocorrido, ficando ambos os dois distantes da expedição. Ao ouvi-lo, ᶜAicha despertou e, vendo Safwān, cobriu-se toda, sem dizer-lhe uma palavra, nem ele a ela. Safwān tratou de fazer seu camelo ajoelhar-se e apontou-o a ᶜAicha para que o montasse. E, assim, conduziu-a, até encontrar-se, depois, com a distante expedição. Ao vê-los, começaram a fazer juízo temerário de ambos. E o hipócrita Abdullah Ibn Salūl disseminou a calúnia de que ᶜAicha e Safwān haviam cometido adultério, apesar das firmes objeções destes. Chegando o boato aos ouvidos do Profeta, tanto se perturbou ele que mal soube como chegar à verdade dos fatos. Quanto à ᶜAicha, adoeceu de desgosto, sem condições de provar sua inocência. Após longo tempo de aflições, foram revelados estes versículos, que vieram comprovar a veracidade de seu relato e de sua idoneidade moral.

(2) **Ela**: a calúnia. A coletividade islâmica não deve considerá-la um mal, pois ela fará distinguir os hipócritas dos crente.

que cometeu de pecado. E aquele que, dentre eles, se empenhou em ampliá-la, terá formidável castigo.

12. Que, tão logo a ouvistes, os crentes e as crentes houvessem pensado bem **deles como** de si mesmos, e houvessem dito: "Esta é uma evidente infâmia!"

13. Que houvessem chegado com quatro testemunhas disso! Então, se não chegaram com as testemunhas, esses são, perante Allah, os mentirosos.

14. E não fora o favor de Allah para convosco e Sua misericórdia, na vida terrena e na Derradeira Vida, haver-vos-ia tocado um formidável castigo por aquilo que vos empenhastes em propalar,

15. Quando o difundistes com as línguas e dissestes com as bocas aquilo de que não tínheis ciência, e supúnheis simples, enquanto, perante Allah, era formidável.

16. E que, tão logo a ouvistes, houvésseis dito: "Não nos é admissível falarmos disso. Glorificado sejas! Isto é formidável infâmia!"

17. Allah exorta-vos a jamais reincidirdes em **algo** igual a isso, se sois crentes.

18. E Allah torna evidentes,

para vós, os versículos. E Allah é Onisciente, Sábio.

19. Por certo, os que amam que a obscenidade se dissemine, entre os que crêem, terão doloroso castigo na vida terrena e na Derradeira Vida. E Allah sabe, e vós não sabeis.

20. E não fora o favor de Allah para convosco, e Sua misericórdia, e que Allah é Compassivo, Misericordiador, **haveria apressado o castigo, para vós**.

21. Ó vós que credes! Não sigais os passos de Satã. E quem segue os passos de Satã, por certo, ele ordena a obscenidade e o reprovável. E, não fora o favor de Allah para convosco, e Sua misericórdia, Ele jamais dignificaria a nenhum de vós, mas Allah dignifica a quem quer. E Allah é Oniouvinte, Onisciente.

22. E que os dotados⁽¹⁾, dentre vós, do favor e da prosperidade, não prestem juramento de nada conceder aos parentes e aos necessitados e aos emigrantes no caminho de Allah. E que eles **os** indultem e **os** tolerem. Não amaríeis que Allah vos perdoasse? E Allah é Perdoador, Misericordiador.

---

(1) Alusão a Abū Bakr, pai de ᶜAicha e sogro do Profeta, o qual jurou não mais sustentar seu primo Misṭaḥ, um necessitado, por haver participado da divulgação do boato contra a mulher do Profeta.

24. Sūratu An-Nūr   Parte 18

23. Por certo, os que acusam de adultério as **mulheres** castas, inocentes, crentes, são amaldiçoados na vida terrena e na Derradeira Vida; e, para eles, haverá formidável castigo,

24. Um dia, em que suas línguas e suas mãos e seus pés testemunharem contra eles, pelo que faziam[1].

25. Nesse dia, Allah compensá-los-á com sua verdadeira retribuição, e saberão que Allah é a evidente Verdade.

26. As malignas **mulheres** para os malignos **homens**, e os malignos **homens** para as malignas **mulheres**. E as benignas **mulheres** para os benignos **homens**, e os benignos **homens** para as benignas **mulheres**. Esses[2] estão inocentes do que dizem **aqueles**[3]. Haverá, para eles, perdão e generoso sustento.

27. Ó vós que credes! Não entreis em casas outras que as vossas, até que peçais permissão e cumprimenteis[4] seus habitantes.

---

[1] Alusão a que os pecadores não poderão esconder suas faltas, pois suas próprias línguas, que falam o que não devem, as mãos, que furtam o que não é direito, os pés que descaminham, serão suas próprias testemunhas.

[2] **Esses**: todos os que são bons, inclusive ᶜAicha e Safwān.

[3] **Aqueles**: os caluniadores.

[4] O cumprimento consiste na saudação islâmica **as-salāmu ᶜalaikum**: "que a paz seja sobre vós".

Isso vos é melhor, e **Allah assim determinou,** para meditardes.

28. E, se ninguém encontrais nelas, não entreis nelas, até que vo-lo seja permitido. E, se vos é dito: "Retornai", retornai. Isso vos é mais digno. E Allah, do que fazeis, é Onisciente.

29. Não há culpa sobre vós, em entrardes em casas não residenciais[1], em que há proveito, para vós. E Allah sabe o que mostrais e o que ocultais.

30. Dize aos crentes, **Muḥammad,** que baixem suas vistas[2] e custodiem seu sexo[3]. Isso lhes é mais digno. Por certo, Allah é Conhecedor do que fazem.

31. E dize às crentes que baixem suas vistas e custodiem seu sexo e não mostrem seus ornamentos[4] – exceto o[5] que deles aparece – e que estendam seus cendais sobre seus decotes. E não mostrem seus ornamentos senão a seus maridos

---

(1) Estas casas corresponderiam a lojas, albergues, edifícios públicos, etc., que ofereceriam aos homens conforto: o resguardo do calor, do frio, proteção à mercadoria.
(2) Isto é, que sejam recatados, não desejando a mulher do próximo.
(3) Cf. XXIII 5 n2.
(4) Quer dizer, não exibir as regiões corporais que, usualmente, recebem ornamentos: o pescoço, o colo, os braços, os tornozelos. Há, implícita, a idéia de ornamentos naturais (o corpo) e artificiais.
(5) Ou seja, o rosto, as mãos e os pés.

ou a seus pais ou aos pais de seus maridos ou a seus filhos ou aos filhos de seus maridos ou a seus irmãos ou aos filhos de seus irmãos ou aos filhos de suas irmãs ou a suas mulheres[1] ou aos escravos que elas possuem ou aos domésticos, dentre os homens, privados[2] de desejo carnal, ou às crianças que não descobriram, **ainda**, as partes pudendas das mulheres. E que elas não batam, com os pés, **no chão**, para que se conheça o que escondem de seus ornamentos. E voltai-vos, todos, arrependidos, para Allah, ó crentes, na esperança de serdes bem-aventurados!

32. E casai os solteiros, dentre vós, e os íntegros, dentre vossos servos e vossas servas. Se são pobres, Allah enriquecê-los-á de Seu favor. E Allah é Munificente, Onisciente.

33. E que os que não encontram **meios para o** casamento se abstenham **de adultério**, até que Allah os enriqueça de Seu favor. E àqueles de vossos escravos, que buscam a alforria, mediante pagamento de uma soma, então, ajudai-os, se reconheceis neles **algum** bem. E concedei-lhes das

---

(1) Trata-se das crentes, parentas ou amigas.
(2) Alusão aos homens que, pela idade ou pela enfermidade, são impotentes.

riquezas de Allah, que Ele vos concedeu. E não deveis compelir vossas escravas à prostituição – se elas desejam a castidade – para buscardes os efêmeros bens da vida terrena. E quem as compele, por certo, Allah, após sua compulsão, é Perdoador, Misericordiador.

34. E, com efeito, fizemos descer, para vós, evidentes versículos e um exemplo dos que passaram antes de vós e uma exortação para os piedosos.

35. Allah é a luz dos céus e da terra. O exemplo de Sua luz é como o de um nicho, em que há uma lâmpada. A lâmpada está em um cristal. O cristal é como se fora astro brilhante. É aceso **pelo óleo** de uma bendita árvore olívea, nem de leste nem de oeste[(1)]; seu óleo quase se ilumina, ainda que o não toque fogo algum. É luz sobre luz. Allah guia a Sua luz a quem quer. E Allah propõe, para os homens, os exemplos. E Allah, de todas as cousas, é Onisciente.

36. Em casas, que Allah permitiu fossem erguidas e em que fosse celebrado Seu Nome, nelas, glorificam-nO, ao amanhecer e ao entardecer,

---

(1) Alusão a que a oliveira só atinge sua exuberância em regiões temperadas, onde a luz do sol é difusamente distribuída, ao contrário das regiões levantinas, onde há mais sol na parte da manhã e das regiões ocidentais, onde é mais intenso na parte da tarde.

37. Homens, a quem não entretém nem comércio nem venda da lembrança de Allah e do cumprimento da oração e da concessão de az-zakāh⁽¹⁾ – eles temem um dia, em que os corações e as vistas serão transtornados. –

38. Para que Allah os recompense com **algo** melhor que aquilo que fizeram, e lhes acrescente **algo** de Seu favor. E Allah dá sustento, sem conta, a quem quer.

39. E os que renegam a Fé, suas obras são como miragem em uma planície, a qual o sedento supõe água, até que, quando chega a ela⁽²⁾, nada encontra. E, encontra a Allah junto dela; então, Ele compensá-lo-á com ajuste de contas. E Allah é Destro no ajuste de contas.

40. Ou são como trevas em um mar profundo: encobrem-no ondas, por cima das quais, há **outras** ondas; por cima destas, há nuvens; trevas, umas por cima das outras. Quando **alguém** faz sair sua mão quase não a vê. E aquele, a quem Allah não faz luz jamais terá luz.

41. Não viste que a Allah glorifica quem está nos céus e na terra, e os

---

⁽¹⁾ Cf II 43 n4.

⁽²⁾ **A ela**: a miragem.

pássaros, enquanto pairam no ar? Cada um, com efeito, sabe sua oração e sua glorificação. E Allah, do que fazem, é Onisciente.

42. E de Allah é a soberania dos céus e da terra. E a Allah será o destino.

43. Não viste que Allah impulsa **as** nuvens; em seguida, junta-as; depois, fá-las um aglomerado? Então, tu vês a chuva sair de dentro delas. E do céu, de montanhas[1], nele **formadas de nuvens**, Ele faz descer granizo, e, com este alcança a quem quer e o desvia de quem quer. O fulgor de seu relâmpago quase se vai com as vistas.

44. Allah faz alternar o dia e a noite[2]. Por certo, há nisso lição para os dotados de visão.

45. E Allah criou todo ser animal de água[3]. Então, dentre eles, há quem ande sobre o ventre, e, dentre eles, há quem ande sobre dois pés, e dentre eles, há quem ande sobre quatro. Allah cria o que

---

(1) Estas montanhas são as massas de nuvens formadas nas alturas, e que chegam a atingir de 15 a 20 quilômetros de altitude. Somente, agora, com a aviação, podemos dar-nos conta dessa imagem, já que, da terra, não temos condições de vislumbrá-las.

(2) Os períodos diurnos e noturnos não são inalteráveis, ou seja, da mesma extensão e com as mesmas características: há-os mais curtos e mais longos, e mais quentes e mais frios, de acordo com a estação em que ocorrem.

(3) Cf. XXI 30 n3. Alguns exegetas, entretanto, acreditam que esta água seja o líquido seminal.

quer. Por certo, Allah sobre todas as cousas, é Onipotente.

46. Com efeito, fizemos descer evidentes versículos. E Allah guia a quem quer a uma senda reta.

47. E eles[1] dizem: "Cremos em Allah e no Mensageiro, e obedecemos." Em seguida, depois disso, um grupo deles volta as costas. E esses não são os crentes.

48. E, quando convocados a Allah e a Seu Mensageiro, para que **este** julgue, entre eles, eis um grupo deles que **lhe** dá de ombros.

49. E, se tivessem o direito, chegariam a ele[2] resignados.

50. Há enfermidade, em seus corações? Ou eles duvidam? Ou temem que Allah e Seu Mensageiro sejam iníquos com eles? **Não!** Mas, estes são os injustos.

51. O dito dos crentes, quando convocados a Allah e a Seu Mensageiro, para que **este** julgue, entre eles, é, apenas, dizerem: "Ouvimos e obedecemos." E esses são os bem-aventurados.

52. E quem obedece a Allah e a Seu Mensageiro e receia a Allah e a Ele teme, esses são os triunfadores.

---

(1) **Eles**: os hipócritas de Makkah.
(2) **A Ele**: ao Profeta.

53. E eles⁽¹⁾ juram, por Allah, com todos seus mais solenes juramentos, que, se tu os ordenares **a combater**, sairão **a combate**. Dize: "Não jureis." **vossa** obediência é conhecida. Por certo, Allah, do que fazeis, é Conhecedor.

54. Dize: "Obedecei a Allah e obedecei ao Mensageiro." E, se voltais as costas, impende a ele, apenas, o de que foi encarregado, e impende a vós o de que fostes encarregados. E, se lhe obedeceis, guiar-vos-eis. E não impende ao Mensageiro senão a evidente transmissão **da Mensagem**.

55. Allah promete aos que, dentre vós, crêem e fazem as boas obras que os fará suceder, na terra, como fez suceder aos que foram antes deles, e que lhes fortalecerá a religião, de que Se agrada, no tocante a eles, e que lhes trocará segurança, após seu medo. Eles Me adorarão, nada Me associarão. E quem renega a Fé, depois disso, esses são os perversos.

56. E cumpri a oração e concedei az-zakāh⁽²⁾, **a ajuda caridosa**, e obedecei ao Mensageiro, na esperança de obterdes misericórdia.

57. Não suponhas que os que renegam a Fé sejam capazes de

---

(1) Ou seja, "juram os hipócritas".
(2) **Cf II 43 n4.**

escapar **do castigo de Allah**, na terra. E sua morada será o Fogo. E, em verdade, que execrável destino!

58. Ó vós que credes! Que vos peçam permissão, por três vezes, vossos escravos e aqueles, dentre vós, que, **ainda**, não chegaram à puberdade, **para estar em vossa presença**: antes da oração da aurora e quando puserdes de lado vossos trajes, ao meio-dia⁽¹⁾, e depois da **última** oração da noite. São três tempos de vossa intimidade. Não há culpa sobre vós nem sobre eles, depois destes **tempos**, em circular, **sem permissão**, uns de vós com os outros. Assim, Allah torna evidentes, para vós, os versículos. E Allah é Onisciente, Sábio.

59. E, quando as crianças, dentre vós, atingirem a puberdade, que peçam permissão **para estar em vossa presença**, como pediram permissão os que foram antes delas. Assim, Allah torna evidentes, para vós, Seus versículos. E Allah é Onisciente, Sábio.

60. E as mulheres que atingirem a menopausa, e que não mais esperam casamento, não há culpa sobre elas, em porem de lado **algo de** seus trajes, sem se exibirem

---

(1) De acordo com os costumes orientais, a sesta é feita na hora mais quente do dia, o que obriga, muitas vezes, ao desnudamento.

com ornamentos. E absterem-se **disso** é-lhes melhor. E Allah é Oniouvinte, Onisciente.

61. Não há falta sobre o cego e não há falta sobre o coxo e não há falta sobre o enfermo nem sobre vós mesmos, em comerdes em vossas casas, ou nas casas de vossos pais, ou nas casas de vossas mães, ou nas casas de vossos irmãos, ou nas casas de vossas irmãs, ou nas casas de vossos tios paternos, ou nas casas de vossas tias paternas, ou nas casas de vossos tios maternos, ou nas casas de vossas tias maternas, ou **em casas**, cujas chaves possuís, ou **nas** de vossos amigos[1]. Não há culpa sobre vós, em comerdes reunidos ou separados. E, quando entrardes em casas, cumprimentai-vos mutuamente, com saudação vinda de Allah, bendita e cordial. Assim, Allah torna evidentes, para vós, os versículos, para razoardes.

62. Os **autênticos** crentes são, apenas, os que crêem em Allah e em Seu Mensageiro, e, quando estão com ele, em assunto de interesse

---

[1] Ao ser revelado o versículo 188, da sura II que diz: "E não devoreis, ilicitamente, vossas riquezas, entre vós", muitos dos crentes abstiveram-se de comer em casa de parentes, por entenderem que, ao fazê-lo, estariam violando o mandamento, uma vez que cada qual deve alimentar-se com o esforço do próprio trabalho. Aqui, neste versículo 61, a determinação de Deus é de que é facultado aos deficientes e, até mesmo, aos demais homens, alimentarem-se em casa de familiares ou amigos.

comum, não se vão, até que lhe peçam permissão. Por certo, os que te pedem permissão, esses são os que crêem em Allah e em Seu Mensageiro. Então, quando te pedirem permissão para algum de seus assuntos, dá permissão a quem, deles, quiseres, e implora a Allah perdão para eles. Por certo, Allah é Perdoador, Misericordiador.

63. Não façais, entre vós, a convocação do Mensageiro, como a convocação de um de vós para outros. **E não vos retireis de sua companhia, sem sua permissão.** Com efeito, Allah sabe dos que, dentre vós, se retiram sorrateiramente. Então, que os que discrepam de sua ordem se precatem de que não os alcance provação ou não os alcance doloroso castigo.

64. Ora, por certo, de Allah é o que há nos céus e na terra. Com efeito, Ele sabe aquilo em que vos fundamentais[1]; e, um dia, quando a Ele forem retornados, então, informá-los-á do que fizeram. E Allah, de todas as cousas, é Onisciente.

---

(1) Deus conhece os profundos escaninhos da mente humana: seus objetivos, intenções, suas crenças e descrenças.

SŪRATU AL-FURQĀN[1]
A SURA DO CRITÉRIO

De Makkah – 77 versículos.

Em nome de Allah, O Misericordioso, O Misericordiador.

1. Bendito Aquele Que fez descer o Critério sobre Seu Servo, para que seja admoestador dos mundos,

2. Aquele de Quem é a soberania dos céus e da terra, e Que não tomou filho algum, e para Quem não há parceiro, na soberania, e Que criou todas as cousas e determinou-as na justa medida!

3. E eles[2] tomam, além dEle,

---

(1) **Al Furqān**: infinitivo substantivado do verbo **faraqa**, separar ou distinguir. No Alcorão, essa palavra engloba várias acepções, tais como: o critério de distinção entre o bem e o mal, a vitória e o Livro divino (a Tora ou o Evangelho ou o Alcorão), uma vez que estes constituem um critério de distinção entre o bem e o mal, entre a verdade e a falsidade (cf. II 53 n39). Esta sura deve seu nome à menção da palavra **furqān**, no primeiro versículo. Ela é, basicamente, uma apologia do Alcorão, a qual exalça a Mensagem de Deus, a Quem pertencem os céus e a terra e Que não tem semelhante algum. Não obstante isso, os idólatras apegam-se a ídolos, desmentem o Alcorão e negam a veracidade da mensagem do Profeta, mediante o argumento de que Muḥammad é homem igual a todos e se alimenta e vive como os demais, sem qualquer característica que o aproxime dos anjos. Objetam, ainda, que o Alcorão não foi revelado de uma só vez, e sim por partes. Mas respostas a todas estas objeções vão surgindo, por meio de histórias dos primitivos profetas e seus seguidores, pondo em realce que os idólatras seguem seus caprichos e, com sua maneira de pensar e agir, tornam-se tais quais rebanhos irracionais, ou pior ainda. Por essa razão, no Dia do Juízo, receberão a severa e merecida recompensa. A seguir, nesta sura, os sinais do Universo apresentam-se para dimensionar o poder divino. Finalmente, há alusão aos crentes, que receberão as melhores recompensas. Por tudo isso, e pelas alvíssaras, esta sura veio a representar um bálsamo para o Profeta, quando de sua defrontação com os Quraich, arrogantes, descrentes, agressivos e infensos à religião que pregava. Em momento algum, o Profeta, diante de tamanha hostilidade, esmoreceu sua pregação ou negligenciou as verdades da revelação divina.

(2) Alusão aos descrentes de Makkah, que praticavam a idolatria.

outros deuses, que nada criam, enquanto eles **mesmos** são criados, e não possuem, para si mesmos, prejuízo nem benefício, e não possuem **o dom de** morte nem **de** vida nem **de** ressuscitar.

4. E os que renegam a Fé dizem: "Este[1] não é senão mentira, que ele forjou, e, nisso, outras pessoas[2] ajudaram." Então, com efeito, cometeram injustiça e falsidade.

5. E dizem; "São fábulas dos antepassados, que ele pediu fossem escritas; e elas lhe são ditadas, ao amanhecer e ao entardecer."

6. Dize, **Muḥammad**: "Fê-lo descer Aquele Que sabe os segredos nos céus e na terra. Por certo, Ele é Perdoador, Misericordiador."

7. E dizem: "Por que razão este Mensageiro come o **mesmo** alimento e anda pelos mercados, **como nós**? Que se fizesse descer um anjo, para ele, e, com ele, fosse admoestador!

8. "Ou que se lhe lançasse um tesouro, ou que houvesse, para ele, um jardim, de que pudesse comer[3]!"

---

(1) **Este**: o Alcorão.
(2) Alusão aos cristãos e judeus, contemporâneos do Profeta, em cujas fontes e tradições os idólatras asseveram haver-se Muḥammad abeberado.
(3) Os renegadores da Fé não podiam aceitar que Muḥammad fosse um homem comum. Segundo sua concepção de mensageiro, este deveria ser um anjo ou um homem

E os injustos dizem: "Vós não seguis senão um homem enfeitiçado!"

9. Olha como engendram semelhantes a ti, e se descaminham! Então, não poderão encontrar caminho algum.

10. Bendito Aquele Que, se quiser, te fará **algo** melhor que **tudo** isso: jardins, abaixo dos quais correm os rios; e te fará palácios!

11. Mas eles desmentem a Hora; e preparamos, para os que desmentem a Hora, um Fogo ardente.

12. Quando este os vir, de longínquo lugar, **já** eles lhe ouvirão o furor e o rumor.

13. E, quando lançados nele, em angusto lugar, as mãos amarradas atrás do pescoço, lá suplicarão uma aniquilação.

14. **Dir-se-lhes-á**: "Não supliqueis, hoje, uma só aniquilação e suplicai muitas[1] aniquilações!"

15. Dize: "Isso é melhor ou o Paraíso da eternidade, que é prometido aos piedosos? Ser-lhes-á recompensa e destino.

16. "Terão, nele, o que quiserem,

---

acompanhado de um anjo; ou que, pelo menos, fosse dotado de tesouros e pomares esplêndidos, para maior prestígio perante os homens, diante dos quais iria pregar.

[1] A perpetuidade da desgraça infernal implica não só um tipo de castigo, mas um infinito corolário deles, o que levará o réprobo a suplicar que o aniquile a destruição em definitivo.

sendo eternos. Isso impende a teu Senhor, como promessa exigível."

17. E **lembra-lhes de que**, um dia, os[1] reuniremos, eles e aos[2] que adoram, além de Allah; então, Ele dirá: "Descaminhastes estes Meus servos, ou eles mesmos se descaminharam do caminho?"

18. Eles[3] dirão: "Glorificado sejas! Não nos é concebível tomarmos, além de Ti, protetores, mas Tu os fizeste gozar e a seus pais, até que esqueceram a Mensagem[4] e foram um povo extraviado."

19. Dir-se-á aos idólatras: "E, com efeito, eles[5] vos desmentem no que dizeis; então, não podereis obter nem isenção **do castigo** nem socorro." E a quem de vós é injusto, fá-lo-emos experimentar grande castigo.

20. E não enviamos, antes de ti, Mensageiros, sem que, por certo, comessem **o mesmo** alimento e andassem pelos mercados. E fazemos de uns de vós provação para os outros. **Então**, vós pacientais? E teu Senhor é Onividente.

---

(1) **Os**: os idólatras de Makkah.
(2) **Aos**: os anjos, adorados como filhas de Deus; e Jesus, adorado como filho de Deus, e ᶜUzair, adorado pelos judeus, como Filho de Deus, etc..
(3) **Eles**: os seres adorados como deuses.
(4) **A Mensagem**: o Alcorão.
(5) **Eles**: os seres adorados, além de Deus: os ídolos.

21. E os que não esperam Nosso encontro dizem: "Que se faça descer os anjos sobre nós, ou que vejamos a nosso Senhor!" Com efeito, eles se ensoberbecem, em seu âmago, e cometem, desmesuradamente, grande arrogância.

22. Um dia, quando eles virem os anjos, nesse dia, não haverá alvíssaras para os criminosos, e **os anjos** dirão: "É, terminantemente, vedado[1] **ir para o Paraíso.**"

23. E referir-nos-emos às obras[2] que fizeram, e fá-las-emos partículas dispersas no ar.

24. Os companheiros do Paraíso, nesse dia, serão os melhores em residência, e estarão em mais belo lugar de repouso.

25. E um dia, o céu se fenderá, com as nuvens, e se fará descer os anjos, com descida de realidade.

26. Nesse dia, a verdadeira soberania será dO Misericordioso. E será um dia difícil para os renegadores da Fé.

---

(1) **É terminantemente vedado**: traduz a expressão árabe **ḥijran maḥjūran**, que os árabes repetiam, quando um deles se encontrava com temido inimigo, durante os meses sagrados. Sendo assim, o inimigo ficava impossibilitado de fazer-lhe mal, já que era vedada a vingança, nessa época. No Dia do Juízo, os anjos responsáveis pelo castigo repetiram estas palavras para fazer saber aos renegadores da Fé a impossibilidade de se salvar do castigo.

(2) **Obras**: as boas obras, realizadas pelos réprobos, e que de nada lhes adiantaram, no Dia do Juízo.

27. E um dia, o injusto morderá as mãos, dizendo: "Quem dera houvesse eu tomado caminho com o Mensageiro!

28. "Ai de mim! Quem dera não houvesse eu tomado fulano por amigo!

29. "Com efeito, ele me descaminhou da Mensagem, após ela haver-me chegado. E Satã é pérfido para com o ser humano!"

30. E o Mensageiro dirá: "Ó Senhor meu! Por certo, meu povo tomou este Alcorão por **objeto de abandono**!"

31. E, assim, fizemos, para cada profeta, um inimigo dentre os criminosos. E basta teu Senhor por Guia e Socorredor.

32. E os que renegam a Fé dizem: "Que houvesse descido sobre ele o Alcorão, de uma só vez!" **Fragmentamo-lo**, assim, para, com ele, te tornarmos firme o coração. E fizemo-lo ser recitado paulatinamente.

33. E eles não te chegam com exemplo[1] algum, sem que cheguemos a ti com a verdade e a melhor interpretação.

34. Os que forem reunidos, sendo

---

(1) **Exemplo**: argumento contrário à Mensagem do Profeta.

arrastados sobre as faces à Geena, esses serão na pior situação e os mais descaminhados do caminho certo.

35. E, com efeito, concedemos a Moisés o Livro[1], e fizemos de seu irmão Aarão, vizir, **assistente**, junto dele.

36. E dissemos: "Ide ambos ao povo que desmentiu Nossos sinais." Então, destruímo-lo totalmente.

37. E ao povo de Noé, quando desmentiu os Mensageiros, afogamo-lo e fizemo-lo um sinal para os humanos. E preparamos para os injustos doloroso castigo.

38. E **menciona o povo de** ʿĀd e Thamūd e os companheiros de Al-Rass[2] e muitas gerações entre esses.

39. E, para cada um deles, propomos os exemplos, e a cada um esmagamos, rudemente.

40. E, com efeito, eles[3] passaram pela cidade, sobre a qual se fez chover a chuva do mal[4]. Então, não a viram? Mas eles não

---

(1) **O Livro**: a Tora.
(2) **Ar-Rass**: o poço, a escavação, o sepultamento. Esta palavra admite inúmeras acepções, entre as quais a de uma aldeia de nome Yamāmah, cujos habitantes desmentiram seu profeta e o enterraram vivo, num poço, até que morreu. Outra acepção se liga à trincheira, citada no capítulo LXXXV do Alcorão. Uma terceira prende-se à região que vai desde Najrān, na Península Arábica, até o Ḥaḍramaut, no Yêmen.
(3) **Eles**: os idólatras de Makkah.
(4) Trata-se da chuva de pedras ígneas, caída sobre Sodoma e Gomorra.

esperam Ressurreição alguma.

41. E, quando te vêem, não te tomam senão por objeto de zombaria, **e dizem**: "É este quem Allah enviou por Mensageiro?

42. "Por certo, ele quase nos descaminhara de nossos deuses, não houvéssemos sido perseverantes com **o culto** deles." E saberão, quando virem o castigo, quem está mais descaminhado;

43. Viste aquele que toma por deus sua paixão? Então, és tu, sobre ele, patrono?

44. Ou tu supões que a maioria deles ouve ou razoa? Eles não são senão como os rebanhos, aliás, mais descaminhados, em caminho.

45. Não viste teu Senhor, como estende a sombra? E, se quisesse, fá-la-ia imóvel. Em seguida, Nós fazemos do sol um indicador dela;

46. Em seguida, recolhemo-la, suavemente, para junto de Nós.

47. E Ele é Quem vos faz da noite vestimenta, e do sono, descanso, e faz do dia volta à vida ativa.

48. E Ele é Quem envia o vento, como alvissareiro, adiante de Sua misericórdia[1]. E do céu fazemos descer água pura.

---

(1) Cf. VII 57 n2.

49. Para, com ela, vivificar uma plaga morta, e darmos de beber, dentre o que criamos, a muitos rebanhos e humanos.

50. E, com efeito, repartimo-la⁽¹⁾, entre eles, para meditarem⁽²⁾; então, a maioria dos homens a **tudo** recusou, exceto à ingratidão.

51. E, se quiséssemos, haveríamos enviado a cada cidade um admoestador.

52. Então, não obedeças aos renegadores da Fé, **Muḥammad**, e, com ele⁽³⁾, luta contra eles, vigorosamente.

53. E Ele é Quem desenleou os dois mares⁽⁴⁾: este é doce, sápido, e aquele é salso, amargo. E fez, entre ambos, uma barreira⁽⁵⁾ e terminante proibição **de sua mescla**.

54. E Ele é Quem cria da água⁽⁶⁾ um ser humano e faz dele parentes sangüíneos e parentes afins. E teu Senhor é Onipotente.

⁽¹⁾ **La**: a chuva.
⁽²⁾ Ou seja, para os homens meditarem.
⁽³⁾ **Ele**: o Alcorão.
⁽⁴⁾ **Os dois mares**: é tradução de **al baḥrain**, dual de **al baḥr** que, etimologicamente, significa **água abundante**, seja salgada, seja doce, embora de uso mais freqüente na designação, apenas, de mar. A ocorrência do dual no versículo serve para exprimir, ao mesmo tempo, tanto a água de rios quanto a de mares.
⁽⁵⁾ Trata-se de imiscibilidade da água salgada com a doce, quando de seu encontro. Isso constitui enorme graça divina para o ser humano que, do contrário, teria suas fontes e rios invadidos pela água do mar.
⁽⁶⁾ Cf. XXI 30 n3.

55. E eles adoram, além de Allah, o que não os beneficia nem os prejudica. E o renegador da Fé é coadjutor **de Satã** contra seu Senhor.

56. E não te enviamos senão por alvissareiro e admoestador.

57. Dize: "Não vos peço prêmio algum por ele[1], a não ser **a crença de** quem quer tomar caminho para seu Senhor."

58. E confia nO Vivente, Que jamais morrerá, e glorifica-O, com louvor. E basta Ele por Conhecedor dos pecados de Seus servos.

59. Ele é Quem criou os céus e a terra e o que há entre ambos, em seis dias[2]; em seguida, estabeleceu-Se no Trono. Ele é O Misericordioso; então, pergunta, acerca dEle, a um conhecedor.

60. E, quando se lhes[3] diz: "Prosternai-vos diante dO Misericordioso", dizem: "O que é O Misericordioso? Prosternar-nos-emos diante do que nos ordenas?" E **isso** lhes acrescenta repulsa.

61. Bendito Quem fez constelações, no céu, e, nele, fez um luzeiro[4] e uma lua luminosa!

---

(1) **Ele**: o Islão.
(2) Cf. VII 54 n1.
(3) **Lhes**: aos idólatras de Makkah.
(4) **Luzeiro**: o sol radioso.

62. E Ele é Quem fez a noite e o dia alternados, para quem deseja meditar ou deseja agradecer **a Allah**.

63. E os servos dO Misericordioso são os que andam, mansamente, sobre a terra, e, quando os ignorantes se dirigem a eles, dizem: "salam!" **"Paz!"**;

64. E os que passam a noite prosternando-se, diante de seu Senhor, e **orando** de pé;

65. E os que dizem: "Senhor nosso! Desvia de nós o castigo de Geena. Por certo, seu castigo é perpétuo.

66. "Por certo, que vil residência e lugar de permanecer é ela!";

67. E os que, quando despendem **seus bens**, não **os** esbanjam nem restringem, mas **seu dispêndio** está entre isso, ajustado;

68. E os que não invocam, junto de Allah, outro deus, e não matam a alma que Allah proibiu **matar**, exceto se com justa razão, e não adulteram; e quem faz isso encontrará punição;

69. O castigo duplicar-se-lhe-á, no Dia da Ressurreição, e, nele, permanecerá, eternamente, aviltado.

70. Exceto quem se volta arrependido e crê e faz o bem:

25. Sūratu Al-Furqān   Parte 19

então, a esses, Allah trocar-lhes-á as más obras em boas obras. E Allah é Perdoador, Misericordiador.

71. E quem se volta arrependido e faz o bem, por certo, ele se volta para Allah, arrependido, perfeitamente.

72. E os que não prestam falso testemunho e, quando passam junto da frivolidade, passam nobremente;

73. E os que, quando são lembrados dos versículos de seu Senhor, não permanecem desatentos a eles, como surdos, cegos;

74. E os que dizem: "Senhor nosso! Dadiva-nos, da parte de nossas mulheres e de nossa descendência, com alegre frescor nos olhos e faze-nos guia para os piedosos."

75. Esses serão recompensados com a câmara etérea, porque pacientaram; e, nele, ser-lhe-ão conferidas saudações e paz.

76. Lá, serão eternos. Que bela residência e lugar de permanecer!

77. Dize, **Muḥammad**: "Meu Senhor não se importaria convosco, não fora vossa súplica. E, com efeito, desmentistes **o Mensageiro**; então, ser-**vos**-á imposto **o castigo**."

26. Sūratu Ach-Chuʿarā' Parte 19 سورة الشعراء ٢٦ الجزء ١٩

| SŪRATU ACH-CHUʿARĀ',[1] |
| A SURA DOS POETAS |

De Makkah – 227 versículos.

Em nome de Allah, O Misericordioso, O Misericordiador.

1. Tā, Sīn, Mīm[2].

2. Esses são os versículos do explícito Livro[3].

3. Talvez te consuma **de pesar, Muḥammad**, por não serem eles[4] crentes.

4. Se quiséssemos, haver-lhes-iámos feito descer, do céu, um sinal; então, as cervizes permanecer-lhes-iam rendidas.

5. E não lhes chega nenhuma Mensagem renovada dO Misericordioso, sem que lhe dêem de ombros.

---

[1] **Ach-Chuʿarā'** é plural de **chāʿir**, poeta. Assim se denomina a sura, pela menção dessa palavra no versículo 224. Seu tema principal é o mesmo de todas as reveladas em Makkah: a unicidade de Deus, a Revelação e a Mensagem, a Ressurreição e a Recompensa. A particularidade desta sura é conter várias histórias de mensageiros, histórias estas que ocupam 180 dos versículos, reveladas, certamente, para tranqüilizar o Profeta Muḥammad, a quem o povo desmentia, reiterando-lhe que outros povos, antes dele, igualmente, desmentiram seus mensageiros. Primeiro, há o confronto de Moisés e Aarão com Faraó, e o desdém deste pela Mensagem. Em seguida, a história de Abraão, Noé, Hūd, Ṣāliḥ, Loṭ e Chuʿaib. Percebe-se, nas histórias destes profetas, que a base da pregação é a mesma, e o modo de desmentir dos descrentes, idêntico. Finalmente, a sura mostra o sublime valor do Alcorão e torna bem evidente que o Profeta Muḥammad não pode ser poeta, nem, tampouco, o Alcorão poesia.

[2] Cf. II 1 n3.

[3] **Livro**: o Alcorão.

[4] **Eles**: os idólatras de Makkah.

6. E, com efeito, desmentem-na; então, chegar-lhes-ão informes daquilo[1] de que zombavam.

7. E não viram eles a terra, quanto fazemos germinar, nela, todos os casais **de plantas** preciosas?

8. Por certo, há nisso um sinal. Mas a maioria deles não é crente.

9. E, por certo, teu Senhor é O Todo-Poderoso, O Misericordiador.

10. E **lembra-lhes de** quando teu Senhor chamou a Moisés: "Vai ao povo injusto,

11. "O povo de Faraó. Não temem eles **a Allah**?"

12. Disse: "Senhor meu, por certo, temo que me desmintam.

13. "E meu peito constrange-se e minha língua não se solta. Então, envia a Aarão, **para que este me secunde**.

14. "E eles têm, contra mim, **a acusação de** um delito; então, temo que me matem."

15. **Allah** disse: "Em absoluto, **não te matarão**. Então, ide ambos com Nossos sinais. Por certo, estaremos convosco, ouvindo.

16. "E chegai a Faraó e dizei:

---

(1) **Daquilo**: da Mensagem.

'Por certo, somos Mensageiros dO Senhor dos mundos.

17. " 'Envia conosco os filhos de Israel'."

18. **Faraó**[1] disse: "Não te cuidamos, junto de nós, enquanto eras bem criança, e não permaneceste, junto de nós, alguns anos de tua vida?

19. "E fizeste teu feito[2], que fizeste, e tu és dos ingratos."

20. **Moisés** disse[3]: "Fi-lo, então, enquanto eu era dos descaminhados.

21. "E fugi de vós, quando vos temi; então, meu Senhor dadivou-me com sabedoria e fez-me dos Mensageiros.

22. "E esta é uma graça – que me cobras – o haveres escravizado os filhos de Israel[4]?"

23. Faraó disse: "E o que é O Senhor dos mundos?"

24. **Moisés** disse: "O Senhor dos céus e da terra e do que há entre ambos, se estais[5] convictos **disso**."

---

(1) Faraó disse a Moises.
(2) Referência à morte de um egípcio, perpetrada por Moisés.
(3) Moisés explica que seu feito era antes de ser ele Mensageiro.
(4) Moisés recusa-se a aceitar como graça os cuidados dispensados a ele, pela corte faraônica, quando criança, uma vez que foi vítima dos atos execráveis de Faraó, que impôs aos filhos de Israel a escravidão e a morte aos primogênitos varões.
(5) Moisés se dirige a Faraó e a seus dignitários.

25. **Faraó**[1] disse aos que estavam a seu redor: "Não ouvis o que ele diz?"

26. Moisés disse: "Vosso Senhor é O Senhor de vossos pais antepassados!"

27. Faraó disse: "Por certo, vosso mensageiro, que vos foi enviado, é louco[2]!"

28. Moisés disse: "O Senhor do Levante e do Poente e do que há entre ambos, se razoais."

29. Faraó disse: "Em verdade, se tomas deus outro que não seja eu, far-te-ei dos prisioneiros."

30. Moisés disse: "E ainda que eu te chegue com algo evidente?"

31. Faraó disse: "Faze-o vir, pois, se és dos verídicos."

32. Então, Moisés lançou sua vara, e ei-la evidente serpente.

33. E tirou sua mão[3]: e ei-la alva[4] para os olhadores.

34. Faraó disse aos dignitários a seu redor: "Por certo, este é um mágico sapiente,

---

(1) Faraó, estranhando a fala de Moisés...
(2) Faraó se dirige a seu povo, para denunciar loucura naquele mensageiro, que é Moisés.
(3) Cf. VII 108 n1.
(4) Cf. VII 108 n2.

35. "Que deseja fazer-vos sair de vossa terra, com sua magia. Então, que ordenais?"

36. Disseram: "Pretere-o e a seu irmão, e envia congregantes às cidades;

37. "Eles far-te-ão vir todo mágico sapiente."

38. Então, os mágicos foram juntados em um tempo marcado de dia determinado.

39. E foi dito aos homens[1]: "Estareis juntos,

40. "Para que sigamos os mágicos, se forem os vencedores?"

41. E, quando os mágicos chegaram, disseram a Faraó: "Teremos prêmio, se formos os vencedores?"

42. Ele disse: "Sim, e, por certo, sereis, nesse caso, dos mais achegados."

43. Moisés disse-lhes: "lançai o que tendes para lançar."

44. Então, lançaram suas cordas e suas varas e disseram: "Pelo poder de Faraó, seremos, por certo, os vencedores."

45. E Moisés lançou sua vara; e ei-la que engoliu o que forjaram.

---

(1) **Aos homens**: ao povo, que foi incitado a comparecer ao desafio dos mágicos.

26. Sūratu Ach-Chu'arā' Parte 19

46. Então, os mágicos caíram, prosternando-se.

47. Disseram: "Cremos no Senhor dos mundos,

48. "O Senhor de Moisés e Aarão."

49. **Faraó** disse: "Credes nele, antes de eu vo-lo permitir? Por certo, ele é vosso mestre, que vos ensinou a magia. Então, logo sabereis! Em verdade, cortar-vos-ei as mãos e as pernas, de lados opostos, e crucificar-vos-ei a todos."

50. Disseram: "Mal algum! Por certo, tornaremos a nosso Senhor.

51. "Por certo, aspiramos a que nosso Senhor nos perdoe os erros, porque somos os primeiros dos crentes."

52. E inspiramos a Moisés: "Parte, durante a noite, com Meus servos; por certo, sereis perseguidos."

53. Então, Faraó enviou congregantes às cidades,

54. Que diziam: "Por certo, esses são um bando pouco numeroso,

55. "E, por certo, eles nos põem rancorosos,

56. "E, por certo, deles, todos nos precatamos."

57. Então, Nós os fizemos sair de jardins e fontes,

58. E os fizemos abandonar tesouros e nobre lugar de permanência.

59. Assim foi. E fizemos que os filhos de Israel os herdassem.

60. E, ao nascer do sol, eles perseguiram[1]-nos.

61. E, quando se depararam as duas multidões, os companheiros de Moisés disseram: "Por certo, seremos atingidos."

62. Ele disse: "Em absoluto **não o seremos**! Por certo, meu Senhor é comigo; Ele me guiará."

63. E inspiramos a Moisés: "Bate no mar com tua vara." Então, **este** se fendeu; e cada divisão se tornou como a formidável montanha.

64. E, lá, fizemos aproximar os outros[2].

65. E salvamos a Moisés e a quem estava com ele, a todos.

66. Em seguida, afogamos os outros.

67. Por certo, há nisso um sinal. Mas a maioria deles não é crente.

---

(1) Faraó e seu exército perseguiram os filhos de Israel.
(2) **Os outros**: Faraó e seu exército.

68. E, por certo, teu Senhor é O Todo-Poderoso, O Misericordiador.

69. E recita, para eles, o informe de Abraão,

70. Quando disse a seu pai e a seu povo: "Que adorais?"

71. Disseram: "Adoramos ídolos; então, a eles permanecemos cultuando."

72. Disse: "eles ouvem-vos, quando **os** invocais?

73. "Ou vos beneficiam ou vos prejudicam?"

74. Disseram: **"Não!** Mas encontramos nossos pais fazendo assim."

75. Disse: "E vistes o que adorais,

76. "Vós e vossos antigos pais?

77. "Então, por certo, são de mim inimigos, exceto O Senhor dos mundos,

78. "Quem me criou; e é Ele **Quem** me guia;

79. "E Quem me alimenta e me dá de beber;

80. "E, quando adoeço, é Ele Quem me cura;

81. "E Quem me dará a morte, em seguida, me dará a vida,

82. "E a Quem aspiro me perdoe o erro, no Dia do Juízo.

83. "Senhor meu! Dadiva-me com sabedoria e ajunta-me aos íntegros;

84. "E faze-me menção verídica, na posteridade;

85. "E faze-me dos herdeiros do Jardim da Delícia;

86. "E perdoa a meu pai: por certo, ele é dos descaminhados;

87. "E não me ignominies, um dia, quando forem ressuscitados[1],

88. "Um dia, quando a ninguém beneficiarem nem riquezas nem filhos,

89. "Exceto a quem chegar a Allah, com coração imaculado."

90. E se fizer aproximar-se o Paraíso aos piedosos,

91. E se fizer expor-se o Inferno aos desviados,

92. E se lhes disser: "Onde estão os que vós adoráveis,

93. "Além de Allah? Socorrem-vos ou se socorrem a si mesmos?"

94. Então, serão nele[2] empuxados: eles e os desviados,

95. E os partidários de Satã, todos.

---

(1) Ou seja, no Dia da Ressurreição de todos os homens.
(2) **Nele**: no Inferno.

96. Dirão, enquanto, nele, disputarem:

97. "Por Allah! Estávamos, por certo, em evidente descaminho,

98. "Quando vos igualávamos ao Senhor dos mundos.

99. "E não nos descaminharam senão os criminosos.

100. "Então, não temos intercessores,

101. "Nem amigo íntimo algum.

102. "E, se tivéssemos retorno **à vida**, seríamos dos crentes!"

103. Por certo, há nisso um sinal. Mas a maioria deles não é crente.

104. E, por certo, teu Senhor é O Todo-Poderoso, O Misericordiador.

105. O povo de Noé desmentiu aos Mensageiros,

106. Quando seu irmão Noé lhes disse: "Não temeis **a Allah**?

107. "Por certo, sou-vos leal Mensageiro:

108. "Então, temei a Allah e obedecei-me.

109. "E não vos peço prêmio algum por isso[1]. Meu prêmio não impende senão aO Senhor dos mundos.

---

(1) **Por isso**: pelo ato de crer.

110. "Então, temei a Allah e obedecei-me".

111. Disseram: "Creremos em ti, enquanto **somente** os mais ignóbeis te seguem?"

112. Disse: "E que sei eu acerca do que faziam?

113. "Seu ajuste de contas não impende senão a meu Senhor, se percebeis.

114. "E não vou repulsar os crentes.

115. "Não sou senão evidente admoestador."

116. Disseram: "Ó Noé! Se não te abstiveres **disso**, em verdade, serás dos apedrejados!"

117. Disse: "Senhor meu! Por certo, meu povo desmentiu-me.

118. "Então, sentencia entre mim e ele, claramente, e salva-me e a quem, dos crentes, está comigo."

119. Então, salvamo-lo e a quem estava com ele, no barco repleto.

120. Em seguida, depois **disso**, afogamos os remanescentes.

121. Por certo, há nisso um sinal. Mas a maioria deles não é crente.

122. E, por certo, teu Senhor é O Todo-Poderoso, O Misericordiador.

123. O povo de ᶜĀd desmentiu aos Mensageiros.

124. Quando seu irmão Hūd lhes disse: "Não temeis **a Allah**?

125. "Por certo, sou-vos leal Mensageiro.

126. "Então, temei a Allah e obedecei-me.

127. "E não vos peço prêmio algum por isso[1]. Meu prêmio não impende senão aO Senhor dos mundos.

128. "Edificais, em cada lugar alto, um monumento[2], para frivolidade?

129. "E ergueis fortificações, na esperança de serdes eternos?

130. "E, quando desferis golpes, vós os fazeis como tiranos.

131. "Então, temei a Allah e obedecei-me.

132. "E temei a Quem vos concedeu o que sabeis,

133. "Concedeu-vos rebanhos e filhos,

134. "E jardins e fontes.

135. "Por certo, temo, por vós, o

---

[1] **Por isso**: pelo ato de crer.
[2] Ou seja, edificação, de certo porte, onde se reuniam as pessoas para se divertirem. Esta edificação servia, também, de sinal ou referência.

castigo de um terrível dia".

136. Disseram: "É-nos igual que **nos** exortes ou que não sejas dos exortadores.

137. "Isto não é senão costume dos antepassados,

138. "E não seremos castigados."

139. E desmentiram-no; então, aniquilamo-los. Por certo, há nisso um sinal. Mas a maioria deles não é crente.

140. E, por certo, teu Senhor é O Todo-Poderoso, O Misericordiador.

141. O povo de Thamūd desmentiu aos Mensageiros.

142. Quando seu irmão Ṣāliḥ lhes disse: "Não temeis **a Allah**?

143. "Por certo, sou-vos leal Mensageiro:

144. "Então, temei a Allah e obedecei-me.

145. "E não vos peço prêmio algum por isso. Meu prêmio não impende senão aO Senhor dos mundos.

146. "**Julgais que** sereis deixados seguros, no que há aqui?

147. "Entre jardins e fontes,

148. "E searas e tamareiras de espatas com frutos maduros?

149. "E escavando, habilidosos, casas nas montanhas?

وَتَنْحِتُونَ مِنَ ٱلْجِبَالِ بُيُوتًا فَٰرِهِينَ ۝

150. "Então, temei a Allah e obedecei-me.

فَٱتَّقُوا۟ ٱللَّهَ وَأَطِيعُونِ ۝

151. "E não obedeçais às ordens dos entregues a excessos,

وَلَا تُطِيعُوٓا۟ أَمْرَ ٱلْمُسْرِفِينَ ۝

152. "Os que semeam a corrupção na terra, e não **a** reformam".

ٱلَّذِينَ يُفْسِدُونَ فِى ٱلْأَرْضِ وَلَا يُصْلِحُونَ ۝

153. Disseram: "Tu és, apenas, dos enfeitiçados.

قَالُوٓا۟ إِنَّمَآ أَنتَ مِنَ ٱلْمُسَحَّرِينَ ۝

154. "Tu não és senão um ser humano como nós. Então, faze vir um sinal[1], se és dos verídicos."

مَآ أَنتَ إِلَّا بَشَرٌ مِّثْلُنَا فَأْتِ بِـَٔايَةٍ إِن كُنتَ مِنَ ٱلصَّٰدِقِينَ ۝

155. Disse: "Este é um camelo fêmea: haverá, para ele, uma porção de bebida; e haverá, para vós, uma porção de bebida em dia determinado.

قَالَ هَٰذِهِۦ نَاقَةٌ لَّهَا شِرْبٌ وَلَكُمْ شِرْبُ يَوْمٍ مَّعْلُومٍ ۝

156. "E não o toqueis com mal algum; pois, apanhar-vos-ia o castigo de um terrível dia."

وَلَا تَمَسُّوهَا بِسُوٓءٍ فَيَأْخُذَكُمْ عَذَابُ يَوْمٍ عَظِيمٍ ۝

157. Mas abateram-no e tornaram-se arrependidos!

فَعَقَرُوهَا فَأَصْبَحُوا۟ نَٰدِمِينَ ۝

158. Então, o castigo apanhou-os. Por certo, há nisso um sinal. Mas a maioria deles não é crente.

فَأَخَذَهُمُ ٱلْعَذَابُ إِنَّ فِى ذَٰلِكَ لَءَايَةً وَمَا كَانَ أَكْثَرُهُم مُّؤْمِنِينَ ۝

159. E, por certo, teu Senhor é O Todo-Poderoso, O Misericordiador.

وَإِنَّ رَبَّكَ لَهُوَ ٱلْعَزِيزُ ٱلرَّحِيمُ ۝

---

(1) Cf. VII 73 P.250 n1.

160. O povo de Lot desmentiu aos Mensageiros.

161. Quando seu irmão Lot lhes disse: "Não temeis **a Allah**?

162. "Por certo, sou-vos leal Mensageiro.

163. "Então, temei a Allah e obedecei-me.

164. "E não vos peço prêmio algum por isso. Meu prêmio não impende senão aO Senhor dos mundos.

165. "Vós vos achegais aos varões deste mundo?

166. "E deixais vossas mulheres, que vosso Senhor criou para vós? Mas, sois um povo agressor".

167. Disseram: "Em verdade, se não te abstiveres **disso**, ó Lot, serás dos expulsos."

168. Disse: "Por certo, sou dos adversos de vossos atos.

169. "Senhor meu! Salva-me e a minha família do que fazem."

170. Então, salvamo-lo e a sua família, a todos,

171. Exceto uma anciã, dentre os que ficaram para trás[1].

172. Em seguida, aniquilamos os outros;

---

(1) Cf. VII 83 n1.

173. E fizemos cair, sobre eles, chuva: então, que vil a chuva dos que foram admoestados!

174. Por certo, há nisso um sinal. Mas a maioria deles não é crente.

175. E, por certo, teu Senhor é O Todo-Poderoso, O Misericordiador.

176. Os habitantes de Al-'Aikah[(1)] desmentiram aos Mensageiros.

177. Quando Chuʿaib lhes disse: "Não temeis **a Allah**?

178. "Por certo, sou-vos leal Mensageiro:

179. "Então, temei a Allah e obedecei-me.

180. "E não vos peço prêmio algum por isso. Meu prêmio não impende senão aO Senhor dos mundos.

181. "Completai a medida, e não sejas dos fraudadores.

182. "E pesai tudo, com total eqüidade.

183. "E não subtraiais dos homens suas cousas e não semeeis a maldade na terra, sendo corruptores.

184. "E temeis a Quem vos criou, vós e as gerações antepassadas".

---

(1) Cf. XV 78 n6.

185. Disseram: "Tu és, apenas, dos enfeitiçados;

186. "E tu não és senão um ser humano como nós, e, por certo, pensamos que és dos mentirosos.

187. "Então, faze cair sobre nós pedaços do céu, se és dos verídicos!"

188. Disse: "Meu Senhor é bem Sabedor do que fazeis."

189. E desmentiram-no; então, o castigo do dia do dossel[1] apanhou-os. Por certo, foi castigo de um terrível dia.

190. Por certo, há nisso um sinal, mas a maioria deles não é crente.

191. E, por certo, teu Senhor é O Todo-Poderoso, O Misericordiador.

192. E, por certo, ele[2] é a revelação descida dO Senhor dos mundos,

193. Com a qual o leal Espírito[3] desceu

194. Sobre teu coração, **Muḥammad**, para que sejas dos admoestadores,

---

(1) Como o povo de Chuʿaib continuasse a desacreditá-lo, Deus enviou sobre eles calor intenso, que os levou a fugir, mas foram impedidos pelo aparecimento de nuvens, que os toldaram, como um dossel, e os aniquilaram com chuva de fogo.
(2) **Ele**: o Alcorão.
(3) Ou seja, o anjo Gabriel.

195. Em língua árabe, **castiça e clara.**

196. E, por certo, ele⁽¹⁾ está **mencionado** nos Livros dos antepassados.

197. E não lhes⁽²⁾ é um sinal que os sábios dos filhos de Israel o conheçam?

198. E, se houvéssemos feito descer sobre um dos forâneos⁽³⁾,

199. E ele lhos⁽⁴⁾ houvesse lido, não estariam crendo nele⁽⁵⁾.

200. Assim, **também**, Nós o introduzimos nos corações dos criminosos⁽⁶⁾;

201. Eles não crerão nele, até verem o doloroso castigo,

202. Chegar-lhes-á, pois, inopinadamente, enquanto não percebam;

203. Então, dirão: "Ser-nos-á concedida dilação?"

204. E querem eles apressar Nosso castigo?

205. Então, viste? Se os fizermos gozar, durante anos,

---

(1) **Ele**: o Alcorão.
(2) **Lhes**: para os árabes.
(3) Isto é, a um estrangeiro não árabe.
(4) Ou seja, "se houvesse lido para os árabes".
(5) **Nele**: no Alcorão.
(6) Por criminosos entendam-se os idólatras de Makkah. Cf. XV 12 n3.

206. Em seguida, chegar-lhes o que lhes foi prometido,

207. Não lhes valerá em nada o que gozavam.

208. E não aniquilamos cidade alguma, sem que ela houvesse tido admoestadores,

209. À guisa de lembrança. E nunca somos injusto.

210. E não são os demônios que o⁽¹⁾ trouxeram:

211. E isso não lhes caberia, e jamais poderiam fazê-lo.

212. Por certo, eles estão apartados do ouvir **o que se fala no céu**.

213. Então, não invoques, junto de Allah, outro deus: pois, serias dos castigados.

214. E admoesta teus familiares, os mais próximos.

215. E baixa tua asa⁽²⁾ aos que te seguirem, entre os crentes.

216. E, se eles te desobedecem, dize: "Por certo, estou em rompimento com o que fazeis."

217. E confia nO Todo-Poderoso, nO Misericordiador,

---

(1) **O**: o Alcorão.
(2) Cf. XV 88 p.418 n1.

218. Que te vê quando te levantas, **para orar**,

219. E **vê** tuas gesticulações entre os que se prosternam.

220. Por certo, Ele é O Oniouvinte, O Onisciente.

221. Informar-vos-ei daquele sobre quem os demônios descem?

222. Eles descem sobre todo impostor, pecador.

223. Dão outiva **aos demônios**, e sua maioria é mentirosa.

224. E aos poetas, seguem-nos os desviados.

225. – Não viste que eles vagueiam por todos os vales[1],

226. E que dizem o que não fazem? –

227. Exceto os que crêem e fazem as boas obras e se lembram, amiúde, de Allah e se defendem, após haverem sofrido injustiça. E os que são injustos saberão qual tornada a que tornarão!

---

(1) A expressão "**vaguear por todos os vales**", no sentido figurado, significa tratar, superficialmente, vários temas.

SŪRATU AN-NAML[1]
A SURA DAS FORMIGAS

De Makkah – 93 versículos.

Em nome de Allah, O Misericordioso, O Misericordiador.

1. Ṭā, Sīn[2]. Esses são os versículos do Alcorão e explícito Livro,

2. É orientação e alvíssaras para os crentes,

3. Que cumprem a oração e concedem az-zakāh[3], e se convencem da Derradeira Vida.

4. Por certo, aos que não crêem na Derradeira Vida, aformoseamo-lhes as obras; então, caminham às cegas.

5. Esses são os que terão o pior

---

(1) **An-Naml**: plural de **an-namlah**, a formiga. A sura, assim, se denomina pela menção dessa palavra no versículo 18. Aqui, o tema é idêntico a todas as reveladas em Makkah: a crença no Deus Único, na vida eterna, nas recompensas do bem e nos castigos do mal, na Revelação e na Mensagem Divina. Além disso, a sura encerra várias histórias reiterativas destes temas, com o fito de patentear o destino dos bons e dos maus. A história mosaica encabeça a sura, à qual segue alusão à graça de Deus para com Davi e Salomão. Depois, há os episódios de Salomão com a formiga, com o pássaro poupa e com a Rainha de Sabá. A seguir, novamente, a história da Sāliḥ com o seu povo Thamud. Finalmente, a história de Loṭ e seu povo. Terminadas as histórias, a sura passa a exaltar o Universo e os sinais nele existentes, comprobatórios da magnitude do Criador. Há referência a um ser animal, que surgirá da terra, no fim dos tempos, e que se dirigirá aos homens. Aqui, encontra-se, também, alusão ao terror de todas as criaturas da terra, quando soar a trombeta para a Ressurreição. A sura finda com a descrição da terra e de suas montanhas, que, apesar de imóveis, aparentemente, se movem, ligeiras, como as nuvens.

(2) Cf. II 1 n3.
(3) Cf. II 43 n4.

castigo, e serão os mais perdedores na Derradeira Vida.

6. E, por certo, a ti, **Muḥammad**, é conferido o Alcorão, da parte de Um Sábio, Onisciente.

7. Lembra-lhes de, quando Moisés disse a sua família: "Por certo, entrevejo um fogo; far-vos-ei vir dele notícia ou vos farei vir um tição, para vos aquecerdes."

8. E, quando ele lhe chegou, chamaram-no: "Bendito quem está no fogo e quem está a seu redor[(1)]! E Glorificado seja Allah, O Senhor dos mundos!

9. "Ó Moisés! Por certo, Eu, Eu sou Allah, O Todo-Poderoso, O Sábio.

10. "E lança tua vara." Então, quando a viu mover-se como se fora cobra, voltou as costas, fugindo, e não volveu atrás. **Allah disse**: "Ó Moisés! Não te atemorizes. Por certo, junto de Mim, os Mensageiros não se atemorizam.

11. "Mas para quem é injusto, em seguida, troca em bem o mal, por certo sou Perdoador, Misericordiador.

---

(1) Segundo os exegetas, trata-se não do fogo físico, propriamente dito, mas da glória dos anjos, que refletem a glória reverberante de Deus. Assim, são abençoados os anjos, e Moisés, que está a seu redor.

12. "E faze entrar tua mão na abertura de teu peitilho, ela sairá alva, sem mal algum. **Isto está** entre os nove sinais para Faraó e seu povo. Por certo, são um povo perverso."

13. Então, quando Nossos claros sinais lhes chegaram, disseram: "Isto é evidente magia!"

14. E negaram-nos, injusta e soberbamente, enquanto suas almas se convenciam deles. Então, olha como foi o fim dos corruptores!

15. E, com efeito, concedemos ciência a Davi e a Salomão. E disseram ambos: "Louvor a Allah, Que nos preferiu a muitos de Seus servos crentes."

16. E Salomão foi herdeiro de Davi. E disse: "Ó humanos! Foi-nos ensinada a linguagem dos pássaros e foi-nos concedido **algo** de todas as cousas. Por certo, este é o evidente favor."

17. E reuniu-se a Salomão seu exército de jinns e de humanos e de pássaros, e coordenaram-se,

18. Até que, ao chegarem ao vale das formigas, uma formiga disse: "Ó formigas! Entrai em vossos formigueiros, a fim de que vos não esmaguem Salomão e seu exército, enquanto não percebam."

27. Sūratu An-Naml

19. Então, **Salomão** sorriu, prazeroso, **admirado** de seu dito, e disse: "Senhor meu! Induze-me a agradecer-Te a graça, com que me agraciaste e a meus pais, e a fazer o bem que Te agrade, e faz-me entrar, com Tua misericórdia, para junto de Teus servos íntegros."

20. E passou em revista os pássaros. Então, disse: "Por que razão não vejo a poupa? Ou será ela dos ausentes?

21. "Em verdade, fá-la-ei sofrer veemente castigo ou a degolarei, a menos que me faça vir evidente comprovação[1]."

22. Mas ela não tardou muito, e disse: "Abarquei aquilo que não abarcaste, e chego a ti, de Sabá'[2] com informe certo.

23. "Por certo, encontrei uma mulher[3] reinando sobre eles[4], e a ela foi concedido **algo** de todas as cousas e tem magnífico trono.

---

(1) Ou seja, a poupa deverá justificar-lhe a ausência.
(2) **Sabá**: um dos reinos do sul da Península Arábica, chamado, antigamente, de Arábia Feliz. Hoje, Yêmen. Foi região próspera e portadora de avançada civilização, pela fertilidade da terra e moderação de seu clima. Foi destruída pelo rompimento da represa Márab, cujas águas arruinaram toda a região; vide XXXIV 15-21. O reino de Sabá estava no auge de sua prosperidade, à época do Profeta Salomão, aproximadamente, século X a.C..
(3) Os historiadores divergem do nome desta mulher. Os árabes chamam-na Bilqīs bint Chraḥīl. Dizem que o povo que ela governou era pagão, de adoradores do sol e da lua, suas divindades máximas.
(4) **Eles**: os habitantes do reino de Sabá.

24. "Encontrei-a e a seu povo prosternando-se diante do sol em vez de Allah. E Satã aformoseou-lhes as obras e afastou-os do caminho **reto**; então, não se guiam.

25. "**Afastou-os**, para que se não prosternassem diante de Allah, Quem faz sair o recôndito[1] nos céus e na terra, e sabe o que escondeis e o que manifestais.

26. "Allah, não existe deus senão Ele, O Senhor do magnífico Trono!"

27. Salomão[2] disse: "Olharemos se disseste a verdade ou se és dos mentirosos.

28. "Vai com esta minha missiva, e lança-lhas; em seguida, volta-lhes as costas, e olha o que farão retornar."

29. A rainha[3] disse: "Ó dignitários! Por certo, uma nobre missiva foi-me lançada.

30. "Por certo, é de Salomão. E, por certo, **assim** é: 'Em nome de Allah, O Misericordioso, O Misericordiador,

31. " 'Não vos sublimeis em arrogância, sobre mim, e vinde a mim, como moslimes.' "

---

[1] Tudo o que existe nos céus e na terra: os astros, os planetas, a chuva, o vento, os plantas, etc..
[2] Salomão, ao ouvir a poupa, começou a pensar no que deveria fazer.
[3] A rainha : Bilqīs, de Sabá.

27. Sūratu An-Naml   Parte 19

32. Ela disse: "Ó dignitários! Instruí-me a respeito de meu assunto. Jamais decidi a respeito de assunto algum sem que o testemunhásseis."

33. Disseram: "Somos dotados de força e dotados de veemente fúria, mas de ti é a ordem. Então, olha o que ordenas."

34. Ela disse: "Por certo, os reis, quando entram em uma cidade, corrompem-na, e fazem aviltados os mais poderosos de seus habitantes. E, assim, fazem.

35. "E, por certo, estou-lhes[1] enviando um presente e olharei com que os emissários retornarão."

36. E, quando **a delegação** chegou a Salomão, ele disse: "Quereis conceder-me riquezas? Ao passo que o[2] que Allah me concedeu é melhor que aquilo que Ele vos concedeu. Mas vós jubilais com vosso presente.

37. "Retorna a eles. E, em verdade, chegar-lhes-emos com exército, que não poderão enfrentar, e os faremos sair dela[3], aviltados, e humilhados."

38. Ele disse[4]: "Ó dignitários!

---

(1) **Lhes**: a Salomão e seus dignitários.
(2) **O**: a sabedoria, a profecia e o poder.
(3) **Dela**: da terra de Sabá.
(4) **Ele**: Salomão, que se dirige, agora, a seus dignitários.

Quem de vós me fará vir seu trono, antes que me cheguem como moslimes **submissos**?"

39. Um ᶜifrīt⁽¹⁾ dos jinns disse: "Eu to farei vir, antes que te levantes de teu lugar. E, por certo, para isso, sou forte, leal."

40. Aquele⁽²⁾ que tinha ciência do Livro disse: "Eu to farei vir, num piscar de olhos⁽³⁾." E, quando ele⁽⁴⁾ o⁽⁵⁾ viu estabelecido, junto de si, disse: "Isso é **algo** do favor de meu Senhor, para que me ponha à prova se **Lhe** agradeço ou sou ingrato. E quem **Lhe** agradece, apenas agradece em benefício de si mesmo. E quem é ingrato, por certo, Allah é Bastante a Si mesmo, Ele é Generoso."

41. Ele disse **ainda**: "Desfigurai-lhe o trono: olharemos se ela se guia, ou é dos que não se guiam⁽⁶⁾."

42. E, quando ela chegou, disseram-lhe: "Assim é teu trono?" Ela disse: "É como se o fora." **Salomão disse**: "E, a nós, foi-nos

---

(1) ᶜ**Ifrīt**: categoria mais poderosa de jinns.
(2) De acordo com alguns exegetas, o anjo Gabriel, que conhece os segredos do Livro do Destino.
(3) "Num piscar de olhos", traduz a idéia de breve lapso de tempo e corresponde à frase: antes que volte teu olhar para ti.
(4) **Ele**: Salomão.
(5) **O**: o trono.
(6) O objetivo de Salomão era experimentar a inteligência da rainha Bilqīs.

concedida a ciência, antes dela, e somos moslimes."

43. E o que ela adorava em vez de Allah afastou-a **do caminho reto**. Por certo, ela era de um povo renegador da Fé.

44. Disseram-lhe: "Entra no palácio." E, quando ela o[(1)] viu, supô-lo um manto d'água; **ergueu, então, as vestes**, e descobriu ambas as canelas **de suas pernas**. **Salomão** disse: "É um palácio revestido de cristal." Ela disse: "Senhor meu! Por certo, fui injusta[(2)] com mim mesma, e islamizo-me, com Salomão, para Allah. O Senhor dos mundos."

45. E, com efeito, enviamos ao povo de Thamūd seu irmão Sāliḥ. Ele disse: "Adorai a Allah." Então, ei-los **divididos em** dois grupos, que disputavam.

46. Disse: "Ó meu povo! Por que apressais o mal antes do bem? Que imploreis o perdão a Allah, para obter misericórdia!"

47. Disseram: "Pressentimos mau agouro por causa de ti e de quem está contigo." Disse: "Vosso agouro

---

(1) **O**: o piso do saguão de entrada, que era de cristal transparente, embaixo do qual, na água límpida, nadavam peixes.

(2) Bilqīs julgou, erradamente, que Salomão pretendia afogá-la naquelas águas. E considerou-se iníqua, por isso. Ao mesmo tempo, reconheceu a grandiosidade dele, a qual, sem dúvida, advinha de Deus, a Quem passou a adorar.

é junto de Allah. Mas, sois um povo que está sendo provado."

48. E havia, na cidade, um agrupamento de nove homens, que semeavam a corrupção na terra, e não **a** reformavam.

49. Disseram: "Jurai, por Allah, que, à noite, de sobressalto, o mataremos e a sua família; em seguida, diremos a seu herdeiro: 'Não assistimos ao aniquilamento de sua família e, por certo, somos verídicos.'"

50. E usaram de estratagemas, e Nós usamos de estratagemas. E eles não perceberam.

51. Então, olha como foi o fim de seus estratagemas! Aniquilamo-los, e a seu povo, a todos.

52. E essas suas casas estão desertas, porque eles foram injustos. Por certo, há nisso um sinal para um povo que sabe.

53. E salvamos os que creram e foram piedosos.

54. E **lembra-lhes de** Lot, quando disse a seu povo: "Vós vos achegais à obscenidade, enquanto **a** enxergais **claramente**?

55. "Por certo, vós vos achegais aos homens, por lascívia, em vez de às mulheres! Aliás, sois um povo ignorante."

56. E a resposta de seu povo não foi senão dizer: "Fazei sair, de vossa cidade, a família de Lot. Por certo, são pessoas que se pretendem puras."

57. Então, salvamo-lo e a sua família, exceto sua mulher. Determinamos que ela seria dos que ficariam para trás[1].

58. E fizemos cair, sobre eles, chuva; então, que vil a chuva dos que foram admoestados!

59. Dize: "Louvor a Allah, e que a paz seja sobre Seus servos, que Ele escolheu! Qual é Melhor: Allah ou o que eles idolatram?

60. "Não é Ele Quem criou os céus e a terra e vos fez descer do céu água, e, com ela, fazemos brotar pomares, **plenos** de viço, cujas árvores não vos é possível fazerdes brotar? Há **outro** deus junto de Allah? **Não**. Mas eles são um povo que equipara **outros a Allah**.

61. "Não é Ele Quem fez da terra um lugar de morar, e fez, através dela, rios, e fez-lhe assentes montanhas, e fez barreira entre os dois mares[2]? Há **outro** deus junto de Allah? **Não**. Mas a maioria deles não sabe.

62. "Não é Ele Quem atende o infortunado, quando este O invoca, e

---

[1] Cf. VII 83 n1.
[2] Cf. XXV 53 n4.

remove o mal e vos faz sucessores, na terra? Há **outro** deus junto de Allah? Quão pouco meditais!

63. "Não é Ele Quem vos guia nas trevas da terra e do mar, e Quem envia o vento, como alvissareiro, adiante de Sua misericórdia? Há **outro** deus junto de Allah? Sublimado seja Allah, acima do que idolatram.

64. "Não é Ele Quem inicia a criação, em seguida, a repete? E Quem vos dá sustento do céu e da terra? Há **outro** deus junto de Allah?" Dize: "Trazei vossas provanças se sois verídicos."

65. Dize: "Ninguém daqueles que estão nos céus e na terra conhece ao Invisível, exceto Allah." E eles[1] não percebem quando serão ressuscitados.

66. Mas sua ciência acerca da Derradeira Vida incorporou-se. Aliás, eles estão em dúvida, a respeito dela. Ou antes, a respeito dela, estão cegos.

67. E os que renegam a Fé dizem: "Será que quando formos pó, seremos ressuscitados, nós e nossos pais?

68. "Com efeito, isso nos foi prometido, a nós e, antes, a nossos

---

[1] **Eles**: os idólatras de Makkah.

pais. Isso não são senão fábulas dos antepassados."

69. Dize: "Caminhai na terra, e olhai como foi o fim dos criminosos!"

70. E não te entristeças por eles, e não tenhas constrangimento, pelo estratagema de que usam.

71. E dizem: "quando será **o cumprimento d**esta promessa, se sois verídicos?"

72. Dize: "Quiçá algo do que apressais[1] se vos aproxime."

73. E, por certo, teu Senhor é Obsequioso para com os homens, mas a maioria deles não agradece.

74. E, por certo, teu Senhor sabe o que seus peitos ocultam, e o que manifestam.

75. E nada há de recôndito, no céu e na terra, que não esteja no evidente Livro.

76. Por certo, este Alcorão narra aos filhos de Israel a maioria daquilo de que discrepam.

77. E, por certo, é orientação e misericórdia para os crentes.

78. Por certo, teu senhor arbitrará, entre eles, com Seu

---

(1) Referência ao castigo, que os idólatras, sempre, quiseram apressar, para comprovar a veracidade da fala do Profeta.

julgamento. E Ele é O Todo-Poderoso, O Onisciente.

79. Então, confia em Allah. Por certo, tu estás **fundado** sobre a evidente Verdade.

80. Por certo, não podes fazer ouvir aos mortos nem podes fazer ouvir aos surdos a convocação, quando voltam as costas, fugindo.

81. E não podes guiar os cegos, **desviando-os** de seu descaminho. Não podes fazer ouvir senão a quem crê em Nossos sinais, pois são moslimes.

82. E, quando o Dito se cumprir sobre eles, far-lhes-emos sair uma besta da terra, que lhes falará que os humanos não se convenciam de Nossos sinais.

83. E um dia, reuniremos, de cada comunidade, uma turba[1] dos que desmentem Nossos sinais, e coordenar-se-ão,

84. Até que, quando eles chegarem **ao Ajuste de Contas**, **Allah** dirá: "Desmentistes Meus sinais, enquanto não os abarcastes, em ciência? Ou, que fazíeis?"

85. E o Dito cumprir-se-á sobre eles, porque foram injustos; então, nada pronunciarão.

---

(1) Alusão aos líderes rebeldes que se fazem seguir pelas multidões.

86. Não viram que fizemos **escura** a noite, para, nela, repousarem, e, claro, o dia(1)? Por certo, há nisso sinais para um povo que crê.

87. E um dia, se soprará na Trombeta; então, aterrorizar-se-á quem estiver nos céus e quem estiver na terra, exceto aquele a quem Allah quiser. E todos a Ele chegarão, humildes.

88. E tu vês as montanhas: tu as supões imóveis, enquanto passam do mesmo modo que as nuvens. É a obra de Allah, Quem aperfeiçoou todas as cousas. Por certo, Ele é Conhecedor do que fazeis.

89. Quem chega com a boa ação terá algo melhor que esta. E estarão em segurança contra o terror desse dia.

90. E quem chega com a má ação, suas faces serão empuxadas no Fogo. **E dir-se-lhes-á:** "Não sois recompensados senão pelo que fazíeis?"

91. Dize: "Apenas, foi-me ordenado adorar ao Senhor desta Cidade(2), que Ele santificou; e dEle são todas as cousas. E foi-me ordenado ser dos moslimes,

---

(1) Cf. X 67 n2.
(2) Ou seja, a cidade de Makkah.

92. "E recitar o Alcorão." Então, quem se guia, se guiará, apenas, em benefício de si mesmo. E a quem se descaminha, dize: "Eu não sou que um dos admoestadores."

93. E dize: "Louvor a Allah! Far-vos-á ver Seus sinais, e vos reconhecê-los-eis." E teu Senhor não está desatento ao que fazeis.

وَأَنْ أَتْلُوَاْ ٱلْقُرْءَانَّ فَمَنِ ٱهْتَدَىٰ فَإِنَّمَا يَهْتَدِى لِنَفْسِهِۦ وَمَن ضَلَّ فَقُلْ إِنَّمَآ أَنَا۠ مِنَ ٱلْمُنذِرِينَ ۝

وَقُلِ ٱلْحَمْدُ لِلَّهِ سَيُرِيكُمْ ءَايَٰتِهِۦ فَتَعْرِفُونَهَا وَمَا رَبُّكَ بِغَٰفِلٍ عَمَّا تَعْمَلُونَ ۝

28. Sūratu Al-Qaṣṣaṣ Parte 20

SŪRATU AL-QAṢṢAṢ[1]
A SURA DA NARRATIVA

De Makkah – 88 versículos.

Em nome de Allah, O Misericordioso, O Misericordiador.

1. Ṭā, Sīn, Mīm[2].

2. Esses são os versículos do explícito Livro.

3. Recitamos, para ti, com a verdade, **algo** da história de Moisés e Faraó, para **beneficiar** um povo que crê.

4. Por certo, Faraó sublimou-se em arrogância, na terra, e fez seus habitantes **divididos em** seitas, subjugando uma facção deles, degolando seus filhos e deixando

---

(1) **Al Qaṣṣaṣ**: a narrativa. Esta palavra é mencionada no versículo 25 e, por isso, denomina a sura, que, como as demais reveladas em Makkah, reitera os mesmos temas da unicidade de Deus, da Revelação e da Mensagem. A Sura, revelada quando os moslimes eram, ainda, fraca minoria e os descrentes, a forte maioria dominante, teve por finalidade estabelecer os verdadeiros critérios de força e de valor, onde a força suprema do Universo é a de Deus, seu Criador, e o único valor, na vida, é o da crença. E, para ressaltar estes tópicos, insere suas histórias bem marcantes: a de Faraó com Moisés e a de Qārūn com seu povo. A sura é minuciosa na narrativa de Moisés e de seu nascimento, durante o reinado de Faraó, que ordenou a matança dos varões dos filhos de Israel, com receio de que surgisse algum profeta que pusesse fim a seu despótico reinado. A seguir, relata a educação de Moisés, na casa de Faraó, até sua fuga do Egito à Madian, na Síria, e seu casamento com a filha de Chuᶜaib. Seguem-se o colóquio de Moisés com Deus, sua escolha profética, o desafio de Moisés aos mágicos de Faraó, o afogamento do exército faraônico, no Mar Vermelho e a salvação dos filhos de Israel. Finalmente, a sura apresenta a história de Qārūn, homem abastado e pertencente ao povo de Moisés, e que, pela excessiva presunção e arrogância, foi engolido vivo, pela terra, com todos seus bens. Pela riqueza de pormenores narrativos, esta sura, muito justificadamente, tem o título de **a narrativa**.

(2) Cf. II 1 n3.

vivas suas mulheres. Por certo, ele era dos corruptores.

5. E Nós desejamos fazer mercê para os que foram subjugados, na terra, e fazê-los próceres e fazê-los os herdeiros **do reino de Faraó**,

6. E empossá-los, na terra, e fazer ver a Faraó e a Hāmān[1] e a seus exércitos aquilo[2] de que se precatavam, acerca deles.

7. E inspiramos à mãe de Moisés: "Amamenta-o. E, quando temeres por ele, lança-o na onda, e não temas, e não te entristeças. Por certo, devolver-to-emos e fá-lo-emos dos Mensageiros."

8. Então, a família de Faraó recolheu-o, para que lhes fosse inimigo e tristeza. Por certo, Faraó e Hāmān e seus exércitos estavam errados.

9. E a mulher de Faraó disse: "Ele é, para mim e para ti, alegre frescor dos olhos. Não o mateis. Quiçá nos beneficie, ou o tomemos por filho." E não percebam **o que iria ocorrer**.

10. E o coração da mãe de Moisés amanheceu vazio[3]. Por

---

[1] **Hāmān**: o ministro de Faraó.
[2] **Aquilo**: o nascimento de um varão, que, segundo as profecias dos filhos de Israel, iria exterminar a escravidão imposta por Faraó sobre eles.
[3] Ao tomar conhecimento de que seu filho Moisés caíra em mãos de Faraó, seu coração esvaziou-se de tudo, menos da lembrança de seu filho.

certo, quase o haveria mostrado⁽¹⁾, não lhe houvéssemos revigorado o coração, para que fosse dos crentes.

11. E ela disse à irmã dele: "Encalça-o." Então, esta o enxergava, de longe, enquanto não percebiam.

12. E, antes, proibimo-lhe as amas-de-leite; então, ela⁽²⁾ disse: "Quereis vos indique uma família de uma casa, a qual cuidará dele, para vós, e com ele será cautelosa?"

13. Assim, devolvemo-lo a sua mãe, para que se lhe refrescassem os olhos de alegria e para que ela não se entristecesse e soubesse que a promessa de Allah é verdadeira; mas a maioria deles não sabe.

14. E, quando ele atingiu sua força plena, e amadureceu, concedemo-lhe sabedoria e ciência. E, assim, recompensamos os benfeitores.

15. E entrou na cidade, em momento⁽³⁾ de desatenção de seus habitantes, e, nela, encontrou dois homens que se combatiam: este, de sua seita, e aquele, de seus inimigos. Então, aquele de sua seita pediu-lhe socorrimento contra aquele de seus inimigos; e Moisés esmurrou-

---

(1) Ou seja, quase revelou que Moisés era seu filho.
(2) **Ela**: a irmã de Moisés.
(3) Tudo leva a crer que fosse durante a sesta destes habitantes.

o, e pôs-lhe termo à vida. **Moisés** disse: "Isto é da ação de Satã. Por certo, ele é inimigo declarado, desencaminhador."

16. Ele disse: "Senhor meu! Por certo, fui injusto com mim mesmo; então, perdoa-me." E Ele o perdoou. Por certo, Ele é O Perdoador, O Misericordiador.

17. Ele disse: "Senhor meu! Por aquilo com que me agraciaste, não serei coadjutor dos criminosos."

18. E ele amanheceu, na cidade, temeroso, ficando à espreita, e eis aquele que, na véspera, lhe pedira o socorro, gritou, para que lhe valesse. Moisés disse-lhe: "Por certo, és evidente sedutor!"

19. E quando desejou desferir golpes contra o que era inimigo de ambos, **este** disse: "Ó Moisés! Desejas matar-me, como mataste, ontem uma pessoa? Não desejas senão ser tirano na terra, e não desejas ser dos reformadores."

20. E um homem chegou, do extremo da cidade, correndo. Ele disse: "Ó Moisés! Por certo, os dignitários deliberam sobre ti, para matar-te; então, sai da cidade. Por certo, sou-te dos conselheiros."

21. Então, ele saiu dela, temeroso, ficando à espreita. Ele disse: "Senhor meu! Salva-me do povo injusto."

22. E, quando se dirigiu rumo a Madian, disse: "Quiçá, meu Senhor me guie ao caminho direito."

23. E, quando chegou ao poço de água de Madian, encontrou, junto dele, uma multidão de homens, que abeberava **os rebanhos**, e encontrou, um pouco distante deles, duas mulheres, que retinham **os seus**. Ele disse: "Qual é vosso intuito?" Ambas disseram: "Não abeberaremos **nossos rebanhos**, até que os pastores partam com os seus, e nosso pai é bastante idoso."

24. Então, ele abeberou **os rebanhos**, para elas; em seguida, retirou-se à sombra, e disse: "Senhor meu! Por certo, estou necessitado do que fizeste descer de bom, para mim."

25. Em seguida, uma das duas **mulheres** chegou-lhe andando com recato. Disse: "Por certo, meu pai te convoca, para recompensar-te com o prêmio de haveres abeberado **os rebanhos**, por nós." E, quando chegou a ele e lhe narrou a narrativa[1], **aquele** disse: "Nada temas! Salvaste[2]-te do povo injusto."

---

(1) Moisés narrou ao pai das moças tanto o homicídio que cometera, quanto a intenção que tiveram de matá-lo os dignitários de Faraó, o que motivou sua fuga à Madian.
(2) A terra de Madian não se encontrava no domínio de Faraó e, sendo assim, lá Moisés estava a salvo de seus perseguidores.

28. Sūratu Al-Qaṣṣaṣ   Parte 20

26. Uma das duas disse: "Ó meu pai! Emprega-o. Por certo, o melhor dos que empregares é o forte, o leal[1]."

27. Ele disse: "Por certo, desejo esposar-te com uma destas minhas duas filhas, com a condição de me servires por oito anos. E se completares dez, sê-lo-á por tua conta. E nada desejo dificultar-te. Se Allah quiser, encontrar-me-ás dos íntegros."

28. Moisés disse: "Isso fica entre mim e ti. Seja qual for dos dois termos que eu cumprir, nada de transgressão, contra mim. E Allah, sobre o que dizemos, é Patrono."

29. Então, quando Moisés encerrou o termo e partiu com sua família, entreviu um fogo do lado do Monte. Ele disse a sua família: "Permanecei, **aqui** – por certo, entrevejo um fogo – na esperança de fazer-vos vir dele uma notícia, ou um lenho aceso, para vos aquecerdes."

30. E, quando chegou a ele, chamaram-no, do lado direito do vale, na região bendita da árvore: "Ó Moisés! Por certo, Eu, Eu sou

---

(1) A força e a lealdade se revelaram em Moisés, quando ele, ao dar de beber aos rebanhos, removeu, sozinho, de um poço, a tampa de pedra, que exigia a força de dez homens, e, quando pediu a ela andasse atrás dele, ao se dirigirem à casa, para não entrever-lhe partes do corpo, que o vento punha a descoberto.

Allah, O Senhor dos mundos,

31. "E lança tua vara." E, quando a viu mover-se, como se fora cobra, voltou as costas, fugindo, e não volveu atrás. **Ele disse**: "Ó Moisés! Vem, e não te atemorizes. Por certo, tu és dos que estão em segurança.

32. "Introduze tua mão na abertura de teu peitilho, ela sairá alva, sem mal algum, e junta a ti tua mão, para te guardares do medo[1]. Então, estas são duas provanças de teu Senhor para Faraó e seus dignitários. Por certo, eles são um povo perverso."

33. Moisés disse: "Senhor meu! Por certo matei um homem deles; então, temo que me matem.

34. "E meu irmão Aarão, ele é mais eloqüente que eu, em linguagem; então, envia-o comigo, por adjutor, que me confirmará **as palavras**. Por certo, temo que me desmintam."

35. Allah disse: "Fortalecer-te-emos o braço com teu irmão[2], e far-vos-emos ter poder; então, não chegarão até vós. Com Nossos sinais, vós ambos e quem vos seguir sereis os vencedores."

---

(1) A fim de cessar o medo provocado em Moisés pela mão tornada branca. Deus lhe ordena recolocá-la no peito, para que retorne ela a seu estado normal.
(2) Ou seja, com a ajuda de seu irmão, Aarão.

36. E quando Moisés lhes chegou, com Nossos evidentes sinais, disseram: "Isto não é senão magia forjada! E jamais ouvimos **algo** disso, entre nossos pais antepassados."

37. E Moisés disse: "Meu Senhor é bem Sabedor de quem chega com a orientação de Sua parte e de quem tem o final feliz da **Derradeira** Morada. Por certo, os injustos não serão bem-aventurados."

38. E Faraó disse: "Ó dignitários! Não conheço, para vós, nenhum outro deus que **não seja** eu; então, acende-me **o fogo**, ó Hāmām, sob o barro[(1)]! E faze-me uma torre, na esperança de que eu possa subir até O Deus de Moisés; e, por certo, penso que ele é dos mentirosos."

39. E ele se ensoberbeceu sem razão, na terra, ele e seu exército, e pensaram que a Nós não seriam retornados.

40. Então, apanhamo-lo e a seu exército, e deitamo-los fora, na onda. Olha, pois, como foi o fim dos injustos!

41. E fizemo-los próceres, convocando **os homens** ao Fogo. E, no Dia da Ressurreição, não serão socorridos.

---

(1) Faraó ordena a Hāmān que coza tijolos de barro, que serão utilizados na construção da torre.

42. E fizemo-los perseguidos, na vida terrena, por maldição. E, no Dia da Ressurreição, serão dos ascorosos.

43. E, com efeito, concedemos a Moisés o Livro – depois de havermos aniquilado as primeiras gerações – como clarividências para os humanos e orientação e misericórdia, para meditarem.

44. E não estavas, **Muḥammad**, no lado oeste **do Monte Sinai**, quando decretamos a Moisés a ordem[1], e não foste das testemunhas.

45. Mas fizemos surgir gerações, cuja idade prolongou[2]-se. E tu não moravas com os habitantes de Madian, para recitar Nossos versículos, para eles[3], mas Nós que enviamos os Mensageiros.

46. E não estavas ao lado do Monte Aṭ Ṭor, quando chamamos **a Moisés**, mas és **enviado** como misericórdia de teu Senhor, a fim de admoestares um povo – ao qual não chegou admoestador algum, antes de ti – para meditarem,

47. E, se uma desgraça os alcançava pelo que suas mãos

---

(1) Alusão à mensagem divina destinada a Faraó e seu povo.
(2) O enorme tempo transcorrido entre Moisés e Muḥammad fez que as gerações intermediárias se olvidassem dos ensinamentos de Moisés.
(3) **Eles**: os habitantes de Makkah.

anteciparam, eles diriam: "Senhor nosso! Se nos houvesses enviado um Mensageiro; haveríamos seguido teus versículos e seríamos dos crentes!"

48. Mas **agora**, quando lhes chega a verdade[1] de Nossa parte, dizem: "Que lhe[2] fosse concedido algo igual ao que foi concedido a Moisés!" E não renegaram o que fora concedido, antes, a Moisés[3]? Dizem: "São duas magias que se auxiliam!" E dizem: "Por certo, somos renegadores de cada uma delas."

49. Dize: "Então, fazei vir um livro, da parte de Allah, o qual seja melhor guia que ambos, e eu o seguirei, se sois verídicos."

50. E, se te não atendem, sabe, então, que o que eles seguem são suas paixões. E quem mais descaminhado que aquele que segue a **própria** paixão, sem orientação alguma de Allah? Por certo, Allah não guia o povo injusto.

51. E, com efeito, fizemos chegar-lhes, sucessivamente, o

---

[1] **A Verdade**: o Profeta Muḥammad com a Mensagem de Deus.
[2] **Lhe**: a Muḥammad.
[3] Os Quraich, ao receberem a mensagem alcorânica, indagaram dos rabinos judaicos seu parecer a respeito de Muḥammad. Estes ratificaram sua missão profética, pois dela já tinham conhecimento pela Tora. Não obstante, os Quraich continuaram a renegar ambas as mensagens, a mosaica e a islâmica.

Dito⁽¹⁾, **O Alcorão**, para meditarem.

52. Aqueles⁽²⁾, aos quais concedêramos o Livro, antes deste⁽³⁾, neste crêem.

53. E, quando recitado, para eles, dizem: "Cremos nele: por certo, é a Verdade de nosso Senhor; por certo, éramos, antes dele, Moslimes⁽⁴⁾."

54. A esses, conceder-se-lhes-á o prêmio, duas vezes, porque pacientam e revidam o mal com o bem e despendem do que lhes damos por sustento.

55. E, quando ouvem frivolidades, dão-lhes de ombros, e dizem: "A nós, nossas obras, e a vós, vossas obras. Que a paz seja sobre vós! Não buscamos **a companhia** dos ignorantes."

56. Por certo, tu, **Muḥammad**, não podes guiar a quem **quer que ames**⁽⁵⁾, mas Allah guia a quem quer. E Ele é bem Sabedor dos que são guiados.

---

(1) Na verdade, a revelação do Alcorão, que durou 23 anos, chegou até eles, paulatinamente, englobando aspectos variados, desde orientação de vida, admoestações, promessas, histórias de fundo moral, até passagens escatológicas.

(2) Referência a alguns judeus e cristãos que abraçaram o islamismo, porque se convenceram de que o Alcorão era a verdade, já preconizada pelas Escrituras.

(3) **Deste**: do Alcorão.

(4) **Muslimes**: isto é, completamente entregues a Deus.

(5) Trata-se do incessante empenho de Muḥammad de converter ao islamismo seu renitente tio Abū Talib.

57. E eles⁽¹⁾ dizem: "Se seguimos a orientação contigo, arrebatar-nos-ão de nossa terra." E não os empossamos em um Santuário seguro, para o qual se levam frutos de toda espécie, como sustento de Nossa parte? Mas a maioria deles não sabe.

58. E que de cidades aniquilamos, que foram ingratas com sua vida. E eis suas vivendas que não foram habitadas, depois deles, senão um pouco. E Nós somos O Herdeiro⁽²⁾ **deles**.

59. E não é admissível que teu Senhor estivesse aniquilando as cidades, sem, antes, haver enviado a sua metrópole um Mensageiro, que recitasse Nossos versículos para eles⁽³⁾. E não é admissível que estivéssemos aniquilando as cidades, sem que seus habitantes fossem injustos.

60. E o que quer que vos seja concedido é, **apenas**, gozo da vida terrena e seu ornamento. E o que está junto de Allah é melhor e mais permanente. Então, não razoais?

61. E, será que aquele a quem prometemos bela promessa – e com ela encontrará – é como aquele a

---

(1) **Eles**: os idólatras de Makkah.
(2) Deus é O Herdeiro dos homens, ou seja, a Ele todos hão de retornar.
(3) **Eles**: os habitantes da cidade.

quem fizemos gozar gozo da vida terrena, em seguida, no Dia da Ressurreição, será dos trazidos **ao Fogo**?

62. E um dia, Ele os chamará e dirá: "Onde estão Meus parceiros, que vós pretendíeis **ser deuses**? "

63. Aqueles[1], contra quem se cumprirá o Dito, dirão: "Senhor nosso! São estes os que transviamos; transviamo-los como nós nos transviamos. Rompemos **com eles**, perante Ti. Eles a nós não adoravam."

64. E dir-se-**lhes**-á: "Convocai vossos ídolos." E eles os convocarão, mas não lhes atenderão, e verão o castigo. Se houvessem sido guiados!

65. E um dia, Ele os chamará e dirá: "Que respondestes aos Mensageiros?"

66. E, nesse dia, confundir-se-lhes-ão os informes, e eles não se interrogarão.

67. Então, quanto a quem se voltou arrependido e creu e fez o bem, quiçá, seja ele dos bem-aventurados.

68. E teu Senhor cria o que quer, e escolhe **o que quer**. Não é admissível que a escolha seja

---

(1) **Aqueles**: os chefes de comunidade que induziram seus subordinados à idolatria.

deles⁽¹⁾. Glorificado e Sublimado seja Allah, acima do que idolatram!

69. E teu Senhor sabe o que seus peitos ocultam e o que manifestam.

70. E Ele é Allah: não existe deus senão Ele. dEle é o Louvor, na primeira vida e na Derradeira. E dEle é o julgamento. E a Ele sereis retornados.

71. Dize: "Vistes? Se Allah fizesse a noite perpétua sobre vós, até o Dia da Ressurreição, que outro deus que Allah vos faria chegar luminosidade? Então, não ouvis?"

72. Dize: "Vistes? Se Allah fizesse o dia perpétuo sobre vós, até o Dia da Ressurreição, que outro deus que Allah vos faria chegar uma noite, em que repousásseis? Então, não **o** enxergais?"

73. E, de Sua misericórdia, Ele fez-vos a noite e o dia, para, naquela, repousardes, e para, **neste**, buscardes **algo** de Seu favor, e para serdes agradecidos.

74. E um dia, Ele os chamará, e dirá: "Onde estão meus parceiros, que pretendíeis **serem deuses**?"

---

(1) **Deles**: dos idólatras. Este versículo alude a Al Walīd Ibn Al Mughīrah, dos mais ferrenhos adversários do Profeta, quando, contestando a escolha divina de Muḥammad, desejou que o Alcorão houvesse sido revelado a um homem poderoso das duas cidades. Vide XLIII 31.

28. Sūratu Al-Qaṣaṣ   Parte 20

75. E tiraremos, de cada nação, uma testemunha, e diremos: "Trazei vossas provanças." Então, eles saberão que a Verdade é de Allah. E o que forjavam sumirá, **para longe** deles.

76. Por certo, Qārūn[(1)] era do povo de Moisés, e cometeu transgressão contra eles[(2)] – e concedêramo-lhe, dos tesouros, aquilo cujas chaves extenuam um coeso grupo, dotado de força – quando lhe disse seu povo: "Não te jactes **de teus tesouros**. Por certo, Allah não ama os jactanciosos.

77. "E busca a Derradeira Morada no que Allah te concedeu, e não esqueças tua porção, na vida terrena. E bem-faze, como Allah te bem-fez. E não busques semear a corrupção na terra. Por certo, Allah não ama os corruptores."

78. Ele disse: "Isso me foi concedido, apenas, graças a uma ciência que tenho." E não sabia ele que Allah, de fato, aniquilara, antes dele, gerações, que lhe eram mais veementes em força e mais numerosas? E os criminosos não serão interrogados acerca de seus delitos.

---

(1) Costuma-se identificar Qārūn com Coré, personagem da Bíblia. Vide Números XVI 1-35.
(2) **Eles**: os membros de seu povo.

79. E ele saiu a seu povo, com seus ornamentos. Os que desejavam a vida terrena disseram: "Quem dera houvesse, para nós, **algo** igual ao que foi concedido a Qārūn! Por certo, ele é de magnífica sorte!"

80. E aqueles, aos quais foi concedida a ciência, disseram: "Ai de vós! A retribuição de Allah é melhor para quem crê e faz o bem. E ela não é conferida senão aos que pacientam."

81. Então, fizemos a terra engoli-lo ele e a seu lar; e, não houve, para ele, hoste alguma que o socorresse, em vez de Allah, e ele não foi dos socorridos.

82. E os que, na véspera, anelaram sua posição, amanheceram dizendo: "Seguramente, Allah prodigaliza o sustento a quem quer, de Seus servos, e restringe-o. Se Allah não nos houvesse feito mercê, haveria feito a terra engolir-nos. "Seguramente, os renegadores da Fé não são bem-aventurados."

83. Essa Derradeira Morada, fá-la-emos para os que não desejam soberba, na terra, nem semear nela a corrupção. E o final feliz será para os piedosos.

84. Quem chega com a boa ação terá **algo** melhor que esta. E quem chega com a má ação, **que ele**

saiba que os que fazem más ações não serão recompensados senão pelo que faziam.

85. Por certo, Aquele que preceituou o Alcorão, sobre ti, te devolverá a Ma°ād⁽¹⁾. Dize: "Meu Senhor é bem Sabedor de quem chega com a orientação e de quem está em evidente descaminho."

86. E tu não esperavas que o Livro te fosse revelado, mas o foi por misericórdia de teu Senhor. Então, não sejas, de modo algum, coadjutor dos renegadores da Fé.

87. E que estes não te afastem dos versículos de Allah, após haverem sido descidos para ti. E invoca a teu Senhor. E não sejas, de modo algum dos idólatras.

88. E não invoques, com Allah, outro deus. Não existe deus senão Ele. Todas as cousas serão aniquiladas, exceto Sua Face. DEle é o julgamento, e a Ele sereis retornados.

---

(1) Ma°ād: lugar de retorno. Trata-se, aqui, da cidade de Makkah, de onde, ao sair o Profeta, emigrando para Al Madīna, dela sentiu grande saudade. Este versículo foi revelado como promessa de Deus para seu retorno a ela.

SŪRATU AL-ᶜANKABŪT[1]
A SURA DA ARANHA

De Makkah – 69 versículos.

Em nome de Allah, O Misericordioso, O Misericordiador.

1. Alif, Lām, Mīm[2].

2. Os homens supõem que, por dizerem: "Cremos", serão deixados, enquanto não provados?

3. – E, com efeito, provamos os que foram antes deles. E, em verdade, Allah sabe dos que dizem a verdade e sabe dos mentirosos. –

4. Ou os que fazem as más obras supõem que se esquivarão de Nós? Que vil o que julgam!

5. Quem espera o deparar de

---

[1] Al ᶜAnkabut: a aranha. Assim, denomina-se a sura pela menção desta palavra em seu versículo 41. Tal como as suras reveladas em Makkah, fala dos mesmos temas, limitando-se, aqui, não só a expor a essência da Fé, mas a salientar que não se trata de uma palavra, apenas, a ser proferida, mas a ser praticada: a Fé é a força inabalável diante das dificuldades e provações. Há homens que dizem crer, mas, apenas, com seus lábios, pois seus corações estão fechados a ela. A sura, ainda, refere-se à responsabilidade individual, ou seja, a que ninguém arca com os erros alheios. E para ilustrar os obstáculos e provações, durante a pregação da Fé, a sura passa em revista a história dos mensageiros, anteriores a Muḥammad, os quais, também, foram desacreditados e sofreram as mesmas dificuldades que esta. Desta forma, há, aqui, as histórias de Noé, Abraão, Loṭ, Chuᶜaib, Hūd, e Sāliḥ A seguir, a sura esclarece que a idolatria se baseia em provas tão frágeis quanto uma teia de aranha. Além disso, expressa a ordem de Deus, dirigida aos crentes, de não discutirem com judeus e cristãos, a não ser amistosamente. Ademais, há alusão a que, sendo o Profeta iletrado, isso, por si só, já constituía prova da veracidade de sua missão e de sua mensagem. Há apelo para que os homens creiam nos sinais do Universo e na graça de Deus para com todas as criaturas. Finalmente, expõe a atitude ambígua dos descrentes em relação a Deus e à idolatria, e sua ingratidão para com a Casa Sagrada, que Deus lhes destinou, para nela viverem, sempre, em paz.

[2] Cf. II 1 n3.

Allah, por certo, o termo de Allah chegará. E Ele é O Oniouvinte, O Onisciente.

6. E quem luta, **pela causa de Allah**, apenas luta em benefício de si mesmo. Por certo, Allah é Bastante a Si mesmo, Prescindindo dos mundos.

7. E aos que crêem e fazem as boas obras, em verdade, remir-lhes-emos as más obras e recompensá-los-emos com prêmio melhor que aquilo que faziam.

8. E recomendamos ao ser humano benevolência para com seus pais. **E lhe dissemos**: "E, se ambos lutam contigo, para que associes a Mim o de que não tens ciência, não lhes obedeças." A Mim, será vosso retorno; então, informar-vos-ei do que fazíeis.

9. E aos que crêem e fazem as boas obras, certamente, fá-los-emos entrar **na grei d**os íntegros.

10. E, dentre os homens, há quem diga: "Cremos em Allah"; então, quando molestado, por causa de Allah, considera a provação dos homens como castigo de Allah. E, se uma vitória chega de teu Senhor, dizem: "Por certo, estávamos convosco[(1)]!" E não é Allah bem

---

(1) Se os crentes são vitoriosos e ficam com os espólios de guerra, os hipócritas, para obterem parte destes, afirmam que, também, são crentes como eles.

Sabedor do que há nos peitos dos mundos[1]?

11. E, em verdade, Allah sabe dos que crêem; e, em verdade, Allah sabe dos hipócritas.

12. E os que renegam a Fé dizem aos que crêem: "Segui nosso caminho e, com certeza, carregaremos vossos erros." Mas nada carregarão de seus erros. Por certo, eles são mentirosos.

13. E, em verdade, carregarão seus pesos, e **mais** pesos com seus pesos[2]. E, em verdade, serão interrogados, no Dia da Ressurreição, acerca do que forjavam.

14. E, com efeito, enviamos Noé a seu povo, e permaneceu, entre eles, um milênio menos cinqüenta anos. **E desmentiram-no**. Então, o dilúvio apanhou-os, enquanto injustos.

15. Então, salvamo-lo, e aos companheiros da nau, e fizemos desta um sinal para os mundos.

16. E Abraão, quando disse a seu povo: "Adorai a Allah e temei-O. Isso vos é melhor, se soubésseis.

---

(1) **Peitos dos mundos**: corações de todas as criaturas: homens, anjos, animais. Vide I 2 n1.

(2) Carregarão os pesos de seus pecados e, ainda, os que lhes são atribuídos por haverem tentado descaminhar os crentes do caminho certo.

29. Sūratu Al-ᶜAnkabūt Parte 20

17. "Apenas vós adorais ídolos, em vez de Allah, e inventais mentiras. Por certo, os que adorais, em vez de Allah, não possuem, para vós, sustento algum. Então, buscai, junto de Allah, o sustento, e adorai-O e agradecei-Lhe. A Ele sereis retornados.

18. "E se **me** desmentis, com efeito, nações, antes de vós, desmentiram **a seus Mensageiros**. E não impende ao Mensageiro senão a evidente transmissão **da Mensagem**."

19. E não viram eles[1] como Allah inicia a criação, em seguida, a repete? Por certo, isso é fácil para Allah.

20. Dize, **Muḥammad**: "Caminhai, na terra, e olhai como **Allah** iniciou a criação. Em seguida, Allah fará surgir a última criação. Por certo, Allah, sobre todas as cousas, é Onipotente."

21. Ele castiga a quem quer e tem misericórdia de quem quer, e a Ele sereis tornados.

22. E não podeis escapar **do castigo de Allah**, nem na terra nem no céu. E não tendes, em vez de Allah, nem protetor nem socorredor.

---

(1) **Eles**: os idólatras de Makkah.

23. E os que renegam os sinais de Allah e Seu deparar, esses se desesperam de Minha misericórdia. E esses terão doloroso castigo. –

24. E a resposta de seu povo[1] não foi senão dizer: "Matai-o ou queimai-o." Então, Allah salvou-o do fogo. Por certo, há nisso sinais para um povo que crê.

25. E **Abraão**[2] disse: "Apenas, tomastes ídolos em vez de Allah, pela afeição, entre vós, na vida terrena. Em seguida, no Dia da Ressurreição, renegareis uns aos outros e vos amaldiçoareis uns aos outros; e vossa morada será o Fogo; e não tereis socorredores."

26. Então, Lot creu nele. E ele[3] disse: "por certo, emigrarei para meu Senhor[4]. Por certo, Ele é O Todo-Poderoso, O Sábio."

27. E dadivamo-lo com Isaque e Jacó. E fizemos **haver** em sua descendência, a profecia e o Livro[5]. E concedemo-lhe sua recompensa, na vida terrena. E, por certo, na Derradeira Vida, ele será dos íntegros.

---

[1] **Povo**: o povo de Abraão.
[2] Abraão, argumentando com seu povo.
[3] **Ele**: Abraão.
[4] Ou seja, Abraão migrará para onde seu Senhor lhe ordenou: para a Palestina.
[5] Ou seja, todos os Livros divinos: a Tora, o Evangelho e o Alcorão.

28. E Lot, quando disse a seu povo: "Por certo, vós vos achegais à obscenidade; ninguém, nos mundos, se vos antecipou, nela.

29. "Por certo, vós vos achegais aos homens, **por lascívia**, e cortais o caminho⁽¹⁾, e vos achegais ao reprovável, em vossas reuniões." Então, a resposta de seu povo não foi senão dizer: "Faze-nos vir o castigo de Allah, se és dos verídicos."

30. Ele disse: "Senhor meu! Socorre-me contra o povo corruptor!"

31. E, quando Nossos Mensageiros chegaram a Abraão, com alvíssaras, disseram: "Por certo, aniquilaremos os habitantes desta cidade. Por certo, seus habitantes são injustos."

32. Ele disse: "Mas, Lot está nela." Disseram: "Somos bem sabedores de quem está nela. Em verdade, salvá-lo-emos e a sua família, exceto sua mulher. Ela será dos que ficarão para trás⁽²⁾."

33. E, quando Nossos Mensageiros chegaram a Lot, ele afligiu-se com eles e sentiu-se impotente

---

(1) Eles costumavam, nas ruas, cortar a passagem dos jovens, para seduzi-los. Alguns comentaristas entendem por "cortar o caminho" obstar o caminho da procriação; outros, ainda, traduzem-no por assaltar e roubar.
(2) Cf VII 83 n1.

para defendê-los. E eles disseram: "Não temas, e não te entristeças. Por certo, salvar-te-emos e a tua família, exceto tua mulher: ela será dos que ficarão para trás[1].

34. "Por certo, faremos descer, sobre os habitantes desta cidade, um tormento do céu, pela perversidade que cometiam."

35. E, com efeito, dela deixamos evidente sinal, para um povo que razoa.

36. E **enviamos** ao povo de Madian seu irmão Chuᶜaib; então ele disse: "Ó meu povo! Adorai a Allah e esperai pelo Derradeiro Dia, e não semeeis a maldade na terra como corruptores."

37. E eles desmentiram-no; então, o terremoto apanhou-os, e amanheceram, em seus lares, inertes, sem vida.

38. E **aniquilamos o povo de** ᶜĀd e Thamūd, e isso se tornou evidente para vós, pelas **ruínas de** suas vivendas. E Satã aformoseara-lhes as obras, e afastara-os do caminho **certo**, enquanto eram clarividentes.

39. E **aniquilamos** Qārūn e Faraó e Hāmān. E, com efeito, Moisés chegou-lhes com as evidências; e

---

[1] Cf VII 83 n1.

eles ensoberbeceram-se, na terra, e não puderam esquivar-se **de Nosso castigo**.

40. Então, a cada um deles, apanhamos[1], por seu delito. E, dentre eles, houve aquele contra quem enviamos um vento lastrado de seixos. E, dentre eles, houve aquele a quem o Grito apanhou. E, dentre eles, houve aquele a quem fizemos a terra engolir. E, dentre eles, houve aquele a quem afogamos. E não é admissível que Allah fosse injusto com eles; mas eles foram injustos com si mesmos.

41. O exemplo dos que tomam protetores em vez de Allah, é como o da aranha, que construiu uma casa **para proteger-se**. E, por certo, a mais frágil das casas é a casa da aranha. Se soubessem!

42. Por certo, Allah sabe todas as cousas que eles invocam em vez dEle. E Ele é O Todo-Poderoso, O Sábio.

43. E esses exemplos, Propomo-los, para os homens; e não os entendem senão os sabedores.

44. Allah criou os céus e a terra, com a verdade. Por certo, há nisso um sinal para os crentes.

---

(1) Cada povo pagou por sua transgressão. Assim, o povo de Lot foi castigado por uma rajada de pedras; Qārūn, engolido pela terra; o povo de Noé, afogado, assim também Faraó. Quanto ao povo de Thamūd, foi castigado pelo Grito, provindo dos céus. Sobre este último, cf. XI 67 n1.

45. Recita, **Muḥammad**, o que te foi revelado do Livro e cumpre a oração. Por certo, a oração coíbe a obscenidade e o reprovável. E, certamente, a lembrança de Allah é maior **que isso**. E Allah sabe o que engenhais.

46. E não discutais com os seguidores do Livro[1] senão da melhor maneira – exceto com os que, dentre eles, são injustos – e dizei: "Cremos no que foi descido para nós e no que fora descido para vós; e nosso Deus e vosso Deus é Um só. E para ele somos moslimes."

47. E, assim, fizemos descer para ti o Livro[2]. Então, aqueles[3], aos quais concedêramos o Livro[4], nele[5] crêem. E, dentre estes[6], há quem nele creia. E não negam Nossos sinais senão os renegadores da Fé.

48. E, antes dele, tu não recitavas livro algum nem o escrevias com tua destra; nesse caso, os defensores da falsidade haveriam duvidado[7].

---

[1] **Se guidores do Livro**: judeus e cristãos.
[2] **O Livro**: o Alcorão.
[3] **Aqueles**: os judeus que se converteram ao islamismo.
[4] **O Livro**: a Tora.
[5] **Nele**: no Alcorão.
[6] **Estes**: os habitantes de Makkah.
[7] O ser Muḥammad iletrado (não sabia ler nem escrever) é forte prova de que o Alcorão, com sua profunda erudição e conhecimento não foi obra sua, e sim, de uma força suprema. Daí a afirmação da origem divina do Livro.

49. Mas ele é **constituído de evidentes** versículos **encerrados** nos peitos daqueles aos quais foi concedida a ciência. E não negam Nossos sinais senão os injustos.

50. E eles[1] dizem: "Que se faça descer sobre ele sinais de seu Senhor!" Dize, **Muḥammad**: "Os sinais estão, apenas, junto de Allah, e sou, apenas evidente admoestador."

51. E não lhes basta que façamos descer, sobre ti, o Livro, que se recita, para eles? Por certo, há nisso misericórdia e lembrança para um povo que crê.

52. Dize: "Basta Allah, por testemunha, entre mim e vós. Ele sabe o que há nos céus e na terra. E os que crêem na falsidade e renegam a Allah, esses são os perdedores."

53. E pedem-te que apresses o castigo. E, não fora um termo designado[2], haver-lhes-ia chegado o castigo. E, em verdade, chegar-lhes-á **este**, inopinadamente, enquanto não percebam.

54. Pedem-te que apresses o castigo. E, por certo, a Geena estará abarcando os renegadores da Fé,

---

(1) **Eles**: os idólatras de Makkah.
(2) Ou seja, o Dia do Juízo, quando serão recompensados os bons e castigados os maus.

55. Um dia, em que os encobrir o castigo, por cima deles e por baixo de seus pés, e ele⁽¹⁾ disser: "Experimentai **o castigo do** que fazíeis!"

56. Ó Meus servos, que credes! Por certo, Minha terra é ampla⁽²⁾; e a Mim, então, adorai-Me.

57. Cada alma experimentará a morte. Em seguida, a Nós sereis retornados.

58. E aos que crêem e fazem as boas obras, em verdade, dispô-los-emos nas câmaras etéreas do Paraíso, abaixo das quais correm os rios; nelas, serão eternos. Que excelente o prêmio dos laboriosos,

59. Os que pacientam e em seu Senhor confiam!

60. E quantos seres animais não carregam seu sustento! Allah lhes dá sustento⁽³⁾, e a vós. E Ele é O Oniouvinte, O Onisciente.

61. E, se lhes perguntas: "Quem

---

(1) **Ele**: o anjo encarregado de seu castigo.
(2) **Minha terra é ampla**: Deus recorda aos crentes de Makkah, onde vivem em condições desfavoráveis pela perseguição religiosa, que a Terra é vasta, ampla, o que lhes permite migrarem para Al Madīnah ou para qualquer outro lugar, onde poderão praticar, livremente, seu credo.
(3) Se atentarmos para o mundo animal, veremos que muitas criaturas parecem desprotegidas, sem condições mesmo de encontrar seu próprio alimento. Entretanto, Deus está por trás de tudo, como está em tudo, e cuida de seu sustento e proteção. Assim, também, ocorre com o homem, que não deve desesperar-se jamais, pois Deus vela por ele, das mais variadas formas

criou os céus e a terra e submeteu o sol e a lua?", em verdade, dirão: "Allah!" Então, como podem distanciar-se **da verdade**?

62. Allah prodigaliza o sustento a quem quer de Seus servos, e restringe-lho. Por certo, Allah, de todas as cousas, é Onisciente.

63. E, se lhes perguntas: "Quem faz descer água do céu, e, com ela, vivifica a terra, depois de morta?", em verdade, dirão: "Allah!" Dize: "Louvor a Allah!" Mas a maioria deles não razoa.

64. E esta vida terrena não é senão entretenimento e diversão. E, por certo, a Derradeira Morada é ela, a Vida. Se soubessem!

65. Então, quando eles embarcam no barco, invocam a Allah, sendo sinceros com Ele, na devoção. E, quando Ele os traz a salvo à terra, ei-los que idolatram.

66. Que eles reneguem o que lhes concedemos, e que gozem! Logo, saberão!

67. E não viram eles que Nós lhes fizemos um Santuário seguro, enquanto os homens, a seu redor, são arrebatados[1]? Então, crêem

---

(1) Ao terem Makkah, por cidade sagrada, protegida de assaltos e violências, eles, aí, sempre estarão seguros, enquanto, em outras cidades isso não ocorre, ficando seus habitantes expostos ao perigo.

eles na falsidade e renegam a graça de Allah?

68. E quem mais injusto que aquele que forja mentiras acerca de Allah, ou desmente a verdade, quando **esta** lhe chega? Não há, na Geena, moradia para os renegadores da Fé?

69. E aos que lutam por Nós, certamente, guiá-los-emos a Nossos caminhos. E, por certo, Allah é com os benfeitores.

30. Sūratu Ar-Rūm

SŪRATU AR-RŪM[1]
A SURA DOS ROMANOS

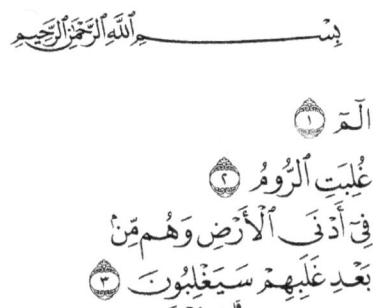

De Makkah – 60 versículos.

Em nome de Allah, O Misericordioso, O Misericordiador.

1. Alif, Lām, Mīm[2].

2. Os Romanos foram vencidos,

3. Na terra[3] mais próxima. E eles, após sua derrota, vencerão,

4. Dentro de alguns[4] anos. De

---

[1] **Ar-rūm**: plural de **rūmī**, romano. Esta palavra aparece no versículo 2 e vai denominar a sura, cujos primeiros versículos foram revelados, por ocasião da vitória persa sobre os romanos do Oriente. Depois de conquistarem os territórios da Península Arábica, os persas tomaram Antioquia, a maior cidade do leste sírio, em 614 d.C., e, a seguir, Damasco; sediaram Jerusalém, até dela se apoderarem e a incendiaram, pilhando e imolando seus habitantes, além de se apropriarem do Santo Lenho e de o levarem para a Pérsia, depois de arrasarem a Igreja de Jerusalém. Os pagãos de Makkah, jubilosos com a derrota cristã, prometiam derrotar os moslimes, povo do Livro divino, o Alcorão, assim como os persas derrotaram os romanos, povo do Livro divino, o Evangelho. Mas a revelação desses versículos preconizava a derrota dos pagãos persas pelos cristãos bizantinos, para breve, o que, efetivamente, ocorreu, pois Heráclito não perdeu a esperança da vitória e preparou-se para uma batalha que apagasse a vergonha dessa derrota. No ano 622 d.C. (que coincide com o 1° ano moslim da Hégira), os romanos combateram os persas, em território armênio, e venceram a batalha, reconquistando, então, suas terras, tal como a profecia do Alcorão pregara. Os versículos seguintes convocam todos à reflexão sobre a criação de Deus, bem como os convocam a percorrerem a terra, para que se inteirem do triste fim dos que negaram os mensageiros divinos, e expoen-lhes a condição da humanidade do Dia da Ressurreição. Ainda, fazem atentar para a unicidade de Deus, por meio de várias provas, tais como a alternância do dia e da noite, a criação do Homem a partir do pó, a diversidade das línguas e das cores, além de outros fenômenos universais. Reiteram a falsidade do paganismo. Orientam os crentes, proibindo-lhes a usura e exortando-os à benevolência para com os parentes.

[2] Cf. II 1 n3.

[3] Ou seja, na região leste da Síria, em poder dos bizantinos, e que incluía a Antioquia, Damasco e Jerusalém.

[4] **Alguns**: traduz a palavra **biḍ**ᶜ, e abrange os números de 1 a 9 (cf. XII 42 n1), e, aqui, deve-se entender que a batalha vitoriosa dos romanos ocorreu alguns anos depois, ou seja, no 7° ano após a derrota sofrida.

Allah é a ordem, antes e depois[1]. E, nesse dia[2], os crentes jubilarão,

5. Com o socorro de Allah. – Ele socorre a quem quer. E Ele é O Todo-Poderoso, O Misericordiador –

6. É a promessa de Allah. Allah não falta à Sua promessa, mas a maioria dos homens[3] não sabe.

7. Eles sabem, **apenas**, das aparências da vida terrena. E estão desatentos à Derradeira Vida.

8. E não refletiram eles em si mesmos? Allah não criou os céus e a terra e o que há entre ambos, senão com a verdade e termo designado. E, por certo, muitos dos homens são renegadores do deparar de seu Senhor.

9. E não caminharam eles na terra, para olhar como foi o fim dos que foram antes deles? Foram mais veementes que eles em força, e lavraram a terra, e povoaram-na mais que eles a povoaram, e seus Mensageiros chegaram-lhes com as evidências. **Mas eles as negavam**. Então, não é admissível que Allah fosse injusto com eles, mas eles foram injustos com si mesmos.

10. Em seguida, o fim dos que

---

(1) Somente Deus pode determinar o que ocorreu antes ou depois da derrota.
(2) Ou seja, no dia em que os romanos vencerem os persas.
(3) **Homens**: os idólatras de Makkah.

praticaram o mal foi o pior, porque desmentiam os sinais de Allah, e deles zombavam.

11. Allah inicia a criação; em seguida, repete-a; depois, a Ele sereis retornados.

12. E, um dia, quando a Hora advier, os criminosos emudecerão de desespero.

13. E não terão intercessores, entre seus ídolos, e serão renegadores de seus ídolos.

14. E, um dia, quando advier a Hora, nesse dia, eles[1] se separarão.

15. Então, quanto aos que crêem e fazem as boas obras, deliciar-se-ão em horto florido.

16. E, quanto aos que renegam a Fé e desmentem Nossos sinais e o deparar da Derradeira Vida, esses serão trazidos ao castigo.

17. Então, Glorificado seja Allah, quando entrardes no crepúsculo e quando entrardes na aurora!

18. – E dEle é o Louvor, nos céus e na terra – e na noite, e quando entrardes no tempo merídio.

19. Ele faz sair o vivo do morto e faz sair o morto do vivo, e vivifica a terra, depois de morta. E,

---

(1) **Eles**: os homens.

assim, far-vos-ão sair **dos sepulcros**.

20. E, dentre Seus sinais, está que Ele vos criou de pó; em seguida, ei-vos homens, que vos espalhais **pela terra**.

21. E, dentre Seus sinais, está que Ele criou, para vós, mulheres, de vós mesmos, para vos tranüilizardes junto delas, e fez, entre vós, afeição e misericórdia. Por certo, há nisso sinais para um povo que reflete.

22. E, dentre Seus sinais, está a criação dos céus e da terra, e a variedade de vossas línguas e de vossas cores. Por certo, há nisso sinais para os sabedores.

23. E, dentre Seus sinais, está vosso dormir à noite e de dia, e vossa busca de Seu favor. Por certo, há nisso sinais para um povo que ouve.

24. E, dentre Seus sinais, está o fazer-vos ver o relâmpago, com temor **do raio** e aspiração **da chuva**, e o fazer descer do céu água; então, com ela, vivifica a terra, depois de morta. Por certo, há nisso sinais para um povo que razoa.

25. E, dentre Seus sinais, está que o céu e a terra se mantêm firmes, por Sua ordem. Em seguida, quando Ele vos convocar, com uma convocação, da terra, ei-vos que dela saireis.

26. E dEle é quem está nos céus e na terra. A Ele todos são devotos.

27. E Ele é Quem inicia a criação; em seguida, repete-a; e isto Lhe é mais fácil. E dEle é a transcendência absoluta, nos céus e na terra. E Ele é O Todo-Poderoso, O Sábio.

28. Ele propõe para vós um exemplo **tirado** de vós mesmos. Tendes, dentre os escravos que possuís, parceiros[1] naquilo que Nós vos damos por sustento, e, nisso, sois iguais, temendo-os como vós vos temeis reciprocamente? Assim, aclaramos os sinais a um povo que razoa.

29. Mas os que são injustos seguem suas paixões, sem ciência alguma. Então, quem guiará aqueles a quem Allah descaminha? E eles não terão socorredores.

30. Então, ergue tua face para a religião, sendo monoteísta sincero. Assim é a natureza[2] feita por Allah – segundo a qual Ele criou os homens[3]. Não há alteração na criação de Allah. – Essa é a religião reta, mas a maioria dos homens não sabe.

---

(1) Se o escravo não é sócio de seu patrão, nos bens, como então fazer as criaturas sócias ou parceiras de Deus?

(2) **Assim é a natureza de Allah**: o homem deve seguir sua verdadeira índole, tal como Deus a fez.

(3) **Os homens**: os idólatras de Makkah.

31. Voltai-vos contritos para Ele; e temei-O; e cumpri a oração, e não sejais dos idólatras,

32. Dos que separaram sua religião, e se dividiram em seitas, jubiloso cada partido com o que tem.

33. E, quando um infortúnio toca os homens, invocam a seu Senhor, voltando-se contritos para Ele; em seguida, quando Ele os faz experimentar misericórdia **vinda dEle**, eis um grupo deles que associa **ídolos** a seu Senhor,

34. Para renegar o que lhes concedemos. Então, gozai. Logo, sabereis!

35. Será que Nós fizemos descer sobre eles comprovação, e esta lhes fala do que associam a Ele?

36. E, quando fazemos experientar aos homens misericórdia, jubilam com ela, e, se os alcança algo de mal, pelo que suas mãos anteciparam, ei-los que se desesperam.

37. E não viram eles que Allah prodigaliza o sustento a quem quer, e restringe-o? Por certo, há nisso sinais para um povo que crê.

38. Então, concede ao parente o que lhe é de direito[(1)], e ao

---

[(1)] Cf. XVII 26 n2.

necessitado, e ao filho do caminho⁽¹⁾. Isso é melhor para os que querem a face de Allah⁽²⁾. E esses são os bem-aventurados.

39. E o que concedeis, de usura, para acrescentá-lo com as riquezas dos homens, não se acrescentará, junto de Allah. E o que concedeis, de az-zakāh⁽³⁾, querendo a face de Allah, **ser-vos-á multiplicado**. Então, esses serão os recompensados em dobro.

40. Allah é Quem vos criou; e deu-vos sustento; em seguida, dar-vos-á a morte; depois, dar-vos-á a vida. Há, de vossos ídolos, quem faça algo disso? Glorificado e Sublimado seja Ele, acima do que idolatram!

41. A corrupção⁽⁴⁾ apareceu, na terra e no mar, pelo que as mãos dos homens cometeram, a fim de Ele fazê-los experimentar algo do que fizeram, para retornarem.

42. Dize, **Muḥammad**: "Caminai na terra e olhai como foi o fim dos que foram antes! A maioria deles era idólatra."

43. Então, ergue tua face para a religião reta, antes que chegue um

---

(1) cf II 177n1
(2) Ou seja, os que desejam a graça de Deus.
(3) Cf II 43 n4.
(4) Ou seja, as desgraças que assolam os homens, periodicamente: a seca, a escassez de alimentos da terra e do mar, as pragas, etc..

dia, para o qual não haverá revogação de Allah. Nesse dia, eles[1] se dividirão.

44. Quem renega a Fé, sobre ele **pesa** sua renegação. E quem faz o bem, **esses** preparam para si mesmos **o caminho do Paraíso**,

45. Para que **Allah** recompense os que crêem e fazem as boas obras, com Seu favor. Por certo, Ele não ama os renegadores da Fé.

46. E, dentre Seus sinais, está que Ele envia os ventos por alvissareiros, e **isso**, para fazer-vos experimentar de Sua misericórdia, e para o barco correr, no mar, por Sua ordem, e para buscardes de Seu favor, e para serdes agradecidos.

47. E, com efeito, enviamos, antes de ti, Mensageiros a seus povos; e chegaram-lhes com as evidências; então, vingamo-Nos dos que foram criminosos. E foi dever, que Nós impendeu, socorrer os crentes.

48. Allah é Quem envia o vento, e **este** agita nuvens; então, Ele as estende no céu, como quer, e fá-las em pedaços; e tu vês sair a chuva de dentro delas. E quando Ele alcança, com ela, a quem quer de Seus servos, ei-los que exultam.

---

(1) **Eles**: os homens que, após o Ajuste de Contas, serão divididos: uns irão para o Paraíso, e, outros, para o Inferno.

49. E, **com efeito,** antes de fazê-la descer sobre eles, estavam emudecidos de desespero.

50. Então, olha para os vestígios da misericórdia de Allah: como Ele vivifica a terra, depois de morta. Por certo, Esse **é Quem** dá a vida aos mortos. E Ele, sobre todas as cousas, é Onipotente.

51. E, se **lhes** enviamos vento **prejudicial à seara**, e a vêem amarelecida, certamente, permanecem, depois disso, ingratos.

52. E, por certo, tu não podes fazer ouvir aos mortos e não podes fazer ouvir aos surdos a convocação, quando **te** voltam as costas, fugindo.

53. E tu não podes guiar os cegos, **desviando-os** de seu descaminho. Não podes fazer ouvir senão a quem crê em Nossos sinais, pois são moslimes.

54. Allah é Quem vos criou de fragilidade; em seguida, fez, depois de fragilidade, força; em seguida, fez, depois de força, fragilidade e cãs. Ele cria o que quer. E Ele é O Onisciente, O Onipotente.

55. E, um dia, quando advier a Hora, os criminosos jurarão não haver permanecido, **nos sepulcros,**

senão uma hora. Assim, distanciavam-se eles⁽¹⁾ **da verdade**.

56. E aqueles⁽²⁾, aos quais fora concedida a ciência e a Fé, dirão: "Com efeito, **lá permanecestes, conforme está** no Livro⁽³⁾ de Allah, até o Dia da Ressurreição. E este é o Dia da Ressurreição, mas não sabíeis."

57. Então, nesse dia, as escusas não beneficiarão aos que foram injustos, e eles não serão solicitados a Nos agradar.

58. E, com efeito, propomos, para os homens, neste Alcorão, toda sorte de exemplos. E, se lhes chegas com um sinal, em verdade, os que renegam a Fé dirão: "Vós⁽⁴⁾ não sois senão defensores da falsidade."

59. Assim, Allah sela o coração dos que não sabem.

60. Então, pacienta, **Muḥammad**, por certo, a promessa de Allah é verdadeira. E que te não abalem os que se não convencem **da Ressurreição**.

---

(1) Do mesmo modo que se distanciam da Verdade, na vida terrena, ao negarem a Ressurreição, os idólatras estarão distanciados da verdade, ao saírem dos túmulos, no Dia do Juízo, achando que aí não permaneceram senão por uma hora.
(2) **Aqueles**: podem ser os anjos ou os profetas ou os privilegiados, entre os crentes.
(3) **O Livro de Deus**: o Livro do Destino de toda a humanidade.
(4) **Vós**: o Profeta Muḥammad e seus seguidores.

SŪRATU LUQMĀN[1]
A SURA DE LUQMĀN

De Makkah – 34 versículos.

Em nome de Allah, O Misericordioso, O Misericordiador.

1. Alif, Lām, Mīm[2].

2. Esses são os versículos do Livro pleno de sabedoria.

3. Ele é orientação e misericórdia para os benfeitores,

4. Que cumprem a oração e concedem az-zakāh[3], e se convencem da Derradeira Vida.

5. Esses estão em orientação de seu Senhor. E esses são os bem-aventurados.

6. E, dentre os homens, há quem[4] compre falsas narrativas,

---

[1] **Luqmān**: nome de um sábio, sobre o qual divergem as opiniões de estudiosos. Uns asseveram que ele era profeta; outros, que não era profeta, porém homem muito piedoso; outros, ainda, que era juiz dos filhos de Israel. Entretanto, seja o que for, Luqmān, segundo o Alcorão, foi um homem a quem Deus concedeu sabedoria. A sura assim se denomina, pela menção deste nome, nos versículos 12 e 13. Como as suras reveladas em Makkah, esta também trata da unicidade de Deus, da crença na vida Ultra-terrena, na paga das más obras e na recompensa do bem. Pode-se sintetizar o conteúdo desta sura em 3 itens: 1) As alvíssaras do Paraíso aos benfeitores e a admoestação aos malfeitores do nefasto castigo; 2) A exposição das maravilhas do Universo, que ratificam as maravilhas de Deus Poderoso; 3) A súmula de nobres mandamentos nos conselhos de Luqmān a seu filho, atinentes à obediência das leis divinas e dos preceitos éticos.

[2] Cf. II 1 n3.

[3] Cf. II 43 n4.

[4] Alusão a Al-Naḍr Ibn Al Ḥārith, um dos adversários do Profeta, o qual tinha o hábito de viajar às fronteiras da Pérsia, para comprar livros de lendas e mitos persas. e recitá-las, para os habitantes de Makkah, com o fito de desviá-los da leitura do Alcorão.

para, sem ciência, descaminhar **os outros** do caminho de Allah, e para tomá-lo[1] por objeto de zombaria. Esses terão aviltante castigo.

7. E, quando se recitam, para ele, Nossos versículos, volta-**lhes** as costas, ensoberbecendo-se, como se os não ouvisse, como se em seus ouvidos houvesse surdez. Então, alvissara-lhe, **Muḥammad**, doloroso castigo.

8. Por certo, os que crêem e fazem as boas obras terão os Jardins da Delícia;

9. Neles, serão eternos. Essa é, deveras, a promessa de Allah. E Ele é O Todo-Poderoso, O Sábio.

10. Ele criou os céus, sem colunas que vejais. E implantou na terra assentes montanhas, para que ela se não abale convosco. E, nela, espalhou todo ser animal. E fizemos descer do céu água; então, fizemos brotar, nela[2], todos os casais **de plantas** preciosas.

11. Essa é a criação de Allah; então, fazei[3]-Me ver o que criaram aqueles[4] **que adorais**, além dEle. Mas os injustos estão em evidente descaminho.

---

(1) **Lo**: o caminho.
(2) **Nela**: na terra.
(3) O imperativo se relaciona a "vós, Quraich".
(4) **Aqueles**: os ídolos.

12. E, com efeito, concedemos a sabedoria a Luqmān, **dizendo-lhe**: "Agradece a Allah. E quem agradece agradece, apenas, em benefício de si mesmo. E quem é ingrato, por certo, Allah é Bastante a Si mesmo, Louvável."

13. E quando Luqmān disse a seu filho, em o exortando: "Ó meu filho! Não associes nada a Allah. Por certo, a idolatria é formidável injustiça."

14. – E recomendamos ao ser humano **a benevolência para com** seus pais; sua mãe carrega-o, com fraqueza sobre fraqueza⁽¹⁾, e sua desmama se dá aos dois anos; **e dissemo-lhe**: "Sê agradecido a Mim, e a teus pais. A Mim será o destino.

15. "E, se ambos lutam contigo, para que associes a Mim aquilo de que não tens ciência, não lhes obedeças. E acompanha-os, na vida terrena, convenientemente. E segue o caminho de quem se volta contrito para Mim. Em seguida, a Mim será vosso retorno; então, informar-vos-ei do que fazíeis" –

16. "Ó meu filho⁽²⁾! Por certo,

---

(1) As fraquezas aludidas advêm da concepção, gestação e parto do ser humano, além dos ulteriores cuidados de criação e educação.
(2) Atente-se, aqui, para a continuação das palavras de Luqmān a seu filho, iniciadas no versículo 13, e cessadas com uma apóstrofe da fala divina, nos versículos 14 e 15.

se há algo⁽¹⁾ do peso de um grão de mostarda⁽²⁾ e está no **âmago de** um rochedo, ou nos céus ou na terra, Allah fá-lo-á vir **à tona**. Por certo, Allah é Sutil, Conhecedor.

17. "Ó meu filho! Cumpre a oração e ordena o conveniente e coíbe o reprovável e pacienta, quanto ao que te alcança. Por certo, isso é da firmeza indispensável em todas as resoluções.

18. "E não voltes, com desdém, teu rosto aos homens, e não andes, com jactância, pela terra. Por certo, Allah não ama a nenhum presunçoso, vanglorioso.

19. "E modera teu andar e baixa tua voz. Por certo, a mais reprovável das vozes é a voz dos asnos."

20. Não vistes que Allah vos submeteu o que há nos céus e o que há na terra, e vos colmou de Suas graças, aparentes e latentes? E, dentre os homens, há quem discuta acerca de Allah, sem ciência nem orientação nem Livro luminoso.

21. E, quando se lhes diz: "Segui o que Allah fez descer", dizem: "**Não.** Mas seguimos aquilo em que encontramos nossos pais." Seguí-

---

(1) **Algo**: a ação humana, boa ou má.
(2) Cf. XXI 47 n1.

lo-ão, ainda que Satã os convoque ao castigo do Fogo ardente?

22. E quem entrega sua face a Allah, enquanto benfeitor, com efeito, ater-se-á à firme alça. E a Allah é o fim de todas as determinações.

23. E de quem renega a Fé, que te não entristeça sua renegação da Fé. A Nós será seu retorno, e informá-los-emos do que fizeram. Por certo, Allah, do íntimo dos peitos, é Onisciente.

24. Fá-los-emos gozar um pouco; em seguida, obrigá-los-emos a um duro castigo.

25. E, se lhes perguntas: "Quem criou os céus e a terra", em verdade, dirão: "Allah!" Dize: "Louvor a Allah!" Mas a maioria deles não sabe.

26. De Allah é o que há nos céus e na terra. Por certo, Allah é O Bastante a Si mesmo, O Louvável.

27. E, se todas as árvores, na terra, fossem cálamos, e o mar – a que se estendessem, além dele, sete mares –, **fosse tinta de escrever,** as palavras de Allah não se exauririam. Por certo, Allah é Todo-Poderoso, Sábio.

28. Vossa criação e vossa ressurreição não são senão como

as de uma só alma. Por certo, Allah é Oniouvinte, Onividente.

29. Não viste que Allah insere a noite no dia e insere o dia na noite e submete o sol e a lua, cada qual correndo até um termo designado, e que Allah, do que fazeis, é Conhecedor?

30. Isso, porque Allah, Ele é a Verdade; e porque o que invocam, além dEle, é a falsidade; e porque Allah é O Altíssimo, O Grande.

31. Não viste que o barco corre, no mar, com a graça de Allah, para Ele fazer-vos ver **alguns** de Seus sinais? Por certo, há nisso sinais para todo constante perseverante, agradecido.

32. E, quando os[1] encobrem ondas, como dosséis, invocam a Allah, sendo sinceros com Ele, na devoção; então, quando Ele os traz a salvo a terra, há, dentre eles, o que é moderado **e o que é negador**. E não nega Nossos sinais senão todo pérfido, ingrato.

33. Ó humanos! Temei a vosso Senhor e receai um dia, em que um pai nada quitará por seu filho nem um filho nada quitará por seu pai. Por certo, a promessa de Allah é verdadeira. Então, que vos não

---

(1) **Os**: os idólatras de Makkah.

iluda a vida terrena e que vos não iluda o ilusor[1], acerca de Allah.

34. Por certo, junto de Allah, está a ciência da Hora, e Ele faz descer a chuva; e sabe o que há nas matrizes. E pessoa alguma se inteira do que lograra amanhã, e pessoa alguma se inteira de em qual terra morrerá. Por certo, Allah é Onisciente, Conhecedor.

إِنَّ ٱللَّهَ عِندَهُۥ عِلْمُ ٱلسَّاعَةِ وَيُنَزِّلُ ٱلْغَيْثَ وَيَعْلَمُ مَا فِي ٱلْأَرْحَامِ وَمَا تَدْرِى نَفْسٌ مَّاذَا تَكْسِبُ غَدًا وَمَا تَدْرِى نَفْسٌ بِأَيِّ أَرْضٍ تَمُوتُ إِنَّ ٱللَّهَ عَلِيمٌ خَبِيرٌ ۝

---

(1) **Ilusor**: Satã.

SŪRATU AS-SAJDAH[1]
A SURA DA PROSTERNAÇÃO

De Makkah – 30 versículos.

Em nome de Allah, O Misericordioso, O Misericordiador.

1. Alif, Lām, Mīm[2].

2. A revelação do Livro, indubitável, é do Senhor dos mundos.

3. Eles dizem: "Ele[3] o forjou?" Não. Mas ele é a verdade de teu Senhor, para admoestares um povo, ao qual, antes de ti, admoestador algum chegou, para se guiarem.

4. Allah é Quem criou os céus e a terra e o que há entre ambos, em seis dias[4]; em seguida, estabeleceu-Se no Trono. Não há, para vós, além dEle, nem protetor nem intercessor. Então, não meditais?

5. Ele administra a ordem, do

---

(1) **As-Sajdah**: a prosternação. Substantivo derivado do verbo **sajada**, prosternar. A sura assim se denomina pela menção do ato de prosternar-se no versículo 15. Além de tratar dos assuntos de todas as suras reveladas em Makkah, esta inicia afirmando que o Alcorão é, indubitavelmente, de origem divina. Em seguida, alude à criação dos céus e da terra e às fases da criação do ser humano, criticando a atitude dos incrédulos acerca da Ressurreição e refutando-lhes os argumentos. A seguir, refere-se à situação dos culpados, no Dia do Juízo, ressaltando a diferença de recompensas, entre os malfeitores e os benfeitores. A sura, ainda, trata da revelação da Tora a Moisés e do tratamento dispensado por Deus aos filhos de Israel. Finalmente, exorta os idólatras de Makkah a refletirem sobre o que sucedeu aos povos anteriores, aniquilados por sua desobediência; a crerem na Ressurreição e a cessarem o questionamento irônico acerca do Dia do Juízo.

(2) Cf. II 1 n3.

(3) **Ele**: Muḥammad.

(4) Cf. VII 54 n1.

32. Sūratu As-Sajdah

céu para a terra; em seguida, **tudo** ascende a Ele, em um dia, cuja duração é de mil anos, dos que contais.

6. Esse é O Sabedor do invisível e do visível, O Todo-Poderoso, O Misericordiador,

7. Que fez perfeita cada cousa que criou, e iniciou de barro a criação do ser humano.

8. – Em seguida, fez-lhe a descendência da quintessência de **gota** d'água[1] desprezível –

9. Em seguida, formou-o, e, nele, soprou **algo** de seu espírito. E vos fez o ouvido e as vistas e os corações. Quão pouco agradeceis!

10. E dizem[2]: "Se nós sumirmos na terra[3], tornar-nos-emos, por certo, em nova criação?" Eles, aliás, são renegadores do deparar de seu Senhor.

11. Dize: "O Anjo da Morte, encarregado de vós, levar-vos-á as almas; em seguida, a vosso Senhor sereis retornados."

12. E se tu visses quando os criminosos estiverem cabisbaixos,

---

[1] Referência ao sêmen, líquido fecundante.
[2] Ou seja, "dizem os idólatras de Makkah".
[3] Ou seja, os idólatras querem saber se, depois de se tornarem pó, misturados ao pó da terra, poderão, mesmo assim, ressurgir.

junto de seu Senhor! **Dirão:** "Senhor nosso! Enxergamos e ouvimos[1]. Então, faze-nos retornar **à terra,** nós faremos o bem; por certo, estamos convictos **da Ressurreição.**"

13. E, se quiséssemos, haveríamos concedido a cada alma sua orientação. Mas cumpre-se o Dito **vindo** de Mim: "Encherei a Geena dos jinns e dos homens, deles todos!"

14. **Dir-se-lhes-á:** "Então, experimentai **o castigo,** porque esquecestes o deparar deste vosso dia; por certo, Nós, **também,** vos esquecemos. E experimentai o castigo da eternidade, pelo que fazíeis."

15. Apenas, crêem em Nossos versículos os que, ao lhes serem estes lembrados, caem, em prosternação, e glorificam, com louvor, a seu Senhor, e não se ensoberbecem.

16. Seus flancos apartam-se dos leitos, enquanto suplicam a seu Senhor, com temor e aspiração, e despendem do que lhes damos por sustento.

17. E nenhuma alma sabe o que lhes é oculto do alegre frescor dos olhos, em recompensa do que faziam.

---

[1] No momento do Julgamento, os criminosos se darão conta da veracidade da promessa divina e dirão: "Vemos, agora, que ela é verdadeira e estamos ouvindo, de Deus, a confirmação da mensagem divina".

18. Então, quem é crente é como quem é perverso? **Não,** não se igualam.

19. Quanto aos que crêem e fazem as boas obras, terão, por hospedagem, os Jardins de Al-Ma'wā⁽¹⁾, pelo que faziam.

20. E, quanto aos que foram perversos, sua morada será o Fogo. Cada vez que desejarem sair dele, a ele fá-los-ão regressar, e se lhes dirá: "Experimentai o castigo do Fogo, que desmentíeis."

21. E, em verdade, fá-los-emos experimentar **algo** do castigo menor, antes do castigo maior⁽²⁾ para retornarem.

22. E quem mais injusto que aquele a quem são lembrados os versículos de seu Senhor, em seguida, dá-lhes de ombros? Por certo, vingar-Nos-emos dos criminosos.

23. E, com efeito, concedemos o Livro a Moisés; então, não estejas em contestação acerca de seu encontro⁽³⁾. E fizemo-lo⁽⁴⁾ orientação

---

(1) Segundo a exegese do Alcorão, são Jardins situados ou à direita do Trono de Deus, ou no sétimo céu.

(2) Estes tormentos referem-se, respectivamente, ao castigo terreno (a escravidão ou a morte) e ao castigo do Dia do Juízo.

(3) **Seu encontro**: o encontro de Moisés com Muḥammad, tal como ocorreu, durante **al-Miᶜrāj**, a viagem noturna do Profeta, segundo alguns comentaristas; segundo outros, seria o encontro de Moisés com o Livro.

(4) **Lo**: o Livro, segundo alguns exegetas; ou Moisés, segundo outros.

para os filhos de Israel.

24. E fizemos deles próceres, que guiaram **os homens**, por Nossa ordem, quando pacientaram. E eles se convenciam de Nossos sinais.

25. Por certo, teu Senhor decidirá, entre eles, no Dia da Ressurreição, naquilo de que discrepavam.

26. E não lhes são notórias quantas gerações aniquilamos, antes deles, por cujas vivendas andam, **agora**? Por certo, há nisso sinais. Então, não ouvem eles **a exortação de Allah**?

27. E não viram que Nós conduzimos a água à terra árida e, com ela, fazemos sair searas, de que seus rebanhos comem, e eles[1] mesmos? Então, não o enxergam?

28. E dizem: "Quando será esta sentença, se sois verídicos?"

29. Dize: "No Dia da Sentença, não beneficiará aos que renegam a Fé sua crença nem se lhes concederá dilação."

30. Então, dá-lhes de ombros e espera; por certo, eles, **também**, estão esperando.

---

(1) **Eles**: os idólatras.

SŪRATU AL-'AḤZĀB[(1)]
A SURA DOS PARTIDOS

De Al Madīnah – 73 versículos.

Em nome de Allah, O Misericordioso, O Misericordiador.

1. Ó Profeta! Teme a Allah e

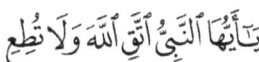

[(1)] Al ʿAḥzāb: plural de ḥizb, que significa uma coligação, cujos membros perseguem os mesmos objetivos. Assim se denomina a sura, pela menção dessa palavra nos versículos 20 e 22. Esse vocábulo passou a ter esta acepção entre os anos IV e V da Hégira (cerca de 626 da Era cristã), quando os judeus, habitantes de Al Madīnah, entreviram no Islão, a nova religião, iminente ameaça ao prestígio religioso e social, que gozavam nesta cidade, e conseqüente enfraquecimento de seu poder, junto da nova organização da sociedade árabe emergente, liderada pelo Profeta Muḥammad. A questão tornou-se mais preocupante, quando o grande sábio judaico, Abdullah Ibn Salām, se converteu ao Islão, atraindo para si outros confrades. Foi, então, que os judeus de Al Madīnah se decidiram pela aniquilação de Muḥammad, cujo credo se propagava não só por esta cidade, mas por outras regiões, fora dela. Para tanto, passaram a reunir, em partidos, as tribos árabes da Península Arábica, o que não foi difícil, pela oposição que alimentavam contra o Profeta. Citem-se, entre elas, as tribos de Gatafān, Kinānah, Tihāmah e Quraich. E rumaram, todas elas, a Al Madīnah, e sitiaram-na, nos arredores, pois os fossos de defesa, abertos por ordem do Profeta, impediam-nas de avançarem dentro dela. Enquanto isso, os judeus da cidade rompiam o pacto de coexistência pacífica, que haviam firmado com o Profeta. Consequentemente, a situação dos moslimes periclitou, já que sediados pelo inimigo, dentro e fora da cidade. Entrementes, pouco antes de os partidos atacarem o Profeta, ocorreu forte vento, acompanhado de implacável onda de frio, que veio a tumultuar a organização dos partidos, arrancando-lhes as tendas armadas, exterminando-lhes as fogueiras, destroçando-lhes os pertences. Inermes, debandaram, em direção a seus lugares de origem. Desta feita, malogrou a insídia dos judeus, que, sem a colaboração partidária dos árabes, não puderam combater o Profeta e seus prosélitos. Esta sura se inicia pela exortação do Profeta à não obediência aos incrédulos e aos hipócritas. Alude, a seguir, à questão da adoção de filhos e de como proceder, neste caso. Trata, ainda, do avanço dos Partidos até Al Madīnah, do temor que a tempestade suscitou nos moslimes, da salvação dos crentes. Determina, ademais, as regras éticas, que devem seguir as mulheres; anula a proibição de o homem casar-se com a mulher de seu filho adotivo, o que não era permitido na sociedade árabe pré-islâmica; estabelece regras de acesso dos crentes à casa do Profeta, para as refeições; faz referência a Hora Final e as aflições experimentadas neste momento; aconselha os crentes a temerem a Deus e a serem verazes. Finalmente, a sura salienta a ignorância do ser humano, que, havendo aceitado os mandamentos divinos, não soube cumpri-los, com vigor.

33. Sūratu Al-'Aḥzāb Parte 21

não obedeças aos renegadores da Fé e aos hipócritas. Por certo, Allah é Onisciente, Sábio.

2. E segue o que te é revelado de teu Senhor. Por certo, Allah, do que fazeis é Conhecedor.

3. E confia em Allah. E basta Allah por Patrono.

4. Allah não fez em homem algum dois corações[1] em seu peito. E não fez de vossas mulheres, que repudiais com az-zihār[2], vossas mães. E não fez de vossos filhos adotivos[3] vossos

---

[1] **Dois corações**: duas atitudes contraditórias. Esta sura refuta a dúbia atitude dos hipócritas, que professam a crença e a descrença, concomitantemente. Em outras palavras, é inadmissível que coexistam, no coração, o certo e o errado. Assim, errado é divorciar-se de suas mulheres, com o pretexto de que são como suas mães; e errado é considerar o filho adotivo como filho legítimo, segundo o mesmo versículo.

[2] **Az-zihār**, infinito de **zāhara**, repudiar, de modo específico; derivado de **zahr**, costas: modalidade de repúdio conjugal, adotada pela comunidade árabe pré-islâmica, a qual consistia em o homem dizer à sua mulher que ela lhe era como as costas de sua própria mãe, o que valia dizer que ele e ela já não poderiam unir-se carnalmente.

[3] Referência a Zaid Ibn Ḥārithah, escravizado, ainda pequeno, por época do ataque de algumas tribos pré-islâmicas. Pertencia a Khadījah, primeira mulher do Profeta, a quem ela o doou. Com o advento do Islão e das leis de justiça social, que com ele chegaram, o pai de Zaid foi até o Profeta, para reivindicar-lhe o filho. O Profeta dirigiu-se, então, a Zaid e pediu-lhe que optasse por ele ou pelo pai legítimo. O rapaz decidiu-se por ficar com o Profeta, que, logo, o alforriou e o tomou, não mais por escravo, mas por filho adotivo. Desde então, ele passou a chamar-se Zaid Ibn Muḥammad. Mas, o versículo veio para advertir Muḥammad e os crentes de que o filho adotivo não é como o filho legítimo nem deve receber outro nome que o de sua família legítima. Segundo o Islão, a questão da adoção é antinatural, pois rompe o vínculo natural com a família de origem; obsta ao filho adotivo o acesso à herança, em a havendo, deixada pelos pais legítimos, e atenta contra a natureza, ameaçando a procriação, por induzir à adoção, e não à gestação natural.

filhos **verdadeiros**. Isto[1] é o dito de vossas bocas. E Allah diz a verdade, e Ele guia ao caminho **reto**.

5. Chamai-os pelos **nomes de seus pais**[2]: isso é mais eqüitativo, perante Allah. E, se não conheceis seus pais, eles serão vossos irmãos, na religião, e vossos aliados. E não há culpa, sobre vós, em errardes, nisso, mas no que vossos corações intentam. E Allah é Perdoador, Misericordiador.

6. O Profeta tem mais prevalência sobre os crentes que eles mesmos **não têm entre si**. E suas mulheres[3] são suas mães. E os[4] de laços consangüíneos têm, **na sucessão**, mais prevalência sobre os laços que unem os crentes **de Al-Madīnah** e os emigrantes **de Makkah**, segundo o Livro de Allah, a menos que queirais fazer um favor[5] a vossos aliados. Isso está inscrito no Livro.

7. E quando firmamos a aliança com os profetas, e contigo e com Noé e com Abraão e com Moisés e

---

(1) Referência à questão dos filhos adotivos, já mencionada na nota anterior.
(2) Ou seja, o filho deve receber o nome do pai legítimo, e não o do adotivo.
(3) Ou seja, as mulheres do Profeta. Entenda-se que é dever dos crentes respeitarem as mulheres do Profeta e as venerarem como se fossem suas próprias mães, ficando-lhes, portanto, vedado casarem-se com elas.
(4) Cf. VIII 75 n3.
(5) Alusão ao testamento, que se faz nesta circunstância, quando o herdeiro não é aparentado.

com Jesus, filho de Maria. E firmamos sólida aliança com eles,

8. Para que Ele interrogasse os verídicos acerca de sua verdade[1]. E Ele preparou para os renegadores da Fé doloroso castigo.

9. Ó vós que credes! Lembrai-vos da graça de Allah para convosco, quando um exército vos chegou, então, enviamos contra eles um vento e um exército **de anjos**, que não vistes – E Allah, do que fazeis, é Onividente –

10. Quando eles vos chegaram, por cima de vós[2] e por baixo de vós, e quando as vistas se vos desviaram **de terror**, e os corações vos chegaram às gargantas, e pensastes, acerca de Allah, pensamentos[3] vários,

11. Aí, **então**, os crentes foram postos à prova e estremecidos por veemente estremecimento.

12. E, quando os hipócritas e aqueles, em cujos corações há enfermidade, disseram: "Allah e seu

---

[1] **Sua verdade**: a Mensagem, de cuja transmissão foram encarregados os profetas, e sua aceitação ou não, por seus povos.
[2] A tribo de Gatafãn vinha de Najd, a nordeste da Península Arábica; por outro lado, a tribo de Quraich vinha do sudoeste da Península.
[3] Entre os moslimes, havia os de fé ardorosa, os de fé débil e os de fé dúbia; portanto, nada mais lógico que, diante do ataque inimigo e da iminente morte, cada qual reagisse de maneira diferente: uns pensavam na vitória, outros, na derrota e, outros, ainda, na aniquilação total dos moslimes.

Mensageiro não nos prometeram senão Falácias."

13. E, quando uma hoste, dentre eles, disse: "Ó povo de Yathrib⁽¹⁾! Não há lugar para vossa permanência **aqui**; então, retornai." E um grupo deles pediu permissão ao Profeta, **para retornar**, dizendo: "Por certo, nossas casas estão indefesas", enquanto não estavam indefesas. Eles não desejavam senão uma fuga.

14. E, se nela⁽²⁾ entrassem, por todas suas imediações, estando eles⁽³⁾ aí; em seguida, se lhes fosse pedida a sedição⁽⁴⁾, havê-la-iam concedido, e nela não haveriam permanecido senão um pouco.

15. E, com efeito, pactuavam, antes, com Allah que não voltariam costas **aos inimigos**. E o pacto com Allah será questionado.

16. Dize: "a fuga não vos beneficiaria, se fugísseis de morrer ou de ser mortos **em combate**; e, nesse caso, não vos fariam gozar senão um pouco."

17. Dize: "Quem é que vos defende de Allah, se Ele vos deseja

---

(1) **Yathrib**: o nome original da cidade de Al Madīnah.
(2) **Nela**: a cidade de Yathrib.
(3) **Eles**: os hipócritas.
(4) Alusão ao retorno à idolatria e ao combate dos moslimes, sugerido pelos partidos adversários do Islão.

um mal, ou se Ele vos deseja misericórdia?" E eles não encontrarão, para si, além de Allah, nem protetor nem socorredor.

18. Com efeito, Allah conhece os desalentadores, dentre vós, e os que dizem a seus irmãos: "Vinde a nós!" Enquanto eles não vão à guerra, senão poucos,

19. Sendo avarentos[1], em relação a vós. E, quando o medo **lhes** chega, tu os vês olhar para ti: revolvem-se-lhes os olhos como **os de** quem é desfalecido pela morte. E, quando o medo[2] se vai, eles vos injuriam com afiadas línguas, sendo avarentos, em relação ao bem[3]. Esses não crêem: então, Allah anulará suas obras. E isso para Allah é fácil.

20. Supunham que os partidos não houvessem ido embora. E, se os partidos chegassem **novamente**, almejariam estar, no deserto, entre os beduínos, perguntando por vossos informes. E, se estivessem entre vós, não combateriam senão um pouco.

21. – Com efeito, há, para vós, no Mensageiro de Allah, belo

---

(1) Os hipócritas, além de não auxiliarem os crentes na escavação dos fossos de defesa, negavam-lhes, ainda, qualquer outro auxílio.
(2) Com a aproximação dos inimigos, os hipócritas sentem medo de combatê-los.
(3) **Bem**: os espólios ambicionados, cada vez mais, pelos hipócritas.

paradigma, para quem espera em Allah, e no Derradeiro Dia, e se lembra amiúde de Allah. –

22. E, quando os crentes viram aos partidos, disseram: "Isto é o que Allah e Seu Mensageiro nos prometeram, e Allah e Seu Mensageiro disseram a verdade." E **isso** não lhes acrescentou senão fé e submissão.

23. Dentre os crentes, há homens que cumpriram o que haviam pactuado com Allah. Então, dentre eles, houve quem cumprisse seu voto[1]. E, dentre eles, há quem espere. E não mudam mudança alguma.

24. **Foi ordenado o combate** para que Allah recompensasse aos verídicos, por sua veracidade, e castigasse os hipócritas, se quisesse, ou Se voltasse para eles. Por certo, Allah é Perdoador, Misericordiador

25. E Allah fez voltar os que renegam a Fé, com seu rancor: eles não alcançaram bem algum. E Allah resguardou os crentes do combate. E Allah é Forte, Todo-Poderoso.

26. E Ele fez descer, de suas fortificações[2], os que, dentre os

---

(1) **Cumprir o voto**: morrer, como mártir, ou cumprir, até o fim, seu dever no campo de batalha, junto ao Profeta.
(2) Alusão ao episódio da tribo judaica Banū Quraizah, que havia rompido o pacto de coexistência pacífica com o Profeta, quando os partidos assediaram Al Madīnah.

seguidores⁽¹⁾ do Livro, os⁽²⁾ auxiliaram, e lançou-lhes o terror nos corações. A um grupo, matastes, e a **outro** grupo, escravizastes.

27. E fez-vos herdar suas terras e seus lares e suas riquezas e terra⁽³⁾ **outra** que nunca havíeis pisado. E Allah, sobre todas as cousas, é Onipotente.

28. Ó Profeta! Dize a tuas mulheres: "Se estais desejando a vida terrena e seus ornamentos⁽⁴⁾, vinde que vos mimosearei e vos libertarei, com bela liberdade.

29. "E, se estais desejando a Allah e a Seu Mensageiro e à Derradeira Morada, por certo, Allah preparou para as benfeitoras, dentre vós, magnífico prêmio."

Ocorreu que, no dia seguinte à derrota dos partidos, os moslimes retornaram à cidade, para deporem as armas, mas o anjo Gabriel chegou ao Profeta e disse-lhe: "Ó Mensageiro de Deus, os anjos, ainda, não depuseram as armas, e Deus ordena que te dirijas aos Banū Quraizah". E, assim, o Profeta e os crentes foram a eles e assediaram-nos por vinte e cinco dias, até que, não suportando mais o assédio quiseram ver-se livres dele. O Profeta propôs-lhes aceitarem-no por juiz, o que recusaram; então, propôs-lhes aceitarem a Saᶜd Ibn Muᶜāz (ex-chefe da tribo Quraizah, o qual se convertera ao Islão), ao que aquiesceram. E Saᶜd sentenciou os combatentes à morte, e as crianças e as mulheres, à escravidão. E, assim, aconteceu.

(1) **Seguidores do Livro**: os judeus.
(2) **Os**: os partidos.
(3) Alusão às terras da tribo Khaibar, conquistadas após as de Quraizah.
(4) Quando algumas das mulheres do Profeta passaram a exigir-lhe mais vestes e adornos, enciumadas que estavam em relação a outras, foi revelado este versículo, para que o Profeta as advertisse da importância dos bens espirituais sobre os materiais, e para que elas escolhessem entre viver, sobriamente, com o Profeta, e, assim, ganharem seu galardão na vida eterna, ou dele se separarem, pelo divórcio, e se entregarem à vida mundana. Ocorreu, então, que todas optaram pela vida junto ao Profeta.

33. Sūratu Al-'Aḥzāb   Parte 22

30. Ó mulheres do Profeta! A quem de vós cometer obscenidade⁽¹⁾, duplicar ser-lhe-á o castigo, em redobro. E isso, para Allah, é fácil.

31. E a quem de vós se devota a Allah e a Seu Mensageiro, e faz o bem, conceder-lhe-emos seu prêmio duas vezes, e lhe prepararemos generoso sustento.

32. Ó mulheres do Profeta! Não sois iguais a nenhuma das **outras** mulheres, se sois piedosas. Então, não mostreis sedução no dito; pois aquele, em cujo coração há enfermidade⁽²⁾, aspirar-vos-ia; e dizei dito conveniente.

33. E permanecei em vossas casas, e não façais exibição de vossos encantos corporais como a exibição dos idos Tempos da Ignorância⁽³⁾. E cumpri a oração e concedei az-zakāh⁽⁴⁾, e obedecei a Allah e a Seu Mensageiro. Apenas, Allah deseja fazer ir-se, **para longe** de vós, a abominação, ó família da Casa⁽⁵⁾, e purificar-vos plenamente.

---

(1) Todos os graves delitos de conduta.
(2) **Enfermidade**: anseio erótico.
(3) **Tempos da Ignorância** ou **Al Jāhiliyah**: os tempos anteriores ao advento do Islão, quando os costumes beiravam tamanha libertinagem, que as mulheres, por exemplo, chegavam a circular pelos caminhos, quase desnudas, exibindo seus encantos físicos, como meio explícito de seduzir os homens.
(4) Cf II 43 n4.
(5) **Família da Casa**: no versículo, refere-se, especificamente, às mulheres do Profeta.

34. E lembrai-vos do que se recita, em vossas casas, dos versículos de Allah e da Sabedoria[1]. Por certo, Allah é Sutil, Conhecedor.

35. Por certo, aos moslimes e às moslimes, e aos crentes e às crentes, e aos devotos e às devotas, e aos verídicos e às verídicas, e aos perseverantes e às perseverantes, e aos humildes e às humildes, e aos esmoleres e às esmoleres, e aos jejuadores e às jejuadoras, e aos custódios de seu sexo[2] e às custódias **de seu sexo**, e aos que se lembram amiúde de Allah e às que se lembram **amiúde dEle**, Allah preparou-lhes perdão e magnífico prêmio.

36. E não é admissível a crente[3] algum nem a crente alguma – quando Allah e Seu Mensageiro decretam uma decisão –, que a escolha seja deles, por sua própria decisão. E quem desobedece a Allah e a Seu Mensageiro, com efeito, se descaminhará com evidente descaminho.

---

[1] **Trata-se de As-Sunnah:** a fala do Profeta.
[2] Cf. XXIII 5 n2.
[3] Alusão a Abdullah Ibn Jaḥch e à sua irmã, Zainab, com quem o Profeta quis casar seu filho adotivo. Ambos a isso reagiram, uma vez que desejavam o casamento com o Profeta e não com seu filho adotivo. O versículo adverte que a vontade do Profeta é um decreto de Deus, e, sendo assim, é inquestionável. Portanto, Zainab, finalmente, se casou com Zaid.

37. E **lembra-te, Muḥammad, de** quando disseste a quem[1] Allah agraciou e tu agraciaste: "Retém[2] tua mulher contigo, e teme a Allah", enquanto escondias em teu âmago o que Allah **te** estava mostrando, e receavas os homens, enquanto Allah é mais Digno de que O receies. Então, quando Zaid satisfez seu desejo de estar com ela, fizemo-te com ela casar, para que não houvesse, sobre os crentes, constrangimento em relação às mulheres de seus filhos adotivos, quando estes satisfazem seu desejo de estar com elas. E a ordem de Allah deve ser cumprida.

38. Não deve haver, sobre o Profeta, constrangimento algum, em relação ao que Allah lhe preceituou. **Assim, foi** o procedimento de Allah com os que passaram[3], antes – e a ordem de Allah é decreto predeterminado –

39. Os que transmitiram as Mensagens de Allah e O recearam, e não recearam a ninguém senão a Allah. E Allah basta por Ajustador de contas.

---

(1) Alusão a Zaid, que foi agraciado duplamente: por Deus, com o Islão, e, pelo Profeta, com a alforria.

(2) Assim, disse o Profeta a Zaid, quando este manifestou-lhe o desejo de separar-se da mulher, alegando que ela era soberba com ele, em virtude do prestígio que gozava a família dela, em relação à sua.

(3) Ou seja, os mensageiros, aos quais Deus permitiu o casamento que não apresentasse impedimento.

40. Muḥammad não é pai de nenhum de vossos homens, mas o Mensageiro de Allah e o selo[1] dos Profetas. E Allah, de todas as cousas, é Onisciente.

41. Ó vós que credes! Invocai a Allah abundantemente.

42. E glorificai-O, ao alvorecer e ao entardecer.

43. Ele é Quem vos abençoa, e, **também**, Seus anjos, para fazer-vos sair das trevas para a Luz. E Ele, para com os crentes, é Misericordiador.

44. A saudação a estes, um dia, quando O depararem será: "Salām!" **Paz!** E Ele **já** lhes preparou generoso prêmio.

45. Ó Profeta! Por certo, enviamo-te por testemunha e alvissareiro e admoestador,

46. E convocador de Allah, com Sua permissão, e luzeiro luminoso.

47. E alvissara aos crentes que terão de Allah grande favor.

48. E não obedeças aos renegadores da Fé e aos hipócritas, e não prestes atenção à sua moléstia e confia em Allah. E basta Allah, por Patrono.

---

(1) Ou seja, Muḥammad é o último dos Profetas.

49. Ó vós que credes! Quando esposardes as crentes, em seguida, delas vos divorciardes, antes de as tocardes, não lhes impenderá prazo de espera[1]. Então, mimoseai-as e libertai-as, com bela liberdade.

50. Ó Profeta! Por certo, tornamos lícitas, para ti, tuas mulheres, às quais concedeste seus prêmios; e as escravas que possuís, entre as que Allah te outorgou, em espólio; e as filhas de teu tio paterno e as filhas de tuas tias paternas, e as filhas de teu tio materno e as filhas de tuas tias maternas, que emigraram contigo; e **toda** mulher crente, caso dadive o Profeta com si mesma, se o Profeta deseja esposá-la, sendo-te[2] isto privilégio, com exclusão dos **demais** crentes — com efeito, sabemos[3] o que lhes preceituamos em relação a suas mulheres e às escravas que possuem — para que não haja constrangimento, sobre ti. E Allah é Perdoador, Misericordiador.

51. Podes preterir a quem quiseres, entre elas, e aconchegar a ti a quem quiseres. E, se buscas

---

(1) Prazo de espera é a ᶜIddah, que: corresponde ao período de espera, que a mulher divorciada deve observar, para poder casar-se novamente. Vide II 231 n1.

(2) O casamento do Profeta com uma mulher que o dadiva com ela, sem receber al mahr, é privilégio do Profeta, sendo vedado aos outros crentes.

(3) Isto significa que Deus sabe o que convém aos crentes, no casamento, ou seja, que podem os crentes casar-se até com quatro mulheres, concomitantemente. O casamento deve ser presenciado por testemunhas, sendo obrigatório o pagamento de al mahr.

uma, entre as que afastaste, não haverá culpa sobre ti. Isso é mais adequado, para que se lhes refresquem os olhos de alegria e não se entristeçam elas, e se agradem todas do que lhes concedes. E Allah sabe o que há em vossos corações. E Allah é Onisciente, Clemente.

52. Depois **disso**, não te serão lícitas as **outras** mulheres nem **te será lícito** trocá-las por **outras** esposas ainda que te admire sua beleza, exceto no que tange às escravas que possuis. E Allah, sobre todas as cousas, é Observante.

53. Ó vós que credes! Não entreis nas casas do profeta – a menos que vo-**lo** seja permitido – para uma refeição, sem esperardes por seu tempo[1] **de preparo**; mas, se sois convocados, entrai; então, quando vos houverdes alimentado, espalhai-vos[2], e não vos recreando em conversações. Por certo, isso molestava o Profeta, e, ele se peja de **ter de fazer**-vos **sair**. E Allah não Se peja da verdade. E, se lhes[3] perguntais por algo, perguntai-lhes,

---

(1) Este versículo foi revelado a um grupo de oportunistas, que adentravam as casas do Profeta, para, nelas, fazerem suas refeições. Ocorria que chegavam tão cedo, que tinham de esperar, horas a fio, pelo preparo delas. O versículo se insurge contra esta espera, constrangedora para os moradores das casas.
(2) **Espalhai-vos**: deixai as casas do Profeta, após o término das refeições.
(3) **Lhes**: às mulheres do Profeta.

por trás de um véu. Isso é mais puro para vossos corações e os corações delas. E não é admissível que molesteis o Mensageiro de Allah nem esposeis jamais suas mulheres, depois dele. Por certo, isso, perante Allah, é formidável **pecado**.

54. Se mostrais uma cousa, ou a escondeis, por certo, Allah, de todas as cousas, é Onisciente.

55. Não há culpa sobre elas, **em estarem sem véu** diante de seus pais ou de seus filhos ou de seus irmãos ou dos filhos de seus irmãos ou dos filhos de suas irmãs ou de suas mulheres[(1)] ou dos escravos que possuem. E temei a Allah. Por certo, Allah, de todas as cousas, é Testemunha.

56. Por certo, Allah e Seus anjos oram[(2)] pelo Profeta. Ó vós que credes! Orai por ele e saudai-o, permanentemente;

57. Por certo, aos que molestam[(3)] a Allah e a Seu Mensageiro, Allah amaldiçoa-os, na vida terrena e na Derradeira Vida, e preparou-lhes aviltante castigo.

---

(1) Cf. XXIV 31 P 569 n1.
(2) A oração de Allah: confere misericordia.
    A oração dos anjos: pede benção divina.
(3) Alusão à recriminável atitude dos descrentes, que afirmavam não só que a mão de Deus "está atada" (vide V 64); que Deus, certamente, é um dos três da Trindade (cf. V 73); que Deus tomou para Si um filho (cf. II 116), mas que Seu Mensageiro é mágico, poeta, louco e adivinho.

58. E os que molestam os crentes e as crentes, sem que nada **de mal** estes hajam cometido, com efeito, sobrecarregar-se-ão com infâmia e evidente pecado.

59. Ó Profeta! Dize a tuas mulheres e a tuas filhas e às mulheres dos crentes que se encubram em suas roupagens. Isso é mais adequado, para que sejam reconhecidas e não sejam molestadas. E Allah é Perdoador, Misericordiador.

60. Em verdade, se os hipócritas e aqueles, em cujos corações há enfermidade, e os propagadores[1] de boatos em Al-Madīnah não se abstêm **de seus maus ditos**, açular-te-emos contra eles; em seguida, não te avizinharão, nela, senão **por** pouco **tempo,**

61. Amaldiçoados. Onde quer que se acharem serão apanhados e mortos inexoravelmente.

62. Assim, foi o procedimento de Allah com os que passaram, antes. E não encontrarás, no procedimento de Allah, mudança alguma.

63. Os homens perguntam-te pela Hora. Dize: "Sua ciência está,

---

(1) Alusão a um grupo de hipócritas, que divulgou péssimas notícias acerca das expedições militares do Profeta, alegando que foram derrotadas, e mortos seus integrantes, objetivando, com isso, desalentar os crentes.

apenas, junto de Allah." E o que te faz inteirar-te de que a Hora, talvez, esteja próxima?

64. Por certo, Allah amaldiçoou os renegadores da Fé, e preparou-lhes um Fogo ardente.

65. Nele, serão eternos, para todo o sempre. Eles não encontrarão nem protetor nem socorredor.

66. Um dia, quando lhes forem reviradas as faces no Fogo, dirão: "Quem dera houvéssemos obedecido a Allah e houvéssemos obedecido ao Mensageiro!"

67. E dirão: "Senhor nosso! Por certo, obedecemos a nossos senhores e a nossos magnates: então, eles descaminharam-nos do caminho **reto**.

68. "Senhor nosso! Concede-lhes o redobro[1] do castigo, e amaldiçoa-os, com grande maldição."

69. Ó vós que credes! Não sejais como os que molestaram[2] a Moisés; então, Allah absolveu-o do que disseram. E ele era honorável, perante Allah.

70. Ó vós que credes! Temei a Allah, e dizei, **sempre**, dito adequado,

---

(1) Ou seja, um dobro por se extraviarem, e um dobro por haverem extraviado os demais.
(2) Alusão aos que tentaram, por difamações, diminuir o valor do profeta Moisés, ora atribuindo-lhe anomalias físicas, ora acoimando-o de relacionar-se com meretrizes.

71. Ele vos emendará as obras e vos perdoará os delitos. E quem obedece a Allah e a Seu Mensageiro, com efeito, triunfará, com magnífico triunfo.

يُصْلِحْ لَكُمْ أَعْمَالَكُمْ وَيَغْفِرْ لَكُمْ ذُنُوبَكُمْ وَمَن يُطِعِ ٱللَّهَ وَرَسُولَهُۥ فَقَدْ فَازَ فَوْزًا عَظِيمًا ۝

72. Por certo, Nós expusemos a responsabilidade[1] aos céus e à terra e às montanhas; então, recusaram encarregar-se dela, e, dela, se atemorizaram, enquanto o ser humano encarregou-se dela. Por certo, ele é muito injusto e muito ignorante.

إِنَّا عَرَضْنَا ٱلْأَمَانَةَ عَلَى ٱلسَّمَٰوَٰتِ وَٱلْأَرْضِ وَٱلْجِبَالِ فَأَبَيْنَ أَن يَحْمِلْنَهَا وَأَشْفَقْنَ مِنْهَا وَحَمَلَهَا ٱلْإِنسَٰنُ إِنَّهُۥ كَانَ ظَلُومًا جَهُولًا ۝

73. Assim foi, para que Allah castigasse os hipócritas e as hipócritas e os idólatras e as idólatras, e Se voltasse para os crentes e as crentes. E Allah é Perdoador, Misericordiador.

لِّيُعَذِّبَ ٱللَّهُ ٱلْمُنَٰفِقِينَ وَٱلْمُنَٰفِقَٰتِ وَٱلْمُشْرِكِينَ وَٱلْمُشْرِكَٰتِ وَيَتُوبَ ٱللَّهُ عَلَى ٱلْمُؤْمِنِينَ وَٱلْمُؤْمِنَٰتِ وَكَانَ ٱللَّهُ غَفُورًا رَّحِيمًا ۝

---

(1) Traduzimos por **Mandamentos** o substantivo **al-amānah**, que significa qualquer cousa confiada a alguém.

34. Sūratu Saba'

SŪRATU SABA' [1]
A SURA DE SABA'

De Makkah - 54 versículos.

Em nome de Allah, O Misericordioso, O Misericordiador.

1. Louvor a Allah, de Quem é o que há nos céus e na terra. E dEle é o louvor, na Derradeira Vida. E Ele é o Sábio, O Conhecedor.

2. Ele sabe o que penetra na terra e o que dela sai, e o que desce do céu e o que a ele ascende[2]. E Ele é O Misericordiador, O Perdoador.

3. E os que renegam a Fé dizem: "A Hora não nos chegará". Dize:

---

[1] Como se viu, anteriormente, na sura XXVII, versículo 22, nota 5, Sabá era um reino ao sul do Yêmen, na Península Arábica. E a presente sura, assim, se denomina não só pela menção da palavra Sabá, no versículo 15, mas por narrar o que sucedeu aos habitantes deste reino. Aqui, os mesmos temas das suras reveladas em Makkah são trazidos de volta: a unicidade de Deus, a crença na Revelação divina e na Ressurreição. A sura inicia-se pela declaração de que Deus é O Único Que é louvado. A seguir, narra o que diziam os descrentes acerca da Hora e da Ressurreição e acerca do Profeta, quando o difamavam, inquinando-o de louco e mentiroso. Mais adiante, lembra aos homens os sinais do poder de Deus, admoestando-os do castigo, que sofrem, sempre, os destemidos da Verdade e ressaltando-lhes Sua graça para com os servos sinceros, como Davi e Salomão. A sura segue com a narração dos eventos ocorridos com os habitantes de Sabá, país próspero e feliz, mas que, por não serem agradecidos a Deus por isso, foram castigados como o são todos os soberbos e pusilânimes; condena os que se jactanciam em ter filhos e riquezas, e ordena ao Profeta que deixe claro aos incrédulos que sua missão é, apenas, convocar os homens à Fé, sem coagi-los, e fazê-los atentar para sua Mensagem. Portanto, devem entender que o Profeta transmite a Revelação divina em benefício de todos. Finalmente, menciona a realidade da Hora e sua inexorabilidade, da qual ninguém se evade e na qual devem crer, antes que seja tarde demais.

[2] **O que penetra**: a chuva, os mortos; **o que sai**: as plantas, as águas, os minérios; **o que desce**: a chuva, os raios, os anjos, as bênçãos; **o que ascende**: os anjos, as preces, as boas obras.

'Sim! Por meu Senhor! Com certeza chegar-vos-á. **PelO Sabedor de Invisível**. Não escapa dEle peso algum de átomo, nos céus nem na terra. E nada há menor que isto nem maior, que não esteja no evidente Livro.' "

4. Para recompensar os que crêem e fazem as boas obras. Esses terão perdão e generoso sustento.

5. E os que se esforçam em **negar** Nossos sinais, intentando escapar **de Nosso castigo**, esses terão castigo de doloroso tormento.

6. E aqueles[1], aos quais fora concedida a ciência, vêem que o que foi descido para ti de teu Senhor é a Verdade, e que ele guia à senda dO Todo-Poderoso, dO Louvável.

7. E os que renegam a Fé dizem: "Indicar-vos-emos um homem, que vos informe de que, quando vos desintegrardes, com toda desintegração, sereis, por certo, **transmudados em** novas criaturas?

8. "Forja ele mentiras acerca de Allah, ou há nele loucura?" **Não**. Mas os que não crêem na Derradeira Vida estão no castigo e no profundo descaminho.

9. E não viram eles o que está

---

(1) Referência aos judeus que abraçaram o Islão, como Kaᶜb Al Aḥbār e Ibn Salām.

adiante deles⁽¹⁾ e o que está detrás deles, **seja** do céu ou da terra? Se quiséssemos, faríamos a terra engoli-los, ou faríamos cair sobre eles pedaços do céu. Por certo, há nisso um sinal para todo servo contrito.

10. E, com efeito, concedemos a Davi favor **vindo** de Nós, **e dissemos**: "Ó montanhas! Repeti, com ele⁽²⁾, **o louvor a Allah**, junto dos pássaros." E tornamos dúctil o ferro, para ele,

11. E dissemos: "Faze cotas de malha⁽³⁾ e entrelaça bem as malhas, e fazei⁽⁴⁾ o bem. Por certo, do que fazeis, sou Onividente."

12. E **submetemos** a Salomão o vento, cujo percurso matinal era de um mês, e cujo percurso vespertino era de um mês⁽⁵⁾. E fizemo-lhe fluir a fonte de cobre fundido. E houve, dentre os jinns, quem trabalhasse as sua ordens, com a permissão de seu Senhor. E a quem, dentre eles, se desviasse de Nossa ordem, fazíamo-lo experimentar o castigo do Fogo ardente.

---

(1) O homem é rodeado pelas criações terrenas e celestiais de Deus.
(2) **Com ele**: com Davi. Os ecos e os cantos dos pássaros devem repetir os louvores a Deus.
(3) Armaduras de malhas de ferro, para proteger os guerreiros.
(4) O imperativo plural se relaciona a Davi e à sua família.
(5) A distância percorrida pelo vento, apenas durante a manhã ou durante a tarde, equivalia à distância que se percorria a pé ou em transporte, durante um mês.

13. Faziam-lhe o que queria: santuários e estátuas e alguidares **grandes** como os tanques, e caldeirões[1] assentes. **E dissemos**: "Laborai, ó família de Davi, em agradecimento." Enquanto poucos, dentre Meus servos, são os agradecidos.

14. E, quando lhe[2] decretamos a morte, nada lhes[3] indicou sua morte senão a térmite que lhe devorou o báculo[4]. Então, quando ele caiu, tornou-se evidente para os jinns que, se soubessem do Invisível, não haveriam permanecido no aviltante castigo.

15. Com efeito, havia para Saba'[5], em seu habitat, um Sinal: dois jardins, à direita e à esquerda. **Foi-lhes dito**: "Comei do sustento de vosso Senhor e agradecei-Lhe. Tendes uma plaga benigna e um Senhor Perdoador."

16. Então, eles deram de ombros **a isso**; e enviamos contra eles a

---

[1] Esses caldeirões eram escavados em montanhas de pedra, cujo acesso era feito por escadas.
[2] **Lhe**: a Salomão.
[3] **Lhes**: aos jinns.
[4] Salomão morreu de pé, apoiado sobre o báculo. E os jinns, não percebendo a morte de quem os submetia, continuaram no árduo trabalho, durante um ano ainda, até que, ao corroerem as térmites o apoio de Salomão, e este cair por terra, eles perceberam que Salomão estava morto e que já podiam haver cessado o trabalho há muito, se conhecessem, logicamente, os segredos de todas as cousas.
[5] Ou seja, para os habitantes de Sabá.

34. Sūratu Saba' — Parte 22

torrente da barragem de Al-ᶜArim⁽¹⁾, e trocamo-lhes os dois jardins por **outros** dois jardins, de frutas amargas e tamárices⁽²⁾ e cousa pouca de açoifaifa⁽³⁾.

17. Com isso recompensamo-los, por sua ingratidão. E não recompensamos, **assim**, senão ao ingrato?

18. E tínhamos feito, entre eles e as cidades que tínhamos abençoado⁽⁴⁾, cidades aparentes⁽⁵⁾, e tínhamos determinado, nelas, a caminhada⁽⁶⁾, na justa medida. **E dissemos**: "Caminhai, em segurança, durante dias e noites."

19. Então, disseram: "Senhor

وَبَدَّلْنَٰهُم بِجَنَّتَيْهِمْ جَنَّتَيْنِ ذَوَاتَىْ أُكُلٍ خَمْطٍ وَأَثْلٍ وَشَىْءٍ مِّن سِدْرٍ قَلِيلٍ ۝

ذَٰلِكَ جَزَيْنَٰهُم بِمَا كَفَرُوا۟ۖ وَهَلْ نُجَٰزِىٓ إِلَّا ٱلْكَفُورَ ۝

وَجَعَلْنَا بَيْنَهُمْ وَبَيْنَ ٱلْقُرَى ٱلَّتِى بَٰرَكْنَا فِيهَا قُرًى ظَٰهِرَةً وَقَدَّرْنَا فِيهَا ٱلسَّيْرَۖ سِيرُوا۟ فِيهَا لَيَالِىَ وَأَيَّامًا ءَامِنِينَ ۝

فَقَالُوا۟ رَبَّنَا بَٰعِدْ بَيْنَ أَسْفَارِنَا وَظَلَمُوٓا۟

---

(1) Ou de Ma'rab. É o nome dado às águas represadas ou ao vale da Sabá. Arruinada a represa, as águas inundaram toda a região, em castigo à desobediência de seus habitantes. Vide XXVII 22 n5.

(2) Gênero de plantas da família das tamaricáceas, arbustivas, arborescentes às vezes, de folhas inteiras, pequenas e estreitas, desprovidas de estípula de flores com cinco estames e sementes pilosas, cuja espécie **articulata** é rica em tanino, substância sólida adstringente. Cf. *Grande Enciclopédia Delta Larousse*, 1970.

(3) Açoifaifa, o mesmo que jujubeira, planta da família das ramináceas (Zizyphus jujuba). Árvore espinhosa, cujo fruto é vermelho e comestível, de polpa açucarada, com a forma de uma azeitona. Cf. *Grande Enciclopédia Delta Larousse*, 1970.

(4) Ou seja, as cidades sírias, abundantes em vegetação e água, aonde os habitantes de Sabá iam comerciar.

(5) Essas cidades eram tão próximas umas das outras que todo viajante podia vê-las ao longe.

(6) A distância entre estas cidades era de tal forma precisa e simétrica que, se a uma delas o viajante chegava, na hora da sesta, e lá permanecia para descansar, à outra, seguinte, chegava na hora de dormir, à noite, onde, também, permanecia, até o outro dia. Assim sendo, o viajante poderia deslocar-se, confortavelmente, porque sempre encontraria acolhida, alimento e água, em tempo certo, durante sua viagem.

nosso! Torna grande a distância[1] entre nossas viagens." E foram injustos com si mesmos; então, fizemo-los tema de conversa, e desintegramo-los, com toda desintegração. Por certo, há nisso sinais para todo perseverante, agradecido.

20. E, com efeito, Iblīs comprovou sua conjectura acerca deles; então, seguiram-no, exceto um grupo de crentes.

21. E ele não tinha poder algum sobre eles; mas **assim foi**, para que soubéssemos **distinguir** quem cria na Derradeira Vida de quem estava em dúvida, a respeito dela. E teu Senhor, sobre todas as cousas, é Custódio.

22. Dize: "Invocai os que pretendeis **serem deuses**, além de Allah. Eles não possuem o peso de um átomo, nem nos céus nem na terra. E, nestes, eles não têm participação alguma. E Ele não tem, entre eles, coadjutor algum."

23. E a intercessão, junto dEle não beneficiará senão àquele a quem Ele a permitir. **Neste caso, ficarão à espera**, até que, quando se lhes remover o terror dos

---

(1) Os habitantes de Sabá, ingratos e cansados de tamanho bem-estar nas viagens, rogaram a Deus que interpusesse imenso deserto entre eles e a Síria.

corações, dirão, **entre eles**: "O que disse vosso Senhor?" Dirão: "A verdade[1]! E Ele é O Altíssimo, O Grande."

24. Dize: "Quem vos dá sustento dos céus e da terra?" Dize: "Allah! E, por certo, nós ou vós estamos na orientação ou em evidente descaminho."

25. Dize: "Não sereis interrogados acerca dos crimes que cometemos, nem seremos interrogados acerca do que fazeis."

26. Dize: "Nosso Senhor juntar-nos-á; em seguida, sentenciará, entre nós, com a verdade. E Ele é O Sentenciador, O Onisciente."

27. Dize: "Fazei-me ver os que ajuntais a Ele, como parceiros. Em absoluto, **não o conseguireis**. Aliás, Ele é Allah, O Todo-Poderoso, O Sábio."

28. E não te enviamos **Muḥammad**, senão a toda a humanidade, por alvissareiro e admoestador, mas a maioria dos homens[2] não sabe.

29. E dizem: "Quando **será o cumprimento** desta promessa, se sois verídicos?"

30. Dize: "Haverá, para vós, o

---

(1) **A verdade**: a anuência divina da intercessão.
(2) **Homens**: os idólatras de Makkah.

encontro de um dia, em relação ao qual não podereis retardar-vos, uma hora **sequer**, nem adiantar-vos."

31. E os que renegam a Fé dizem: "Jamais creremos neste Alcorão nem no que houve antes dele." E se visses quando os injustos forem postos diante de seu Senhor, uns refutando o dito dos outros! Os que foram subjugados dirão aos que se ensoberbeceram: "Se não fôsseis vós, seríamos crentes."

32. Os que se ensoberbeceram dirão aos que foram subjugados: "Será que fomos nós que vos afastamos da **boa** orientação, após haver-vos chegado? **Não**. Mas vós **próprios** éreis criminosos."

33. E os que foram subjugados dirão aos que se ensoberbeceram: "**Não**. Mas, **vossos** estratagemas, noite e dia, **desgraçaram-nos**, quando nos ordenáveis renegássemos a Allah e Lhe fizéssemos semelhantes." E eles guardarão segredo[1] do arrependimento, quando virem o castigo. E Nós poremos as gargalheiras nos pescoços dos que renegaram a Fé. Não serão eles recompensados senão pelo que faziam?

34. E não enviamos a uma cidade admoestador algum, sem que seus

---

[1] Cf. X 54 n2.

opulentos **habitantes** dissessem: "Por certo, somos renegadores do com que sois enviados."

35. E eles disseram: "Somos mais **privilegiados** em riquezas e filhos, e não seremos castigados[(1)]."

36. Dize: "Por certo, meu Senhor prodigaliza o sustento a quem quer, e restringe-o; mas a maioria dos homens não sabe."

37. E não são vossas riquezas nem vossos filhos que vos aproximarão, bem perto de Nós; mas quem crê e faz o bem, esses terão o dobro da recompensa, pelo que fizeram e estarão, em segurança, nas câmaras etéreas.

38. E os que se esforçam em **negar** Nossos sinais, intentando escapar **de Nós**, esses serão trazidos ao castigo.

39. Dize: "Por certo, meu Senhor prodigaliza o sustento a quem quer, de Seus servos, e restringe-lho. E o que quer que despendais, Ele vo-lo restituirá. E Ele é O melhor dos sustentadores."

40. E um dia, Ele os reunirá a todos; em seguida, dirá aos anjos: "São estes que vos adoravam?"

---

(1) Os opulentos incréus supunham que sua condição privilegiada na vida terrena era um dom divino, e que, seguramente, estariam isentos das punições da Vida eterna.

41. Eles[1] dirão: "Glorificado sejas! Tu és nosso Protetor, em vez deles. Ao contrário, eles adoravam os jinns. A maioria deles era crente neles."

42. Então, nesse dia, nenhum de vós possuirá, para o outro, benefício nem prejuízo; e diremos aos que foram injustos: "Experimentai o castigo do Fogo, que desmentíeis."

43. E, quando Nossos evidentes versículos se recitam, para eles, dizem: "Este não é senão um homem que quer afastar-vos do que vossos pais adoravam." E dizem: "Este[2] não é senão mentira forjada." E dizem os que renegam a Fé, acerca da verdade, quando ela lhes chega: "Isto não é senão evidente magia!"

44. E Nós não lhes concedêramos livros que estudassem. E não lhes enviáramos, antes de ti, admoestador algum.

45. E os que foram antes deles desmentiram **a Mensagem** – e não chegam eles[3], **em poder e riqueza**, ao décimo do que concedêramos **àqueles** – e desmentiram a Meus Mensageiros. Então, como foi Minha reprovação?

---

(1) **Eles**: os anjos.
(2) **Este**: o Alcorão.
(3) **Eles**: os idólatras de Makkah.

46. Dize: "Apenas, exorto-vos a uma única **questão**: a vos manterdes, diante de Allah, de dois em dois ou de um em um[1], em seguida a refletirdes. Não há loucura em vosso companheiro. Ele não vos é senão um admoestador, **que está** adiante de veemente castigo."

47. Dize: "O que vos peço, em prêmio, o será para vós. Meu prêmio não impende senão a Allah. E Ele, sobre todas as cousas, é Testemunha."

48. Dize: "Por certo, meu Senhor é **Quem** lança a Verdade. Ele, das cousas invisíveis, é Profundo Sabedor."

49. Dize: "A Verdade[2] chegou, e a falsidade nada inicia nem repete[3]."

50. Dize: "Se eu me descaminho, descaminhar-me-ei, apenas, em prejuízo de mim mesmo[4]. E, se me guio, será pelo que meu Senhor me

---

(1) Muḥammad exorta os idólatras de Makkah à sinceridade, quando do estudo da Mensagem que lhes oferece, e que o façam aos pares, para poderem discutir com objetividade, um lembrando ao outro, determinada questão; ou individualmente, uma vez que isso enseja à reflexão profunda sobre cada assunto. Aliás, a multidão só tumultua a reflexão.

(2) **A Verdade**: o Alcorão.

(3) A expressão "nada inicia nem repete" significa que a falsidade é inoperante, perecível. Esta expressão provém de o ser, em sua existência, poder iniciar um ato, e não poder fazê-lo, depois de morto.

(4) Assim retrucou Muḥammad aos idólatras, que lhe falaram haver-se ele extraviado, por haver abandonado a religião de seus antepassados.

revelou. Por certo, Ele é Oniouvinte, e **está** Próximo."

51. E se visses quando se aterrorizarem[1]! **Para eles** não haverá escapatória, e serão apanhados em lugar[2] próximo.

52. E dirão: "Cremos nele[3]." Mas como poderão alcançar a Fé, de lugar tão longínquo[4]?

53. E, com efeito, renegaram-no, antes, e conjeturam[5] o Invisível, de lugar tão longínquo.

54. E interpor-se-á uma barreira entre eles e o[6] que apetecem, como se fez, antes, a seus semelhantes[7]. Por certo, estavam em dúvida tormentosa.

---

[1] Referência ao estado em que se encontrarão os idólatras no Dia do Juízo.
[2] Seja qual for o lugar, este estará próximo de Deus.
[3] **Nele**: no Alcorão ou em Muḥammad.
[4] Pretender abraçar a Fé, somente no Dia do Juízo, é como querer alcançar algo inatingível, porque a Fé já lhes fora oferecida na vida terrena, e esta estará bem distante deles, no Dia do Juízo.
[5] A alusão ao que os idólatras afirmavam acerca do Profeta, que era mágico, louco, arriscando conclusões acerca do Desconhecido, cuja apreensão estava, aliás, bem distante de seus parcos conhecimentos.
[6] O que eles apetecem, agora, é a Fé.
[7] Alusão aos idólatras, das gerações anteriores, cujas aptidões, acerca da Fé, se assemelham às dos idólatras de Makkah.

35. Sūratu Fāṭir — Parte 22

SŪRATU FĀṬIR[1]
A SURA DO CRIADOR

De Makkah - 45 versículos.

Em nome de Allah, O Misericordioso, O Misericordiador.

1. Louvor a Allah, O Criador dos céus e da terra, Que faz dos anjos Mensageiros, dotados de asas: duas, ou três, ou quatro. Ele acresce[2], na criação, o que quer. Por certo, Allah, sobre todas as cousas, é Onipotente.

2. O que Allah franqueia aos homens, em misericórdia, ninguém

---

[1] **Fāṭir**, particípio presente do verbo **faṭara**, iniciar a criação, sem modelo anterior; fundar. Assim se denomina a sura, pela menção de **fāṭir**, no primeiro versículo, embora apresente, outrossim, a denominação de **Os Anjos**, por mencionar esta palavra, também, no primeiro versículo. Aqui, são tratados os mesmos assuntos apresentados nas suras reveladas em Makkah: a unicidade de Deus, a Mensagem divina e a realidade da Ressurreição. O caráter saliente desta sura é tornar claro que toda a criação é exclusividade de Deus, Quem tudo criou, sem necessitar de co-participantes. A sura inicia-se pela louvação a Deus, o Fundador dos céus e da terra, Que fez, dos anjos alados, mensageiros para Seus servos; assevera, a seguir, que nada pode impedir a chegada da benevolência de Deus a Seus servos, como também nada pode beneficiar-se de Sua misericórdia, sem Sua anuência. E que os homens devem atentar para que os não seduza a vida terrena e seu gozo, e não os iluda Satã, seu inimigo declarado. A sura considera, ainda, a inexorabilidade do Dia da Ressurreição, quando todos prestarão contas de seus atos, e reafirma que é Deus Quem envia nuvens às terras áridas, para as vivificarem, e é Quem ressuscita os mortos. E acrescenta mais provas do infinito poder divino: a criação pulvérea do Homem, e, depois, sua origem seminal; a diversificação em homens e mulheres; a criação do dia e da noite, do sol e da lua; o poder impresso na água para, junto com a terra, criar frutos diversíssimos; as montanhas de todos os tipos e dimensões; as miríades de seres existentes no mundo; a sustentação do céu e da terra pelo sábio poder divino. Finalmente, a sura preconiza que, se Deus houver de castigar, por seus pecados, os homens, deles o mundo se esvaziará. Então, procrastina o pedido de contas para o Dia do Juízo.

[2] Trata-se, aqui, dos atributos físicos, mentais ou morais, com que Deus agracia algumas criaturas: a voz melodiosa, a eloqüência, a coragem, a cabeleira sedosa, a estatura perfeita, etc..

pode retê-lo. E o que Ele retém, ninguém, depois dEle, pode enviá-lo. E Ele é O Todo-Poderoso, O Sábio.

3. Ó humanos! Lembrai-vos da graça de Allah para convosco. Há criador outro que Allah, que vos dê sustento do céu e da terra? Não existe deus senão Ele. Então, como **dEle** vos distanciais?

4. E, se eles te desmentem, **Muḥammad**, com efeito, foram desmentidos outros Mensageiros, antes de ti. E a Allah são retornadas as determinações.

5. Ó humanos! Por certo, a promessa de Allah é verdadeira. Então, não vos iluda a vida terrena e não vos iluda o ilusor[1], acerca de Allah!

6. Por certo, Satã vos é inimigo; então, tomai-o por inimigo. Ele, apenas, convoca **os de** seu partido, para que sejam dos companheiros do Fogo ardente.

7. Os que renegam a Fé terão veemente castigo. E os que crêem e fazem as boas obras terão perdão e grande prêmio.

8. Será que aquele, para quem é aformoseada sua má ação, e a vê como boa, **é como aquele a quem Allah guia**? E, por certo, Allah

---

[1] **Ilusor**: aquele que ilude, Satã. Cf. XXXI 33 n1.

descaminha a quem quer e guia a quem quer. Então, que tua alma não se consuma em aflições por eles. Por certo, Allah, do que eles engenham, é Onisciente.

9. E Allah é Quem envia o vento, e **este** agita nuvens; em seguida, conduzimo-las a uma plaga morta[1] e, com elas, vivificamos a terra, depois de morta. Assim será a Ressurreição.

10. Quem deseja o poder, **saiba que** é de Allah todo o poder. A Ele ascendem as palavras benignas; e a boa ação, Ele a eleva. E os[2] que armam maus estratagemas terão veemente castigo. E o estratagema desses falhará.

11. E Allah criou-vos de pó; em seguida, de gota seminal; depois, fez-vos casais. E nenhuma varoa concebe, nem dá à luz senão com Sua ciência. E não se prolonga a vida de longevo algum nem se lhe diminui a idade, sem que isso esteja num Livro. Por certo, isso, para Allah, é fácil.

12. E os dois mares[3] não se igualam. Este é doce, sápido, suave de beber, e aquele é salso, amargo.

---

(1) **Morta**: árida. Cf. VII 57 p247 n1.
(2) **Os**: os Quraich, inimigos do Profeta, que se reuniram, para deliberar sua prisão, morte ou expulsão de Makkah. Cf. VIII 30 n1.
(3) Vide XXV 53 n4.

E, de cada **um** comeis carne tenra e extraís adornos, que usais. E tu vês o barco sulcando-os, para buscardes[1] **algo** de Seu favor. E para serdes agradecidos.

13. Ele insere a noite no dia e insere o dia na noite. E submeteu o sol e a lua: cada qual corre até um termo designado[2]. Esse é Allah, vosso Senhor: dEle é a soberania. E os que invocais, além dEle, não possuem, sequer, uma película de caroço de tâmara[3].

14. Se os convocais, não ouvirão vossa convocação. E, se **a** ouvissem, não vos atenderiam. E, no Dia da Ressurreição, renegarão vossa idolatria. E ninguém te informa **da Verdade** como Um Conhecedor.

15. Ó humanos! Vós sois pobres diante de Allah, e Allah é O Bastante a Si mesmo, O Louvável.

16. Se Ele quisesse, far-vos-ia ir e faria chegar novas criaturas.

17. E isso não é, para Allah, penoso.

18. E nenhuma alma pecadora arca com o pecado de outra. E, se uma **alma** sobrecarregada convoca

---

(1) Observar a alternância do uso das pessoas gramaticais com os verbos **ver** e **buscar**, fato característico do estilo árabe.
(2) Ou seja, até o Dia do Juízo.
(3) A perífrase traduz a palavra **qiṭmīr**, que significa a tênue membrana que reveste o caroço da tâmara, e, figurativamente, algo insignificante.

outra, para **aliviar-lhe** a carga, nada desta será carregado, ainda que **o convocado** seja parente. Tu, apenas, admoestas os que receiam a seu Senhor, ainda que Invisível, e que cumprem a oração. E quem se dignifica, se dignifica, apenas, em benefício de si mesmo. E a Allah será o destino.

19. E o cego e o vidente não se igualam.

20. Nem as trevas e a luz.

21. Nem a sombra e o calor.

22. E não se igualam os vivos e os mortos. Por certo, Allah faz ouvir **a Verdade** a quem Ele quer. E tu não podes fazer ouvir os que estão nos sepulcros.

23. Tu não és senão admoestador.

24. Por certo, Nós te enviamos, com a Verdade, por alvissareiro e admoestador. E nunca houve nação, sem que nela passasse um admoestador.

25. E, se eles te desmentem, com efeito, os que foram antes deles desmentiram **aos Mensageiros**. Chegaram-lhes Seus Mensageiros com as evidências, e com os Salmos, e com o Livro[1] Luminoso.

26. Em seguida, apanhei os que

---

[1] Ou seja, o Livro que engloba todos os livros divinos. Cf. III 184 n2.

renegaram a Fé. Então, como foi Minha reprovação?

27. Não viste que Allah faz descer, do céu, água e, com ela, fazemos sair frutos, de cores variadas, e, que, entre as montanhas, há-as de estratos brancos e vermelhos, de cores variadas, e as que são nigérrimas como corvos?

28. E que, dentre os homens e os seres animais e os rebanhos, há-os, também, de cores variadas? Apenas, os sábios receiam a Allah, dentre Seus servos. Por certo, Allah é Todo-Poderoso, Perdoador.

29. Por certo, os que recitam o Livro de Allah e cumprem a oração e despendem, secreta ou manifestamente, do que lhes damos por sustento, esperam por comércio⁽¹⁾, que não perecerá,

30. Para que Ele os recompense com seus prêmios, e lhes acrescente **algo** de Seu favor. Por certo, Ele é Perdoador, Agradecido.

31. E o que te revelamos, do Livro, é a Verdade, que confirma o que havia antes dele. Por certo, Allah, de Seus servos, é Conhecedor, Onividente.

---

(1) **Comércio**, aqui, é a troca entre Deus e o homem. Aquele oferecendo graças, e este praticando o bem. Desta forma, todo crente verdadeiro almejará esta troca, que é imperecível.

35. Sūratu Fāṭir   Parte 22

32. Em seguida, fizemos herdar o Livro aos que escolhemos de Nossos servos[1]. E, dentre eles, há o que é injusto com si mesmo. E dentre eles, há o que é moderado. E, dentre eles, há o que é precursor das boas cousas, com a permissão de Allah. Esse é o grande favor,

33. Os Jardins do Éden; neles, entrarão; neles, serão enfeitados com braceletes de ouro e com pérolas; e, neles, suas vestimentas serão de seda.

34. E dirão: "Louvor a Allah, Quem fez ir-se, **para longe** de nós, a tristeza! Por certo, nosso Senhor é Perdoador, Agradecido.

35. "Ele é Quem, por Seu favor, nos fez habitar a Morada da Permanência[2]. Nenhuma fadiga nos toca, nela, nem nos toca, nela, exaustão."

36. E os que renegam a Fé terão o Fogo da Geena; não se lhes porá termo à vida para que eles morram; e nada se lhes aliviará do castigo. Assim, recompensamos todo ingrato.

37. E, nele[3], gritarão: "Senhor nosso! Faze-nos sair **daqui**, nós faremos bem outro que o que fazíamos." **Ele dirá**: "E não vos deixamos viver um tempo, em que

---

(1) Isto é, àqueles que seguem a religião de Muḥammad.
(2) **Morada da Permanência Eterna**, ou Paraíso.
(3) **Nele**: no Fogo da Geena.

pudesse meditar quem **quisesse** meditar? E o admoestador chegou-vos. Então, experimentai **o castigo**. E não há para os injustos socorredor algum."

38. Por certo, Allah é Sabedor do Invisível dos céus e da terra. Por certo, do íntimo dos peitos, Ele é Onisciente.

39. Ele é Quem faz de vós sucessores na terra. Então, quem renega a Fé, sua renegação será em prejuízo de si mesmo. E a renegação dos renegadores da Fé não lhes acrescenta senão abominação, junto de seu Senhor. E a renegação dos renegadores da Fé não lhes acrescenta senão perdição.

40. Dize: "Vistes vossos ídolos, que invocais além de Allah? Fazei-me ver o que criaram, na terra. Ou têm eles participação nos céus? Ou lhes concedemos um Livro, e se fundamentam em uma evidência dele?" **Não**. Mas os injustos não prometem, uns aos outros, senão falácia.

41. Por certo, Allah sustém os céus e a terra, para que não se desloquem. E, se ambos se deslocassem, ninguém, depois dEle, os sustentaria. Por certo, Ele é Clemente, Perdoador.

42. E eles[1] juraram, por Allah,

---

[1] **Eles**: os idólatras de Makkah.

com seus mais solenes juramentos, que, se lhes chegasse um admoestador, seriam mais bem guiados que qualquer outra das comunidades[(1)]. Então, quando um admoestador lhes chegou, **isso** não lhes acrescentou senão repulsa,

43. Soberba, na terra, e maus estratagemas. E os maus estratagemas não envolvem senão a seus autores. Então, não esperam eles senão os procedimentos **punitivos** dos antepassados? E não encontrarás, no procedimento de Allah, mudança alguma. E não encontrarás, no procedimento de Allah, alteração alguma.

44. E não caminharam eles na terra, para olhar como foi o fim dos que foram antes deles, e que foram mais veementes que eles, em força. E não é admissível que cousa alguma escape a Allah, nem nos céus nem na terra. Por certo, Ele é Onisciente, Onipotente.

45. E, se Allah culpasse os homens pelo que cometeram, não deixaria sobre sua[(2)] superfície ser animal algum; mas Ele lhes concede prazo, até um termo designado. E, quando seu termo chegar, por certo, Allah, de Seus servos, é Onividente.

---

(1) Alusão aos seguidores dos Livros sagrados: os judeus e os cristãos.
(2) **Sua**: da terra.

SŪRATU YĀ-SĪN[1]
A SURA DE YĀ-SĪN

De Makkah - 83 versículos.

Em nome de Allah, O Misericordioso, O Misericordiador.

1. Yā-Sīn.

2. Pelo Alcorão pleno de sabedoria,

3. Por certo, **Muḥammad**, tu és dos Mensageiros[2],

4. Em senda reta.

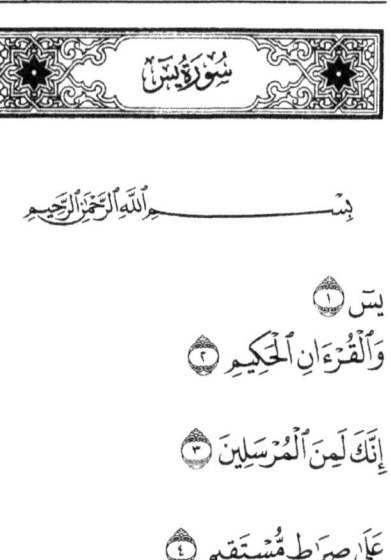

---

[1] **Yā**, **sīn**, nomes das letras árabes, ي e س, correspondentes aproximadas, em português, às letras y e s. Acerca de seu significado, ver II 1 n3. E, assim, se denomina a sura, pela menção destas em seu primeiro versículo. Aqui, os temas principais são os mesmos de todas as suras reveladas em Makkah: a unicidade de Deus, a Mensagem divina e a Ressurreição, a que a sura dá grande ênfase. Inicialmente, ela ratifica o papel de Muḥammad, como Mensageiro de Deus, e observa que ele segue o caminho reto, para admoestar um povo, cujos antepassados não foram admoestados. Refere-se aos negadores da Fé, que não extraem benefícios da Mensagem divina, salientando que a admoestação somente pode beneficiar os que aceitam esta Mensagem; oferece claros exemplos aos idólatras de Makkah, para denotar o conflito, surgido entre os pregadores de Deus e seus desmentidores, e patentear o destino dos malfeitores e dos benfeitores; expõe provas do poder incontestável de Deus, por meio da terra árida que se vivifica; da noite e do dia; do sol e da lua, que ficam em órbitas independentes; do barco que flutua na água; dos rebanhos a serviço dos homens; adverte, ainda, os homens do que ocorrerá no dia da Ressurreição, quando cada alma receberá a paga de seus atos: os bem-aventurados receberão o Jardim da Delícia e os mal-aventurados terão severo castigo. Quanto a estes últimos, terão as bocas seladas, pois suas mãos e pernas testemunharão todos os males por eles perpetrados. A sura fala-nos, também, da transitoriedade de tudo: do jovem que se torna ancião, do forte que se torna fraco, e insiste em que o Alcorão é a Mensagem baseada na lógica, não na imaginação hiperbólica de poetas. Consequentemente, o Profeta não é poeta, por isso deve ser respeitado como o Mensageiro da Verdade. Finalmente, a sura recorda que Deus criou o homem de tênue gota seminal, e ei-lo que se mostra, totalmente adversário de seu Criador; e, ainda, que O Criador dos céus e da terra encerra o poder de ressuscitar os mortos, uma vez que Sua Palavra faz suscitar vida: quando Ele diz a algo que seja, este algo é.

[2] Isto, para refutar a contestação dos idólatras de Makkah, quanto à veracidade da Mensagem divina de Muḥammad.

36. Sūratu Yā-Sīn — Parte 22

5. Ele[1] é a revelação descida dO Todo-Poderoso, dO Misericordiador,

6. Para admoestares um povo, cujos pais não foram admoestados: então, estão desatentos.

7. Com efeito, o Dito[2] cumpriu-se contra a maioria deles: então, não crêem.

8. Por certo, pusemo-lhes, nos pescoços, gargalheiras, e estas **lhes** chegam aos queixos; então, têm as cabeças forçadas para cima[3].

9. E fizemos uma barreira adiante deles e uma barreira detrás deles[4]; e nevoamo-lhes as vistas: então, nada enxergam.

10. E lhes é igual que os admoestes ou não os admoestes: **eles** não crerão.

11. Tu, apenas, admoestas a quem segue a Mensagem e receia aO Misericordioso, ainda que Invisível. Então, alvissara-lhe perdão e generoso prêmio.

12. Por certo, somos Nós Que

---

(1) **Ele**: o Alcorão.
(2) Refere-se à Palavra de Deus, acerca da condenação imposta por Ele aos idólatras, por não haverem aceitado a Mensagem.
(3) O idólatra, que persiste na idolatria e não que enxergar a verdade, é como aquele cujo pescoço ficou sobrecarregado de gargalheiras, a tal ponto que, com a cabeça forçada para o alto, não pode ver o que está a sua frente.
(4) Os idólatras, por recusarem a Mensagem divina, ficaram como os que são encurralados, não podendo ver o que está a sua frente, nem atrás de si.

36. Sūratu Yā-Sīn   Parte 22

damos a vida aos mortos, e escrevemos o que eles anteciparam⁽¹⁾, e seus vestígios. E toda cousa, enumeramo-la em um evidente Livro.

13. E propõe-lhes um exemplo: os habitantes da cidade⁽²⁾, quando lhes chegaram os Mensageiros,

14. Quando lhes enviamos dois⁽³⁾ **Mensageiros**, e eles os desmentiram, então, fortalecemo-los com um terceiro, eles disseram: "Por certo, fomos enviados a vós."

15. Os habitantes da cidade disseram: "Vós não sois senão

---

(1) Ou seja, o que fizeram antes da morte: durante a vida.
(2) Ou seja, de Antioquia, cidade síria, aonde foram enviados os apóstolos de Jesus.
(3) Trata-se de dois apóstolos, que foram pregar o cristianismo aos habitantes pagãos de Antioquia. Quando daí se aproximaram, encontraram um idoso pastor de ovelhas, Ḥabib An-Najjār, que, sabedor da missão deles, lhes pediu mostras de sua veracidade. Os apóstolos não só lhe afirmaram ter o poder de cura do enfermo, do leproso, do cego, mas também lhe curaram o filho que, havia dois anos, se encontrava doente. E o pastor encheu-se de fé e abraçou a religião cristã. Desde então, a notícia dos feitos desses apóstolos espalhou-se a tal ponto que chegou ao conhecimento do rei. Este, obviamente, contrariou-se com os fatos, já que isso punha em perigo não só a idolatria vigente em seu reino, mas o próprio poder que exercia sobre seus súditos pagãos. Assim, ordenou que aprisionassem os apóstolos. Seguidamente, Jesus enviou um terceiro apóstolo, Simão Pedro, para continuar a missão dos anteriores. Chegou, disfarçado, à Antioquia e, logo, travou amizade com a corte real, sem que desconfiassem de sua verdadeira identidade, e, também, com o próprio rei, a quem, depois, perguntou pelos dois prisioneiros. Sabe-se que o rei mandou trazê-los à presença de Simão, e, ciente da sua verdadeira missão, exigiu-lhes uma prova: ordenou que lhes trouxessem um menino cego, para o curarem. E eles o curaram, para surpresa e admiração do rei, que entendeu ser isso algo impossível a seus ídolos. Não obstante, ainda se mantinha incrédulo, exigindo que ressuscitassem um jovem, morto há sete dias. E eles o ressuscitaram. A partir de então, o rei convenceu-se da missão divina dos apóstolos e abraçou-lhes a religião, no que foi seguido por muitos outros. Quanto aos que resistiram, foram castigados e mortos pelo Grito de Gabriel.

mortais como nós, e O Misericordioso nada fez descer; vós nada fazeis senão mentir."

16. Os **Mensageiros** disseram: "Nosso Senhor sabe que, por certo, fomos enviados a vós,

17. "E não nos impende senão a evidente transmissão **da Mensagem.**"

18. Disseram: "Pressentimos mau agouro, por vossa causa. Em verdade, se não vos abstendes **disso**, apedrejar-vos-emos, e doloroso castigo tocar-vos-á, de nossa parte."

19. Eles disseram: "Vosso mau agouro está em vós. Se sois admoestados, **pressentis mau agouro e descredes**? Mas, sois um povo entregue a excessos!"

20. E um homem[1] chegou, do extremo da cidade, correndo. Disse: "Ó meu povo! Segui os Mensageiros:

21. "Segui a quem não vos pede prêmio algum, e são guiados.

22. "E por que razão não adoraria eu a Quem me criou e a Quem vós sereis retornados?

23. "Tomaria, em vez dEle, **outros** deuses? Se O Misericordioso

---

(1) Alusão a Ḥabib An-Najjār, mencionado na nota 3 da página precedente.

me desejasse um infortúnio, sua[1] intercessão de nada me valeria, e eles me não poderiam salvar.

24. "Por certo, nesse caso, estaria em evidente descaminho.

25. "Por certo, creio em vosso Senhor. Então, ouvi-me."

26. Foi-lhe[2] dito: "Entra no Paraíso." Ele disse: "Quem dera meu povo soubesse!

27. "Do perdão de meu Senhor para mim, e de que me fez dos honrados."

28. E não fizemos descer sobre seu povo[3], depois dele, exército algum do céu; e não é admissível que o fizéssemos descer.

29. Não houve senão um só Grito; então, ei-los extintos.

30. Que aflição para os servos[4]! Não lhes chegou Mensageiro algum, sem que dele zombassem.

31. Não viram[5] quantas gerações aniquilamos, antes deles? As quais a eles jamais retornarão.

32. E, por certo, todos reunidos, serão trazidos para junto de Nós.

---

(1) **Sua**: de outros deuses.
(2) **Lhe**: a Ḥabīb An-Najjār, que foi apedrejado até a morte.
(3) Ou seja, sobre o povo de Ḥabīb An-Najjār.
(4) Alusão aos que desmentem os mensageiros e, por isso, são castigados.
(5) O versículo dirige-se aos idólatras de Makkah.

36. Sūratu Yā-Sīn — Parte 23

33. E é um sinal, para eles, a terra morta: vivificamo-la e dela fazemos sair grãos; então, deles comem.

34. E, nela, fazemos jardins de tamareiras e videiras e, dela, fazemos emanar fontes,

35. Para que eles comam de seus frutos e do que suas próprias mãos fazem. Então, não agradecem?

36. Glorificado seja Quem criou todos os casais do que a terra brota, e deles[1] mesmos e do que não sabem!

37. E é um sinal para eles a noite, da qual esfolamos o dia: então, ei-los **imersos** nas trevas.

38. E o sol corre para uma morada pertencente a ele: essa é a determinação dO Todo-Poderoso, dO Onisciente.

39. E a lua, determinamo-lhe fases, até tornar-se como o velho racemo[2] **da tamareira**.

40. Não é concebível ao sol atingir a lua, nem à noite antecipar-

---

[1] Dos homens.

[2] **Racemo** traduz a palavra árabe ᶜ**urjūn**, um tipo de inflorescência correspondente a cacho, é constituído de um eixo indefinido sobre o qual se inserem flores pediceladas. (Cf. *Novo Dicionário da Língua Portuguesa* de Aurélio Buarque de Holanda Ferreira). Quando o racemo envelhece, torna-se amarelado, seco delgado e curvo, da mesma forma que a lua, na face minguante, daí a comparação, no versículo, da lua com o racemo.

se ao dia. E cada qual voga, em uma órbita.

41. E é um sinal para eles havermos carregado seus antepassados[1] no barco[2] repleto.

42. E criamo-lhes, à sua[3] semelhança, aquilo em que montam.

43. E, se quiséssemos, afogá-los-íamos; então não haveria, para eles, salvador algum, e não serão salvos,

44. Exceto por misericórdia **vinda** de Nós, e para gozo, até certo tempo.

45. E, quando se lhes diz: "Guardai-vos do que está adiante de vós e do que está detrás de vós[4], na esperança de obterdes miseri-córdia", **voltam as costas**.

46. E não lhes chega sinal algum dos sinais de seu Senhor, sem que lhe dêem de ombros.

47. E, quando se lhes diz: "Despendei do que Allah vos deu por sustento", os que renegam a Fé dizem aos que crêem: "Alimen-

---

(1) **Antepassados**, aqui, traduzem a palavra **ẕurriyah**, a qual, geralmente, traduzimos por descendentes.

(2) Ou seja, o barco de Noé.

(3) **Sua**, ou seja, à semelhança do barco. Deus criou, assim, para o homem veículos para transportá-lo por mares e terras, e, hodiernamente, por ares, também.

(4) **Guardai-vos do que está adiante e do que está atrás**: temei o castigo da vida terrena e da vida eterna.

taremos nós aquele que Allah alimentaria, se quisesse? Não estais senão em evidente descaminho."

48. E dizem: "Quando será **o cumprimento d**esta promessa, se sois verídicos?"

49. Não esperam eles senão um só Grito, que os apanhará, enquanto estiverem disputando[1] **uns com outros**.

50. Então, não poderão fazer testamento nem retornar a suas famílias.

51. E soprar-se-á na Trombeta: então, ei-los que, das tumbas, sairão açodados para junto de seu Senhor.

52. Dirão: "Ai de nós! Quem nos ressuscitou de nosso lugar de descanso? Isto é o que o Misericordioso prometera, e os Mensageiros disseram a verdade."

53. Não haverá senão um só Grito: então, ei-los que serão trazidos todos, par junto de Nós.

54. Então, nesse dia, nenhuma alma nada sofrerá de injustiça, e não sereis recompensados senão pelo que fazíeis.

55. Por certo, os companheiros do Paraíso, nesse dia, estarão

---

(1) Os idólatras de Makkah, via de regra, punham em discussão se seriam ou não ressuscitados.

absortos **em delícias**, alegres.

56. Eles e suas mulheres estarão na sombra, reclinados sobre coxins.

57. Nele, terão frutas e terão o que cobiçarem.

58. "Salām!" **Paz. É um dito que ouvirão** de Um Senhor Misericordiador.

59. E **Ele dirá**: "Separai-vos, ó criminosos, neste dia!

60. "Não vos recomendei, ó filhos de Adão, que não adorásseis[1] a Satã? Por certo, ele vos era inimigo declarado,

61. "E que Me adorásseis? Esta é uma senda reta.

62. "E, com efeito, ele descaminhou grande multidão de vós. Então, não razoáveis?

63. "Eis a Geena, que vos era prometida!

64. "Sofrei sua queima, hoje, porque renegáveis a Fé."

65. Nesse dia, selar-lhes-emos as bocas, e suas mãos Nos falarão, e suas pernas testemunharão o que cometiam.

66. E, se quiséssemos, apagar-lhes-íamos os olhos, então,

---

[1] Ou seja, o ser humano não deve jamais ceder à tentação do Mal.

precipitar-se-iam na senda; como poderiam, pois, enxergar **algo**?

67. E, se quiséssemos, transfigurá-los-íamos, no lugar em que estivessem: então, não poderiam ir adiante nem retornar[1].

68. E, a quem tornamos longevo, fá-lo-emos regredir[2], em **su**a criação. Então, não razoam?

69. E não lhe[3] ensinamos a poesia, e ela não lhe é concebível. Esse[4] não é senão Mensagem e evidente Alcorão,

70. Para que admoeste quem está vivo e para que o Dito se cumpra contra os renegadores da Fé.

71. E não viram eles que, entre o que fizeram Nossas mãos, Nós lhes criamos rebanhos, então, deles são possuidores?

72. E os tornamos dóceis a eles; então, deles, há-os para a sua montaria, e, deles, há-os que eles comem;

73. E têm, neles, proveitos e bebidas. Então, não agradecem?

74. E tomam deuses, além de

---

(1) Deus poderia, se quisesse, transformar os idólatras em seres inertes, sem força e sem possibilidade de fazerem o que quisessem contra a religião.
(2) A longevidade imprime profundas e incoercíveis transformações físicas e mentais no ser humano.
(3) **Lhe**: a Muḥammad.
(4) **Esse**: o Alcorão.

Allah, para serem **por eles** socorridos.

75. **Estes** não poderão socorrê-los, e serão um exército, trazido, contra eles, **no Dia do Juízo**.

76. Então, que seu dito⁽¹⁾ não te entristeça. Por certo, sabemos o de que guardam segredo e o que manifestam.

77. E o ser humano⁽²⁾ não viu que o criamos de gota seminal? Então, ei-lo adversário declarado!

78. E, esquecendo sua criação, propõe, para Nós, um exemplo. Diz: "Quem dará vida aos ossos, enquanto resquícios?"

79. Dize: "Quem os fez surgir, da vez primeira, dar-lhes-á a vida – e Ele, de todas as criaturas, é Onisciente –

80. "Aquele Que vos fez fogo, das árvores⁽³⁾ verdes, então, ei-vos que, com elas, acendeis."

81. E Aquele Que criou os céus e a terra não é Poderoso para criar seus iguais? Sim! E Ele é O

---

(1) Alusão às blasfêmias dirigidas pelos idólatras contra o Profeta, que qualificaram de louco, feiticeiro e falaz.
(2) Alusão à ᶜUbai Ibn K͟halaf. Cf. XVI 4 n3.
(3) Referência a uma árvore da Península Arábica, que produz faíscas, pelo atrito de pedaços seus, mesmo quando verdes, o que propicia o surgimento do fogo. Caso aqui, também, uma alusão ao carvão, substância combustível, de origem vegetal (madeira carbonizada).

Criador, O Onisciente.

بَلَىٰ وَهُوَ ٱلْخَلَّـٰقُ ٱلْعَلِيمُ ۝

82. Sua ordem, quando deseja alguma cousa, é, apenas, dizer-lhe: "Sê", então, é.

إِنَّمَآ أَمْرُهُۥٓ إِذَآ أَرَادَ شَيْـًٔا أَن يَقُولَ لَهُۥ كُن فَيَكُونُ ۝

83. Então, glorificado seja Aquele, em Cuja mão está o reino de todas as cousas! E a Ele sereis retornados.

فَسُبْحَـٰنَ ٱلَّذِى بِيَدِهِۦ مَلَكُوتُ كُلِّ شَىْءٍ وَإِلَيْهِ تُرْجَعُونَ ۝

SŪRATU AṢ-ṢĀFFĀT[1]
A SURA DOS ENFILEIRADOS

De Makkah - 182 versículos.

Em nome de Allah, O Misericordioso, O Misericordiador.

1. Pelos enfileirados, em fileiras,

2. E pelos repulsores **do mal**, com força.

3. E pelos recitadores de Mensagem,

4. "Por certo, vosso Deus é Único,

5. "O Senhor dos céus e da terra e do que há entre ambos, e O

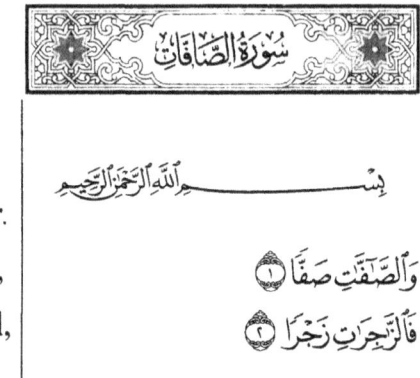

---

[1] **Aṣ-Ṣāffāt**: plural do adjetivo **aṣ-ṣāffah**, derivado do verbo ṣaffa, pôr-se em harmonia, ou dispor-se em linha; aṣ-ṣāffāt seriam os dispostos, harmonicamente, em fileiras, para orar ou glorificar a Deus. Aqui, é epíteto de criaturas ou de anjos ou de crentes, que Deus dignifica nos juramentos. Assim, denomina-se a sura, pela menção desta palavra em seus versículos, 1 e 165. E, como as demais suras de Makkah, esta visa à consolidação da Fé, alijando-a das influências pagãs, pois atenta para a Revelação divina, para a unicidade de Deus, para a Ressurreição e a recompensa final. Ela, também, refuta a idolatria árabe pré-islâmica, que pretende uma vinculação entre Deus e os jinns, a falsa idéia de que os anjos são fruto da união entre Deus e estes seres e, também, o mito de que os anjos são do sexo feminino e, portanto, filhas de Deus. A sura começa com o juramento divino, em nome das criaturas que, harmonicamente alinhadas, repelem o Mal e recitam a Mensagem, juramento este que prega a unicidade de Deus, O Senhor de todo o Universo. Aliás, tudo o comprova, tanto na beleza quanto na ordem cósmica, e nos céus resguardados dos seres rebeldes. A Ressurreição é outro aspecto relevante, tratado aqui, e seus negadores, reunidos nesse Dia, se acusarão, antes do irreversível castigo. Quanto aos bem-aventurados, esses terão inefáveis galardões. Há, ainda, menção dos mensageiros, anteriores a Muḥammad, que, tanto como este, foram desmentidos, e esta menção serve para confortar o Profeta, no que diz respeito à renitência de seu povo em aceitar a Verdade. Finalmente, após a refutação de todas as idéias falsas dos idólatras, a sura termina com louvores e glória a Deus. Esta é a única sura em que se menciona a história do Patriaca Abraão, que sonhou que degolava seu filho Ismael. Como o sonho dos Profetas era considerado ordem divina, ao tentar executá-lo, Deus enviou-lhe um anjo com um carneiro, para que o degolasse em lugar de seu filho.

Senhor dos Levantes."

6. Por certo, Nós ornamentamos o céu mais próximo, com um ornamento: os astros,

7. E para custodiá-lo, contra todo demônio rebelde.

8. Eles não podem ouvir a corte altíssima[1], e são arrojados, por todos os lados,

9. Rechaçados. E terão castigo perpétuo.

10. Exceto quem arrebatar algo[2]: então, persegui-lo-á uma bólide perfurante.

11. E consulta-os[3]: "Quem é mais difícil, em criação, eles ou **outros** seres que criamos?" Por certo, criamo-los de barro viscoso[4].

12. Mas tu admiras **que te desmintam**, e eles **disso** escarnecem.

13. E, quando lembrados **do Alcorão, dele** não se lembram.

14. E, quando vêem um sinal, excedem-se em escárnio,

15. E dizem: "Isto não é senão evidente magia.

---

[1] **Corte altíssima**: os anjos celestiais.
[2] **Arrebatar algo**: ouvir algo da fala celestial.
[3] **Os**: os idólatras de Makkah.
[4] O ser humano não pode olvidar sua fragilidade e sua origem pulvérea, por isso mesmo, não há de ter arrogância e desprezo pela mensagem divina.

16. "Quando morrermos e formos pó e ossos, seremos ressuscitados?

17. "E nossos pais antepassados, **também**?"

18. Dize, **Muḥammad**: "Sim, e sereis humilhados."

19. Então, haverá, apenas, um só Clangor, e ei-los que olharão, **estarrecidos**,

20. E dirão: "Ai de nós! Este é o Dia do Juízo."

21. **Os anjos dirão**: "Este é o Dia da Decisão, que desmentíeis."

22. **Ele dirá**: "Reuni os que foram injustos, e a suas mulheres e ao que adoravam,

23. Além de Allah, e guiai-os à senda do Inferno,

24. E detende-os. Por certo, serão interrogados:

25. "Por que razão não vos socorreis uns aos outros?"

26. Mas, nesse dia, eles serão rendidos.

27. E dirigir-se-ão, uns aos outros[1], interrogando-se.

28. Dirão: "Por certo, **sempre**, chegáveis a nós do lado direito[2],

---

(1) Ou seja, os seguidores e seus mentores.
(2) **Chegar do lado direito**: chegar com o bem, com boas intenções; mas eles, embora chegando deste lado, enganaram-nos, vindo com o mal.

para renegar a Fé."

29. Os chefes dirão: "Mas não éreis crentes,

30. "E não tínhamos poder algum sobre vós. Mas éreis um povo transgressor.

31. "Então, o Dito de nosso Senhor cumpriu-se, contra nós. Por certo, haveremos de experimentar **o castigo**.

32. "E transviamo-vos: por certo, nós éramos desviados."

33. Então, por certo, nesse dia, eles serão partícipes no castigo.

34. Por certo, assim agimos com os criminosos.

35. Por certo, quando se lhes dizia: "Não há deus senão Allah", ensoberbeciam-se,

36. E diziam: "Abandonaremos nossos deuses por um poeta louco?"

37. Não. Mas ele chegou com a Verdade e confirmou **as palavras** **d**os Mensageiros.

38. Por certo, havereis de experimentar o doloroso castigo

39. – E não sereis recompensados senão pelo que fazíeis –

40. Exceto os servos prediletos de Allah.

41. Esses terão determinado sustento:

42. Frutas⁽¹⁾. E serão honrados,

43. Nos Jardins da Delícia,

44. Estarão em leitos, frente a frente;

45. Far-se-á circular, entre eles, taças **de vinho**⁽²⁾ de fonte fluida,

46. Branco, deleitoso para quem o bebe,

47. Nele, não haverá mal súbito; e, com ele, não se embriagarão.

48. E, junto deles, estarão aquelas de belos grandes olhos, de olhares restritos a seus amados,

49. Assemelham-se a ovos⁽³⁾ res-guardados

50. E uns aos outros dirigir-se-ão, interrogando-se.

51. Um deles dirá: "Por certo, eu tinha um acompanhante.

52. Que dizia: 'És dos que acreditam **na Ressurreição**?

---

(1) **Frutas**: traduz a palavra **fawākih**, que significa, aqui, não especificamente os comestíveis, mas tudo o que delicia os sentidos dos bem-aventurados, uma vez que, no Paraíso, estes, por serem eternos, prescindirão dos alimentos necessários à subsistência.

(2) O vinho paradisíaco, diferente da bebida alcoólica do mundo, não causa embriaguez nem mal-estares.

(3) Era tradição entre os árabes compararem algo belo e de cor pura com os ovos de avestruz, cuja casca, resguardada pela maciez das plumas maternas, adquire aspecto deslumbrante.

53. 'Quando morrermos e formos pó e ossos, seremos julgados?'"

54. Ele dirá: "Quereis avistá-lo⁽¹⁾?"

55. Então, avistou e viu-o no meio do Inferno.

56. Dirá: "Por Allah! Por certo, quase me arruinaste,

57. "E, não fora a graça de meu Senhor, seria dos trazidos **ao Fogo**.

58. "Será que jamais morreremos

59. "Senão **aquela** nossa primeira morte, e não seremos castigados?"

60. Por certo, este é o magnífico triunfo.

61. Então, para **recompensa** igual a essa, que laborem os laboriosos!

62. Será isso melhor por hospedagem ou a árvore de Zaqqūm⁽²⁾?

63. Por certo, fizemo-la como provação para os injustos.

64. Por certo, é uma árvore que surge do fundo do Inferno,

65. Suas espatas são como as cabeças de demônios.

66. E, por certo, dela comerão e dela encherão os ventres.

---

(1) **Lo**: o companheiro, que negava a Ressurreição.
(2) **Árvore de Zaqqūm**: árvore infernal, de amaríssimos frutos.

67. Em seguida, sobre ela, terão mistura de água ebuliente.

68. Depois, seu retorno será ao Inferno.

69. Por certo, eles encontraram seus pais descaminhados,

70. Então, em suas pegadas, prosseguem impetuosos.

71. E, com efeito, antes deles, a maioria dos antepassados descaminhou-se.

72. – E, com efeito, enviamolhes admoestadores.

73. Então, olha como foi o fim dos que foram admoestados! –

74. Exceto os servos prediletos de Allah.

75. E, com efeito, Noé chamounos; então, quão Excelentes fomos em atendê-lo!

76. E salvamo-lo e a sua família da formidável angústia[1],

77. E fizemos de sua descendência os sobreviventes.

78. E deixamos **esta bênção** sobre ele, na posteridade:

79. "Que a paz seja sobre Noé, nos mundos!"

---

[1] Cf. XXI 76 n2.

37. Sūratu Aṣ-Ṣāffāt   Parte 23

80. Por certo, assim recompensamos os benfeitores.

81. Por certo, ele era de Nossos servos crentes.

82. Em seguida, afogamos os outros.

83. E, por certo, Abraão era de sua seita⁽¹⁾,

84. Quando chegou a seu Senhor, com um coração imaculado,

85. Quando disse a seu pai e a seu povo: "O que adorais?

86. "Desejais **a** mentira: **adorar** deuses em vez de Allah?

87. "E qual vosso pensamento acerca dO Senhor dos mundos?"

88. Então, ele deu uma olhada nas estrelas⁽²⁾,

89. E disse: "Por certo, estou doente⁽³⁾."

90. Então, voltaram-lhe as costas, fugindo.

91. E foi ter, sorrateiramente, com seus deuses, e disse: "Não comeis?

---

(1) Ou seja, Abraão era dos seguidores de Noé, no que se referia aos princípios da crença monoteísta.
(2) Abraão fingiu consultar as estrelas e nelas procurar lições e ensinamentos, para, com isso, atrair a atenção do povo idólatra e astrólatra, e poder convencê-los.
(3) Para ficar a sós com os ídolos e poder destruí-los, Abraão disse a seu povo que havia contraído peste. Temendo o contágio, todos fugiram, deixando-o só.

92. "Por que não falais?"

93. E foi ter, sorrateiramente, com eles, batendo-lhes, com a destra[1].

94. Então, eles[2] se dirigiram a ele, diligentes.

95. Disse-lhes: "Adorais o que esculpis,

96. "Enquanto Allah vos criou e ao que fazeis?"

97. Disseram: "Edificai, para ele, uma edificação e lançai-o no Inferno."

98. E desejaram **armar**-lhes insídias; então, fizemo-los os mais rebaixados.

99. E ele disse: "Por certo, vou **aonde** meu Senhor **me ordena**; Ele me guiará[3].

100. "Senhor meu! Dadiva-me **com um filho**, dos íntegros."

101. Então, alvissaramo-lhe um filho clemente.

102. E, quando atingiu a idade de labutar com ele[4], **este** disse:

---

[1] Ou seja, batendo-lhe com a mão direita, que é mais forte, para destruí-los totalmente.

[2] **Eles**: seus concidadãos.

[3] Ao desesperar-se com a idolatria de seu povo, Abraão anunciou a todos que iria para a terra abençoada, na região fértil da Síria e da Palestina, conforme Deus lhe ordenava. Em lá chegando, recebeu o anúncio de um filho.

[4] **Com ele**: com o pai, Abraão.

"Ó meu filho! Por certo, vi em sonho que te imolava. Então, olha, que pensas **disso**?" **Ismael** disse: "Ó meu pai! Faze o que te é ordenado. Encontrar-me-ás entre os perseverantes, se Allah quiser."

103. E, quando ambos se resignaram, e o fez tombar, com a fronte na terra, **livramo-lo**

104. E chamamo-lo: "Ó Abraão!

105. "Com efeito, confirmaste o sonho." Por certo, assim recompensamos os benfeitores.

106. Por certo, essa é a evidente prova.

107. E resgatamo-lo com imolado magnífico.

108. E deixamos **esta bênção** sobre ele, na posteridade:

109. "Que a paz seja sobre Abraão!"

110. Assim, recompensamos os benfeitores.

111. Por certo, ele era de Nossos servos crentes.

112. E alvissaramo-lhe Isaque, como profeta, entre os íntegros.

113. E abençoamo-lo e a Isaque. E, na descendência de ambos, houve quem fosse benfeitor e quem fosse um declarado injusto com si mesmo.

114. E, com efeito, Nós fizemos mercê a Moisés e a Aarão,

115. E salvamo-los, a ambos, e a seu povo, da formidável angústia⁽¹⁾.

116. E socorremo-los; então, foram eles os vencedores.

117. E concedemo-lhes o Livro⁽²⁾, assaz evidente,

118. E guiamo-los à senda reta.

119. E deixamos **esta bênção** sobre ambos, na posteridade:

120. "Que a paz seja sobre Moisés e Aarão!"

121. Por certo, assim recompensamos os benfeitores.

122. Por certo, eram ambos de Nossos servos crentes.

123. E, por certo, Elias era dos Mensageiros,

124. Quando disse a seu povo: "Não temeis **a Allah**?

125. "Invocais Baᶜl e deixais O Melhor dos criadores,

126. "Allah, vosso Senhor e O Senhor de vossos pais antepassados?"

⁽¹⁾ **Formidável angústia**: o afogamento pelas águas ou a dominação faraônica sobre seu povo.
⁽²⁾ **O Livro**: a Tora.

127. E desmentiram-no; então, serão trazidos **ao castigo**,

128. Exceto os servos prediletos de Allah.

129. E deixamos **esta bênção** sobre ele, na posteridade:

130. "Que a paz seja sobre Il Yasīn⁽¹⁾."

131. Por certo, assim recompensamos os benfeitores.

132. Por certo, ele era de nossos servos crentes.

133. E, por certo, Lot era dos Mensageiros,

134. Quando o salvamos e a sua família, a todos,

135. Exceto uma anciã, dentre os que ficaram para trás⁽²⁾.

136. Em seguida, profligamos os outros.

137. E, por certo, passais por eles⁽³⁾, ao amanhecer

138. E à noite. Não razoais?

139. E, por certo, Jonas⁽⁴⁾ era dos Mensageiros,

140. Quando fugiu, no barco repleto.

---

(1) **Il Yasīn**: variante do nome Elias (Il Yās, em árabe).
(2) Cf. VII 83 n1.
(3) Ou seja, sobre suas ruínas.
(4) Cf. XXI 87 n3.

141. Então, ele tirou à sorte, e foi dos refutados.

142. Então, a baleia engoliu-o, enquanto merecedor de censura.

143. E, se não fora ele dos glorificadores,

144. Haveria permanecido em seu ventre, até um dia, em que serão ressuscitados.

145. Então, deitamo-lo fora, em ermo lugar, enquanto indisposto.

146. E fizemos brotar sobre ele um arbusto de Yaqtīn[1].

147. E enviamo-lo a cem mil **homens**, ou mais;

148. E creram **em Allah**, e fizemo-los gozar até certo tempo.

149. Então, consulta-os[2]: "São de teu Senhor as filhas, e deles, os filhos?"

150. Ou criamos Nós os anjos como seres femininos e eles foram testemunhas **disso**?

151. Ora, por certo, entre suas mentiras, dizem:

152. "Allah gerou." E, por certo, são mentirosos.

---

[1] **Yaqtīn**: abóbora.
[2] **Os**: os idólatras de Makkah

153. Escolheu ele as filhas, de preferência aos filhos?

154. Que há convosco? Como julgais?

155. Então, não meditais?

156. Ou tendes evidente comprovação?

157. Então, fazei vir vosso livro, se sois verídicos.

158. E fizeram, entre Ele e os jinns, parentesco. E, com efeito, sabem os jinns que serão trazidos **ao castigo**

159. – Glorificado seja Allah, acima do que alegam! –

160. Exceto os servos prediletos de Allah.

161. Então, por certo, vós[1] e o que adorais

162. Não sereis sedutores de ninguém contra Ele,

163. Exceto de quem sofrer a queima do Inferno.

164. E os anjos dizem: "E não há ninguém entre nós que não tenha posição determinada.

165. "E, por certo, somos os enfileirados[2],

---

(1) **Vós**: os idólatras de Makkah.
(2) Ou seja, os anjos, que se dispõem em fileiras, durante a adoração de Deus.

166. "E, por certo, somos os glorificadores!"

167. E, por certo, eles diziam⁽¹⁾:

168. "Se tivéssemos uma Mensagem dos antepassados,

169. "Seríamos os servos prediletos de Allah!"

170. E renegam-na⁽²⁾. Então, logo saberão!

171. E, com efeito, Nossa Palavra antecipou-se a Nossos servos, os Mensageiros,

172. Por certo, eles serão os socorridos,

173. E, por certo, Nossos exércitos serão os vencedores.

174. Então, volta-lhes as costas, até certo tempo.

175. E enxerga-os, **na derrota**: então, eles enxergarão **teu triunfo**!

176. E apressam eles Nosso castigo?

177. Então, quando ele⁽³⁾ descer a seus arredores, que vil será a manhã dos admoestados!

178. E volta-lhes as costas, até certo tempo.

---

(1) **Eles**: os idólatras de Makkah, antes do advento do Islão.
(2) **Na**: a Mensagem de Deus, ou seja, o Alcorão.
(3) **Ele**: o castigo.

179. E enxerga **sua derrota**; então, eles enxergarão **teu triunfo**!

وَأَبْصِرْ فَسَوْفَ يُبْصِرُونَ ﴿١٧٩﴾

180. Glorificado seja teu Senhor, O Senhor do Poder, acima do que alegam!

سُبْحَانَ رَبِّكَ رَبِّ ٱلْعِزَّةِ عَمَّا يَصِفُونَ ﴿١٨٠﴾

181. E que a paz seja sobre os Mensageiros!

وَسَلَامٌ عَلَى ٱلْمُرْسَلِينَ ﴿١٨١﴾

182. E louvor a Allah, O Senhor dos mundos!

وَٱلْحَمْدُ لِلَّهِ رَبِّ ٱلْعَالَمِينَ ﴿١٨٢﴾

SŪRATU ṢĀD[1]
A SURA DE ṢĀD

De Makkah - 88 versículos.

Em nome de Allah, O Misericordioso, O Misericordiador.

1. Ṣād. Pelo Alcorão, **portador** da Mensagem!

2. Os[2] que renegam a Fé estão, aliás, **imersos** em arrogância e discórdia.

3. Que de gerações aniquilamos, antes deles! Então, bradavam, enquanto não havia mais tempo para escapar.

4. E eles se admiram de haver-lhes chegado um admoestador **vindo** deles. E os renegadores da Fé dizem: "Este é um mágico mentiroso,

---

(1) **Ṣād**: designação da letra árabe ص, sem correspondência exata, na língua portuguesa, mas transcrita aproximadamente por um ṣ velar, enfático. Quanto à interpretação desta letra, veja-se a sura II 1 n3. Aqui, a letra denomina a sura, por estar mencionada em seu primeiro versículo. Como todas as suras de Makkah, esta trata dos mesmos assuntos, ou seja, da unicidade de Deus, da Revelação, da Ressurreição, do Ajuste de Contas. Relata, inicialmente, a reação de espanto, por parte dos principais idólatras de Makkah, não só em relação à pregação do Profeta sobre a unicidade de Deus, mas em relação à escolha de Muḥammad, como Mensageiro, que, afinal, não sendo dos seus, não pertencia à escol de Makkah. A seguir, refuta as falsas pretensões desses principais, provando que suas objeções são geradas pela arrogância e pelo espírito separatista. Adiante, apresenta alguns exemplos dos povos antigos, para evidenciar o fim dos desmentidores dos profetas e consolar Seu Mensageiro, pelas atitudes hostis de seu povo. Entre os exemplos, salientam-se as menções de episódios atinentes a Davi e Salomão. E revela o que reserva Deus aos bem-aventurados e mal-aventurados. Há, também, referência ao que ocorreu a Adão e Iblīs; finalmente, define a missão do Profeta, que é transmitir a Mensagem de Deus para toda a Humanidade.

(2) **Os**: os idólatras de Makkah.

5. "Faz ele dos deuses um único Deus? Por certo, isso é cousa admirável!"

6. E os dignitários, entre eles, foram[1] adiante, **dizendo uns aos outros**: "Andai e pacientai quanto a vossos deuses. Por certo, isso é cousa desejada.

7. "Jamais ouvimos **falar d**isso, na última crença.[2] Isso não é senão invenção!

8. "Foi descida a Mensagem, **somente** sobre ele, dentre nós?" Mas eles estão em dúvida acerca de Minha Mensagem. Aliás, ainda, não experimentaram Meu castigo.

9. Ou têm eles os cofres da misericórdia de teu Senhor, O Todo-Poderoso, O Dadivoso?

10. Ou deles é a soberania dos céus e da terra e do que há entre ambos? Então, que ascendam[3] **aos céus**, pelos meios **de acesso**!

---

(1) Quando os principais de Makkah sentiram a ameaça do islamismo, foram queixar-se junto ao tio de Muḥammad, chamado Abū Talib, exigindo-lhe que ordenasse ao sobrinho a não mais atacar os ídolos da cidade. Assim que o Profeta, por solicitação de Abū Talib, se reuniu a eles, reiterou-lhes que sua única salvação era abraçar a nova religião, do único Deus. Indignados, retiraram-se, todos, acintosamente, da reunião. Por isso, revelou-se-lhes este versículo, para registrar o evento.

(2) Os idólatras de Makkah argumentaram que nem mesmo na última crença, ou seja, no cristianismo, se pregava o monoteísmo, tal como no islamismo.

(3) Os idólatras de Makkah não deviam opor-se ao desígnio divino da escolha de Muḥammad como Profeta. Afinal, como diz o versículo ironicamente, eles não eram os donos dos céus e da terra, pois, se o fossem, poderiam ascender até os céus e de lá governar o Universo, elegendo, outrossim, seus mensageiros.

38. Sūratu Ṣād

11. É um exército desprezível dos partidos, que, aí **mesmo**, será derrotado.

12. Antes deles, desmentiram **aos Mensageiros** o povo de Noé e de ʿĀd e Faraó, o possuidor das estacas[1],

13. E **o povo de** Ṯamūd e o povo de Loṭ e os habitantes da Al-'Aykah[2]. Eram esses os partidos.

14. Cada qual nada fez senão desmentir os Mensageiros. Então. Minha punição cumpriu-se.

15. E não esperam esses[3] senão um só Grito, que não terá intermitência.

16. E dizem: "Senhor nosso! Apressa, para nós, nossa porção **do castigo**, antes do Dia da Conta."

17. Pacienta, **Muḥammad,** quanto ao que dizem e menciona Nosso servo Davi, dotado de vigor. Por certo, ele era devotado **a Allah**.

18. Por certo, submetemos as montanhas, para, com ele, glorificarem **a Allah**, ao anoitecer e ao nascer do sol.

---

(1) Trata-se das estacas às quais se prendiam os condenados, com o mando rígido de Faraó. Pode tratar-se também da designação dos soldados dos exércitos faraônicos, que confirmam o poder de Faraó, como as estacas tornam firmes as tendas armadas nos campos. Portanto, as estacas simbolizariam a força e o poder faraônicos.
(2) Cf. XV 78 n6.
(3) **Esses**: os idólatras de Makkah.

19. E **submetemo-lhe** os pássaros reunidos, tudo Lhe era devotado.

20. E fortalecemo-lhe a soberania e concedemo-lhe a sabedoria e o falar peremptório.

21. E chegou-te o informe dos disputantes[1], quando escalaram[2] o **muro do** santuário?

22. Quando entraram junto de Davi, então, aterrou-se com eles. Disseram: "Não te atemorizes. Somos dois disputantes, um de nós cometeu transgressão contra outro. Então, julga entre nós, com a verdade, e não sejas parcial; e guia-nos à senda direita.

23. "Por certo, este é meu irmão[3]; ele tem noventa e nove ovelhas, e eu tenho uma só ovelha. Então, disse: 'Confia-ma.' E venceu-me, na discussão."

24. **Davi**[4] disse: "Com efeito, ele cometeu injustiça contigo, ao te pedir **juntasses** tua ovelha a suas ovelhas. E, por certo, muitos dos associados cometem transgressão

---

(1) Alusão a dois anjos que chegaram a Davi, na forma de homens em disputa, a fim de o recriminarem pelo erro que cometera. Sem ouvir o outro disputante ele deu sua sentença.
(2) Por se tratar do dia de oração de Davi, quando ninguém podia adentrar o santuário, para estar com ele, e as portas fechadas permaneciam guardadas contra quem quer que fosse; por isso, os dois disputantes tiveram de escalar o muro do recinto sagrado, para chegarem até Davi.
(3) Entenda-se, aqui, **irmão**, apenas por afinidade, não por parentesco.
(4) **Davi**: de imediato, deu sua opinião.

uns contra outros, exceto os que crêem e fazem as boas obras. E quão poucos são eles!" E Davi pensou que Nós o provássemos; então, implorou perdão a seu Senhor e caiu em prosternação, e voltou-se contrito **para Nós**.

25. Então, perdoamo-lhe isso. E, por certo, ele terá, junto de Nós, um lugar próximo, e aprazível retorno.

26. E inspiramo-lhe: "Ó Davi! Por certo, Nós te fizemos califa na terra; então, julga, entre os homens, com a justiça, e não sigas a paixão: senão, descaminhar-te-ia do caminho de Allah." Por certo, os que se descaminham do caminho de Allah terão veemente castigo, por seu esquecimento do Dia da Conta.

27. E não criamos, em vão, o céu e a terra e o que há entre ambos. Essa é a conjetura dos que renegam a Fé. Então, ai dos que renegam a Fé, **por causa** do Fogo!

28. Consideraríamos os que crêem e fazem as boas obras como os corruptores, na terra? Ou consideraríamos os piedosos como os ímpios?

29. Este é um Livro bendito, que fizemos descer, para ti, a fim de que eles ponderem seus versículos e a fim de que os dotados de discernimento meditem.

30. E dadivamos a Davi com Salomão. Que excelente servo! Por certo, ele era devotado **a Allah**.

31. Quando, ao anoitecer, lhe foram apresentados os nobres corcéis[1].

32. Então, ele disse: "Por certo, preferi o amor dos bens à lembrança de meu Senhor, até que se acobertou **o sol** com o véu **da noite**.

33. Devolvei-mos". Então, começou a acariciar-**lhes** os curvilhões e os pescoços[2]

34. E, com efeito, provamos[3] a Salomão e lançamos um corpo sobre seu trono; em seguida, voltou-se contrito **para Nós**.

35. Ele disse: "Senhor meu! Perdoa-me e dadiva-me com uma

---

(1) Em uma batalha, em Damasco, Salomão ganhou, pela vitória, mil corcéis puros-sangues. Certa vez, sentado em seu trono, pôs-se a contemplar estes corcéis que desfilavam diante dele, e o fez por tanto tempo, que a noite chegou, e ele ainda os contemplava, embevecido em sua beleza e majestade.

(2) Segundo uma linha exegética, o cavalo, sempre, foi motivo de grande estima, por parte do profeta Salomão, que o considerava um meio ímpar nas guerras de conquista. Tanto assim que, este versículo, tal como o traduzimos, reafirma essa predileção e exclui a outra linha exegética que adota, para este versículo, a interpretação de que Salomão matara os cavalos, por o haverem afastado da oração, interpretação esta polêmica, pois é incompatível com a conduta de um profeta, gesto tão insensato.

(3) Alusão à prova pela qual Salomão passou, quando, havendo tido um filho, os demônios quiseram matá-lo ou enlouquecê-lo, com receio de que este pudesse submete-los a árduos trabalhos. Ciente disso, Salomão protegeu o filho, fazendo-o caminhar nas nuvens. Entretanto, certo dia, por surpresa sua, encontrou-o morto, em seu trono. Percebeu, então, seu erro em não deixar que o filho ficasse apenas na proteção de Deus. Arrependido, aumentou sua fé.

soberania, que a ninguém, depois de mim, seja concebível ter. Por certo, Tu, Tu és O Dadivoso."

36. Então, submetemo-lhe o vento; corria suave, por sua ordem, para onde quer que ele visasse,

37. E os demônios, de **toda especialidade**, construtores e mergulhadores,

38. E outros aos pares, atados a grilhões.

39. E dissemo-lhe: "Este é Nosso Dom. Então, faze mercê **dele** ou retém-no, sem que dês conta **disso**."

40. E, por certo, ele terá, junto de Nós, um lugar próximo e aprazível retorno.

41. E menciona Nosso servo Jó, quando chamou por seu Senhor: "Por certo, Satã tocou-me com quebrantamento e castigo."

42. **Ordenamo-lhe**: "Bate **na terra** com o pé: eis uma água fresca para te lavares e beberes."

43. – E dadivamo-lo com sua família e, com ela, outra igual[(1)], por misericórdia **vinda** de Nós e lembrança para os dotados de discernimento –

---

(1) Cf. XXI 84 n1.

44. "E apanha, com tua mão, um feixe de gramínea; então, bate[1]-lhe com ele, e não violes teu juramento." Por certo, encontramo-lo perseverante. Que excelente servo! Por certo, ele era devotado **a Allah**.

45. E menciona Nossos servos Abraão e Isaque e Jacó, dotados de vigor e visão.

46. Por certo, Nós os privilegiamos, com um privilégio: a lembrança da **Derradeira** Morada.

47. E, por certo, estão junto de Nós, entre os melhores dos escolhidos.

48. E menciona Ismael e Al Yassa͑[2] e Zal-Kifl[3]. E todos eles estão entre os melhores.

49. Esta é uma Mensagem. E, por certo, haverá, para os piedosos, aprazível retorno:

50. Os Jardins do Éden, de portas abertas para eles;

51. Neles, ficarão reclinados[4];

---

(1) Em um dos comentários do Alcorão, consta que a mulher de Jó, com o fito de ver recuperado seu marido, quase sucumbiu à tentação de fazer oferenda a Satã, o qual lho inspirara. Sabedor de tal ignomínia, jurou Jó castigá-la com uma centena de golpes. Deus, entretanto, para resguardar sua mulher do castigo e para, ao mesmo tempo, fazer preservar o juramento feito por Jó, inspirou-lhe que, em vez de cem golpes, desse um só com um molho de cem hastes herbáceas.
(2) Cf. VI 86 n3.
(3) Cf. XXI 85 n2.
(4) Nos jardins paradisíacos, os bem-aventurados jamais experimentarão a fadiga, o esforço, o trabalho. Estarão em perene estado de delícia.

neles, requestarão abundantes frutas e bebidas,

52. E, junto deles, haverá aquelas de olhares restritos a seus amados, **todas** da mesma idade.

53. Isto é o que vos é prometido, para o Dia da Conta.

54. Por certo, este será Nosso sustento, inesgotável.

55. Isto, **para os bem-aventurados**. E, por certo, haverá, para os transgressores, um pior retorno:

56. A Geena; nela se queimarão. Então, que execrável leito!

57. Eis ali; então, que eles o experimentem: água ebuliente e um vazar purulento,

58. E outros **castigos** da mesma espécie, de tipos vários.

59. **Dir-se-lhes-á**[1]: "Esta é uma turba despenhada convosco **no Fogo**." **Dirão**[2]: "Para ela, não haverá boas-vindas. Por certo, sofrerá a queima do fogo!"

60. Eles[3] dirão: "Ao contrário, para vós é que não haverá boas-vindas! Sois vós que no-lo[4]

---

[1] Assim dirão os guardiães infernais aos líderes dos idólatras, no Fogo.
[2] Assim dirão os líderes dos idólatras à turba recém-chegada ao Fogo.
[3] **Eles**: os recém-chegados ao Fogo, ou seja, os seguidores dos líderes dos idólatras.
[4] **Lo**: o castigo.

antecipastes. Então, que execrável lugar de permanência!";

61. Dirão: "Senhor nosso! A quem no-lo antecipou, acrescenta-lhe o duplo castigo, no Fogo."

62. E dirão eles[1]: "Por que razão não vemos uns homens[2], que considerávamos dos malfeitores?

63. "Tomamo-los por objeto de escárnio **por engano**, ou se nos desviaram deles as vistas?"

64. Por certo, isso será verdade: a disputa dos companheiros do Fogo.

65. Dize, **Muḥammad**: "Sou, apenas, admoestador. E não há deus senão Allah, O Único, O Dominador,

66. "O Senhor dos céus e da terra e do que há entre ambos, O Todo-Poderoso, O Constante Perdoador."

67. Dize: "Ele[3] é um magnífico informe,

68. "Ao qual estais dando de ombros.

69. "Eu não tinha ciência alguma da corte altíssima, quando disputavam[4].

---

(1) **Eles**: os líderes idólatras.
(2) Alusão aos moslimes pobres, escravizados pelos ricos.
(3) **Ele**: o Alcorão.
(4) Alusão ao episódio ocorrido entre os anjos, a respeito da deliberação divina de fazer de Adão califa na terra.

70. "Não me é revelado senão que sou, apenas, evidente admoestador."

71. Quando teu Senhor disse aos anjos: "Por certo, vou criar de barro um homem,

72. "E quando o houver formado e, nele, houver soprado **algo** de Meu Espírito, então, caí, prosternados, diante dele."

73. E todos os anjos prosternaram-se, juntos,

74. Exceto Iblīs. Ele se ensoberbeceu e foi dos infiéis.

75. **Allah** disse: "Ó Iblīs! O que te impediu de prosternar-te diante daquele que criei com as Próprias mãos? Ensoberbeceste-te, ou és de alta grei?"

76. Iblīs disse: "Sou melhor que ele. Criaste-me de fogo e criaste-o de barro."

77. **Allah** disse: "Então, sai dele⁽¹⁾, pois és, por certo, maldito;

78. E, por certo, Minha maldição será sobre ti, até o Dia do Juízo."

79. Iblīs disse: "Senhor meu! Concede-me dilação, até um dia, em que eles serão ressuscitados."

---

(1) **Dele**: do Paraíso.

80. Allah disse: "Então, por certo, serás daqueles aos quais será concedida dilação,

81. "Até o dia do tempo determinado."

82. **Iblīs** disse: "Então, por Teu poder! Eu os farei incorrer no mal, a todos,

83. "Exceto Teus servos prediletos, entre eles."

84. **Allah** disse: "Então, a verdade **emana de Mim**, e a verdade Eu digo:

85. "Com certeza, encherei a Geena de ti e dos que, entre eles, te seguirem, de todos vós."

86. Dize, **Muḥammad**: "Não vos peço prêmio algum por ele[1], e não sou dos dissimulados.

87. "Isso não é senão Mensagem para os mundos.

88. "E, em verdade, sabereis de seus informes, após certo tempo."

قَالَ فَإِنَّكَ مِنَ ٱلْمُنظَرِينَ ۝

إِلَىٰ يَوْمِ ٱلْوَقْتِ ٱلْمَعْلُومِ ۝

قَالَ فَبِعِزَّتِكَ لَأُغْوِيَنَّهُمْ أَجْمَعِينَ ۝

إِلَّا عِبَادَكَ مِنْهُمُ ٱلْمُخْلَصِينَ ۝

قَالَ فَٱلْحَقُّ وَٱلْحَقَّ أَقُولُ ۝

لَأَمْلَأَنَّ جَهَنَّمَ مِنكَ وَمِمَّن تَبِعَكَ مِنْهُمْ أَجْمَعِينَ ۝

قُلْ مَا أَسْـَٔلُكُمْ عَلَيْهِ مِنْ أَجْرٍ وَمَا أَنَا۠ مِنَ ٱلْمُتَكَلِّفِينَ ۝

إِنْ هُوَ إِلَّا ذِكْرٌ لِّلْعَٰلَمِينَ ۝

وَلَتَعْلَمُنَّ نَبَأَهُۥ بَعْدَ حِينٍ ۝

---

(1) **Por ele**: pelo Alcorão.

| **SŪRATU AZ-ZUMAR**[1]
A SURA DOS AGRUPAMENTOS |

De Makkah - 75 versículos.

Em nome de Allah, O Misericordioso, O Misericordiador.

1. A revelação do Livro é de Allah, O Todo-Poderoso, O Sábio.

2. Por certo, Nós fizemos descer, para ti, **Muḥammad**, O Livro, com a verdade. Então, adora a Allah, sendo sincero com Ele, na devoção.

3. Ora, de Allah é a pura devoção. E os[2] que tomam protetores, além dEle, **dizem**: "Não os adoramos senão para que eles nos aproximem, bem perto de Allah." Por certo, Allah julgará, entre eles, naquilo de

---

(1) **Az-zumar**: plural de **zumrah**, grupamento de pessoas. Esta palavra, mencionada nos versículos 71 e 73, vai denominar a sura, que se inicia pela apologia do Alcorão, como Mensagem divina, e pela exortação à adoração sincera de Deus e pela refutação das heresias, tais como a de afirmar que Deus tem filho. E, a seguir, ela reitera a soberania de Deus na criação universal e na criação do Homem, fazendo ver, claramente, que Deus almeja a Seus servos a crença, e não a descrença, e que o ser humano, ao ser atingido por desgraças, volta-se para Deus e O olvida, quando em situação próspera. Mais adiante, a sura lembra os homens da Graça divina, que lhes envia a água vivificadora e frutificadora da terra, provendo a todos com sustento. O Alcorão volta a ser lembrado, assim como sua influência sobre os tementes a Deus. Há, ainda, o cotejo entre o crente sincero e o idólatra, evidenciando que eles não se igualam. E continua, considerando que, após a morte, toda a humanidade dará conta no Dia do Juízo. Depois de relatar o destino dos desmentidores dos mensageiros, patenteia que Deus faz abrir as portas da misericórdia aos homens, perdoando-lhes os pecados, se se arrependerem antes da morte. Finalmente, a sura lembra o Derradeiro Dia, que se anunciará com os sons da trombeta e irá até o Julgamento Final, após o que os homens se encaminharão, em grupos, para seu destino: uns para o Fogo, outros para o Paraíso.

(2) **Os**: os idólatras de Makkah.

que discrepam. Por certo, Allah não guia quem é mentiroso, ingrato.

4. Se Allah desejasse tomar **para Si** um filho, Ele escolheria o que quisesse, dentre quanto cria. Glorificado seja Ele! Ele é Allah, O Único, O Dominador.

5. Ele criou os céus e a terra, com a verdade. Ele enrola a noite no dia e enrola o dia na noite. E submeteu o sol e a lua; cada qual corre até um termo designado. Ora, Ele é O Todo-Poderoso, O Perdoador.

6. Ele vos criou de uma só pessoa; em seguida, deste, fez sua mulher. E criou, para vós, dos rebanhos, oito[1] reses acasaladas. Ele vos cria, nos ventres de vossas mães, criação após criação[2], em trevas tríplices[3]. Esse é Allah, vosso Senhor. DEle é a soberania. Não existe deus senão Ele. Então, como dEle vos desviais?

7. Se renegais a Fé, por certo, Allah é Bastante a Si mesmo, Prescindindo de vós, e, por seus servos, Ele não Se agradará da renegação da Fé. E, se agradeceis,

---

(1) Ou seja, Deus criou os casais de vacuns, ovinos, caprinos e camelos. Cf. VI 143 e 144.
(2) Alusão aos vários estádios da concepção e gestação. Cf. XXII 5.
(3) **Trevas tríplices**: as paredes ventral, uterina e placentária que protegem o feto.

disso Se agradará Ele, por vós. E nenhuma alma pecadora arca com o pecado de outra. Em seguida, a vosso Senhor será vosso retorno; então, Ele vos informará do que fazíeis. Por certo, Ele, do íntimo dos peitos, é Onisciente.

8. E, quando um infortúnio toca ao ser humano, ele invoca a seu Senhor, voltando-se contrito para Ele; em seguida, quando Ele lhe outorga uma graça, **vinda** dEle, ele esquece aquilo pelo qual O invocara, antes, e faz semelhantes a Allah, para descaminhar **os homens** de Seu caminho. Dize: "Goza tua renegação da Fé, por pouco tempo. Por certo, serás dos companheiros do Fogo."

9. Salvar-se-á este ou quem, durante a noite, é devoto, prosternando-se ou orando de pé, precatando-se da Derradeira Vida e esperando pela misericórdia de seu Senhor? Dize: "Igualam-se os que sabem e os que não sabem?" Apenas, meditam os dotados de discernimento.

10. Dize: "Ó servos Meus, que credes! Temei a vosso Senhor. Para os que bem-fazem, nesta vida, há algo de bom. E a terra de Allah é ampla⁽¹⁾. Apenas, os que pacientam

---

(1) Se, no lugar em que se encontra, o homem não tem condições de praticar o bem, deve emigrar, em busca de outro local, que lhe permita agir de acordo com sua fé e

serão recompensados, sem conta, com seus prêmios."

11. Dize: "Por certo, foi-me ordenado adorar a Allah, sendo sincero com Ele, na devoção,

12. "E foi-me ordenado ser o primeiro dos moslimes."

13. Dize: "Por certo, temo, se desobedeço a meu Senhor, o castigo de um formidável dia."

14. Dize: "A Allah adoro, sendo sincero com Ele, em minha devoção.

15. "Então adorai o que quiserdes, além dEle." Dize: "Por certo, os perdedores são os que perderão a si mesmos e a sua família, no Dia da Ressurreição." Ora, essa é a evidente perdição!

16. Terão, acima deles, camadas de Fogo, e, abaixo deles, camadas **de Fogo**. Com isso, Allah amedronta a Seus servos. Ó servos Meus! Então, temei-Me.

17. E os que evitam a adoração de At-Tāghūt[1] e se voltam contritos para Allah terão alvíssaras. Então, alvíssara **o Paraíso** a Meus servos,

18. Aos que ouvem o Dito e dele

---

seus princípios. E, sendo ampla a terra, ele sempre encontrará um lugar para ficar.
[1] Cf. II 256 n2.

seguem o que há de melhor. Esses são os que Allah guia. E esses são os dotados de discernimento.

19. E aquele, contra quem se cumpriu a palavra do castigo, **podes tu salvá-lo**? Então, salvas tu a quem está no Fogo?

20. Mas os que temem a seu Senhor terão câmaras etéreas – acima das quais há **outras** câmaras etéreas edificadas – abaixo das quais correm os rios. É a promessa de Allah. Allah não falta à promessa.

21. Não viste que Allah faz descer do céu água, e fá-la introduzir em nascentes, na terra? Em seguida, faz sair, com ela, searas de variadas cores; depois, ressecam-se; então, tu as vês amarelecidas; em seguida, Ele as torna pulvéreas. Por certo, há nisso lembrança para os dotados de discernimento.

22. Sera que aquele, a quem Allah dilata o peito para o Islão e está em luz de seu Senhor, **é como quem tem o coração selado**? Então, ai daqueles cujos corações estão endurecidos para a Mensagem de Allah! Esses estão em evidente descaminho.

23. Allah fez descer a mais bela narrativa: um Livro de partes semelhantes⁽¹⁾, reiterativo⁽²⁾. De ouvi-lo, as peles dos que receiam a seu Senhor arrepiam-se; em seguida, suas peles e seus corações tornam-se dúcteis à menção de Allah. Essa é a orientação de Allah, com que guia a quem quer. E aquele, a quem Allah descaminha, não terá guia algum.

24. E quem⁽³⁾, no Dia da Ressurreição, se guardar, com sua face, do pior castigo será **como quem estará a salvo, no Paraíso**? E dir-se-á aos injustos: "Experimentai **o castigo**, pelo que cometíeis!"

25. Os que foram antes deles desmentiram **aos Mensageiros**; então, o castigo chegou-lhes por onde não perceberam.

26. E Allah fê-los experimentar a ignomínia na vida terrena. E, em verdade, o castigo da Derradeira Vida é maior. Se soubessem!

27. E, com efeito, propomos, para os homens, neste Alcorão, toda sorte de exemplos, para meditarem,

28. Sendo Alcorão árabe, sem

---

(1) Ou seja, um Livro de partes que se assemelham na beleza, na eloqüência, na verdade, e na harmonia.

(2) Alusão aos preceitos, às ordens e promessas, aos informes e às histórias que se repetem ao longo do Livro, a fim de se fixarem na mente humana. É princípio pedagógico da repetição.

(3) O réprobo será lançado no Fogo com as mãos atadas ao pescoço, ficando impossibilitado de usá-las para a proteção da face.

tortuosidade⁽¹⁾ alguma, para serem piedosos.

29. Allah propõe um exemplo: um homem que pertence a sócios litigantes, e um homem que pertence, inteiramente, a um só homem⁽²⁾. Igualam-se ambos, como exemplo? Louvor a Allah! Mas a maioria deles não sabe.

30. Por certo, tu morrerás, e, por certo, eles morrerão⁽³⁾.

31. Em seguida, por certo, no Dia da Ressurreição, disputareis, junto de vosso Senhor.

32. Então, quem mais injusto que o⁽⁴⁾ que mente acerca de Allah, e desmente a verdade, quando esta lhe chega? Não é, na Geena, que há moradia para os renegadores da Fé?

33. E aquele que chegou com a verdade e aqueles que a confirmaram⁽⁵⁾, esses são os piedosos.

---

(1) Vide XVIII 1 n2.
(2) A alegoria do escravo, de muitos donos, e do escravo, de um dono só, se refere ao idólatra, que serve a muitos deuses, e ao crente, que adora a Um Único Deus. O primeiro fica dividido entre as solicitações mais variadas e contraditórias, o que acaba deixando-o confuso e inútil; ao passo que o segundo, sendo dedicado a um só dono, é organizado e proficiente.
(3) Os idólatras de Makkah ansiavam pela morte de Muḥammad. O versículo os informa de que a morte chegará para todos, não somente para o Profeta, sendo, portanto, descabido se alegrarem com a esperança de sua morte.
(4) Alusão aos idólatras, que imputavam filhos e parceiros a Deus.
(5) Referência a Muḥammad, que chegou com a Verdade, e a seus seguidores.

39. Sūratu Az-Zumar

34. Terão o que quiserem junto de seu Senhor. Essa é a recompensa dos benfeitores.

35. Para que Allah remisse o mal que fizeram, e os recompensasse com prêmio melhor que aquilo que faziam.

36. Allah não basta a Seu servo? E eles te amedrontam[1] com os **que adoram** além dEle. E aquele, a quem Allah descaminha, não terá guia algum.

37. E aquele, a quem Allah guia, não terá descaminhador. Não é Allah Todo-Poderoso, Possuidor de vindita?

38. E, se lhes perguntas: "Quem criou os céus e a terra", em verdade, dirão: "Allah!" Dize: "Vistes os que invocais, além de Allah? Se Allah me deseja um infortúnio, serão eles removedores de Seu infortúnio? Ou, se Ele me deseja misericórdia, serão eles retentores de Sua misericórdia?" Dize: "Allah basta-me. NEle confiam os confiantes."

39. Dize: "Ó meu povo! Fazei o que puderdes: por certo, farei **o que puder**. Logo, sabereis

---

(1) Os Quraich, ferrenhos inimigos do Profeta, ameaçaram-no com as maldições de seus ídolos, entre elas, com a demência, se o Profeta os continuasse difamando. O versículo atenta para que, estando Muḥammad na proteção de Deus, nada deve temer.

40. "A quem chegará um castigo, que o ignominiará, e sobre quem cairá permanente castigo."

41. Por certo, Nós fizemos descer, sobre ti, o Livro, com a verdade, para **orientação** dos homens. Então, quem se guia, se guiará em benefício de si mesmo. E quem se descaminha se descaminhará, apenas, em prejuízo de si mesmo. E tu, sobre eles, não és patrono.

42. Allah leva as almas, ao morrerem, e a que não morre, **Ele a leva**, durante seu sono. Então, Ele retém aquela para quem decretou a morte, e reenvia aqueloutra, até um termo designado. Por certo, há nisso sinais para um povo que reflete.

43. Ou tomam eles intercessores, além de Allah? Dize: "E ainda que **estes** nada possuam nem razoem?"

44. Dize: "De Allah é toda intercessão. DEle é a soberania dos céus e da terra. Em seguida, a Ele sereis retornados."

45. E, quando se menciona Allah, só Ele, confrangem-se os corações dos que não crêem na Derradeira Vida; e, quando os que eles **adoram** além dEle são mencionados, ei-los que exultam.

46. Dize: "Ó Allah, Criador dos céus e da terra, Sabedor do invisível e do visível! Tu julgarás, entre Teus servos, naquilo de que discrepavam."

47. E, se os injustos tivessem tudo o que há na terra e **mais** outro tanto, com isso, eles resgatar-se-iam do pior castigo, no Dia da Ressurreição. E mostrar-se-lhes-á, da parte de Allah, o que nunca haviam suposto.

48. E mostrar-se-lhes-ão as más obras que cometiam. E envolvê-los-á aquilo de que zombavam.

49. E, quando um infortúnio toca ao ser humano, ele Nos invoca; em seguida, quando lhe outorgamos uma graça, **vinda** de Nós, diz: "Isso me foi concedido, apenas, por **minha própria** ciência." Ao contrário, esta é uma provação, mas a maioria deles não sabe.

50. Com efeito, os que foram antes deles disseram-no, e o que eles logravam de nada lhes valeu.

51. Então, as más obras que cometeram alcançaram-nos. E aos que são injustos, dentre estes[1], as más obras que cometeram alcançá-los-ão, e não poderão escapar **disso**.

52. E não sabem eles que Allah prodigaliza o sustento a quem

---

(1) **Estes**: os idólatras de Makkah.

quer, e o restringe? Por certo, há nisso sinais para um povo que crê.

53. Dize: "Ó Meus servos, que vos excedestes em vosso próprio prejuízo, não vos desespereis da misericórdia de Allah. Por certo, Allah perdoa todos os delitos. Por certo, Ele é O Perdoador, O Misericordiador."

54. E voltai-vos contritos para vosso Senhor e islamizai-vos, para Ele, antes que o castigo vos chegue, em seguida, não sereis socorridos.

55. E segui o melhor do que foi descido, para vós, de vosso Senhor, antes que o castigo vos chegue, inopinadamente, enquanto não percebeis;

56. Antes que uma alma diga: "Que aflição a minha, porque descurei de minhas obrigações para com Allah! E, por certo, eu era dos escarnecedores"

57. Ou **antes** que diga: "Se Allah me houvesse guiado, haveria sido dos piedosos"

58. Ou **antes** que diga, quando vir o castigo: "Se eu tivesse retorno **à vida**, seria dos benfeitores"

59. Allâh dirá: "Sim! Com efeito, Meus sinais chegaram-te e desmentiste-os e te ensoberbeceste e foste dos renegadores da Fé."

39. Sūratu Az-Zumar   Parte 24

60. E, no Dia da Ressurreição, verás os que mentiram acerca de Allah, com as faces enegrecidas. Não é, na Geena, que há moradia para os assoberbados?

61. E Allah salvará os que foram piedosos, por seu empenho em se salvarem: o mal não os tocará nem se entristecerão.

62. Allah é O Criador de todas as cousas. E Ele, sobre todas as cousas, é Patrono.

63. DEle são as chaves dos céus e da terra. E os que renegam os sinais de Allah, esses são os perdedores.

64. Dize: "Então, ordenais, que eu adore outro que Allah, ó ignorantes?"

65. E, com efeito, foi-te revelado e aos que foram antes de ti: "Em verdade, se idolatras, teus atos anular-se-ão e, certamente, serás dos perdedores.

66. "Mas adora, então, só a Allah, e sê dos agradecidos."

67. E eles não estimam a Allah como se deve estimá-lO, enquanto, no Dia da Ressurreição, toda terra estará em Seu punho, e os céus estarão, dobrados, em Sua destra. Glorificado e Sublimado seja Ele, acima do que idolatram!

68. E soprar-se-á na Trombeta; então, quem estiver nos céus e quem estiver na terra, cairão fulminados, exceto quem Allah quiser. Em seguida, soprar-se-á nela, outra vez: então, ei-los de pé⁽¹⁾, olhando, **estarrecidos!**

69. E a terra iluminar-se-á, com a luz de seu Senhor; e o Livro⁽²⁾ por-se-á **à vista**; e far-se-á chegar os profetas e as testemunhas; e, arbitrar-se-á, entre eles⁽³⁾, com a justiça. E eles não sofrerão injustiça alguma.

70. E cada alma será compensada com o que fez. E Ele é bem Sabedor do que obram.

71. E os que renegam a Fé serão conduzidos à Geena, em grupamentos, até que, quando chegarem a ela, suas portas abrir-se-ão, e seus guardiães lhes dirão: "Não vos chegaram Mensageiros **vindos** de vós, os quais recitaram, para vós, os versículos de vosso Senhor e vos admoestaram do deparar deste vosso dia?" Dirão: "Sim! Mas a Palavra do castigo cumpriu-se contra os renegadores da Fé."

---

(1) Ou seja, ressuscitados.
(2) **O Livro**: o Livro que registra os atos individuais, na vida terrena, ou o Livro do Destino.
(3) **Entre eles**: entre todos os homens.

72. Dir-se-**lhes**-á: "Entrai pelas portas da Geena; nela, sereis eternos. E que execrável a moradia dos assoberbados!"

73. E os que temeram a seu Senhor serão conduzidos ao Paraíso, em grupamentos, até que, quando chegarem a ele, **exultarão** e suas portas abrir-se-**lhes**-ão, e seus guardiães lhes dirão: "Que a paz seja sobre vós! Fostes benignos; então, entrai **nele**, sendo **aí** eternos."

74. E dirão: "Louvor a Allah, Que confirmou Sua promessa para conosco e nos fez herdar a terra, dispondo do Paraíso, como quisermos! Então, que excelente o prêmio dos laboriosos!"

75. E tu verás os anjos em círculo, ao redor do Trono, glorificando, com Louvor, a seu Senhor. E arbitrar-se-á, entre eles, com a justiça. E dir-se-á: "Louvor a Allah, O Senhor dos mundos!"

SŪRATU GHĀFIR[1]
A SURA DO PERDOADOR

De Makkah - 85 versículos.

Em nome de Allah, O Misericordioso, O Misericordiador.

1. Hā, Mīm[2].

2. A revelação do Livro é de Allah, O Todo-Poderoso, O Onisciente,

3. O Perdoador do delito e O Aceitador do arrependimento, O Veemente na punição, O Dotado de posses. Não existe deus senão Ele. A Ele será o destino.

4. Não discutem[3] acerca dos sinais de Allah senão os que renegam a Fé. Então, não te iluda,

---

[1] **Ghāfir**: particípio presente adjetivado de **ghafara**, perdoar. **Ghāfir**, perdoador, é usado, aqui, como epíteto de Deus, e esta palavra, mencionada no versículo 3, vai denominar a sura, cujo tema fundamental é o confronto entre a verdade e a falsidade, a crença e a descrença. Aponta o vão ensoberbecimento do homem, no mundo, e suas trágicas conseqüências. A sura inicia-se pela demonstração do valor do Alcorão como revelação de Deus Onipotente; depois, convoca a humanidade a crer na unicidade de Deus e a não iludir-se com a falsa prosperidade dos incrédulos; refere-se aos anjos transportadores do Trono e à súplica que dirigem a Deus, para que perdoe os crentes. Em inúmeras passagens desta sura, há referências aos sinais de Deus, a Seus infinitos poderes, que levam o homem a crer na unicidade divina. Aqui, como em outras várias suras, novamente a história de Moisés e seu povo, e o importante papel, desempenhado por um homem piedoso, do povo de Faraó, que ocultou sua crença, com o fito de levar seu povo a seguir a religião mosaica. Finalmente, a sura salienta as fases da criação do homem, e algumas cenas escatológicas. E o homem é exortado a percorrer a terra, para tomar conhecimento do que ocorreu aos povos anteriores, arrasados por haverem negado as mensagens proféticas das Verdades Divinas.

[2] Cf. II 1 n3.

[3] Os idólatras discutem com a finalidade única de refutar a Mensagem de Deus.

40. Sūratu Ghāfir

Muḥammad, sua prosperidade, nas terras[1].

5. Antes deles, o povo de Noé e os partidos[2], depois deles, desmentiram **aos Mensageiros**. E cada comunidade intentou contra seu Mensageiro, para apanhá-lo[3]. E discutiram, com a falsidade, para, com esta, refutar a verdade; então, apanhei-os. E, como foi Minha punição?

6. E, assim, a Palavra de teu Senhor cumpre-se, contra os que renegam a Fé: "Por certo, eles serão os companheiros do Fogo."

7. Os[4] que carregam o Trono e os que estão a seu redor glorificam, com louvor, a seu Senhor e nEle crêem, e imploram perdão para os que crêem: "Senhor nosso! Tu abranges, em misericórdia e ciência, todas as cousas; então, perdoa os que se voltam arrependidos e seguem Teu caminho, e guarda-os do castigo do Inferno,

8. "Senhor Nosso! E faze-os entrar nos Jardins do Éden, que lhes prometeste, e a quem é íntegro dentre seus pais e suas mulheres e sua descendência. Por certo, Tu,

---

(1) Cf. III 196 n1.
(2) Alusão aos adversários dos profetas.
(3) **Apanhá-lo**: matá-lo.
(4) **Os**: os anjos.

Tu és O Todo-Poderoso, O Sábio.

9. "E guarda-os das más obras. E a quem Tu guardas das más obras, nesse dia, com efeito, deles terás misericórdia. E isso é o magnífico triunfo."

10. Por certo, os que renegam a Fé serão chamados, **ao entrarem no Fogo**: "Em verdade, a abominação de Allah contra vós é maior que vossa abominação contra vós mesmos, quando éreis convocados à Fé e **a** renegáveis."

11. Dirão: "Senhor nosso! Deste-nos a morte, duas **vezes**[1], e deste-nos a vida, **outras** duas, e reconhecemos nossos delitos; então, haverá caminho para sair **daqui**?"

12. Isso[2], porque, quando era invocado Allah, só Ele, vós O renegáveis; e, se a Ele se associavam ídolos, vós críeis. Então, o Julgamento é de Allah, O Altíssimo, O Grande.

13. Ele é Quem vos faz ver Seus sinais e vos faz descer, do céu, sustento[3]. E não medita senão quem se volta contrito **para Allah**.

---

[1] **As duas mortes**: a primeira refere-se ao estado em que se encontra o ser humano antes de nascer, e a segunda refere-se à morte, propriamente dita. **As duas vidas**: o nascimento e a Ressurreição.
[2] **Isso**: o castigo inexorável.
[3] Ou seja, faz descer chuva que, caindo na terra, faz brotar o alimento para o homem.

40. Sūratu Ghāfir   Parte 24

14. Então, invocai a Allah, sendo sinceros com Ele, na devoção, ainda que os renegadores da Fé o odeiem.

15. Ele é O Alto de escalões, O Possuidor do Trono. Ele lança, por Sua ordem, o Espírito sobre quem Ele quer, dentre Seus servos, para que admoeste **os homens** do Dia do Encontro,

16. Um dia, em que eles ficarão expostos[1]. Não se esconderá de Allah cousa alguma deles. De quem é a soberania, hoje? De Allah, O Único, O Dominador!

17. Nesse dia, cada alma será recompensada pelo que logrou. Não haverá injustiça, nesse dia. Por certo, Allah é Destro no ajuste de contas.

18. E admoesta-os do dia da **Hora** iminente, quando os corações estarão nas gargantas, angustiados. Não haverá para os injustos íntimo algum nem intercessor a quem se obedecerá.

19. Allah sabe da traição dos olhos e do que os peitos esconder.

20. E Allah arbitra com justiça. E os que eles[2] invocam, além

---

[1] No Dia da Ressurreição, ao saírem de seus sepulcros, não terão os homens onde abrigar-se, nem como ocultar seus atos e pensamentos: a terra estará deserta, plana, e eles ficarão, totalmente, expostos diante do Juiz Supremo.
[2] **Eles**: os idólatras de Makkah.

dEle, nada arbitram. Por certo, Allah é O Oniouvinte, O Onividente.

21. E não caminharam na terra, para olhar como foi o fim dos que foram antes deles? **Aqueles** foram mais veementes que estes, em força e em vestígios[1] **deixados** na terra; então, Allah apanhou-os, por seus delitos, e não tiveram, contra **o castigo de** Allah, protetor.

22. Isso, porque lhes chegavam os Mensageiros com as evidências, e renegaram a Fé; então, Allah apanhou-os. Por certo, Ele é Forte, Veemente na punição.

23. E, com efeito, enviamos Moisés, com Nossos sinais e evidente comprovação,

24. A Faraó e a Hāmān e a Qārūn; então, disseram: "Ele é um mágico, mentiroso!"

25. E, quando a verdade lhes chegou, de Nossa parte, disseram: "Matai[2] os filhos dos que, crêem, com ele, e deixai-lhes vivas as mulheres." E a insídia dos renegadores da Fé não está senão em descaminho.

---

[1] Alusão às edificações, que atestam a existência de um povo poderoso, o qual, no entanto, por sua desgraça, fora exterminado, de nada lhes valendo tanta força e poder.

[2] Trata-se do segundo puericídio, ordenado por Faraó; o primeiro foi anterior ao nascimento de Moisés.

26. E Faraó disse: "Deixai-me matar Moisés, e que ele invoque a seu Senhor. Por certo, temo que ele troque vossa religião, ou que faça aparecer, na terra, a corrupção."

27. E Moisés disse: "Por certo, refugio-me em meu Senhor e vosso Senhor, contra todo assoberbado que não crê no Dia da Conta!"

28. E um homem[1] crente, da família de Faraó, o qual ocultava sua fé, disse: "Vós matais um homem, porque disse: 'Meu Senhor é Allah', enquanto, com efeito, vos chegou com as evidências de vosso Senhor? E, se ele é mentiroso, em seu prejuízo será sua mentira. E, se é verídico, alcançar-vos-á algo do que ele vos promete. Por certo, Allah não guia quem é entregue a excessos, mentiroso!

29. "Ó meu povo! Hoje, de vós é a soberania, em sendo vós vitoriosos na terra; então, quem nos socorrerá do suplício de Allah, se **este** nos chega?" Faraó disse: "Não vos faço ver senão o que vejo[2], e não vos guio senão ao caminho da retidão."

30. E aquele que cria disse: "Ó

---

[1] Referência ao homem egípcio, aparentado de Faraó, o qual aderiu, em segredo, à religião de Moisés.
[2] Ou seja, Faraó ordena a seu povo que não faça nada que ele não veja ser importante fazer, e o que importa é matar Moisés.

meu povo! Por certo, temo, por vós, **algo** igual ao dia dos partidos⁽¹⁾,

31. "Igual ao procedimento do povo de Noé e de ʿĀd e de Thamūd e dos que foram depois deles. E Allah não deseja injustiça para os servos.

32. "E ó meu povo! Por certo, temo, por vós, o Dia do Chamada **mútua**,

33. "Um dia, em que voltareis as costas, fugindo; não tereis defensor algum contra **o castigo de** Allah. E aquele, a quem Allah descaminha, não terá guia algum.

34. "E, com efeito, antes, José⁽²⁾ chegou-vos, com as evidências, e não cessastes de estar em dúvida acerca daquilo com que ele vos chegou, até que, quando morreu, dissestes: 'Allah não enviará, depois dele, Mensageiro algum.' Assim, Allah descaminha a quem é entregue a excessos, duvidador,"

35. Os que discutem acerca dos sinais de Allah, sem que comprovação alguma lhes haja chegado, grave é isso, em sendo abominação perante Allah e perante os que

---

(1) As facções que se formaram e se levantaram contra os precedentes mensageiros de Deus.
(2) Trata-se de José, filho de Jacó, segundo alguns exegetas.

crêem! Assim, Allah sela o coração de todo assoberbado, tirano.

36. E Faraó disse: "Ó Hāmān! Edifica, para mim, uma torre, na esperança de eu alcançar os meios(1),

37. "Os meios **de acesso** aos céus; então, poderei avistar O Deus de Moisés, e, por certo, penso que ele(2) é mentiroso." E, assim, para Faraó, foi aformoseado o mal de seu ato, e ele foi afastado do caminho **reto**. E a insídia de Faraó não foi senão em vão.

38. E aquele que cria disse: "Ó meu povo! Segui-me, Eu vos guiarei ao caminho da retidão.

39. "Ó meu povo! Esta vida é, apenas, gozo. E, por certo, a Derradeira Vida é a Morada da permanência **eterna**.

40. "Quem faz um mal não será recompensado senão com seu equivalente. E quem faz um bem, seja varão ou varoa, enquanto crente, esses entrarão no Paraíso; nele, dar-se-lhes-á sustento, sem conta.

41. "E ó meu povo! Por que razão vos convoco à salvação enquanto vós me convocais ao Fogo?

---

(1) Estes meios podem referir-se a tudo que dá acesso aos céus: portas, cordas, caminhos, etc..
(2) **Ele**: Moisés.

42. "Vós me convocais, para que eu renegue a Allah e Lhe associe o de que não tenho ciência[1], enquanto eu vos convoco aO Todo-Poderoso, aO Perdoador.

43. "É inconteste que aquilo a que me convocais não pode atender a uma convocação, na vida terrena nem na Derradeira Vida, e que nosso regresso é a Allah e que os entregues a excessos são os companheiros do Fogo.

44. "Então, lembrar-vos-eis do que vos digo. E entrego minha sorte a Allah. Por certo, Allah, dos servos, é Onividente."

45. Então, Allah guardau-o dos maus estratagemas de que usaram. E o pior castigo envolveu ao povo de Faraó:

46. O Fogo, a ele serão expostos, ao amanhecer e ao anoitecer. E, um dia, quando a Hora advier, **dir-se-á**: "Fazei o povo de Faraó entrar no mais veemente castigo."

47. E, quando argumentarem[2], **entre eles**, no Fogo, então, os subjugados dirão aos que se ensoberbeceram: "Por certo, éramos vossos seguidores. Então,

---

(1) Ou seja, ele desconhece qualquer origem divina para os ídolos.
(2) Ou seja, quando os réprobos argumentarem.

podeis valer-nos contra uma só porção do Fogo?"

48. Os que se ensoberbeceram dirão: "Por certo, todos estamos nele. Por certo, Allah, com efeito, julgou, entre os servos."

قَالَ ٱلَّذِينَ ٱسْتَكْبَرُوٓا۟ إِنَّا كُلٌّ فِيهَآ إِنَّ ٱللَّهَ قَدْ حَكَمَ بَيْنَ ٱلْعِبَادِ ۝

49. E os que estiverem no Fogo dirão aos guardiães da Geena: "Suplicai a vosso Senhor nos alivie um dia do castigo!"

وَقَالَ ٱلَّذِينَ فِى ٱلنَّارِ لِخَزَنَةِ جَهَنَّمَ ٱدْعُوا۟ رَبَّكُمْ يُخَفِّفْ عَنَّا يَوْمًا مِّنَ ٱلْعَذَابِ ۝

50. Eles dirão: "E vossos Mensageiros não vos chegaram, com as evidências?" Dirão: "Sim!" **Os guardiães** dirão: "Então, suplicai-o, vós!" E a súplica dos renegadores da Fé não está senão em aberração.

قَالُوٓا۟ أَوَلَمْ تَكُ تَأْتِيكُمْ رُسُلُكُم بِٱلْبَيِّنَـٰتِ قَالُوا۟ بَلَىٰ قَالُوا۟ فَٱدْعُوا۟ وَمَا دُعَـٰٓؤُا۟ ٱلْكَـٰفِرِينَ إِلَّا فِى ضَلَـٰلٍ ۝

51. Por certo, Nós socorremos Nossos Mensageiros e os que crêem na vida terrena e em um dia, em que as testemunhas[1] se levantarão,

إِنَّا لَنَنصُرُ رُسُلَنَا وَٱلَّذِينَ ءَامَنُوا۟ فِى ٱلْحَيَوٰةِ ٱلدُّنْيَا وَيَوْمَ يَقُومُ ٱلْأَشْهَـٰدُ ۝

52. Um dia, em que as escusas não beneficiarão aos injustos. Enquanto eles terão a maldição, e terão a pior morada.

يَوْمَ لَا يَنفَعُ ٱلظَّـٰلِمِينَ مَعْذِرَتُهُمْ وَلَهُمُ ٱللَّعْنَةُ وَلَهُمْ سُوٓءُ ٱلدَّارِ ۝

53. E, com efeito, concedemos a Moisés a orientação, e fizemos herdar aos filhos de Israel o Livro,

وَلَقَدْ ءَاتَيْنَا مُوسَى ٱلْهُدَىٰ وَأَوْرَثْنَا بَنِىٓ إِسْرَٰٓءِيلَ ٱلْكِتَـٰبَ ۝

54. Como orientação e lembrança para os dotados de discernimento.

هُدًى وَذِكْرَىٰ لِأُو۟لِى ٱلْأَلْبَـٰبِ ۝

---

(1) Alusão aos anjos e aos profetas.

55. Então, pacienta: Por certo, a promessa de Allah é verdadeira. E implora perdão de teu delito. E glorifica, com louvor, a teu Senhor, ao anoitecer e ao alvorecer.

56. Por certo, os que discutem, acerca dos sinais de Allah, sem que comprovação alguma lhes haja chegado, não há, em seus peitos, senão soberba aspiração[1], que jamais atingirão. Então, procura refúgio em Allah. Por certo, Ele é O Oniouvinte, O Onividente.

57. Em verdade, a criação dos céus e da terra é maior que a criação dos humanos, mas a maioria dos homens não sabe.

58. E o cego e o vidente não se igualam, nem os que crêem e fazem as boas obras e o malfeitor. Quão pouco meditais!

59. Por certo, a Hora está prestes a chegar, indubitavelmente, mas a maioria dos homens não crê.

60. E vosso Senhor disse: "Suplicai-Me, Eu vos atenderei. Por certo, os que se ensoberbecem diante de Minha adoração entrarão na Geena, humilhados."

61. Allah é Quem vos fez a noite, para nela repousardes, e o dia,

---

(1) Ou seja, os descrentes aspiram à chefia e à liderança, para, com isso, derrotarem o fortalecimento religioso de Muḥammad.

claro. Por certo, Allah é Obsequioso para com os humanos, mas a maioria dos homens não agradece.

62. Esse é Allah, vosso Senhor, Criador de todas as cousas. Não existe deus senão Ele. Então, como dEle vos distanciais?

63. Assim, os que negavam os sinais de Allah foram distanciados.

64. Allah é Quem vos fez da terra um lugar de morar, e do céu um teto edificado; e configurou-vos, e fez perfeita vossa configuração, e deu-vos, por sustento, das cousas benignas. Esse é Allah, vosso Senhor. Então, Bendito seja Allah, O Senhor dos mundos!

65. Ele é O Vivente. Não existe deus senão Ele. Então, adorai-O, sendo sinceros com Ele, na devoção. Louvor a Allah, O Senhor dos mundos!

66. Dize: "Por certo, foi-me coibido de adorar os que invocais, além de Allah, quando as evidências me chegaram. E foi-me ordenado islamizar-me, para O Senhor dos mundos."

67. Ele é Quem vos criou de pó; em seguida, de gota seminal; depois, de aderência; em seguida, faz-vos sair como crianças, para, depois, atingirdes vossa força plena,

para, depois, serdes anciãos – e há, entre vós, quem morra antes – e para atingirdes um termo designado. E **tudo isso** para que razoeis.

68. Ele é Quem dá a vida e dá a morte. Então, quando decreta algo, diz-lhe, apenas: "Sê", então, é.

69. Não viste os que discutem acerca dos sinais de Allah, como se desviam **deles**?

70. Os que desmentem o Livro[1] e o[2] com que enviamos Nossos Mensageiros. Então, logo, saberão,

71. Quando as gargalheiras estiverem em seus pescoços, e com as correntes eles serão arrastados,

72. Na água ebuliente; em seguida, no Fogo, serão abrasados.

73. Em seguida, dir-se-lhes-á: "Onde estão os que idolatráveis,

74. "Além de Allah?" Dirão: "Sumiram, **para longe** de nós. Aliás, não invocávamos nada[3], antes." Assim, Allah descaminha os renegadores da Fé.

75. Dir-se-lhes-á: "Isso[4], porque vos jubiláveis, na terra, sem razão, e porque **disso** vos jactáveis.

---

[1] **O Livro**: o Alcorão.
[2] **O**: os outros Livros.
[3] Os idólatras reconhecem haver idolatrado. Em seguida o negam.
[4] **Isso**: o castigo que terão de suportar, com as gargalheiras e as corrente, nos pescoços.

76. "Entrai pelas portas da Geena; nela sereis eternos. E que execrável a moradia dos assoberbados!"

77. Então, pacienta, **Muhammad**. Por certo, a promessa de Allah é verdadeira. E, quer te façamos ver algo do que lhes prometemos, quer te levemos a alma, **antes**, a Nós eles serão retornados.

78. E, com efeito, enviamos Mensageiros, antes de ti. dentre eles, há os de que te fizemos menção, e, dentre eles, há os de que não te fizemos menção. E não é admissível que um Mensageiro chegasse com um sinal, senão com a permissão de Allah. Então, quando chegar a ordem de Allah, arbitrar-se-á com a justiça, e, aí, os defensores da falsidade perder-se-ão.

79. Allah é Quem vos fez os rebanhos, para neles cavalgardes e deles comerdes

80. - e tendes neles **outros proveitos** - e para, **montados** neles, atingirdes algum desejo⁽¹⁾ de vossos peitos. E, sobre eles e sobre os barcos, sois carregados.

81. E Ele vos faz ver Seus sinais. Então, qual dos sinais de Allah negais?

---

(1) Algum desejo, tal como ir de um país a outro, para a divulgação da fé ou aquisição de conhecimentos.

82. E não caminharam eles na terra, para olhar como foi o fim dos que foram antes deles? Foram mais numerosos que eles e mais veementes em força e em vestígios **deixados** na terra; então, o que logravam, de nada lhes valeu.

83. E quando seus Mensageiros lhes chegaram com as evidências, jubilaram com o que possuíam de ciência[1]; e aquilo de que zombavam envolveu-os.

84. E quando viram Nosso suplício, disseram: "Cremos em Allah, só nEle, e renegamos aquilo que Lhe associávamos."

85. Então, sua fé não os beneficiou quando viram Nosso suplício. **Assim**, é o procedimento de Allah, o qual já passou, em relação a Seus servos. E, aí[2], os renegadores da Fé perderam-se.

---

[1] Os povos, aos quais chegavam, por mensageiros, as verdades divinas, rechaçavam-nas e delas escarneciam, argumentando que tinham tantos conhecimentos - administrativos, políticos, científicos, econômicos - que prescindiam de quaisquer outros mais.

[2] **Aí**: na hora do castigo, quando já era tarde para se arrependerem e voltarem atrás.

SŪRATU FUṢṢILAT[1]
A SURA DOS VERSOS ACLARADOS

De Makkah - 54 versículos.

Em nome de Allah, O Misericordioso, O Misericordiador.

1. Hā, Mīm[2].

2. Esta é uma Revelação descida dO Misericordioso, dO Misericordiador

3. Um Livro, cujos versículos são aclarados[3], em Alcorão[4] árabe, para um povo que sabe[5],

4. Em sendo alvissareiro e admoestador. Mas a maioria deles dá-lhe de ombros; então, não ouvem[6].

---

[1] **Fuṣṣilat**: pretérito perfeito passivo, forma feminina, do verbo **faṣṣala**, aclarar. Assim se denomina a sura, pela menção desta forma verbal em seu terceiro versículo. Como todas as suras de Makkah, esta trata da crença e de seus princípios básicos, tais como a unicidade de Deus, a Derradeira Vida, a Revelação divina e a Mensagem. Além disso, refere-se ao modo de pregar a Verdade e ao caráter do pregador. Tudo o que há, nesta sura, é esclarecimento destes princípios, com farta exemplificação dos sinais da soberania divina, encontrados tanto nos horizontes da terra quanto no âmago dos seres. A sura, ainda, adverte os homens do triste destino dos mendazes, nas gerações precedentes. A seguir, há a descrição do estado que alcançarão os condenados, no Dia do Juízo; faz ver que, embora muitos jinns e homens sejam contrários aos mensageiros, o céu e a terra, o sol e a lua e os anjos, todos se prosternam diante de Deus, em total entrega a Ele. A sura alude, também, a uma característica intrínseca do ser humano: a ingratidão. É comum, na prosperidade, o homem olvidar-se da religião da qual só se lembra, quando afligido por infortúnios; então, se enche de súplicas a Deus.

[2] Cf. II 1 n3.

[3] Por meio de preceitos, alegorias, histórias e exortações, os versículos tornam-se claros ao entendimento do crente.

[4] **Alcorão**: leitura, vide XII 2 n3.

[5] Ou seja, para o povo árabe, que entende a língua árabe.

[6] Ou seja, não aceitam a Mensagem e não obedecem a seus preceitos.

5. E eles dizem: "Nossos corações estão velados daquilo a que nos convocas, e, em nossos ouvidos, há surdez, e, entre nós e ti, há um véu; então, faze **o que quiseres**; por certo, faremos **o que quisermos**."

6. Dize, **Muḥammad**; "Sou, apenas, homem como vós; revela-se-me que vosso Deus é Deus Único. Então, sede retos com Ele, e implorai-Lhe perdão." E, ai dos idólatras,

7. Que não concedem az-zakāh[1], e são renegadores da Derradeira Vida!

8. Por certo, os que crêem e fazem as boas obras terão prêmio incessante.

9. Dize: "Renegais Aquele Que criou a terra, em dois dias, e fazeis-Lhe semelhantes? Esse é O Senhor dos mundos",

10. E fez nela assentes montanhas, em cima **de sua superfície**, e abençoou-a; e, ao término de quatro dias exatos, determinou, nela, suas vitualhas, para os que solicitam.

11. Em seguida, dirigiu-se ao céu, enquanto fumo, e disse-lhe e à terra: "Vinde ambos, de bom ou de mau grado." Ambos disseram:

---

(1) Cf. II 43 n4.

"Viemos obedientes."

12. Então, decretou **fossem** sete céus, em dois dias, e revelou a cada céu sua condição[1]. E aformoseamos o céu mais próximo com lâmpadas[2], e custodiamo-lo. Essa foi a determinação dO Todo-Poderoso, dO Onisciente.

13. Então, se eles[3] te dão de ombros, dize: "Admoesto-vos de **que haverá** um raio igual ao raio de ᶜĀde Thamūd."

14. Quando os Mensageiros lhes chegaram, por diante deles e por detrás deles[4], **dizendo**: "Não adoreis senão a Allah", disseram: "Se Nosso Senhor quisesse, haveria feito descer anjos; e, por certo, somos renegadores do com que sois enviados."

15. Então, quanto **ao povo de** ᶜĀd, ensoberbeceram-se, sem razão, na terra, e disseram: "Quem é mais veemente que nós, em força?" E não viram que Allah, Que os criou, é mais Veemente que eles, em força? E renegavam Nossos sinais.

16. Então, enviamos contra eles estridente vento glacial, em dias

---

[1] Trata-se do que deve existir em cada um dos céus, em termos de astros, órbitas, constelações, etc..
[2] Ou seja, com estrelas.
[3] **Eles**: os ídolos de Makkah.
[4] Ou seja, quando lhes chegaram os mensageiros, de todos os lados, com o fito de fazê-los aceitar a Mensagem divina.

funestos, para fazê-los experimentar o castigo da ignomínia, na vida terrena. E, em verdade, o castigo da Derradeira Vida é mais ignominioso. E Eles não serão socorridos.

17. E, quanto ao **povo de** Thamūd, guiamo-los[1], mas amaram mais a cegueira que a orientação; então, o raio do aviltante castigo apanhou-os, pelo que cometiam.

18. E salvamos os que criam e eram piedosos.

19. E um dia, os inimigos[2] de Allah serão reunidos com destino ao Fogo; então, se coordenarão,

20. Até que, quando chegarem a ele, seu ouvido e suas vistas e suas peles testemunharão contra eles, pelo que faziam.

21. E dirão a suas peles: "Por que testemunhastes contra nós?" Elas dirão: "Fez-nos falar Allah, Aquele Que faz falar a todas as cousas. E Ele é Quem vos criou, da vez primeira, e a Ele sois retornados.

22. "E não podíeis esconder-vos[3] **de tal modo** que nem vosso

---

(1) Deus indicou o caminho certo ao povo de Thamūd.
(2) Trata-se dos descrentes em geral, em todos os tempos.
(3) Assim como o ser humano não pode ocultar de si próprio o menor ato que seja, proibido ou não, porque sua mente e seu corpo participam deste ato, assim também nada podem ocultar de Deus, Que tudo vê e tudo sabe.

ouvido nem vossas vistas nem vossas peles nâo testemuhassem contra vós; mas pensáveis que Allah não sabia muito do que fazíeis.

23. "E esse vosso pensamento, que pensastes de vosso Senhor, arruinou-vos, e assim, tornaste-vos dos perdedores."

24. Então, **mesmo** se pacientarem, o Fogo será sua moradia. E, se pedirem escusas, não serão absolvidos.

25. E destinamo-lhes[1] acompanhantes; então, **estes** aformosearam, para eles, o que estava adiante deles e o que estava detrás deles[2]. E o Dito cumprir-se-á, contra eles, junto de outras comunidades de jinns e de humanos, que passaram antes deles, Por certo, eles foram perdedores.

26. E os que renegam a Fé dizem: "Não ouçais este Alcorão, e fazei barulho **durante sua recitação**, na esperança de vencerdes."

27. Então, em verdade, faremos experimentar aos que renegam a Fé veemente castigo, e recompensá-

---

[1] **Lhes**: aos idólatras de Makkah.
[2] **O que estava diante deles**: a vida mundana, **e o que estava detrás deles**: a Derradeira Vida. Os demônios passaram a enaltecer-lhes os prazeres mundanos, fazendo-os negligenciar os preceitos divinos e negar a Ressurreição e o Ajuste de Contas, ou seja, iludiam-nos, com idéia falsa, a respeito das duas vidas.

los-emos com **algo** pior que aquilo que faziam.

28. Essa é a recompensa dos inimigos de Allah: o Fogo. Nele, terão a morada da Eternidade, em recompensa de haverem negado Nossos sinais.

29. E os que renegam a Fé dirão: "Senhor nosso! Faze-nos ver as duas hostes, de jinns e de humanos, que nos descaminharam, **assim**, nós os colocaremos sob nossos pés, para serem dos rebaixados."

30. Por certo, os que dizem: "Nosso Senhor é Allah", em seguida, são retos, os anjos descerão sobre eles, freqüentemente, **dizendo**: "Não temais e não vos entristeçais; e exultai com o Paraíso, que vos era prometido.

31. "Somos vossos protetores, na vida terrena e na Derradeira Vida. E tereis, nela, o que vossas almas apetecerem; e tereis nela, o que cobiçardes,

32. "Como hospedagem de Um Perdoador, Misericordiador."

33. E quem melhor, em dito, que aquele que convoca **os homens** a Allah e faz o bem e diz: "Por certo, sou dos moslimes?"

34. E o bom e o mau não se igualam. Revida **o mal** com o que

é melhor: então, eis aquele entre o qual e ti há inimizade, como íntimo aliado.

35. E isto não se confere senão aos que pacientam. E isto não se confere senão ao dotado de magnífica sorte.

36. E, se, em verdade, alguma instigação de Satã te instiga[1], procura refúgio em Allah. Por certo, Ele é O Oniouvinte, O Onisciente.

37. E, entre Seus sinais, está a noite e o dia e o sol e a lua. Não vos prosterneis diante do sol nem da lua, e prosternai-vos diante de Allah, Quem os criou, se só a Ele adorais.

38. E, se eles[2] se ensoberbecem, os que estão junto de teu Senhor O glorificam, noite e dia, enquanto não se enfadam.

39. E, dentre Seus sinais, está que tu vês a terra humilde[3], e, quando fazemos descer, sobre ela, a água, move-se e cresce. Por certo, Aquele, que a vivifica, dará a vida aos mortos. Por certo, Ele, sobre todas as cousas, é Onipotente.

40. Por certo, os que profanam Nossos sinais não se escondem de

---

(1) Ou seja, "se te instigar, para revidares o mal com o mal".
(2) **Eles**: os descrentes.
(3) Ou seja, a terra desprovida de vegetação.

Nós. Então, quem é melhor: aquele que será lançado no Fogo, ou aquele que virá **a Nós**, em segurança, no Dia da Ressurreição? Fazei o que quiserdes. Por certo, Ele, do que fazeis, é Onividente.

41. Por certo, aos que renegam a Mensagem, quando **esta** lhes chega, **castigá-los-emos**. E, por certo, ele é um Livro poderoso;

42. A falsidade não lhe chega, nem por diante nem por detrás dele. É a revelação descida de Um Sábio, Louvável.

43. Não se te diz senão o que já foi dito aos Mensageiros, antes de ti. Por certo, teu Senhor é Possuidor de perdão e Possuidor de dolorosa punição.

44. E, se o houvéssemos feito um Alcorão em língua forânea, eles haveriam dito: "Que, **ao menos**, seus versículos fossem aclarados! Um **livro** forâneo e um **Mensageiro** árabe?!" Dize: "Ele é, para os que crêem, orientação e cura. E os que não crêem, há surdez em seus ouvidos, e ele lhes é cegueira. Esses estão **como se fossem** chamados de longínquo lugar."

45. E, com efeito, concedêramos a Moisés o Livro, e discreparam dele. E, não fora uma Palavra

antecipada⁽¹⁾ de teu Senhor, haver-se-ia arbitrado entre eles⁽²⁾. E, por certo, estão em dúvida tormentosa acerca dele.

46. Quem faz o bem **o faz** em benefício de si mesmo. E quem faz o mal **o faz** em prejuízo de si mesmo. E teu Senhor não é injusto com os servos.

47. A Ele cabe a ciência da Hora. E nenhum fruto sai de seu invólucro, e nenhuma varoa concebe, nem dá à luz senão com Sua ciência. E, um dia, quando Ele os⁽³⁾ chamar **e disser**: "Onde estão Meus parceiros?", dirão: "Notificamo-Te: não há testemunha alguma **disso**, entre nós."

48. E o que, antes, invocavam, sumirá, **para longe** deles, e pensarão que não terão fugida alguma.

49. O ser humano não se enfada de suplicar o bem e, se o mal o toca, fica desesperado, desalentado.

50. E, em verdade, se o fazemos experimentar uma misericórdia, **vinda** de Nós, após um infortúnio, que o haja atingido, dirá: "Isso se deve a mim, e não penso que a Hora advenha; e, em verdade, se

---

(1) Cf. X 19 n2.
(2) **Eles**: os Quraich.
(3) **Os**: os idólatras.

eu for retornado a meu Senhor, por certo, terei, junto dEle, a mais bela recompensa." Então, em verdade, informaremos os que renegam a Fé do que fizeram e, em verdade, fá-los-emos experimentar duro castigo.

51. E, quando agraciamos o ser humano, ele dá de ombros e se distancia, sobranceiro. E, quando o mal o toca, ei-lo com largas súplicas.

52. Dize: "Vistes? Se ele[1] é de Allah, em seguida, renegai-lo, quem é mais descaminhado que o que está em profunda discórdia?"

53. Fá-los-emos ver Nossos sinais nos horizontes e neles mesmos, até que se torne evidente, para eles, que ele, **Alcorão**, é a Verdade. E não basta que teu Senhor, sobre todas as cousas, seja Testemunha?

54. Ora, por certo, eles estão em contestação acerca de deparar de seu Senhor. Ora, por certo, Ele está, **sempre**, abarcando todas as cousas.

---

(1) **Ele**: o Alcorão.

SŪRATU ACH-CHŪRĀ[1]
A SURA DA CONSULTA

De Makkah - 53 versículos.

Em nome de Allah, O Misericordioso, O Misericordiador.

1. Hā, Mīm.

2. ʿAin, Sīn, Qāf[2].

3. Assim, Allah, O Todo-Poderoso, O Sábio, faz revelações a ti e aos que foram antes de ti.

4. DEle é o que há nos céus e o que há na terra. E Ele é O Altíssimo, O Magnífico.

5. Quase os céus se espedaçam, de cima abaixo, **por Sua magnificência**. E os anjos glorificam, com louvor, a seu Senhor, e imploram perdão Para

---

(1) **Ach-Chūrā**: infinitivo substantivado de **chāuara**, consultar. Assim se denomina a sura, pela menção dessa palavra no versículo 38. Como todas as suras de Makkah, esta trata da crença, mas com a particularidade de enfatizar a veracidade da Revelação e da Mensagem divina. Inicia-se pela ratificação de que foi Deus Quem revelou as mensagens a todos os profetas, e de que a última Mensagem, a de Muḥammad, é, apenas, continuação das mensagens anteriores; e atenta para a existência de uma única fonte para estas revelações: Deus, de forma que a Mensagem de Muḥammad tem a mesma origem da de Noé, Abraão, Moisés e Jesus. A sura, ainda, trata dos sinais de Deus: a prodigalização ou restrição do sustento, segundo Sua vontade; a chuva, como a grande misericórdia divina para o homem; os seres animais do céu e da terra, as naus que singram oceanos. Fala, também, de assuntos escatológicos e descreve a reação dos incrédulos diante do tormento infernal; exorta, outrossim, os homens a se livrarem dos pecados, antes que seja tarde demais. Finalmente, a sura reitera a imensa soberania divina, que, deliberadamente, pode obsequiar os seres humanos com filhos ou filhas, ou pode torná-los estéreis. E ela termina com a exposição dos meios, pelos quais Deus envia Sua revelação a Seus mensageiros.

(2) Acerca destas letras e das do versículo anterior, vide II 1 n3.

quem está na terra. Ora, por certo, Allah, Ele é O Perdoador, O Misericordiador.

6. E os que tomam, além dEle, protetores, Allah sobre eles é Custódio; e tu, **Muḥammad**, sobre eles, não és patrono.

7. E, assim, revelamo-te um Alcorão árabe, para admoestares a Mãe[1] das cidades e a quem[2] está a seu redor; e para **os admoestares** do indubitável dia do juntar[3]. Um grupo estará no Paraíso, e um grupo estará no Fogo ardente.

8. E, se Allah quisesse, haveria feito deles[4] uma só comunidade, mas Ele faz entrar em Sua misericórdia a quem quer. E os injustos não terão nem protetor nem socorredor.

9. Tomam eles, além dEle, protetores? Então, Allah é O **Único** Protetor. E Ele dá a vida aos mortos. E Ele, sobre todas as cousas, é Onipotente.

10. Seja o que for de que discrepeis, seu julgamento é de Allah. **Dize**: "Esse é Allah, meu

---

(1) Ou seja, Makkah.
(2) Ou seja, as tribos ao redor de Makkah.
(3) **Dia do Juntar**: Dia da Ressurreição, quando todas as criaturas estarão reunidas, para darem contas de seus atos.
(4) **Deles**: dos homens. Deus haveria feito da humanidade um só grupo, homogêneo.

Senhor. NEle confio e para Ele me volto contrito⁽¹⁾."

11. Ele é O Criador dos céus e da terra. Ele vos fez, de vós mesmos, casais⁽²⁾, e dos rebanhos, casais: com isso, multiplica-vos. Nada é igual a Ele. E Ele é O Oniouvinte, O Onividente.

12. DEle são as chaves dos céus e da terra. Ele prodigaliza o sustento a quem quer, e restringe-o. Por certo, Ele, de todas as cousas, é Onisciente.

13. Da religião, Ele legislou, para vós, o que recomendara a Noé, e o que te revelamos, e o que recomendáramos a Abraão e a Moisés e a Jesus: "Observai a religião e, nela, não vos separeis." É grave para os idólatras aquilo⁽³⁾ a que os convocas. Allah atrai, para Ele, quem Ele quer, e guia, para Ele, quem se Lhe volta contrito.

14. E eles não se separaram⁽⁴⁾ senão após haver-lhes chegado a ciência, **movidos** por rivalidade, entre eles. E, não fora uma Palavra antecipada de teu Senhor, **postergando seu julgamento** até

---

(1) Trata-se, aqui, segundo os exegetas, da fala de Muḥammad aos crentes.
(2) Ou seja, assim como Deus formou um casal do homem e da mulher, formou, também, entre os animais, os casais correspondentes.
(3) **Aquilo**: a unicidade de Deus.
(4) Alusão a todo aquele que permanecia, renitentemente, incrédulo, após o advento de uma mensagem monoteísta.

um termo designado, arbitrar-se-ia, entre eles. E, por certo, aqueles[1], aos quais se fez herdar o Livro, depois deles, estão em dúvida tormentosa acerca dele[2].

15. Então, por isso, convoca, pois, **os homens**. E sê reto, como te foi ordenado, e não sigas suas paixões. E dize: "Creio nos Livros que Allah fez descer. E foi-me ordenado fazer justiça, entre vós. Allah é nosso Senhor e vosso Senhor. A nós, nossas obras, e a vós, vossas obras. Não há argumentação entre nós e vós. Allah nos juntará. E a Ele será o destino."

16. E os que argumentam, sobre Allah, após haver sido Ele atendido, seu argumento é refutado perante seu Senhor, e, sobre eles, é uma ira; e terão veemente castigo.

17. Allah é Quem fez descer o Livro, com a verdade, e a balança[3]. E o que te faz inteirar-te de que a Hora, talvez, esteja próxima?

18. Os que nela não crêem procuram apressá-la. E os que crêem estão dela amedrontados, e sabem que ela é a verdade. Ora, por certo, os que altercam sobre a Hora estão em profundo descaminho.

---

(1) **Aqueles**: os judeus e cristãos contemporâneos do Profeta Muḥammad.
(2) **Dele**: de Muḥammad.
(3) **A Balança**: a justiça.

19. Allah é Sutil para com Seus servos. Ele dá sustento a quem quer. E Ele é O Forte, O Todo-Poderoso.

20. A quem deseja as searas[1] da Derradeira Vida, acrescentamo-lhe suas searas. E a quem deseja as searas da vida terrena, concedemo-lhe **algo** dela, e não terá, na Derradeira Vida, porção alguma.

21. Ou têm eles parceiros[2] que legislaram, para eles, o que, da religião, Allah não permitiu? E, não fora a Palavra da decisão[3], haver-se-ia arbitrado, entre eles. E, por certo, os injustos terão doloroso castigo.

22. Verás os injustos amedrontados do que cometeram, enquanto ele[4] estiver caindo sobre eles. E os que crêem e fazem as boas obras estarão nos floridos campos dos Jardins. Terão o que quiserem, junto de seu Senhor. Esse é o grande favor.

23. Isto é o que Allah alvissara a Seus servos que crêem e fazem as boas obras. Dize: "Não vos peço prêmio algum por isso, senão a

---

[1] Ou seja, as colheitas, que, metaforicamente, significam os prêmios colhidos, nesta ou na outra vida.
[2] **Parceiros**: ídolos.
[3] Trata-se da decisão divina de postergar o castigo dos idólatras e dos descrentes, até o Dia da Ressurreição.
[4] **Ele**: o castigo.

afeição para com os parentes." E, quem pratica boa ação, Nós, a esta, acrescentaremos[1] algo de bom. Por certo, Allah é Perdoador, Agradecido.

24. Ou dizem: "Ele forjou mentira acerca de Allah?" Então, se Allah quisesse, selar[2]-te-ia o coração. E Allah cancela a falsidade e estabelece, com Suas palavras, a Verdade. Por certo, Ele, do íntimo dos peitos, é Onisciente.

25. E Ele é Quem aceita o arrependimento de Seus servos, e indulta as más obras, e sabe o que fazeis;

26. E Ele atende aos que crêem e fazem as boas obras, e acrescenta-lhes **algo** de seu favor. E os renegadores da Fé terão veemente castigo.

27. E, se Allah prodigalizasse o sustento a Seus servos, haveriam cometido transgressão, na terra; mas Ele faz descer, na justa medida, o que quer. Por certo, Ele, de Seus servos, é Conhecedor, Onividente.

28. E Ele é Quem faz descer a chuva, após se desesperarem; e Ele esparge Sua Misericórdia. E Ele é O Protetor, O Louvável.

---

(1) Ou seja, Deus aumentará o valor da recompensa à boa ação feita.
(2) Ou seja, Deus escudaria o coração do Profeta, enchendo-o de paciência, para ele poder suportar os vitupérios dos adversários.

29. E, entre Seus sinais, está a criação dos céus e da terra, e dos seres animais, que, em ambos, espalha. E Ele, para juntá-los quando quiser, é Onipotente.

30. E o que quer que vos alcance de desgraça, é pelo que vossas mãos cometem. E Ele indulta a muitos.

31. E não podeis escapar do **castigo de Allah**, na terra. E não tendes, além de Allah, nem protetor nem socorredor.

32. E, entre Seus sinais, estão as **naus** correntes no mar, **elevadas** como as montanhas.

33. Se quisesses, faria deter-se o vento: então, permaneceriam elas quedas, em sua superfície – por certo, há nisso sinais para todo perseverante, agradecido –

34. Ou as faria naufragar **com seus viajores**, pelo que cometeram. E a muitos indultaria.

35. **Isso, para exortar os crentes** e para que os que discutem acerca de Nossos sinais saibam que não terão fugida alguma.

36. Então, o que quer que vos seja concedido é, **apenas**, gozo da vida terrena. Mas o que há junto de Allah é melhor e mais permanente para os que crêem e confiam em seu Senhor,

37. E para os que evitam os grandes pecados e as obscenidades e que, quando irados, perdoam,

38. E para os que atendem a seu Senhor, e cumprem a oração, e cuja conduta é a consulta, entre eles, e despendam daquilo que lhes damos por sustento,

39. E para os que se defendem, quando a opressão os alcança.

40. E a recompensa de má ação é má ação igual a ela. E quem **a** indulta e se emenda, seu prêmio impenderá a Allah. Por certo, Ele não ama os injustos.

41. E, em verdade, os que se defendem, após haverem sofrido injustiça, a esses não caberá repreensão,

42. Apenas, cabe a repreensão aos que praticam injustiça contra os homens e cometem, sem razão, transgressão na terra. Esses terão doloroso castigo.

43. E, em verdade, quem pacienta e perdoa, por certo, isso é da firmeza indispensável em todas as resoluções.

44. E aquele, a quem Allah descaminha, não terá, depois dEle, protetor algum. E tu verás os injustos, quando virem o castigo, dizer: "Há caminho para revogação **disso**?"

45. E tu vê-los-ás expostos a ele[1], sendo humilhados pela vileza, olhando de soslaio. E os que crêem dirão: "Por certo, os perdedores são os que se perderam a si mesmos e a suas famílias, no Dia da Ressurreição." Ora, por certo, os injustos estarão em permanente castigo.

46. E não terão protetores que os socorram, além de Allah. E aquele a quem Allah descaminha não terá caminho algum.

47. Atendei a vosso Senhor, antes que chegue um dia, para o qual não haverá revogação da parte de Allah. Nesse dia, não tereis refúgio algum e não tereis negação alguma **de vossos pecados**.

48. E, se te dão de ombros, não te enviamos, sobre eles, por custódio. Não te impende senão a transmissão **da Mensagem**. E, por certo, quando fazemos experimentar ao ser humano misericórdia[2] **vinda** de Nós, com ela jubila. E, se uma má ação[3] os alcança, pelo que suas mãos anteciparam, por certo, o ser humano se torna ingrato.

49. De Allah é a soberania dos céus e da terra. Ele cria o que quer.

---

(1) **A ele**: ao Fogo.
(2) **Misericórdia**: as graças divinas, como a saúde, a prosperidade e tantas outras.
(3) **Má ação**: as desgraças, como a doença, a pobreza.

Ele dadiva a quem quer com meninas, e dadiva a quem quer com os meninos.

50. Ou os reúne em casais de meninos e meninas. E faz estéril a quem quer. Por certo, Ele é Onisciente, Onipotente.

51. E não é admissível a um mortal que Allah lhe fale, senão por revelação, ou por trás de um véu[1], ou pelo envio de um Mensageiro; então, este revela, com Sua permissão, o que Ele quer. Por certo, Ele é Altíssimo, Sábio.

52. E, assim, revelamo-te um Espírito[2] de Nossa ordem. Tu não estavas inteirado do que era o Livro nem do que era a Fé, mas Nós o[3] fizemos, como luz, com que guiamos a quem queremos de Nossos servos. E, por certo, tu guias **os homens** a uma senda reta,

53. À senda de Allah, de Quem é o que há nos céus e o que há na terra. Ora, a Allah destinam-se as determinações!

---

(1) Não se trata, obviamente, de um véu material, mas de um véu imponderável, que impede o ser humano de contemplar a Deus, embora possa ouvi-LO, perfeitamente, tal como ocorreu a Moisés. As condições físico - verbais - espirituais do homem, ainda, são insuficientes para que ele tenha a glória da contemplação divina, na vida terreal.
(2) **Espírito**: o Alcorão, que dá alento ao coração dos homens.
(3) **O**: o Alcorão.

43. Sūratu Az-Zukhruf Parte 25

SŪRATU AZ-ZUKHRUF[1]
A SURA DO ORNAMENTO

De Makkah - 89 versículos.

Em nome de Allah, O Misericordioso, O Misericordiador.

1. Hā, Mīm[2].

2. Pelo Livro explícito!

3. Por certo, Nós o fizemos um Alcorão árabe, para razoardes.

4. E, por certo, estando na Mãe[3] do Livro, junto de Nós, ele é altíssimo, sábio.

5. Então, privar-vos-íamos da Mensagem, abandonado-vos, por que sois um povo entregue a excessos?

---

(1) **Az-Zukhruf**: este substantivo, que significa, basicamente, o ornamento ou o ouro, também, encerra o sentido de mobília que ornamenta a casa, ou o de floreios do estilo. A palavra, que aparece no versículo 35, vai denominar a sura. Por ser revelada em Makkah, ela trata dos mesmos temas concernentes à unicidade de Deus à Mensagem divina, à Ressurreição. Após a exaltação inicial do valor do Alcorão, a sura discorre sobre a atitude dos povos que desmentiram os mensageiros de Deus, escarnecendo deles. Segue, exemplificando o poder soberano de Deus com vários sinais, encontrados na natureza. Apesar disso, os idólatras de Makkah, persistindo em suas práticas politeístas, adoram ídolos junto de Deus, e, por abominarem as filhas mulheres, que consideravam inúteis na guerra, na defesa da tribo e no diálogo, atribuem-nas a Deus. A seguir, relata a história de Abraão com seu pai e seu povo; torna a mencionar os idólatras de Makkah e sua estupefação diante de que o Alcorão não haja sido revelado a um dos próceres da comunidade em que vivem. A sura traz, também, a história de Moisés e Faraó, e o nefasto fim deste último. Jesus, filho de Maria, é aludido como um servo agraciado por Deus. E, após advertir os incrédulos do tormento do Derradeiro Dia, alvissara aos crentes as magnificentes recompensas, nesse Dia. Finalmente, ressalva que Deus é O Soberano Absoluto, nos céus e na terra, e que os idólatras devem merecer o indulto do Profeta.

(2) Cf. II 1 n3.

(3) Cf. XIII 39 n1.

6. E quantos profetas enviamos aos antepassados!

7. E não lhes chegou profeta algum, sem que dele zombassem.

8. Então, aniquilamos os mais temíveis que eles; e **já** precedeu⁽¹⁾ o exemplo dos antepassados.

9. E, se lhes perguntas: "Quem criou os céus e a terra?", em verdade, dirão: "Criou-os O Todo-Poderoso, O Onisciente."

10. Ele é Quem faz da terra leito e, nela, fez-vos caminhos, para vos guiardes.

11. E Ele é Quem faz descer do céu água, na justa medida, e, com ela, revivescemos uma plaga morta. Assim, far-vos-ão sair **dos sepulcros**.

12. E Ele é Quem criou todos os casais de seres, e vos fez do barco e dos rebanhos aquilo em que montais,

13. Para vos instalardes sobre seus dorsos; em seguida, para vos lembrardes da graça de vosso Senhor, quando vos instalardes neles e disserdes: "Glorificado seja Quem nos submeteu tudo isto, enquanto jamais seríamos capazes de fazê-lo.

14. "E, por certo, seremos tornados a nosso Senhor."

---

(1) Em vários lugares do Alcorão, encontramos menção aos povos que desmentiram os mensageiros, e do nefasto fim que tiveram. Ela serve à posteridade de exemplo admoestador.

15. E fizeram-Lhe parte⁽¹⁾ de Seus servos. Por certo, o ser humano é um ingrato declarado.

16. Será que tomou Ele filhas, **para Si**, dentre o que criou, e escolheu, para vós, os filhos?

17. E, quando a um deles se lhe alvissara **o nascimento** de um semelhante ao⁽²⁾ que ele atribui aO Misericordioso, sua face torna-se enegrecida, enquanto fica angustiado.

18. E **como atribuir-Lhe** quem cresce entre adornos e não é argüente, na disputa?

19. E fizeram dos anjos, que são servos dO Misericordioso, seres femininos. Testemunharam eles sua criação? Seu testemunho será inscrito, e serão interrogados.

20. E dizem: "Se o Misericordioso quisesse, nós não os adoraríamos." Eles não têm ciência alguma disso. Eles nada fazem senão imposturar.

21. Ou Nós lhes concedêramos um Livro, antes dele⁽³⁾, e a ele se ativeram? **Não**.

22. Mas dizem: "Por certo,

---

(1) Os idólatras de Makkah destinavam a Deus os anjos, como se dEle foram filhas e não servos que são.
(2) **Ao**, ou seja, das filhas mulheres.
(3) **Dele**: do Alcorão.

encontramos nossos pais em um credo, e, por certo, em suas pegadas, estamos sendo guiados."

23. E, assim, antes de ti, **Muḥammad**, jamais enviamos a uma cidade admoestador algum, sem que seus opulentos **habitantes** dissessem: "Por certo, encontramos nossos pais em um credo e, por certo, estamos seguindo suas pegadas."

24. Ele[1] disse: "E ainda que eu vos chegue com algo que guia melhor que aquilo em que encontrastes vossos pais?" Disseram: "Por certo, somos renegadores do com que sois enviados."

25. E vingamo-nos deles; então olha como foi o fim dos desmentidores!

26. E quando Abraão disse a seu pai e a seu povo: "Por certo, estou em rompimento com o que adorais,

27. "Exceto com Quem me criou; então, por certo, Ele me guiará."

28. E fez disto[2] uma palavra permanente em sua prole, para retornarem.

29. Mas Eu fiz gozar a esses[3] e a seus pais, até que lhes chegou a

---

(1) **Ele**: o admoestador.
(2) **Disto**: da unicidade de Deus.
(3) **Esses**: os idólatras de Makkah.

Verdade⁽¹⁾ e um evidente Mensageiro.

30. E, quando a Verdade lhes chegou, disseram: "Isto é magia. E somos renegadores dela."

31. E disseram: "Que este Alcorão houvesse sido descido sobre um homem⁽²⁾ notável, das duas cidades!"

32. Partilham eles a misericórdia de teu Senhor? Nós **é que** partilhamos, entre eles, seus meios de subsistência, na vida terrena. E elevamos, em escalões, alguns deles acima de outros, para que uns tomem a outros, por servos. E a misericórdia de teu Senhor é melhor que tudo o que juntam.

33. E, não fora porque os humanos se tornariam uma só comunidade⁽³⁾ **de renegadores da Fé**, haveríamos feito para quem renega O Misericordioso tetos de prata, para suas casas, e degraus **de prata** em que subissem;

34. E, **ainda**, portas, para suas casas, e leitos sobre os quais se reclinassem.

---

(1) **A Verdade**: o Alcorão.
(2) É alusão ou a Al Walīd Ibn Al Mughīra, de Makkah, ou a ᶜUrwah Ibn Masᶜūd Ath Thaqafī, de Al-Ṭāif.
(3) Se não fosse porque todos os homens, seduzidos pelos bens materiais, se esquecem de Deus e se tornam descrentes, Deus os cumularia com tudo quanto desejam, aqui na terra. É mister que saibam que tudo isso não passa de vaidade e nenhum valor tem diante dos imponderáveis bens da Derradeira Vida.

35. E ornamento. E tudo isso não é senão gozo da vida terrena. E a Derradeira Vida, junto de teu Senhor, será para os piedosos.

36. E a quem fica desatento à lembrança dO Misericordioso, destinamo-lhe um demônio, e **este** lhe será um acompanhante

37. – E, por certo, eles[1] os[2] afastam do caminho, enquanto supõem estar sendo guiados –

38. Até que, quando chegar a Nós, dirá **ao demônio**: "Quem dera houvesse, entre mim e ti, a distância de dois levantes[3]!" E que execrável acompanhante!

39. E **isso** de nada vos beneficiará, nesse dia – uma vez que fostes injustos – porque sereis partícipes, no castigo.

40. Então, podes tu fazer ouvir os surdos, ou podes tu guiar os cegos e a quem esteja em evidente descaminho?

41. E, se te fazemos ir[4], por certo, vingar-nos-emos deles;

---

[1] **Eles**: os demônios.
[2] **Os**: os idólatras.
[3] O idólatra lamenta o erro de haver seguido o demônio e almeja entre eles uma enorme distância, tal como a existente entre dois nasceres de sol. Aliás, alguns exegetas interpretam a expressão "dois levantes" como sendo o levante e o poente, ou seja, a distância entre a alvorada e o crepúsculo.
[4] Ou seja, se Muḥammad morrer.

42. Ou, se te fazemos ver o que lhes prometemos, **vê-lo-ás**, por certo, Nós, sobre eles, somos Potentíssimo.

43. Então, atém-te ao que te foi revelado. Por certo, estás na senda reta.

44. E, por certo, ele[1] é honra para ti e para teu povo. E sereis interrogados.

45. E pergunta aos que, de Nossos Mensageiros, enviamos, antes de ti: "Se Nós fizemos, além dO Misericordioso, deuses, para serem adorados?"

46. E, com efeito, enviamos Moisés, com Nossos sinais, a Faraó e a seus dignitários. Então, disse: "Por certo, sou Mensageiro dO Senhor dos mundos."

47. E, quando ele lhes chegou, com Nossos sinais, ei-los que se riram deles.

48. E não os fizemos ver sinal algum, sem que fosse maior que seu precedente. E apanhamo-los com o castigo, para retornarem.

49. E disseram: "Ó Mágico! Suplica, por nós, a teu Senhor, pelo[2] que Ele te recomendou. Por

---

(1) **Ele**: o Alcorão.
(2) **Pelo**: por aquilo, ou seja, pela anulação do castigo, caso os descrentes se voltassem para a fé mosaica.

certo, seremos guiados."

50. E, quando removemos deles o castigo[1], ei-los que violaram sua promessa.

51. E Faraó clamou a seu povo. Disse: "Ó meu povo! Não é minha a soberania do Egito e estes rios que correm a meus pés[2]? Então, não o enxergais?

52. "Não sou eu melhor que este, que é mísero e quase não pode expressar[3]-se.

53. "Que sobre ele houvesse lançado bracelete[4] de ouro, ou com ele houvessem chegado os anjos acompanhantes!"

54. E ele atordoou seu povo; então, obedeceram-no. Por certo, eles eram um povo perverso.

55. E, quando eles Nos indignaram, vingamo-nos deles; então, afogamo-los todos.

56. E fizemos deles um precedente e exemplo para a posteridade.

57. E, quando o filho de Maria é citado como exemplo, eis teu povo fazendo dele alarido[5], de alegria.

---

(1) Cf. VII 133.
(2) Ou seja, os afluentes do Nilo, que corriam abaixo do palácio de Faraó.
(3) Cf. XX 27 n2.
(4) O não estar Moisés ornado com braceletes de ouro - insígnias da realeza - significava que ele, aos olhos de Faraó, não era um soberano, e, portanto, não merecia ser acatado.
(5) Quando o versículo 98 da sura XXI foi, assim, revelado: "Por certo, vós e o que

58. E dizem: "São melhores nossos deuses ou ele?" Eles não to[1] dão **como exemplo** senão para contenderem; aliás, são um povo disputante.

59. Ele não é senão um servo, a quem agraciamos e de quem fizemos um exemplo para os filhos de Israel.

60. E, se quiséssemos, haveríamos feito de vós anjos para vos sucederem, na terra.

61. E, por certo, ele[2] será indício da Hora; então, não a contesteis, e segui-me. Isto é uma senda reta.

62. E que Satã não vos afaste **dela**. Por certo, ele vos é inimigo declarado.

63. E, quando Jesus chegou com

---

adorais, além de Deus, sereis a acendalha da Geena...", os idólatras de Makkah, consternados com o ataque, desferido pelo Alcorão, à idolatria, modificaram, ligeiramente, as palavras do versículo, para confundirem o Profeta Muḥammad. Em lugar de lerem, aí, "o que adorais", liam "quem adorais" e, neste caso, como argumentou Abdullah Ibn Az-Zibaᶜrã, um dos idólatras de Makkah, se o Profeta venerava a Jesus e a Maria, sua mãe, que, por sua vez, eram adorados pelos cristãos, significava que eles também eram ídolos e iriam ser, conforme o versículo, a acendalha da Geena. Dessa forma, continuou Az-Zibaᶜrã, ele e os demais idólatras não se importariam de estar no Fogo, pois estariam ao lado do Profeta Jesus e de sua mãe e dos anjos, que muitos outros adoravam. A capciosa observação de Az-Zibaᶜrã, em defesa da idolatria, levou a aglomeração de idólatras a aplaudi-lo estrepitosamente. Para deter o alvoroço, foi revelado o versículo 101 da sura XXI, que esclarece o equívoco, dizendo: "Por certo, aqueles, aos quais foi antecipada, por Nós, a mais bela recompensa, esses serão dela (da Geena) afastados", o que vale dizer que Jesus e Maria e os anjos não estão incluídos entre os condenados ao Fogo.

(1) **To**: "isso a ti", ou seja, não usaram do exemplo de Jesus senão para confundirem o Profeta Muḥammad.
(2) **Ele**: Jesus. Conforme a tradição islâmica, a Hora Final se anunciará, com a descensão de Jesus à terra, para matar o falso Cristo e implantar a justiça no mundo.

as evidências, disse: "Com efeito, cheguei-vos com a Sabedoria⁽¹⁾ e para tornar evidente, para vós, **algo** daquilo de que discrepais. Então, temei a Allah e obedecei-me.

64. "Por certo, Allah é meu Senhor e vosso Senhor; então, adorai-O. Isto é uma senda reta."

65. E os partidos discreparam⁽²⁾, entre eles. E ai dos injustos por um castigo de doloroso dia!

66. Não esperam eles senão que lhes chegue a Hora, inopinadamente, enquanto não percebam?

67. Nesse dia, os amigos serão inimigos uns dos outros, exceto os piedosos.

68. "Ó Meus servos! Nada haverá que temer por vós, hoje, nem vos entristecereis,

69. "São os que creram em Nossos sinais e foram moslimes.

70. "Entrai no Paraíso, vós e vossas mulheres: **lá**, deliciar-vos-eis."

71. Far-se-á circular, entre eles, baixelas de ouro e copos. E, nele, haverá tudo que as almas apetecem e com que os olhos se deleitam. "E

---

(1) Ou seja, com o Evangelho.
(2) Referência às seitas que divergiam quanto à natureza de Jesus, como Deus, ou filho de Deus, ou como um dos integrantes da Santíssima Trindade. Vide XIX 37 n1.

vós, nele, sereis eternos.

72. E eis o Paraíso, que vos fizeram herdar, pelo que fazíeis.

73. Nele, tereis frutas abundantes: delas comereis."

74. Por certo, os criminosos serão eternos, no castigo da Geena,

75. O qual não se entibiará, para eles, e, lá, ficarão mudos de desespero.

76. E não fomos injustos com eles, mas eles mesmos é que foram injustos.

77. E clamarão: "Ó Mālik[(1)]! Que teu Senhor nos ponha termo à vida!" Dirá ele: "Por certo, **aí**, sereis permanentes!"

78. "Com efeito, chegamo-vos com a Verdade, mas a maioria de vós estava odiando a Verdade."

79. Ou urdiram[(2)] eles algo? Então, Nós, **também**, urdimos **algo**.

80. Ou supõem que Nós não ouvimos seus segredos e suas confidências? Sim! E Nossos Mensageiros **celestiais**, junto deles, escrevem **o que fazem**.

81. Dize: "Se O Misericordioso

---

(1) **Mālik**: o nome do guardião da Geena.
(2) Alusão ao que os Quraich tramaram contra o Profeta, quando o desmentiram e pretenderam matá-lo.

tivesse um filho, eu seria o primeiro dos adoradores **dele**."

82. Glorificado seja O Senhor dos céus e da terra, O Senhor do Trono, acima do que eles alegam!

83. Então, deixa-os confabular, e se divertirem, até depararem seu dia, que lhes é prometido.

84. E é Ele Quem, no céu, é Deus e, na terra, é Deus. E Ele é O Sábio, O Onisciente.

85. E Bendito seja Aquele de Quem é a soberania dos céus e da terra e do que há entre ambos; e, junto dEle, há a ciência da Hora, e a Ele sereis retornados.

86. E os que eles invocam, além dEle, não possuem a intercessão, exceto os que testemunham a verdade, enquanto sabem.

87. E, se lhes perguntas: "Quem os criou?", em verdade, dirão: "Allah!" Então, como se distanciam **da verdade**?

88. E, por sua fala⁽¹⁾: "Ó Senhor meu!", por certo, estes são um povo que não crê.

89. Então, indulta-os e dize: "Salam!" **Paz**! E eles logo saberão!

---

(1) Ou seja, Deus jura pelas palavras de Muḥammad: "Ó Senhor meu!", quando O invoca, que os idólatras de Makkah são um povo que não crê.

SŪRATU AD-DUKHĀN[1]
A SURA DO FUMO

De Makkah - 59 versículos.

Em nome de Allah, O Misericordioso, O Misericordiador.

1. Hā, Mīm[2].

2. Pelo Livro explícito!

3. Por certo, Nós o fizemos descer em uma noite bendita[3], por certo, somos Admoestadores.

4. Nela[4], decide-se toda sábia ordem,

5. Como ordem de Nossa parte. Por certo, Somos Nós Que enviamos a **Mensagem**,

6. Como misericórdia de teu Senhor. Por certo, Ele é O Oniouvinte, O Onisciente,

---

(1) **Ad-Dukhān**: o fumo, o vapor. Assim se denomina a sura, pela menção desta palavra em seu versículo 10. Ela se inicia pela menção de que o Alcorão, revelado por Deus, na noite abençoada de Al Qadr, veio para admoestar os homens e para fazê-los saber que Deus é o Senhor Único do Universo. Adiante, a sura faz alusão à Ressurreição, como fato indubitável, e refuta os argumentos dos que negam a Derradeira Vida, e estabelece uma comparação entre os idólatras de Makkah e os antepassados, como Faraó e seu povo, ressaltando o triste tormento que padeceram, por negarem a Mensagem divina; afirma que o dia da Ressurreição será o Dia da Decisão, quando todos os homens se reunirão, para serem julgados e recompensados. Finalmente, a sura exorta o Profeta a alertar os incrédulos, para se acautelarem, quanto à aniquilação total.

(2) Cf. II 1 n3.

(3) **Noite bendita**: a noite de Al Qadr, ou seja, a noite da Glória, na qual se iniciou a Revelação do Alcorão.

(4) Nesta noite, são determinadas todas as questões concernentes ao destino do homem, no mundo: Sua vida, sua morte, seus êxitos e malogros, suas riquezas, suas penúrias.

7. O Senhor dos céus e da terra e do que há entre ambos, se estais convictos **disso**.

8. Não existe deus senão Ele. Ele dá a vida e dá a morte. Ele é Vosso Senhor e O Senhor de vossos pais antepassados.

9. Mas eles, **mergulhados** em dúvida, se divertem.

10. Então, fica na expectativa de um dia, em que o céu chegará com um fumo[(1)] evidente,

11. Que encobrirá os homens. **Dirão**: "Este é um doloroso castigo.

12. "Senhor nosso! Remove de nós o castigo: por certo, somos crentes!"

13. Como poderão ter a lembrança[(2)] **disso**, enquanto, com efeito, lhes chegou um evidente Mensageiro,

14. Em seguida, voltaram-lhe as costas e disseram: "Ele está sendo instruído, é um louco."

15. Por certo, removeremos, por um pouco, o castigo, **mas**, por certo, **à descrença** voltareis.

---

(1) Alusão a um dos sinais da chegada da Hora, quando a terra se encherá de fumo sufocante.

(2) Como se haveriam de lembrar os idólatras de cumprir a promessa feita, de serem crentes, em lhes removendo Deus o castigo, se nem mesmo quiseram ouvir o Profeta e o desdenharam quando ele lhes chegou?

16. Um dia, desferiremos o maior golpe; por certo, **deles** Nos vingaremos.

17. E, com efeito, prováramos, antes deles, o povo de Faraó; e **já** lhes havia chegado um nobre Mensageiro⁽¹⁾,

18. Que dissera: "Entregai-me os servos de Allah. Por certo, sou-vos leal Mensageiro.

19. "E não vos sublimeis em arrogância⁽²⁾ para com Allah. Por certo, eu vos chego com evidente comprovação.

20. "E, por certo, refugio-me em meu Senhor e vosso Senhor, contra o me apedrejardes.

21. "E, se não credes em mim, apartai-vos de mim."

22. Então, ele invocou o seu Senhor: "Por certo, estes são um povo criminoso."

23. Allah disse: "Então, parte com Meus servos, durante a noite. Por certo, sereis perseguidos.

24. "E deixa⁽³⁾ o mar **como está**, calmo: por certo, eles serão um exército afogado."

⁽¹⁾ Referência a Moisés.
⁽²⁾ Ou seja, desdenhadores das revelações de Deus e de Seus mensageiros.
⁽³⁾ Deus ordenou a Moisés que não se preocupe em golpear o mar, para fechá-lo, após a travessia, pois Ele o fechará sobre o exército de Faraó, para afogá-los.

25. Que de jardins e fontes deixaram⁽¹⁾,

26. E searas, e nobre residência,

27. E graça, em que estavam hílares,

28. Assim foi. E fizemos herdá-los⁽²⁾ um outro povo⁽³⁾.

29. Então, nem o céu nem a terra choraram por eles, e lhes não foi concedida dilação.

30. E, com efeito, salvamos os filhos de Israel do aviltante castigo

31. De Faraó. Por certo, ele era altivo, entre os que se entregavam a excessos.

32. E, com efeito, escolhemo-los⁽⁴⁾ com ciência, acima dos mundos.

33. E concedemo-lhes, dentre os sinais⁽⁵⁾, aquilo em que havia evidente prova.

34. Por certo, estes⁽⁶⁾ dizem:

35. "Não há senão nossa primeira morte, e não seremos ressuscitados.

---

(1) Alusão ao povo de Faraó.
(2) **Los**: todos os bens que pertenciam aos egípcios.
(3) Referência aos filhos de Israel. Vide VII 137.
(4) **Los**: os filhos de Israel.
(5) Entre outros, os sinais foram: **o maná, as codornizes e o mar aberto**.
(6) **Estes**: os idólatras de Makkah.

44. Sūratu Ad-Dukhān Parte 25

36. "Então, fazei vir nossos pais, se sois⁽¹⁾ verídicos."

37. São eles melhores ou o povo de Tubba$^{c(2)}$ e os que foram antes deles? Nós os aniquilamos. Por certo, eram criminosos.

38. E não criamos os céus e a terra e o que há entre ambos, por diversão.

39. Não os criamos, a ambos, senão com a verdade, mas a maioria deles não sabe.

40. Por certo, o Dia da Decisão será seu tempo marcado, de todos,

41. Um dia, em que nenhum aliado de nada valerá a outro aliado; e eles não serão socorridos,

42. Exceto aquele de quem Allah tiver misericórdia. Por certo, Ele é O Todo-Poderoso, O Misericordiador.

43. Por certo, a árvore de Zaqqūm⁽³⁾

44. Será o alimento do pecador.

45. Como o metal em fusão, ferverá nos ventres

46. Como o ferver da água ebuliente.

---

(1) Ou seja, **vós**, o Profeta e seus seguidores.
(2) **Tubba^c**: trata-se de um profeta ou de um homem sábio, do Yêmen, que era crente entre um povo descrente.
(3) Cf. XXXVII 62 n2.

47. Dir-se-á aos anjos: "Apanhai-o⁽¹⁾, e puxai-o para o meio do Inferno;

48. "Em seguida, entornai, sobre sua cabeça, **algo** do castigo da água ebuliente."

49. Dir-se-lhe-á: "Experimentai-o! Por certo, **tu te imaginavas** o todo-poderoso, o nobre."

50. Por certo, este⁽²⁾ é o que contestáveis.

51. Por certo, os piedosos estarão em segura morada.

52. Entre Jardins e fontes;

53. Vestir-se-ão de fina seda e de brocado; eles estarão frente a frente.

54. Assim será. E fá-los-emos se casarem com húris de belos grandes olhos.

55. Neles⁽³⁾, em segurança, requestarão toda espécie de frutas.

56. Neles, não experimentarão **mais** a morte, exceto a primeira morte. E Ele os guardará do castigo do Inferno,

---

(1) **O**: o pecador.
(2) **Este**: o castigo.
(3) **Neles**: nos jardins.

57. Como favor de teu Senhor. Esse é o magnífico triunfo.

58. E, apenas, facilitamo-lo⁽¹⁾, em tua língua, para meditarem.

59. Então, expecta⁽²⁾. Por certo, eles estão expectando.

فَضْلًا مِّن رَّبِّكَ ذَٰلِكَ هُوَ ٱلْفَوْزُ ٱلْعَظِيمُ ۝

فَإِنَّمَا يَسَّرْنَٰهُ بِلِسَانِكَ لَعَلَّهُمْ يَتَذَكَّرُونَ ۝

فَٱرْتَقِبْ إِنَّهُم مُّرْتَقِبُونَ ۝

---

(1) **Lo**: o Alcorão, que foi escrito em língua árabe, para que eles o entendessem.
(2) Ou seja, Muḥammad deve aguardar a aniquilação dos idólatras, porque eles estão, certamente, aguardando a sua aniquilação.

SŪRATU AL-JĀTHIYAH[1]
A SURA DA COMUNIDADE GENUFLEXA

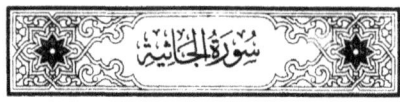

De Makkah - 37 versículos.

Em nome de Allah, O Misericordioso, O Misericordiador.

1. Hā, Mīm[2].

2. A revelação do Livro é de Allah, O Todo-Poderoso, O Sábio.

3. Por certo, nos céus e na terra, há sinais para os crentes.

4. E, em vossa criação, e nos seres animais, que Ele espalha, há sinais para um povo que se convence **da Ressurreição**.

5. E, na alternância da noite e do dia, e no sustento[3] que Allah faz descer do céu e com que

---

(1) Al Jāthiya: particípio presente do verbo jathā, ajoelhar-se, genuflectir. A sura, assim, se denomina, pela menção dessa palavra em seu versículo 28, como adjunto adnominal da palavra comunidade. No Dia do Juízo, todos os povos do mundo estarão, humildemente, ajoelhados, à espera da prestação de contas. A sura se inicia pela afirmação de que o Alcorão é a revelação de Deus, O Todo-Poderoso, O Sábio. A seguir, reafirma a crença monoteísta e ameaça, com terrível castigo, a quem se insurgir contra ela. Enumera as graças divinas para com os servos de Deus e exorta os crentes a perdoarem aos que descrêem da Ressurreição, e, a não se preocuparem em puni-los, por isso, porque somente Deus é Quem recompensa ou castiga cada ser humano. Enumera, também, as graças que Deus dispensou aos filhos de Israel; a divergência nascida da inveja e do ódio existente entre eles, divergência esta que Deus arbitrará, no Dia da Ressurreição. Com respeito ao Dia do Juízo, a sura recrimina a néscia atitude de seus detratores, que exigem, como prova de veracidade, a imediata ressurreição de seus pais, e, ainda, os faz saber que serão olvidados para sempre, nesse Dia, como olvidaram este mesmo Dia, na vida terrena. A sura finda, com louvores a Deus, O Grandioso Senhor de todo o Universo.

(2) Cf. II 1 n3.

(3) **Sustento**: a chuva, ou seja, a água da chuva, que dá vida à terra, da qual surge o alimento para o homem.

vivifica a terra, depois de morta, e na distribuição dos ventos, há sinais para um povo que razoa.

6. Esses são os versículos de Allah: recitamo-los, para ti, **Muḥammad**, com a verdade. Então, em que mensagem crerão eles[1], depois **da** de Allah e de Seus versículos?

7. Ai de todo constante impostor, pecador!

8. Ele ouve os versículos de Allah, que se recitam, para ele; em seguida, obstina-se **na descrença**, ensoberbecendo-se, como se os não houvesse ouvido. Então, alvissara-lhe doloroso castigo.

9. E, quando sabe algo de Nossos sinais, toma-os por objeto de zombaria. Esses terão aviltante castigo.

10. Diante deles, está a Geena. E de nada lhes valerá o que lograram nem aqueles que tomaram por aliados, além de Allah. E terão formidável castigo.

11. Este[2] é Orientação. E os que renegam os sinais de seu Senhor terão castigo de doloroso tormento.

12. Allah é Quem vos submete o mar, para, nele, correr o barco,

---

(1) **Eles**: os idólatras de Makkah.
(2) **Este**: o Alcorão.

por Sua ordem, e para, **nele**, buscardes **algo** de Seu favor e para serdes agradecidos.

13. E submete-vos o que há nos céus e o que há na terra: tudo é dEle. Por certo, há nisso sinais para um povo que reflete.

14. Dize aos que crêem que perdoem aos que não esperam pelos dias de Allah[1], para que Ele **mesmo** recompense um povo, pelo que lograva.

15. Quem faz o bem **o faz** em benefício de si mesmo. E quem faz o mal **o faz** em prejuízo de si mesmo. Em seguida, a vosso Senhor, sereis retornados.

16. E, com efeito, concedemos aos filhos de Israel o Livro e a sabedoria e a profecia, e demo-lhes, por sustento, das cousas benignas, e preferimo-los a todos os mundos.

17. E concedemo-lhes evidências da ordem[2]. Então, eles não discreparam senão após haver-lhes chegado a ciência, **movidos** por agressão entre eles. Por certo, teu Senhor arbitrará, entre eles, no Dia da Ressurreição, acerca daquilo de que discrepavam.

---

(1) Cf. XIV 5 n1.
(2) **Da Ordem**: dos Mandamentos. Deus estabeleceu, para os filhos de Israel, os limites claros entre o lícito e o ilícito, o certo e o errado, por meio de mandamentos, que devem ser seguidos.

45. Sūratu Al-Jāthiyah Parte 25

18. Em seguida, fizemo-te estar sobre uma legislação de ordem; então, segue-a. E não sigas as paixões dos que não sabem.

19. Por certo, eles de nada te valerão, diante de Allah. E, por certo, os injustos são aliados uns aos outros. E Allah é O Protetor dos piedosos.

20. Isto[1] são clarividências para os humanos, e orientação e misericórdia para um povo que se convence **da Derradeira Vida**.

21. Ou supõem os que perpetram as más obras que Nós os faremos iguais, em sua vida e em sua morte, aos que crêem e fazem as boas obras? Que vil o que julgam!

22. E Allah criou os céus e a terra, com a verdade. E **fê-lo**, para que cada alma seja recompensada pelo que houver logrado; e eles[2] não sofrerão injustiça alguma.

23. E viste aquele que tomou por deus sua paixão, e Allah o descaminhou, com ciência, e lhe selou o ouvido e o coração e lhe fez névoa sobre a vista? E quem o guiará, depois de Allah? Então, não meditais?

24. E eles[3] dizem: "Não há

---

(1) **Isto**: o Alcorão.
(2) **Eles**: todos os homens, crentes e descrentes.
(3) **Eles**: os detratores da Ressurreição.

senão nossa vida terrena: morremos e vivemos, e nada nos aniquila senão o tempo." E eles não têm disso ciência alguma. Eles nada fazem senão conjeturar.

25. E, quando se recitam, para eles, Nossos evidentes versículos, seu argumento não é senão dizer: "Fazei vir nossos pais, se sois verídicos."

26. Dize: "Allah vos dá a vida; depois, Ele vos dá a morte; em seguida, juntar-vos-á, no Indubitável Dia da Ressurreição"; mas a maioria dos homens não sabe.

27. E de Allah é a soberania dos céus e da terra. E, um dia, quando advier a Hora, nesse dia, perder-se-ão os defensores da falsidade.

28. E tu verás cada comunidade genuflexa. Cada comunidade será convocada para seu Livro⁽¹⁾. **Dir-se-lhes-á**: "Hoje, sereis recompensados, pelo que fazíeis."

29. "Este Nosso Livro fala sobre vós, com a verdade. Por certo, Nós inscrevíamos o que fazíeis."

30. Então, quanto aos que crêem e fazem as boas obras, seu Senhor fá-los-á entrar em Sua misericórdia. Esse é o evidente triunfo.

---

(1) Ou seja, o Livro, onde estão registrados os atos dos homens.

31. E, quanto aos que renegam a Fé, **dir-se-lhes-á**: "E não se recitavam, para vós, Meus versículos, então, ensoberbecestes-vos e fostes um povo criminoso?"

32. E, quando se disse: "Por certo, a promessa de Allah é verdadeira e a Hora é indubitável", dissestes: "Não estamos inteirados do que seja a Hora; não conjeturamos senão conjeturas, e, **disso**, não estamos convictos."

33. E mostrar-se-lhes-ão as más obras que fizeram. E envolvê-los-á aquilo de que zombavam.

34. E dir-se-**lhes**-á: "Hoje, esquecemo-vos como vós esquecestes o deparar deste vosso dia, e vossa morada é o Fogo. E não tendes socorredores.

35. "Isso, porque tomastes os sinais de Allah, por zombaria, e porque a vida terrena vos iludiu." Então, nesse dia, não os farão sair dele[1], e não serão absolvidos.

36. E, louvor a Allah, O Senhor dos céus e O Senhor da terra, O Senhor dos mundos.

37. E dEle é a grandeza, nos céus e na terra. E Ele é O Todo-Poderoso, O Sábio.

---

(1) **Dele**: do Fogo.

SŪRATU AL-'AḤQĀF[1]
A SURA DE AL-'AḤQĀF

De Makkah - 35 versículos.

Em nome de Allah, O Misericordioso, O Misericordiador.

1. Hā, Mīm[2].

2. A revelação do Livro é de Allah, O Todo-Poderoso, O Sábio.

3. Não criamos os céus e a terra e o que há entre ambos senão com a verdade e com um termo designado[3]. E os que renegam a Fé estão dando de ombros àquilo de que são admoestados.

4. Dize: "Vistes[4] os[5] que convocais, além de Allah? Fazei-me ver o que eles criaram da terra. Ou têm eles participação nos céus? Fazei-me vir um Livro, anterior a

---

(1) **Aḥqāf**: plural de ḥiqf, nome do vale, em que habitava o povo de ᶜĀd. Etimologicamente, significa colina de areia, sinuosa e extensa. Esta sura, assim, se denomina pela menção dessa palavra no versículo 21. Inicialmente, ela declara que o Alcorão é revelação de Deus, O Sábio Criador dos céus e da terra; deplora, a seguir, a vã atitude dos idólatras, apegados a ídolos sem poderes, e salienta que o Profeta Muḥammad transmite mensagem idêntica às dos mensageiros precedentes, e não algo inédito; sublinha o valor dos pais, que os filhos devem venerar; cita, ainda, cenas do Dia do Juízo e narra histórias do povo de ᶜĀd, assim como o castigo que os atingira, por haverem desmentido seus mensageiros. Finalmente, relata a história de alguns jinns que, admirados com a leitura do Alcorão, passaram a convencer seu povo a aceitar esta Mensagem divina, pois era continuação e confirmação dos livros divinos anteriores. A exortação feita ao Profeta, para que seja firme e paciente, encerra a sura.

(2) Cf. II 1 n3.

(3) **Termo designado**: o Dia do Juízo.

(4) O versículo dirige-se aos idólatras de Makkah.

(5) **Os**: os ídolos.

este⁽¹⁾, ou algum vestígio⁽²⁾ de ciência, se sois verídicos."

5. E quem mais descaminhado que aquele que invoca, além de Allah, os que nunca o atenderão, até o Dia da Ressurreição, e estão desatentos a sua invocação?

6. E, quando os humanos forem reunidos, eles ser-lhes⁽³⁾-ão inimigos e renegadores de sua adoração.

7. E, quando se recitam, para eles⁽⁴⁾, Nossos evidentes versículos, os que renegam a Fé dizem da verdade⁽⁵⁾, quando lhes chega: "Isto é evidente magia."

8. Ou dizem eles: "Ele⁽⁶⁾ o forjou?" Dize: "Se eu o houvesse forjado, nada poderíeis fazer por mim, diante de Allah. Ele é bem Sabedor do que vos empenhais em dizer dele⁽⁷⁾. Basta Ele, por Testemunha, entre mim e vós. E Ele é O Perdoador, O Misericordiador."

9. Dize: "Não sou uma inovação⁽⁸⁾, entre os Mensageiros.

---
(1) **Este**: o Alcorão.
(2) Ou seja, prova cabal da idolatria, entre os antepassados.
(3) **Lhes**: aos ídolos.
(4) **Eles**: os idólatras de Makkah.
(5) Ou seja, do Alcorão.
(6) **Ele**: Muḥammad.
(7) **Dele**: do Alcorão. Os idólatras sempre se empenharam em difamar o Alcorão, acusando-o de repositório de mentiras.
(8) Ou seja, Muḥammad, afinal, não é o primeiro mensageiro enviado por Deus. Não é algo novo, inexistente, antes, mas o último elo da corrente de mensageiros,

E não me inteiro do que será feito de mim nem de vós. Não sigo senão o que me é revelado, e não sou senão evidente admoestador."

10. Dize: "Vistes? Se ele é de Allah, e vós o renegais – enquanto uma testemunha⁽¹⁾ dos filhos de Israel o reconhece e nele crê – e vos ensoberbeceis, **não estareis sendo injustos?** Por certo, Allah não guia o povo injusto."

11. E os que renegam a Fé dizem dos que crêem: "Se ele⁽²⁾ fosse um bem, eles⁽³⁾ não nos haveriam antecipado, nisso." E, uma vez que eles não se guiam por ele, dirão: "Isto é uma velha mentira!"

12. E, antes dele, houve o Livro de Moisés, como diretriz e misericórdia. E este⁽⁴⁾ é um Livro confirmador **dos outros**, em língua árabe, para admoestar os que são injustos; e é alvíssaras para os benfeitores.

13. Por certo, os que dizem: "Nosso Senhor é Allah", em

---

algo novo, inexistente, antes, mas o último elo da corrente de mensageiros, anteriores a ele.

(1) Alusão a Abdullah Ibn Salām, chefe judaico que abraçou o Islão e testemunhou que o Alcorão é a confirmação da Tora.
(2) **Ele**: o Islão.
(3) **Eles**: os pobres e humildes habitantes de Makkah, que seguiram Muḥammad, entre os quais, encontravam-se ᶜAmmār, Ṣuhaib e Ibn Masᶜūd.
(4) **Este**: o Alcorão.

seguida, são retos, então, nada haverá que temer por eles, e eles não se entristecerão.

14. Esses são os companheiros do Paraíso; nele, serão eternos, como recompensa pelo que faziam.

15. E recomendamos ao ser humano benevolência para com seus pais. Sua mãe carrega-o penosamente, e o dá à luz, penosamente. E sua gestação e sua desmama são, **ao todo,** de trinta meses[1]; **e ele desenvolve-se,** até que, quando atinge sua força plena e atinge os quarenta anos, diz[2]: "Senhor meu! Induz-me a agradecer-Te a graça, com que me agraciaste, a mim e a meus pais, e a fazer o bem que Te agrade; e emenda-me a descendência. Por certo, volto-me arrependido para Ti e, por certo, sou dos moslimes."

16. Esses[3], de quem acolhemos o melhor que fizeram, e de quem toleramos as más obras, estarão junto dos companheiros do Paraíso.

---

[1] Aqui, existe a prova de que a gestação mínima é de seis meses, pois, conforme já se viu no versículo 233 da sura II, a lactação completa dura dois anos. Portanto, a gestação de seis meses mais a lactação de vinte e quatro meses perfazem um total de trinta meses.

[2] Tratar-se-ia do que disse Abū Bakr - mais tarde o primeiro califa islâmico - após haver abraçado o Islão, no que foi seguido por seus pais e seu filho, Abdur Raḥmān, e seu neto Abū ᶜAtīq.

[3] **Esses**: Abū Bakr e os que suplicam como ele.

É a verdadeira promessa que lhes era prometida.

17. E aquele[1] que diz a seus pais: "Ufa a vós! Ambos me prometeis que serei ressuscitado, enquanto, antes de mim, passaram as gerações, **sem que, ainda, fossem ressuscitados?"** – E ambos imploram socorrimento de Allah, **e dizem ao filho:** "Ai de ti! Crê tu! Por certo, a promessa de Allah é verdadeira!" Então, ele diz: "Isto não são senão fábulas dos antepassados."-

18. Esses[2] são os contra quem o Dito, **sentença,** se cumprirá, junto de **outras** comunidades de jinns e de humanos, que, com efeito, passaram antes deles. Por certo, eles serão perdedores.

19. E, para cada um **desses,** haverá escalões, segundo o que fizeram. E **isso,** para compensá-los por suas obras. E eles não sofrerão injustiça.

20. E, um dia, quando os que renegam a Fé forem expostos ao Fogo, **dir-se-lhes-á:** "Fizestes irem-se vossas boas cousas, em vossa vida terrena, e, com elas, vos

---

(1) Referência a Abdur Raḥmān Ibn Abī Bakr, antes, ainda, de abraçar o Islão, e quando negava a Ressurreição, o que fazia que seus pais rogassem a Deus por ele. Aliás, tempos depois, converteu-se ao Islão e tornou-se homem exemplar.

(2) **Esses**: os que renegam a Ressurreição.

deliciastes. Então, hoje, sereis recompensados com o castigo da vileza, porque vos ensoberbecíeis, na terra, sem razão, e porque cometíeis perversidade."

21. E menciona o irmão[1] de ᶜĀd, quando admoestou seu povo, em Al-ʻAhqāf[2] – enquanto, com efeito, haviam passado os admoestadores adiante dele e detrás dele – **dizendo:** "Não adoreis senão a Allah. Por certo, temo, por vós, o castigo de um formidável dia."

22. Disseram: "Chegaste a nós, para distanciar-nos de nossos deuses? Então, faze-nos vir o[3] que nos prometes, se és dos verídicos."

23. Ele disse: "A ciência **disso** está, apenas, junto de Allah. E eu transmito-vos o[4] com que sou enviado, mas eu vos vejo um povo ignorante."

24. Então, quando o[5] viram, como nuvem, que se dirigia a seus vales, disseram: "Isto é uma nuvem prestes a trazer-nos chuva." Ao contrário! É o que apressastes: um

---

(1) O Profeta Hūd.
(2) Nome do vale, em que habitava o povo de ᶜĀd. Cf. XLVI 1 n1.
(3) O: o castigo.
(4) O: aquilo, ou seja, a Mensagem.
(5) O: o castigo.

vento em que há doloroso castigo.

25. Ele profliga todas as cousas, com a ordem de seu Senhor; então, amanheceram **mortos**: não se viam senão suas vivendas. Assim, recompensamos o povo criminoso.

26. E, com efeito, empossamo-los naquilo⁽¹⁾ em que vos⁽²⁾ não empossamos. E fizemo-lhes ouvido e vistas e corações. E de nada lhes valeram seu ouvido nem suas vistas nem seus corações, pois negavam os sinais de Allah; e envolveu-os aquilo de que zombavam.

27. E, com efeito, aniquilamos as cidades⁽³⁾ a vosso redor, e patenteamos os sinais para retornarem.

28. Então, que os que eles tomaram por deuses, além de Allah, como meio de aproximação **dEle**, os houvessem socorrido! Ao contrário, eles sumiram **para longe** deles. Essa foi sua mentira e o que forjavam.

29. E **lembra-lhes de** quando dirigimos a ti um pequeno grupo de jinns, para ouvirem a **leitura** do Alcorão. E, quando a presenciaram, disseram: "Escutai!" Então,

---

(1) **Naquilo**: em força e riqueza.
(2) **Vos**: os idólatras de Makkah.
(3) Ou seja, as cidades de T̲h̲amūd, ᶜĀd e Lot.

quando foi encerrada, retiraram-se a seu povo, admoestando-o.

30. Disseram: "Ó nosso povo! Por certo, ouvimos um Livro, que foi descido depois de Moisés, que confirma o que havia antes dele; ele guia à verdade e a uma vereda reta.

31. "Ó nosso povo! Atendei o convocador[1] de Allah e crede nEle, que Ele vos perdoará **parte** dos delitos e vos protegerá de doloroso castigo.

32. "E quem não atender ao convocador de Allah, não escapará **ao castigo,** na terra, e não terá protetores, além dEle. Estes estarão em evidente descaminho."

33. E não viram eles que Allah, Que criou os céus e a terra, e não Se extenuou com sua criação, é Poderoso para dar a vida aos mortos? Sim! Por certo, Ele, sobre todas as cousas, é Onipotente.

34. E, um dia, quando forem expostos ao Fogo os que renegam a Fé, **dir-se-lhes-á:** "Não é isto a verdade?" Dirão: "Sim, por nosso Senhor!" Dirá Ele: "Então, experimentai o castigo, porque renegáveis a Fé."

---

(1) Ou seja, a Muḥammad.

35. Então, pacienta, como pacientaram os⁽¹⁾ dotados de firmeza, entre os Mensageiros, e não lhes apresses **o castigo**. Um dia, quando virem o que lhes foi prometido, estarão como se não houvessem permanecido, **nos sepulcros,** senão por uma hora de um dia. Ele⁽²⁾ é transmissão **da Verdade**. Então, não será aniquilado senão o povo perverso?

فَٱصْبِرْ كَمَا صَبَرَ أُوْلُواْ ٱلْعَزْمِ مِنَ ٱلرُّسُلِ وَلَا تَسْتَعْجِل لَّهُمْ كَأَنَّهُمْ يَوْمَ يَرَوْنَ مَا يُوعَدُونَ لَمْ يَلْبَثُوٓاْ إِلَّا سَاعَةً مِّن نَّهَارٍۭ بَلَـٰغٌ فَهَلْ يُهْلَكُ إِلَّا ٱلْقَوْمُ ٱلْفَـٰسِقُونَ ۝

---

(1) Referência a Noé, que suportou os vitupérios de seu povo; a Abraão, que não titubeou em sacrificar a seu filho; a Jacó, que sofreu, estoicamente, a perda de seu filho José, que suportou a prisão; a Jó, que pacientou sempre, mesmo em meio a tantos infortúnios; a Moisés, que liderou um povo rebelde; a Davi, que sofreu, por 40 anos, o remorso de pecar; e a Jesus, que desdenhou os bens materiais, mesmo em meio a tantas tentações.

(2) **Ele**: o Alcorão.

SŪRATU MUHAMMAD[1]
A SURA DE MUHAMMAD

De Al-Madīnah- 38 versículos.

Em nome de Allah, O Misericordioso, O Misericordiador.

1. Aos que renegam a Fé e afastam **os homens** do caminho de Allah, Ele lhes fará sumir as boas obras.

2. E aos que crêem e fazem as boas obras e crêem no que foi descido a Muhammad – e isto é a Verdade de seu Senhor – Ele lhes remirá as más obras e lhes emendará[2] a condição.

3. Isso, porque os que renegam a Fé seguem a falsidade, e porque os que crêem seguem a Verdade de seu Senhor. Assim, Allah propõe, para os homens, seus exemplos.

4. Então, quando deparardes, **em combate**, os que renegam a Fé,

---

(1) **Muhammad**: o Profeta do Islão. Esta sura, que assim se denomina pela menção deste nome, no versículo 2, evidencia, de início, que Deus torna vãs as boas obras dos idólatras, por haverem seguido a falsidade, e redime as faltas dos crentes, por haverem seguido a Verdade; enaltece o valor desta, a qual induz à recompensa máxima: o Paraíso, na Derradeira Vida; explicita, ainda, o que se deve fazer com os prisioneiros de guerra e patenteia a situação dos crentes e idólatras, antes e depois da morte, com descrição das plagas paradisíacas; ameaça trazer à tona os mesquinhos sentimentos dos hipócritas, e roga aos crentes não se desalentarem, quando em combate, uma vez que, pela propagação da Verdade serão secundados por Deus e, conseqüentemente, serão superiores aos inimigos. Finalmente, convoca os crentes a prodigalizarem bens, em benefício dos necessitados, e alerta contra a avareza, que é danosa, apenas, ao próprio avaro, lembrando que Deus é Quem tem riqueza, não seus servos.

(2) Ou seja, Deus melhorará as condições dos crentes.

47. Sūratu Muḥammad Parte 26

golpeai-lhes os pescoços, até quando os dizimardes, então, acorrentai-os firmemente⁽¹⁾. Depois, ou fazer-lhes mercê⁽²⁾, ou aceitar-lhes resgate, até que a guerra deponha⁽³⁾ seus fardos. Essa é **a determinação**. E, se Allah quisesse, defender-Se-ia⁽⁴⁾ deles, mas **Ele vos ordenou a guerra**, para pôr-vos à prova, uns com outros. E aos que são mortos, no caminho de Allah, Ele não lhes fará sumir as **boas** obras:

5. Guiá-los-á e emendar-lhes-á a condição;

6. E, fá-los-á entrar no Paraíso, que Ele os fizera conhecer.

7. Ó vós que credes! Se socorreis a Allah⁽⁵⁾, Ele vos socorrerá e vos tornará firmes os passos.

8. E aos que renegam a Fé, a eles, a desgraça! E Ele lhes fará sumir as obras.

9. Isso, porque odeiam o⁽⁶⁾ que Allah fez descer. Então, Ele lhes anulará as obras.

10. Então, não caminharam eles, na terra, para olhar como foi o fim

---

(1) **Os**: os que escaparam à morte.
(2) Ou seja, outorgar-lhes a liberdade, sem resgate.
(3) Ou seja, até que as armas sejam depostas, ou até que reine a paz.
(4) Se Deus quisesse, triunfaria sobre eles, sem necessidade do combate, enviando-lhes um castigo fulminante.
(5) **Socorrer a Deus**: ajudar no combate pelo Islão.
(6) **O**: o Alcorão.

dos que foram antes deles? Allah profligou-os. E, para os renegadores da Fé, haverá **fim** igual a este.

11. Isso, porque Allah é Protetor dos que crêem, e porque os renegadores da Fé não têm protetor algum.

12. Por certo, Allah fará entrar aos que crêem e fazem as boas obras em Jardins, abaixo dos quais correm os rios. E os que renegam a Fé gozam, **nesta vida**, e comem como comem os rebanhos⁽¹⁾; e o Fogo lhes será moradia.

13. E quantas cidades, mais fortes que tua cidade⁽²⁾ que te fez sair, aniquilamos! E não houve, para eles, socorredor algum.

14. Então, será que quem⁽³⁾ está **fundado** sobre evidência⁽⁴⁾ de seu Senhor é como aqueles⁽⁵⁾, para os quais é ornamentada sua má obra, e seguem suas paixões?

15. Eis o exemplo do Paraíso, prometido aos piedosos: nele, há rios de água nunca malcheirosa, e rios de leite, cujo sabor não se

---

(1) Tal como o animal que pascenta, sem saber que, um dia, será imolado, o renegador da Fé vive, come, dorme, sem atentar para o que lhe reserva o futuro.
(2) Alusão à cidade de Makkah, onde nasceu o Profeta e de onde foi expulso pela tribo Quraich, hostil a sua pregação religiosa.
(3) Alusão aos crentes.
(4) **Uma evidência**: o Alcorão. Vide XI 17 n1.
(5) **Aqueles**: os idólatras de Makkah.

altera, e rios de vinho, deleitoso para quem o bebe, e rios de mel purificado. E, nele, terão todo tipo de frutos, e perdão de seu Senhor. São **esses** como os que, no Fogo, serão eternos, e aos quais se dará de beber água ebuliente, que lhes despedaçará os intestinos?

16. E, entre eles[1], há os que te ouvem, até que, quando saem de perto de ti, dizem àqueles aos quais foi concedida a ciência: "O que ele disse há pouco?" Esses são aqueles cujos corações Allah selou, e seguem suas paixões

17. E aos que se guiam, Ele lhes acresce orientação e lhes concede piedade.

18. Então, não esperam eles senão que a Hora lhes chegue, inopinadamente? E, com efeito, chegaram seus prenúncios[2]. E, quando ela lhes chegar, como lhes servirá sua lembrança[3]?

19. Então, sabe que não há deus senão Allah. E implora perdão para teu delito e para os crentes e para

---

(1) **Eles**: os hipócritas que, assistindo às reuniões do Profeta e ouvindo-lhe, desatentamente, as palavras, perguntavam sarcásticos aos sábios, depois de concluída a reunião: "O que disse ele, mesmo?".

(2) Referência aos sinais indicativos da aproximação da Hora, como a chegada do Profeta Muḥammad, o último dos profetas.

(3) O idólatra menoscaba o que poderá acontecer-lhe no final dos tempos, mas de nada lhe adiantará lembrar-se das advertências feitas, a respeito da Hora, no Dia do Juízo Final.

as crentes. E Allah sabe de vossas atividades e de vossas últimas moradias.

20. E os que crêem dizem: "Que seja descida uma sura!" E, quando é descida uma sura precisa[1], e em que o combate é mencionado, tu vês aqueles, em cujos corações há enfermidade, olhar-te com o olhar do desfalecido pela morte. Então, valer-lhes-ia mais

21. Obediência e dito conveniente. E, quando a ordem[2] se confirmou, se houvessem sido verídicos com Allah, haver-lhes-ia sido melhor.

22. Então, se voltásseis as costas, quiçá, semeásseis a corrupção na terra e cortásseis vossos laços consangüíneos?

23. Esses são os que Allah amaldiçoou: então, Ele os ensurdeceu e lhes encegueceu as vistas.

24. E não ponderam eles o Alcorão, ou há cadeados em seus corações?

25. Por certo, aos que voltaram atras, após haver-se tornado evidente, para eles, a orientação,

---

(1) Ou seja, uma sura onde a ordem divina é expressa, clara e precisamente, sem possibilidade de qualquer alteração.
(2) Ou seja, ao ser decretada a ordem para o combate dos crentes contra os renegadores da Fé.

Satã os alicia **a isso**, e lhes dá vãs esperanças.

26. Isso, porque eles[1] disseram aos[2] que odeiam o que Allah fez descer: "Obedecer-vos-emos, em parte da ordem[3]." E Allah sabe seus segredos.

27. Então, como estarão, quando os anjos lhes levarem as almas, golpeando-lhes as faces e as nádegas?

28. Isso, porque eles[4] seguiram o que encoleriza a Allah, e odiaram Seu agrado; então, Ele anulou suas obras.

29. Será que aqueles, em cujos corações há enfermidade, supõem que Allah não fará sair à luz seus rancores[5]?

30. E, se quiséssemos, far-te-íamos vê-los, e, em verdade, reconhecê-los-ias por seu semblante. E, em verdade, tu os reconhecerias por seu modo de falar[6]. E Allah sabe de vossas obras.

---

(1) **Eles**: os judeus de Al Madīnah.
(2) **Aos**: aos hipócritas.
(3) Alusão à ofensiva contra o Profeta e ao desalento imposto aos demais, para que não combatessem na senda de Deus.
(4) **Eles**: os judeus de Al Madīnah.
(5) Ou seja, o ódio e a hostilidade que os hipócritas dirigiam, tacitamente, ao Profeta e aos crentes.
(6) O hipócrita não expressa objetivamente seus propósitos, com o intuito de iludir os outros.

31. E, certamente, por-vos-emos à prova, até saber dos lutadores, dentre vós, e dos perseverantes e **até** provar vossas notícias[1].

32. Por certo, os que renegam a Fé e afastam **os homens** do caminho de Allah e discordam do Mensageiro, após haver-se tornado evidente, para eles, a orientação, em nada prejudicam a Allah, e Ele anulará suas obras.

33. Ó vós que credes! Obedecei a Allah e obedecei ao Mensageiro, e não derrogueis vossas obras.

34. Por certo, os que renegam a Fé e afastam **os homens** do caminho de Allah; em seguida, morrem, enquanto renegadores da Fé, Allah não os perdoará.

35. Então, não vos desanimeis e não convoqueis **os inimigos** à paz, enquanto sois superiores, e Allah está convosco e não vos subtrai as obras.

36. A vida terrena é, apenas, diversão e entretenimento. E, se credes e sois piedosos, Ele vos concederá vossos prêmios, e não vos pedirá vossas riquezas;

37. Se Ele vo-las pedisse, e, **sobre isso**, insistisse convosco,

---

(1) Ou seja, "até termos conhecimento de atos de obediência ou desobediência, de vossa parte, quanto ao combate".

haver-vos-íeis mostrado avaros, e Ele haveria feito sair à luz vossos rancores.

38. Ei-vos convocados a despender no caminho de Allah; então, há, dentre vós, quem se mostre avaro. E quem se mostra avaro se mostra avaro, apenas, em prejuízo de si mesmo. E Allah é O Bastante a Si Mesmo, e vós sois os pobres. E, se voltais as costas, Ele vos substituirá por outro povo; em seguida, eles não serão iguais a vós.

SŪRATU AL-FATḤ⁽¹⁾
A SURA DA VITÓRIA

De Al-Madīnah - 29 versículos.

---

(1) **Al Fatḥ**: infinitivo substantivado de **fataḥa**, que, no sentido literal, significa **abrir**; já, no sentido figurado, entre outros, significa **remover a angústia da alma com a conquista na batalha** e, nesta acepção, essa palavra é mencionada nos versículos 1, 18 e 27, passando, assim, a denominar a sura. Aqui, alude-se à vitória, obtida por Muḥammad, no VI ano da Hégira (aproximadamente, 628 d.C.), época em que os Quraich, os maiores adversários do Profeta, concordaram em fazer com este um tratado de paz, o tratado de Al Ḥudaibiyah, o mesmo nome de uma localidade nas imediações de Makkah. Isso ocorreu, quando o Profeta, após ver em sonhos que visitava Makkah com seus seguidores, decidiu partir para lá, acompanhado de, aproximadamente, 1400 pessoas. Estando o Profeta em Al Ḥudaibiyah, os Quraich, ao saberem de sua aproximação, tentaram vetar sua entrada na cidade. O Profeta enviou, então, ᶜUthmān, Ibn ᶜAffān, como seu intermediário, a fim de informá-los de que não vinham para atacar, mas para visitar a Mesquita Sagrada, tão-somente. Como ᶜUthmān tardasse a regressar, correu notícia de que os Quraich o haviam matado. Sendo assim o Profeta se viu no dever de vingar a morte deste, no que concordaram seus seguidores, comprometendo-se a ajudá-lo nesse intento. Ao mesmo tempo, ao saberem disso, os Quraich se inquietaram e enviaram, imediatamente, Sahl Ibn ᶜAmr, seu grande orador, a fim de entender-se com o Profeta. Finalmente, após muitas disputas, chegaram as partes a um acordo, cujos itens mais importantes eram: 1) a trégua entre os Quraich e os moslimes, por dez anos; 2) o adiamento da visita do Profeta à cidade de Makkah, para o ano seguinte, quando poderiam entrar, pacificamente, e com as armas guardadas, podendo lá ficar três dias, durante os quais os Quraich se manteriam ausentes da cidade. Este tratado foi considerado, historicamente, triunfo muito importante, pois, durante a trégua, os moslimes se puseram em contato com várias tribos, da Península Arábica, que passaram a converter-se ao islamismo, de forma que, nos dois anos subseqüentes, o número de neófitos do Islão foi, incomparavelmente, superior ao de todos os tempos anteriores. A sura, inicialmente, faz alusão a esta conquista e suas conseqüências positivas para a disseminação do Islão, para o encorajamento dos moslimes e o enfraquecimento dos hipócritas e idólatras, que duvidavam do socorro de Deus ao Profeta. Depois, alude à atitude dos omissos, que, ao serem convocados, em socorro ao Profeta, escusaram-se de toda forma, para se eximirem da ajuda. Enfatiza, ainda, a magnífica atitude dos moslimes ao apoiarem o Profeta. Critica a cobiça dos omissos, quando da partilha dos despojos nas batalhas ocorridas, tempos depois. Faz referência ao propósito divino de obstar a batalha entre os moslimes e os Quraich, em Al Ḥudaibiyah, a fim de que, nela, não perecessem os crentes e as crentes que se encontravam junto aos Quraich. Finalmente, a sura traz a confirmação do sonho do Profeta, segundo o qual ele e seus seguidores visitariam a Mesquita Sagrada. A descrição dos crentes na Tora e no Evangelho encerra a sura.

48. Sūratu Al-Fatḥ — Parte 26

Em nome de Allah, O Misericordioso, O Misericordiador.

1. Por certo, Nós te asseguramos evidente vitória[1],

2. Para que Allah te perdoasse o que se antecipou de teu delito e o que se atrasou[2], e que completasse Sua graça para contigo, e te guiasse a uma senda reta,

3. E que Allah te socorresse com poderoso socorro.

4. Ele é Quem fez descer a serenidade, nos corações dos crentes, para que acrescentassem fé a sua fé; – e de Allah são os exércitos dos céus e da terra. E Allah é Onisciente, Sábio –

5. Para que Ele fizesse os crentes e as crentes entrar em Jardins, abaixo dos quais correm os rios, sendo nesses eternos, e lhes remisse as más obras; – e isso é, perante Allah, magnífico triunfo –

6. E para que Ele castigasse os hipócritas e as hipócritas e os idólatras e as idólatras pensantes[3] de maus pensamentos, acerca de Allah. – Que sobre eles recaia o

---

(1) Conquista de Makkah por Muḥammad. Vide n1 desta sura.
(2) Ou seja, os pecados que, eventualmente, pudessem ser cometidos por Muḥammad, uma vez que não é próprio dos profetas pecarem.
(3) Os hipócritas e os idólatras não acreditavam que Deus viesse em socorro do Profeta e estavam convictos de que os moslimes seriam derrotados.

revés do mal. – E Allah Se irou contra eles, e os amaldiçoou, e lhes preparou a Geena. E que vil destino!

7. E de Allah são os exércitos dos céus e da terra, e Allah é Todo-Poderoso, Sábio.

8. Por certo, Nós te enviamos por testemunha e alvissareiro e admoestador,

9. Para que vós[1] creiais em Allah e em Seu Mensageiro, e o ampareis e o honreis. E para que O glorifiqueis, ao alvorecer e ao entardecer.

10. Por certo, os que, **com aperto de mão**, se comprometem[2] a segundar-te, apenas, comprometem-se a segundar a Allah. A mão de Allah está sobre suas mãos[3]. Então, quem viola sua promessa a violará, apenas, em prejuízo de si mesmo. E a quem é fiel ao pacto que fez com Allah, Ele lhe concederá magnífico prêmio.

11. Dir-te-ão os que, dentre os beduínos, ficaram para trás[4]: "Nossas riquezas e nossas famílias

---

(1) **Vós**: os crentes.
(2) Referência ao compromisso, assumido pelos moslimes em Al Ḥundaibiyah, de apoiarem o Profeta, na luta contra os Quraich.
(3) A metáfora exprime o apoio de Deus aos moslimes que apoiam o Profeta, na luta contra os Quraich.
(4) Alusão às tribos que se recusaram a sair com o Profeta, para combaterem com ele, caso houvesse necessidade de lutar contra os Quraich, quando de sua visita à Makkah.

ocuparam-nos; então, implora perdão para nós." Eles dizem, com suas línguas, o que não há em seus corações. Dize: "Então, quem vos poderia fazer algo diante de Allah, se Ele vos desejasse um infortúnio, ou vos desejasse um benefício?" Mas Allah, do que fazeis, é Conhecedor.

12. "Aliás, vós pensastes que o Mensageiro e os crentes jamais tornariam a suas famílias, e isso foi ornamentado, em vossos corações, e pensastes maus pensamentos: e, **assim**, sois um povo perdido."

13. E quem não crê em Allah e em Seu Mensageiro, por certo, para os renegadores da Fé, Nós preparamos Um Fogo ardente.

14. E de Allah é a soberania dos céus e da terra. Ele perdoa a quem quer e castiga a quem quer. E Allah é Perdoador, Misericordiador.

15. Os que ficaram para trás dirão, quando caminhardes para os restos[1] de guerra, a fim de tomá-los: "Deixai-nos seguir-vos." Eles desejam alterar a fala de Allah. Dize: "Não nos seguireis. Assim, Allah disse, antes." Então, dirão: "Mas vós nos invejais." Aliás, eles nada entendem, exceto poucos.

16. Dize aos que, dentre os

---

(1) Referência aos despojos da batalha de **Khaibar**, entre os moslimes e judeus.

beduínos, ficaram para trás; "Sereis convocados **a combater** contra um povo[1] dotado de veemente fúria; combatê-los-eis, ou se islamizarão. Então, se obedeceis, Allah conceder-vos-á belo prêmio. E, se voltais as costas como voltastes as costas, antes, Ele castigar-vos-á com doloroso castigo."

17. Não há falta no cego e não há falta no coxo e não há falta no enfermo, **por não combaterem**. E a quem obedece a Allah e a Seu Mensageiro, Ele o fará entrar em Jardins, abaixo dos quais correm os rios. E a quem **Lhe** volta as costas, Ele o castigará com doloroso castigo.

18. Com efeito, Allah agradou-Se dos crentes, quando, debaixo da árvore, **com aperto de mão**, comprometeram-se a segundar-te; então, Ele soube o que havia em seus corações e fez descer a serenidade sobre eles; e retribuiu-lhes uma vitória próxima.

19. E muitos restos de guerra, para os tomarem. E Allah é Todo-Poderoso, Sábio.

20. Allah prometeu-vos muitos restos de guerra, para tomardes, e apressou, para vós, esta[2], e deteve

---

(1) Trata-se da tribo dos Bani Ḥanīfah, que apostataram do Islão, após a morte do Profeta.
(2) **Esta**: a batalha de Khaibar, em que os moslimes obtiveram significativos espólios.

as mãos dos homens, **afastando-as** de vós; e **fê-lo**, para que isso fosse um sinal para os crentes, e para que Ele vos guiasse a uma senda reta;

21. E outros, **ainda**, de que não vos apossastes, os quais Allah, com efeito, abarca[1]. E Allah, sobre todas as cousas, é Onipotente.

22. E, se os que renegam a Fé vos combatessem, voltar-vos-iam as costas; em seguida, não encontrariam nem protetor nem socorredor.

23. Assim, foi o procedimento de Allah, o qual passou, antes. E não encontrará, no procedimento de Allah, alteração alguma.

24. E Ele é Quem, no vale de Makkah, deteve suas mãos, **afastando-as** de vós, e vossas mãos, **afastando-as** deles, após haver-vos dado o triunfo[2] sobre eles. E Allah, do que fazeis, é Onividente.

25. Eles[3] são os que renegam a Fé, e que vos afastaram da Mesquita Sagrada, e **afastaram** as oferendas, entravadas, **impedindo-as** de

---

(1) Ou seja, Deus sabe que eles ganharão mais espólios, como os das batalhas contra os persas e os romanos.

(2) Ao saberem da iminente chegada de Muḥammad e seus prosélitos à cidade de Makkah, os Quraich se apressaram a enviar 80 combatentes para dizimá-los e, com isso, impedi-los de entrarem na Cidade Sagrada. Entretanto, esses combatentes foram capturados pelos moslimes e levados até o Profeta. Este, para deixar claro seus propósitos de não guerrear, não deteve os prisioneiros nem os puniu: devolveu-os aos Quraich, mostrando, com isso, que sua visita era de paz, não de guerra.

(3) **Eles**: os Quraich.

atingirem seu local **de imolação**. E, não estivessem, **entre eles**, homens crentes e mulheres crentes – que, não os conhecendo, poderíeis pisá-los, e, **por causa disso**, alcançar-vos-ia escândalo, sem que o soubésseis – **Ele vos permitia combatê-los; mas não o permitiu**, para que Allah fizesse entrar em Sua Misericórdia a quem quisesse. Se eles[1] estivessem separados, haveríamos castigado, com doloroso castigo, os que, dentre eles, renegaram a Fé.

26. Quando os que renegaram a Fé fizeram existir, em seus corações, o ardor[2], o ardor da ignorância, então, Allah fez descer Sua serenidade sobre Seu Mensageiro e sobre os crentes, e impôs-lhes a Palavra[3] da piedade; e dela eram mais merecedores e a ela mais achegados. E Allah, de todas as cousas, é Onisciente.

27. Com efeito, Allah confirmou com a verdade, o sonho[4] de Seu

---

(1) **Eles**: os crentes.
(2) Ou seja, **o ardor dos Tempos da Ignorância**: a tola obstinação dos idólatras, em proibirem o Profeta e os moslimes de entrarem em Makkah. Com respeito aos Tempos da Ignorância, vide III 154 n1, V 50 n1 e XXXIII 33 n3.
(3) **A palavra da Piedade** ou a frase da unicidade divina: "Não há deus senão Allah, e Muḥammad é Seu Profeta."
(4) No VI ano da Hégira, o Profeta viu em sonhos que entraria, com os crentes, em Makkah, para visitar a Mesquita Sagrada e realizar o ritual de **Al ᶜUmrah** (cf. II 158 p42 n1). E como os sonhos proféticos são espécie de revelação divina, Muḥammad decidiu realizar seu sonho. Assim, saiu a caminho de Makkah, quando foi obstado pelos Quraich de nela entrar, havendo sido, então, postergada a visita para o ano seguinte.

Mensageiro: "Certamente, entrareis, em segurança, na Mesquita Sagrada, se Allah quiser, estando com vossas cabeças rapadas ou curtos **vossos cabelos**, nada temendo." Então, Ele sabia o que não sabíeis, e fez, **para vós**, além disso, uma vitória próxima.

28. Ele é Quem enviou Seu Mensageiro com a Orientação e a religião da verdade, para fazê-la prevalecer sobre todas as religiões. E basta Allah por Testemunha.

29. Muḥammad é o Mensageiro de Allah. E os que estão com ele são severos para com os renegadores da Fé, misericordiadores, entre eles. Tu os vês curvados, prosternados, buscando um favor de Allah e agrado. Suas faces são marcadas pelo vestígio deixado pela prosternação. Esse é seu exemplo, na Tora. E seu exemplo, no Evangelho, é como planta, que faz sair seus ramos, e esses a fortificam, e ela se robustece e se levanta sobre seu caule. Ela faz se admirarem dela os semeadores. **Assim, Allah fez**, para suscitar, por causa deles[1], o rancor dos renegadores da Fé. Allah promete aos que crêem e fazem as boas obras, dentre eles, perdão e magnífico prêmio.

---

(1) **Deles**: dos crentes.

SŪRATU AL-ḤUJURĀT[1]
A SURA DOS APOSENTOS

De Al-Madīnah- 18 versículos.

Em nome de Allah, O Misericordioso, O Misericordiador.

1. Ó vós que credes! Não vos antecipeis[2] a Allah e a Seu Mensageiro. E temei a Allah. Por certo, Allah é Oniouvinte, Onisciente.

2. Ó vós que credes! Não eleveis vossas vozes acima da voz do Profeta, e não alteeis o tom, **ao lhe falardes**, como alteais, uns com os outros, para que vossas obras se não anulem, enquanto não percebeis.

3. Por certo, os que baixam suas vozes diante do Mensageiro de Allah, esses são aqueles cujos corações Allah pôs à prova, para a piedade. Eles terão perdão e magnífico prêmio.

---

(1) Ḥujurāt: plural de ḥujrah, aposento. Assim se denomina a sura, pela menção dessa palavra no versículo 4, e se refere aos aposentos ocupados pelo Profeta, na Mesquita de Al Madīnah. Aqui se encontram as primeiras regras de bem proceder, que todo o crente deve seguir: nada antecipar, antes da ordem de Deus e do Profeta: o princípio básico; jamais elevar a voz ao Profeta; não chamar por ele, quando em seus aposentos, em voz alta; certificar-se da veracidade das informações recebidas dos devassos, para evitar erros posteriores; aos chefes das comunidades cabe, sempre, a reconciliação das partes litigantes; é proibido zombar um do outro e entregar-se à maledicência; deve-se evitar todo juízo temerário; respeitar a vida privada do próximo, e não entregar-se a espiá-la. Finalmente, a sura exorta os beduínos a entenderem que sua adesão ao Islão é mais um favor de Deus para com eles, do que deles próprios para com o Profeta.

(2) Ou seja, nenhuma decisão deve ser tomada pelo crente, antes da ordem de Deus e de Seu Profeta.

4. Por certo, os que te chamam, de fora dos aposentos, sua maioria não razoa.

5. E, se eles pacientassem, até que tu saísses a seu encontro, ser-lhes-ia melhor. E Allah é Perdoador, Misericordiador.

6. Ó vós que credes! Se vos chega um perverso com um informe, certificai[1]-vos disso para não lesar por ignorância, certas pessoas: então, tornar-vos-íeis arrependidos do que havíeis feito.

7. E sabei[2] que, entre vós, está o Mensageiro, de Allah. Se ele vos obedecesse, em muitos dos assuntos, embaraçar-vos-íeis. Mas Allah vos fez amar a Fé e aformoseou-a, em vossos corações, e vos fez odiar a renegação da Fé e a perversidade e a desobediência. Esses são os assisados,

8. Por favor e graça de Allah. E Allah é Onisciente, Sábio.

---

(1) Alusão ao ocorrido com Al Walīd Ibn ᶜUkbah, um crente suspeito, que o Profeta enviou à tribo de Banū al Muṣṭalaq, a fim de receber **az-zakāh**. Como Al Walīd já tivera atritos com a referida tribo, antes do Islão, receoso de chegar a ela, retornou, do meio do caminho, e, mentindo ao Profeta, disse que a tribo se negava a cumprir o dever religioso; além do mais, acrescentou, quase fora morto por eles. Aborrecido, o Profeta intentou enviar-lhes uma expedição militar, para que se emendassem. Entretanto, ao tomar conhecimento do fato, a tribo injustiçada veio até o Profeta, a fim de esclarecer-lhe a verdade. A revelação deste versículo tem o propósito de recomendar aos crentes não confiarem nas palavras dos suspicazes.

(2) Trata-se da advertência de que a mentira é inócua, pois Deus tudo sabe e, ainda, faz Seu Mensageiro dela inteirar-se, o que leva a atormentar-se o mentiroso.

9. E, se duas facções dos crentes pelejam, reconciliai-as. E, se uma delas comete transgressão contra a outra, combatei a que transgride, até que ela volte[1] para a ordem de Allah. Então, se ela volta, reconciliai-as, com a justiça, e sede equânimes. Por certo, Allah ama os equânimes.

10. Os crentes não são que irmãos. Então, reconciliai vossos dois[2] irmãos **que pelejarem**. E temei a Allah, na esperança de obterdes misericórdia.

11. Ó vós que credes! Que um grupo não escarneça de **outro** grupo – quiçá, este seja melhor que aquele – nem mulheres, de mulheres – quiçá, estas sejam melhores que aquelas – e não vos difameis, mutuamente, e não vos injurieis, com epítetos **depreciativos**. Que execrável a designação[3] de "perversidade", depois da Fé! E os que se não arrependem, esses são os injustos.

12. Ó vós que credes! Evitai muitas das conjeturas[4]. Por certo,

---

[1] Ou seja, até que ela siga o caminho certo.
[2] O Islão considera irmão todo moslime. Assim, ao contenderem dois moslimes, devem ser reconciliados como se fossem irmãos.
[3] É fato indesejável ao crente que o tomem por devasso, ao transgredir as diretrizes mencionadas nesta sura, depois de haver abraçado a Fé.
[4] É vedado ao crente fazer juízo temerário dos outros.

uma parte das conjecturas é pecado. E não vos espieis. E não faleis mal, uns dos outros, pelas costas. Algum de vós gostaria de comer[1] a carne de seu irmão morto? Pois, odiá-la-íeis! E temei a Allah. Por certo, Allah é Remissório, Misericordiador.

13. Ó homens! Por certo, Nós vos criamos de um varão e de uma varoa, e vos fizemos como nações e tribos, para que vos conheçais uns aos outros. Por certo, o mais honrado de vós, perante Allah é o mais piedoso. Por certo, Allah é Onisciente, Conhecedor.

14. Os beduínos[2] dizem: "Cremos." Dize: "Vós não credes, mas dizei: 'Islamizamo-nos'; e, ainda, a Fé não entrou em vossos corações. E, se obedeceis a Allah e a Seu Mensageiro, Ele nada vos diminuirá de vossas obras. Por certo, Allah é Perdoador, Misericordiador."

15. Os **autênticos** crentes são, apenas, os que crêem em Allah e em seu Mensageiro; em seguida, de nada duvidam, e lutam com suas riquezas e com si mesmos, no caminho de Allah. Esses são os verídicos.

---

(1) Falar mal dos outros, pelas costas, é ato tão abominável quanto comer a carne do próprio irmão morto.
(2) Alusão a alguns elementos da tribo Banū Assad, que anunciavam ser crentes convictos, mas, na realidade, o eram aparentemente.

16. Dize: "Ensinareis a Allah vossa religião, enquanto Allah sabe o que há nos céus e o que há na terra?" E Allah, de todas as cousas, é Onisciente.

17. Eles **consideram que** te fazem mercê, por se islamizarem. Dize: "Não considereis vossa islamização como mercê para mim. Ao contrário, Allah vos fez mercê, por haver-vos guiado à Fé, se sois verídicos!"

18. Por certo, Allah sabe o Invisível dos céus e da terra. E Allah, do que fazeis, é Onividente.

50. Sūratu Qāf

SŪRATU QĀF[1]
A SURA DE QĀF

De Makkah - 45 versículos.

Em nome de Allah, O Misericordioso, O Misericordiador.

1. Qāf. Pelo glorioso Alcorão, **tu és, Muḥammad, o Mensageiro de Allah!**

2. Mas eles[2] se admiram de haver-lhes chegado um admoestador, vindo deles; então, os renegadores da Fé dizem: "Isto é cousa admirável!

3. "Quando morrermos e formos pó, **ressuscitaremos**? Esse é um retorno distante!"

4. Com efeito, sabemos o que a terra diminui[3] deles. E, junto de Nós, há um Livro[4] custódio **de tudo**.

---

(1) **Qāf**: designação da letra árabe ق, sem correspondência, exata, na língua portuguesa, mas transcrita aproximadamente por um q (qó) enfático. Quanto à interpretação desta letra, veja-se II, 1 n3. Aqui, ela denomina a sura, por estar mencionada em seu primeiro versículo, que se inicia pela confirmação da Mensagem de Muḥammad, e pela descrição da atitude dos idólatras de Makkah, que não, apenas, negam esta Mensagem, mas a própria Ressurreição do homem. Em refutação a isso, a sura expõe numerosos sinais do poderio de Deus, a fim de provar que Ele é Poderoso, para ressuscitar os homens, depois da morte, além de que é sabedor do que há no âmago do ser humano: registra-lhes todos os atos e dizeres, em um Livro resguardado, no céu. Apresenta, ainda, cenas do Dia do Juízo, às quais nenhum réprobo escapará; e eles serão lançados na Geena, enquanto os crentes adentraram o Paraíso, para gozar as mercês de Deus. Finalmente, a sura ordena paciência ao Profeta, no que tange aos atos e palavras dos idólatras, e o induz a permanecer firme na adoração de Deus, atentando que ele é, antes de tudo, admoestador e não tirano.

(2) **Eles**: os idólatras de Makkah.

(3) Referência ao ato de a terra consumir os corpos mortos, nela sepultados.

(4) **Livro custódio de tudo**: o Livro do Destino, onde tudo é registrado.

50. Sūratu Qāf   Parte 26

سورة ق ٥٠   الجزء ٢٦

5. Mas desmentem a Verdade[1], quando ela lhes chega: então, ei-los, em inextricável situação.

6. Então, não olharam eles para o céu, acima deles, como o edificamos e o aformoseamos, e **como** não há fresta alguma nele?

7. E a terra, estendemo-la e, nela, implantamos assentes montanhas e, nela, fazemos germinar toda espécie de esplêndidos casais **de plantas**,

8. Como prova evidente e lembrança para todo servo contrito.

9. E fazemos descer do céu água bendita, e, com ela fazemos germinar jardins e grãos de ceifar,

10. E as tamareiras, altas, de espatas **com frutas** ordenadas,

11. Como o sustento para os servos; e, com ela, vivificamos uma plaga morta. Assim, será a saída **dos sepulcros**.

12. Antes deles, desmentiram **aos Mensageiros** o povo de Noé e os companheiros de Ar-Rass[2] e **o povo de** T̲h̲amūd

13. E de ʿĀd, e Faraó, e os irmãos de Lot.

14. E os habitantes de Al-'Aykah[3]

---

(1) Trata-se do Alcorão.
(2) Cf. XXV 38 n2.
(3) Cf. XV 78 n6.

e o povo de Tubba^c(1). Todos desmentiram aos Mensageiros; então, cumpriu-se Minha cominação.

15. Então, extenuamo-Nos, com a criação primeira? **Não**. Mas eles estão em confusão diante de uma nova criação^(2)!

16. E, com efeito, criamos o ser humano e sabemos o que a alma lhe sussurra. E Nós estamos mais Próximos^(3) dele que a veia jugular,

17. Quando os dois^(4) **anjos** recolhedores, sentados a **sua** direita e a **sua** esquerda, recolhem **tudo o que ele diz e faz**.

18. Ele não profere dito algum sem que haja, junto dele, um observante presente.

19. E a embriaguez^(5) da morte chegará, com a verdade. **Dir-se-á ao moribundo**: "Isso é o de que te arredavas!"

20. E se soprará na Trombeta. Esse será o Dia da Cominação.

21. E cada alma chegará, estando

---

(1) Cf. XLIV 37 n2.
(2) **Nova Criação**: a Ressurreição.
(3) **Estar mais próximo**: ter conhecimento intrínseco e total de tudo quanto o homem faz e pensa.
(4) Alusão aos dois anjos tutelares, encarregados de registrar os atos e dizeres do ser humano.
(5) **Embriaguez da morte**: o estado moribundo, que antecede, imediatamente, à morte.

com ela um condutor e uma testemunha.

22. **Dir-se-lhe-á**: "Com efeito, estavas em desatenção a isto, e removemo-te a venda; então, hoje, tua vista é aguda."

23. E seu acompanhante⁽¹⁾ dirá: "Eis o⁽²⁾ que tenho presente, junto de mim."

24. Dir-se-á a ambos os anjos: "Lançai na Geena todo ingrato obstinado,

25. "Constante impedidor do bem, agressor, duvidador,

26. "Que fez, junto de Allah, outro deus. Então, lançai-o, no veemente castigo."

27. Seu acompanhante⁽³⁾ dirá': "Senhor meu! Não o fiz cometer transgressão, mas ele estava em profundo descaminho."

28. Allah dirá: "Não disputeis junto de Mim. E, com efeito, antecipei-vos a cominação.

29. "O Dito não se altera, junto de Mim, e não sou injusto com os servos."

30. Um dia, diremos à Geena:

---

(1) Ou seja, o anjo encarregado do ser humano.
(2) O: o registro dos atos e dizeres, em poder dos anjos.
(3) Trata-se do demônio que acompanhava o rebelde, durante a vida. Cf. XLIII 36.

"Já estás repleta?" E ela dirá: "Há mais, ainda(1)?"

31. E far-se-á o Paraíso aproximar-se dos piedosos, não longe **dali**.

32. **Dir-se-lhes-á**: "Eis o que vos foi prometido, a todo devoto, custódio,

33. "Que receou aO Misericordioso, ainda que Invisível, e chegou, com o coração contrito, **à Derradeira Vida**.

34. "Entrai nele(2), em paz. Esse é o dia da eternidade!"

35. Nele(3), terão o que quiserem e, junto de Nós, haverá **ainda** mais.

36. E que de gerações aniquilamos, antes deles(4), mais temíveis que eles, e vaguearam a terra. Houve, **para eles**, fugida?

37. Por certo, há nisso lembrança para quem tem(5) coração, ou dá ouvidos **à exortação**, enquanto testemunha.

38. E, com efeito, criamos os céus e a terra e o que há entre ambos, em seis dias, e nos não tocou exaustão.

---

(1) Ou seja, por mais repleta que esteja, a Geena sempre terá lugar para mais um réprobo.
(2) **Nele**: no Paraíso.
(3) **Nele**: no Paraíso.
(4) **Deles**: dos idólatras de Makkah.
(5) **Ter coração**: estar atento.

50. Sūratu Qāf — Parte 26

سورة ق ٥٠ ‎ ‎ الجزء ٢٦

39. Pacienta, pois, **Muḥammad**, quanto ao⁽¹⁾ que dizem, e glorifica, com louvor, a teu Senhor, antes do nascer do sol e antes do ocaso;

فَٱصْبِرْ عَلَىٰ مَا يَقُولُونَ وَسَبِّحْ بِحَمْدِ رَبِّكَ قَبْلَ طُلُوعِ ٱلشَّمْسِ وَقَبْلَ ٱلْغُرُوبِ ۝

40. E, durante parte da noite, glorifica-O, e após a prosternação.

وَمِنَ ٱلَّيْلِ فَسَبِّحْهُ وَأَدْبَـٰرَ ٱلسُّجُودِ ۝

41. E ouve⁽²⁾: um dia, quando o pregador⁽³⁾ chamar de um lugar próximo,

وَٱسْتَمِعْ يَوْمَ يُنَادِ ٱلْمُنَادِ مِن مَّكَانٍ قَرِيبٍ ۝

42. Um dia, quando ouvirem o Grito⁽⁴⁾, com a verdade, esse será o dia da saída **dos sepulcros**.

يَوْمَ يَسْمَعُونَ ٱلصَّيْحَةَ بِٱلْحَقِّ ذَٰلِكَ يَوْمُ ٱلْخُرُوجِ ۝

43. Por certo, Nós damos a vida e damos a morte. E a Nós será o destino.

إِنَّا نَحْنُ نُحْىِۦ وَنُمِيتُ وَإِلَيْنَا ٱلْمَصِيرُ ۝

44. Um dia, quando a terra se fender, dela sairão, com destreza. Essa é uma reunião fácil para Nós.

يَوْمَ تَشَقَّقُ ٱلْأَرْضُ عَنْهُمْ سِرَاعًا ذَٰلِكَ حَشْرٌ عَلَيْنَا يَسِيرٌ ۝

45. Nós somos bem Sabedor do que dizem. E tu, sobre eles, não és tirano. Então, lembra o Alcorão a quem teme Minha cominação.

نَّحْنُ أَعْلَمُ بِمَا يَقُولُونَ وَمَا أَنتَ عَلَيْهِم بِجَبَّارٍ فَذَكِّرْ بِٱلْقُرْءَانِ مَن يَخَافُ وَعِيدِ ۝

---

(1) **Ao**: àquilo, às mentiras e difamações dos idólatras.
(2) Ou seja, "atenta para o que vou dizer-te acerca do Dia do Juízo".
(3) Ou seja, o anjo Isrāfīl, que fará soar a trombeta.
(4) O Grito que fará todos se levantarem dos sepulcros.

SŪRATU AẒ-ẒĀRIYĀT[1]
A SURA DOS DISPERSADORES

De Makkah - 60 versículos.

Em nome de Allah, O Misericordioso, O Misericordiador.

1. Pelos ventos que dispersam intensamente.

2. Pelas carregadoras de carga[2]!

3. Pelas corredoras, facilmente!

4. Pelos distribuidores de ordem!

5. Por certo, o[3] que vos é prometido é verídico,

6. E, por certo, o Juízo sobrevirá.

7. Pelo céu de vias[4] perfeitas!

8. Por certo, vós[5] estais

---

(1) **Aẓ-Ẓāriyāt**: plural de **aẓ-ẓāriyah**, particípio presente substantivado do verbo **ẓarā**, dispersar, designativo de **ventos**. Assim se denomina a sura, pela menção dessa palavra no primeiro versículo. O juramento da inexorabilidade da Ressurreição e do Dia da Conta inicia a sura, seguindo-se-lhe o juramento de que os renegadores da Fé estão em divergência quanto ao que dizem do Profeta e do Alcorão. A sura adverte esses renegadores de seu nefasto destino, e anuncia, aos tementes, magnífica recompensa. Adiante, exorta os homens à meditação sobre os sinais de Deus, existentes em todo o Universo e no âmago dos homens. Alude, também, à história de Abraão e seus hóspedes angélicos; ao triste fim dos antigos povos renegadores de seus mensageiros, reiterando sempre que a adoração do Deus Único deve ser o alvo supremo dos homens e dos jinns. Conclui, advertindo os Quraich, que não aceitam a Mensagem do Profeta, de castigo idêntico ao dos que assim procederam, antes.

(2) Ou seja, pelas **nuvens** carregadas de água da chuva. Da mesma forma, segundo alguns exegetas, os versículos seguintes, 3 e 4, referem-se respectivamente, às **naus** que cortam os mares e aos **anjos** que levam as ordens divinas, para todos os cantos do Universo.

(3) Os eventos escatológicos, tais quais a Ressurreição, a Conta dos atos, o Castigo, a Recompensa.

(4) Ou seja, caminhos estelares.

(5) **Vós**: os idólatras de Makkah.

divididos em ditos⁽¹⁾ divergentes.

9. Distancia-se dele⁽²⁾ quem se distancia **da Fé**.

10. Malditos sejam os impostores!

11. Os que estão em confusão, alheados.

12. Perguntam: "Quando será o Dia do Juízo?"

13. Um dia, quando forem provados sobre o Fogo,

14. **Dir-se-á**: "Experimentai vossa provação. Isto é o que apressáveis."

15. Por certo, os piedosos estarão em Jardins e **entre** fontes,

16. Tomando o que seu Senhor lhes conceder. Por certo, antes disso, eram benfeitores:

17. De noite, dormiam pouco,

18. E, nas madrugadas, imploravam perdão **de Allah**

19. E, em suas riquezas, havia, de direito, parte para o mendigo e para o desprovido.

20. E, na terra, há sinais para os que estão convictos **da Fé**,

---

⁽¹⁾ **Ditos**: conceitos divergentes, que os idólatras têm, acerca do Profeta, de que é poeta, adivinho ou mágico.
⁽²⁾ **Dele**: do Profeta.

21. E há-**os** em vós mesmos. Então, não **os** enxergais?

22. E, no céu, há vosso sustento e o[1] que vos é prometido.

23. Então, pelo Senhor do céu e da terra, por certo, isto é uma verdade tanto quanto o fato que vos falais.

24. Chegou-te o relato dos honrados hóspedes[2] de Abraão?

25. Quando entraram junto a ele e disseram: "Salam!", **Paz!**, disse ele: "Salam!", povo desconhecido."

26. Então, foi ele ter, sorrateiramente, com sua família, e chegou com um bezerro gordo,

27. E aproximou-o deles. Disse: "Não comeis?"

28. Então, teve medo deles. Disseram: "Não te atemorizes!" E alvissararam-lhe um filho sapiente.

29. E sua mulher dirigiu-se, aos gritos, e bateu na sua face e disse: "**Eu**? Uma anciã estéril!"

30. Disseram: "Assim, teu Senhor disse. Por certo, Ele é O Sábio, O Onisciente."

---

(1) **O**: aquilo, ou seja, a recompensa ou o castigo.
(2) Alusão aos anjos encarregados de anunciar um filho a Abraão e o castigo do povo de Lot.

31. **Abraão** disse: "Qual vosso intuito, ó Mensageiros?"

32. Disseram: "Por certo, estamos sendo enviados a um povo criminoso,

33. "Para lançar, sobre eles, pedras de barro,

34. "Marcadas junto de teu Senhor, para os entregues a excessos."

35. Então, fizemos sair dela[1] quem nela estava dos crentes,

36. E, nela, não encontramos senão uma casa de moslimes[2],

37. E, nela, deixamos um sinal, para os que temem o doloroso castigo.

38. E, em Moisés, **deixamos um sinal**, quando o enviamos, com evidente comprovação, a Faraó,

39. E, ele, com seu esteio[3], **lhe** voltou as costas e disse: "É mágico ou louco!"

40. Então, apanhamo-lo, **a ele** e a seu exército, e deitamo-los fora, na onda, enquanto censurado.

41. E, no **povo de** ᶜĀd, **deixamos um sinal**, quando enviamos contra eles o vento estéril[4],

---

[1] **Dela**: das cidades de Loṭ.
[2] Ou seja, a casa de Loṭ.
[3] Ou seja, com o amparo de seu exército.
[4] **O vento estéril**: que não desencadeia a chuva fertilizadora do solo.

42. Que não deixa cousa alguma, pela qual passe, sem fazer dela resquício.

43. E, no **povo de Thamūd, deixamos um sinal**, quando lhes foi dito: "Gozai, até certo tempo!"

44. E transgrediram desmesuradamente, a ordem de seu Senhor; então, o raio apanhou-os, enquanto olhavam.

45. E não puderam levantar-se, e não foram socorridos.

46. E, antes, **aniquiláramos** o povo de Noé. Por certo, era um povo perverso.

47. E o céu, edificamo-lo com vigor, e, por certo, somos Nós Que o estamos ampliando[1].

48. E a terra, estendemo-la; então, que Excelente Aplainador somos Nós!

49. E, de cada cousa, criamos um casal, para meditardes.

50. **Dize-lhes, Muḥammad**: "Então, refugiai-vos em Allah. Por certo, dEle, sou-vos evidente admoestador.

---

(1) O versículo coincide com a teoria da **expansão do universo**, sugerida, originariamente, pelo astrônomo holandês W. De Sitter (1917), e relativa a um estado de evolução contínua do Universo, com suas inumeráveis galáxias. Vide *Grande Enciclopédia Delta Larousse*, volume 6, p. 2636, ed. 1970 - R. J..

51. "E não façais, junto de Allah, outro deus. Por certo, dEle, sou-vos evidente admoestador."

52. Assim, não chegou aos que foram antes deles Mensageiro algum sem que dissessem: "É mágico ou louco!"

53. Recomendaram-no[1] um ao outro? Não. Mas eles são um povo rebelde.

54. Então, volta-lhes as costas e não serás censurado.

55. E adverte, pois a advertência beneficia os crentes.

56. E não criei os jinns e os humanos senão para Me adorarem.

57. Não desejo deles sustento algum, e não desejo que Me alimentem.

58. Por certo, Allah é O Sustentador, O Possuidor da força, O Fortíssimo.

59. E, por certo, há, para os que são injustos, porção de castigo igual à porção de seus companheiros **das outras nações**; então, que não Me apressem **quanto ao castigo**.

60. E ai dos que renegam a Fé, por seu dia, que lhes é prometido!

---

(1) No: isso, ou seja, os dizeres sobre o Profeta, de que era mágico ou louco, reiterados por todos os povos, a seus mensageiros, como se fora recomendação de um a outro.

SŪRATU AṬ-ṬŪR[1]
A SURA DO MONTE DE AṬ-ṬŪR

De Makkah - 49 versículos.

Em nome de Allah, O Misericordioso, O Misericordiador.

1. Pelo **Monte de** Aṭ-Ṭūr!

2. E por um Livro escrito

3. Em pergaminho[2] desenrolado!

4. E pela casa[3] povoada!

5. E pelo teto[4] elevado!

6. E pelo mar abrasado!

7. Por certo, o castigo de teu Senhor sobrevirá.

8. Ninguém poderá detê-lo.

9. Um dia, quando o céu se agitar energicamente,

10. E as montanhas caminharem realmente.

---

(1) **Aṭ-Ṭūr**: o Monte, sobre o qual Moisés falou a Deus, ou seja, o Monte Sinai. Essa palavra, mencionada no primeiro versículo, vai denominar a sura, que se abre com o juramento por cinco cousas importantes, para confirmar a vinda irredutível do castigo, que sofrerão os negadores da Mensagem de Deus, no Dia do Juízo. A seguir, faz menção da recompensa dos piedosos e das delícias que usufruirão nos Jardins eternos, junto de toda sua descendência de crentes. A sura ordena ao Profeta que advirta, continuamente, os descrentes, sem esmorecer e sem dar importância ao que pretendem, no sentido de o difamarem, a ele próprio, e ao Alcorão. Adiante, refuta inúmeras opiniões dos adversários do Profeta, reiterando que eles deparação o Dia do Juízo e provarão o castigo irremediável, e recomenda ao Profeta glorificar, incessantemente, a Deus, inclusive pela madrugada.

(2) Alusão à Tora ou ao Alcorão.

(3) **Casa**: a Kaᶜbah povoada, constantemente, de peregrinos.

(4) **Teto**: o céu.

11. Então, nesse dia, ai dos desmentidores,

12. Que estão em confabulações, divertindo-se!

13. Um dia, serão arremessados no Fogo da Geena, vigorosamente:

14. "Este é o Fogo que desmentíeis.

15. "Então, isto é magia, ou vós nada enxergais?

16. "Sofrei sua queima! Pacientai ou não pacienteis, ser-vos-á igual. Apenas, sois recompensados pelo que fazíeis."

17. Por certo, os piedosos estarão em Jardins e delícia,

18. Hílares, pelo que seu Senhor lhes conceder – e seu Senhor guardá-los-á do castigo do Inferno.

19. **Dir-se-lhes-á**: "Comei e bebei, com deleite, pelo que fazíeis." –

20. Reclinados sobre leitos alinhados. E fá-los-emos casados com húris de belos grandes olhos.

21. E aos que crêem – e que sua descendência os segue, com Fé – ajuntar-lhes-emos sua descendência, e nada lhes diminuiremos de suas obras. Cada qual será penhor do que houver logrado.

22. E prover-lhes-emos frutas e carnes, do que apetecerem.

23. Neles[1], mutuarão taças, em que não há frivolidade nem ato pecaminoso.

24. E circularão, entre eles, **para servi-los**, mancebos **belos** como pérolas resguardadas.

25. E dirigir-se-ão uns aos outros, interrogando-se[2].

26. Dirão: "Por certo, antes, em nossas famílias, estávamos atemorizados **do Castigo.**

27. "Depois, Allah fez-nos mercê e guardou-nos do castigo do Samūm[3].

28. "Por certo, antes, nós O invocávamos. Por certo, Ele é O Blandicioso, O Misericordiador."

29. Então, **Muhammad,** adverte e, pela graça de teu Senhor, tu não és adivinho nem louco.

30. Ou dizem eles: "É um poeta, de quem aguardamos a surpresa da morte"

31. Dize: "Aguardai-a! Por certo, sou dos aguardadores, convosco."

---

[1] **Neles**: nos Jardins.
[2] Cada um dos bem-aventurados interrogará o outro da causa de tamanhas dádivas.
[3] Cf. XV 27 n4.

32. Será que suas mentes lhes ordenam isso? Ou são um povo transgressor?

33. Ou dizem: "Ele o inventou?" **Não.** Mas eles não crêem.

34. Então, que façam vir uma mensagem igual a ele⁽¹⁾, se são verídicos.

35. Ou foram eles criados do nada, ou são eles os criadores?

36. Ou criaram os céus e a terra? **Não.** Mas não se convencem **disso**.

37. Ou têm os cofres de teu Senhor? Ou são eles os donos absolutos?

38. Ou têm uma escada, por meio da qual escutam **os segredos do céu**? Então que aquele que escuta para eles⁽²⁾ faça chegar evidente comprovação!

39. Ou são dEle as filhas e, de vós, os filhos?

40. Ou lhes pedes um prêmio, então, estão sobrecarregados de ônus?

41. Ou têm **a ciência** do Invisível, então, escrevem **o que querem**?

---

(1) **Ele**: o Alcorão.
(2) **Eles**: os idólatras de Makkah.

42. Ou desejam armar insídias⁽¹⁾? Então, os que renegam a Fé, serão eles os insidiados.

43. Ou têm deus outro que Allah? Glorificado seja Allah, acima do que idolatram!

44. E, se vissem cair um pedaço do céu, diriam: "São nuvens aglomeradas⁽²⁾."

45. Então, deixa-os, até depararem seu dia, em que cairão fulminados,

46. Um dia, em que nada lhes valerá sua insídia, e não serão socorridos.

47. E, por certo, além disso⁽³⁾, há castigo para os que são injustos; mas a maioria deles não sabe.

48. E pacienta quanto ao julgamento de teu Senhor, pois estás diante de Nossos olhos. E glorifica, com louvor, a teu Senhor, quando te levantares.

49. E, durante parte da noite, glorifica-O, então, e após **se desvanecerem** as estrelas.

---

(1) Cf. VIII 30 n1.
(2) Ou seja, os idólatras são tão rebeldes, que, mesmo que contra eles sejam enviados pedaços do céu, como castigo, ainda assim, dirão tratar-se de nuvens anunciadoras da chuva.
(3) **Além disso**: além do Dia do Juízo.

53. Sūratu An-Najm

SŪRATU AN-NAJM[1]
A SURA DA ESTRELA

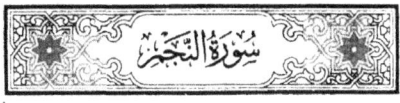

De Makkah - 62 versículos.

Em nome de Allah, O Misericordioso, O Misericordiador.

1. Pela estrela, quando declina!

2. Vosso companheiro[2] não se descaminhou nem se transviou,

3. E não fala, por paixão;

4. **Sua fala** não é senão revelação **a ele** revelada.

5. Ensina-lhe, **o Anjo Gabriel**, o veemente[3] em força,

6. Possuidor de sensatez; então, apareceu-lhe estático, **em sua imagem original**,

7. Enquanto estava no horizonte[4] mais alto;

---

(1) **An-Najm**: a estrela, embora, freqüentemente, este substantivo designe, também, a constelação das Plêiades. Essa palavra, mencionada no primeiro versículo, vai denominar a sura, que apresenta, de início, o juramento, pela estrela, da veracidade do Profeta e de sua Mensagem, que é revelada por Deus. Depois, afirma que o Profeta é verídico acerca da visão que teve de Gabriel, na terra, e, outra vez, quando de sua ascensão aos céus. A seguir, denuncia a absurdidade dos idólatras, pois adoram ídolos que eles próprios fabricam e nomeiam, sem prova alguma revelada por Deus, e exorta o Profeta a ignorar os idólatras e a deixar o destino deles nas mãos de Deus, Que bem os conhece, desde quando pó e, depois, embriões nos ventres maternos. A sura, ainda, critica, com severidade, aquele que renega a Ressurreição e os sinais comprobatórios do poder divino, sinais estes mencionados nas Escrituras de mensageiros anteriores, como Abraão e Moisés. Finalmente, mais uma vez, recrimina o inconseqüente descaso dos idólatras com respeito ao Alcorão, e ordena aos crentes se prosternarem diante de Deus.

(2) Ou seja, o Profeta Muḥammad.

(3) Característica atribuída ao anjo Gabriel.

(4) Segundo os exegetas, o Profeta Muḥammad, ao receber a visita do anjo Gabriel, pediu-lhe que o deixasse vê-lo em forma angelical, ao que o anjo aquiesceu,

53. Sūratu An-Najm

8. Em seguida, aproximou-se e achegou-se **a ele**,

ثُمَّ دَنَا فَتَدَلَّىٰ ۝

9. E ficou à distância de dois arcos, ou mais próximo, **ainda**.

فَكَانَ قَابَ قَوْسَيْنِ أَوْ أَدْنَىٰ ۝

10. Então, Ele revelou a Seu servo o que **lhe** revelou.

فَأَوْحَىٰ إِلَىٰ عَبْدِهِ مَا أَوْحَىٰ ۝

11. O coração **de Muḥammad** não desmentiu o que viu.

مَا كَذَبَ ٱلْفُؤَادُ مَا رَأَىٰ ۝

12. Então, altercais, com ele, sobre o que vê?

أَفَتُمَٰرُونَهُۥ عَلَىٰ مَا يَرَىٰ ۝

13. E, com efeito, viu-o, outra vez,

وَلَقَدْ رَءَاهُ نَزْلَةً أُخْرَىٰ ۝

14. Junto da Sidrati al Muntahā[1];

عِندَ سِدْرَةِ ٱلْمُنتَهَىٰ ۝

15. Junto dela, está o Jardim de al Ma'wā[2].

عِندَهَا جَنَّةُ ٱلْمَأْوَىٰٓ ۝

16. Quando encobriu as-Sidrata o[3] que a encobriu,

إِذْ يَغْشَى ٱلسِّدْرَةَ مَا يَغْشَىٰ ۝

17. A vista não se lhe desviou nem foi além.

مَا زَاغَ ٱلْبَصَرُ وَمَا طَغَىٰ ۝

18. Com efeito, ele viu **algo** dos grandiosos sinais de seu Senhor.

لَقَدْ رَأَىٰ مِنْ ءَايَٰتِ رَبِّهِ ٱلْكُبْرَىٰٓ ۝

---

escolhendo, para isso, a localidade da Península Arábica, de nome Ḥirā'. E, assim, foi: todo o horizonte ficou tomado pela figura do anjo, de leste a oeste, o que encheu o Profeta de profunda admiração, e fê-lo cair, por terra, exânime. Após isso, o anjo Gabriel passou à aparecer, diante de Muḥammad, na forma humana.

(1) A árvore existente à direita do Trono, pela qual nenhum dos anjos pode passar, mas à qual chegou o Profeta, em sua ascensão ao céu.
(2) Região do Paraíso, habitada pelos anjos e as almas dos mártires e dos piedosos.
(3) **O**: um esplendor indescritível. Aliás, o próprio recurso estilístico, **encobriu... encobriu**, existe para enfatizar a impossibilidade de descrever-se o que ocorreu no momento.

19. Vistes, então, al-Lāt⁽¹⁾ e al-ʿUzzā⁽²⁾,

أَفَرَءَيْتُمُ ٱللَّـٰتَ وَٱلْعُزَّىٰ ۝

20. E a outra, Manat⁽³⁾, a terceira, **que nada podem**?

وَمَنَوٰةَ ٱلثَّالِثَةَ ٱلْأُخْرَىٰٓ ۝

21. É de vós o varão e dEle, a varoa?

أَلَكُمُ ٱلذَّكَرُ وَلَهُ ٱلْأُنثَىٰ ۝

22. Esta é, nesse caso, uma partilha iníqua.

تِلْكَ إِذًا قِسْمَةٌ ضِيزَىٰٓ ۝

23. Os ídolos não são senão nomes que nomeastes –vós e vossos pais– dos quais Allah não fez descer comprovação alguma. Eles⁽⁴⁾ não seguem senão as conjeturas e aquilo⁽⁵⁾ pelo qual as almas se apaixonam. E, com efeito, chegou-lhes a Orientação de seu Senhor.

إِنْ هِيَ إِلَّآ أَسْمَآءٌ سَمَّيْتُمُوهَآ أَنتُمْ وَءَابَآؤُكُم مَّآ أَنزَلَ ٱللَّهُ بِهَا مِن سُلْطَـٰنٍ ۚ إِن يَتَّبِعُونَ إِلَّا ٱلظَّنَّ وَمَا تَهْوَى ٱلْأَنفُسُ ۖ وَلَقَدْ جَآءَهُم مِّن رَّبِّهِمُ ٱلْهُدَىٰٓ ۝

24. Será que o ser humano tem o que ambiciona?

أَمْ لِلْإِنسَـٰنِ مَا تَمَنَّىٰ ۝

25. Então, de Allah é a Derradeira Vida e a primeira.

فَلِلَّهِ ٱلْـَٔاخِرَةُ وَٱلْأُولَىٰ ۝

26. E quantos anjos há, nos céus, cuja intercessão de nada valerá, senão após Allah permiti-la a quem quiser e a quem Lhe agradar!

۞ وَكَم مِّن مَّلَكٍ فِى ٱلسَّمَـٰوَٰتِ لَا تُغْنِى شَفَـٰعَتُهُمْ شَيْـًٔا إِلَّا مِنۢ بَعْدِ أَن يَأْذَنَ ٱللَّهُ لِمَن يَشَآءُ وَيَرْضَىٰٓ ۝

---

(1) Divindades femininas, feitas de pedra, que os idólatras da Arábia pré-islâmica adoravam e acreditavam ser seus intercessores, junto de Deus. Na verdade, o versículo, aqui, interpela os idólatras a respeito da importância desses ídolos, que nada fazem e nada podem.
(2) Idem.
(3) Idem.
(4) **Eles**: os idólatras.
(5) **Aquilo**: a intercessão dos ídolos, junto de Deus, em favor dos idólatras.

27. Por certo, os que não crêem na Derradeira Vida nomeiam os anjos com nomes de varoa,

28. E disso eles não têm ciência alguma. Não seguem senão as conjeturas. E, por certo, as conjeturas de nada valem diante da verdade.

29. Então, **Muḥammad,** dá de ombros a quem volta as costas a Nossa Mensagem e não deseja senão a vida terrena.

30. Esse é seu alcance da ciência. Por certo, teu Senhor é bem Sabedor de quem se descaminha de Seu caminho. E Ele é bem Sabedor de quem se guia.

31. E é de Allah o que há nos céus e o que há na terra, para recompensar os que malfazem, pelo que fazem, e recompensar os que bem-fazem, com a mais bela recompensa,

32. Estes são os que evitam os maiores pecados e as obscenidades, exceto as faltas menores. Por certo, teu Senhor é de munificente perdão. Ele é bem Sabedor de vós, quando vos fez surgir da terra e quando éreis embriões nos ventres de vossas mães. Então, não vos pretendais dignos: Ele é bem Sabedor de quem é piedoso.

33. Então, viste aquele⁽¹⁾ que voltou as costas,

34. E deu um pouco e parou por avareza?

35. Tem ele a ciência do Invisível, então *o* vê?

36. Não foi ele informado do que há nas páginas de Moisés,

37. E **nas de** Abraão, que cumpriu **seu dever**?

38. Que nenhuma alma pecadora arca com o pecado de outra,

39. E que não há, para o ser humano, senão o que adquire com seu esforço,

40. E que seu esforço será visto,

41. Em seguida, será recompensado com a mais completa recompensa,

42. E que a teu Senhor será o término **de tudo**,

43. E que Ele é Quem faz rir e faz chorar,

44. E que Ele é Quem dá a morte e dá a vida,

---

(1) Alusão a Al Walīd Ibn Al Mughīrah, que seguiu o Profeta e, por isso, foi ridicularizado por seus companheiros idólatras. Quando lhe perguntaram por que deixava a religião de seus antepassados, a idolatria, pelo Islão, respondeu-lhes que temia o castigo de Deus. Os companheiros, maliciosamente, garantiram-lhe que, se ele lhes desse muitos bens, seria salvo dos pecados que cometera. Diante dessa possibilidade, adiantou-lhes uma parcela de bens e abandonou o Islão, abstendo-se de pagar o restante, por avareza.

45. E que ele é Quem criou o casal: o varão e a varoa,

46. De gota seminal, quando ejaculada,

47. E que impende a Ele o derradeiro surgimento,

48. E que Ele é Quem enriquece e empobrece,

49. E que Ele é Quem é O Senhor da Sirius[1],

50. E que Ele é Quem aniquilou os primeiros **povos de** ʿĀd

51. E **de** Thamūd – então, a ninguém deixou ficar –

52. E o povo de Noé, antes – por certo, eram mais injustos e mais transgressores –

53. E as cidades tombadas[2], fê-las cair,

54. E encobriu-as o[3] que as encobriu.

55. Então, qual das mercês de teu Senhor tu, **homem**, altercas?

56. Este é um admoestador dentre os primeiros admoestadores.

57. Aproxima-se a **Hora** iminente.

---

(1) Nome dado à estrela alfa Grande Cão, que os árabes pré - islâmicos adoravam.
(2) Alusão às cidades de Sodoma e Gomorra.
(3) Cf. n7 desta sura.

53. Sūratu An-Najm

58. Ninguém, além de Allah, poderá descobri-la.

لَيْسَ لَهَا مِن دُونِ ٱللَّهِ كَاشِفَةٌ ﴿٥٨﴾

59. Então, admirai-vos desta Mensagem?

أَفَمِنْ هَٰذَا ٱلْحَدِيثِ تَعْجَبُونَ ﴿٥٩﴾

60. E rides, e não chorais,

وَتَضْحَكُونَ وَلَا تَبْكُونَ ﴿٦٠﴾

61. Enquanto estais brincando

وَأَنتُمْ سَٰمِدُونَ ﴿٦١﴾

62. Então, prosternai-vos diante de Allah, e adorai-O.

فَٱسْجُدُوا۟ لِلَّهِ وَٱعْبُدُوا۟ ﴿٦٢﴾

54. Sūratu Al-Qamar   Parte 27   884   الجزء ٢٧   سورة القمر ٥٤

SŪRATU AL-QAMAR⁽¹⁾ A SURA DA LUA

De Makkah - 55 versículos.

Em nome de Allah, O Misericordioso, O Misericordiador.

1. A Hora aproxima-se, e a lua fendeu-se.

2. E, **contudo**, se eles vêem[2] um sinal, dão de ombros e dizem: "É magia constante."

3. E desmentem **a Mensagem** e seguem suas paixões. E toda ordem tem seu tempo de ser.

4. E, com efeito, chegou-lhes, dos informes, aquilo[3] em que há repulsa **à descrença**:

5. Uma terminante sabedoria. Mas de nada **lhes** valem as admoestações.

6. Então, **Muḥammad**, volta-

---

(1) **Al Qamar**: a lua. Esta palavra aparece no primeiro versículo e vai denominar a presente sura que, de início, adverte os homens do Dia do Juízo, enunciando-lhe os sinais escatológicos característicos, mas menoscabados pelos idólatras, sempre renitentes em desmentir o Profeta. Por isso mesmo, nesses versículos, o Profeta é exortado a deixá-los de lado, pois no Dia do Juízo, sairão, inelutavelmente, dos sepulcros, desvairados, para pagarem por seus erros. A sura, ainda, alude a inúmeros povos antepassados e ao castigo que os atingiu, por haverem desmentido seus mensageiros. Entre esses relatos, ela salienta que o Alcorão é facultado a todos que queiram recordar-se dos preceitos de Deus e que os idólatras de Makkah estão em igualdade de condição com os que os precederam, razão porque serão condenados e não terão absolvição dos pecados. A sura finda, ameaçando os renegadores da Verdade e dando alvíssaras aos piedosos.

(2) Alusão aos idólatras de Makkah, da tribo Quraich.

(3) **Aquilo**: os informes existentes, no Alcorão, concernentes à aniquilação dos povos anteriores, que renegavam seus mensageiros.

lhes as costas. Um dia, quando o convocador⁽¹⁾ os convocar a uma terrível⁽²⁾ cousa,

7. Com as vistas humildemente baixas, sairão dos sepulcros, como gafanhotos espalhados⁽³⁾,

8. Correndo, infrenes, de olhos fitos no convocador. Os renegadores da Fé dirão: "Este é um dia difícil."

9. Antes deles⁽⁴⁾, o povo de Noé desmentiu a Mensagem; então, desmentiram Nosso servo⁽⁵⁾ e disseram: "É um louco!", e foi repulsado.

10. E ele suplicou a seu Senhor: "Por certo, estou vencido. Então, socorre-me."

11. Então, abrimos as portas do céu com água torrencial,

12. E fizemos a terra emanando em fontes. Então, depararam-se as águas⁽⁶⁾, conforme ordem determinada.

13. E carregamo-lo⁽⁷⁾ sobre a

---

(1) Ou seja, o anjo Isrāfīl (Rafael), que fará ressuscitar os mortos, ao toque de clarim.
(2) Ou seja, a prestação de contas, exigida de cada ser humano.
(3) A comparação consiste em salientar o estado de desnorteamento pelo qual os idólatras, apavorados, passarão, sem saber para onde ir, tais como gafanhotos que infestam uma região.
(4) **Deles**: da tribo Quraich.
(5) **Servo**: Noé.
(6) Ou seja, as águas celestiais e terreais.
(7) **Lo**: Noé.

Arca de tábuas e pregos.

14. Ela corria diante de Nossos olhos. E **fizemo-lo,** como recompensa a quem[1] fora renegado.

15. E, com efeito, deixamo-la[2] como sinal. Então, há quem **disso** se recorde?

16. Então, como foi Meu castigo e Minhas admoestações?

17. – E, com efeito, facilitamos[3] o Alcorão, para a recordação. Então, há quem **disso** se recorde? –

18. O povo de ᶜĀd desmentiu **aos Mensageiros;** então, como foi Meu castigo e Minhas admoestações?

19. Por certo, enviamos contra eles, em um dia funesto e interminável, estridente vento glacial.

20. Arrancava os homens como se foram troncos de tamareiras desarraigadas.

21. Então, como foi Meu castigo e Minhas admoestações?

22. – E, com efeito, facilitamos o Alcorão, para a recordação. Então, há quem disso se recorde? –

---

(1) Ou seja, Noé.
(2) **La**: a Arca.
(3) O Alcorão, apesar de encerrar a mais profunda sabedoria e conhecimento do homem, da Vida e do Universo, suas normas e regras, dirigidas ao ser humano, são de fácil compreensão, assimilação e lembrança.

23. O povo de Thamūd desmentiu aos admoestadores.

24. E disseram: "Seguiremos um só mortal, dentre nós? Nesse caso, estaremos, por certo, em descaminho e em loucura.

25. "Foi-lhe transmitida a Mensagem, **só a ele,** dentre nós? Mas ele é mentiroso, enfatuado."

26. Dissemos: "Saberão, amanhã[1], quem é o mentiroso, o enfatuado."

27. Por certo, enviar-lhes-emos o camelo[2] fêmea, por provação. Então, fica na expectativa deles e pacienta.

28. E informa-os de que a água será partilhada entre eles e **o camelo fêmea;** cada porção de bebida será presenciada **por aquele a quem ela pertence.**

29. Depois, eles chamaram seu companheiro[3], e este incumbiu-se de agir, e abateu-o.

30. Então, como foi Meu castigo e Minhas admoestações?

31. Por certo, enviamos contra eles um só Grito, e ficaram como

---

(1) **Amanhã**: no Dia do Juízo.
(2) Cf. VII 73 p250 n1.
(3) Alusão a Qudār Ibn Sālif.

resíduos de palha seca, de quem faz estábulos.

32. – E, com efeito, facilitamos o Alcorão, para a recordação. Então, há quem **disso** se recorde? –

33. O povo de Lot. desmentiu as admoestações.

34. Por certo, enviamos contra eles um vento lastrado de seixos, exceto contra a família de Lot. Salvamo-los, na madrugada,

35. Por graça de Nossa parte. Assim, recompensamos a quem agradece.

36. E, com efeito, ele[1] admoestou-os de Nosso golpe; então, altercaram as admoestações.

37. E, com efeito, tentaram seduzi-lo, no tocante a seus hóspedes; então, apagamo-lhes os olhos. **Dissemos:** "Experimentai, pois, Meu castigo e Minhas admoestações."

38. E, com efeito, de manhã, na alvorada, um castigo permanente surpreendeu-os.

39. Então, experimentai Meu castigo e Minhas admoestações."

40. – E, com efeito, facilitamos o Alcorão, para a recordação. Então, há quem disso se recorde? –

---

[1] **Ele**: Lot.

41. E, de fato, chegaram os admoestadores ao povo de Faraó.

42. Eles desmentiram todos Nossos sinais; então, apanhamo-los, com o apanhar de Um Todo-Poderoso, Potentíssimo.

43. Será que vossos renegadores da Fé, **ó Quraich,** são melhores que aqueles, ou tendes absolvição, nas Escrituras[1]?

44. Ou dizem: "Somos uma multidão vitoriosa"?

45. A multidão será derrotada e fugirão eles, voltando as costas.

46. Aliás, a Hora é seu tempo prometido; e a Hora é mais horrenda e mais amarga.

47. Por certo, os criminosos estão em descaminho e em loucura.

48. Um dia, quando, no Fogo, forem arrastados sobre suas faces, **dir-se-lhes-á:** "Experimentai o toque de Saqar[2]!"

49. Por certo, Nós criamos cada cousa, na justa medida.

50. E Nossa ordem não é senão uma só[3] **palavra, rápida** como o piscar da vista.

---

(1) Alusão às Sagradas Escrituras, ou ao Livro do Destino, junto de Deus.
(2) **Saqar**: uma das designações da Geena.
(3) Vide XXXVI 82. O versículo atenta para a simultaneidade da **ordem e da execução**, expressa pelas palavras "Sê" e "É".

51. – E, com efeito, aniquilamos vossos semelhantes. Então, há quem **disso** se recorde? –

52. E cada cousa que fizeram está nos registros[1].

53. E cada cousa, pequena e grande, **ali** é escrita.

54. Por certo, os piedosos estarão em Jardins e **entre** rios,

55. Em verdadeiro lugar de permanência, junto de Um Rei Potentíssimo.

---

(1) Ou seja, o Livro do Destino, que se encontra junto de Deus.

55. Sūratu Ar-Raḥmān

SŪRATU AR-RAHMĀN[1]
A SURA DO MISERICORDIOSO

De Al-Madīnah - 78 versículos.

Em nome de Allah, O Misericordioso, O Misericordiador.

1. O Misericordioso.

2. Ensinou o Alcorão.

3. Criou o ser humano,

4. Ensinou-o a expressar-se.

5. O sol e a lua **movem-se** com cômputo.

6. E a grama e as árvores prosternam-se[2].

7. E o céu, Ele o elevou; e estabeleceu a balança[3],

8. Para que, na balança, não cometais transgressão:

---

[1] **Ar-Raḥmān**: O Misericordioso, é adjetivo substantivado, derivado do verbo **raḥima**, que equivale a conceder misericórdia. Esse epíteto encerra a idéia de possuidor de plena misericórdia. Aliás, **Ar-Rahmān** é epíteto intrínseco e exclusivo de Deus, fonte única da misericórdia magna e plena. O primeiro versículo traz essa palavra, que vai denominar a sura, iniciada pela menção das mercês honorabilíssimas de Deus para com o ser humano: o ensino do Alcorão e da expressão lingüística. Enumera, a seguir, outras mercês, que enfatizam o poder e a magnificência de Deus, nos céus e na terra, que tanto os homens quanto os jinns presenciam. Alude, também, ao castigo dos renegadores da Mensagem, e à recompensa dos piedosos, no Dia da Ressurreição. Finalmente, glorifica a Deus, louvando-O. Saliente-se que, nesta sura, aparece repetida, 31 vezes, a frase: "Então, qual das mercês de vosso Senhor vós ambos desmentis?", segundo a norma alcorânica de que a repetição cadenciada exorta melhor à Verdade, e é mais persuasiva, no tocante aos renegadores da Fé.

[2] Tudo obedece a Deus. Até a grama e as árvores O veneram. Tudo se prosterna diante dEle. Por que, então, os idólatras não fazem o mesmo?

[3] Ou seja, a justiça.

55. Sūratu Ar-Raḥmān Parte 27

سورة الرحمن ٥٥   الجزء ٢٧

9. E, **assim**, cumpri o peso com eqüidade, e não defraudeis na balança.

وَأَقِيمُوا۟ ٱلْوَزْنَ بِٱلْقِسْطِ وَلَا تُخْسِرُوا۟ ٱلْمِيزَانَ ۝

10. E a terra, pô-la à disposição dos viventes.

وَٱلْأَرْضَ وَضَعَهَا لِلْأَنَامِ ۝

11. Nela, há frutas, e as tamareiras de invólucros,

فِيهَا فَـٰكِهَةٌ وَٱلنَّخْلُ ذَاتُ ٱلْأَكْمَامِ ۝

12. E os grãos em palhas, e as plantas aromáticas.

وَٱلْحَبُّ ذُو ٱلْعَصْفِ وَٱلرَّيْحَانُ ۝

13. – Então, qual das mercês de vosso Senhor vós ambos[1] desmentis? –

فَبِأَىِّ ءَالَآءِ رَبِّكُمَا تُكَذِّبَانِ ۝

14. Ele criou o ser humano de argila sonorosa, como a cerâmica,

خَلَقَ ٱلْإِنسَـٰنَ مِن صَلْصَـٰلٍ كَٱلْفَخَّارِ ۝

15. E criou o jinn de pura chama de fogo.

وَخَلَقَ ٱلْجَآنَّ مِن مَّارِجٍ مِّن نَّارٍ ۝

16. – Então, qual das mercês de vosso Senhor vós ambos desmentis? –

فَبِأَىِّ ءَالَآءِ رَبِّكُمَا تُكَذِّبَانِ ۝

17. O Senhor dos dois levantes e O Senhor dos dois poentes[2].

رَبُّ ٱلْمَشْرِقَيْنِ وَرَبُّ ٱلْمَغْرِبَيْنِ ۝

18. – Então, qual das mercês de vosso Senhor vós ambos desmentis? –

فَبِأَىِّ ءَالَآءِ رَبِّكُمَا تُكَذِّبَانِ ۝

19. Desenleia os dois mares, para se depararem;

مَرَجَ ٱلْبَحْرَيْنِ يَلْتَقِيَانِ ۝

20. Entre ambos, há uma

بَيْنَهُمَا بَرْزَخٌ لَّا يَبْغِيَانِ ۝

---

(1) O dual relaciona-se aos homens e aos jinns. Aliás, este versículo vai repetir-se por 31 vezes, até o fim da sura.
(2) Trata-se, respectivamente, dos levantes e poentes do sol, nos solstícios de inverno e de verão.

barreira; nenhum dos dois comete transgressão.

21. – Então, qual das mercês de vosso Senhor vós ambos desmentis?-

22. De ambos saem as pérolas e o coral.

23. – Então, qual das mercês de vosso Senhor vós ambos desmentis? –

24. E são dEle as **naus** correntes, **por vós feitas**, como montanhas, no mar.

25. – Então, qual das mercês de vosso Senhor vós ambos desmentis? –

26. Tudo o que está sobre ela[1] é finito,

27. E só permanecerá a face[2] de teu Senhor, Possuidor de majestade e honorabilidade.

28. – Então, qual das mercês de vosso Senhor vós ambos desmentis? –

29. Pede-lhe **benevolência** quem está nos céus e na terra. Em cada dia, Ele executa uma obra nova[3].

---

[1] **Ela**: a Terra.
[2] Ou seja, Deus Próprio.
[3] É próprio dEle outorgar às criaturas, a cada instante, porção do que lhes é predestinado, tal como a vida, a morte, a prosperidade, a adversidade, o perdão, a punição.

30. – Então, qual das mercês de vosso Senhor vós ambos desmentis? –

31. Nós nos dedicaremos a vós ambos, ó Thaqalān[1].

32. – Então, qual das mercês de vosso Senhor vós ambos desmentis? –

33. Ó coorte de jinns e humanos! Se podeis atravessar os limites dos céus e da terra, atravessai-os. Vós não os atravessareis senão com um poder[2],

34. – Então, qual das mercês de vosso Senhor vós ambos desmentis? –

35. Enviar-se-ão contra vós ambos chamas de fogo e cobre fundido; e não sereis socorridos.

36. – Então, qual das mercês de vosso Senhor vós ambos desmentis? –

37. E, quando o céu fender e se tornar róseo como a pele,

---

[1] **Thaqalān**: substantivo comum dual, com sentido coletivo, e designativo, aqui, dos homens e jinns.
[2] Ou seja, senão com o poder de Deus. Exegetas alcorânicos interpretam este passo de acordo com o que a ciência, hoje, explicita: que é preciso extraordinária energia propulsora (que envolve profundos conhecimentos e cálculos físicos, matemáticos e geométricos, além de vultosas somas de dinheiro), para que o homem possa atravessar, apenas, a zona de gravidade da Terra, como já vem fazendo em suas viagens espaciais. Imagine-se de quanto precisará para atravessar os limites do Universo, que se encontram a milhões de milhares de anos-luz da Terra! Do que se infere ser impossível esta empresa aos homens e jinns, sem poder divino.

38. – Então, qual das mercês de vosso Senhor vós ambos desmentis? –

39. Então, nesse dia, não será interrogado, acerca de seu delito, nem humano nem jinn.

40. – Então, qual das mercês de vosso Senhor vós ambos desmentis? –

41. Serão reconhecidos os criminosos por seus semblantes e serão apanhados pelos topetes e pelos pés.

42. – Então, qual das mercês de vosso Senhor vós ambos desmentis? –

43. Dir-se-lhes-á: "Eis a Geena que os criminosos desmentiam."

44. Eles circularão entre ela e água ebuliente, escaldante.

45. – Então, qual das mercês de vosso Senhor vós ambos desmentis? –

46. E para quem teme a preeminência de seu senhor, haverá dois Jardins.

47. – Então, qual das mercês de vosso Senhor vós ambos desmentis? –

48. Ambos de ramos florescentes.

49. – Então, qual das mercês de

vosso Senhor vós ambos desmentis? –

50. Em ambos, correm duas fontes.

فِيهِمَا عَيْنَانِ تَجْرِيَانِ ۝

51. – Então, qual das mercês de vosso Senhor vós ambos desmentis? –

فَبِأَىِّ ءَالَآءِ رَبِّكُمَا تُكَذِّبَانِ ۝

52. Em ambos, há, de cada fruta, duas espécies.

فِيهِمَا مِن كُلِّ فَٰكِهَةٍ زَوْجَانِ ۝

53. – Então, qual das mercês de vosso Senhor vós ambos desmentis? –

فَبِأَىِّ ءَالَآءِ رَبِّكُمَا تُكَذِّبَانِ ۝

54. Reclinados estarão sobre acolchoados, cujos forros são de brocado. E os frutos de ambos os Jardins estarão à mão.

مُتَّكِـِٔينَ عَلَىٰ فُرُشٍ بَطَآئِنُهَا مِنْ إِسْتَبْرَقٍ وَجَنَى ٱلْجَنَّتَيْنِ دَانٍ ۝

55. – Então, qual das mercês de vosso Senhor vós ambos desmentis? –

فَبِأَىِّ ءَالَآءِ رَبِّكُمَا تُكَذِّبَانِ ۝

56. Neles, haverá **donzelas** de olhares restritos a seus amados. Não as tocou, antes deles[1], nem humano nem jinn.

فِيهِنَّ قَٰصِرَٰتُ ٱلطَّرْفِ لَمْ يَطْمِثْهُنَّ إِنسٌ قَبْلَهُمْ وَلَا جَآنٌّ ۝

57. – Então, qual das mercês de vosso Senhor vós ambos desmentis? –

فَبِأَىِّ ءَالَآءِ رَبِّكُمَا تُكَذِّبَانِ ۝

58. Como se fossem o rubi e o coral[2].

كَأَنَّهُنَّ ٱلْيَاقُوتُ وَٱلْمَرْجَانُ ۝

---

(1) **Deles**: dos bem-aventurados habitantes desses dois Jardins.
(2) Ou seja, serão como o rubi precioso, na pureza, e como o belo coral, na cor.

55. Sūratu Ar-Raḥmān Parte 27

59. – Então, qual das mercês de vosso Senhor vós ambos desmentis? –

فَبِأَيِّ ءَالَآءِ رَبِّكُمَا تُكَذِّبَانِ ۝

60. Há outra recompensa da benevolência senão benevolência?

هَلْ جَزَآءُ ٱلْإِحْسَٰنِ إِلَّا ٱلْإِحْسَٰنُ ۝

61. – Então, qual das mercês de vosso Senhor vós ambos desmentis? –

فَبِأَيِّ ءَالَآءِ رَبِّكُمَا تُكَذِّبَانِ ۝

62. E, além de ambos, haverá dois **outros** Jardins.

وَمِن دُونِهِمَا جَنَّتَانِ ۝

63. – Então, qual das mercês de vosso Senhor vós ambos desmentis? –

فَبِأَيِّ ءَالَآءِ رَبِّكُمَا تُكَذِّبَانِ ۝

64. Ambos verde-escuros.

مُدْهَآمَّتَانِ ۝

65. – Então, qual das mercês de vosso Senhor vós ambos desmentis? –

فَبِأَيِّ ءَالَآءِ رَبِّكُمَا تُكَذِّبَانِ ۝

66. Em ambos, haverá duas fontes jorrando.

فِيهِمَا عَيْنَانِ نَضَّاخَتَانِ ۝

67. – Então, qual das mercês de vosso Senhor vós ambos desmentis? –

فَبِأَيِّ ءَالَآءِ رَبِّكُمَا تُكَذِّبَانِ ۝

68. Em ambos, haverá frutas, e tamareiras, e romãs.

فِيهِمَا فَٰكِهَةٌ وَنَخْلٌ وَرُمَّانٌ ۝

69. – Então, qual das mercês de vosso Senhor vós ambos desmentis? –

فَبِأَيِّ ءَالَآءِ رَبِّكُمَا تُكَذِّبَانِ ۝

70. Neles, haverá fidalgas, formosas

فِيهِنَّ خَيْرَٰتٌ حِسَانٌ ۝

71. – Então, qual das mercês de vosso Senhor vós ambos desmentis? –

فَبِأَيِّ ءَالَآءِ رَبِّكُمَا تُكَذِّبَانِ ۝

72. Húris, reclusas nas tendas.

73. – Então, qual das mercês de vosso Senhor vós ambos desmentis? –

74. Não as tocou, antes deles, nem humano nem jinn.

75. – Então, qual das mercês de vosso Senhor vós ambos desmentis? –

76. Reclinados estarão sobre almofadas verdes e formosos tapetes.

77. – Então, qual das mercês de vosso Senhor vós ambos desmentis? –

78. Bendito seja o Nome de teu Senhor, Possuidor de majestade e honorabilidade!

56. Sūratu AL-Wāqiᶜah

SŪRATU AL-WĀQIᶜAH⁽¹⁾
A SURA DO ACONTECIMENTO

De Makkah - 96 versículos.

Em nome de Allah, O Misericordioso, O Misericordiador.

1. Quando o acontecimento⁽²⁾ sobrevier,

2. Não haverá de sua sobrevença **alma** desmentidora.

3. **Ele será** rebaixador, **ele será** elevador⁽³⁾,

4. Quando a terra for sacudida violentamente,

5. E as montanhas forem esmigalhadas totalmente,

6. Então, tornar-se-ão partículas espalhadas.

7. E vós sereis de três espécies:

⁽¹⁾ **Al Wāqiᶜah**: uma das designações do Dia do Juízo. É particípio presente feminino de **waqaᶜa**, cair ou acontecer com certeza, e, por ser o Dia do Juízo um evento que ocorrerá inevitavelmente, recebe esta denominação. Essa palavra aparece no primeiro versículo e denomina a sura, que se abre com a menção do evento do Juízo Final e de tudo que sucederá então. Informa, ainda, que as criaturas, nesse Dia, serão de três categorias, e dá pormenores dos galardões ou castigos destinados a cada uma delas, conforme suas obras na vida terrena. Apresenta a manifestação das graças de Deus para com os homens, espalhadas por toda a Natureza: a criação do homem, os campos lavrados, as nuvens pluviais, a utilização do fogo pelo ser humano, diante do que os homens devem glorificar a Deus e entoar-Lhe louvores. Salienta o valor do Alcorão, como Mensagem divina, e censura a cruel atitude dos idólatras, que trocam a gratidão pela ingratidão. Finalmente, a sura reafirma que tudo que menciona é absoluta Verdade e, por isso mesmo, o ser humano deve glorificar o seu Senhor, incessantemente.

⁽²⁾ O Dia do Juízo é considerado o maior acontecimento da Derradeira Vida.

⁽³⁾ O Dia do Juízo rebaixará os pecadores e sublimará os virtuosos.

8. Então, os companheiros da direita – que **excelentes** os companheiros da direita! –

9. E os companheiros da esquerda – que **execráveis** os companheiros da esquerda! –

10. E os precursores **da Fé** serão os precursores;

11. Estes serão os achegados **a Allah**,

12. Nos Jardins da Delícia,

13. Uma multidão dos primeiros[1],

14. E um pouco dos derradeiros[2].

15. Estarão sobre leitos **de tecidos** ricamente bordados,

16. Neles reclinados, frente a frente.

17. Circularão, entre eles, mancebos, eternamente jovens,

18. Com copos e jarros e taça de fonte fluida

19. – Com essa, não sofrerão dor cefálica nem se embriagarão –

20. E com frutas de quanto escolherem,

---

(1) Alusão aos profetas e a seus povos antepassados que os seguiram.
(2) Alusão aos seguidores do Profeta Muḥammad.

21. E com carne de aves de quanto apetecerem.

22. E haverá húris de belos grandes olhos,

23. Iguais a pérolas resguardadas,

24. Em recompensa do que faziam.

25. Neles[1], não ouvirão frivolidades nem algo pecaminoso

26. Senão o dito; "Salam! Salam!" **Paz! Paz!**

27. E os companheiros da direita – que **excelentes** os companheiros da direita! –

28. Estarão entre açofaifas não espinhosas,

29. E **árvores de** talḥ[2] bem ordenadas,

30. E sombra extensa,

31. E água sempre fluente,

32. E frutas abundantes,

33. Não cortadas[3] nem proibidas,

---

(1) **Neles**: nos Jardins.
(2) **Ṭalḥ**: árvores de ramos bem longos e troncos tão grossos, que os braços do homem não podem cingi-los. Suas flores recendem agradavelmente e sua sombra é amena. É árvore típica da Península Árabe. Entretanto, segundo alguns exegetas, **ṭalḥ** não seria esta árvore, mas a bananeira, embora se saiba que não era conhecida na região.
(3) Ou seja, frutas não sazonais, mas constantes, e facultadas a todos quantos as desejarem.

34. E acolchoados elevados⁽¹⁾.

35. Por certo, fizemo-las surgir, perfeitamente⁽²⁾,

36. E fizemo-las virgens,

37. Meigas, da mesma idade,

38. Para os companheiros da direita:

39. Uma multidão dos primeiros,

40. E uma multidão dos derradeiros.

41. E os companheiros da esquerda – que **execráveis** os companheiros da esquerda! –

42. Estarão no **castigo** do Samūm⁽³⁾ e em água ebuliente,

43. E em sombra de nigérrima fumaça,

44. Nem fresca nem benfazeja.

45. Por certo, antes disso, eram opulentos,

46. E obstinavam-se no formidável erro⁽⁴⁾,

47. E diziam: Quando morrermos e formos pó e ossos, seremos ressuscitados?

---

(1) A palavra árabe "**furuch**" pode ser traduzida por "donzelas" acolchoadas, que, metaforicamente, denomina a mulher, fornida e macia, segundo o costume dos antigos árabes.
(2) Ou seja, as donzelas são legítima criação divina, não descendentes de Adão e Eva.
(3) Cf. XV 27 n4.
(4) **Formidável erro**: a idolatria.

48. "E nossos pais primeiros?"

49. Dize: "Por certo, os primeiros e os derradeiros

50. "Serão juntados em um tempo marcado de dia determinado."

51. Em seguida, por certo, ó vós[1], descaminhados, desmentidores,

52. Comereis, certamente, da árvore de Zaqqūm[2].

53. E dela enchereis os ventres,

54. E, por cima, bebereis da água ebuliente,

55. E bebereis como camelos sequiosos.

56. Esta será sua hospedagem no Dia do juízo.

57. Nós vos criamos. Que vós, então confirmeis **a Ressurreição!**

58. E vistes o que ejaculais?

59. Sois vós que o criais, ou somos Nós O Criador?

60. Nós determinamos estar a morte entre vós, e Nós não seremos Impedidos,

61. De trocar-vos por semelhantes a vós e fazer-vos surgir em

---

[1] **Vós**: os idólatras de Makkah.
[2] Cf. XXXVII 62 n2.

algo que não sabeis⁽¹⁾.

62. E, com efeito, sabeis do primeiro surgimento. Então, que vós mediteis!

63. E vistes o que lavrais?

64. Sois vós que o semeais, ou somos Nós O Semeador?

65. Se quiséssemos, fá-lo⁽²⁾-íamos pulvéreo, então permaneceríeis exclamando:

66. "Por certo, estamos onerados!

67. "Ou, aliás, desprovidos."

68. E vistes a água que bebeis?

69. Sois vós que a fazeis descer dos nimbos, ou somos Nós Que a fazemos descer?

70. Se quiséssemos, fá-la-íamos salsíssima. Então, que vós agradeçais!

71. E vistes o fogo que ateais?

72. Sois vós que fazeis surgir sua árvore⁽³⁾, ou somos Nós Que a fazemos surgir?

73. Nós o fizemos como lembrança e proveito para os viajantes do deserto.

---

(1) Deus pode trocar as fisionomias dos idólatras e criar-lhes, novamente, outras fisionomias, inimagináveis.
(2) **Lo**: o que plantais.
(3) Cf. XXXVI 80 n3.

56. Sūratu AL-Wāquiʿah Parte 27

74. Então, glorifica o nome de teu Magnífico Senhor!

فَسَبِّحْ بِٱسْمِ رَبِّكَ ٱلْعَظِيمِ ۝

75. E juro pelas posições das estrelas.

۞ فَلَآ أُقْسِمُ بِمَوَٰقِعِ ٱلنُّجُومِ ۝

76. – E, por certo, é magnífico juramento, se soubésseis. –

وَإِنَّهُۥ لَقَسَمٌ لَّوْ تَعْلَمُونَ عَظِيمٌ ۝

77. Por certo, este é um Alcorão nobre,

إِنَّهُۥ لَقُرْءَانٌ كَرِيمٌ ۝

78. Em Livro resguardado,

فِى كِتَٰبٍ مَّكْنُونٍ ۝

79. Não o tocam senão os purificados;

لَّا يَمَسُّهُۥٓ إِلَّا ٱلْمُطَهَّرُونَ ۝

80. É uma **Revelação** descida dO Senhor dos mundos.

تَنزِيلٌ مِّن رَّبِّ ٱلْعَٰلَمِينَ ۝

81. Então, estais refusando esta Mensagem,

أَفَبِهَٰذَا ٱلْحَدِيثِ أَنتُم مُّدْهِنُونَ ۝

82. E fazendo do desmentir **o agradecimento de** vosso sustento?

وَتَجْعَلُونَ رِزْقَكُمْ أَنَّكُمْ تُكَذِّبُونَ ۝

83. Então, que, quando **a alma** atingir à garganta[1] **de um moribundo**,

فَلَوْلَآ إِذَا بَلَغَتِ ٱلْحُلْقُومَ ۝

84. Enquanto, nesse momento, o olhais,

وَأَنتُمْ حِينَئِذٍ تَنظُرُونَ ۝

85. – E Nós estamos mais Próximos dele[2], que vós, mas vós não o enxergais –

وَنَحْنُ أَقْرَبُ إِلَيْهِ مِنكُمْ وَلَٰكِن لَّا تُبْصِرُونَ ۝

86. Então, se não deveis ser julgados,

فَلَوْلَآ إِن كُنتُمْ غَيْرَ مَدِينِينَ ۝

---

[1] Ou seja, na hora da morte. Os versículos 83-87 desafiam os descrentes a devolverem a alma ao moribundo, uma vez que apregoam ser poderosos e verdadeiros, ao contestarem a Prestação de Contas, no Dia da Ressurreição.

[2] **Dele**: do moribundo.

87. Que a⁽¹⁾ façais retornar, se sois verídicos!

88. E, se ele é dos achegados a **Allah**,

89. Então, **terá** descanso, e alegria, e Jardim da Delícia.

90. E, se ele é dos companheiros da direita,

91. Então, **terá a saudação**: "A paz seja contigo", dos companheiros da direita.

92. E, se é dos desmentidores, descaminhados,

93. Então, **terá** hospedagem de água ebuliente,

94. E de queima no Inferno.

95. Por certo, esta é a verdade certa.

96. Então, glorifica o nome de teu Magnífico Senhor!

---

(1) **A**: a alma do moribundo.

57. Sūratu Al-Ḥadīd

SŪRATU AL-ḤADĪD[1]
A SURA DO FERRO

De Al Madīnah - 29 versículos.

Em nome de Allah, O Misericordioso, O Misericordiador.

1. O que há nos céus e na terra glorifica a Allah. E Ele é O Todo-Poderoso, O Sábio.

2. DEle é a soberania dos céus e da terra. Ele dá a vida e dá a morte. E Ele, sobre todas as cousas, é Onipotente.

3. Ele é O Primeiro e O Derradeiro, e O Aparente e O Latente[2]. E Ele, de todas as cousas, é Onisciente.

4. Ele é Quem criou os céus e a terra, em seis dias; em seguida,

---

(1) Al Ḥadīd: o ferro. Esta palavra, mencionada no versículo 25, denomina a sura. Esta, de início, lembra que tudo o que existe nos céus e na terra glorifica a Deus, O Todo-Poderoso, O Onipotente; reitera os atributos divinos e exorta a crença nEle e a que se obre caritativamente, salientando que há gradação nos atos caritativos, segundo a intenção de cada um. Refere-se, depois, aos crentes aureolados de luz, no Dia do Juízo, e aos hipócritas, dela desprovidos, a requisitarem daqueles um pouco dessa Luz. Alude, também, às condições em que se encontrarão, no Dia do Juízo: os crentes estarão em um local, separado por uma grade com porta, dentro do qual haverá a misericórdia divina. Fora, onde estarão os hipócritas, haverá as penas eternas. Convoca os crentes à humildade, diante da lembrança da magnificência divina; atenta para a efemeridade da vida terrena, em contraposição à vida celestial, incita os crentes a se apressarem na busca do perdão de Deus e do Paraíso prometido, e lembra ao homem a predestinação dos fatos, a inexorabilidade dos eventos, já registrados no Livro do Destino. A sura conclui, advertindo que o advento dos mensageiros vem confirmado por sinais, mensagens, e pela férrea força da Lei, para que os homens possam conviver com eqüidade. Finalmente, convoca os homens para o temor de Deus, a fim de obterem Sua benevolência.

(2) Embora Deus não se faça conhecer ao homem, pelos cinco sentidos, tudo no Universo espelha Sua presença e grandeza.

estabeleceu-Se no Trono. Ele sabe o que penetra na terra e o que dela sai; e o que desce do céu e o que a ele ascende. E Ele é convosco, onde quer que estejais. E Allah, do que fazeis, é Onividente.

5. DEle é a soberania dos céus e da terra. E a Allah são retornadas as determinações.

6. Ele insere a noite no dia e insere o dia na noite. E Ele, do íntimo dos peitos, é Onisciente.

7. Crede em Allah e em Seu Mensageiro; e despendei, daquilo de que vos fez sucessores. Então, os que crêem, dentre vós, e despendem, terão grande prêmio.

8. E por que razão não credes em Allah, enquanto o Mensageiro vos convoca para crerdes em vosso Senhor? E enquanto, com efeito, Ele tomou vossa aliança, se sois crentes.

9. Ele é Quem faz descer sobre Seu servo evidentes versículos, para fazer-vos sair das trevas para a luz. E, por certo, Allah, para convosco, é Compassivo, Misericordiador.

10. E por que razão não despendeis na senda de Allah, enquanto de Allah é a herança dos céus e da terra? Não se iguala, dentre vós, quem despendeu e

combateu antes da conquista⁽¹⁾ **a quem despendeu e combateu após**. Esses têm escalão mais elevado que os que despenderam e combateram após. E, a ambos, Allah promete a mais bela recompensa. E Allah, do que fazeis, é Conhecedor.

11. Quem empresta bom empréstimo a Allah, Ele lho multiplicará, e ele terá generoso prêmio,

12. Um dia, quando vires os crentes e as crentes, com sua luz⁽²⁾ que lhes correrá adiante e à direita, **dir-se-lhes-á**: "Vossas alvíssaras, hoje, são Jardins, abaixo dos quais correm os rios; nesses, sereis eternos. Esse é o magnífico triunfo⁽³⁾."

13. Um dia, quando os hipócritas e as hipócritas disserem aos que creram: Esperai por nós, nós adquiriremos **algo** de vossa luz", dir-se-**lhes**-á: "Para trás, retornai e requestai luz, **em outro lugar.**" Então, estender-se-á, entre eles, uma grade com porta; em seu interior, haverá a misericórdia, e, em seu exterior, defronte, haverá o castigo.

---

(1) Alusão à conquista da cidade de Makkah.
(2) A luz emanada das boas obras e da Fé inquebrantável iluminará o caminho do crente, de todos os lados.
(3) Assim falarão os anjos aos crentes.

14. Eles[1] os chamarão: "Não estávamos convosco?" Dirão: "Sim, mas vós vos provastes, a vós mesmos e aguardastes **nossa ruína**, e duvidastes da **Mensagem**, e as vãs esperanças iludiram-vos, até que chegou a ordem[2] de Allah. E o ilusor[3] iludiu-vos, acerca de Allah.

15. "Então, hoje, não se tomará de vós resgate algum nem dos que renegaram a Fé. Vossa morada será o Fogo: será ele vosso protetor. E que execrável destino!"

16. Não é tempo, para os que crêem, de se lhes humilharem os corações à lembrança de Allah e ao que desceu da verdade? E não serem como aqueles[4] aos quais, outrora, fora concedido o Livro – e para quem se lhes tornou longínquo o termo[5] – então, se lhes endureceram os corações. E muitos deles foram perversos.

17. Sabei que Allah vivifica a terra depois de morta. Com efeito, tornamos evidente, para vós, os sinais, para razoardes.

---

[1] **Eles**: os hipócritas.
[2] **A Ordem de Deus**: a morte.
[3] **O Ilusor**: Satã.
[4] **Aqueles**: os judeus e os cristãos.
[5] Ou seja, o lapso de tempo existente entre o advento de Moisés e Jesus e Muḥammad, tempo este que, pela longa duração, fez que a Fé enfraquecesse e os corações endurecessem.

57. Sūratu Al-Ḥadīd — Parte 27

18. Por certo, aos esmoleres e às esmoleres, e aos que emprestam bom empréstimo a Allah, ser-lhes-á multiplicada **a retribuição**, e terão generoso prêmio.

19. E os que crêem em Allah e em Seus Mensageiros, esses são os veracíssimos. E os mártires, junto de seu Senhor, terão seu prêmio e sua luz. Enquanto os que renegam a Fé e desmentem Nossos sinais, esses serão os companheiros do Inferno.

20. Sabei que a vida terrena é, apenas, diversão e entretenimento e ornamento e vanglória, entre vós, e ostentação acerca das riquezas e dos filhos. Ela é como chuva: as plantas nascidas, com esta, causam admiração aos cultivadores; em seguida, ressecam, e tu as vês amarelecidas; depois, tornam-se pulvéreas. E, na Derradeira Vida, haverá veemente castigo, e perdão de Allah, e agrado. E a vida terrena não é senão gozo falaz.

21. Emulai-vos por um perdão de vosso Senhor e por um Paraíso, cuja amplidão é como a do céu e da terra, preparado para os que crêem em Allah e em Seus Mensageiros. Esse é o favor de Allah: concede-o a quem quer. E Allah é Possuidor de Magnífico favor.

22. Nenhuma desgraça ocorre, na terra, nem em vós mesmos, sem que esteja em um Livro⁽¹⁾, antes mesmo de Nós a⁽²⁾ criarmos. Por certo, isso, para Allah é fácil.

23. Assim é, para que vos não aflijais com o que perdestes nem jubileis com o que Ele vos concedeu. E Allah não ama a nenhum presunçoso, vanglorioso,

24. Aos que são avaros e ordenam a avareza aos homens. E quem volta as costas **à caridade**, por certo, Allah é O Bastante a Si Mesmo, O Louvável.

25. Com efeito, enviamos Nossos Mensageiros⁽³⁾ com as evidências, e por eles, fizemos descer o Livro⁽⁴⁾ e a balança⁽⁵⁾, para que os homens observem a eqüidade. E criamos o ferro; nele, há veemente força⁽⁶⁾ e benefícios para os humanos. E **isso**, para que Allah saiba quem O socorre a Ele, ainda que Invisível e a Seus Mensageiros. Por certo, Allah é Forte, Todo-Poderoso.

---

(1) Alusão ao Livro do Destino.
(2) **A**: pode referir-se à Terra, ou às almas.
(3) **Mensageiros**: os anjos que descem à terra com a Mensagem aos profetas. Cf. Al Jalalain, **Tafsir**, p. 718 - Beirute, 1974.
(4) Ou seja, as Escrituras Sagradas.
(5) Ou seja, a justiça.
(6) A dor e a morte que as férreas armas bélicas provocam.

57. Sūratu Al-Ḥadīd — Parte 27

26. E, com efeito, enviamos Noé e Abraão, e fizemos haver na descendência de ambos, a Profecia e o Livro. Então, entre eles, houve guiados. Enquanto muitos deles foram perversos.

27. Em seguida, fizemos seguir, em suas pegadas, Nossos Mensageiros. E fizemos seguir Jesus, filho de Maria, e concedemo-lhe o Evangelho. E fizemos, nos corações dos que o seguiram, compaixão e misericórdia. — E o monacato, inventaram-no. Nós não lhos prescrevemos, mas **o fizeram** em busca do agrado de Allah; e não o respeitaram como deveria ser respeitado. — Então, concedemos aos que creram, dentre eles, seu prêmio. E muitos deles foram perversos.

28. Ó vós que credes! Temei a Allah e crede em Seu Mensageiro, Ele vos concederá dupla partilha de Sua misericórdia, e vos fará luz, com que andareis, e vos perdoará. E Allah é Perdoador, Misericordiador.

29. Isso, para que os seguidores do Livro saibam que nada podem sobre o favor de Allah, e que o favor está na mão de Allah: concede-o a quem quer. E Allah é Possuidor do magnífico favor.

SŪRATU AL-MUJĀDALAH[1]
A SURA DA DISCUSSÃO

De Al Madīnah - 22 versículos.

Em nome de Allah, O Misericordioso, O Misericordiador.

1. Com efeito, Allah ouviu o dito daquela que discutia contigo, acerca de seu marido, e se queixava a Allah. E Allah ouviu vosso diálogo. Por certo, Allah é Oniouvinte, Onividente.

2. Aqueles, dentre vós, que repudiam suas mulheres, com az-zihār[2], **saibam que** elas não são suas mães. Suas mães não são senão as que os deram à luz. E, por certo, eles dizem dito reprovável e falso. E, por certo, Allah é

---

[1] **Al Mujādalah**: infinitivo substantivado do verbo **jādala**, discutir, cujo modo indicativo aparece no primeiro versículo e denomina a sura, que se abre com alusão às queixas de Khaulah bint Tha⁽labah ao Profeta, sobre o marido Aus Ibn Aṣ-Ṣāmit, que a repudiou com az-zihār (modalidade de repúdio conjugal, adotada pelas sociedades pré - islâmicas. Cf. XXXIII 4 n3). Relatou ela ao Profeta que o marido, que com ela se casara, quando moça e atraente, não mais a desejava, depois de haver criado os muitos filhos que com ele tivera, e já estar avançada em idade; e que, alegando considerá-la "como se fosse sua mãe", desamparou-a. O Profeta, nada havendo recebido a respeito, pela revelação, não pôde auxiliá-la. Desesperada, dirigiu-se a Deus, em lamentações. Para atender a esta questão, foram revelados, então, os versículos, que não só refutaram, de vez, a prática de az-zihār, mas impuseram novas exigências aos homens, que, acaso, quisessem reconciliar-se com suas mulheres. Esta sura condena, também, a atitude do negadores da Mensagem e adverte-os de não fazerem confidências, que possam prejudicar o Profeta, deixando claro que Deus se inteira de tudo. Condena, ainda, a ligação dos hipócritas com os judeus e reafirma que aqueles são partidários de Satã. Finalmente, faz apologia dos crentes que colocam o amor de Deus e de Seu Mensageiro acima de tudo, até mesmo do amor dos pais ou dos filhos ou dos irmãos. E acresce que, quem assim age, é partidário de Deus.

[2] Cf. XXXIII 4 n2.

58. Sūratu Al-Mujādalah

Indulgente, Perdoador.

3. E aqueles que repudiam suas mulheres com az-zihār, em seguida voltam atrás no que disseram, então, que alforriem um escravo, antes que ambos se toquem. Isso é o com que sois exortados. E Allah, do que fazeis, é Conhecedor.

4. E quem não encontrar **meio de fazê-lo**, que jejue, por dois meses seguidos, antes que ambos se toquem. E quem não puder **jejuar**, que alimente sessenta necessitados. Isso, para que creiais em Allah e em Seu Mensageiro. E esses são os limites de Allah. E, para os renegadores da Fé, haverá doloroso castigo.

5. Por certo, os que se opõem a Allah e a Seu Mensageiro serão desbaratados como foram desbaratados os que foram antes deles. E, com efeito, fizemos descer evidentes versículos. E, para os renegadores da Fé, haverá aviltante castigo,

6. Um dia, quando Allah os ressuscitar, a todos, então, informá-los-á do que fizeram. Allah o[1] enumerará, e eles o esqueceram. E Allah, sobre todas as cousas, é Testemunha.

7. Não viste que Allah sabe o

---

[1] O: o que fizeram na Terra.

que há nos céus e o que há na terra? Não existe confidência alguma entre três, sem que Ele seja O quarto deles; nem entre cinco, sem que Ele seja O sexto deles; nem menos que isso, nem mais, sem que Ele seja com eles, onde quer que estejam. Em seguida, informá-los-á, no Dia da Ressurreição, do que fizeram. Por certo, Allah, de todas as cousas, é Onisciente.

8. Não viste os[1] que foram coibidos da confidência? Em seguida, voltaram-se para o de que foram coibidos, e confidenciam, uns aos outros, o pecado e a agressão e a desobediência ao Mensageiro. E, quando te chegam, saúdam-te com aquilo[2] com que Allah não te saudou, e dizem a si mesmos: "Que Allah nos castigue pelo que dizemos[3]!" Basta-lhes a Geena: nela se queimarão. E que execrável destino!

9. Ó vós que credes! Quando confidenciardes uns com os outros, não confidencieis o pecado e a

---

(1) **Os**: os judeus, que tiveram o hábito de cochichar na presença dos crentes, a fim de deixá-los intrigados.

(2) **Aquilo**: o dito judaico **as-sām^calaik** ("a morte seja sobre ti"), com que os judeus costumavam saudar o Profeta, no lugar de **as-salam^calaika** ("que a paz seja sobre ti").

(3) Na verdade, os judeus não acreditavam no Profeta, como enviado divino, e se realmente o fosse, por que, pensavam eles, não pedia a Deus que os castigasse.

agressão e a desobediência ao Mensageiro, e confidenciai a bondade e a piedade. E temei a Allah, a Quem sereis reunidos.

10. A confidência é, apenas, de Satã, para entristecer os que crêem, e, em nada, ele[1] pode prejudicá-los senão com a permissão de Allah. E que os crentes, então, confiem em Allah.

11. Ó vós que credes! Quando se vos diz: "Dai espaço.", nas assembléias[2], dai espaço. Allah vos dará espaço **no Paraíso**. E, quando se diz: "Erguei-vos.", erguei-vos. Allah elevará, em escalões, os que crêem dentre vós, e àqueles aos quais é concedida a ciência. E Allah, do que fazeis, é Conhecedor.

12. Ó vós que credes! Quando confidenciardes com o Mensageiro, antecipai uma esmola a vossa confidência. Isso vos é melhor e mais puro. E, se não encontrais **meio de fazê-lo**, por certo, Allah é Perdoador, Misericordiador.

13. Atemorizai-vos por antecipar esmolas a vossa confidência? Então, se não o fazeis, e Allah se volta

---

(1) **Ele**: Satã.
(2) Quando nas assembléias do Profeta, era grande o número de crentes que disputava um lugar perto dele, para ouvi-lo. O versículo aconselha que os crentes, nessas assembléias, cedam lugar a quem lho solicite.

para vós, cumpri a oração, e concedei az-zakāh⁽¹⁾, **a ajuda caridosa**, e obedecei a Allah e a Seu Mensageiro. E Allah, do que fazeis, é Conhecedor.

14. Não viste os⁽²⁾ que se aliaram a um povo⁽³⁾, contra quem Allah se irou? Eles⁽⁴⁾ não são de vós nem deles, e juram⁽⁵⁾, mentirosamente, enquanto sabem.

15. Allah preparou-lhes veemente castigo. Por certo, que vil o que faziam!

16. Tomaram seus juramentos por escudo e afastaram **os homens** do caminho de Allah; então, terão aviltante castigo.

17. Nem suas riquezas nem seus filhos de nada lhes valerão, diante de Allah. Esses são os companheiros do Fogo. Nele, serão eternos.

18. Um dia, quando Allah os ressuscitar, a todos, então, jurar-Lhe-ão, como vos juram, supondo que estão **fundados** sobre algo. Ora, por certo, eles são os mentirosos.

19. Satã dominou-os e fê-los esquecer a lembrança de Allah. Esses são o partido de Satã. Ora,

---

⁽¹⁾ Cf II 43 n4.
⁽²⁾ **Os**: os hipócritas, que se aliaram aos judeus.
⁽³⁾ Referência aos judeus.
⁽⁴⁾ Referência aos hipócritas.
⁽⁵⁾ Quando afirmam os hipócritas que são moslimes.

por certo, **os do** partido de Satã, são eles os perdedores.

20. Por certo, os que se opõem a Allah e a Seu Mensageiro, esses estarão entre os mais vis.

21. Allah prescreveu[1]: "Em verdade, vencerei Eu e Meus Mensageiros." Por certo, Allah é forte, Todo-Poderoso.

22. Tu não encontrarás[2] um povo, que creia em Allah e no Derradeiro Dia, o qual tenha afeição para quem se oponha a Allah e a Seu Mensageiro, ainda que sejam seus pais ou seus filhos ou seus irmãos ou seus familiares. A esses, **Allah** prescreveu a Fé nos corações, e amparou-os com Espírito **vindo** dEle, e fá-los-á entrar em Jardins, abaixo dos quais correm os rios; nesses, serão eternos. Allah Se agradará deles, e eles se agradarão dEle. Esses são o partido de Allah. Ora, por certo, **os do** partido de Allah, são eles os bem-aventurados.

---

(1) Deus prescreveu no Livro do Destino.
(2) Ou seja, não é possível nem concebível, a quem quer que seja, que um crente seja amigo do inimigo de Deus.

59. Sūratu Al-Ḥachr   Parte 28

| SŪRATU AL-ḤACHR(1) |
| A SURA DO ÊXODO |

De Al Madīnah - 24 versículos.

Em nome de Allah, O Misericordioso, O Misericordiador.

1. O que há nos céus e o que há na terra glorificam a Allah. E Ele é O Todo-Poderoso, O Sábio.

2. Ele é Quem fez sair, de seus lares, os(2) que renegaram a Fé, dentre os seguidores do Livro, quando do primeiro êxodo(3). Não pensastes que eles sairiam. E eles pensaram que suas fortalezas os abrigariam de Allah. Mas Allah

---

(1) **Al Ḥachr**: infinitivo substantivado de ḥachara, reunir pessoas. Essa palavra, que nomeia a sura, aparece no versículo 2. A glorificação universal de Deus dá início à sura, que ratifica ser Ele O Todo-Poderoso, O Sábio. Narra o destero da tribo Banī An-Naḍīr, parte da comunidade judaica que habitava Al Madīnah, por ocasião da emigração de Muḥammad e seus seguidores a essa cidade. Nessa época, esses judeus concertaram um pacto com os moslimes de permanecerem neutros, em sua disputa com os Quraich, ferrenhos inimigos do Profeta. Ocorre que na batalha de Uḥud, foram derrotados os moslimes, e os judeus de Banī An-Naḍīr romperam o pacto feito e aliaram-se aos Quraich. Após essa batalha, os moslimes assediaram os Banī An-Naḍīr, que se encontravam protegidos em suas fortalezas. Todavia, não mais suportando o assédio, esses judeus, intencionando deixar, para sempre, a cidade de Al Madīnah, pediram ao Profeta os deixasse partir a salvo, no que foram atendidos, ficando, porém, seus espólios, obtidos sem batalha, para serem distribuídos, não entre os combatentes, pois não houvera combate, mas entre os órfãos, os necessitados e outros. A sura ainda faz apologia à nobre atitude dos habitantes genuínos de Al Madīnah, Al Anṣār, que preferiram legar os espólios aos emigrantes. Censura, outrossim, a atitude dos hipócritas, que, havendo prometido aos judeus ajuda contra os moslimes, não o fizeram. Conclui, fazendo notar aos crentes que devem, sempre, temer a Deus e estar prontos para o Dia do Juízo, e ressaltando o valor do Alcorão, que é Revelação de Deus, a Quem pertencem os mais sublimes epítetos.

(2) **Os**: os judeus da tribo Banī An-Naḍīr.

(3) Alusão à primeira de uma série de expulsões dos judeus de Al Madīnah.

chegou-lhes por onde não supunham, e arrojou o terror em seus corações: arruinaram suas casas, com as **próprias** mãos e com as mãos dos crentes. Então, tomai lição **disso**, ó vós dotados de visão!

3. E não lhes houvesse Allah prescrito o desterro, havê-los-ia castigado, na vida terrena. E terão, na Derradeira Vida, o castigo do Fogo.

4. Isso, porque discordaram de Allah e de Seu Mensageiro. E quem discorda de Allah, por certo, Allah é Veemente na punição.

5. O que cortastes de tamareiras, ou o que delas deixastes de pé foi com a permissão de Allah[1], e para ignominiar os perversos.

6. E o que de seus[2] espólios Allah fez chegar a Seu Mensageiro, sem combate, vós, para isso, não estimulastes nem cavalos nem camelos[3]; mas Allah dá a Seus Mensageiros dominação sobre quem Ele quer. E Allah, sobre todas as cousas, é Onipotente.

---

(1) Isso ocorreu durante o assédio moslim aos judeus de Al Madīnah.
(2) Dos judeus, que foram desterrados.
(3) Ou seja, "... não precisastes combater". Na verdade, os espólios dos Banī An-Naḍīr foram deixados para estes, quando de seu desterro de Al Madīnah, e não deixados porque, em combate, houvessem sido derrotados pelos moslimes. Sendo assim, estes não deviam ter acesso a eles, como espólio de guerra, tanto que, segundo o versículo, os mesmos foram distribuídos de outra forma.

7. O que dos espólios dos habitantes das aldeias Allah faz chegar, sem combate, a Seu Mensageiro, é de Allah, e do Mensageiro, e dos parentes **deste**, e dos órfãos, e dos necessitados, e do filho do caminho[1], para que **isso** não seja alternado entre os ricos dos vossos. E o que o Mensageiro vos conceder, tomai-o; e o de que vos coibir, abstende-vos **dele**. E temei a Allah. Por certo, Allah é Veemente na punição.

8. Os espólios são, **também**, dos pobres emigrantes, que foram expulsos de seus lares e **privados** de suas riquezas, ao buscarem favor de Allah e agrado, e ao socorrerem a Allah e a Seu Mensageiro. Esses são os verídicos.

9. E os[2] que habitaram o lar[3] e **abraçaram** a Fé, antes deles, amam os que emigraram para eles, e não encontraram em seus peitos cobiça do que lhes[4] foi concedido. E preferem-nos a si mesmos, mesmo estando em necessidade. E quem se guarda de sua própria mesquinhez, esses são os bem-aventurados.

---

(1) cf II 177n1
(2) **Os**: Al Anṣār, os genuínos habitantes de Al Madīnah.
(3) Alusão à cidade de Al Madīnah.
(4) **Lhes**: aos emigrantes, que receberam parte dos espólios dos Banī An-Naḍīr.

10. E os que chegaram, depois deles, dizem: "Senhor nosso! Perdoa-nos e a nossos irmãos, que se nos anteciparam, na Fé, e não faças existir, em nossos corações, ódio para com os que crêem. Senhor nosso! Por certo, és Compassivo, Misericordiador."

11. Não viste os que são hipócritas? Dizem a seus irmãos[1] que renegam a Fé, dentre os seguidores do Livro: "Em verdade, se vos fizerem sair, sairemos convosco e jamais obedeceremos a alguém contra vós; e, se fordes combatidos, socorrer-vos-emos." E Allah testemunha que, por certo, eles são mentirosos.

12. Em verdade, se os fizerem sair, não sairão com eles; e, se forem combatidos, não os socorrerão. E, se os socorressem, fugiriam voltando as costas; em seguida, eles[2] não seriam socorridos.

13. Em verdade, vós sois mais veementes, em **causar** pavor em seus[3] peitos, que Allah. Isso, porque são um povo que não entende.

14. Juntos, não vos combaterão, senão em aldeias fortificadas, ou

---

(1) Os judeus da tribo Banī An-Naḍīr.
(2) **Eles**: os judeus da tribo Banī An-Naḍīr.
(3) **Seus**: dos hipócritas.

atrás de muros. Sua fúria, entre eles é veemente. Tu os supões unidos, enquanto seus corações estão dispersos. Isso, porque são um povo que não razoa.

15. São iguais aos[1] que foram antes deles, há pouco. Experimentaram a nefasta conseqüência de sua conduta, e terão doloroso castigo.

16. São iguais a Satã, quando disse ao ser humano: "Renega a Fé!" Então, quando renegou a Fé, disse **aquele**: "Por certo, estou em rompimento contigo; por certo, temo a Allah, O Senhor dos mundos!"

17. Então, o fim de ambos é estarem no Fogo; nele serão eternos. E esta é a recompensa dos injustos.

18. Ó vós que credes! Temei a Allah, e que toda alma olhe o que ela antecipou, para o amanhã[2]. E temei a Allah. Por certo, Allah, do que fazeis, é Conhecedor.

19. E não sejais como os que esqueceram a Allah; então, Ele os fez esquecer a si mesmos. Esses são os perversos.

20. Não se igualam os companheiros do Fogo e os companheiros do Paraíso. Os companheiros do Paraíso são os triunfadores.

---

(1) Referência aos inimigos do Profeta, mortos na batalha de Badr.
(2) Ou seja, para o Dia do Juízo.

21. Se houvéssemos feito descer este Alcorão sobre uma montanha, vê-la-ias humilde, rachada, por receio de Allah. E estes exemplos, propomo-los, para os homens, a fim de refletirem.

22. Ele é Allah. Não existe deus senão Ele, O Sabedor do invisível e do visível, Ele é O Misericordioso, O Misericordiador.

23. Ele é Allah. Não existe deus senão Ele, O Rei, O Puro, A Paz, O Confortador, O Predominante, O Todo-Poderoso, O Transcendente, O Orgulhoso. Glorificado seja Allah, acima do que idolatram!

24. Ele é Allah, O Criador, O Iniciador da criação, O Configurador; dEle são os mais belos nomes. O que há nos céus e na terra glorifica-O. E Ele é O Todo-Poderoso, O Sábio.

SŪRATU AL-MUMTAḤANAH[1]
A SURA DA EXAMINADA

De Al Madīnah - 13 versículos.

Em nome de Allah, O Misericordioso, O Misericordiador.

1. Ó vós que credes! Não tomeis Meus inimigos e vossos inimigos[2] por aliados – lançando-lhes afeição, enquanto eles renegam o que vos chegou da Verdade, fazendo sair o Mensageiro e a vós, porque credes em Allah, vosso Senhor – se saístes **de vosso lar** para lutar em Meu caminho e para buscar Meu agrado. Vós lhes transmitis[3], secretamente,

---

(1) **Al Mumtaḥanah**: particípio passado adjetivado de **imtaḥana**, examinar, cujo imperativo é mencionado no versículo 10, do mesmo radical do adjetivo que nomeia a sura. Recebe esta qualificação a mulher que emigra da terra dos idólatras para a terra dos moslimes, para abraçar o Islão; sendo assim, em lá chegando, devem os moslimes submetê-la a interrogatório, para se certificarem das causas reais que a levam até eles. A sura se inicia pela proibição dos crentes de se aliarem aos idólatras, inimigos de Deus e dos crentes, pois expulsaram o Mensageiro de Deus e seus adeptos de Makkah, sua terra natal. Alude à inimizade latente dos hipócritas para com os crentes, inimizade esta que não tardará em manifestar-se, ao se defrontarem. Concita os crentes a seguirem o exemplo de Abraão e seus seguidores, quando romperam com seu povo, por causa da idolatria, declarando-lhes inimizade, até crerem em seu Deus Único. Aclara como devem proceder os moslimes com seus inimigos. Os que, entre estes, não os combaterem, por causa da Fé, podem ser tratados com blandícia e equanimidade, ao passo que os que os combateram e os expulsaram de seus lares não devem ser tratados como aliados. Quanto às crentes que emigram da terra dos idólatras para a dos moslimes, lá deixando seus maridos descrentes, e quanto às descrentes que abandonam seus maridos moslimes, a sura estabelece série de regras de proceder. Finalmente, exorta o Profeta a aceitar o compromisso, estabelecido com as mulheres emigrantes, de nada transgredirem, e convoca, novamente, os crentes a não se aliarem aos inimigos de Deus.

(2) Referência ao povo de Makkah.

(3) Este versículo foi revelado, quando Ḥāṭib Ibn Abī Baltaᶜah, um dos seguidores do Profeta, percebendo que este se preparava para conquistar Makkah, escreveu uma

afeição, enquanto sou bem Sabedor do que escondeis e do que manifestais. E quem de vós o faz, com efeito, descaminha-se do caminho certo.

2. Se eles vos dominarem, serão inimigos de vós e contra vós estenderão as mãos e a língua, com o mal[1]. E almejarão que renegueis a Fé.

3. Nem vossos laços de parentesco nem vossos filhos vos beneficiarão. No Dia da Ressurreição, Ele decidirá, entre vós . E Allah, do que fazeis é Onividente.

4. Com efeito, há para vós belo paradigma em Abraão, e nos que estavam com ele, quando disseram a seu povo: "Por certo, estamos em rompimento convosco e com o que adorais, em vez de Allah; renegamo-vos, e a inimizade e a aversão mostrar-se-ão, para sempre, entre nós e vós, até que creiais em Allah, só nEle", exceto no dito de Abraão a seu pai: "Em verdade, implorarei perdão para ti, e nada te poderei

---

carta dirigida a alguns de seus habitantes, alertando-os disso, a fim de se precatarem, e confiou-a a uma mulher originária de Makkah, para que lhas entregasse. Informado a esse respeito por Gabriel, o Profeta enviou alguns moslimes a seu encalço, e recuperaram a carta. Questionado, Ḥāṭib desculpou-se, asseverando que temera por sua família, que se achava naquela cidade. O Profeta aceitou-lhe as desculpas.

(1) **Estender as mãos e a língua, com o mal**: prejudicar com atos e palavras.

fazer, junto de Allah." "Senhor nosso! Confiamos em Ti, e para Ti nos voltamos contritos. E a Ti será o destino.

5. "Senhor nosso! Não faças de nós **vítimas da** provação dos que renegam a Fé, e perdoa-nos. Senhor nosso! Por certo, Tu, Tu és O Todo-Poderoso, O Sábio."

6. Com efeito, há, neles, belo paradigma para vós, para quem espera em Allah e no Derradeiro Dia. E quem volta as costas, por certo, Allah é O Bastante a Si Mesmo, O Louvável.

7. Quiçá, Allah faça existir afeto entre vós e aqueles com quem vos inimizastes, dentre eles. E Allah é Onipotente. E Allah é Perdoador, Misericordiador.

8. Allah não vos coíbe de serdes blandiciosos e equânimes para com os que não vos combateram, na religião, e não vos fizeram sair de vossos lares. Por certo, Allah ama os equânimes.

9. Apenas, Allah coíbe-vos de serdes aliados aos que vos combateram, na religião e vos fizeram sair de vossos lares, e auxiliaram expulsar-vos. E quem se alia a eles, esses são os injustos.

10. Ó vós que credes! Quando as crentes vos chegarem, como

emigrantes, examinai-as⁽¹⁾. Allah é bem Sabedor de sua Fé! Então, se as considerais crentes, não as façais retornar aos renegadores da Fé. Elas não lhes são lícitas nem eles lhes são lícitos. E concedei-lhes⁽²⁾ o que despenderam. E não há culpa, sobre vós, em as esposardes, quando lhes concedeis seu prêmio. E não retenhais os laços matrimoniais das renegadoras da Fé⁽³⁾; e pedi o que despendestes, e que eles⁽⁴⁾ peçam o que despenderam. Esse é o julgamento de Allah. Ele julga entre vós. E Allah é Onisciente, Sábio.

11. E, se uma de vossas mulheres vos abandona, **indo** para os renegadores da Fé, e, **após um combate**, obtendes espólios, concedei àqueles, cujas mulheres se foram, o equivalente ao que despenderam. E temei a Allah, de Quem sois crentes.

12. Ó Profeta! Quando as crentes te chegarem, para se comprometerem a nada associar a Allah e a não roubar e a não adulterar e a não matar a seus filhos⁽⁵⁾ e a não

---

(1) Durante o exame, devem as crentes jurar que o único motivo de sua emigração é a adesão ao Islão, nunca a fuga de seus maridos ou a paixão por algum moslim.
(2) **Lhes**: aos maridos. Estes devem receber o que gastaram em saduqah (vide II 236 n2 e IV 4 n4).
(3) Alusão às idólatras, com as quais os moslimes não devem casar-se.
(4) **Eles**: os idólatras, cujas mulheres emigraram para Al Madīnah.
(5) Referência à prática pré-islâmica de os pais enterrarem vivas as filhas recém-

cometer infâmia, que forjam entre as próprias mãos e os pés[1], e a não te desobedecer no que for conveniente, aceita seu compromisso e implora a Allah perdão para elas. Por certo, Allah é Perdoador, Misericordiador.

13. Ó vós que credes! Não vos alieis a um povo contra quem Allah Se irou; com efeito, eles se desesperaram da Derradeira Vida, como os renegadores da Fé se desesperaram[2] dos companheiros dos sepulcros.

وَأَرۡجُلِهِنَّ وَلَا يَعۡصِينَكَ فِى مَعۡرُوفٍ فَبَايِعۡهُنَّ وَٱسۡتَغۡفِرۡ لَهُنَّ ٱللَّهَۚ إِنَّ ٱللَّهَ غَفُورٞ رَّحِيمٞ ۝

يَٰٓأَيُّهَا ٱلَّذِينَ ءَامَنُواْ لَا تَتَوَلَّوۡاْ قَوۡمًا غَضِبَ ٱللَّهُ عَلَيۡهِمۡ قَدۡ يَئِسُواْ مِنَ ٱلۡأٓخِرَةِ كَمَا يَئِسَ ٱلۡكُفَّارُ مِنۡ أَصۡحَٰبِ ٱلۡقُبُورِ ۝

---

nascidas, para, com isso, evitarem futuras desonras, que elas pudessem causar à família.

(1) **Forjar uma infâmia, entre as mãos e os pés** significa dar à luz um filho bastardo. O versículo alude ao costume pre-islâmico de as mulheres levarem qualquer criança recém-nascida ao homem desejado, atribuindo-lhe, falsamente, a paternidade desta.

(2) Ou seja, os incrédulos não crêem na Ressurreição dos mortos.

SŪRATU AṢ-ṢAFF[1]
A SURA DA FILEIRA

De Al Madīnah - 14 versículos.

Em nome de Allah, O Misericordioso, O Misericordiador.

1. O que há nos céus e o que há na terra glorificam a Allah. E Ele é O Todo-Poderoso, O Sábio.

2. Ó vós que credes! Por que dizeis o que não fazeis[2]?

3. Grave é, em sendo abominação perante Allah, que digais o que não fazeis!

4. Por certo, Allah ama os que combatem em Seu caminho, em fileira, como se fossem edificações ligadas por chumbo.

5. E quando Moisés disse a seu povo: "Ó meu povo! Por que me

---

(1) Aṣ-Ṣaff: fileira; esta palavra aparece no versículo 4 e denomina a sura, que, de início, ratifica que os seres nos céus e na terra rendem glórias a Deus. Adverte não ser conveniente aos crentes prometer sem cumprir o prometido, e exorta-os a cerrarem fileiras, para o combate na senda de Deus. Acoima os filhos de Israel de renitentes e descrentes, por meio das palavras dos profetas Moisés e Jesus, e, ainda, revela que estes israelitas renegaram a Jesus e sua Mensagem; e condena os que forjam mentiras acerca de Deus e recusam o Islão, que é luz divina, que tentam apagar. Depois, induz os crentes a lutarem, integralmente, na senda de Deus, com suas riquezas e com si próprios, e a auxiliarem na propagação da Verdade, como o fizeram os apóstolos de Cristo. Somente assim, poderão os crentes triunfar sobre os inimigos.

(2) Antes de aos crentes lhes ser permitido o combate aos renegadores da Fé, afirmavam que, se conhecessem o que mais aprazia a Deus, eles o fariam por Ele, sacrificando, para isso, se preciso fosse, até suas riquezas e suas vidas. Entretanto, parte dos crentes não cumpriu o que dissera, e voltou atrás. Isso ocorreu, por exemplo, na Batalha de Uḥud. O versículo repreende esta atitude.

molestais⁽¹⁾, enquanto, com efeito, sabeis que sou para vós o Mensageiro de Allah?" Então, quando se desviaram, Allah desviou-lhes os corações. E Allah não guia o povo perverso.

6. E quando Jesus, filho de Maria, disse: "Ó filhos de Israel! Por certo, sou para vós o Mensageiro de Allah, para confirmar a Tora, que havia antes de mim, e anunciar um Mensageiro, que virá depois de mim, cujo nome é Ahmad." Então, quando lhes chegou com as evidências, disseram: "Isso é evidente magia!"

7. E quem mais injusto que aquele que forja a mentira⁽²⁾ acerca de Allah, enquanto convocado para o Islão? E Allah não guia o povo injusto.

8. Desejam apagar, com **o sopro d**as bocas, a luz de Allah⁽³⁾; e Allah completará Sua luz, ainda que o odeiem os renegadores da Fé.

9. Ele é Quem enviou Seu Mensageiro, com a Orientação e a religião da Verdade, para fazê-la prevalecer sobre todas as religiões,

---

(1) Cf. XXXIII 69 n2.
(2) **A mentira**: atribuir filhos a Deus, e acoimar a mensagem divina de pura magia.
(3) **A luz de Allah**: o Islão. O versículo ironiza a vã atitude dos idólatras, de quererem destruir, com mentiras, a luminosa Mensagem divina, o que seria o mesmo que tentar apagar a luz do sol, com simples sopro.

ainda que **o odeiem os idólatras**.

10. Ó vós que credes! Indicar-vos-ei um comércio, que vos salvará de doloroso castigo?

11. Crerdes em Allah e em Seu Mensageiro, e lutardes no caminho de Allah com vossas riquezas e com vós mesmos. Isso vos é melhor. Se soubésseis!

12. Se o fizerdes, Ele vos perdoará os delitos e vos fará entrar em Jardins, abaixo dos quais correm os rios, e em esplêndidas vivendas, nos Jardins do Éden. – Isso é o magnífico triunfo –

13. E **conceder-vos-á outra graça**, que amais: socorro de Allah e vitória próxima[1]. E alvissara-**o** aos crentes.

14. Ó vós que credes! Sede aliados a Allah, da mesma maneira como Jesus, filho de Maria, disse aos discípulos: "Quem são meus aliados à **causa de** Allah". Os discípulos disseram: "Nós somos os aliados a Allah". Então, uma facção dos filhos de Israel creu, e uma facção renegou a Fé. Amparamos, pois, os que creram contra seus inimigos, e foram prevalecentes.

---

(1) Alusão à conquista de Makkah.

SŪRATU AL-JUMU'AH[1]
A SURA DA SEXTA-FEIRA

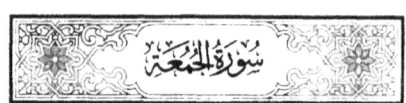

De Al Madīnah - 11 versículos.

Em nome de Allah, O Misericordioso, O Misericordiador.

1. O que há nos céus e o que há na terra glorificam a Allah, O Rei, O Puro, O Todo-Poderoso, O Sábio.

2. Ele é Quem enviou aos iletrados[2] um Mensageiro **vindo** deles – o qual recita, para eles, Seus versículos, e dignifica-os, e ensina-lhes o Livro e a sabedoria; e, por certo, estavam, antes, em evidente descaminho –

3. E a outros[3] deles, que, ainda, não se lhes ajuntaram. E Ele é O Todo-Poderoso, O Sábio.

4. Esse é o favor de Allah: concede-o a quem quer. E Allah é O Possuidor de magnífico favor.

---

(1) **Al Jumu'ah**: etimologicamente, significa grupo reunido. Substantivo derivado de **jama'a**, reunir. Assim, foi denominado o sexto dia da semana, em virtude da assembléia dos homens, formada para a oração do meio-dia. Essa palavra, mencionada no versículo 9, dá nome à sura, que começa lembrando, mais uma vez, que tudo o que está nos céus e na terra glorifica a Deus. Alude à graça divina de um Mensageiro aos árabes iletrados, para ensinar-lhes o Livro e a Sabedoria. Aliás, esta é uma graça divina, que Deus dispensa a quem Lhe apraz. Reprova os judeus, por haverem negligenciado o ensinamento da Tora, após dele se haverem encarregado, e refuta sua pretensão de serem aliados de Deus. Finalmente, ordena os crentes a se lançarem à oração da Sexta-feira tão logo ouçam seu chamado, deixando de lado os negócios e outras ocupações, e censura a atitude dos que se retiram, durante o sermão desse dia, e voltam a seus entretenimentos.

(2) **Iletrados**: as tribos árabes, que não sabiam ler ou escrever, ou que, em contraposição aos judeus e cristãos, ainda não possuíam um livro divino.

(3) **Outros**: as gerações vindouras.

62. Sūratu Al-Jumuᶜah Parte 28

5. O exemplo dos⁽¹⁾ que foram encarregados da Tora, em seguida, não a aplicaram, é como o do asno, carregado de grandes livros. Que execrável o exemplo do povo que desmente os sinais de Allah! E Allah não guia o povo injusto.

6. Dize: "Ó vós que praticais o judaísmo! Se pretendeis ser aliados a Allah, com exclusão de **outros** homens, anelai à morte, se sois verídicos."

7. E jamais a anelarão, pelo que suas mãos anteciparam. E Allah, dos injustos, é Onisciente.

8. Dize: "Por certo, a morte da qual fugis, por certo, vos deparará. Em seguida, sereis levados aO Sabedor do invisível e do visível, e Ele vos informará do que fazíeis."

9. Ó vós que credes! Quando se chama à oração da Sexta-feira, ide, depressa, para a lembrança⁽²⁾ de Allah, e deixai a venda. Isto vos é melhor. Se soubésseis!

10. E quando a oração se encerrar, espalhai-vos pela terra e buscai algo do favor de Allah; e lembrai-vos de Allah, amiúde, na

---

(1) Alusão a judeus, incumbidos de aplicar as leis da Tora, mas que não arcaram com esta incumbência.
(2) Ou seja, o sermão e a oração, que fazem parte dos rituais islâmicos da sexta-feira, levam à lembrança de Deus.

esperança de serdes bem-aventurados.

11. E, quando eles vêem **oportunidade de** comércio ou entretenimento, debandam, **rumo** a isto, e te deixam de pé[1]. Dize: "O que há junto de Allah é melhor que o entretenimento e o comércio. E Allah é O Melhor dos sustentadores."

﴿وَإِذَا رَأَوْاْ تِجَٰرَةً أَوْ لَهْوًا ٱنفَضُّوٓاْ إِلَيْهَا وَتَرَكُوكَ قَآئِمًاۚ قُلْ مَا عِندَ ٱللَّهِ خَيْرٌ مِّنَ ٱللَّهْوِ وَمِنَ ٱلتِّجَٰرَةِۚ وَٱللَّهُ خَيْرُ ٱلرَّٰزِقِينَ ۝﴾

---

(1) Referência a certos moslimes que, durante o sermão do Profeta, ouvindo aproximar-se uma caravana, que chegava de fora com mercadorias, retiraram-se do sermão, e partiram ao encontro dela.

63. Sūratu Al-Munāfiqūn Parte 28

| SŪRATU AL-MUNĀFIQŪN⁽¹⁾ |
| A SURA DOS HIPÓCRITAS |

De Al Madīnah - 11 versículos.

Em nome de Allah, O Misericordioso, O Misericordiador.

1. Quando os hipócritas te chegam, dizem: "Testemunhamos que, por certo, tu és O Mensageiro de Allah." E Allah sabe que, por certo, tu és Seu Mensageiro, e Allah testemunha que, por certo, os hipócritas são mentirosos.

2. Tomaram seus juramentos por escudo e afastaram-se do caminho de Allah. Por certo, que vil o que faziam!

3. Isso, porque creram; em seguida, renegaram a Fé; então, selaram-se-lhes os corações: e eles nada entendem.

4. E, quando os vês, tu te admiras de seus corpos. E, se falam, ouves seu dito. São como madeiras⁽²⁾

---

(1) **Al Munāfiqūn**: plural de **munāfiq**, hipócrita. Particípio presente de **nāfaqa**, ser hipócrita. Essa palavra, mencionada nos versículos 1, 7 e 8, nomeia a sura, que enumera certas características dos hipócritas, tais como: dizer com a boca o contrário do que há em seus corações; jurar falsamente, para ser confundido com o crente; apresentar belo aspecto, agradável a todos, de eloqüência sedutora, mas vazio de alma, oco e inútil como a velha madeira inanimada; desdenhar o perdão de Deus, suplicado pelo Profeta. A sura assevera, ainda, que os hipócritas são pretensiosos, por se crerem privilegiados e poderosos, enquanto julgam os crentes desprezados, e por prometerem expulsá-los de Al Madīnah. No final, a sura conclama os crentes a serem caritativos, antes da chegada da inexorável morte.

(2) Os hipócritas são tão inúteis e sem serventia quanto a velha madeira, já sem uso, e recostada a um canto.

encostadas. Supõem ser contra eles todo grito⁽¹⁾. Eles são os inimigos: então, precata-te deles. Que Allah os aniquile! Como se distanciam **da Verdade**!

5. E, quando se lhes diz: "Vinde, que o Mensageiro de Allah implorará perdão para vós", meneiam as cabeças, e tu os vês se afastarem, enquanto soberbos.

6. É-lhes igual que implores perdão para eles ou não implores perdão para eles: Allah não os perdoará. Por certo, Allah não guia o povo perverso.

7. Eles são os que dizem: "Não despendais com os que estão junto do Mensageiro de Allah, até que debandem." E de Allah são os cofres dos céus e da terra, mas os hipócritas não entendem.

8. Dizem: "Se retornarmos a Al-Madīnah, em verdade, o mais poderoso **de nós** fará sair o mais desprezado⁽²⁾." E de Allah é o poder, e de Seu Mensageiro, e dos crentes, mas os hipócritas não sabem.

---

(1) A consciência dos hipócritas é tão pesada que, se ouvem qualquer grito, algures, de quem esteja, por exemplo, à procura de algo ou de alguém, ou esteja conclamando a uma reunião, logo supõem serem eles próprios os visados.

(2) Estas palavras são atribuídas a Abdullah Ibn Ubai, líder dos hipócritas de Al Madīnah, durante a expedição de Banī Al Muṣṭalaq, tribo de árabes derrotada pelos moslimes.

9. Ó vós que credes! Que vossas riquezas e vossos filhos não vos entretenham, **afastando-vos** da lembrança[1] de Allah. E quem o faz, esses são os perdedores.

10. E despendei do que vos damos por sustento, antes que a morte chegue a um de vós e que ele diga: "Senhor meu! Que me concedas prazo até um termo próximo; então, darei esmola e serei dos íntegros."

11. E Allah não concederá prazo a uma alma, quando seu termo chegar. E Allah, do que fazeis, é Conhecedor.

بِسْمِ ٱللَّهِ ٱلرَّحْمَٰنِ ٱلرَّحِيمِ

يَٰٓأَيُّهَا ٱلَّذِينَ ءَامَنُواْ لَا تُلْهِكُمْ أَمْوَٰلُكُمْ وَلَآ أَوْلَٰدُكُمْ عَن ذِكْرِ ٱللَّهِ ۚ وَمَن يَفْعَلْ ذَٰلِكَ فَأُوْلَٰٓئِكَ هُمُ ٱلْخَٰسِرُونَ ۞

وَأَنفِقُواْ مِن مَّا رَزَقْنَٰكُم مِّن قَبْلِ أَن يَأْتِيَ أَحَدَكُمُ ٱلْمَوْتُ فَيَقُولَ رَبِّ لَوْلَآ أَخَّرْتَنِيٓ إِلَىٰٓ أَجَلٍ قَرِيبٍ فَأَصَّدَّقَ وَأَكُن مِّنَ ٱلصَّٰلِحِينَ ۞

وَلَن يُؤَخِّرَ ٱللَّهُ نَفْسًا إِذَا جَآءَ أَجَلُهَا ۚ وَٱللَّهُ خَبِيرٌۢ بِمَا تَعْمَلُونَ ۞

---

(1) Ou seja, das cinco orações diárias, que todo moslim deve cumprir.

SŪRATU AT-TAGHĀBUN[1]
A SURA DO MÚTUO ENGANO

De Al Madīnah - 18 versículos.

Em nome de Allah, O Misericordioso, O Misericordiador.

1. O que há nos céus e o que há na terra glorificam a Allah. DEle é a soberania e dEle é o louvor. E Ele, sobre todas as cousas, é Onipotente.

2. Ele é Quem vos criou; e, dentre vós, há renegadores da Fé, e, dentre vós há crentes. E Allah, do que fazeis, é Onividente.

3. Ele criou os céus e a terra, com a verdade. E configurou-vos, e benfez vossa configuração. E a Ele será o destino.

4. Ele sabe o que há nos céus e na terra. E sabe o de que guardais segredo e o que manifestais. E Allah, do íntimo dos peitos, é Onisciente.

---

(1) **At-Taghābun**: substantivo deverbal de **taghābana**, enganar, trapacear mutuamente. Essa palavra aparece no versículo 9 e nomeia a sura, que reitera a glorificação de Deus por todos os seres dos céus e da terra, Deus este a Quem tudo pertence, pois é Onipotente. Menciona alguns sinais, corroboradores do poder e da sabedoria divinos. Refere-se aos descrentes, de outras eras, que experimentaram a nefasta conseqüência de seus atos, por desdenharem seus mensageiros. Refuta a tola afirmação dos idólatras de que jamais ressuscitarão, advertindo-os do Dia do Juízo, quando se revelará o engano ou a trapaça mútua: os descrentes, bem sucedidos na vida terrena, terão os piores lugares, e os crentes, desgraçados na vida terrena, terão os melhores lugares. Exorta os homens a obedecerem a Deus e a Seu Mensageiro, e adverte-os de que seus bens e filhos são, apenas, provação. Finaliza, conclamando a que todos despendam caritativamente, para obterem a bem-aventurança.

64. Sūratu At-Taghābun Parte 28

5. Não vos[1] chegou o informe dos que, antes **de vós**, renegaram a Fé? Então, experimentaram a nefasta conseqüência de sua conduta; e terão doloroso castigo.

6. Isso[2], porque seus Mensageiros lhes chegavam com as evidências, então diziam: "São mortais que nos guiarão?" E renegaram a Fé e voltaram as costas. E Allah **deles** prescindiu. E Allah é Bastante a Si Mesmo, Louvável.

7. Os que renegam a Fé pretendem que não serão ressuscitados. Dize: "Sim! Por meu Senhor, sereis ressuscitados; em seguida, sereis informados do que fizestes. E isso, para Allah, é fácil.

8. Então, crede em Allah e em Seu Mensageiro e na Luz[3] que fizemos descer. E Allah, do que fazeis é Conhecedor.

9. Um dia, quando Ele vos juntar, no Dia da Junta, esse será o dia do mútuo engano. E quem crê em Allah e faz o bem, Ele lhe remirá as más obras e o fará entrar em Jardins, abaixo dos quais

---

(1) **Vos**: aos idólatras de Makkah.
(2) Alusão ao nefasto castigo que experimentaram em vida, e ao que lhes é preparado, na outra vida.
(3) **Luz**: o Alcorão.

64. Sūratu At-Taghābun Parte 28

correm os rios; nesses serão eternos, para todo o sempre. Esse é o magnífico triunfo.

10. E os que renegam a Fé e desmentem Nossos sinais, esses serão os companheiros do Fogo; nele, serão eternos. E que execrável destino!

11. Nenhuma desgraça ocorre sem que seja com a permissão de Allah. E quem crê em Allah, Ele lhe guiará o coração. E Allah, de todas as cousas, é Onisciente.

12. E obedecei a Allah e obedecei ao Mensageiro. E, se voltais as costas, apenas, impende a Nosso Mensageiro a evidente transmissão **da Mensagem.**

13. Allah, não existe deus senão Ele. E que os crentes, então, confiem em Allah.

14. Ó vós que credes! Por certo, há, entre vossas mulheres e vossos filhos, inimigos de vós; então, precatai-vos deles. E, se os indultais e tolerais e perdoais, por certo, Allah é Perdoador, Misericordiador.

15. Vossas riquezas e vossos filhos não são que provação. E, junto de Allah, haverá magnífico prêmio.

64. Sūratu At-Taghābun Parte 28

16. Então, temei a Allah quanto puderdes. E ouvi⁽¹⁾, e obedecei⁽²⁾, e despendei: é-vos melhor, para vós mesmos. E quem se guarda de sua própria mesquinhez, esses são os bem-aventurados.

17. Se emprestais um bom empréstimo a Allah, Ele vo-lo multiplicará e vos perdoará. E Allah é Agradecido, Clemente.

18. O Sabedor do invisível e do visível, O Todo-Poderoso, O Sábio.

---

(1) Ou seja, "ouvi o que vos é ordenado".
(2) Ou seja, "obedecei a Deus".

65. Sūratu At-Talāq   Parte 28

SŪRATU AT-TALĀQ[1]
A SURA DO DIVÓRCIO

De Al Madīnah - 12 versículos.

Em nome de Allah, O Misericordioso, O Misericordiador.

1. Ó Profeta! Quando vos divorciardes das mulheres, divorciai-vos delas no início de sua ᶜiddah[2], **seu tempo de espera**. E enumerai[3] a ciddah. E temei a Allah, vosso Senhor. Não as façais sair de suas casas[4], e que elas não saiam, exceto se cometerem evidente obscenidade[5]. E esses são os limites de Allah. E quem transgride os limites de Allah, com efeito, fará injustiça a si mesmo." – Tu não te inteiras: provavelmente,

---

(1) At-Talāq: substantivo deverbal de tallaqa, divorciar-se. Este verbo ocorre duas vezes, no versículo 1, em modos diferentes, e deles se extraiu o substantivo denominador da sura que expõe, principalmente, as maneiras mais convenientes de realizar-se o divórcio; faz, ainda, considerações acerca da ᶜiddah e suas diferentes modalidades: sendo assim, a mulher divorciada deve ficar, na casa do marido, até o término da ᶜiddah, com a garantia de pensão e conforto, e, segundo os preceitos alcorânicos, há recompensa para quem executa fielmente estas regras, e castigo para quem as transgride. Alude, também, ao fim dos transgressores da Ordem de Deus e de Seus mensageiros. Por fim, exorta os crentes a temerem a Deus, Que lhes enviou Gabriel com a Mensagem, para fazê-los sair das trevas da ignorância para a luz da Sabedoria.

(2) Ou seja, o tempo de espera imposto à mulher, para poder casar-se novamente. Segundo o Islão, que permite o divórcio, embora o considere abominoso, o melhor proceder, nesse caso, é fazer reiterar a intenção de separação no início da ᶜiddah, ou seja, antes de cada mênstruo ocorrido durante este tempo de espera. Vide II 231 n1.

(3) Ou seja, "calculai bem a data desse período de espera".

(4) Ou seja, "não permitais que saiam, antes do término da ᶜiddah".

(5) Ou seja, o adultério.

65. Sūratu At-Talāq

Allah faça surgir, depois disso, algo⁽¹⁾ –

2. Então, quando elas chegarem às proximidades de seu termo, retende-as, convenientemente, ou separai-vos delas, convenientemente; e fazei testemunhá-lo dois **homens** justos dos vossos, e cumpri, com **equanimidade,** o testemunho, por Allah. Isso é o com que é exortado quem crê em Allah e no Derradeiro Dia. E quem teme a Allah, Ele lhe fará saída **digna,**

3. E lhe dará sustento, por onde não suporá. E quem confia em Allah, Ele lhe bastará. Por certo, Allah atinge o que quer de Sua ordem, Allah fez para cada cousa uma medida.

4. E aquelas de vossas mulheres, que não mais esperam o mênstruo, sua ciddah, se duvidais, será de três meses e, **assim também,** a das que não menstruam⁽²⁾. E as mulheres grávidas, seu termo será o deporem⁽³⁾ suas cargas. E quem teme a Allah, Ele lhe fará facilidade em sua condição.

5. Essa é a ordem de Allah, que

---

(1) Ou seja, a possibilidade de reconciliação, entre as partes, antes do término da ᶜiddah. Aliás, o Islão, como já se disse acima, embora permita legalmente o divórcio, faz-lhe reservas.
(2) Alusão às impúberes.
(3) **Depor suas cargas**: dar à luz.

Ele vos fez descer. E quem teme a Allah, Ele lhe remirá as más obras e lhe tornará magnífico o prêmio.

6. Fazei-as⁽¹⁾ habitar onde habitais, conforme vossos recursos, e não as prejudiqueis, para constrangê-las. E, se são grávidas, despendei com elas, até deporem suas cargas. E, se elas vos amamentam o filho, concedei-lhes seus prêmios. E que, entre vós, haja deliberações mútuas, de modo conveniente. E, se estais em dificuldade, outra lhe amamentará **o filho.**

7. Que aquele, que tem prosperidade, despenda conforme sua prosperidade. E aquele, cujo sustento é restrito, que ele despenda do que Allah lhe concede. Allah não impõe a alma alguma senão o que Ele lhe concede. Allah fará, após dificuldade, facilidade.

8. E que de cidades transgrediram, desmesuradamente, a ordem de seu Senhor e de Seus Mensageiros! Então, fizemo-las dar severa conta, e castigamo-las com terrível castigo.

9. Então, experimentaram a nefasta conseqüência de sua conduta; e o fim de sua conduta foi perdição.

---

(1) **As**: as mulheres divorciadas.

10. Allah preparou-lhes veemente castigo. Então, temei a Allah, ó vós dotados de discernimento, vós que credes! Com efeito, Allah fez descer, para vós, uma Mensagem.

11. E enviou um Mensageiro, que recita, para vós, os versículos de Allah, evidentes, para fazer sair, das trevas para a luz, os que crêem e fazem as boas obras. E a quem crê em Allah e faz o bem, Ele o fará entrar em Jardins, abaixo dos quais correm os rios; nesses, serão eternos, para todo o sempre. Com efeito, Allah lhe fará belo sustento.

12. Allah é Quem criou sete céus, e da terra, outras tantas, entre os quais a ordem desce, para que saibais que Allah, sobre todas as cousas, é Onipotente, e que Allah, com efeito, abarca todas as cousas, em ciência.

66. Sūratu At-Taḥrīm Parte 28

SŪRATU AT-TAHRĪM[1]
A SURA DA PROIBIÇÃO

De Al Madīnah - 12 versículos.

Em nome de Allah, O Misericordioso, O Misericordiador.

1. Ó Profeta! Por que proíbes o[2] que Allah tornou lícito para ti? Buscas o agrado de tuas mulheres? E Allah é Perdoador, Misericordiador.

2. Com efeito, Allah preceituou, para vós, reparação de vossos juramentos **não cumpridos**. E Allah é vosso Protetor. E Ele é O Onisciente, O Sábio.

3. E quando o Profeta confiou em segredo uma conversa a uma[3] de suas mulheres; e, quando esta informou[4] **a outra** disso, e Allah

---

(1) At-Taḥrīm: infinito substantivado de ḥarrama, proibir. Do mesmo radical do indicativo presente, que aparece no primeiro versículo, é a palavra que intitula a sura. De início, há alusão a um episódio constrangedor para o Profeta, após o qual ele se impôs a proibição do que era lícito. A sura adverte, ainda, as mulheres do Profeta das desastrosas conseqüências do proceder inconveniente, conluiado entre elas. Ordena aos crentes se preservarem do Fogo que se alimenta dos pecadores e de pedras. Exorta o Profeta a lutar, sempre, contra os idólatras e os hipócritas. Finalmente, esclarece que os maridos virtuosos não podem interceder pelas mulheres que hajam atuado com descrença, e os maridos corruptos não podem prejudicar as mulheres que ajam virtuosamente, pois cada um arca com seus próprios atos.

(2) O: o estar com Maria, sua escrava copta, após sua mulher Ḥafsa havê-los encontrado juntos, em própria casa. Sendo assim, Muḥammad, para agradar a esta última, jurou não mais tocar a escrava.

(3) Referência a Ḥafsa, a quem o Profeta confidenciou não mais estar com sua escrava copta.

(4) Ou seja, quando Ḥafsa informou a outra mulher do Profeta, ᶜAichah, acerca dessa proibição, que o Profeta se impôs.

66. Sūratu At-Taḥrīm Parte 28

lho fez aparecer⁽¹⁾, ele fez conhecer uma parte, e deu de ombros à outra parte⁽²⁾. E, quando a informou disso, ela disse: "Quem te informou disso?" Disse: "Informou-me O Onisciente, O Conhecedor."

4. Se ambas⁽³⁾ vos voltais arrependidas para Allah, **Ele vos remirá,** pois, com efeito, vossos corações se inclinaram⁽⁴⁾ a isso. E, se vos auxiliais, mutuamente, contra ele, por certo, Allah é seu Protetor, e Gabriel, e os íntegros dentre os crentes. E os anjos, após isso, serão coadjutores **dele.**

5. Quiçá, se ele se divorcia de vós, seu Senhor lhe dê em troca mulheres melhores que vós, moslimes, crentes, devotas, arrependidas, adoradoras, jejuadoras, que forem casadas, ou que sejam virgens.

6. Ó vós que credes! Guardai-vos, a vós mesmos e a vossas famílias, de um Fogo, cujo combustível são os homens e as pedras; sobre ele, haverá anjos irredutíveis, severos: não desobe-

---

(1) Por intermédio do anjo Gabriel, Muḥammad se inteirou da indiscrição de Ḥafṣa, que confidenciou a ᶜĀichah o ocorrido.
(2) Muḥammad, sem entrar em minúcias, para não constrangê-la, deu a entender a Ḥafṣa que estava ao corrente do que ela e ᶜĀichah haviam conversado.
(3) **Ambas**: Ḥafṣa e ᶜĀichah.
(4) Na verdade, Ḥafṣa e ᶜĀichah aspiravam a que o Profeta não mais estivesse com Maria, alegrando-se elas com a proibição que ele se impôs.

decem a Allah, a Sua ordem, e fazem o que lhes é ordenado.

7. Dir-se-á: "Ó vós que renegastes a Fé! Não vos desculpeis. Hoje; sereis recompensados, apenas, pelo que fazíeis."

8. Ó vós que credes! Voltai-vos arrependidos para Allah, com arrependimento sincero. Quiçá, vosso Senhor vos remita as más obras e vos faça entrar em Jardins, abaixo dos quais correm os rios, um dia, em que Allah não ignominiará ao Profeta e aos que, com ele, crêem. Sua luz lhes correrá adiante e à direita. Dirão: "Senhor nosso! Completa, para nós, nossa luz, e perdoa-nos. Por certo, Tu, sobre todas as cousas, és Onipotente."

9. Ó Profeta! Luta contra os renegadores da Fé e os hipócritas, e sê rude com eles. E sua morada será a Geena. E que execrável destino!

10. Allah propõe um exemplo, para os que renegam a Fé: a mulher de Noé e a mulher de Lot. Ambas estavam sob a autoridade de dois servos íntegros, de Nossos servos; e ambas os traíram[1];

---

(1) A mulher de Noé asseverava que este era louco. A mulher de Lot, por diversos meios, sempre informava os pervertidos habitantes de Sodoma de quando seu marido estava com hóspedes, induzindo-os, assim, a serem lascivos com estes.

então, eles de nada lhes valeram, diante de Allah; e foi-**lhes** dito: "Entrai ambas no Fogo com os que aí entram."

11. E Allah propõe um exemplo, para os que crêem: a mulher de Faraó, quando disse: "Senhor meu! Edifica, para mim, junto de Ti, uma casa no Paraíso, e salva-me de Faraó e de sua obra, e salva-me do povo injusto";

12. E Maria, filha de ᶜImrān, que escudou sua virgindade; então, sopramos nela **algo** de Nosso Espírito, e ela confirmou as palavras de seu Senhor e Seus Livros, e era dos devotos.

SŪRATU AL-MULK[1]
A SURA DA SOBERANIA

De Makkah - 30 versículos.

Em nome de Allah, O Misericordioso, O Misericordiador.

1. Bendito Aquele em Cujas mãos está a Soberania – e Ele, sobre todas as cousas, é Onipotente –

2. Aquele que criou a morte e a vida, para pôr à prova qual de vós é melhor em obras – e Ele é O Todo-Poderoso, O Perdoador –

3. Aquele Que criou sete céus superpostos! Não vês[2] desarmonia alguma na criação dO Misericordioso. Então, torna a vista **para o céu**: vês nele alguma greta?

4. Em seguida, torna a vista, duas vezes, que a vista se voltará para ti, malogrado e exausto.

5. E, com efeito, aformoseamos o céu mais próximo com lâmpadas[3],

---

(1) **Al Mulk**: substantivo formado de um dos infinitivos do verbo **malaka**, possuir. O substantivo é usado, freqüentemente, para designar a soberania e o poder real; também, pode designar a profecia. Essa palavra, que ocorre no versículo 1, dá nome à sura. Aqui, o alvo mais importante é fazer atentar os seres para o poder de Deus, inerente a todos os fenômenos universais: a vida, a morte, a criação dos céus e das estrelas, o conhecimento dos segredos, a preparação da terra para as criaturas, o vôo dos pássaros. E tudo, para conclamar à crença em Deus e no Derradeiro Dia. Relata, com clareza, o triste fim dos idólatras, lançados no Fogo, e seu diálogo com os guardiães da Geena. Finalmente, descreve os lamentos dos idólatras, que se arrependerão de não haver dado ouvidos aos mensageiros de Deus.

(2) A sura dirigi-se a Muḥammad ou, indistintamente, a qualquer ouvinte.

(3) **Lâmpadas**: estrelas.

e delas fizemos mísseis⁽¹⁾ contra os demônios. E preparamo-lhes o castigo do Fogo ardente.

6. E, para os que renegam seu Senhor, haverá o castigo da Geena. – E que execrável destino! –

7. Quando nela⁽²⁾ forem lançados, dela ouvirão soluços, enquanto ela ferverá.

8. Ela quase rebentará de rancor. Cada vez que nela for lançada uma turba, seus guardiães perguntar-lhes-ão: "Não vos chegou um admoestador?"

9. Dirão: "Sim, com efeito, um admoestador chegou-nos; então, desmentimo-lo e dissemos: 'Allah nada fez descer; vós não estais senão em grande descaminho!'"

10. E dirão: "Se houvéssemos ouvido ou razoado, não estaríamos entre os companheiros do Fogo ardente."

11. E reconhecerão seus delitos; então extintos sejam os companheiros do Fogo ardente!

12. Por certo, os que receiam a seu Senhor, ainda que Invisível, terão perdão e grande prêmio.

⁽¹⁾ Cf. XV 18 n1.
⁽²⁾ **Nela**: na Geena.

13. E guardai segredo de vosso dito, ou declarai-o! Por certo, Ele, do íntimo dos peitos, é Onisciente.

14. Não saberá Ele a quem criou? E Ele é O Sutil, O Conhecedor.

15. Ele é Quem vos fez a terra dócil; então, andai, por seus flancos e comei de Seu sustento. E a Ele será a Ressurreição.

16. Estais seguros de que Quem está no céu não fará a terra engolir-vos, então, de súbito, agitar-se?

17. Ou estais seguros de que Quem está no céu não enviará, sobre vós, um vento lastrado de seixos? Então, sabereis como é Minha admoestação!

18. E, com efeito, os que foram antes deles desmentiram **aos Mensageiros.** Então, como foi minha reprovação?

19. E não viram eles os pássaros, acima deles, pairando **no ar,** e adejando? Não os sustém senão O Misericordioso. Por certo, Ele, de todas as cousas, é Onividente.

20. Mas quem é este exército que, aliado a vós, vos socorrerá, além dO Misericordioso? Os renegadores da Fé não estão senão em falácia.

21. Ou quem é este que vos dará sustento, se Ele retém Seu sustento? Mas eles persistem em desobediência e em repulsa **à Verdade.**

22. Então, quem é mais bem guiado? Aquele que anda cabisbaixo ou quem anda erguido, em senda reta?

23. Dize: "Ele é Quem vos fez surgir e vos fez o ouvido e as vistas e os corações. Quão pouco agradeceis!"

24. Dize: "Ele é Quem vos fez multiplicar na terra, e a Ele sereis reunidos."

25. E dizem: "Quando será **o cumprimento d**esta promessa, se sois verídicos?"

26. Dize: "A ciência está, apenas, junto de Allah e sou, apenas, evidente admoestador."

27. Então, quando o⁽¹⁾ virem próximo, as faces dos que renegaram a Fé tornar-se-ão aflitas, e dir-se-**lhes**-á: "Isto é o que cobiçáveis!"

28. Dize: "Vistes? Se Allah me aniquila e a quem está comigo, ou se Ele tem misericórdia de nós, quem protegerá os renegadores da Fé de doloroso castigo?"

---

(1) **O**: o castigo.

29. Dize: "Ele é O Misericordioso; nEle cremos e nEle confiamos. Então, sabereis quem está em evidente descaminho!"

30. Dize: "Vistes? Se vossa água se torna subtérrea, então, quem vos fará vir água fluida?"

SŪRATU AL-QALAM[1]
A SURA DO CÁLAMO

De Makkah - 52 versículos.

Em nome de Allah, O Misericordioso, O Misericordiador.

1. Nūn[2]. Pelo cálamo[3] e pelo que eles[4] escrevem!

2. Tu, **Muḥammad**, pela graça de teu Senhor, não és louco.

3. E, por certo, há, para ti, prêmio incessante.

4. E, por certo, és de magnífica moralidade.

5. Então, tu enxergarás, e eles enxergarão

---

[1] **Al Qalam**: cálamo, instrumento de escrita, ou flecha usada em jogos de azar pelos árabes pré-islâmicos. No presente texto, corresponde à primeira acepção dessa palavra, que, aparecendo no primeiro versículo, nomeia, também, a sura. Contém, inicialmente, a defesa do Profeta contra os ataques dos idólatras, e os versículos o conclamam a ser irredutível com os adversários. A seguir, há o cotejo entre os idólatras de Makkah, ingratos com as graças recebidas, e os donos de um jardim, igualmente ingratos, quando, agraciados com provisão, desejam privar os necessitados do acesso a ela. Alvissara aos crentes a boa recompensa, junto de Deus, e refuta as utópicas pretensões dos idólatras, que imaginam para eles próprios as mesmas recompensas; e a sura, ainda, pressagia a estes últimos sua horrenda condição do Dia do Juízo. Finalmente, ela exorta o Profeta a ter paciência com o julgamento de Deus e a não portar-se como Jonas, que desesperou de seu povo incréu.

[2] **Nūn**: designação da letra ن, que corresponde, em língua portuguesa, à 13ª letra do alfabeto: 'n'. Quanto à interpretação desta letra árabe, no texto, veja-se a sura II 1 n3. **Nūn**, também, pode designar **a baleia**.

[3] O juramento pelo cálamo caracteriza bem a índole cultural do Islamismo, que enaltece o saber, a leitura, os conhecimentos; aliás, o cálamo é o instrumento registrador, por excelência, da sabedoria, fonte do bem de toda a Humanidade.

[4] Referência aos anjos incumbidos de registrar por escrito tudo que beneficia os seres.

6. Qual de vós é o alienado.

7. Por certo, teu Senhor é bem Sabedor de quem se descaminha de Seu caminho, e Ele é bem Sabedor de **quem são** os guiados.

8. Então, não obedeças aos desmentidores,

9. Eles almejam que sejas flexível: então, serão flexíveis.

10. E não obedeças a nenhum mísero constante jurador[1],

11. Incessante difamador, grande semeador de maledicência,

12. Constante impedidor do bem, agressor, pecador,

13. Grosseiro e, além disso, filho[2] espúrio.

14. Por ser ele possuidor de riquezas e filhos,

15. Quando se recitam, para ele, Nossos versículos, diz: "São fábulas dos antepassados."

16. Marcá-lo-emos, no focinho[3].

17. Por certo, pusemo-los[4] à prova como puséramos à prova os

---

(1) Alusão a Al Walīd Ibn Al Mughīrah, ferrenho adversário do Profeta.
(2) Até os dezoito anos, Al Walīd Ibn Al Mughīrah desconhecia quem era seu pai.
(3) Forma pejorativa de designar o nariz do pecador, rebaixando-o à condição animalesca. Com efeito, na batalha de Badr, Al Walīd Ibn Al Mughīrah teve decepado seu nariz.
(4) **Los**: os habitantes de Makkah.

donos⁽¹⁾ do jardim, quando juraram que colheriam seus frutos, ao amanhecer,

18. E não fizeram a ressalva⁽²⁾: "Se Allah quiser."

19. Então, um flagelo de teu Senhor circulou nele⁽³⁾, enquanto estavam dormindo,

20. E, de manhã, ficou como a negra noite.

21. E, ao amanhecer, chamaram uns aos outros:

22. "Ide, cedo, a vosso campo lavrado, se sois colhedores."

23. Então, foram adiante, enquanto murmuravam:

24. "Que nenhum necessitado entre a vós, hoje, lá."

25. E foram cedo, com má intenção, poderosos.

26. E, quando o viram, disseram: "Por certo, estamos descaminhados⁽⁴⁾!

---

(1) Alusão a uma família que residia nas proximidades da capital yemenita. O pai possuía um jardim, de cuja safra retirava a subsistência da família, deixando o excedente para os necessitados. Assim, foi sempre, até que, depois de sua morte, os filhos acordaram em que passariam a recolher tudo para si próprios, não deixando nada para os necessitados. Finalmente, foram castigados e desprovidos do jardim.
(2) Literalmente: "e não fizeram exceção".
(3) **Nele**: no jardim.
(4) Eles acreditam haver errado o caminho, pois não reconheciam o jardim, que, na verdade, assim estava, porque fora devastado.

27. "Aliás, estamos desprovidos!"

28. O mais moderado deles disse: "Não vos dissera eu: 'Que glorifiqueis **a Allah**'?"

29. Disseram: "Glorificado seja nosso Senhor! Por certo, fomos injustos."

30. Então, dirigiram-se uns aos outros, lamentando-se.

31. Disseram: "Ai de nós! Por certo, fomos transgressores.

32. "Quiçá, nosso Senhor no-lo[1] troque por um melhor que este. Por certo, a nosso Senhor estamos rogando."

33. Assim é o castigo. E, em verdade, o castigo da Derradeira Vida é maior. Se soubessem!

34. Por certo, haverá para os piedosos, junto de seu Senhor, os Jardins da Delícia.

35. Então, será que consideramos os moslimes como os criminosos?

36. Que há convosco[2]? Como julgais?

37. Ou tendes um livro, em que ledes

38. Que tereis o que escolherdes?

---

(1) **Lo**: o jardim.
(2) Alusão aos idólatras de Makkah, que pretendiam, caso fosse verídica a Ressurreição, ser tão privilegiados na outra vida, como eram na vida terrena.

68. Sūratu Al-Qalam   Parte 29

39. Ou tendes, de Nós, terminantes juramentos, até o Dia da Ressurreição, de que tereis o que julgardes?

40. Pergunta-lhes: "Qual deles é fiador disso?"

41. Ou têm eles parceiros[1] nisso? Então, que façam vir seus parceiros, se são verídicos.

42. Um dia, as canelas[2] **das pernas** se descobrirão, e serão convocados a se prosternarem, e não o poderão.

43. Com suas vistas humildemente baixas, uma vileza cobri-los-á. E, com efeito, haviam sido convocados a prosternar-se, enquanto sãos.

44. Então, deixa-Me com aqueles que desmentem esta Mensagem. Fá-los-emos se abeirarem **de seu aniquilamento,** por onde não saibam.

45. E conceder-lhes-ei prazo. Por certo, Minha insídia é fortíssima.

46. Ou tu lhes pedes um prêmio, então, ficam sobrecarregados de ônus?

---

(1) Ou seja, "há outros que assim pensem?".
(2) **Descobrir as canelas**: estar em dificuldade, tal como, em situação de fuga, quando, para liberar o movimento das pernas, se erguem as roupas. Aqui, a metáfora exprime a dificuldade em que se encontrarão os pecadores, no Dia do Juízo, de que não poderão evadir-se.

47. Ou têm eles a ciência do Invisível, então, escrevem **o que querem?**

48. Então, pacienta quanto ao julgamento de teu Senhor. E não sejas como o companheiro da baleia⁽¹⁾, quando Nos chamou, enquanto angustiado.

49. Não o atingira uma graça de seu Senhor, haveria sido atirado à terra nua, enquanto infamado.

50. Então, seu Senhor elegeu-o, e fê-lo dos íntegros.

51. E, por certo, os que renegam a Fé quase te derrubam⁽²⁾ com suas vistas, quando ouvem a Mensagem, e dizem: "Por certo, é um louco!"

52. E ela⁽³⁾ não é senão lembrança para os mundos.

⁽¹⁾ **Companheiro da baleia**: Jonas. Vide XXI 87 n3.
⁽²⁾ O ódio dos idólatras é tão forte que quase chega a prejudicar o Profeta.
⁽³⁾ **Ela**: a Mensagem.

SŪRATU AL-ḤĀQQAH[1]
A SURA DA INCONTESTÁVEL

De Makkah - 52 versículos.

Em nome de Allah, O Misericordioso, O Misericordiador.

1. A Incontestável!

2. Que é a Incontestável?

3. – E o que te faz inteirar-te do que é a Incontestável? –

4. O **povo de** Thamūd e de ʿĀd desmentiram o estrondo[2].

5. Então, quanto **ao povo de** Thamūd, foram aniquilados pelo **Grito** transgressor.

6. E, quanto **ao povo de** ʿĀd, foram aniquilados por estridente, desmesurado vento glacial.

7. **Allah** submeteu-o, contra eles, durante sete noites e oito dias

---

(1) **A Incontestável**: uma das designações do Dia do Juízo. A palavra, em árabe, é adjetivo feminino, do verbo ḥaqqa, realizar-se, e qualifica a palavra Hora, oculta no texto. Aliás, nesta Hora, ou melhor, no Dia do Juízo, realizar-se-á tudo que negavam os incrédulos: a Ressurreição, a Conta, o Castigo, a Recompensa. Essa palavra surge nos versículos 1, 2 e 3 e nomeia a sura, que se refere, de início, ao castigo que afligiu os povos antepassados, por negarem a Ressurreição. Refere-se, também, ao toque da trombeta e à assombrosa metamorfose da terra, das montanhas e dos céus, e ao Dia da Conta. Alvíssara aos bem-aventurados a magnífica recompensa paradisíaca; adverte os desventurados da aflição e do castigo nefando que os espera. Finalmente, menciona o Profeta Muḥammad e o Alcorão, este, como sendo a Verdade única e certa para os homens.

(2) **O Estrondo**: outra designação do Dia do Juízo. O vocábulo, em árabe, é adjetivo feminino, do verbo qaraʿa, bater, assolar, e qualifica a palavra Hora, oculta no texto; assim, esta Hora assoladora assolará com terror todos os seres: as estrelas despencarão dos céus, cairá o sol e a lua; as montanhas se fenderão, e tudo se transformará.

seqüentes; então, podias ver neles as pessoas prostradas, como ocos troncos de tamareiras.

8. Então, tu vês deles algum remanescente?

9. E Faraó e os que foram antes dele e os habitantes das cidades[1] tombadas, chegaram com o nefando erro.

10. E desobedeceram ao Mensageiro de seu Senhor; então, Ele os apanhou, violentamente.

11. Por certo, quando as águas transbordaram, carregamo-vos[2], na corrente[3] **nau,**

12. Para fazermos dela lembrança para vós, e para a atentarem ouvidos atentos.

13. Então, quando se soprar na Trombeta, um só sopro,

14. E forem carregadas a terra e as montanhas, e forem pulverizados, de um só golpe,

15. Então, nesse dia, sobrevirá o Acontecimento[4], **o Dia do Juízo.**

16. E o céu fender-se-á, e será frágil, nesse dia.

---

(1) Sodoma e Gomorra.
(2) **Vos**: vossos antepassados Quraich, na época de Noé.
(3) Alusão à arca de Noé.
(4) Cf. LVI 1 n2.

17. E os anjos estarão em seus confins, enquanto oito carregarão o Trono de teu Senhor, acima deles[1], nesse dia.

18. Nesse dia, sereis expostos; nenhum segredo vosso se ocultará.

19. Então, quanto àquele a quem for concedido seu livro, em sua destra, dirá: "Vinde, lede meu livro!

20. "Por certo, já pensara deparar minha conta."

21. Então, ele estará em agradável vida:

22. Em Jardim bem alto;

23. Seus frutos estarão à mão.

24. **Dir-se-lhes-á:** "Comei e bebei, com deleite, pelo que adiantastes nos dias passados."

25. E, quanto àquele a quem for concedido seu livro, em sua sestra, dirá: "Quem dera, não me houvesse sido concedido meu livro,

26. "E me não inteirasse de minha conta:

27. "Quem dera fosse ela[2] o decisivo **fim**.

28. "De nada me valeram minhas riquezas.

---

(1) Ou seja, acima dos anjos mencionados antes.
(2) **Ela**: a morte.

29. "Foi-se minha autoridade para longe de mim!"

هَلَكَ عَنِّى سُلۡطَٰنِيَهۡ ۝

30. **Dir-se-á:** "Apanhai⁽¹⁾-o e agrilhoai-o;

خُذُوهُ فَغُلُّوهُ ۝

31. "Em seguida, fazei-o entrar no Inferno;

ثُمَّ ٱلۡجَحِيمَ صَلُّوهُ ۝

32. "Em seguida, prendei-o, então, em corrente de setenta côvados.

ثُمَّ فِى سِلۡسِلَةٍ ذَرۡعُهَا سَبۡعُونَ ذِرَاعًا فَٱسۡلُكُوهُ ۝

33. "Por certo, ele não cria no Magnífico Allah,

إِنَّهُۥ كَانَ لَا يُؤۡمِنُ بِٱللَّهِ ٱلۡعَظِيمِ ۝

34. "E não incitava **ninguém** a alimentar o necessitado.

وَلَا يَحُضُّ عَلَىٰ طَعَامِ ٱلۡمِسۡكِينِ ۝

35. "Então, hoje, ele não terá, aqui, íntimo algum,

فَلَيۡسَ لَهُ ٱلۡيَوۡمَ هَٰهُنَا حَمِيمٌ ۝

36. "Nem alimento algum, exceto o ghislīn⁽²⁾,

وَلَا طَعَامٌ إِلَّا مِنۡ غِسۡلِينٍ ۝

37. "Não o comerão senão os errados."

لَّا يَأۡكُلُهُۥٓ إِلَّا ٱلۡخَٰطِـُٔونَ ۝

38. Então, juro pelo que enxergais,

فَلَآ أُقۡسِمُ بِمَا تُبۡصِرُونَ ۝

39. E pelo que não enxergais,

وَمَا لَا تُبۡصِرُونَ ۝

40. Por certo, este⁽³⁾ é um dito de nobre Mensageiro,

إِنَّهُۥ لَقَوۡلُ رَسُولٍ كَرِيمٍ ۝

41. E não um dito de poeta; Quão pouco credes!

وَمَا هُوَ بِقَوۡلِ شَاعِرٍ قَلِيلًا مَّا تُؤۡمِنُونَ ۝

---

(1) Ordem dirigida aos guardiães do Fogo.
(2) **Ghislīn**: é a matéria purulenta e sangüínea, que vazará dos corpos dos condenados, quando no Fogo.
(3) **Este**: o Alcorão.

42. Nem um dito de adivinho; Quão pouco meditais!

43. É revelação dO Senhor dos Mundos.

44. E, se ele[1] Nos atribuísse certos ditos[2],

45. Apanhá-lo-íamos pela destra,

46. Em seguida, cortar-lhe-íamos a aorta.

47. Então, nenhum de vós seria barreira contra sua punição.

48. E, por certo, ele[3] é lembrança para os piedosos.

49. E, por certo, sabemos que, entre vós, há desmentidores;

50. E, por certo, ele é **motivo de** aflição para os renegadores da Fé,

51. E, por certo, ele é a Verdade certa.

52. Então, glorifica o nome de Teu Magnífico Senhor!

وَلَا بِقَوْلِ كَاهِنٍ قَلِيلًا مَّا تَذَكَّرُونَ ۝

تَنزِيلٌ مِّن رَّبِّ ٱلْعَٰلَمِينَ ۝

وَلَوْ تَقَوَّلَ عَلَيْنَا بَعْضَ ٱلْأَقَاوِيلِ ۝

لَأَخَذْنَا مِنْهُ بِٱلْيَمِينِ ۝

ثُمَّ لَقَطَعْنَا مِنْهُ ٱلْوَتِينَ ۝

فَمَا مِنكُم مِّنْ أَحَدٍ عَنْهُ حَٰجِزِينَ ۝

وَإِنَّهُۥ لَتَذْكِرَةٌ لِّلْمُتَّقِينَ ۝

وَإِنَّا لَنَعْلَمُ أَنَّ مِنكُم مُّكَذِّبِينَ ۝

وَإِنَّهُۥ لَحَسْرَةٌ عَلَى ٱلْكَٰفِرِينَ ۝

وَإِنَّهُۥ لَحَقُّ ٱلْيَقِينِ ۝

فَسَبِّحْ بِٱسْمِ رَبِّكَ ٱلْعَظِيمِ ۝

---

(1) **Ele**: Muḥammad.
(2) Ou seja, ditos falsos.
(3) **Ele**: o Alcorão.

SŪRATU AL-MAʿĀRIJ[1]
A SURA DOS DEGRAUS

De Makkah - 44 versículos.

Em nome de Allah, O Misericordioso, O Misericordiador.

1. Um interrogante[2] pergunta por um castigo, prestes a sobrevir,

2. Aos renegadores da Fé. Nada poderá detê-lo,

3. **Ele vem** de Allah, Possuidor dos degraus.

4. Os anjos e o Espírito[3] a Ele[4] ascendem, em um dia, cuja duração é de cinqüenta mil anos.

5. Então, pacienta, **Muhammad**, com bela paciência.

6. Por certo, eles o[5] vêem longe,

7. E Nós o vemos próximo,

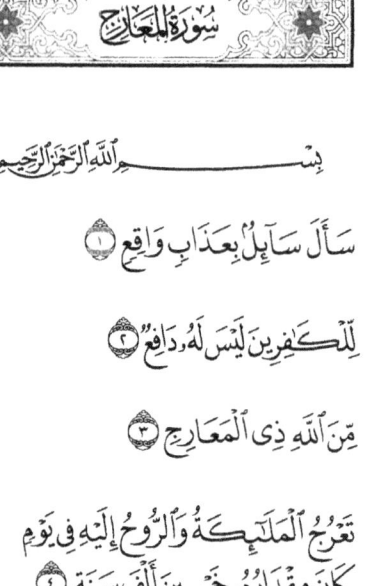

---

(1) **Al Maʿārij**: degraus; plural de **miʿrāj**, que é derivado de ʿaraja, ascender ou elevar-se. No texto, a palavra se refere aos degraus sublimes, pelos quais os devotos ascendem às graças, que Deus lhes outorga. Essa palavra aparece no versículo 3 e nomeia a sura, que se abre ameaçando os incrédulos com o Dia do Juízo, advertindo-os de sua longa duração e do que nela haverá de terrível castigo, de que será impossível resgatar-se. Reitera a fragilidade do ser humano, na adversidade e na prosperidade: apenas, os piedosos, que fazem boas obras, serão salvos de toda adversidade. Refuta a arrogância dos incrédulos, que põem em dúvida a existência do Paraíso. Finalmente, recomenda ao Profeta deixar os renegadores da Fé com seus vãos entretenimentos, até a chegada do Dia prometido, que deles se incumbirá.

(2) Alusão a An-Naḍr Ibn Ḥārith, um dos adversários do Profeta, o qual, pondo em dúvida as verdades contidas na Mensagem deste, desafiou-o a fazer chover sobre eles pedras do céu e mostrar-lhes o tão propalado doloroso castigo. Vide VIII 32.

(3) Ou seja, o anjo Gabriel.

(4) Ou seja, Deus.

(5) **O**: o castigo.

8. Ocorrerá, um dia, quando o céu for como o metal em fusão,

9. E as montanhas forem como a lã corada⁽¹⁾,

10. E nenhum íntimo interrogará a outro íntimo,

11. Embora se enxerguem⁽²⁾. O criminoso almejará resgatar-se do castigo desse dia, com **o sacrifício** de seus filhos,

12. E **de** sua companheira e **de** seu irmão,

13. E de seu clã, que o abrigava,

14. E **de** todos que estão na terra, **para,** em seguida, isso o salvar.

15. Em absoluto, **não se salvará.** Por certo, **o Inferno** é uma flama⁽³⁾

16. Tiradora de couro cabeludo.

17. Ele convocará quem se virou e voltou as costas,

18. E juntou **a riqueza** e **a** entesourou.

19. Por certo, o ser humano foi criado incoerente:

20. Aflito, quando o mal o toca;

21. E avaro, quando o bem o toca.

---

(1) Pode ser alusão à lã avermelhada do pêlo do camelo, considerada mais leve que outros tipos de lã.
(2) Eles não se comunicarão, embora se vejam, por estarem mergulhados em profunda preocupação acerca do horrendo Dia.
(3) **Flama**: labareda.

22. Exceto os orantes,

23. Que são assíduos em suas orações,

24. E aqueles em cujas riquezas há, de direito, parte determinada

25. Para o mendigo e para o desprovido;

26. E os que confirmam o Dia do Juízo,

27. E os que estão amedrontados do castigo de seu Senhor

28. – Por certo, não há garantia alguma contra o castigo de seu Senhor ; –

29. E os que são custódios de seu sexo,

30. Exceto com suas mulheres ou com suas escravas – então, por certo, não serão censurados,

31. E, quem busca **algo,** além disso, esses são os agressores –

32. E os que são respeitadores de seus depósitos **confiados a eles** e de seus pactos;

33. E os que são cumpridores de seus testemunhos,

34. E os que são custódios de suas orações.

35. Esses serão honrados, em Jardins.

36. Então, por que razão os que renegam a Fé correm, em tua direção, de olhos fitos **em ti,**

37. Dividindo-se em bandos, à direita e à esquerda?

38. Aspirará cada qual deles a entrar no Jardim da Delícia[1]?

39. Em absoluto, **não devem aspirá-lo.** Por certo, criamo-los do[2] que eles sabem.

40. Então, juro pelo Senhor dos Levantes e dos Poentes: somos Poderoso,

41. Para trocá-los por quem é melhor que eles, e não seremos impedidos,

42. Então, deixa-os confabular e se divertirem, até depararem seu dia, que lhes é prometido,

43. Um dia, em que sairão, com destreza, dos jazigos, como se se estivessem precipitando as pedras levantadas,

44. Com suas vistas humildemente baixas, enquanto os cobrir uma vileza. Esse é o dia que lhes era prometido.

---

(1) Os renegadores do Islão, ao se reunirem ao redor do Profeta, para ouvir sua pregação, desmentiam-na e ironizavam o Profeta e aos que nele criam, afirmando que, se estes iriam ganhar o Paraíso, também eles o ganhariam, em condições excepcionais, pois se pretendiam superiores aos crentes.
(2) **Do**: do pó. Na verdade, o versículo atenta para a vã pretensão desses idólatras, também oriundos do pó.

SŪRATU-NŪH[1]
A SURA DE NOÉ

De Makkah - 28 versículos.

Em nome de Allah, O Misericordioso, O Misericordiador.

1. Por certo, enviamos Noé a seu povo: "Admoesta teu povo, antes que lhe chegue doloroso castigo!"

2. Ele disse: "Ó meu povo! Por certo, sou-vos evidente admoestador:

3. "Adorai a Allah, e temei-O, e obedecei a mim,

4. "Ele vos perdoará **parte** de vossos delitos e vos concederá prazo, até um termo designado[2]. Por certo, o termo de Allah, quando chegar, não será adiado. Se soubésseis!"

5. Ele disse: "Senhor meu! Por certo, convoquei meu povo, durante a noite e durante o dia;

6. "E minha convocação não lhes acrescentou senão fuga.

7. "E, por certo, cada vez que os convocava, para que Tu os

---

(1) **Nūh**: Noé, o segundo Patriarca, depois de Abraão, e cujo povo rebelde sofreu o Dilúvio. Esse nome, que aparece nos versículos 1, 21 e 26, nomeia a sura, que se inicia pela história de Noé e seu povo; a sura alude à sua convocação à Fé, de forma manifesta, pública e secreta, e ao desdém de seu povo, quando desta convocação, pois se obstinaram na adoração dos ídolos. Convicto de que nada os demovia de sua idolatria, suplicou Noé a Deus os solapasse a todos. E, assim, foram destruídos, pelo Dilúvio, exceto os prosélitos do Patriarca.

(2) Ou seja, até a morte.

perdoasses, tapavam com os dedos os ouvidos, e encobriam-se em seus trajes[1], e obstinavam-se **no erro**, e ensoberbeciam-se duma maneira exagerada.

8. "Em seguida, convoquei-os, declaradamente.

9. "Em seguida, manifestei-lhes **minha pregação** e segredei-lhas discretamente.

10. "E disse: 'Implorai perdão a vosso Senhor – por certo, Ele é Perdoador –

11. " 'Ele enviará do céu, sobre vós, **chuva**, em abundância,

12. " 'E vos estenderá riquezas e filhos, e vos fará jardins, e vos fará rios.

13. " 'Por que razão não dedicais magnanimidade a Allah,

14. " 'Enquanto, com efeito, Ele vos criou por estágios[2]?

15. " 'Não vistes como Allah criou sete céus superpostos,

16. " 'E, neles, fez a lua como luz e fez o sol como luzeiro?

17. " 'E Allah fez-vos germinar da terra, como as plantas;

---

(1) Os idólatras assim o faziam, para não verem Noé.
(2) Alusão aos vários estágios da criação do Homem, segundo o Alcorão. Vide XXIII 12-14. O versículo, aqui, atenta para o poder de Deus de criar o ser humano do nada, por estágios.

71. Sūratu Nūḥ

18. " 'Em seguida, far-vos-á voltar a ela, e **dela** far-vos-á sair, de verdade.

19. " 'E Allah fez-vos a terra **estendida** como tapete,

20. " 'Para que por ela possais ir, por caminhos, em amplos desfiladeiros.' "

21. Noé disse: "Senhor meu! Por certo eles[1] me desobedeceram e seguiram aquele[2], cujas riquezas e filhos não lhe acrescentaram senão perdição.

22. "E eles[3] usaram de grandes estratagemas,

23. "E disseram: 'Não deixeis vossos deuses e não deixeis Wadd nem Swāᶜ nem Yaghūth nem Yaᶜūq nem Nasr[4]!'

24. "E, com efeito, descaminharam a muitos. E não acrescentes aos injustos senão descaminho!"

25. Por causa de seus erros, foram afogados, então, fizeram-nos entrar no Fogo: e não encontraram, para eles, além de Allah, socorredores.

---

(1) **Eles**: os fracos e necessitados, entre o povo de Noé, que seguiram os ricos poderosos.
(2) **Aquele**: o grupo de ricos poderosos.
(3) **Eles**: o grupo de ricos poderosos.
(4) Cinco divindades do paganismo, ao tempo de Noé.

71. Sūratu Nūḥ

26. E Noé disse: "Senhor meu! Não deixes, sobre a terra, nenhum dos renegadores da Fé.

27. "Por certo, se os deixas, descaminharão Teus servos e não procriarão senão ímpios, ingratos.

28. "Senhor meu! Perdoa-me e a meus pais e a quem entrar em minha casa, sendo crente, e aos crentes e às crentes. E não acrescentes aos injustos senão perdição!"

وَقَالَ نُوحٌ رَّبِّ لَا تَذَرْ عَلَى ٱلْأَرْضِ مِنَ ٱلْكَٰفِرِينَ دَيَّارًا ۝

إِنَّكَ إِن تَذَرْهُمْ يُضِلُّوا۟ عِبَادَكَ وَلَا يَلِدُوٓا۟ إِلَّا فَاجِرًا كَفَّارًا ۝

رَّبِّ ٱغْفِرْ لِى وَلِوَٰلِدَىَّ وَلِمَن دَخَلَ بَيْتِىَ مُؤْمِنًا وَلِلْمُؤْمِنِينَ وَٱلْمُؤْمِنَٰتِ وَلَا تَزِدِ ٱلظَّٰلِمِينَ إِلَّا تَبَارًۢا ۝

SŪRATU AL-JINN[1]
A SURA DOS JINNS

De Makkah - 28 versículos.

Em nome de Allah, O Misericordioso, O Misericordiador.

1. Dize: "Foi-me revelado que um pequeno grupo de jinns[2] ouviu **minha recitação**; então, disseram[3]: 'Por certo, ouvimos um Alcorão admirável;

2. " 'Ele guia à retidão: então, nele cremos. E não associaremos ninguém a nosso Senhor.'

3. "E que: 'Que a majestade de nosso Senhor seja sublimada! Ele não tomou **para Si** companheira nem filho.'

4. "E que: 'Nosso inepto[4] dizia

---

(1) **Al Jinn**: coletivo designativo dos seres invisíveis, benfazejos, ou malfazejos, que, de acordo com o Alcorão, foram criados de fogo - cf. XV 27. Essa palavra, mencionada nos versículos 1, 5 e 6, denomina a sura, que, logo de início, traz a ordem divina ao Profeta de comunicar aos povos o que foi-lhe revelado acerca dos jinns que ouviram a recitação que o Profeta fez do Alcorão, da qual se maravilharam e na qual creram veementemente. A sura, também relata que os jinns, antes, tinham por hábito ouvir os segredos celestiais, para transmiti-los, depois, aos adivinhos; entretanto, a partir de Muḥammad, ficaram obstados de fazê-lo, com a ameaça de serem perseguidos por bólides incandescentes; e ressalta, outrossim, que entre eles, há os crentes e os descrentes. Quanto à adoração e às mesquitas, a sura enfatiza que elas são unicamente de Deus e para Deus. Adverte os desobedientes do castigo da Geena e afirma, finalmente, que só Deus conhece o Invisível, que não faz aparecer a ninguém, exceto aos mensageiros que Lhe aprazem.

(2) Alusão aos jinns da região e Naṣṣībīn, que escutavam a recitação do Profeta, enquanto orava, de madrugada, em um lugar chamado Baṭn Nakhl, entre Makkah e Aṭ-Ṭāif.

(3) Ou seja, os jinns disseram a seu próprio povo.

(4) Referência a Satã, chefe dos jinns.

o cúmulo da blasfêmia acerca de Allah.'

5. "E que: 'Pensávamos que os humanos e os jinns não diriam mentira acerca de Allah.'

6. "E que: 'Alguns dos humanos[1] refugiavam-se em alguns dos jinns, então, acrescentaram-lhes aflição.'

7. "E que: 'Eles[2] pensaram, como pensastes, que Allah não ressuscitaria a ninguém.'

8. "E que: 'Tocamos o céu e encontramo-lo repleto de veementes guardas e de bólides[3].'

9. "E que: 'Nele[4], sentávamo-nos em posição de ouvir. Mas quem, agora, ouvir encontrará para si uma bólide a sua espreita.'

10. "E que: 'Não estamos inteirados de que isso seja um mal desejado para os que estão na terra, ou de que seu Senhor lhes deseje retidão[5].'

11. "E que: 'Há, entre nós, os

---

(1) Alusão aos árabes, que, em viagem a temíveis lugares, pediam proteção aos próceres dos jinns contra malfazejos. Diante disso, esses próceres se jactanciavam de dominar não só jinns, mas humanos, também.
(2) **Eles**: os jinns.
(3) Cf. XV 18 n1.
(4) **Nele**: no céu.
(5) Ou seja, se a proibição imposta aos jinns, de ouvir os segredos do céu, será um bem ou um mal para os homens.

íntegros, e há, entre nós, os que o são menos. Somos de vários procederes.'

12. "E que: 'Pensamos que não escaparemos **do castigo** de Allah, na terra, e não escaparemos dEle, em fuga.'

13. "E que: 'Ao ouvirmos a Orientação⁽¹⁾, nela cremos. Então, quem crê em seu Senhor não temerá subtração nem aflição.'

14. "E que: 'Há, entre nós, os moslimes, e há, entre nós, os iníquos. E quem se islamiza, esses são os que procuram retidão.

15. " 'E, quanto aos iníquos, serão lenha para a Geena.' "

16. – E, se eles⁽²⁾ permanecessem retos, no caminho **da Verdade**, fá-los-íamos beber água abundante,

17. Para, com isso, prová-los⁽³⁾. E a quem dá de ombros à Mensagem de seu Senhor, Ele o introduzirá em castigo sempre crescente. –

18. E **foi-me revelado** que as mesquitas são de Allah: então, não

---

⁽¹⁾ **Orientação**: o Alcorão.
⁽²⁾ **Eles**: os idólatras de Makkah.
⁽³⁾ A água, para os povos do deserto, constitui o bem mais valioso e símbolo de tudo quanto possa representar vida farta e próspera. Mas, na prosperidade, o homem tende a desviar-se do caminho certo. E é na prosperidade que Deus vai prová-los.

invoqueis, com Allah, a ninguém.

19. E que, ao levantar-se o Servo de Allah[1] para invocá-lO, quase se lançaram sobre ele, aglomerados[2].

20. Dize: "Invoco, apenas, a meu Senhor, e não associo ninguém a Ele."

21. Dize: "Por certo, não possuo, para vós, prejuízo nem retidão"

22. – Dize: "Por certo, ninguém me protegerá de Allah, e não encontrarei, fora dEle, refúgio algum"—

23. "Exceto uma transmissão **vinda** de Allah e Suas Mensagens. E quem desobedece a Allah e a Seu Mensageiro, por certo, terá o fogo da Geena; nela será eterno, para todo o sempre."

24. – **Eles permanecerão descrentes** até que, quando virem o[3] que lhes foi prometido, saberão quem está com socorredor mais frágil e inferior em número –

25. Dize: "Não estou inteirado de que o quê vos é prometido esteja próximo, ou de que meu Senhor lhe faça longínquo termo."

---

(1) Ou seja, Muḥammad.
(2) Tão maravilhados ficaram os jinns com a oração de Muḥammad, que se aglomeraram a seu redor, para melhor ouvi-lo.
(3) **O**: o castigo na batalha de Badr, ou o castigo no Dia da Ressurreição.

26. Ele é O Sabedor do invisível e não faz aparecer Seu invisível a ninguém,

27. Exceto a um Mensageiro, de quem Se agrade; então, por certo, Ele introduzirá guardiães adiante dele e detrás dele,

28. Para saber se eles[1], com efeito, transmitiram as Mensagens de seu Senhor; e Ele abarca o que há junto deles, e enumera todas as cousas, em **exato** número.

---

(1) **Eles**: os profetas.

SŪRATU AL-MUZZAMMIL[1]
A SURA DO ENVOLTO NAS VESTES

De Makkah - 20 versículos.

Em nome de Allah, O Misericordioso, O Misericordiador.

1. Ó envolto[2] nas vestes!

2. Levanta-te e ora durante a noite, exceto durante um pouco;

3. Sua metade, ou diminui dela um pouco;

4. Ou acrescenta-lho. E recita o Alcorão, lenta e claramente.

5. Por certo, lançaremos, sobre ti, um dito[3] ponderoso.

6. Por certo, a oração no início da noite é mais eficiente, e mais escorreita, em recitação[4].

---

[1] **Al Muzzammil**: particípio presente do verbo **tazammala**, envolver-se nas vestes. Essa palavra aparece no versículo 1 e denomina esta sura, que trata das ordens de Deus a Seu Mensageiro, quanto à oração, durante grande parte da noite, e quanto à recitação paulatina do Alcorão, nesse mesmo período, ordens essas que o Profeta cumpre, junto com uma facção, que com ele está. Tempos depois, Deus facilita-lhe a tarefa e ordena que todos leiam do Alcorão o que lhes é possível e que concedam az-zakāh e implorem o perdão de Deus. Entrementes, Deus pede a Muḥammad que paciente acerca dos desmentidores, que serão castigados com doloroso castigo, no Dia do Juízo; ameaça os incrédulos com castigo idêntico ao que atingiu Faraó e seus seguidores, e apresenta, inclusive, algumas cenas do Dia da Conta.

[2] Conta a tradição islâmica que, estando Muḥammad, no monte Ḥirā', recebeu a revelação, pela primeira vez. Assustado diante da enorme tarefa a ele confiada, retornou à casa, tremendo muito; por isso rogou à família o envolvesse nas vestes. Nesse exato momento, Gabriel, chamou-o para levar adiante sua missão, referiu-se a ele como o "envolto nas vestes".

[3] Ou seja, a Mensagem divina, contida no Alcorão.

[4] A noite, sobretudo em suas primeiras horas, propicia a concentração e o pleno entendimento da leitura alcorânica, durante a oração.

7. Por certo, há para ti, durante o dia, longo percurso⁽¹⁾.

8. E lembra-te do nome de teu Senhor, e consagra-te a Ele inteiramente.

9. Ele é O Senhor do Levante e do Poente: não existe deus senão Ele. Então, toma-O por Patrono.

10. E pacienta quanto ao que dizem⁽²⁾ e abandona-os, com belo abandono⁽³⁾.

11. E deixa-Me com os desmentidores, dotados de bens terreais; e dá-lhes um pouco de prazo.

12. Por certo, há, junto de Nós, pesadas correntes e Inferno

13. E alimento, que provoca engasgo, e doloroso castigo,

14. Um dia, quando a terra e as montanhas estremecerão, e as montanhas forem como colunas de areia, desfeitas.

15. Por certo, enviamo-vos⁽⁴⁾ um Mensageiro, por testemunha de vós, como enviáramos um Mensageiro a Faraó.

16. E Faraó desobedeceu ao

---

(1) O Profeta deve usar o dia para desincumbir-se de seus muitos afazeres.
(2) Referência aos idólatras de Makkah.
(3) Ou seja, o Profeta deve distanciar-se deles, com polidez.
(4) Referência aos idólatras de Makkah.

73. Sūratu Al-Muzzammil Parte 29

Mensageiro; então, apanhamo-lo com trágica maneira.

17. Então, se renegais a Fé, como vos guardareis **do castigo** de um dia, que fará das crianças **anciãs** encanecidas?

18. Nele[1], o céu espedaçar-se-á. Sua promessa será cumprida.

19. Por certo, estes[2] são uma lembrança. Então, quem quiser, tomará um caminho para seu Senhor.

20. Por certo, teu Senhor sabe que te levantas **para orar**, durante menos de dois terços da noite, ou durante sua metade, ou seu terço, e, **também**, uma facção dos que estão contigo. E Allah determina a noite e o dia. Ele sabe que não podereis enumerá-la[3], então, voltou-Se para vós[4]. Lede, pois, o que vos for possível do Alcorão. Ele sabe que existirão, entre vós, enfermos e outros que percorrerão a terra, buscando algo do favor de Allah, e outros que combaterão no caminho de Allah. Então, lede o que vos for possível dele. E cumpri

---

(1) Ou seja, no Dia do Juízo.
(2) **Estes**: os versículos que tratam do Dia do Juízo.
(3) **La**: a noite, ou seja, as horas da noite, que não podem ser calculadas com precisão, dada a ausência do sol, utilizado pelos antigos no cálculo das horas.
(4) Deus isentou os crentes dessa obrigação.

a oração e concedei az-zakāh⁽¹⁾, e emprestai a Allah um bom empréstimo. E tudo de bom, que antecipardes a vós mesmos, o encontrareis junto de Allah, melhor e mais grandioso em prêmio. E implorai perdão a Allah. Por certo, Allah é Perdoador, Misericordiador.

---

(1) Cf II 43 n4.

74. Sūratu Al-Muddaththir

SŪRATU AL-MUDDATHTHIR[1]
A SURA DO AGASALHADO

De Makkah - 56 versículos.

Em nome de Allah, O Misericordioso, O Misericordiador.

1. Ó agasalhado[2]!

2. Levanta-te e admoesta os incréus.

3. E a teu Senhor, magnifica-O.

4. E a teus trajes, purifica-os.

5. E ao abominável[3], abandona-o.

6. E não faças mercê, esperando receber mais.

7. E, quanto à **determinação de** teu Senhor, pacienta.

8. Então, quando se tocar a Corneta,

---

(1) **Al Muddaththir**: particípio presente do verbo **tadaththara**, agasalhar-se. Essa palavra aparece no versículo 1 e denomina esta sura, que exorte o Profeta a admoestar seu povo, e a glorificar a Deus, e a rechaçar o que acarreia o castigo; anuncia, ainda, o toque da corneta, a severidade das punições aos descrentes; recomenda ao Profeta deixar nas mãos de Deus a questão dos negadores da graça divina; descreve a maneira pela qual o renegador da Fé detrai o Alcorão; alude a Saqar, uma das designações do Fogo infernal, e ao castigo terrível que ele preconiza; relembra que cada um é recompensado pelo que faz; menciona os Companheiros da direita e suas inquirições acerca dos criminosos. Finalmente, salienta que o Alcorão é lembrança para quem quer haurir benefícios na palavra divina.

(2) Segundo já se disse na sura anterior, nota 2, do assombro extraordinário sentido por Muḥammad, quando da revelação no monte Ḥirā', voltando ele para casa, suplicou à família o agasalhasse; e o anjo Gabriel, ao interpelá-lo, uma outra vez, assim o chamou: "agasalhado".

(3) Abominável: traduz **ar-rujz**, o abominável tormento, o castigo. O versículo ordena o Profeta a afastar-se do que causa o tormento ou o castigo, ou seja, a **idolatria**.

9. Esse dia será um difícil dia,

10. Para os renegadores da Fé não será fácil.

11. Deixa-Me Só, com quem[1] Eu criei,

12. E para quem fiz riquezas extensas,

13. E filhos **sempre** presentes[2],

14. E para quem **tudo** aplainei[3], plenamente.

15. Em seguida, ele aspira a que Eu lho acrescente[4].

16. Em absoluto, **não lho acrescentarei!** Por certo, quanto a Nossos sinais, ele foi obstinado.

17. Obrigá-lo-ei a penosa escalada[5].

18. Por certo, ele refletiu, e decidiu.

---

[1] Alusão a Al Walīd Ibn Al Mughīrah, que vivia em grande prosperidade, e, contudo, negou a Mensagem divina, tornando-se dos mais temíveis adversários do Profeta.

[2] Ter os filhos presentes simboliza que estes, em virtude da prosperidade paterna, jamais precisavam sair a trabalho ou ausentar-se por combate. Dessa forma, o pai desconhecia a preocupação de seu afastamento deles.

[3] Al Walīd não conhecia dificuldades nem obstáculos. Deus lhe facilitara tudo, e a vida lhe sorria.

[4] Al Walīd, apesar de descrer do quanto pregasse o Profeta, intimamente, almejava que Deus o favorecesse ainda mais, na outra vida, e, com a pretensão de ganhar o Paraíso, dizia: "Se diz Muḥammad a verdade, então o Paraíso é meu".

[5] Segundo alguns exegetas, o castigo de Al Walīd será a escalada de ígnea montanha, e, tão logo chegue a seu cume, resvalará, para reiniciar, indefinidamente, a tormentosa escalada, onde se pode perceber certa analogia sisífica.

19. Que ele morra! Como decidiu!

20. Mais uma vez, que ele morra, como decidiu!

21. Em seguida, ele olhou.

22. Depois, carranqueou, e ensombrou-se-lhe **o semblante**.

23. Depois, voltou as costas, e ensoberbeceu-se;

24. Então, disse; "Isso não é senão magia herdada **dos antepassados**.

25. "Isso não é senão o dito dos mortais."

26. Fá-lo-ei queimar-se em Saqar[1].

27. – E o que te faz inteirar-te do que é Saqar? –

28. Ele[2] nada mantém e nada deixa.

29. Carbonizador da pele.

30. Sobre ele, há dezenove **guardiães**.

31. – E não fizemos por guardiães do Fogo senão anjos. E não fizemos seu número senão como provação para os que renegam a Fé, para que aqueles aos

---

[1] Uma das designações do fogo infernal.
[2] **Ele**: Saqar, o fogo infernal, que tudo consome, sem deixar rastros.

quais fora concedido o Livro se convençam disso; e para que os que crêem se acrescentem em fé; e para que aqueles[1] aos quais fora concedido o Livro e os crentes não duvidem; e para que aqueles, em cujos corações há enfermidade, e os renegadores da Fé, digam: "Que deseja Allah com isto, como exemplo? " Assim, Allah descaminha a quem quer e guia a quem quer. E ninguém sabe dos exércitos de teu Senhor senão Ele. – E ela[2] não é senão lembrança para os mortais.

32. De fato[3]! Pela lua!

33. E pela noite, quando se vai!

34. E pela manhã, quando clareia!

35. Por certo, ele[4] é uma das calamidades,

36. Em sendo admoestação para os mortais.

37. Para quem, entre vós quer antecipar-se ou atrasar-se[5].

---

(1) Alusão aos judeus, cujas Escrituras anunciam idêntico número de guardiães do Fogo.
(2) **Ela**: Geena ou Saqar.
(3) De acordo com a opinião do exegeta Al Qurtubi, in **Al Jami' li Ahkāmi Alcorão**, vol. 19, Cairo, 1957, p.84, traduzimos '**kallā**' pela locução adverbial '**de fato**', em lugar de '**em absoluto**'.
(4) **Ele**: Saqar.
(5) **Antecipar-se** ou **atrasar-se**: empenhar-se ou não em fazer o bem.

38. Cada alma será o penhor do que houver logrado,

39. Exceto os companheiros da direita:

40. **Estarão** em Jardins, interrogando-se,

41. Sobre os criminosos:

42. "O que vos fez entrar em Saqar?"

43. Dirão: "Não estávamos entre os orantes,

44. "E não alimentávamos o necessitado,

45. "E confabulávamos com os confabuladores,

46. "E desmentíamos o Dia do Juízo,

47. "Até que nos chegou a Certeza[1]."

48. Então, não os beneficiará a intercessão dos intercessores.

49. E por que razão estão dando de ombros à lembrança[2]?

50. Como se foram asnos assustados,

51. Que fogem de leão.

52. Aliás, cada um deles desejaria

---

[1] Ou seja, a morte.
[2] Ou seja, à Mensagem de Deus.

lhe fossem concedidas páginas desenroladas⁽¹⁾.

53. Em absoluto, **não serão concedidas**! Mas eles não temem a Derradeira Vida.

54. Não! Ele⁽²⁾, por certo, é uma lembrança.

55. Então, quem quiser **beneficiar-se**, dele se lembrará.

56. E não se lembrarão, a não ser que Allah o queira. Ele é O Dono da piedade e O Dono do perdão.

---

(1) Os idólatras só se comprometiam a seguir o Profeta se recebessem, do céu, mensagem escrita, enviada por Deus a cada um deles.
(2) **Ele**: o Alcorão.

SŪRATU AL-QIYĀMAH[1]
A SURA DA RESSURREIÇÃO

De Makkah - 40 versículos.

Em nome de Allah, O Misericordioso, O Misericordiador.

1. Juro pelo Dia da Ressurreição!

2. E juro pela alma, constante censora de si mesma, que ressuscitareis.

3. O ser[2] humano supõe que não lhe juntaremos os ossos?

4. Sim! **Juntar-lhos-emos,** sendo Nós Poderoso para refazer-lhe as extremidades dos dedos.

5. Mas o ser humano deseja ser ímpio, **nos dias que tem** à sua frente.

6. Ele interroga: "Quando será o Dia da Ressurreição?"

---

[1] **Al Qiyāmah**: substantivo feminino de **qiyam**, infinitivo de **qāma** - levantar-se; pois, no Dia do Juízo, todos se levantarão de seus sepulcros, para dar conta de suas obras. Esse termo aparece nos versículos 1 e 6 e denomina a sura, que trata, inicialmente, da Ressurreição da humanidade e da prestação de contas, que deve fazer de seus atos. Alude, ainda, aos horrendos eventos do Dia do Juízo. Recomenda ao Profeta que escute atentamente as revelações do anjo Gabriel e, somente depois, proceda à recitação do que ouviu. Admoesta, severamente, os que preferem a vida terrena à derradeira Vida. Estabelece comparação entre as faces resplendentes dos crentes e as sombrias dos descrentes, no Dia da Conta. Esclarece que o moribundo compreende, nos estertores da morte, a falha de haver menoscabado os preceitos divinos. Enumera provas comprobatórias do poderio de Deus, quanto a dar vida aos mortos.

[2] O ser humano: Alusão a ᶜAdyy Ibn Abī Rabīᶜah que, descrendo da Ressurreição, pedira ao Profeta lhe dissesse quando e onde ela aconteceria, e acrescera, ainda, que se contemplasse esse dia, acreditaria no Profeta, mesmo assim, apenas, quando fossem reunidos os ossos desfeitos pela morte.

75. Sūratu Al-Qiyāmah

7. Então, quando a vista se assombrar,

8. E a lua se eclipsar,

9. E o sol e a lua se juntarem.

10. O ser humano nesse dia dirá: "Para onde fugir?"

11. Em absoluto! Nada de refúgio!

12. Nesse dia, a teu Senhor será o lugar de estar.

13. O ser humano será informado, nesse dia, do que antecipou e atrasou.

14. Mas o ser humano será a prova evidente de si mesmo,

15. Ainda que lance suas escusas.

16. – Não movimentes, com ele[1], tua língua, para te apressares a recitá-lo.

17. Por certo, impende-Nos juntá-lo e lê-lo.

18. E, quando o lermos, segue sua leitura.

19. Em seguida, por certo, impende-Nos evidenciá-lo. –

20. Não! Mas vós amais a vida transitória,

21. E deixais a Derradeira Vida.

---

[1] Ou seja, com o Alcorão. Vide XX 114 n4.

75. Sūratu Al-Qiyāmah Parte 29

22. Haverá, nesse dia, faces rutilantes,

23. De seu Senhor olhadoras.

24. E, haverá, nesse dia, faces sombrias,

25. Pensarão que lhes sucederá uma ruína[1].

26. Não! Quando **a alma** atingir as clavículas[2],

27. E se disser: "Quem é exorcista?"

28. E ele pensar que é a separação[3],

29. E a canela **da perna** se enlaçar a **outra** canela[4],

30. A teu Senhor, nesse dia, que tu serás conduzido.

31. Então, ele[5] não acreditou **na Mensagem** nem orou;

32. Mas desmentiu e voltou as costas,

33. Em seguida, jactando-se, foi ter com sua família.

34. Ai de ti! E, ai de ti!

---

[1] **Ruína** traduz a palavra **fāqirah**, uma desgraça tão horrífica, cujo temor chegará a quebrar as vértebras da coluna. Note-se que vértebra, em árabe, é **faqrah**.

[2] Uma imagem simbólica das agonias da morte, quando a alma se põe a sair de dentro do corpo moribundo.

[3] Ou seja, a partida da vida terrena.

[4] Na agonia da morte, as pernas se contorcem e se tornam hirtas.

[5] **Ele**: ᶜAdyy Ibn Abī Rabīᶜah, já aludido no versículo 3 desta sura.

35. Mais uma vez, ai de ti! E, ai de ti!

ثُمَّ أَوْلَىٰ لَكَ فَأَوْلَىٰ ۝

36. O ser humano supõe que será deixado negligenciado?

أَيَحْسَبُ ٱلْإِنسَـٰنُ أَن يُتْرَكَ سُدًى ۝

37. Não era ele uma gota de esperma ejaculada?

أَلَمْ يَكُ نُطْفَةً مِّن مَّنِيٍّ يُمْنَىٰ ۝

38. Em seguida, uma aderência. Então, Ele o criou e o formou.

ثُمَّ كَانَ عَلَقَةً فَخَلَقَ فَسَوَّىٰ ۝

39. E fez dele o casal: o varão e a varoa.

فَجَعَلَ مِنْهُ ٱلزَّوْجَيْنِ ٱلذَّكَرَ وَٱلْأُنثَىٰ ۝

40. Esse não é Poderoso para dar a vida aos mortos?

أَلَيْسَ ذَٰلِكَ بِقَـٰدِرٍ عَلَىٰٓ أَن يُحْـِيَ ٱلْمَوْتَىٰ ۝

SŪRATU AL-INSĀN[1]
A SURA DO SER HUMANO

De Al Madīnah - 31 versículos.

Em nome de Allah, O Misericordioso, O Misericordiador.

1. Com efeito, transcorreu, para o ser humano, um lapso de enorme tempo, **em que** não era cousa mencionada[2].

2. Por certo, criamos o ser humano de gota seminal, mesclada[3], para pô-lo à prova[4]; então, fizemo-lo ouvinte, vidente.

3. Por certo, guiamo-lo ao caminho, fosse grato, fosse ingrato.

4. Por certo, preparamos, para os renegadores da Fé, correntes e gargalheiras e Fogo ardente.

5. Por certo, os virtuosos beberão de uma taça cuja mistura é de kāfūr[5],

---

(1) **Al Insān**: o ser humano. Esta palavra aparece nos versículos 1 e 2 e denomina a sura, que trata da criação do ser humano, a partir de Adão, de suas provações e de sua disposição de ser ou não grato a Deus. Alude ao castigo dos descrentes e às delícias que experimentarão os crentes. Refere-se ao Profeta, a quem Deus agracia com a Revelação do Alcorão, rogando-lhe, ao mesmo tempo, que paciente, quanto às determinações de seu Senhor. Admoesta a quem prefere à Derradeira Vida a vida transitória. Salienta que esta sura é lembrança para quem queira beneficiar-se, mormente se Deus assim quiser. Finalmente, deixa claro que a misericórdia e o castigo de Deus, para o ser humano, dependem da própria vontade de Deus.

(2) Antes de receber a alma, o ser humano, ou seja Adão, não passava de barro insignificante.

(3) Ou seja, da junção do espermatozóide com o óvulo.

(4) Ao conferir aos homens preceitos e mandamentos e responsabilidades, Deus pode provar a obediência ou não deles.

(5) Nome de uma das fontes do Paraíso, de água alva e refrescante, como cânfora.

6. Uma fonte, de que os servos de Allah beberão, fazendo-a emanar, abundantemente,

7. Porque são fiéis aos votos e temem um dia, cujo mal será alastrante.

8. E cedem o alimento – embora a ele apegados – a um necessitado e a um órfão e a um cativo,

9. Dizendo: "Apenas, alimentamo-vos por amor de Allah. Não desejamos de vós nem recompensa nem agradecimento.

10. "Por certo, tememos, da parte de nosso Senhor, um dia austero, consternador."

11. Então, Allah guardá-los-á do mal desse dia e conferir-lhes-á rutilância e alegria.

12. E recompensá-los-á, por sua paciência, com Paraíso e vestes de seda.

13. Nele, estarão reclinados sobre coxins. Lá, não verão nem sol nem frio glacial.

14. E suas sombras estarão estendidas sobre eles, e seus frutos penderão docilmente.

15. E far-se-á circular, entre eles, recipientes de prata e copos cristalinos,

76. Sūratu Al-Insān

16. Cristalinos de prata⁽¹⁾: enchê-los-ão, na justa medida, conforme o desejo de cada um.

17. E, nele, dar-se-lhes-ão de beber taça cuja mistura é de gengibre,

18. De uma fonte que, lá, se chama Salsabil⁽²⁾.

19. E, circularão, entre eles, mancebos⁽³⁾ eternos; se os vires, suporás serem pérolas espalhadas.

20. E, se vires o que há lá, verás delícia e grande soberania.

21. Sobre eles⁽⁴⁾, haverá trajes de fina seda, verdes, e de brocado. E estarão enfeitados com braceletes de prata. E seu Senhor dar-lhes-á de beber puríssima bebida.

22. Dir-se-lhes-á: "Por certo, isso é recompensa para vós, e vosso esforço foi reconhecido."

23. Por certo, fizemos descer o Alcorão sobre ti, com **gradual** descida..

24. Então, pacienta quanto ao julgamento de teu Senhor e ñão

---

(1) Os copos paradisíacos têm uma peculiaridade admirável: apresentam, ao mesmo tempo, a nobreza da prata e a refulgência do cristal.
(2) Nome de outra das fontes do Paraíso, de água sápida.
(3) Esses mancebos, belos como pérolas, se espalharam entre os bem-aventurados, para servi-los.
(4) **Eles**: os bem-aventurados.

obedeças, dentre eles⁽¹⁾, a pecador nem a ingrato algum.

25. E lembra-te do nome de teu Senhor, ao alvorecer e ao entardecer.

26. E, durante a noite, prosterna-te diante dEle; e glorifica-O, durante a longa noite.

27. Por certo, estes⁽²⁾ amam a vida transitória e deixam, diante deles, um pesado dia.

28. Nós os criamos e lhes fortificamos a compleição. E, se quiséssemos, trocá-los-íamos por seus semelhantes, facilmente.

29. Por certo, esta⁽³⁾ é uma lembrança. Então, quem quiser, tomará um caminho, para seu Senhor.

30. E não o querereis, a não ser que Allah o queira. Por certo, Allah é Onisciente, Sábio.

31. Ele faz entrar em Sua misericórdia a quem quer. E para os injustos preparou doloroso castigo.

---

(1) **Eles**: os inimigos do Profeta. O versículo faz alusão, também, a ᶜUtbah Ibn Rabīᶜah e Al Walīd Ibn Al Mughīrah, referindo-se, respectivamente, a estes como pecador e ingrato, em virtude de haverem exigido do Profeta a renúncia da Mensagem.
(2) **Estes**: os idólatras de Makkah.
(3) **Esta**: esta sura.

SŪRATU AL-MURSALĀT[1]
A SURA DOS ENVIADOS

De Makkah - 50 versículos.

Em nome de Allah, O Misericordioso, O Misericordiador.

1. Pelos enviados, sucessivamente,

2. E tempestuosos[2], vigorosamente,

3. Pelos desenroladores[3], perfeitamente,

4. E separadores[4], totalmente,

5. E lançadores de lembrança[5],

6. Para escusar ou admoestar,

7. Por certo, o que vos[6] é prometido sobrevirá!

8. Então, quando as estrelas se apagarem,

9. E quando o céu tiver frestas,

---

(1) **Al Mursalāt**: particípio passado feminino plural de **arsala**, enviar, e parece concordar com o substantivo feminino **āyāt**, versículos, que está oculto, em árabe. Segundo alguns exegetas, porém, Al Mursalāt se refere aos anjos; ou aos ventos, de acordo com outros. Essa palavra aparece no versículo 1 e dá nome a sura que, entre vários temas, enfatiza a Ressurreição e o Dia do Juízo, ilustrando-os com provas de sua vinda. Adverte, ameaçadoramente, os desmentidores desse Dia, através do refrão que se repete, dez vezes, a partir do versículo 15. Alvissara aos piedosos as delícias paradisíacas e, finalmente, lamenta os descrentes, que não crêem no Alcorão.
(2) Referência aos severos versículos que ameaçam os idólatras.
(3) Referência aos sábios versículos que se abrem com sabedoria e orientação, nos corações dos homens.
(4) Referência aos criteriosos versículos que distinguem, categoricamente, o bem do mal.
(5) Referência aos versículos que orientam os homens, acerca da vida terrena, lembrando-os de nela bem proceder, para obter a bem-aventurança.
(6) **Vos**: aos idólatras de Makkah. O versículo adverte-os de que o castigo esta próximo.

77. Sūratu Al-Mursalāt Parte 29

10. E quando as montanhas se desintegrarem,

11. E quando os Mensageiros se reunirem, em tempo marcado,

12. – Para que dia foram estes⁽¹⁾ postergados?

13. Para o Dia da Decisão!

14. E o que te faz inteirar-te do que é o Dia da Decisão? –

15. Nesse Dia, ai dos desmentidores!

16. Não aniquilamos os antepassados?

17. Em seguida, fizemo-los seguidos pelos derradeiros?

18. Assim, agimos com os criminosos.

19. Nesse dia, ai dos desmentidores!

20. Não vos criamos de uma água desprezível,

21. E fizemo-la estar em lugar estável, seguro,

22. Até um tempo determinado⁽²⁾?

23. Então, determinamos **a criação**. Quão Excelente Poderoso somos Nós!

24. Nesse Dia, ai dos desmentidores!

---

(1) **Estes**: os eventos supra citados nos versículos 8, 9, 10 e 11.
(2) Ou seja, até o nascimento do ser.

77. Sūratu Al-Mursalāt Parte 29

25. Não fizemos a terra contenedora **de todos**

26. Vivos e mortos?

27. E, nela, fizemos assentes montanhas altíssimas, e demo-vos de beber água sápida?

28. Nesse Dia, ai dos desmentidores!

29. **Dir-se-lhes-á:** "Ide ao[1] que desmentíeis!

30. "Ide a uma sombra de três ramificações[2];

31. "Não é umbrátil nem vale contra a Labareda."

32. Por certo, ela atira faíscas **enormes** como toros[3],

33. Como se fossem camelos amarelos.

34. Nesse dia, ai dos desmentidores!

35. Esse será um dia em que eles[3] não falarão,

36. Nem se lhes dará permissão para isso: então, não se escusarão.

37. Nesse dia, ai dos desmentidores!

---

(1) **O**: o castigo.
(2) Trata-se do fumo exalado do fogo infernal, que se ergue em forma de três colunas.
(3) O toro: o tronco de árvore, limbo de ramos.
(4) **Eles**: os pecadores.

38. Dir-se-lhes-á: "Este é o Dia da Decisão. Juntamo-vos, e aos antepassados.

39. "Então, se tendes insídia⁽¹⁾, insidiai-Me."

40. Nesse dia, ai dos desmentidores!

41. Por certo, os piedosos estarão entre sombras e fontes,

42. E frutas de quanto apetecerem.

43. Dir-se-lhes-á: "Comei e bebei com deleite, pelo que fazíeis!"

44. Por certo, assim, recompensamos os benfeitores.

45. Nesse dia, ai dos desmentidores!

46. Ó incréus, comei e gozai um pouco, por certo, sois criminosos⁽²⁾!

47. Nesse dia, ai dos desmentidores!

48. E, quando se lhes diz: "Curvai-vos⁽³⁾", não se curvam.

49. Nesse dia, ai dos desmentidores!

50. Então, em que Mensagem, depois dele⁽⁴⁾, crerão?

⁽¹⁾ Alusão a qualquer plano dos descrentes de se defenderem do castigo.
⁽²⁾ O versículo se dirige aos descrentes da vida terrena.
⁽³⁾ Ou seja, curvar-se para a oração.
⁽⁴⁾ **Dele:** do Alcorão.

78. Sūratu An-Naba' Parte 30

SŪRATU AN-NABA'[1]
A SURA DO INFORME

De Makkah - 40 versículos.

Em nome de Allah, O Misericordioso, O Misericordiador.

1. Sobre o que eles se interrogam mutuamente[2]?

2. Sobre o formidável Informe[3],

3. De que são discrepantes.

4. Não! Eles logo saberão!

5. Mais uma vez, não! Eles logo saberão!

6. Não fizemos da terra leito?

7. E das montanhas estacas[4]?

8. E vos criamos casais,

9. E fizemos de vosso sono descanso,

10. E fizemos da noite vestimenta[5],

---

(1) **An-Naba'**: o informe. Esta palavra, que aparece no versículo 2, nomeia a sura, que ratifica a Ressurreição e ameaça os que dela duvidam; traz, ainda, série de provas comprobatórias do poder divino, além de arrolar sinais premonitórios da Ressurreição; alude ao triste fim dos transgressores e à recompensa dos virtuosos. Finalmente, faz advertências sobre o horror que será esse dia.

(2) Referência aos idólatras de Makkah, que sempre questionavam acerca da Ressurreição, pregada pelo Profeta.

(3) Alusão à informação divina sobre a Ressurreição e outros fatos escatológicos.

(4) Da mesma forma como as tendas se fixam no chão, por meio de estacas, as montanhas fixam a terra, como se lhe fossem estacas.

(5) A noite reveste de escuridão todas as cousas.

78. Sūratu An-Naba' Parte 30

11. E fizemos do dia tempo de vida[1],

12. E edificamos, acima de vós, sete sólidos[2] **céus**.

13. E fizemos um luzeiro reverberante,

14. E fizemos descer, das nuvens carregadas, água copiosa,

15. Para, com ela, fazer sair grãos e plantas,

16. E frondosos jardins.

17. Por certo, o Dia da Decisão é um tempo marcado.

18. Um dia, em que se soprará na Trombeta; então, chegareis em turbas,

19. E abrir-se-á o céu e tornar-se-á em portas,

20. E mover-se-ão as montanhas, então, serão miragem.

21. Por certo, a Geena será lugar de espreita[3],

22. Morada para os transgressores.

23. Nela, permanecerão por séculos.

24. Nela, não experimentarão frescor nem bebida,

---

[1] O dia é o tempo de despertar para o trabalho e tantas outras atividades.
[2] Ou seja, estes sete céus são sólidos, por não sofrerem jamais a passagem do tempo.
[3] Ou seja, um lugar onde seus guardiães estarão à espera dos condenados.

78. Sūratu An-Naba' Parte 30

25. Exceto água ebuliente e vazar purulento,

إِلَّا حَمِيمًا وَغَسَّاقًا ٢٥

26. Como adequada recompensa.

جَزَاءً وِفَاقًا ٢٦

27. Por certo, eles não esperavam prestar conta,

إِنَّهُمْ كَانُوا لَا يَرْجُونَ حِسَابًا ٢٧

28. E desmentiram Nossos sinais, constantemente,

وَكَذَّبُوا بِآيَاتِنَا كِذَّابًا ٢٨

29. E cada cousa, enumeramo-la por escrito[1].

وَكُلَّ شَيْءٍ أَحْصَيْنَاهُ كِتَابًا ٢٩

30. **Dir-se-lhes-á**: "Então, experimentai **a recompensa**, pois não vos acrescentaremos senão castigo."

فَذُوقُوا فَلَن نَّزِيدَكُمْ إِلَّا عَذَابًا ٣٠

31. Por certo, haverá para os piedosos triunfo:

إِنَّ لِلْمُتَّقِينَ مَفَازًا ٣١

32. Pomares e videiras,

حَدَائِقَ وَأَعْنَابًا ٣٢

33. E donzelas, de incipientes seios, da mesma idade,

وَكَوَاعِبَ أَتْرَابًا ٣٣

34. E taça repleta.

وَكَأْسًا دِهَاقًا ٣٤

35. – Neles, não ouvirão frivolidade nem mentira –

لَا يَسْمَعُونَ فِيهَا لَغْوًا وَلَا كِذَّابًا ٣٥

36. Como recompensa de teu Senhor, dádiva bastante

جَزَاءً مِّن رَّبِّكَ عَطَاءً حِسَابًا ٣٦

37. DO Senhor dos céus e da terra e do que há entre ambos, dO Misericordioso. Não terão o poder[2] de falar-Lhe.

رَّبِّ السَّمَاوَاتِ وَالْأَرْضِ وَمَا بَيْنَهُمَا الرَّحْمَٰنِ لَا يَمْلِكُونَ مِنْهُ خِطَابًا ٣٧

---

(1) Todos os atos humanos são escritos no Livro do Destino.
(2) Ninguém poderá solicitar de Deus a absolvição do castigo ou o incremento da recompensa.

78. Sūratu An-Naba' Parte 30

38. Um dia, quando o Espírito[1] e os anjos se colocarem em fileiras, não falarão, exceto aquele a quem O Misericordioso permitir, e que dirá o que é certo.

39. Esse será o verdadeiro dia. Então, quem quiser, tomará retorno a seu Senhor.

40. Por certo, Nós vos[2] admoestamos de um castigo próximo. Um dia, em que o homem olhará o que suas mãos anteciparam, e o renegador da Fé dirá: "Quem dera fosse eu pó!"

SŪRATU AN-NĀZICĀT[3]
A SURA DOS TIRADORES

De Makkah - 46 versículos.

Em nome de Allah, O Misericordioso, O Misericordiador.

1. Pelos que tiram[4] a alma com força!

---

[1] **O Espírito**: o anjo Gabriel.

[2] **Vos**: os idólatras de Makkah.

[3] **An Nāzicāt**: particípio presente feminino plural do verbo **nazaca**, tirar, o qual parece concordar com a palavra oculta, **anjos**, de acordo com uma das várias interpretações que a exegese alcorânica confere a esse termo. Trata-se, então, dos anjos que tiram a alma dos descrentes, na hora da morte. Essa palavra aparece no versículo 1 e nomeia a sura, que, de início, jura pela inexorabilidade da Ressurreição. Relata, em seguida, episódios entre Moisés e Faraó, para consolo do Profeta; corrobora o poder de Deus com a menção de inúmeros fenômenos universais; atenta o ser humano para o Dia do Juízo, quando cada um arcará com o que fez em vida. A sura termina com a interrogação dos descrentes acerca da Hora, e lembra a estes que a missão do Profeta consiste, apenas, em alertar sobre ela, não sobre seu tempo de chegada, pois disso só Deus sabe.

[4] Referência aos anjos que tiram, com violência, a alma dos descrentes, na hora da morte.

79. Sūratu An-Nāziᶜāt

2. Pelos que a desprendem⁽¹⁾ com suavidade!

3. Pelos que correm⁽²⁾ livremente!

4. E avançam⁽³⁾ rapidamente,

5. E deliberam uma ordem⁽⁴⁾!

6. Um dia, quando o primeiro soar da **Trombeta** fizer tudo estremecer,

7. Seguindo-o o segundo soar,

8. Nesse dia, haverá corações turbulentos;

9. Suas⁽⁵⁾ vistas estarão humildemente baixas.

10. Dizem: "Seremos levados à nossa vida primeira?

11. "Quando formos ossos ocos, **ressuscitaremos**?"

12. Dizem: "Nesse caso, essa será uma volta perdida!"

13. Então, haverá, apenas, um único Clangor⁽⁶⁾,

14. E ei-los na terra plana⁽⁷⁾.

---

(1) Referência aos anjos que desprendem, com suavidade, a alma dos crentes, na hora da morte.
(2) Referência ao anjos que descem, velozes, à Terra, com as Ordens de Deus.
(3) Referência aos anjos que rumam, céleres, ao Paraíso, com a alma dos crentes.
(4) Referência aos anjos, encarregados de cumprir as Ordens divinas.
(5) Ou seja, **deles**, dos negadores da Ressurreição.
(6) Ou seja, antes da Ressurreição, haverá um só Clangor, quando ressuscitarão todas as criaturas.
(7) **A palavra no texto é As-Sāhirah**: a terra plana, branca, onde os homens prestarão contas, no Dia da Ressurreição.

15. Chegou-te o relato de Moisés?

16. Quando seu Senhor o chamou, no vale sagrado de Ṭuwā:

17. "Vai a Faraó. Por certo, ele cometeu transgressão.

18. "Então, dize: 'Queres dignificar-te,

19. " 'E que eu te guie a teu Senhor? Então, receá-lO-ás.' "

20. E fê-lo ver o grande sinal⁽¹⁾.

21. Então, desmentiu-o e desobedeceu.

22. Em seguida, voltou as costas, correndo,

23. E reuniu os homens e clamou,

24. E disse: "Sou vosso senhor, o altíssimo."

25. Então, Allah apanhou-o, como castigo exemplar, pelo derradeiro⁽²⁾ **dito** e pelo primeiro⁽³⁾.

26. Por certo, há nisso lição para quem receia **a Allah**.

27. Sois⁽⁴⁾ vós mais difíceis, em

⁽¹⁾ Alusão a um dos vários milagres feitos por Moisés: ou a vara que se tornou serpente ou a mão que se tornou alva.

⁽²⁾ Ou seja, quando disse Faraó: "Sou vosso senhor, o altíssimo.". Vide o versículo precedente desta sura.

⁽³⁾ Quando afirmou Faraó: "Ó dignitários, não conheço, para vós, nenhuma outra divindade que não seja eu." Vide XXVIII 38.

⁽⁴⁾ O versículo, dirigindo-se aos idólatras de Makkah, que negam a Ressurreição, lembra que Deus, Que criou os complexos céus, pode criá-los, novamente, pois eles não são tão complexos quanto aqueles.

criação, ou o céu? Ele o edificou,

28. Elevou seu teto e formou-o;

29. E fez escura sua noite, e fez sair a plena luz de sua manhã.

30. E a terra, após isso, estendeu-a.

31. Dela, fez sair sua água e seus pastos.

32. E as montanhas, assentou-as,

33. **Tudo,** para o gozo de vós e de vossos rebanhos.

34. Então, quando chegar a grande Catástrofe[(1)],

35. Um dia, quando o ser humano se lembrar daquilo[(2)] em que se esforçou,

36. E se fizer expor o Inferno a quem puder ver,

37. Então, quanto a quem cometeu transgressão

38. E deu preferência à vida terrena,

39. Por certo, o Inferno **lhe** será morada.

40. E, quanto a quem temeu a preeminência de seu Senhor e coibiu a alma das paixões,

41. Por certo, o Paraíso **lhe** será a morada.

---

(1) Ou seja, o Dia da Ressurreição.
(2) **Daquilo**: de seus atos.

79. Sūratu An-Nāziʿāt Parte 30

42. Perguntam⁽¹⁾-te pela Hora: "quando será sua ancoragem?

43. – Que sabes tu acerca de sua lembrança⁽²⁾? –

44. A teu Senhor pertence seu⁽³⁾ término.

45. Tu és, apenas, admoestador de quem a receia.

46. Um dia, quando a virem, parecer-lhes-á como se não houvessem permanecido **nos sepulcros** senão o tempo de um anoitecer ou de seu amanhecer.

SŪRATU ʿABASSA⁽⁴⁾
A SURA DE QUEM CARRANQUEOU

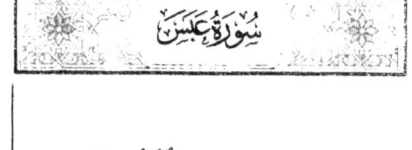

De Makkah - 42 versículos.

Em nome de Allah, O Misericordioso, O Misericordiador.

1. Ele⁽⁵⁾ carranqueou e voltou as costas,

⁽¹⁾ Os idólatras de Makkah interrogam Muḥammad.

⁽²⁾ O versículo alerta Muḥammad de que o conhecimento do momento em que a Hora ocorrerá não pertence senão a Deus.

⁽³⁾ Ou seja, o termo da Hora.

⁽⁴⁾ ʿAbassa: perfeito do indicativo do verbo ʿabassa, carranquear. Essa palavra aparece no versículo 1 e denomina a sura, que, de início, censura o Profeta, por haver desprezado o cego Abdullah Ibn Umm Maktūm, quando este se achegou a ele, a fim de interpelá-lo sobre o Islão. Ocorre que, nesse instante, o Profeta se ocupava com a elite Quraich, a quem convidava para abraçar a nova religião, e atrás dos quais almejava poderem vir outros seguidores. Por isso, carranqueou e não foi atencioso com Ibn Umm Maktūm. A sura, ainda, atenta para as graças divinas, existentes desde a criação do homem até a sua Ressurreição. Finalmente, alude ao Dia do Juízo, lembrando que os homens, nesse Dia, se dividirão em dois grupos: o dos crentes eufóricos e o dos descrentes infelizes.

⁽⁵⁾ **Ele**: o Profeta Muḥammad.

80. Sūratu ᶜabassa

2. Por que o cego⁽¹⁾ lhe chegou.

3. E o que te faz inteirar-te de que ele, talvez se dignifique?

4. Ou se lembre **da Mensagem**, e a lembrança o beneficie?

5. Quanto ao⁽²⁾ que prescinde **de ajuda**,

6. Tu o ouves, atentamente.

7. E nada te impende se ele se não dignifica.

8. E, quanto ao que te chega correndo,

9. Enquanto receia **a Allah**,

10. Dele te desinteressas.

11. Em absoluto, **não o faças mais**! Por certo, esses⁽³⁾ são uma lembrança

12. – Então, quem quiser, disso se lembrará –

13. **Registada** em páginas honradas,

---

(1) Referência a Abdullah Ibn Umm Maktūm, que se dirigiu ao Profeta e o interrompeu, durante seu diálogo com os líderes da tribo Quraich, quando os convidava a abraçarem o Islão. Ibn Umm Maktūm, ignorando-os, pediu ao Profeta lhe ensinasse algo do que Deus lhe revelara. Indignado com a interrupção, o Profeta ficou carrancudo e menosprezou-o. Daí a razão desses versículos, que censuram a atitude do Profeta, pois o cego se mostrara mais interessado no Islão que os próprios Quraich. Aliás, a importância de um homem não deve ser avaliada por sua posição social, mas por seu caráter e por sua conduta.

(2) Alusão ao escol Quraich.

(3) **Esses**: os versículos do Alcorão, que são mensagem universal, dirigida a todos, pobres e ricos.

14. Elevadas, puras,

15. Em mãos de escribas[1]

16. Honoráveis, virtuosos.

17. Que morra o ser humano! Como é ingrato!

18. De que cousa Ele o criou?

19. De gota seminal, Ele o criou; então, determinou-o;

20. Em seguida, facilitou-lhe o caminho;

21. Em seguida, fê-lo morrer e fê-lo sepulto;

22. Depois, quando Ele quiser, ressuscitá-lo-á.

23. Mas, em absoluto, ele ainda não realizou o que Ele lhe ordenou.

24. Então, que o ser humano olhe para seu alimento:

25. Nós fizemos entornar a água abundantemente,

26. Em seguida, fendemos a terra, suficientemente,

27. E, nela fizemos brotar grãos,

28. E videiras e hortaliças,

29. E oliveiras e tamareiras,

30. E pomares entrelaçados[2],

---

(1) Trata-se dos anjos que copiam os versículos do Livro do Destino.
(2) Ou seja, pomares frondosos, repletos de árvores frutíferas, cujas frondes se entrelaçam.

80. Sūratu ᶜabassa

31. E frutas e pastagens, ﴿٣١﴾ وَفَٰكِهَةً وَأَبًّا

32. **Tudo**, para gozo de vós e de vossos rebanhos. ﴿٣٢﴾ مَّتَٰعًا لَّكُمْ وَلِأَنْعَٰمِكُمْ

33. Então, quando chegar o **soar ensurdecedor**, ﴿٣٣﴾ فَإِذَا جَآءَتِ ٱلصَّآخَّةُ

34. Um dia, quando a pessoa fugir de seu irmão, ﴿٣٤﴾ يَوْمَ يَفِرُّ ٱلْمَرْءُ مِنْ أَخِيهِ

35. E de sua mãe e de seu pai, ﴿٣٥﴾ وَأُمِّهِۦ وَأَبِيهِ

36. E de sua companheira e de seus filhos, ﴿٣٦﴾ وَصَٰحِبَتِهِۦ وَبَنِيهِ

37. Nesse dia, para cada um destes, haverá uma situação que o preocupará. ﴿٣٧﴾ لِكُلِّ ٱمْرِئٍ مِّنْهُمْ يَوْمَئِذٍ شَأْنٌ يُغْنِيهِ

38. Nesse dia, haverá faces radiantes, ﴿٣٨﴾ وُجُوهٌ يَوْمَئِذٍ مُّسْفِرَةٌ

39. Sorridentes, exultantes. ﴿٣٩﴾ ضَاحِكَةٌ مُّسْتَبْشِرَةٌ

40. E, nesse dia, haverá faces cobertas de poeira, ﴿٤٠﴾ وَوُجُوهٌ يَوْمَئِذٍ عَلَيْهَا غَبَرَةٌ

41. Cobri-las-á um negrume. ﴿٤١﴾ تَرْهَقُهَا قَتَرَةٌ

42. Esses serão os renegadores de Fé, os ímpios. ﴿٤٢﴾ أُوْلَٰٓئِكَ هُمُ ٱلْكَفَرَةُ ٱلْفَجَرَةُ

SŪRATU AT-TAKWĪR[1]
A SURA DO ENROLAR

De Makkah - 29 versículos.

Em nome de Allah, O Misericordioso, O Misericordiador.

1. Quando o sol for enrolado[2],

2. E quando as estrelas se tombarem,

3. E quando as montanhas forem movidas,

4. E quando os camelos fêmeas[3], prestes a dar à luz, forem descurados,

5. E quando as feras forem reunidas,

6. E quando os mares forem abrasados,

7. E quando as almas forem parelhadas[4],

---

(1) **At-Takuīr**: infinitivo do verbo **kawwara**, enrolar, cuja forma passiva é mencionada no versículo 1, e a partir da qual se nomeia a sura. Aqui, há descrição dos eventos que ocorrerão, antes e depois do Dia da Ressurreição; há, também, exposição dos fenômenos que atestam o poder divino, e confirmação do valor do Alcorão, e refutação das difamações contra ele, com defesa do Profeta e ameaça aos transgressores. Finalmente, a sura aponta orientação sobre o ensinamento do Alcorão, sempre lembrando que tudo no mundo está submetido à vontade de Deus.

(2) Ou seja, quando desaparecer a luz do sol.

(3) Os árabes sempre investem muitos cuidados nas fêmeas prenhes dos camelos, pois delas depende, em grande parte, sua subsistência e prosperidade. O versículo, para conotar o terror que será essa Hora, mostra que esses animais, tão estimados, estarão totalmente desamparados, sem pastor, sem mungidor, sem nada.

(4) Entre as interpretações exegéticas, pode ser aquela da reintegração das almas aos corpos, no Dia da Ressurreição.

8. E quando a filha, enterrada viva, for interrogada,

9. Por que delito fora morta.

10. E quando as páginas⁽¹⁾ forem desenroladas,

11. E quando o céu for esfolado⁽²⁾,

12. E quando o Inferno for atiçado,

13. E quando o Paraíso for aproximado,

14. Toda alma saberá o que realizou.

15. Então, juro pelos **planetas** absconsos,

16. Que correm e se escondem⁽³⁾!

17. E pela noite, quando se vai!

18. E pela manhã, quando respira⁽⁴⁾!

19. Por certo, ele⁽⁵⁾ é o dito de um nobre Mensageiro⁽⁶⁾,

20. De grande força, prestigiado junto dO Possuidor do Trono,

---

(1) Alusão às páginas dos livros, em que estão registrados os atos de cada ser humano.
(2) Ou seja, quando o céu for arrancado como se arranca a pele de um animal.
(3) Referência a Mercúrio, Vênus, Marte, Júpiter e Saturno, que ora são visíveis no céu, ora não.
(4) A prosopopéia contida no versículo alude à brisa matinal, que acompanha o amanhecer, como se fosse seu sopro exalado.
(5) **Ele**: o Alcorão.
(6) Ou seja, do anjo Gabriel.

21. A quem se obedece, lá⁽¹⁾; leal.

22. E vosso companheiro⁽²⁾ não é louco;

23. E, com efeito, ele o⁽³⁾ viu, no evidente horizonte.

24. E ele não é avaro quanto ao Invisível⁽⁴⁾.

25. E ele⁽⁵⁾ não é um dito de demônio maldito.

26. Então, aonde ides?

27. Ele⁽⁶⁾ não é senão lembrança para os mundos,

28. Para quem, dentre vós, queira ser reto.

29. Mas não o querereis, a não ser que Allah, O Senhor dos mundos, o queira.

---

(1) Alusão ao reino celestial, onde se encontram os outros anjos, que obedecem a Gabriel.
(2) Ou seja, o Profeta Muḥammad.
(3) O: o anjo Gabriel, que se lhe apresentou na plenitude da forma angelical.
(4) Muḥammad nada oculta da Revelação.
(5) **Ele**: o Alcorão.
(6) **Ele**: o Alcorão.

SŪRATU AL-INFIṬĀR[1]
A SURA DO ESPEDAÇAR-SE

De Makkah - 19 versículos.

Em nome de Allah, O Misericordioso, O Misericordiador.

1. Quando o céu se espedaçar,

2. E quando os astros se dispersarem,

3. E quando os mares forem abertos, **mesclando-se**,

4. E quando os sepulcros forem revolvidos,

5. Toda alma saberá o que antecipou e atrasou[2].

6. Ó ser humano! O que te ilude[3] quanto a teu Senhor, O Generoso,

7. Que te criou e te formou e te endireitou?

8. Na forma que Ele quis, Ele te compôs.

9. Em absoluto, **não vos iludais!**

---

[1] **Al Infiṭār**: infinitivo substantivado de **infaṭara**, espedaçar-se, cujo passado aparece no versículo 1, e, a partir do qual se nomeia a sura. Esta relata, de início, eventos que ocorrerão, quando da aproximação da Hora; em seguida, admoesta o ingrato ser humano e condena sua descrença no Dia do Juízo, ratificando a existência dos anjos da guarda, que anotam todos os atos do homem. Assinala as delícias que gozarão os virtuosos, e os suplícios que padecerão os pecadores; então, ninguém poderá interceder por outrem, e só Deus disporá de tudo.

[2] **O que antecipou e atrasou**: o que fez e o que deixou de fazer.

[3] O que faz o ser humano ignorar a sublimidade de Deus, e a Ele desobedecer?

Mas vós⁽¹⁾ desmentis o Juízo;

10. E, por certo, há, sobre vós, **anjos** custódios,

11. Honoráveis escribas⁽²⁾,

12. Eles sabem o que fazeis.

13. Por certo, os virtuosos estarão na delícia,

14. E, por certo, os ímpios estarão no Inferno,

15. Nele se queimarão, no Dia do Juízo,

16. E dele nunca estarão ausentes.

17. – E o que te faz inteirar-te do Dia do Juízo?

18. Mais uma vez, o que te faz inteirar-te do Dia do Juízo? –

19. Um dia, em que alma nenhuma nada poderá fazer por outra alma. E a ordem, nesse dia, será de Allah.

---

(1) **Vós**: os idólatras de Makkah.
(2) Cf. L 17 n4.

83. Sūratu Al-Muṭaffifīn

SŪRATU AL-MUṬAFFIFĪN[(1)]
A SURA DOS FRAUDADORES

De Makkah - 36 versículos.

Em nome de Allah, O Misericordioso, O Misericordiador.

1. Ai dos fraudadores,

2. Que, quando compram **algo**, por medida, aos homens, a exigem exata,

3. E, quando lhes vendem **algo**, por medida ou peso, fraudam-nos.

4. Esses não pensam que serão ressuscitados,

5. Em um formidável dia?

6. Um dia, em que os humanos se levantarão, para estar diante dO Senhor dos mundos.

7. Em absoluto, **não pensam**! Por certo, o livro[(2)] dos ímpios está no Sijjīn.

8. – E o que te faz inteirar-te do que é o Sijjīn?-

[(1)] **Al Muṭaffifīn**: particípio presente plural substantivado do verbo **taffafa**, fraudar no peso e na medida. Essa palavra, que aparece no versículo 1, nomeia a sura, que se abre com severa ameaça contra quem, ao comprar, exige exatidão, no peso e na medida, e, ao vender, desfavorece, no peso e na medida, a quem quer comprar, fazendo, para isso, atentar que o Dia da Ressurreição é inevitável, quando os fraudadores receberão o registro de todos seus atos, gravados em um livro íntegro. Alude à felicidade eterna dos virtuosos, que serão recompensados por suas boas obras. Finalmente, tranqüiliza os crentes, lembrando-lhes que, no Dia do Juízo, gozarão as delícias paradisíacas, enquanto os descrentes padecerão os horrores infernais.

[(2)] Ou seja, a relação das más obras dos demônios e dos descrentes que se encontra no Sijjīn. Quanto a seu significado, vide versículo 9, desta mesma sura.

9. É um livro gravado.

10. Nesse dia, ai dos desmentidores,

11. Que desmentem o Dia do Juízo.

12. E não o desmente senão todo agressor, pecador:

13. Quando se recitam, para ele, Nossos versículos, diz: "São fábulas dos antepassados!"

14. Em absoluto, **não o são**! Mas, o que eles cometiam lhes enferrujou os corações[1].

15. Ora, por certo, nesse dia, serão vedados **da misericórdia** de seu Senhor.

16. Em seguida, por certo, sofrerão a queima do Inferno;

17. Depois, dir-se-**lhes**-á: "Eis o que desmentíeis!"

18. Ora, por certo, o livro dos virtuosos está no ⁽Illiyīn[2]

19. – E o que te faz inteirar-te do que é o ⁽Illiyūn[3] ?–

---

[1] Assim como a ferrugem invade o metal, corroendo-o, as más obras dos pecadores invadem-lhes os corações, corrompendo-os.

[2] Ou seja, a relação das boas obras dos anjos e dos crentes, se encontra no ⁽Illiyīn. Esta palavra, quer dizer : um livro gravado.

[3] Alusão ao mesmo livro. Aqui, como em árabe, a palavra está no caso nominativo.

20. É um livro gravado.

21. Testemunham-no os achegados **a Allah**.

22. Por certo, os virtuosos estarão em delícia,

23. Sobre coxins, olhando **as maravilhas do Paraíso**.

24. Reconhecerás em suas faces a rutilância da delícia.

25. Dar-se-lhes-á de beber licor puro, selado,

26. Seu selo é de almíscar – e que os competidores se compitam[1], então, para isso –

27. E sua mistura é de Tasnim[2],

28. Uma fonte de que os achegados **a Allah** beberão.

29. Por certo, os[3] que cometeram crimes riam dos que criam,

30. E, quando por eles passavam, piscavam os olhos, uns aos outros,

31. E, quando tornavam a suas famílias, tornavam hílares,

32. E, quando **os**[4] viam, diziam: "Por certo, estes estão descaminhados."

---

[1] Quem quiser desfrutar essas delícias, que se empenhe na obediência de Deus.
[2] Nome de nobre bebida paradisíaca de fonte celestial.
[3] Alusão aos ricos Quraich, que ironizavam os pobres, entre os crentes.
[4] **Os**: os crentes.

33. E não foram enviados, sobre eles, por custódios.

وَمَآ أُرْسِلُوا۟ عَلَيْهِمْ حَٰفِظِينَ ۝

34. Então, hoje, os que crêem se riem dos renegadores da Fé,

فَٱلْيَوْمَ ٱلَّذِينَ ءَامَنُوا۟ مِنَ ٱلْكُفَّارِ يَضْحَكُونَ ۝

35. Estando sobre coxins, olhando **as maravilhas do Paraíso**.

عَلَى ٱلْأَرَآئِكِ يَنظُرُونَ ۝

36. Os renegadores da Fé não serão retribuídos pelo que faziam?

هَلْ ثُوِّبَ ٱلْكُفَّارُ مَا كَانُوا۟ يَفْعَلُونَ ۝

SŪRATU AL-INCHIQĀQ[1]
A SURA DO FENDER-SE

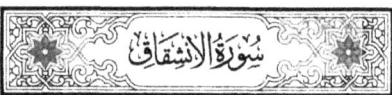

De Makkah - 25 versículos.

Em nome de Allah, O Misericordioso, O Misericordiador.

1. Quando o céu se fender,

إِذَا ٱلسَّمَآءُ ٱنشَقَّتْ ۝

2. E obedecer a seu Senhor, e o fizer devidamente,

وَأَذِنَتْ لِرَبِّهَا وَحُقَّتْ ۝

3. E, quando a terra for estendida

وَإِذَا ٱلْأَرْضُ مُدَّتْ ۝

4. E lançar o[2] que há nela, e se esvaziar,

وَأَلْقَتْ مَا فِيهَا وَتَخَلَّتْ ۝

5. E obedecer a seu Senhor, e o fizer devidamente, **o ser humano deparará suas obras**.

وَأَذِنَتْ لِرَبِّهَا وَحُقَّتْ ۝

---

[1] **Al Inchiqāq**: infinitivo substantivado do verbo **inchaqqa**, fender-se, cuja forma, no passado, aparece no versículo 1, dando origem ao título da sura, que, já no início, faz referência a alguns indícios de como será a Hora; esclarece que tudo se submete a Deus, que o ser humano encontrará a seu Senhor, e que seus atos são registrados em um livro, que ele receberá no Dia do Juízo. A sura traz, também, o juramento de que Deus é Onipotente e de que a Ressurreição é fato indubitável. Finalmente, alerta para a Onisciência divina e para o conhecimento de tudo quanto fazem os descrentes, para quem já há preparado doloroso castigo, como para os crentes, um prêmio eterno.

[2] Tudo que nela há, seus tesouros, minas, inclusive os mortos nela enterrados.

6. Ó ser humano! Por certo, tu te estás empenhando, **em tuas ações**, esforçadamente, para **deparar** teu Senhor: tu depará-lO-ás.

7. Então, quanto àquele a quem for concedido seu livro, em sua destra,

8. Fá-lo-á dar conta, facilmente,

9. E tornará alegre a sua família.

10. E, quanto àquele a quem for concedido seu livro, por trás de suas costas[1],

11. Suplicará um extinguir.

12. E queimar-se-á em Fogo ardente.

13. Por certo, fora alegre, em sua família.

14. Por certo, ele pensava que não voltaria **a seu Senhor**.

15. Sim. Por certo, seu Senhor era, dele, Onividente.

16. Então, juro pelo crepúsculo,

17. E pela noite e pelos que ela congrega[2],

18. E pela lua quando cheia,

19. Em verdade, passareis de estado após estado[3]!

---

(1) No Dia do Juízo, o descrente terá a mão direita amarrada ao pescoço, e a esquerda, às costas, com a qual pegará o livro de seus atos.
(2) Quando anoitece, todas as criaturas retornam a seus lares.
(3) Alusão aos vários momentos pelos quais o ser humano passa: a morte, a Ressurreição e o Dia do Juízo.

84. Sūratu Al-Inchiqāq Parte 30

20. Então, por que razão eles não crêem?

21. E, quando lhes é lido o Alcorão, não se prosternam?

22. Mas, os que renegam a Fé desmentem **o Dia do Juízo**,

23. E Allah é bem Sabedor do que trazem no íntimo.

24. Então, alvissara-lhes doloroso castigo,

25. Exceto aos que crêem e fazem as boas obras: eles terão prêmio incessante.

SŪRATU AL-BURŪJ[1]
A SURA DAS CONSTELAÇÕES

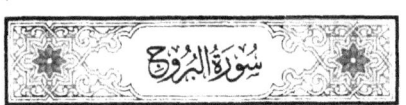

De Makkah - 22 versículos.

Em nome de Allah, O Misericordioso, O Misericordiador.

1. Pelo céu das constelações!

2. E pelo dia[2] prometido!

---

[1] **Al Burūj**: plural de **burj**, que, etimologicamente, quer dizer torre ou castelo, mas, também, pode designar as constelações ou asterismos. Essa palavra aparece no versículo 1 e denomina a sura, que se abre com o juramento, acerca da Onipotência de Deus, a fim de confirmar que os agressores dos crentes serão amaldiçoados, como o foram os antepassados, que procederam da mesma forma. Faz ligeira alusão aos transgressores que queimaram os crentes, em fossos. Promete aos crentes boas recompensas e, aos pecadores, o nefasto castigo. Lembra que o ser humano sempre se inclinou, em todas as fases da história, para a negação da Verdade. Finalmente, conclui que o Alcorão é a base da Verdade, e longe está de encerrar dúvidas, pois se encontra registrado em tábua guardada junto de Deus.

[2] Ou seja, o Dia do Juízo.

85. Sūratu Al-Burūj

3. E por uma testemunha⁽¹⁾ e um testemunhado⁽²⁾!

وَشَاهِدٍ وَمَشْهُودٍ ۝

4. Que morram os companheiros⁽³⁾ do fosso,

قُتِلَ أَصْحَابُ ٱلْأُخْدُودِ ۝

5. Do fogo, cheio de combustível.

ٱلنَّارِ ذَاتِ ٱلْوَقُودِ ۝

6. Quando estavam sentados a seu redor,

إِذْ هُمْ عَلَيْهَا قُعُودٌ ۝

7. E eram testemunhas do que faziam com os crentes,

وَهُمْ عَلَىٰ مَا يَفْعَلُونَ بِٱلْمُؤْمِنِينَ شُهُودٌ ۝

8. E não os⁽⁴⁾ censuravam senão por crerem em Allah, O Todo-Poderoso, O Louvável,

وَمَا نَقَمُوا مِنْهُمْ إِلَّا أَن يُؤْمِنُوا بِٱللَّهِ ٱلْعَزِيزِ ٱلْحَمِيدِ ۝

9. De Quem é a soberania dos céus e da terra. E Allah, sobre todas as cousas, é Testemunha.

ٱلَّذِي لَهُۥ مُلْكُ ٱلسَّمَٰوَٰتِ وَٱلْأَرْضِ ۚ وَٱللَّهُ عَلَىٰ كُلِّ شَىْءٍ شَهِيدٌ ۝

10. Por certo, os que provaram⁽⁵⁾ os crentes e as crentes, em seguida, não se voltaram arrependidos, terão o castigo da Geena, e terão o castigo da Queima.

إِنَّ ٱلَّذِينَ فَتَنُوا ٱلْمُؤْمِنِينَ وَٱلْمُؤْمِنَٰتِ ثُمَّ لَمْ يَتُوبُوا فَلَهُمْ عَذَابُ جَهَنَّمَ وَلَهُمْ عَذَابُ ٱلْحَرِيقِ ۝

⁽¹⁾ Por quem quer que testemunhe o Dia do Juízo, seja o Profeta Muḥammad, ou outra pessoa qualquer.

⁽²⁾ Pelo que poderá ser testemunhado: o Dia do Juízo, ou qualquer outro evento escatológico.

⁽³⁾ Referência aos que, no fogo, queimaram os crentes, por ordem de Zū Nuwās, rei judeu da tribo Ḥimiar, no Yêmen. Ao ouvir que o povo de Najarān, uma região da Arábia Saudita, abracara o cristianismo, foi até eles, com seu exército, e obrigou-os a renunciar ao novo credo, caso contrário seriam queimados. Diante da unânime recusa de todos, Zū Nuwās ordenou a escavação de fossos, que mandou encher de achas; incendiando-as, nelas atirou os cristãos.

⁽⁴⁾ **Os**: os cristãos. Na verdade, o motivo de censura do rei judeu se deveu à crença dos cristãos.

⁽⁵⁾ Ou seja, os que queimaram os crentes.

85. Sūratu Al-Burūj

11. Por certo, os que crêem e fazem as boas obras terão Jardins, abaixo dos quais correm os rios. Esse é o grande triunfo.

12. Por certo, o desferir golpes de teu Senhor é veemente.

13. Por certo, Ele inicia **a criação** e **a** repete.

14. E Ele é O Perdoador, O Afetuoso,

15. O Possuidor do Trono, O Glorioso,

16. Fazedor do que Ele quer.

17. Chegou-te o relato dos exércitos,

18. De Faraó e **do povo de** Thamūd?

19. Mas os que renegam a Fé⁽¹⁾ estão **mergulhados** no desmentir.

20. E Allah os está abarcando, por todos os lados⁽²⁾.

21. Mas este é um Alcorão glorioso,

22. Registado em tábua custodiada.

---

(1) Referência aos idólatras de Makkah.
(2) Deus sabe o que fazem e tem pleno poder sobre eles.

SŪRATU AT-TĀRIQ[1]
A SURA DO ASTRO NOTURNO

De Makkah - 17 versículos.

Em nome de Allah, O Misericordioso, O Misericordiador.

1. Pelo céu e pelo astro noturno,

2. – E o que te faz inteirar-te do que é o astro noturno?

3. É a estrela fulgurante. –

4. Por certo, sobre cada alma há um **anjo** custódio!

5. Então, que o ser humano olhe aquilo de que foi criado.

6. Foi criado de água emitida,

7. Que sai de entre a espinha dorsal e os ossos do peito.

8. Por certo, Ele, sobre seu retorno[2], é Poderoso.

9. Um dia, quando forem postos[3] à prova os segredos,

---

(1) **At-Tāriq**: particípio presente substantivado do verbo *taraqa*, bater à porta, tal como o faz o visitante noturno, para ser recebido, quando chega a algum lugar. Posteriormente, a palavra passou a denominar o próprio visitante noturno, seja quem ou o que for. Essa palavra, que surge nos versículos 1 e 2, nomeia a sura, que arrola provas da Onipotência de Deus e confirma que cada alma é custodiada por anjos; a sura exorta, ainda, o ser humano a refletir em suas origens, desde a ínfima gota seminal: só, assim, poderá ele entender o poder de Deus de ressuscitá-lo, após a morte; continua, com o juramento de que o Alcorão é Mensagem séria, honorável, não um gracejo, embora os idólatras o detraiam e o neguem, e tramem insídias contra ele, ignorando que Deus, que tudo sabe e tudo vê, é O mais Poderoso em malograr essas insídias. Finalmente, roga ao Profeta que tolere os descrentes, até o advento do Castigo Final.

(2) Ou seja, a Ressurreição do ser humano.

(3) Ou seja, quando os segredos forem descobertos.

10. Então, ele⁽¹⁾ não terá nem força nem socorredor.

فَمَا لَهُۥ مِن قُوَّةٍ وَلَا نَاصِرٍ ۝

11. Pelo céu do retorno da chuva!

وَٱلسَّمَآءِ ذَاتِ ٱلرَّجْعِ ۝

12. E pela terra de gretas⁽²⁾!

وَٱلْأَرْضِ ذَاتِ ٱلصَّدْعِ ۝

13. Por certo, ele⁽³⁾ é um dito decisivo,

إِنَّهُۥ لَقَوْلٌ فَصْلٌ ۝

14. E não um gracejo!

وَمَا هُوَ بِٱلْهَزْلِ ۝

15. Por certo, eles⁽⁴⁾ armam insídias,

إِنَّهُمْ يَكِيدُونَ كَيْدًا ۝

16. E Eu, **também**, armo insídias.

وَأَكِيدُ كَيْدًا ۝

17. Então, dá prazo aos renegadores da Fé⁽⁵⁾: dá-lhes um pouco de prazo.

فَمَهِّلِ ٱلْكَافِرِينَ أَمْهِلْهُمْ رُوَيْدًۢا ۝

SŪRATU AL-'AᶜLĀ⁽⁶⁾
A SURA DO ALTÍSSIMO

De Makkah - 19 versículos.

---

(1) **Ele**: o que nega a Ressurreição.
(2) Ou seja, pela terra que se fende, por causa da irrupção das plantas que nela germinam.
(3) **Ele**: o Alcorão.
(4) **Eles**: os idólatras de Makkah. Na verdade, eles, sempre, se empenharam em armar insídias contra Muḥammad.
(5) O versículo exorta o Profeta a não apressar-se em pedir o castigo dos descrentes: serão eles castigados no devido tempo.
(6) **Al Aᶜlā**: superlativo de ᶜaliy, alto. Essa palavra, mencionada no versículo 1, nomeia a sura, que se inicia pela glorificação de Deus, O Criador de todas as cousas, e Que determinou, para cada cousa, o que lhe convém. A seguir, a sura confirma que Deus fará Muḥammad recitar o Alcorão, de que ele jamais se esquecerá, a não ser que Deus o queira; além disso, facilitar-lhe-á o acesso ao Islão, o mais fácil código de leis que terá à mão; ordena, ainda, o Profeta a exortar os homens ao Alcorão, afirmando que o bom êxito é garantido a quem se dignifica e se lembra de Deus e cumpre a oração. Finalmente, faz atentar que tudo que está nesta sura já existia nas primeiras Escrituras, de Abraão e Moisés.

87. Sūratu Al-'A'lā

Em nome de Allah, O Misericordioso, O Misericordiador.

1. Glorifica o nome de teu Senhor, O Altíssimo,

2. Que **tudo** criou e formou,

3. E Que **tudo** determinou e guiou,

4. E Que fez sair a pastagem,

5. E fê-la feno enegrecido.

6. Nós far-te-emos ler, e de nada te esquecerás,

7. Exceto do que Allah quiser. – Por certo, Ele sabe o declarado e o que se oculta –

8. E facilitar-te-emos o acesso ao caminho fácil[1].

9. Então, lembra-**lhes**, se a lembrança **os** beneficiar.

10. Lembrar-se-á quem receia **a** Allah,

11. E evitá-lo-á o mais infeliz,

12. Que se queimará no Fogo maior,

13. Em seguida, nele, não morrerá nem viverá.

14. Com efeito, bem-aventurado é quem se dignifica

---

[1] **Caminho fácil**: o Islão.

88. Sūratu Al-Ghāchiyah Parte 30

15. E se lembra do nome de seu Senhor e ora.

16. Mas vós⁽¹⁾ dais preferência à vida terrena,

17. Enquanto a Derradeira Vida é melhor e mais permanente.

18. Por certo, isto⁽²⁾ está nas primeiras Páginas,

19. Nas Páginas de Abraão e de Moisés.

SŪRATU AL-GHĀCHIYAH⁽³⁾
A SURA DA ENVOLVENTE

De Makkah - 26 versículos.

Em nome de Allah, O Misericordioso, O Misericordiador.

1. Chegou-te o relato da Envolvente⁽⁴⁾?

2. Nesse dia, haverá faces humilhadas,

3. Preocupadas, fatigadas.

⁽¹⁾ **Vós:** os seres humanos.

⁽²⁾ **Isto:** o conteúdo da presente sura.

⁽³⁾ **Al Ghāchiyah:** particípio presente, feminino, singular, do verbo **ghachiya**, encobrir, envolver. Essa palavra é um dos designativos do Dia do Juízo, pois este envolverá todos os seres em espanto e pavor. Ela aparece no versículo 1 e nomeia a sura, que trata do eterno tema do Dia do Juízo e de quanto nele sucederá. Neste Dia, os homens serão divididos em dois grupos: o dos condenados, que irão para o Inferno urente; e o dos bem-aventurados, que se alegrarão com as delícias do Paraíso. A sura, ainda, alude às provas do poder divino sobre a Ressurreição, provas essas evidentes a todos; finalmente, ordena ao Profeta a lembrar os homens do Alcorão, afirmando que Muḥammad não veio para dominar, mas para exortar, e quem lhe voltar as costas será castigado por Deus, de Quem ninguém se evadirá.

⁽⁴⁾ **A Envolvente:** o Dia do Juízo, que envolverá em terror todos os seres.

4. Queimar-se-ão em um Fogo incandescente.

5. Dar-se-lhes-á de beber de escaldante fonte.

6. Para eles, não haverá alimento, senão o de ḍarīʿ[1],

7. Que não engorda e de nada vale contra a fome.

8. Nesse dia, haverá faces cheias de graça,

9. Agradadas de seu esforço.

10. Estarão em um alto Jardim;

11. Nele, tu[2] não ouvirás frivolidade alguma.

12. Nele, haverá uma fonte corrente;

13. Nele, haverá leitos elevados,

14. E copos dispostos,

15. E almofadas enfileiradas

16. E tapetes espalhados.

17. E não olham[3] eles aos camelos, como foram criados?

18. E ao céu, como foi elevado?

19. E às montanhas, como foram armadas?

---

[1] Espécie de planta espinhosa, existente no deserto, de sabor hediondo, evitada, por isso, até pelos animais.
[2] O versículo dirige-se a quem quer que o leia.
[3] Referência aos idólatras de Makkah.

20. E à terra, como foi distendida?

21. Então, lembra-lhes o Alcorão. És, apenas lembrador.

22. Não és, sobre eles, dono absoluto.

23. Mas a quem volta as costas e renega a Fé,

24. Allah castigá-lo-á com o castigo[1] maior.

25. Por certo, a Nós será sua volta.

26. Em seguida, por certo, impender-Nos-á sua conta.

SŪRATU AL-FAJR[2]
A SURA DA AURORA

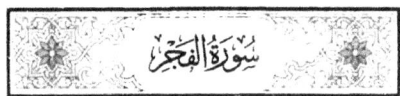

De Makkah – 30 versículos.

Em nome de Allah, O Misericordioso, O Misericordiador.

1. Pela aurora!

2. E pelas dez noites[3]!

---

[1] Ou seja, o castigo que lhe será dado, no Dia do Juízo.

[2] **Al Fajr**: a aurora. Esta palavra, mencionada no versículo 1, nomeia a sura, que se inicia por juras por vários fenômenos, para atentar, mais uma vez, para o poder de Deus de castigar a quem negue a Ressurreição, como já o fizera com os idólatras de épocas passadas. Reitera o modo divino de provar os servos com o bem ou o mal. Esclarece que a prosperidade do homem não é, sempre, sinal de satisfação divina, nem a adversidade é, sempre, sinal da ira de Deus. Recrimina a avidez e cobiça dos Quraich. Finalmente, faz alusão ao tardio arrependimento dos pecadores que, no Dia do Juízo, ansiarão ser pó; quanto à alma tranqüila, será convidada a ingressar no Paraíso, juntamente com os bem-aventurados.

[3] Correspondentes aos 10 primeiros dias do 12° mês de Zul Hijjah, abençoados por constituírem o período da Peregrinação.

89. Sūratu Al-Fajr

3. Pelo par e pelo ímpar[1]!

4. E pela noite, quando se escoa[2]!

5. Há nisso um juramento para quem de bom senso?

6. Não viste como teu Senhor agiu com o **povo de** ᶜĀd,

7. Com Iram[3] das colunas[4],

8. Igual à qual nada foi criado, nas cidades?

9. E com **o povo de** Thamūd, que escavou os rochedos[5], no vale?

10. E com Faraó das estacas[6]?

11. São eles que cometeram transgressão nos países **deles,**

12. E, neles, multiplicaram a corrupção.

13. Então, teu Senhor entornou sobre eles **vários** tipos de castigo.

14. Por certo, teu Senhor está **sempre** à espreita.

15. Então, quanto ao ser humano, quando seu Senhor o põe à prova,

---

(1) Entre outras exegeses, o par se relacionaria a criaturas que formam casais, e o ímpar, ao Criador Único que é Deus.
(2) Se escoa : escorrer lentamente.
(3) **Iram**: cidade em que viveu, anteriormente, parte da tribo de ᶜĀd.
(4) Uma das exegeses explica que a tribo de Iram era constituída de pessoas tão altas quanto colunas. Cf. VII 69.
(5) Ou seja, escavava os rochedos para fazer suas casas. Cf. XV 82.
(6) Cf. XXXVIII 12 n1.

89. Sūratu Al-Fajr

e o honra, e o agracia, diz: "Meu Senhor honra-me."

16. E, quando o põe à prova e lhe restringe o sustento, diz: "Meu Senhor avilta-me."

17. Em absoluto, **isso não é certo**! Mas, vós[1] não honrais o órfão,

18. E não vos incitais, mutuamente, a alimentar o necessitado,

19. E devorais as heranças[2], com indiscriminada voracidade,

20. E amais as riquezas, com excessivo amor.

21. Em absoluto, **isso não é certo**! Quando a terra for pulverizada, pulvérea, pulvereamente,

22. E teu Senhor[3] chegar, e os anjos, em fileiras após fileiras,

23. E for trazida, nesse dia, a Geena; nesse dia, o ser humano lembrar-se-á **de seu erro**. E como a lembrança haverá de beneficiá-lo?

24. Dirá ele: "Quem dera houvesse eu antecipado **as boas obras** a minha vida!"

25. Então, nesse dia, ninguém castigará como Seu castigar,

---

[1] **Vós**: os idólatras de Makkah.
[2] Alusão às heranças das mulheres e das crianças, de que os tutores se apropriavam indistintamente.
[3] Ou seja, quando chegar a Ordem de Deus.

26. E ninguém acorrentará como Seu acorrentar.

27. Dir-se-á: "Ó alma tranqüila[1]!

28. Retorna a teu Senhor, agradada e agradável;

29. "Então, entra para junto de Meus servos,

30. "E entra em Meu Paraíso."

SŪRATU AL-BALAD[2]
A SURA DA CIDADE

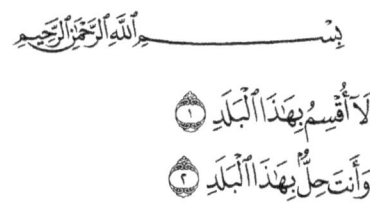

De Makkah – 20 versículos.

Em nome de Allah, O Misericordioso, O Misericordiador.

1. Juro por esta Cidade[3]!

2. – E tu estás residente nesta Cidade[4]–

3. E por um genitor e por um gênito[5]!

---

[1] Assim será dito ao crente, na hora da morte ou na Ressurreição.

[2] **Al Balad**: a cidade. Aqui, trata-se da cidade sagrada de Makkah. Essa palavra, que surge nos versículos 1 e 2, nomeia a sura, que, por dois juramentos importantes - pela cidade natal do Profeta e pelos pais e filhos, de cuja sucessão depende a perpetuidade da raça humana - afirma que o ser humano foi criado mergulhado em luta. A sura, ainda, repreende-lhe a empáfia de acreditar-se invencível e auto-suficiente, e o excessivo materialismo. Enumera as dádivas divinas, com as quais se lhe interponham, para, com isso, poder vir juntar-se aos companheiros do Paraíso e evadir-se do triste fim dos companheiros do Fogo.

[3] Ou seja, por Makkah.

[4] Na cidade sagrada de Makkah, sempre foi proibido qualquer tipo de violência contra seres humanos ou contra animais. Entretanto, a Muḥammad, foi-lhe assegurado não precisar obedecer a essas proibições, quando tivesse de enfrentar os inimigos do Islão, por época da conquista de Makkah.

[5] O versículo parece aludir a Adão e a sua progênie, como pode aludir a qualquer pai ou filho, de cuja sucessão depende a perpetuidade da raça humana.

90. Sūratu Al-Balad

4. Com efeito, criamos o ser humano em tribulações⁽¹⁾.

5. Supõe ele que ninguém tem poder sobre ele?

6. Diz⁽²⁾: "Aniquilei riquezas acumuladas."

7. Supõe ele que ninguém o viu?

8. Não lhe⁽³⁾ fizemos dois olhos?

9. E uma língua e dois lábios?

10. E indicamo-lhe os dois rumos⁽⁴⁾?

11. Então, ele não enfrenta o obstáculo!

12. E o que te faz inteirar-te do que é o obstáculo?

13. É libertar um escravo,

14. Ou alimentar, em dia de penúria,

15. Um órfão aparentado,

16. Ou um necessitado empoeirado **pela miséria**.

17. Em seguida, é ser dos que crêem e se recomendam, mutuamente, a paciência, e se recomendam, mutuamente, a misericórdia.

---

(1) Do nascimento à morte, o ser humano vive, constantemente, em luta pela sobrevivência.
(2) Trata-se de Abu Al Achadd, inimigo declarado do Profeta, o qual se vangloriava de haver despendido fortuna, para incitar a inimizade dos Quraich contra Muḥammad.
(3) **Lhe**: ao ser humano.
(4) Ou seja, Deus indicou-lhe o caminho do bem e do mal, contudo, ele não sabe como conduzir-se.

18. Esses são os companheiros da direita.

19. E os que renegam Nossos sinais são os companheiros da esquerda.

20. Haverá, sobre eles, um Fogo cerrado.

SŪRATU ACH-CHAMS[1]
A SURA DO SOL

De Makkah - 15 versículos.

Em nome de Allah, O Misericordioso, O Misericordiador.

1. Pelo sol e por sua plena luz matinal!

2. E pela lua, quando o sucede!

3. E pelo dia, quando o mostra, em plenitude!

4. E pela noite, quando o encobre!

5. E pelo céu e por Quem o edificou!

6. E pela terra e por Quem a distendeu!

---

[1] **Ach-Chams**: o sol. Esta palavra, que aparece no versículo 1, nomeia a sura, que, por meio de juramentos sobre cousas que atestam o poderio e a unicidade divinos, afirma que será bem-aventurado quem purifica sua alma com fé e obediência, ao contrário de quem a degrada com a descrença e a desobediência. A sura, ainda, relembra a transgressão da tribo de Thamūd e o castigo que sofreram, e fá-lo, para advertir os desmentidores de que os que renegam seus mensageiros sofrem aniquilação. No final, a sura patenteia que Deus é o Soberano Absoluto e nada receia quanto aos castigos que inflige aos pecadores.

7. E pela alma e por Quem a formou!

8. Então, lhe inspirou sua impiedade e sua piedade[1]!

9. Com efeito, bem-aventurado é quem a dignifica.

10. E, com efeito, mal-aventurado é quem a degrada.

11. O povo de Thamūd, por sua transgressão, desmentiu **ao Mensageiro**.

12. Quando o[2] mais infeliz deles partiu, empenhado **em matar o camelo fêmea**,

13. Então, o Mensageiro de Allāh disse-lhes: "**Deixai** o camelo fêmea – vindo de Allāh – e sua porção de bebida."

14. E desmentiram-no e abateram-no[3]. Então, por seu delito, seu Senhor esmigalhou-lhes as casas sobre eles, e nivelou-as.

15. E Ele não teme as conseqüências disso.

---

(1) Ou seja, Deus inspirou ao homem o caminho do mal e do bem.
(2) Alusão a Qudār Ibn Salīf. Cf. VII 73 p250 n1.
(3) **No**: o camelo.

92. Sūratu Al-Lail — Parte 30

SŪRATU AL-LAIL[1]
A SURA DA NOITE

De Makkah - 21 versículos.

Em nome de Allah, O Misericordioso, O Misericordiador.

1. Pela noite, quando **tudo** encobre!

2. Pelo dia, quando se mostra, em plenitude!

3. E por Quem criou o varão e a varoa[2]!

4. Por certo, vossos esforços são vários[3].

5. Então, quanto a quem dá e teme **a Allah**

6. E confirma a mais bela **Verdade**[4],

7. A esse, facilitar-lhe-emos o acesso ao caminho fácil[5].

8. E, quanto a quem é avaro e prescinde **da ajuda de Allah**,

---

[1] **Al-Lail**: a noite. Esta palavra, tomada do versículo 1, nomeia a sura, em que há juramento de que os esforços humanos são inúmeros, certos uns, errados outros, e salienta que ao esmoler, temente de Deus e seguidor da verdadeira religião, ser-lhe-á facilitado o caminho que o levará ao Paraíso, ao passo que o mesmo não ocorrerá com o avaro, arrogante e descrente. A sura, ainda, enfatiza que a Deus pertencem as duas vidas, a terrena e a Derradeira Vida. Finalmente, admoesta os homens de um Fogo ardente, destinado, apenas, aos infelizes.

[2] Pode ser, também, alusão a Adão e Eva.

[3] Cada ser humano tem objetivos diferentes e se empenha, de algum modo, em alcançá-los.

[4] Ou seja, a profissão de fé islâmica, em que a unicidade de Deus é dogma insofismável, Deus é Único, não há outro deus.

[5] **Caminho fácil**: Paraíso.

9. E desmente a mais bela **Verdade**, ﴿٩﴾

10. A esse, facilitar-lhe-emos o acesso ao caminho difícil[1], ﴿١٠﴾

11. E de nada lhe valerão suas riquezas, quando se abismar[2]. ﴿١١﴾

12. Por certo, impende-Nos a orientação; ﴿١٢﴾

13. E, por certo, são Nossas a Derradeira Vida e a primeira. ﴿١٣﴾

14. Então, admoesto-vos[3] de um Fogo que flameja; ﴿١٤﴾

15. Nele, não se queimará senão o mais infeliz, ﴿١٥﴾

16. Que haja desmentido **ao Mensageiro** e voltado as costas. ﴿١٦﴾

17. E far-se-á evitá-lo ao mais piedoso, ﴿١٧﴾

18. Que concede sua riqueza, para dignificar-se, ﴿١٨﴾

19. E a ninguém faz uma graça, que deva ser quitada, ﴿١٩﴾

20. Senão para buscar a face de seu Senhor, O Altíssimo. ﴿٢٠﴾

21. E, em verdade, agradar-se-á **de sua recompensa**. ﴿٢١﴾

---

(1) **Caminho difícil**: a Geena.
(2) Ou seja, quando cair no abismo da Geena.
(3) **Vos**: os idólatras de Makkah.

SŪRATU AD-DUHĀ[1]
A SURA DA PLENA LUZ MATINAL

De Makkah - 11 versículos.

Em nome de Allah, O Misericordioso, O Misericordiador.

1. Pela plena luz matinal!

2. E pela noite, quando serena!

3. Teu Senhor não te abandonou nem te detestou[2].

4. E, em verdade, a Derradeira Vida te é melhor que a primeira.

5. E, em verdade, teu Senhor dar-te-á **graças**, e disso te agradarás.

6. Não te encontrou órfão e te abrigou?

7. E não te encontrou descaminhado e te guiou[3]?

---

[1] **Ad-Duhā**: substantivo derivado do verbo **dahā**, aparecer. O substantivo se refere ao momento em que o sol aparece, nos céus, em pleno esplendor. Essa palavra, que surge no versículo 1, denomina a sura, em que há juramento pelo tempo da ação e da inércia, de que Deus jamais desamparou o Profeta e jamais o abominou, como pretenderam os idólatras. Alude ao que lhe conferirá, na Derradeira Vida, superior ao que lhe confere na primeira. acresce, ainda, que lhe outorgará tantas graças, da mesma forma como, em épocas anteriores, lhas outorgara. Finalmente, a sura conclama à benevolência para com o órfão, à piedade para com o mendigo, e à divulgação das graças obtidas, em sinal de gratidão a Deus.

[2] Conta a tradição que, havendo-se demorado o anjo Gabriel em revelar ao Profeta algo mais da Mensagem de Deus, os idólatras de Makkah não hesitaram em dizer que o "Deus de Muhammad o abandonara, e que o detestava". Para esclarecimento, foi revelado este versículo.

[3] Referência à época em que o Profeta ainda não havia recebido a religião islâmica, considerada a senda reta, a que Deus o guiou.

94. Sūratu Ach-Charḥ   Parte 30

8. E não te encontrou infortunado e te enriqueceu?

وَوَجَدَكَ عَآئِلًا فَأَغْنَىٰ ۝

9. Então, quanto ao órfão, não o oprimas.

فَأَمَّا ٱلْيَتِيمَ فَلَا تَقْهَرْ ۝

10. E, quanto ao mendigo, não o maltrates.

وَأَمَّا ٱلسَّآئِلَ فَلَا تَنْهَرْ ۝

11. E, quanto à graça de teu Senhor, proclama-a.

وَأَمَّا بِنِعْمَةِ رَبِّكَ فَحَدِّثْ ۝

SŪRATU ACH-CHARḤ[1]
A SURA DO DILATAR

De Makkah - 8 versículos.

Em nome de Allah, O Misericordioso, O Misericordiador.

1. Não te dilatamos o peito[2]?

أَلَمْ نَشْرَحْ لَكَ صَدْرَكَ ۝

2. E não te depusemos o fardo[3],

وَوَضَعْنَا عَنكَ وِزْرَكَ ۝

3. Que te vergava as costas?

ٱلَّذِىٓ أَنقَضَ ظَهْرَكَ ۝

4. E não te elevamos a fama[4]?

وَرَفَعْنَا لَكَ ذِكْرَكَ ۝

---

[1] **Ach-Charḥ**: substantivo do verbo **charaḥa**, explicar, ou dilatar. No sentido figurado, quer dizer dilatar o peito, para a recepção de conhecimento da Verdade. O titulo é tomado do presente do indicativo, em árabe, que aparece no versículo 1. Esta sura relata que Deus tornou engrandecido o coração do Profeta, para receber a Mensagem divina; além de aliviar-lhe a árdua tarefa de pregar o Islão, Ele lembra que enalteceu o nome do Profeta, fazendo-o mencionado, ao lado de Seu nome, nas orações e cultos; afirma que o proceder divino faz sobrevir à facilidade, e conclama o Mensageiro, quando desobrigado de qualquer outra tarefa, a orar e a rogar a Deus.

[2] Ou seja, Deus, engrandecendo o espírito de Muḥammad, tornou-o apto para a vida profética e para a pregação do Islão, para o mundo.

[3] A excelsa e árdua tarefa de pregar o Islão para os homens. Aliás, Deus sempre amparou o Profeta, no sentido de não pesar-lhe tanto este fardo.

[4] Efetivamente, o nome do Profeta é sempre mencionado ao lado do nome de Deus, em todos os passos da oração, da Peregrinação e de outros rituais islâmicos.

95. Sūratu At-Tīn   Parte 30   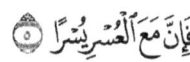   سورة التين ٩٥

5. Então, por certo, com a dificuldade, há facilidade!

فَإِنَّ مَعَ ٱلْعُسْرِ يُسْرًا ۝

6. Por certo, com a dificuldade, há facilidade!

إِنَّ مَعَ ٱلْعُسْرِ يُسْرًا ۝

7. Então, quando estiverdes livre, esforça-te **em orar**,

فَإِذَا فَرَغْتَ فَٱنصَبْ ۝

8. E dirige-te a teu Senhor em rogos.

وَإِلَىٰ رَبِّكَ فَٱرْغَب ۝

SŪRATU AT-TĪN[1]
A SURA DO FIGO

De Makkah - 8 versículos.

Em nome de Allah, O Misericordioso, O Misericordiador.

بِسْمِ ٱللَّهِ ٱلرَّحْمَٰنِ ٱلرَّحِيمِ

1. Pelo figo e pela oliva!

وَٱلتِّينِ وَٱلزَّيْتُونِ ۝

2. E pelo Monte Sinai!

وَطُورِ سِينِينَ ۝

3. E por esta Cidade segura[2]!

وَهَٰذَا ٱلْبَلَدِ ٱلْأَمِينِ ۝

4. Com efeito, criamos o ser humano, na mais bela forma[3].

لَقَدْ خَلَقْنَا ٱلْإِنسَٰنَ فِىٓ أَحْسَنِ تَقْوِيمٍ ۝

5. Em seguida, levamo-lo[4] ao mais baixo dos baixos **degraus**,

ثُمَّ رَدَدْنَٰهُ أَسْفَلَ سَٰفِلِينَ ۝

---

[1] **At-Tīn**: o figo. Este nome, que aparece no versículo 1, nomeia a sura, em que há juramento por dois frutos abençoados e dois locais sagrados; afirma que Deus criou o ser humano na mais extraordinária forma, mas este, não desempenhando seu papel a contento, é passível de degradar-se ao mais ínfimo dos degraus. Quanto aos crentes, que bem obram, possuirão bens permanentes. Finalmente, indaga das razões dos que desmentiram o Dia do Juízo.

[2] Alusão à cidade sagrada de Makkah, onde toda violência é proibida, e onde todos experimentam a segurança e a tranqüilidade.

[3] Ao lado do corpo perfeito, o ser humano é dotado de razão e vontade.

[4] Referência ao idólatra que, embora dotado de todas as prerrogativas, incide em erro e se degrada, até chegar às abissais regiões da Geena.

6. Exceto os que crêem e fazem as boas obras: eles terão prêmio incessante.

7. Então, o que te leva, depois disso[1], a desmentir o **Dia do Juízo**?

8. Não é Allah O mais Sábio dos juizes?

| SŪRATU AL-ᶜALAQ[2] |
| A SURA DA ADERÊNCIA |

De Makkah - 19 versículos.

Em nome de Allah, O Misericordioso, O Misericordiador.

1. Lê, em nome de teu Senhor, que criou,

2. **Que** criou o ser humano de uma aderência.

3. Lê, e teu Senhor é O mais Generoso,

4. Que ensinou **a escrever** com o cálamo,

---

(1) **Depois disso**: depois de todas as provas do incontestável poder divino, na criação do ser humano.

(2) **Al ᶜAlaq**: a aderência, que se forma da fusão do espermatozóide com o óvulo. Maiores considerações acerca da polêmica lexicológica, erguida a respeito dessa palavra, vide as duas obras de Maurice Bucaille, *La Bible, Le Coran et la Science*, p. 200, Ed. 1976, e *L"Homme, d où vient-il?*, p. 186, Ed. 1981. Essa palavra aparece no versículo 2 e nomeia a sura, que, aliás, é a primeira revelada ao Profeta, portanto, a mais antiga de todas. Inicialmente, há a fala do anjo Gabriel à Muḥammad, no monte Ḥirā', convocando-o à recitação - em nome de Deus - do que lhe vai ser revelado. A seguir, a sura menciona que Deus, se é Capaz de criar o ser humano, de ínfima gota seminal, é mais Capaz, ainda, de ensinar-lhe a escrita, com que adquirirá ele ciência, para transmiti-la aos demais. Deus é fonte de todo o saber humano: ensina ao homem o que ele não sabe. Ressalta que a riqueza e o poder, no mais das vezes, conduzem o ser humano à transgressão, e lembra que o retorno final será a Deus. Faz advertência aos que impedem os outros de orar e fazer o bem. Finalmente, aconselha a desobediência aos rebeldes, e a obediência a Deus.

5. Ensinou ao ser humano o que **ele** não sabia.

6. Ora, por certo, o ser humano **a tudo** transgride,

7. Desde que ele se vê prescindindo de ajuda.

8. Por certo, a teu Senhor será o retorno.

9. Viste aquele[1] que coíbe

10. Um servo[2] **de orar**, quando **este** ora?

11. Viste se ele está na Orientação,

12. Ou se ordena a piedade?

13. Viste se **te** desmente e **te** volta as costas?

14. Não sabe ele que Allah **a tudo** vê?

15. Em absoluto, **não o sabe!** Em verdade, se ele não se detiver, arrastá-lo-emos pelo topete,

16. Topete mentiroso, errado.

17. Então, que convoque seus partidários.

18. Convocaremos os verdugos[3].

19. Em absoluto, não lhe obedeças; e prosterna-te e aproxima-te **de Allah**.

---

[1] Alusão a Abū Jahl, dos mais ferrenhos inimigos do Profeta, que tinha a audácia de proibi-lo de orar.
[2] **Servo**: o Profeta Muḥammad.
[3] Ou seja, os guardiães infernais.

SŪRATU AL-QADR[1]
A SURA DE AL QADR

De Makkah - 5 versículos.

Em nome de Allah, O Misericordioso, O Misericordiador.

1. Por certo, fizemo-lo[2] descer, na noite de al Qadr.

2. – E o que te faz inteirar-te do que é a noite de al Qadr? –

3. A noite de al Qadr é melhor que mil meses.

4. Nela, descem os anjos e o Espírito[3], com a permissão de seu Senhor, **encarregados** de toda ordem[4].

5. Paz é ela, até o nascer da aurora.

---

[1] **Al Qadr**: substantivo derivado de **qadara**, magnificar e refere-se à magnífica noite da Revelação. Essa palavra aparece nos versículos 1, 2 e 3 e nomeia a sura, onde se magnifica o Alcorão e a noite em que ele desceu ao primeiro céu, a qual corresponde à vigésima sétima noite do mês de Ramadān, a partir de quando o Alcorão começou a ser revelado a Muḥammad. Essa noite é tão preciosa, que vale mais que mil meses; desde então, descem todos os anos e com a permissão de Deus, anjos, acompanhados de Gabriel, todos encarregados de dar determinações concernentes à Humanidade (nascimento, morte, prosperidade, adversidade, etc.). Durante toda essa noite, não há animosidade alguma: reina a paz até o romper da aurora.

[2] **Lo**: o Alcorão, que foi feito descer da Tábua custodiada, ou seja, do Livro do Destino, junto de Deus, até o primeiro céu, de onde, por 23 anos subseqüentes, foi revelado a Muḥammad pelo anjo Gabriel.

[3] Ou seja, o anjo Gabriel.

[4] Ou seja, todas as Ordens concernentes a: nascimento, morte, prosperidade, adversidade, saúde, enfermidade, que devem ocorrer a partir dessa data até a mesma data do ano vindouro.

SŪRATU AL-BAYINAH[1]
A SURA DA EVIDENTE PROVA

De Al-Madīnah - 8 versículos.

Em nome de Allah, O Misericordioso, O Misericordiador.

1. Os que renegam a Fé, dentre os seguidores do Livro, e os idólatras não estavam propensos a renunciar **a seus cultos**, até que lhes chegasse a evidente prova:

2. Um Mensageiro de Allah[2], que recitasse páginas purificadas,

3. Em que houvesse escritos retos[3].

4. E aqueles, aos quais fora concedido o Livro, não se separaram senão após haver-lhes chegado a evidente prova.

5. E não lhes[4] fora ordenado senão adorar a Allah, sendo sinceros

---

[1] **Al Bayinah**: adjetivo derivado do verbo **bāna**, evidenciar-se. Essa palavra, que concorda implicitamente, com o substantivo oculto **prova**, aparece nos versículos 1 e 4 e denomina a sura, que se refere, de início, aos judeus, cristãos e idólatras de Makkah, de quem se esperava cressem no Profeta, já que tinham conhecimento de que ele surgiria, na Península Arábica. Entretanto, quando este adveio, e apoiado pelo Alcorão, divergiram e não creram nele. Aliás, a culpa, nessas divergências, coube aos judeus e cristãos, povos letrados e que sabiam da veracidade da vinda do Profeta, pelas Escrituras. Daí, ser-lhes prometido o Fogo eterno da Geena. Quanto aos crentes, serão recompensados com os Jardins do Éden, e Deus se agradará deles, e eles se agradarão de Deus.

[2] Ou seja, o Profeta Muḥammad. O povo do Livro, os judeus e os cristãos, assim como os idólatras, diziam que jamais renunciariam a seus cultos, até que lhes chegasse o Profeta prometido na Tora e no Evangelho. Mas quando Muḥammad chegou, não creram nele e tudo fizeram para infamá-lo.

[3] Ou seja, escrituras com preceitos e leis divinas.

[4] **Lhes**: aos seguidores do Livro.

98. Sūratu Al-Bayinah   Parte 30

com Ele na devoção, sendo monoteístas, e cumprir a oração e conceder az-zakāh[1], (a ajuda caridosa). E essa é a religião reta.

6. Por certo, os que renegam a Fé, dentre os seguidores do Livro, e os idólatras estarão no Fogo da Geena; nela, serão eternos. Esses são os piores de toda a criação.

7. Por certo, os que crêem e fazem as boas obras, esses são os melhores de toda a criação.

8. Sua recompensa, junto de seu Senhor, são os Jardins do Éden, abaixo dos quais correm os rios; nesses, serão eternos para todo o sempre. Allah se agradará deles, e eles se agradarão dEle. Isso para quem receia a seu Senhor.

SŪRATU AZ-ZALZALAH[2]
A SURA DO TREMOR

De Al-Madīnah - 8 versículos.

Em nome de Allah, O Misericordioso, O Misericordiador.

1. Quando a terra for tremida por seu tremor[3],

2. E a terra fizer sair seus pesos[4],

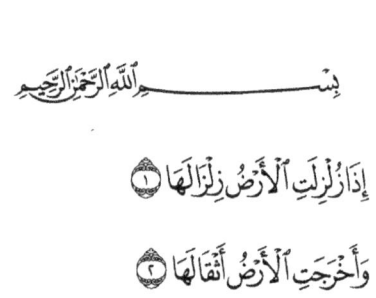

---

(1) Cf II 43 n4.
(2) **Az-Zalzalah**: infinitivo substantivado do verbo **zalzala**, mover algo com força; fazer tremer. Essa palavra surge no versículo 1 e nomeia a sura, que trata dos eventos apocalípticos do Dia do Juízo: o terremoto universal, a saída dos tesouros e mortos enterrados; o estupor humano e suas aflitas indagações; o encontro com a recompensa: o bem pelo bem, o mal pelo mal.
(3) O tremor anunciador da Ressurreição e do Juízo Final.
(4) Ou seja, os mortos e tesouros enterrados.

99. Sūratu Az-Zalzalah Parte 30

3. E o ser humano disser: "O que há com ela?"

وَقَالَ ٱلۡإِنسَٰنُ مَا لَهَا ۝

4. Nesse dia, ela contará suas notícias[1],

يَوۡمَئِذٍ تُحَدِّثُ أَخۡبَارَهَا ۝

5. Conforme seu Senhor lho inspirou[2].

بِأَنَّ رَبَّكَ أَوۡحَىٰ لَهَا ۝

6. Nesse dia, os humanos comparecerão, separadamente, para os fazerem ver suas obras.

يَوۡمَئِذٍ يَصۡدُرُ ٱلنَّاسُ أَشۡتَاتٗا لِّيُرَوۡاْ أَعۡمَٰلَهُمۡ ۝

7. Então, quem houver feito um peso de átomo de bem o verá,

فَمَن يَعۡمَلۡ مِثۡقَالَ ذَرَّةٍ خَيۡرٗا يَرَهُۥ ۝

8. E quem houver feito um peso de átomo de mal o verá.

وَمَن يَعۡمَلۡ مِثۡقَالَ ذَرَّةٍ شَرّٗا يَرَهُۥ ۝

SŪRATU AL-ᶜĀDIYĀT[3]
A SURA DOS CORCÉIS

De Makkah - 11 versículos.

Em nome de Allah, O Misericordioso, O Misericordiador.

1. Pelos corcéis arquejantes,

وَٱلۡعَٰدِيَٰتِ ضَبۡحٗا ۝

2. E chispeantes, **com seus cascos**,

فَٱلۡمُورِيَٰتِ قَدۡحٗا ۝

3. E atacantes, pela manhã,

فَٱلۡمُغِيرَٰتِ صُبۡحٗا ۝

4. Então, levantam, com isso, nuvens de poeira

فَأَثَرۡنَ بِهِۦ نَقۡعٗا ۝

---

(1) A terra relatará tudo o que foi feito sobre ela, bom ou mau.

(2) Ou seja, porque Deus ordenou à terra relatasse essas notícias.

(3) **Al ᶜĀdiyāt**: particípio presente, feminino plural, de ᶜadā, correr, e se refere aos velocíssimos cavalos que correm nos campos de batalha. A palavra aparece no versículo 1 e nomeia a sura, que, de início, traz outro juramento divino, para afirmar que o ser humano é renegador das graças de seu Senhor, o que ele próprio testemunha. A sura, ainda, objurga o veemente materialismo humano e alude à Ressurreição e ao inevitável Dia da Conta.

5. E permeiam, com isso, uma **inimiga** multidão.

6. Por certo, o ser humano é ingrato a seu Senhor;

7. E, por certo, ele é testemunha disso;

8. E, por certo, ele é veemente no amor à riqueza.

9. Então, não sabe ele **que será recompensado**, quando for revolvido o que há nos sepulcros,

10. E for recolhido o que há nos peitos?

11. Por certo, nesse dia, seu Senhor deles será Conhecedor.

SŪRATU AL-QĀRICAH(1)
A SURA DO ESTRONDO

De Makkah - 11 versículos.

Em nome de Allah, O Misericordioso, O Misericordiador.

1. O estrondo!

2. Que é o estrondo?

---

(1) **Al Qāricah**: uma das designações do Dia da Ressurreição. É particípio presente, feminino, singular, de qaraca, bater, com violência, em alguma cousa; surpreender-se, pasmar-se. Como particípio presente substantivado, significa a calamidade, a enorme desgraça, tal como será, quando ocorrerem os eventos anunciadores do Dia da Ressurreição. Essa palavra aparece nos versículos 1, 2 e 3 e nomeia a sura, que vaticina o Dia da Ressurreição, que pasmará a Humanidade. Relaciona-lhe algumas cenas, quando os homens se espalharão, atônitos, como panapanás de borboletas, e as montanhas se dispersarão pelos ares: desse caos, livrar-se-ão, apenas, os bem-aventurados, por suas boas obras, ficando os malaventurados mergulhados nas abissais profundezas de suas más obras.

101. Sūratu AL-Qāri'ah Parte 30

3. – E o que te faz inteirar-te do que é o estrondo? –

وَمَا أَدْرَىٰكَ مَا ٱلْقَارِعَةُ ۝

4. **Ocorrerá**, um dia, quando os humanos forem como as borboletas espalhadas[1],

يَوْمَ يَكُونُ ٱلنَّاسُ كَٱلْفَرَاشِ ٱلْمَبْثُوثِ ۝

5. E as montanhas, como a lã corada, cardada[2].

وَتَكُونُ ٱلْجِبَالُ كَٱلْعِهْنِ ٱلْمَنفُوشِ ۝

6. Então, quanto àquele, cujos pesos **em boas ações** forem pesados,

فَأَمَّا مَن ثَقُلَتْ مَوَازِينُهُ ۝

7. Estará em vida agradável;

فَهُوَ فِى عِيشَةٍ رَّاضِيَةٍ ۝

8. E, quanto àquele, cujos pesos **em boas ações** forem leves,

وَأَمَّا مَنْ خَفَّتْ مَوَازِينُهُ ۝

9. Sua morada será um Abismo.

فَأُمُّهُ هَاوِيَةٌ ۝

10. – E o que te faz inteirar-te do que é este **Abismo**? –

وَمَا أَدْرَىٰكَ مَا هِيَهْ ۝

11. É Fogo incandescente!

نَارٌ حَامِيَةٌ ۝

SŪRATU AT-TAKĀTHUR[3]
A SURA DA OSTENTAÇÃO

De Makkah - 8 versículos.

Em nome de Allah, O Misericordioso, O Misericordiador.

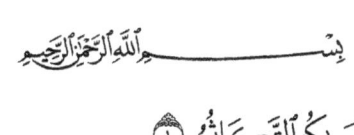

1. A ostentação entretém[4]-vos,

أَلْهَىٰكُمُ ٱلتَّكَاثُرُ ۝

---

[1] Os homens, atônitos, se dispersarão, em bandos, como a revoada de frágeis borboletas.

[2] Até as mais altas montanhas se desprenderão do solo e voarão pelos ares como flocos de lã.

[3] **At-Takāthur**: infinitivo substantivado do verbo **takāthara**, rivalizar em aquisição de bens, ou ostentar riqueza. Essa palavra surge no versículo 1 e dá nome à sura, que recrimina os homens por seu materialismo e pela jactância, que conservarão até morrer. Adverte-os das conseqüências desse proceder, atemorizando-os com o Fogo infernal, destinado aos faltosos, o qual verão, no Dia do Juízo, quando serão interrogados das comodidades e delícias da vida terrena.

[4] A preocupação materialista dos idólatras de Makkah é tão exacerbada que lhes não sobra tempo para cumprir as obrigações religiosas.

102. Sūratu Al-Takāthur
103. Sūratu Al-ᶜAṣr   Parte 30

2. Até visitardes os sepulcros⁽¹⁾.

3. Em absoluto, **não vos ostenteis**! Vós logo sabereis!

4. Mais uma vez, em absoluto, **não vos ostenteis**! Vós logo sabereis!

5. Ora, se soubésseis a ciência da Certeza, **renunciaríeis a ostentação**.

6. Em verdade, vereis o Inferno.

7. Em seguida, certamente, vê-lo-eis, com os olhos da certeza.

8. Depois, sereis, em verdade, nesse dia, interrogados das delícias **da vida**.

SŪRATU AL-ᶜAṢR⁽²⁾
A SURA DO TEMPO

De Makkah - 3 versículos.

Em nome de Allah, O Misericordioso, O Misericordiador.

1. Pelo tempo!

2. Por certo, o ser humano está em perdição,

⁽¹⁾ Ou seja, até morrerem e serem enterrados.

⁽²⁾ **Al-ᶜAṣr**: o tempo genérico, que integra todos os instantes comprobatórios do poder de Deus. Aliás, esta palavra, também, admite os significados de eternidade; horas vesperais; ou a terceira oração, que ocorre nas horas vesperais. Ela surge no versículo 1 e nomeia a sura, em que Deus jura, pelo tempo comprobatório de Seu poder, que o ser humano se encontra em perdição, não porém os crentes que obram bem e se recomendam, uns aos outros, a paciência e a Verdade.

3. Exceto os que crêem e fazem as boas obras e se recomendam, mutuamente, a verdade⁽¹⁾, e se recomendam, mutuamente, a paciência.

SŪRATU AL-HUMAZAH⁽²⁾
A SURA DO DIFAMADOR

De Makkah - 9 versículos.

Em nome de Allah, O Misericordioso, O Misericordiador.

1. Ai de todo difamador, caluniador⁽³⁾,

2. Que junta riquezas e, **com deleite**, as conta,

3. Supõe que suas riquezas o tornarão eterno.

4. Em absoluto, **não o tornarão**! Em verdade, ele será deitado fora, em al-Hutamah⁽⁴⁾.

5. – E o que te faz inteirar-te do que é al-Hutamah? –

6. É o Fogo aceso, de Allah,

7. O qual sobe até os corações⁽⁵⁾.

⁽¹⁾ Ou seja, a fé islâmica.
⁽²⁾ **Al Humazah**: o difamador. Esta palavra aparece no versículo 1 e nomeia a sura, que promete nefasto castigo a quem difama os outros e acumula riquezas, crendo que estas o tornarão eterno. A sura ameaça lançá-lo no Fogo crepitante, que lhe arruína o corpo e o coração, e o envolverá, como que atado a colunas, sem escapatória alguma.
⁽³⁾ Alusão aos inimigos do Profeta, tais como ʻUmayiah Ibn Khalaf e Al Walīd Ibn Al Mughīrah, que o difamaram, em sua ausência.
⁽⁴⁾ **Al Hutamah**: uma das designações do fogo infernal. Essa palavra é derivada de hatama, esmagar.
⁽⁵⁾ É um fogo tão devorador que, entrando pelas entranhas dos condenados, chega até seus corações, dominando-os.

8. Por certo, será cerrado sobre eles,

9. Em colunas extensas.

| SŪRATU AL-FĪL⁽¹⁾ |
| A SURA DO ELEFANTE |

De Makkah - 5 versículos.

Em nome de Allah, O Misericordioso, O Misericordiador.

1. Não viste como teu Senhor agiu com os donos do elefante⁽²⁾?

2. Não fez Ele sua insídia⁽³⁾ ficar em descaminho?

3. E contra eles enviou pássaros, em bandos,

4. Que lhes atiravam pedras de sijjīl⁽⁴⁾?

5. Então, tornou-os como folhas devoradas.

---

(1) **Al Fīl**: o elefante. Esta palavra surge no versículo 1 e denomina a sura, em que Deus alude ao episódio dos donos do elefante, que desejavam demolir a Ka'bah e chama a atenção de Muḥammad para a moral dessa alusão, que prova o poder de Deus contra a violação de Sua sagrada Casa.

(2) **Donos do elefante**: trata-se do exército de Abraha Al Achram, príncipe abissínio, cristão, que, em 570 da era cristã, enviou uma expedição, com o fito de destruir a Ka'bah, para desviar os peregrinos árabes para a igreja de Ṣan'ā', capital do Yêmen, construída por sua ordem. A expedição vinha montada em elefantes, o maior armamento bélico da época. Ao chegarem a Makkah, o maior dos elefantes recusou-se a prosseguir rumo à Ka'bah, e vãs foram as tentativas de fazê-lo avançar. Nesse exato momento, sobrevoaram-nos bandos de pássaros, munidos de pedrinhas de barro, que lançaram sobre o exército. As pedrinhas perfuravam o lugar em que caíam, no corpo dos combatentes, e saíam por outro lado, deixando-os com aspecto de folhas devoradas por pragas.

(3) Ou seja, o intento de demolir a Ka'bah.

(4)**Sijjīl**: pedras de barro cozido no Fogo da Geena. Cf. XI 82 e XV 74.

SŪRATU QURAICH[1]
A SURA DOS QURAICH

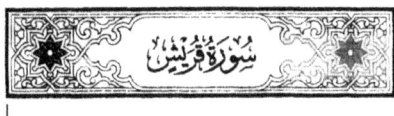

De Makkah - 4 versículos.

Em nome de Allah, O Misericordioso, O Misericordiador.

1. Por causa do pacto dos Quraich,

2. De seu pacto da viagem de inverno e de verão[2].

3. Que eles adorem, então, o Senhor desta Casa,

4. Que os alimentou contra a fome e os pôs em segurança contra o medo!

SŪRATU AL-MAʿŪN[3]
A SURA DO ADJUTÓRIO

De Makkah - 7 versículos.

Em nome de Allah, O Misericordioso, O Misericordiador.

1. Viste quem[4] desmente o Dia do Juízo?

---

[1] **Quraich**: a tribo Quraich, de Makkah, a que pertencia o Profeta Muḥammad. A palavra aparece no versículo 1 e nomeia a sura, em que Deus exorta os Quraich a adorarem a Deus pelas mercês recebidas, tais como prestígio, paz e segurança, em virtude de viverem nas cercanias da Kaʿbah, lugar sagrado de paz e prosperidade. Assim sendo, podiam continuar viajando para o Yêmen e a Síria, a negócios, sem serem atacados por bandoleiros do deserto, porque eram respeitados.

[2] Referência às caravanas comerciais que os Quraich faziam duas vezes por ano: no inverno, para o Yêmen, e no verão, para a Síria.

[3] **Al Māʿūn**: o adjutório. É deverbal de aʿāna, ajudar. Essa palavra aparece no último versículo e nomeia a sura, em que há caracterização daquele que não crê no Dia do Juízo: é repulsor do órfão, desumano para com os necessitados, avarento. A sura, ainda, se refere aos hipócritas, que se assemelham a esse tipo de pessoas, e que só fazem orações, quando querem iludir os homens, e, além do mais, impedem a caridade.

[4] Alusão a AlʿĀṣ Ibn Wā'il, ou a Al Walīd Ibn Al Mughīrah, inimigos do Profeta.

2. Esse é o que repele o órfão,

3. E não incita a alimentar o necessitado.

4. Então, ai dos orantes

5. Que são distraídos de suas orações,

6. Que, por ostentação, só querem ser vistos[1] **orando**,

7. E impedem o adjutório.

SŪRATU AL-KAWTHAR[2]
A SURA DA ABUNDÂNCIA

De Makkah - 3 versículos.

Em nome de Allah, O Misericordioso, O Misericordiador.

1. Por certo, Nós te demos Al-Kawthar[3].

2. Então, ora a teu Senhor e imola **as oferendas**.

3. Por certo, quem[4] te odeia será ele o sem posteridade.

---

[1] Ou seja, os hipócritas, em público, fingem orar, para, com isso, serem vistos e tomados por piedosos.

[2] Al Kawthar: designa um dos rios paradisíacos, ou os bens abundantes, como o Alcorão, a profecia e a intercessão do Profeta, no Dia do Juízo, em favor dos crentes. Essa palavra aparece no versículo 1 e nomeia a sura, que confirma as mercês de Deus para com Seu Mensageiro, ao conferir-lhe bens abundantes, nesta vida e na outra. A sura exorta, ainda, o Profeta a perseverar em suas orações e a fazer oferendas a Deus, em sinal de gratidão por essas graças. Finalmente, adianta-lhe que seu inimigo não terá posteridade.

[3] Ou um dos rios paradisíacos, ou os bens abundantes, como a profecia, o Alcorão e a intercessão em favor dos crentes.

[4] Alusão a Al'Ās Ibn Wā'il, que chamou o Profeta de **al abtar** ("o que não terá posteridade"), quando este perdeu o filho Al Qāsim.

109. Sūratu Al-Kāfirūn Parte 30

SŪRATU AL-KĀFIRŪN[1]
A SURA DOS RENEGADORES DA FÉ

De Makkah - 6 versículos.

Em nome de Allah, O Misericordioso, O Misericordiador.

1. Dize: "Ó renegadores da Fé!

2. "Não adoro o[2] que adorais.

3. "Nem estais adorando o que adoro.

4. "Nem adorarei o que adorastes.

5. "Nem adorareis o que adoro.

6. "A vós, vossa religião[3], e, a mim, minha religião[4]."

SŪRATU AN-NAṢR[5]
A SURA DO SOCORRO

De Al-Madinah - 3 versículos.

---

[1] **Al Kāfirūn**: plural de **kāfir**, particípio presente do verbo **kafara**, renegar a Fé. Essa palavra surge no versículo 1 e nomeia a sura, que anula, de vez, a vã esperança dos renegadores da Fé, que pretendiam alternar com o Profeta a adoração de Deus e dos ídolos: eles adorariam aO Deus de Muḥammad por um tempo, e Muḥammad adoraria a seus ídolos, por outro tempo. A sura revela a posição categórica do Profeta, na crença única de Deus.

[2] **O**: os ídolos.

[3] Ou seja, a idolatria.

[4] Ou seja, o Islão.

[5] **An-Naṣr**: infinitivo substantivado de **naṣara**, socorrer ou dar a vitória. Essa palavra aparece no versículo 1 e denomina a sura, que, segundo a tradição, foi a última que se revelou ao Profeta. Nesta, Muḥammad é solicitado a glorificar a Deus e a pedir-Lhe perdão, quando chegar não só o socorro de Deus, durante a conquista de Makkah, mas a afluência de todos os homens ao Islão, o que representará a vitória do monoteísmo sobre a idolatria.

110. Sūratu An-Naṣr
111. Sūratu Al-Massad Parte 30

Em nome de Allah, O Misericordioso, O Misericordiador.

1. Quando chegar o socorro de Allah e **também** a vitória[1],

2. E vires os homens entrar na religião de Allah[2], em turbas,

3. Então glorifica, com louvor, a teu Senhor e implora-Lhe perdão. Por certo, Ele é O Remissório

SŪRATU AL-MASSAD[3]
A SURA DA CORDA DE MASSAD

De Makkah - 5 versículos.

Em nome de Allah, O Misericordioso, O Misericordiador.

1. Que pereçam ambas as mãos[4] de Abū Lahab[5], e que ele **mesmo** pereça.

2. De nada lhe valerá sua riqueza e o que ele logrou.

3. Queimar-se-á em Fogo de labaredas,

---

[1] Referência à conquista da cidade sagrada de Makkah, ocorrida no 8o ano da Hégira (630 d.C.), no mês de Ramadān.

[2] **A religião de Allah**: o Islão.

[3] **Al Massad**: as fibras de tamareira, ou as tiras de couro, ou as folhas de palma, com que se fazem cordas. Essa palavra aparece no último versículo e denomina a sura, que começa com a imprecação contra Abu Lahab, ameaçando-o com um Fogo crepitante, em que mergulhará no Dia do Juízo. Junto com ele, estará sua mulher, condenada a ter o pescoço cingido pela corda de massad.

[4] Trata-se de uma metonímia, em que as mãos simbolizam o corpo todo.

[5] Tio de Muḥammad e um dos membros do prestigioso escol Quraich, o qual sempre hostilizou o Profeta, a quem dirigiu profundo desdém e desejou perecesse, quando ele reuniu a comunidade Quraich a que pertencia, para a pregação da Mensagem de Deus.

112. Sūratu Al-Ikhlāṣ
113. Sūratu Al-Falaq

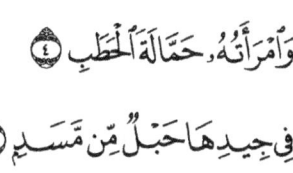

4. E, **também**, sua mulher[1], a carregadora de lenha,

5. Em seu pescoço, haverá uma corda de massad[2].

SŪRATU AL-IKHLĀṢ[3]
A SURA DO MONOTEÍSMO PURO

De Makkah - 4 versículos.

Em nome de Allah, O Misericordioso, O Misericordiador.

1. Dize: "Ele é Allah, Único.
2. "Allah é O Solicitado.
3. "Não gerou e não foi gerado.
4. "E não há ninguém igual a Ele."

SŪRATU AL-FALAQ[4]
A SURA DA ALVORADA

De Makkah - 5 versículos.

Em nome de Allah, O Misericordioso, O Misericordiador.

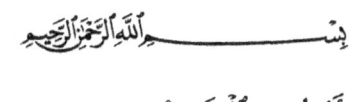

1. Dize: "Refugio-me nO Senhor da Alvorada,

---

[1] Referência a Umm Jamīl Bint Ḥarb, que transportava feixes de lenha espinhosa, atados com corda de massad, e os espalhava, à noite, no caminho percorrido pelo Profeta, para molestá-lo.

[2] A mulher de Abu Lahab, além de condenada pelo Fogo, terá, a despeito da nobre origem Quraich, uma corda de massad ao pescoço, para maior humilhação.

[3] **Al Ikhlāṣ**: infinitivo substantivado do verbo **akhlaṣa**, ser sincero. A sura, assim se denomina, pelo conteúdo global nela existente. Aliás, quem aceita a verdade nela contida é reconhecido como crente de Fé sincera. Esta sura foi revelada, quando os adversários do Profeta o desafiaram a "caracterizar" seu Deus. O Profeta respondeu-lhes, então, segundo a Revelação, que seu Deus é Único, a Quem todos recorrem, sempre; nunca gerou nem foi gerado, e ninguém a Ele se assemelha.

[4] **Al Falaq**: a alvorada. Esta palavra aparece no versículo 1 e nomeia a sura, que salienta a importância de se proteger em Deus contra o mal das criaturas e o mal da noite e o mal das feiticeiras, que corrompem as ligações ente os homens, e, finalmente, contra o mal do invejoso, que sempre anela a ruína do próximo.

114. Sūratu An-Nāss — Parte 30

2. "Contra o mal daquilo[1] que Ele criou,

3. "E contra o mal da noite[2], quando entenebrece,

4. "E contra o mal das sopradoras dos nós[3],

5. "E contra o mal do invejoso, quando inveja[4]."

SŪRATU AN-NĀSS[5]
A SURA DOS HOMENS

De Makkah - 6 versículos.

Em nome de Allah, O Misericordioso, O Misericordiador.

1. Dize: "Refugio-me nO Senhor dos homens,

2. "O Rei dos homens,

3. "O Deus dos homens,

4. "Contra o mal do sussurrador[6], o absconso,

5. "Que sussurra **perfídias** nos peitos dos homens,

6. "Seja ele dos jinns, seja ele dos homens."

---

(1) **Daquilo**: de todas as criaturas, cujo mal só Deus pode afastar.

(2) Ou seja, contra os perigos que a escuridão da noite pode propiciar.

(3) Alusão às bruxas ou feiticeiras, que tinham, por hábito, assoprar nos nós de uma corda, quando desejavam a realização de encantamentos ou de um mal contra alguém.

(4) Ou seja, quando o invejoso manifesta sua inveja.

(5) **An-Nāss**: os homens. Esta palavra aparece nos versículo 1, 2, 3, 5, 6 e nomeia a sura, que salienta a importância de se proteger em Deus, contra o mal dos demônios, que, sempre, tentam desviar os virtuosos do caminho reto, sejam demônios entre jinns, sejam demônios entre os homens.

(6) Satã e os demais demônios, entre os jinns e os homens.

فهرس بأسماء السور وبيان المكي والمدني منها

Índice das Suras com a indicação das reveladas em Makkah ou Al-Madinah.

Sūra	No.	Página	Makkiyah/ Madaniyah	البَيَان	الصَّفحَة	رَقمهَا	السُّورَة
Al-Fātiḥah	1	1	Makkiyah	مكية	١	١	الفَاتِحة
Al-Baqarah	2	3	Madaniyah	مدنية	٣	٢	البَقَرَة
Āl-ʿImrān	3	81	Madaniyah	مدنية	٨١	٣	آل عِمرَان
An-Nissā'	4	123	Madaniyah	مدنية	١٢٣	٤	النِّسَاء
Al-Māi'dah	5	167	Madaniyah	مدنية	١٦٧	٥	المَائِدَة
Al-Anʿām	6	199	Makkiyah	مكية	١٩٩	٦	الأَنعَام
Al-ʾAʿrāf	7	235	Makkiyah	مكية	٢٣٥	٧	الأَعرَاف
Al-'Anfāl	8	276	Madaniyah	مدنية	٢٧٦	٨	الأَنفَال
At-Taubah	9	293	Madaniyah	مدنية	٢٩٣	٩	التَّوبَة
Yūnus	10	323	Makkiyah	مكية	٣٢٣	١٠	يُونُس
Hūd	11	344	Makkiyah	مكية	٣٤٤	١١	هُود
Yūssuf	12	367	Makkiyah	مكية	٣٦٧	١٢	يُوسُف
Ar-Raʿd	13	388	Madaniyah	مدنية	٣٨٨	١٣	الرَّعد
Ibrahim	14	398	Makkiyah	مكية	٣٩٨	١٤	إبرَاهِيم
Al-Ḥijr	15	408	Makkiyah	مكية	٤٠٨	١٥	الحِجر
An-Nahl	16	419	Makkiyah	مكية	٤١٩	١٦	النَّحل
Al-'Isrā'	17	441	Makkiyah	مكية	٤٤١	١٧	الإِسرَاء
Al-Kahf	18	462	Makkiyah	مكية	٤٦٢	١٨	الكَهف
Maryam	19	483	Makkiyah	مكية	٤٨٣	١٩	مَريَم
Ṭā-Hā	20	497	Makkiyah	مكية	٤٩٧	٢٠	طه
Al-Anbiyā'	21	515	Makkiyah	مكية	٥١٥	٢١	الأَنبيَاء
Al-Ḥajj	22	532	Madaniyah	مدنية	٥٣٢	٢٢	الحَج
Al-Mu'minūn	23	548	Makkiyah	مكية	٥٤٨	٢٣	المُؤمِنُون
An-Nūr	24	562	Madaniyah	مدنية	٥٦٢	٢٤	النُّور
Al-Furqān	25	578	Makkiyah	مكية	٥٧٨	٢٥	الفُرقَان
Ach-Chuʿarā'	26	590	Makkiyah	مكية	٥٩٠	٢٦	الشُّعَرَاء

فهرس بأسماء السور وبيان المكي والمدني منها

Índice das Suras com a indicação das reveladas em Makkah ou Al-Madinah.

Sūra	No.	Página	Makkiyah/ Madaniyah	البَيَان	الصَّفحة	رقمها	السُّورَة
An-Naml	27	610	Makkiyah	مكية	٦١٠	٢٧	النَّمل
Al-Qaṣaṣ	28	625	Makkiyah	مكية	٦٢٥	٢٨	القَصَص
Al-ᶜAnkabūt	29	642	Makkiyah	مكية	٦٤٢	٢٩	العَنكَبُوت
Ar-Rūm	30	655	Makkiyah	مكية	٦٥٥	٣٠	الرُّوم
Luqmān	31	665	Makkiyah	مكية	٦٦٥	٣١	لُقمَان
As-Sajdah	32	672	Makkiyah	مكية	٦٧٢	٣٢	السَّجدَة
Al-'Aḥzāb	33	677	Madaniyah	مدنية	٦٧٧	٣٣	الأحزَاب
Saba'	34	695	Makkiyah	مكية	٦٩٥	٣٤	سَبأ
Fāṭir	35	707	Makkiyah	مكية	٧٠٧	٣٥	فَاطِر
Yā-Sīn	36	716	Makkiyah	مكية	٧١٦	٣٦	يس
Aṣ-Ṣāffāt	37	728	Makkiyah	مكية	٧٢٨	٣٧	الصَّافات
Ṣād	38	744	Makkiyah	مكية	٧٤٤	٣٨	ص
Az-Zumar	39	756	Makkiyah	مكية	٧٥٦	٣٩	الزُّمَر
Ghāfir	40	770	Makkiyah	مكية	٧٧٠	٤٠	غَافِر
Fuṣṣilat	41	785	Makkiyah	مكية	٧٨٥	٤١	فُصِّلَت
Ach-Chūrā	42	795	Makkiyah	مكية	٧٩٥	٤٢	الشُّورَى
Az-Zukhruf	43	805	Makkiyah	مكية	٨٠٥	٤٣	الزُّخرُف
Ad-Dukhān	44	817	Makkiyah	مكية	٨١٧	٤٤	الدُّخَان
Al-Jāthiyah	45	824	Makkiyah	مكية	٨٢٤	٤٥	الجَاثِيَة
Al-'Aḥqāf	46	830	Makkiyah	مكية	٨٣٠	٤٦	الأحقَاف
Muḥammad	47	839	Madaniyah	مدنية	٨٣٩	٤٧	مُحَمَّد
Al-Fatḥ	48	847	Madaniyah	مدنية	٨٤٧	٤٨	الفَتح
Al-Ḥujurāt	49	855	Madaniyah	مدنية	٨٥٥	٤٩	الحُجُرَات
Qāf	50	860	Makkiyah	مكية	٨٦٠	٥٠	ق
Aẓ-Ẓāriyāt	51	866	Makkiyah	مكية	٨٦٦	٥١	الذَّارِيَات
Aṭ-Ṭūr	52	872	Makkiyah	مكية	٨٧٢	٥٢	الطُّور

فهرس بأسماء السور وبيان المكي والمدني منها

Índice das Suras com a indicação das reveladas em Makkah ou Al-Madinah.

Sūra	No.	Página	Makkiyah/ Madaniyah	البَيَان	الصَّفحَة	رقمها	السُّورة
An-najm	53	877	Makkiyah	مكية	٨٧٧	٥٣	النَّجْم
Al-Qamar	54	884	Makkiyah	مكية	٨٨٤	٥٤	القَمَر
Ar-Raḥmān	55	891	Madaniyah	مدنية	٨٩١	٥٥	الرَّحْمَن
Al-Wāquiᶜah	56	899	Makkiyah	مكية	٨٩٩	٥٦	الوَاقِعَة
Al-Ḥadīd	57	907	Madaniyah	مدنية	٩٠٧	٥٧	الحَدِيد
Al-Mujādalah	58	914	Madaniyah	مدنية	٩١٤	٥٨	المُجَادلة
Al-Ḥachr	59	920	Madaniyah	مدنية	٩٢٠	٥٩	الحَشْر
Al-Mumtaḥanah	60	926	Madaniyah	مدنية	٩٢٦	٦٠	المُمْتَحَنة
Aṣ-Ṣaff	61	931	Madaniyah	مدنية	٩٣١	٦١	الصَّف
Al-Jumuᶜah	62	934	Madaniyah	مدنية	٩٣٤	٦٢	الجُمُعَة
Al-Munāfiqūn	63	937	Madaniyah	مدنية	٩٣٧	٦٣	المُنَافِقُون
At-Taghābun	64	940	Madaniyah	مدنية	٩٤٠	٦٤	التَّغَابُن
Aṭ-Ṭalāq	65	944	Madaniyah	مدنية	٩٤٤	٦٥	الطَّلاق
At-Taḥrīm	66	948	Madaniyah	مدنية	٩٤٨	٦٦	التَّحْرِيم
At-Mulk	67	952	Makkiyah	مكية	٩٥٢	٦٧	المُلْك
Al-Qalam	68	957	Makkiyah	مكية	٩٥٧	٦٨	القَلَم
Al-Ḥāqqah	69	963	Makkiyah	مكية	٩٦٣	٦٩	الحَاقَّة
Al-Maᶜārij	70	968	Makkiyah	مكية	٩٦٨	٧٠	المَعَارِج
Nūḥ	71	972	Makkiyah	مكية	٩٧٢	٧١	نُوح
Al-Jinn	72	976	Makkiyah	مكية	٩٧٦	٧٢	الجِنّ
Al-Muzzammil	73	981	Makkiyah	مكية	٩٨١	٧٣	المُزَّمِّل
Al-Muddaththir	74	985	Makkiyah	مكية	٩٨٥	٧٤	المُدَّثِّر
Al-Qiyāmah	75	991	Makkiyah	مكية	٩٩١	٧٥	القِيَامة
Al-Insān	76	995	Madaniyah	مدنية	٩٩٥	٧٦	الإنْسَان
Al-Mursalāt	77	999	Makkiyah	مكية	٩٩٩	٧٧	المُرسَلات
An-Naba'	78	1003	Makkiyah	مكية	١٠٠٣	٧٨	النَّبَإ

فهرس بأسماء السور وبيان المكي والمدني منها

Índice das Suras com a indicação das reveladas em Makkah ou Al-Madinah.

Sūra	No.	Página	Makkiyah/ Madaniyah	البَيَان	الصَّفحَة	رَقمهَا	السُّورَة
An-Nāzi'āt	79	1006	Makkiyah	مكية	١٠٠٦	٧٩	النَّازعَات
'Abassa	80	1010	Makkiyah	مكية	١٠١٠	٨٠	عَبَسَ
At-Takwīr	81	1014	Makkiyah	مكية	١٠١٤	٨١	التَّكوير
Al-Infiṭār	82	1017	Makkiyah	مكية	١٠١٧	٨٢	الانفطَار
Al Muṭaffifīn	83	1019	Makkiyah	مكية	١٠١٩	٨٣	المطفِفين
Al-Inchiqāq	84	1022	Makkiyah	مكية	١٠٢٢	٨٤	الانشقَاق
Al-Burūj	85	1024	Makkiyah	مكية	١٠٢٤	٨٥	البُرُوج
Aṭ-Ṭāriq	86	1027	Makkiyah	مكية	١٠٢٧	٨٦	الطَّارق
Al-'A'lā	87	1028	Makkiyah	مكية	١٠٢٨	٨٧	الأعلَى
Al-Ghāchiyah	88	1030	Makkiyah	مكية	١٠٣٠	٨٨	الغَاشيَة
Al-Fajr	89	1032	Makkiyah	مكية	١٠٣٢	٨٩	الفَجر
Al-Balad	90	1035	Makkiyah	مكية	١٠٣٥	٩٠	البَلَد
Ach-Chams	91	1037	Makkiyah	مكية	١٠٣٧	٩١	الشَّمس
Al-Lail	92	1039	Makkiyah	مكية	١٠٣٩	٩٢	اللَّيل
Aḍ-Ḍuḥā	93	1041	Madaniyah	مكية	١٠٤١	٩٣	الضُّحَى
Ach-Charḥ	94	1042	Madaniyah	مكية	١٠٤٢	٩٤	الشَّرح
At-Tīn	95	1043	Makkiyah	مكية	١٠٤٣	٩٥	التِّين
Al-'Alaq	96	1044	Makkiyah	مكية	١٠٤٤	٩٦	العَلَق
Al-Qadr	97	1046	Makkiyah	مكية	١٠٤٦	٩٧	القَدر
Al-Bayinah	98	1047	Madaniyah	مدنية	١٠٤٧	٩٨	البَيِّنَة
Az-Zalzalah	99	1048	Madaniyah	مدنية	١٠٤٨	٩٩	الزَّلزَلة
Al-'Ādiyāt	100	1049	Makkiyah	مكية	١٠٤٩	١٠٠	العَاديَات
Al-Qāri'ah	101	1050	Makkiyah	مكية	١٠٥٠	١٠١	القَارعَة
At-Takāthur	102	1051	Makkiyah	مكية	١٠٥١	١٠٢	التَّكَاثر
Al-'Aṣr	103	1052	Makkiyah	مكية	١٠٥٢	١٠٣	العَصر
Al-Humazah	104	1053	Makkiyah	مكية	١٠٥٣	١٠٤	الهُمَزَة

فهرس بأسماء السور وبيان المكي والمدني منها

Índice das Suras com a indicação das reveladas em Makkah ou Al-Madinah.

Sūra	No.	Página	Makkiyah/ Madaniyah	البَيَان	الصَّفحَة	رَقمهَا	السُّورَة
Al-Fīl	105	1054	Makkiyah	مكية	١٠٥٤	١٠٥	الفِيل
Quraich	106	1055	Makkiyah	مكية	١٠٥٥	١٠٦	قُرَيش
Al-Maʿūn	107	1055	Makkiyah	مكية	١٠٥٥	١٠٧	المَاعُون
Al-Kawthar	108	1056	Makkiyah	مكية	١٠٥٦	١٠٨	الكَوثَر
Al-Kāfirūn	109	1057	Makkiyah	مكية	١٠٥٧	١٠٩	الكَافِرون
An-Naṣr	110	1057	Madaniyah	مدنية	١٠٥٧	١١٠	النَّصر
Al-Massad	111	1058	Makkiyah	مكية	١٠٥٨	١١١	المَسَد
Al-Ikhlāṣ	112	1059	Makkiyah	مكية	١٠٥٩	١١٢	الإخلَاص
Al-Falaq	113	1059	Makkiyah	مكية	١٠٥٩	١١٣	الفَلَق
An-Nass	114	1060	Makkiyah	مكية	١٠٦٠	١١٤	النَّاس

إن وزارة الشؤون الإسلامية والأوقاف والدعوة والإرشاد
في المملكة العربية السعودية
المشرفة على مجمع الملك فهد
لطباعة المصحف الشريف في المدينة المنورة
إذ يسرها أن يصدر المجمع هذه الطبعة من القرآن الكريم
وترجمة معانيه إلى اللغة البرتغالية
تسأل الله أن ينفع به الناس
وأن يجزي
خادم الحرمين الشريفين الملك فهد بن عبد العزيز آل سعود
أحسن الجزاء على جهوده العظيمة في نشر كتاب الله الكريم
والله ولي التوفيق

O Ministério de Assuntos Islâmicos, dos Wakfs, e do Apelo e Orientação religiosa, no Reino da Arábia Saudita e o Supervisor do Complexo do Rei Fahd, para a impressão do Nobre Alcorão, em Al-Madinah Al-Munauarah, tem o prazer de comunicar que o Complexo publica esta edição do Nobre Alcorão, com a tradução de seu sentido na Língua Portuguesa.

Roguemos a Allah que o faça em benefício da humanidade, e que Ele recompense o Servidor das duas Nobres Mesquitas, o Rei Fahd bin Abdel Aziz Al Saud, com a melhor das recompensas por seus grandes esforços, concentrados na difusão do Livro Nobre de Allah.

E é Allah quem confere o sucesso.

www.ingramcontent.com/pod-product-compliance
Lightning Source LLC
Chambersburg PA
CBHW071111080526
44587CB00013B/1310